法院审理案件观点集成丛书

法院审理房地产案件观点集成

第三版

Aggregation of Trail Views on Cases of Real Estate

朱树英 主 编
邵万权 副主编

中国法制出版社
CHINA LEGAL PUBLISHING HOUSE

第三版修订说明

感谢广大读者一直以来对本书的厚爱与支持。本书自 2017 年改版以来，经历了《中华人民共和国民法典》颁布以及其他多部法律法规的出台与迭代。为适应日益完善的法律体系和社会的发展，我们对本书再次进行了全方位的修订，确保为读者提供权威、实用的法律参考读物。相较于第二版，第三版修订主要围绕以下几方面展开：

首先，针对本书所涵盖的法律法规、规范性文件及国家标准进行全面的审查和更新，这也是历次修订的首要任务。我们仔细比对了国家最新颁布的法律法规，对已经发生变化的部分进行了相应的修改和调整，以保证向读者传达准确且具有时效性的信息。

其次，在司法案例方面，我们对原有案例进行了筛选和更新——保留了具有代表性或被刊入最高人民法院公报的案例，替换了难以检索到的案例，以保证本书所选用案例的完整性和权威性，并以提高本书的可读性。

最后，在章节内容方面，本书第三版共九章，我们在原有的基础上对每一章的法律问题进行了拆解分析，如针对某一法律问题所涉的法律法规进行梳理罗列、解读某项法律权利的性质等，以使读者更好地理解每一个法律问题。同时，通过拆解分析具体的法律问题，我们希望能够为读者提供更具体、具有实践性的指导，使读者能够在实际应用中更加灵活地运用法律知识。

总而言之，本次修订系对本书全面优化与更新，我们希望这次修订，能够帮助读者更好地了解和应用相关法律法规，增强法律意识和法律素养。如能为法律从业者提供实务方面的参考，亦是我们的荣幸。

在此，特别感谢为此次修订曾提供帮助的律师（排名不分先后）：孙一人、王勇、吴迪、马喆、杨杰、杜怡、吕万里、刘寒、赵轶、王燕、孙静、何郁宁、周婵、俞娟、俞斌、刘欣欣、杜世炜、汪恒伟、屠宇辰、蒋烽、苏珊珊、魏来、黄蕊、王馨苡、黄超宇、胡逸娴。另外，还要对中国法制出版社的编辑表示感谢，没有他们的努力，本书也很难一版再版。本书虽经两次修订，但由于编者能力所限，不足之处在所难免，敬请各位专家读者批评指正。

第二版修订说明[1]

时光荏苒，自 2012 年 10 月本书初版面世以来，已过了五个春秋。在这五年中，本书有幸得到广大读者的喜爱，获得了不错的反响，本书作者在此深表感谢。五年间，我国房地产市场出现了一系列波动，政府亦出台了一系列政策加以规制。五年间，《中华人民共和国政府采购法实施条例》《不动产登记暂行条例》《不动产登记暂行条例实施细则》等一系列法律法规相继出台，法院在审理房地产纠纷案件时的法律依据和思路都有所调整。基于此，我们特对本书做了全面的修订。与第一版相比，第二版的修订内容主要有以下两方面：

第一，根据五年间的法律法规调整情况，对案例中涉及的法条进行了修订，删去了已废止的法条、加入了新增加的法条、修订了更改的法条。特别需要说明的是，2015 年 5 月 1 日起施行的新修订的《中华人民共和国行政诉讼法》及《最高人民法院关于适用〈中华人民共和国行政诉讼法〉若干问题的解释》，明确地将土地、房屋等征收征用补偿协议案件纳入了行政诉讼受案范围。自此，公民、法人或者其他组织与政府签订的征收征用补偿协议产生的纠纷属行政案件，其与房地产开发企业签订的购房协议产生的纠纷则属民事案件，二者有了明确的界限。本书第一版基于已有案例以及法学理论将二者全部归入民事领域，这一认定需要调整。因此在第二版，我们删去了原来的第三

---

[1] 本书第二版出版于 2017 年，此为第二版修订说明原文，经过改版，此修订说明所涉及的相关内容有所变化。

章即房地产开发用地的房屋拆迁一章，同时在最后一章即有关房地产开发的其他案件中加入了两起有关征收补偿问题的典型案件，并进行了深入分析，以使本书对房地产方面的案例的裁判观点和思路有更加全面的展现。

第二，原则上替换了2010年以前的案例、代之以2010年以后的新案例，并将律师点评一并做了修改。做这样的修改，一是因为法院对一些争议点的分析和判断已经产生了变化，我们希望能够呈现出法院最新的思路；二是即使法院的观点没有太大变动，最新的案例也具有更强的说服力和指导意义。故此对全书的案例做了修订，以飨读者。

本书的修订由以下几位律师完成：朱树英、曹珊、宋仲春、周艺杰、刘知瑜、何溪滢、吴迪、张春玲、王剑龙、王惟佳，在此对他们的辛勤工作表示感谢。本书修订时间有限，书中难免存在不足，敬请广大读者批评指正。对本书的任何意见，可发送邮件至以下邮箱：kongqinxi88@sina.com。

初版序言[①]

研究房产案件审理　解析案件成败得失
——规范市场开发　深化法律服务

自改革开放以来，我国的房地产法律制度逐步建立、发展并不断完善。1982年宪法确立了土地所有制度，1986年颁布了《中华人民共和国土地管理法》，1988年宪法修正案确立土地使用权可以依照法律的规定转让，1989年颁布了《中华人民共和国城市规划法》。进入20世纪90年代，国家相继颁布了《城镇国有土地使用权出让和转让暂行条例》《城市房屋拆迁管理条例》《中华人民共和国城市房地产管理法》《中华人民共和国建筑法》《城市房地产开发经营管理条例》等法律法规。进入21世纪，除了备受瞩目的《中华人民共和国物权法》的制定和颁布外，国家还颁布了《中华人民共和国城乡规划法》《物业管理条例》《国有土地上房屋征收与补偿条例》等法律法规。在此过程中，最高人民法院也制定了大量的审理房地产纠纷案件的司法解释。上述关于房地产方面的法律法规和司法解释为我国房地产行业的快速、规范发展及城市的开发建设等提供了相应的法律依据。

伴随着我国房地产行业的快速发展，房地产领域的相关纠纷也大量涌现。在房地产开发过程中，在土地使用权的取得、房地产规划许

[①] 本书第一版出版于2012年，此为当时的序言原文，经过改版，此序言涉及的相关内容有所变化。

可、房屋征收和拆迁、房地产的登记、商品房销售和租赁等方面都有可能出现问题，并因此产生纠纷而诉诸法院。法院在审理房地产纠纷案件过程中，逐渐形成和积累了大量的审理房地产纠纷案件的司法观点和司法处理原则。对房地产纠纷案件进行研究并归纳法院在审理这些案件过程中形成的司法观点和司法处理原则，不仅可以为今后类似房地产纠纷案件的及时妥善解决提供参考和借鉴（对律师的房地产诉讼法律业务有裨益），也可以为房地产从业主体在房地产开发过程中事先防范和化解相关案件中所揭示的法律风险提供参考和借鉴（对律师的房地产非诉讼法律业务有裨益），而且还可以为今后房地产方面的法律法规和司法解释的制定与修改提供依据和支持（对房地产立法的修订与完善有裨益）。为此，房地产领域的专业律师，有必要对之前已审结的房地产案件进行系统研究和分析，解析这些案件的成败得失，这既有助于房地产从业主体规范市场开发行为，也有助于律师深化自身的法律服务，提升并扩展律师服务房地产和城市建设领域的深度和广度。

基于上述考虑，由上海市建纬律师事务所的专业律师经过深入挖掘，收集了55个案例——其中最高人民法院公报案例11个，最高人民法院判例3个，高级法院判例14个，中级法院判例21个，区级法院判例6个；涉及关联案例145个——其中最高人民法院判例37个，高级法院判例27个，中级法院判例81个。汇集大量各级人民法院审理终结的典型房地产纠纷案件（其中有部分案例为建纬律师从自己所代理的案件中精心挑选，该部分案例尚无法从其他公开渠道获取，所以当事人均由英文字母代替），并进行深入研究后推出本书。

本书共十章，每一章为一个专题，每个专题开始均有一篇综述，结合该专题中所选案例对该专题所涉及类型纠纷案例的司法观点和司法处理原则等进行综合分析和论述。在综述之后为该专题所选取的案例，每个案例分为案例信息简介、案情简介、各方观点（包括各方当事人观点、法院观点）、关联案例、律师点评等几个部分。全书从房地产开发的规划许可、房地产开发土地使用权的取得、房地产开发用地的房屋拆迁、房地产合作开发、房地产开发中的项目转让、商品房销售、房屋权属登记、商品房租赁、房地产金融及有关房地产开发的其他案件等角度，对法院审理房地产开发建设整个过程中所涉及的各类房地产纠纷案件的司法观点和司法处理原则进行了全面的、系统的研究和分析。

上海市建纬律师事务所始终以房地产和城市建设领域法律服务为专业，建纬律师长期专注于房地产和城市建设过程中法律问题的研究，本书作为建纬律师在房地产和城市建设法律服务领域研究成果的一个阶段性呈现和展示，希望能够对房地产领域的理论研究者和实务工作者有所裨益和借鉴。

限于时间和水平，书中难免存在疏漏和不足，敬请广大读者批评指正。

中华全国律师协会民事业务委员会主任
上海市建纬律师事务所主任

司法解释简称对照表

序号	全称	简称
1	《最高人民法院关于审理涉及国有土地使用权合同纠纷案件适用法律问题的解释》	《土地使用权合同解释》
2	《最高人民法院关于适用〈中华人民共和国行政诉讼法〉的解释》	《行政诉讼法解释》
3	《最高人民法院关于适用〈中华人民共和国民事诉讼法〉的解释》	《民事诉讼法解释》
4	《最高人民法院关于适用〈中华人民共和国民法典〉时间效力的若干规定》	《民法典时间效力规定》
5	《最高人民法院关于适用〈中华人民共和国外商投资法〉若干问题的解释》	《外商投资法解释》
6	《最高人民法院关于审理外商投资企业纠纷案件若干问题的规定（一）》	《外商投资纠纷案件规定（一）》
7	《最高人民法院关于适用〈中华人民共和国公司法〉若干问题的规定（三）》	《公司法解释（三）》
8	《最高人民法院关于审理商品房买卖合同纠纷案件适用法律若干问题的解释》	《商品房买卖合同解释》
9	《最高人民法院关于审理房屋登记案件若干问题的规定》	《房屋登记解释》
10	《最高人民法院关于审理行政赔偿案件若干问题的规定》	《行政赔偿案件规定》
11	《最高人民法院关于审理城镇房屋租赁合同纠纷案件具体应用法律若干问题的解释》	《房屋租赁司法解释》
12	《最高人民法院关于审理存单纠纷案件的若干规定》	《存单纠纷案件规定》
13	《最高人民法院关于适用〈中华人民共和国民法典〉有关担保制度的解释》	《担保制度解释》

目 录

第一章 房地产开发的规划许可

综述：房地产开发中的规划许可纠纷案件的司法处理原则 …………… 1
 一、我国法律对房地产开发涉及规划及许可的强制性规定 ………… 1
 二、最高人民法院对房地产案件涉及规划问题的司法解释 ………… 3
 三、规划许可——房地产开发中国家意志的集中体现 ……………… 5
1.1 法院如何判定违法行政行为中的利益损害程度 ………………………… 11
1.2 法院如何认定规划主管部门限期拆除行政处罚决定的效力 ………… 18
1.3 行政处罚明显不当，法院有权直接变更行政处罚内容 ……………… 29
1.4 法院如何认定农村建房中取得建设工程规划许可证的条件及程序 …… 40
1.5 法院认定规划许可行为违法的主要依据 ……………………………… 51

第二章 房地产开发土地使用权的取得

综述：土地使用权取得常见法律问题分析 ……………………………… 64
 一、土地使用权取得方式 …………………………………………… 65
 二、土地使用权出让常见法律问题 ………………………………… 66
 三、国有土地使用权转让常见法律问题 …………………………… 71
 四、土地市场现状下的法律服务探析 ……………………………… 73
2.1 法院如何认定出让未履行审批程序的土地使用权的法律责任 ……… 74
2.2 生效条件不可能成就，法院如何确认国有土地使用权出让合同效力 … 87
2.3 国有土地使用权出让合同部分无效，法院如何认定其他部分的效力 … 98
2.4 确认国有土地使用权转让合同无效，是否应受诉讼时效的限制 …… 110
2.5 转让方未取得出让土地使用权证时签订的土地使用权转让合
  同，法院如何认定合同效力 ……………………………………… 121
2.6 法院如何认定土地使用权转让合同履行过程中是否根本违约 ……… 135

第三章　房地产合作开发

综述：合作开发房地产纠纷常见法律问题及司法处理原则 ………… 150
　一、关于合作开发房地产合同的性质认定 ……………………… 150
　二、关于合作开发房地产合同效力的认定 ……………………… 153
　三、关于合作开发房地产合同的违约责任 ……………………… 155
　四、关于合作开发房地产合同的解除 …………………………… 158
　五、关于合作开发房地产的新增利益分配问题 ………………… 159
　六、当前合作开发房地产司法处理中存在的问题 ……………… 160
3.1 法院如何认定土地使用权转让合同纠纷案中单方解除权行使的
　　条件 ………………………………………………………………… 161
3.2 法院如何确定合作开发"一地数转"情形下土地使用权的归属 …… 172
3.3 法院如何确定合作开发房地产纠纷中当事人违约时应承担的责任 …… 184
3.4 法院如何认定以划拨土地使用权作为投资合作开发房地产合同
　　的效力及法律后果 ………………………………………………… 197
3.5 法院如何认定合作开发项目新增利益分配比例 ………………… 203
3.6 法院如何认定合作开发法律关系的当事人范围及其责任 ……… 215
3.7 房地产合作开发一方因行政规章调整未能继续履行合同，法院
　　如何认定违约责任 ………………………………………………… 227

第四章　房地产开发中的项目转让

综述：通过股权转让实现房地产项目转让的常见纠纷及相关司法观点 … 237
　一、以项目公司股份转让为表现形式的项目转让的一般流程 ……… 238
　二、关于股权转让协议的效力问题 ……………………………… 239
　三、关于股权转让合同履行过程中的纠纷 ……………………… 244
　四、股权转让合同被确认无效或者撤销的法律后果 …………… 246
4.1 以取得土地使用权作为项目转让付款条件的，法院如何认定土
　　地使用权的取得时间 ……………………………………………… 248
4.2 法院如何认定未经审批机关批准的外商投资企业权利义务转让
　　合同的效力 ………………………………………………………… 259
4.3 因用地条件变化而追加项目（股权）转让款约定的效力如何认定 … 276

4.4 出让方隐瞒目标公司真实情况，法院如何认定股权转让合同效力 …… 287

第五章　商品房销售

综述：商品房买卖纠纷中的司法共识与观点分歧 …………………… 301
　　一、不适用《商品房买卖合同解释》的房屋买卖纠纷类型 ………… 301
　　二、未取得预售许可证签订的商品房买卖合同并非必然无效 ……… 302
　　三、关于认购协议的性质与效力 ……………………………………… 303
　　四、关于广告、宣传资料与格式条款 ………………………………… 306
　　五、关于商品房交付、质量瑕疵及办证纠纷 ………………………… 307
　　六、关于退房纠纷 ……………………………………………………… 311
　　七、关于房产新政的法律定性 ………………………………………… 315
5.1 未取得商品房预售许可证，法院如何认定认购书的性质、效力
　　及法律责任 ……………………………………………………………… 317
5.2 法院如何对宏观调控政策进行法律定性并适用法律调处纠纷 …… 335
5.3 贷款未获批准，法院如何认定合同解除的理由与责任承担 ……… 348
5.4 房屋存在质量问题的，法院如何认定开发商应承担的责任 ……… 359
5.5 中介合同中的禁止"跳单"条款，法院如何认定效力及判断
　　违约行为 ………………………………………………………………… 371

第六章　房屋权属登记

综述：房地产登记诉讼的司法共识与观点分歧 ……………………… 379
　　一、关于房地产登记与转让合同效力问题 …………………………… 379
　　二、关于房地产登记行政诉讼的原告主体资格 ……………………… 380
　　三、关于房地产登记机构的审查义务 ………………………………… 382
　　四、关于房地产违法登记行为的撤销 ………………………………… 384
　　五、关于房地产登记错误的赔偿 ……………………………………… 385
　　六、关于房地产登记民事诉讼和行政诉讼的交叉 …………………… 392
6.1 房屋登记簿发生非权利事项错误时，法院如何确认利害关系人
　　申请变更登记的权利 …………………………………………………… 395
6.2 法院如何认定转让未经登记的房屋的合同的效力 ………………… 403

6.3 法院如何处理因登记原因行为瑕疵导致不动产登记错误的民行交叉诉讼 411

6.4 法院如何认定违法的房屋初始登记被撤销后登记机构的行政赔偿责任 423

6.5 民事调解书将房屋抵债的，法院如何认定第三方请求对房屋的强制执行 434

第七章　商品房租赁

综述：商品房租赁合同纠纷常见法律问题及司法处理原则 445
　一、《房屋租赁司法解释》的适用范围问题 446
　二、房屋租赁合同的效力问题 446
　三、房屋租赁合同无效的处理的相关问题 449
　四、房屋租赁合同的解除条件及其处理的相关问题 451
　五、房屋租赁合同中承租人优先购买权问题 454

7.1 法院如何认定出租的房屋是否具备交付使用条件 458

7.2 法院如何认定出租房屋未取得权属证书之租赁合同的效力 470

7.3 法院如何认定约定租赁面积与房屋实际建筑面积严重不符是否构成重大误解 479

7.4 法院是否认定出租人企业改制属于房屋租赁合同解除的法定条件 493

7.5 法院如何确定承租人优先购买权受到侵害的损害赔偿数额 503

7.6 法院如何认定因第三人原因导致合同违约时的各方法律责任 511

第八章　房地产金融

综述：房地产金融之司法实务综述 523
　一、传统房地产金融纠纷案件的司法实践常见问题 523
　二、房地产信托融资模式 527
　三、其他房地产融资方式概述 529

8.1 法院如何认定"名为担保，实为借款"合同的效力 530

8.2 法院如何认定"假按揭"住房抵押贷款合同的效力及责任承担 540

8.3 法院如何认定以存单形式违法进行房地产借贷的责任承担 552

8.4 法院如何认定预售商品房按揭贷款中开发商承担阶段性担保责任的解除期限 ⋯⋯⋯⋯⋯⋯⋯⋯⋯⋯⋯⋯⋯⋯⋯⋯⋯⋯⋯⋯ 561

8.5 法院如何认定房地产企业借款合同中罚息、复利约定的效力 ⋯⋯⋯ 570

第九章 有关房地产开发的其他案件

综述：房地产开发其他法律问题的司法处理原则 ⋯⋯⋯⋯⋯⋯⋯⋯⋯ 577
 一、房地产开发委托代建合同纠纷应参照委托合同的一般原则处理 ⋯ 577
 二、房地产抵押无效仍应按"房地合一"原则处理过错责任 ⋯⋯⋯ 579
 三、关于房地产企业开发融资过程中涉及的保证责任 ⋯⋯⋯⋯⋯⋯ 582
 四、开发商承担阶段性担保责任与否，法院须在具体案件情况下，根据相关担保合同对担保责任触发条件的具体约定及相关条件的成就与否进行妥当处理 ⋯⋯⋯⋯⋯⋯⋯⋯⋯⋯⋯⋯⋯⋯ 583
 五、拆迁安置补偿协议已明确为行政协议，相关争议也作为行政纠纷来处理 ⋯⋯⋯⋯⋯⋯⋯⋯⋯⋯⋯⋯⋯⋯⋯⋯⋯⋯⋯⋯⋯ 585

9.1 法院如何认定委托代建合同双方的违约责任 ⋯⋯⋯⋯⋯⋯⋯⋯⋯ 586

9.2 法院如何确定设定土地抵押权时未经抵押登记的地上建筑物的抵押效力 ⋯⋯⋯⋯⋯⋯⋯⋯⋯⋯⋯⋯⋯⋯⋯⋯⋯⋯⋯⋯⋯⋯⋯⋯⋯ 599

9.3 关于房地产企业为房产开发对外融资而涉及的保证责任 ⋯⋯⋯⋯ 610

9.4 开发商阶段性担保的合同条款设置及触发担保责任的实践要点 ⋯⋯ 621

9.5 国有土地上房屋征收补偿过程中，如何对房屋使用性质进行认定 ⋯⋯ 636

9.6 政府征收过程中评估程序不合法，法院如何处理 ⋯⋯⋯⋯⋯⋯⋯ 645

第一章　房地产开发的规划许可

综述：房地产开发中的规划许可纠纷案件的司法处理原则

房地产作为将土地和地上建筑物合而为一的不动产，其开发离不开土地。我国对利用国有土地开发房地产实行土地有偿使用制度。土地有偿使用，是国家将国有土地使用权从所有权中分离出来，在一定年限内有条件地出让给土地使用者，由土地使用者向国家缴纳土地有偿使用费。对于实施这种行为，国家附有使用条件，其中最重要和最根本的条件，就是土地开发利用必须服从城市规划管理。

房地产开发用地过程会涉及一系列的规划许可的行政管理，开发用地不论是划拨方式取得还是出让方式获得，都必须执行我国规划法律的相关规定，必须符合土地利用总体规划、城乡规划和年度建设用地计划。处理房地产开发的规划许可及其相关案件的法律适用，最主要的法律依据是我国有关城乡规划管理的法律规定。1990年4月1日我国施行《城市规划法》（现已失效）。2008年1月1日第十届全国人民代表大会常务委员会第三十次会议通过修订后的《城乡规划法》开始施行；2015年4月24日第十二届全国人民代表大会常务委员会第十四次会议对其进行了修正，2019年4月23日第十三届全国人民代表大会常务委员会第十次会议对其进行了第二次修正。在司法实践中，有关规划许可的纠纷案件多半是行政案件，有的案件会涉及规划许可的行政法律问题和当事人之间的民事权利义务，且往往两者交叉，司法实践也往往出现同一纠纷先后在民庭和行政庭分别受理、分别处理的情形，由此，此类案件成为房地产开发案件中的一类疑难复杂案件。

一、我国法律对房地产开发涉及规划及许可的强制性规定

我国法律对建设用地和房地产开发的规划控制，所作的一系列规定都是强制性的。例如，现行的《城乡规划法》第2条第1款规定："制定和实施城乡规划，在规划区内进行建设活动，必须遵守本法。"第7条规定："经依法批准的城乡规划，是城乡建设和规划管理的依据，未经法定程序不得修改。"第38条第1款规定："在城市、镇规划区内以出让方式提供国有土地使用权的，在国有土地使用权出让前，城市、县人民政府城乡规划主管部门应当依据控制性详细规划，提出出让地块的位置、使用性质、开发强度等规划条件，作为国有土地使用权出让合同的组成部分。未确定规划条件的地块，不得出让国有土地使用权。"第42条规定："城乡规划主管部门不得在城乡规划确定的建设用地范围以外作出规划许可。"

司法实践中已发生的有关规划许可纠纷案件，按案件发生时的法律应当适用原《城市规划法》[①]，同样地，《城市规划法》对房地产开发的规划控制所作的一系列规定也是强制性的。该法第2条规定："制定和实施城市规划，在城市规划区内进行建设，必须遵守本法。"该法第29条规定："城市规划区内的土地利用和各项建设必须符合城市规划，服从规划管理。"该法第31条规定："在城市规划区内进行建设需要申请用地的，必须持国家批准建设项目的有关文件，向城市规划行政主管部门申请定点，由城市规划行政主管部门核定其用地位置和界限，提供规划设计条件，核发建设用地规划许可证。建设单位或者个人在取得建设用地规划许可证后，方可向县级以上地方人民政府土地管理部门申请用地，经县级以上人民政府审查批准后，由土地管理部门划拨土地。"该法第32条规定："在城市规划区内新建、扩建和改建建筑物、构筑物、道路、管线和其他工程设施，必须持有关批准文件向城市规划行政主管部门提出申请，由城市规划行政主管部门根据城市规划提出的规划设计要求，核发建设工程规划许可证件。建设单位或者个人在取得建设工程规划许可证件和其他有关批准文件后，方可申请办理开工手续。"

上述我国《城乡规划法》和《城市规划法》的相关规定，使用的法律模态词语都是"必须"或"不得"，相关规定都是强制性的，如果当事人违反这些规定，其行为会因此而无效或不生效。实践中，有的房地产开发行为最终被法院判定为无效或者相应的建筑物被定性为违章建筑，其原因就在于没有取得我国规划法律规定的必须具有的两证：《建设用地规划许可证》和《建设工程规划许可证》。可以毫不夸张地说，规划许可是房地产开发的生命线。

从房地产实务操作层面分析，房地产开发获得两证的过程，其实是必须

[①] 已于2008年1月1日被《城乡规划法》废止，下同。

获得一系列许可尤其是规划许可的过程。

1. 开发的项目要有预可行性分析报告和可行性研究报告，并获得国家固定资产投资主管部门的许可。这个主管部门通常是县级以上人民政府的计划管理部门或计划经济管理部门。开发的项目如果是商品房，则要获得商品房计划立项许可。

2. 开发项目获得计划立项许可后，开发商应继续申请规划选址的许可。规划选址是建设用地许可的前置审查，未通过选址许可的，不能申办《建设用地规划许可证》。选址许可实际是先行审定土地使用条件和规划参数，开发商在申请时要申报开发项目的详细规划。

3. 开发商同时要获得建设用地所涉市政建设各部门的许可。房地产开发用地必须配套具有用电、用水、排污、交通、通信、邮电、商业、教育等方面的容量和设施。开发商在申请用地或是受让土地的同时，须征询有关市政、公用设施主管部门意见，并获得配套许可。

4. 开发商凭规划选址许可文件申领用地规划许可证时，要申报建筑设计方案和有关部门许可的文件。申报的开发项目，还必须符合建筑物的性质、用途、间距、日照、高度、容积率、覆盖率、绿化率、消防通道等规划管理的技术规定。符合要求的项目，才能获得《建设用地规划许可证》。

5. 开发商凭《建设用地规划许可证》申办用地手续，获得政府土地主管部门的划拨或出让土地，并办理土地使用批准证书或土地使用权证书。

6. 已获得土地使用权的开发商可持经规划批准的建筑初步设计和有关市政、公用部门的许可文件申办《建设工程规划许可证》，只有获得《建设工程规划许可证》的项目方可开工建设。

二、最高人民法院对房地产案件涉及规划问题的司法解释

上述一系列政府规划行政部门的许可，其实质是政府主管部门的行政管理和行政许可行为。按国家和各地地方规定，开发商提出各种有关规划许可或批准的申请或报告，规划主管部门都应当在规定的期限内给予批复，这些批复都是行政部门的行政行为。由此，在房地产开发规划许可过程中，也就会产生大量的行政争议，涉及的主要是这些开发商和政府主管部门之间的行政法律关系。形成诉讼的有关规划纠纷案件主要涉及对何谓"严重影响城市规划"的准确理解。《城市规划法》第40条规定："在城市规划区内，未取得建设工程规划许可证件或者违反建设工程规划许可证件的规定进行建设，严重影响城市规划的，由县级以上地方人民政府城市规划行政主管部门责令停止建设，限期拆除或者没收违法建筑物、构筑物或者其他设施；影响城市规划，尚可采取改正措施的，由县级以上地方人民政府城市规划行政主管部门责令限期改正，并处罚款。"《城乡规划法》第64条规定："未取得建设工程规划许可证或者未按照建设工程规划许可证的规定进行建设的，由县级以上地方人民政府城乡规划主管部门责令停止建设；尚可采取改正措施消除对规划实施的影响的，限期改正，处建设工程造价百分之五以上百分之十以下的罚款；无法采取改正措施消除影响的，限期拆除，不能拆除的，没收实物或者违法收入，可以并处建设工程造价百分之十以下的罚款。"虽然《城乡规划法》第64条与《城市规划法》第40条相比，删除了"严重影响城市规划"这一行政主管部门采取责令停建等行政处罚措施的前提条件，但根据《立法法》规定的"实体从旧"精神，在许多规划行政纠纷中由于涉及建筑物的建造时间在《城乡规划法》实施之前，在处理时都涉及对《城市规划法》第五章"法律责任"部分第40条规定中"严重影响城市规划"的理解问题。

在司法实践中，最高人民法院在对有关规划许可的行政诉讼案件进行处理时，强调应按违反城市规划行为人的性质和后果并按个案的具体情况予以确认。即，"违反城市规划的行为人其违法行为是否属于严重影响城市规划，应从其违反行为的性质和后果来确认。违反该法第三十五条规定的，属于'严重影响城市规划'的行为，但'严重影响城市规划'的行为不仅限于该规定，应根据个案的具体情况予以确认"。

此外，由规划许可引出的纠纷也常常发生在房地产开发过程中的民事主体之间，在司法实践中，也出现了不少有关规划许可的民事案件的争议。规划许可往往决定了房地产开发过程中各种行为是否有效，决定了当事人的权益是否能得到法律保护。针对司法实践中出现的规划许可的民事案件处理的相关问题，2021年1月1日生效的《土地使用权合同解释》，对国有土地使用权案件所涉规划许可的法律问题作了三条相关规定，这成为各级人民法院处理相关案件的主要司法裁判依据。

该解释第16条规定："在下列情形下，合作开发房地产合同的当事人请求分配房地产项目利益的，不予受理；已经受理的，驳回起诉：（一）依法需经批准的房地产建设项目未经有批准权的人民政府主管部门批准；（二）房地产建设项目未取得建设工程规划许可证；（三）擅自变更建设工程规划。因当事人隐瞒建设工程规划变更的事实所造成的损失，由当事人按照过错承担。"

第 17 条规定："房屋实际建筑面积超出规划建筑面积，经有批准权的人民政府主管部门批准后，当事人对超出部分的房屋分配比例协商不成的，按照约定的利润分配比例确定。对增加的投资数额的承担比例，当事人协商不成的，按照约定的投资比例确定；没有约定投资比例的，按照约定的利润分配比例确定。"

第 18 条规定："当事人违反规划开发建设的房屋，被有批准权的人民政府主管部门认定为违法建筑责令拆除，当事人对损失承担协商不成的，按照当事人过错确定责任；过错无法确定的，按照约定的投资比例确定责任；没有约定投资比例的，按照约定的利润分配比例确定责任。"

上述三条规定确立了人民法院处理有关规划许可案件涉及民事权利义务关系的最重要的原则，即司法权与行政权各自独立，一般情况下司法权不干涉行政权的处理原则。本章选用的某县 A 房产公司诉某县规划局城乡规划行政处罚及行政赔偿案件的审理法院对案件的处理说明：案件涉及的争议或问题，凡是没有获得规划许可或不符合规划许可要求的，当事人的合法权益就难以得到法律的保护。

三、规划许可——房地产开发中国家意志的集中体现[①]

房地产开发商在国有土地上开发房地产，必须服从国家的意志，而规划管理体现着科学、合理进行城市建设的国家意志。国家按照经济效益、社会效益、环境效益相统一的原则，实行城市建设的全面规划、合理布局、综合开发、配套建设。按照城市规划管理的基本要求，一个规范运作的房地产开发项目，在计划立项之前，应首先向规划行政主管部门征询规划选址意见并获得许可；在立项批准后，应获得规划用地许可；在项目开发过程中，还应获得工程建设的规划许可并完全符合许可的使用性质和各项规划技术参数。已经获得的规划许可，如要更改其中的规划设计条件，必须按申报的同样程序向规划行政主管部门申请并获得批准。

按现行《城乡规划法》的规定，符合城市规划，服从规划管理，是城市建设和房地产开发的依据和保障。任何单位和个人未经法定程序均不得更改或废止规划许可。违反者必然受到惩罚，为此付出代价，这也体现了城市建

---

① 参见《房地产报》1996 年 2 月 18 日。

设的国家意志。

本章选用的几个案例，集中反映了人民法院在处理涉及规划许可纠纷案件的主流意见，为准确判断房地产开发中国家意志的体现和开发行为的有效性，提供有益的借鉴。

(一) 建设许可是项目建设顺利进行的保障

我国规划法律规定，在取得规划选址许可、建设用地规划许可之后，为了保证各项建设工程符合城市规划和城市规划管理技术规定，新建、扩建和改建建筑物、构筑物、道路、管线和其他工程设施建设必须由规划管理部门核发《建设工程规划许可证》，即建筑工程执照。取得《建设工程规划许可证》，即表明房地产开发项目已最终完成规划的许可，可依法办理开工手续，进行建设。《建设用地规划许可证》确定了用地的位置、范围、规划用地性质及一系列规划技术参数，包括建设容积率、建筑密度、建筑高度、绿地率、停车场地、主要出入口、须配套的公共设施、工程设施、建筑界线等。土地使用者必须严格遵照《建设用地规划许可证》中的各项规划要求开发和经营土地，未经原审批机构同意，不得擅自变更土地的使用性质及任何一项规划技术参数和指标。项目进入此阶段，当事人必须严格按照《建设工程规划许可证》所规定的各项要求进行建设，无权任意废止或更改。

1996年1月初，本所代理了一起上海市某区37户居民状告该区规划土地管理局（以下简称：规土局）的集体行政诉讼案件，案件的起因便是某电影院的扩建工程违反了建设工程规划许可的规定，超出批准范围，进行违章施工，严重妨碍了附近居民的正常生活。居民多次向该规土局反映电影院违章情况，要求责令停止施工、拆除违章建筑，但规土局未采取任何措施。无奈之下，37户居民联名向法院提起行政诉讼，要求法院判令规土局限期履行其法定职责，依法对该电影院的违章行为进行处罚。法院将电影院列为第三人。代理律师多次到实地进行测量，并根据原《上海市城市规划条例》[①]中规定的各项标准数值进行对照、找出其中超标和违反规划许可的具体问题。同时多次与规土局接触，寻求妥善解决纠纷的方法。在庭审中，面对该电影院违章扩建和规土局行政不作为的证据，规土局不得不当庭承认了自己的过错。

庭审后，规土局主动纠正了不作为的行政行为，向电影院出具了一份行

---

① 已于2011年1月1日废止，下同。

政处罚决定书，内容为：（1）确认该电影院改扩建项目未按建设工程规划许可证所批准的图纸施工；（2）限期三个月内拆除超出建设工程规划许可证所批准的范围以外的建筑；（3）处以人民币50万元的罚款。这一行政处罚决定维护了国家城市规划法律的严肃性和37户居民的合法权益。之后，审理法院在承办律师、街道办事处和公安派出所等各方面的共同努力下，协调37户居民和电影院签订了协议书，由电影院对37户居民进行总额为人民币50万元的赔偿。鉴于此，37户居民向法院申请撤回了起诉，一起居民与行政机关之间的群体纠纷，终于获得圆满解决。

结合本案审理不难看到，不论是新建还是改建、扩建工程，其建设必须符合建设工程规划许可证确定的土地使用性质、范围、建筑密度、容积率、建筑高度等各项规划技术指标，任何擅自变更许可证的规定进行建设或违反规划批准的图纸施工的行为，都将受到城市规划行政主管部门的依法处罚。

尽管本案发生在《城乡规划法》施行之前，但审理案件的法院在当事人有涉及违反规划许可的违法行为时并不径自处理，而是等待行政机关作出行政处罚后再主持司法调解并使案件得以妥善处理，充分体现了司法权不干涉行政权的司法理念。

（二）对规划许可是否进行行政听证不属于人民法院的审理范围

本章选用的案例1.5，第三人B公司通过出让方式取得某地块的国有土地使用权，并领取了国有土地使用权证，项目先后获得该地块改造的立项批复、地块控规、建设用地规划许可证、建设工程规划许可证。自然人孙某某等与A规划局对间距是否符合技术规定、发证未经听证等发生争议，并诉至法院。一审、二审人民法院经审理后判决：驳回自然人孙某某等要求确认A规划局核发的规划许可违法的诉讼请求。

本案的争议除核发规划许可是否违法外，还涉及规划行政许可是否必须进行听证的法律问题，法院的案件审理对此应作出回应。

我国《行政许可法》第46条规定："法律、法规、规章规定实施行政许可应当听证的事项，或者行政机关认为需要听证的其他涉及公共利益的重大行政许可事项，行政机关应当向社会公告，并举行听证。"第47条第1款规定："行政许可直接涉及申请人与他人之间重大利益关系的，行政机关在作出行政许可决定前，应当告知申请人、利害关系人享有要求听证的权利；申请人、利害关系人在被告知听证权利之日起五日内提出听证申请的，行政机关应当在二十日内组织听证。"

上述条款是关于行政机关依职权听证和依申请听证两种不同情况下的规定，显然，第一种情形下进行判断相对简单，但第二种情形由于涉及利害关系人的范围性质确定问题以及重大利益关系的界定问题法律没有明确规定而变得难以掌握。一般意义上，对"直接涉及申请人与他人之间重大利益关系"中利害关系人的范围行政许可机关应从严掌握，以利害关系人的权利与被许可事项直接相关为原则，而重大利益则宜宽松掌握，因为利益是否重大是个非常主观的判断标准，不同的人对利益的认知也各不相同。问题在于：这两个范围都属于行政机关具有一定自由裁量权的范围，也有赖于行政机关在不断的实践过程中持续确定、完善。本案中，审理案件的法院对于属于行政机关自由裁量权范围内行使的职权，严格遵守司法权对行政权干预的合理度，避免司法权对行政权的越权代替。

（三）违反规划许可的当事人对管理部门处罚无权提出赔偿请求

本章选用的案例1.2，R县S房地产开发有限公司诉R县规划局城乡规划行政处罚及行政赔偿案，原告S公司认为被告的行政处罚决定所依据的建设工程规划许可证存在审批程序违法、内容错误、显失公正等错误，且在审批、执法的过程中，随意刁难原告，所作出的行政处罚决定不仅违法，也有违公正、公平、适当性原则，应予撤销，由此给原告造成的损失应予以赔偿。原告房产公司向法院提起诉讼，请求法院：（1）撤销被告的行政处罚决定；（2）责令被告向原告赔偿经济损失967298.25元。一审法院经审理后判决：驳回原告S公司的诉讼请求。该案原告没有上诉，一审判决生效。

本案属于一起由于房产公司违反规划进行违法建设受到限期拆除违法建筑的行政处罚，之后提起行政诉讼及行政赔偿诉讼而败诉的案例，此类案例在司法实践中并不少见。本案中，规划主管部门不仅依法对违法建筑的建设者作出了限期拆除违法建筑的行政处罚决定，在房产公司未自行拆除违法建筑的情况下，规划主管部门还依法报请县政府组织有关部门强制拆除了违法建筑，房产公司不仅针对规划主管部门作出的限期拆除违法建筑的行政处罚决定提起行政诉讼，还一并提出了要求规划主管部门赔偿因此给房产公司造成损失的行政赔偿请求。

本案所涉及的相关法律问题较为典型，尤其是案件中违反规划许可的当事人对规划主管部门的拆除违章建筑所造成的损失提出赔偿请求并不少见。

根据前述《土地使用权合同解释》第 16 条的规定，对于"依法需经批准的房地产建设项目未经有批准权的人民政府主管部门批准、房地产建设项目未取得建设工程规划许可证、擅自变更建设工程规划"的三种情形，"合作开发房地产合同的当事人请求分配房地产项目利益的，不予受理；已经受理的，驳回起诉"。此规定不仅肯定了司法权不干涉行政权的司法理念；同时也明确了违章建筑在未经行政主管部门处理前，人民法院不予处理。

因此，在行政相对人未取得建设工程规划许可证或者未按照建设工程规划许可证的规定进行建设时，所建成的建筑属于违法建筑或违章建筑，而对违法建筑或违章建筑而言，不存在应当依法予以保护的合法权益，本案驳回行政相对人要求规划主管部门向其承担行政赔偿责任的诉讼请求是完全正确的。

（四）是否属于"严重影响城市规划"视个案具体情况而定

本章选用的案例 1.3，H 市规划局针对当事人超建建筑面积并不接受行政处罚决定的违规行为，作出行政处罚：一、F 公司未经市规划管理部门批准，未取得《建设工程规划许可证》，于 1995 年 8 月，将 Z 街 108 号（原为 138 号）临街原有 3 层建筑（建筑面积 1678.21 平方米）拆除，建成地下 1 层、地面临 Z 街为 6 层、后退 2.2 米为 8 层、从 8 层再后退 4.4 米为 9 层（建筑面积 6164 平方米）的建筑物，违反了《城市规划法》第 29 条、第 32 条和《黑龙江省实施〈中华人民共和国城市规划法〉办法》[①] 第 23 条规定。依据《城市规划法》第 40 条和《黑龙江省实施〈中华人民共和国城市规划法〉办法》第 41 条规定，作如下处理：（1）拆除地面工程 5、6、7、8、9 层，拆除部分合计建筑面积为 2964 平方米。（2）地下 1 层、地面 1、2、3、4 层部分予以罚款保留，处罚建筑面积 3200 平方米，罚款 192000 元。二、F 公司在 1994 年 6 月将 Z 街 108 号（原为 138 号）院内原有 2 层建筑（建筑面积 303.76 平方米）拆除，建成地下 1 层、地面 9 层（建筑面积 3800 平方米）的建筑物，违反了《城市规划法》第 29 条、第 32 条和《黑龙江省实施〈中华人民共和国城市规划法〉办法》第 23 条规定。依据《城市规划法》第 40 条和《黑龙江省实施〈中华人民共和国城市规划法〉办法》第 41 条规定，作如下处理：（1）拆除地面工程 8、9 层，拆除部分建筑面积为 760 平方米。（2）对地下 1

---

① 已于 2015 年 3 月 1 日废止，下同。

层，地面1、2、3、4、5、6、7层予以罚款保留，处罚建筑面积3040平方米，罚款182400元。处罚决定履行后，F公司可补办有关手续，补交有关费用。

F公司不服上述处罚决定，向黑龙江省高级人民法院提起行政诉讼。一审法院经审理判决：一、撤销H市规划局哈规罚决字（1996）第1号行政处罚决定中第一部分第1项和第2项的罚款部分；撤销第二部分第1项和第2项的罚款部分（即拆除Z街临街建筑部分的5、6、7、8、9层，拆除面积2964平方米，罚款192000元；拆除Z街院内建筑部分8、9层，拆除面积760平方米，罚款182400元）。二、维持H市规划局哈规罚决字（1996）第1号行政处罚决定第一部分第2项的保留部分；维持第二部分第2项的保留部分（即Z街108号临街建筑地下1层，地上1、2、3、4层部分予以罚款保留；Z街108号院内建筑地下1层，地面1、2、3、4、5、6、7层予以罚款保留）。三、变更H市规划局哈规罚决字（1996）第1号行政处罚决定对该楼的拆除部分，变更为：该楼第七层由Z街方向向后平行拆至第3/2支撑柱；第八层从Z街方向向后平行拆至第3支撑柱；第九层从Z街方向向后拆至第4支撑柱；第七、八、九层电梯间予以保留，电梯间门前保留一个柱距面积通行道（上列所提柱距依H市纺织建筑设计院1999年3月18日现场实测F楼七至九层平面图纸和规划局、F公司现场认同立面图为准），对该违章建筑罚款398480元。上述罚款于本判决发生法律效力后一个月内履行，上述罚款履行后F公司、规划局于一个月内补办有关手续。一审判决后，H市规划局不服原判提出上诉。二审法院经审理后判决驳回上诉人上诉，维持原判。

此外，本章选用的案例的司法处理，同样反映了最高人民法院应按照具体情况而定的处理意见。利益衡量方法，是社会转型时期为解决制定法与社会生活脱节现象应运而生的一种方法。利益衡量是法官自由裁量的体现。法律规范的作用本是排除法官的恣意裁判，保障司法活动的客观性，但利益衡量在法律规范滞后于发展的社会关系时，成为法官自由裁量的突出体现。利益衡量适用于存在无法消除的利益冲突的具体案件。确认违法判决的适用必须具备两个基本前提条件：（1）被诉具体行政行为违法，具备被撤销的条件，这是适用确认违法判决的首要条件。（2）撤销具体行政行为将会给国家利益或者公共利益造成重大损失，这是作出确认违法判决的核心前提。

在城乡建设过程中只有严格遵循我国《城乡规划法》的规定，严格按国家意志加强规划及许可管理，才能增强房地产开发和城市建设的生命活力。

同时，审理规划纠纷案件的法官和为房地产开发提供专业法律服务的律师，都应当熟知并研究城市建设规划管理的法律法规，严格遵照司法界的主流意见分析、判断案件中的相关法律问题，并以此作为判断规划许可和房地产开发行为合法有效的依据和前提。

1.1 法院如何判定违法行政行为中的利益损害程度

——李某祥诉 Q 市城乡规划局建设工程规划许可证案①

> 关 键 词：建设工程规划许可，违法，法律后果，利益衡量
>
> 问题提出：当行政机关做出违法建设工程规划许可行为时，法院是如何根据利益损害程度做出判决的？
>
> 裁判要旨：被诉具体行政行为违反法定程序，属违法行政行为；如撤销被诉具体行政行为，将给公共利益造成重大损失，故从社会整体利益及本案实际情况慎做衡量，应在保留被诉具体行政行为效力的基础上确认其违法。

案情简介

原告（上诉人）：李某祥

被告（被上诉人）：Q 市城乡规划局

第三人：H 房地产开发有限公司

2003 年 12 月 19 日，H 房地产开发有限公司经挂牌出让方式取得了 Q 市 H 区 N 旧城区约 224 亩国有土地的出让许可。2007 年 4 月 20 日，被告为其核发了（2007）033 号《建设用地规划许可证》。2009 年 9 月 15 日，市长办公会协调将 H 区 J 片区开发改造项目移交给 H 区人民政府，H 区人民政府责成第三人负责该项工程。2010 年 4 月 20 日，房产经营开发公司与第三人签订项

---

① 一审：河北省秦皇岛市山海关区人民法院（2012）山行初字第 5 号；二审：河北省秦皇岛市中级人民法院（2013）秦行终字第 22 号，载中国裁判文书网，https://wenshu.court.gov.cn/website/wenshu/181107ANFZ0BXSK4/index.html？docId=3158fc4eb6b3458cb029ac0653859fde，最后访问时间：2022 年 6 月 25 日。

目转让协议,将 H 区 N 片区拆迁改造项目整体转让给第三人,并于 2010 年 4 月 23 日向 Q 市住房保障和房产管理局提出申请,Q 市住房保障和房产管理局于 2010 年 4 月 30 日就转让有关事项予以公告。2010 年 5 月 7 日,第三人向被告提出办理包括 K 路两侧及现状、J 小区、G 小区、M 小区等地占地面积 185136.04 平方米的建设用地规划审批手续;2010 年 5 月 8 日,申请办理建设工程规划许可审批手续;并提供了供地通知、工程设计方案等材料。经审查,被告于 2010 年 5 月 10 日向第三人核发了地字第 13×××1002025 号《建设用地规划许可证》,2010 年 5 月 11 日向第三人核发了建字第 13×××1003903 号《建设工程规划许可证》。原告在 H 区 K 路 129 号的"某祥汤馆"于 2011 年 4 月 16 日被强行拆除,原址已由第三人建设和修建了单元楼和商业用房。原告未能得到安置和补偿,寻求解决未果,遂认为被告为第三人核发的《建设工程规划许可证》违法,向 B 省住房和城乡建设厅申请行政复议,B 省住房和城乡建设厅于 2012 年 2 月 24 日作出冀建复字(2012)35 号行政复议决定书,决定维持被告所核发的建字第 13×××1003903 号《建设工程规划许可证》,原告对该决定书不服而提起行政诉讼,也即本案。

一审法院判决:确认被告 Q 市城乡规划局为第三人 H 房地产开发有限公司核发建字第 13×××1003903 号《建设工程规划许可证》的行为违法。

一审判决后,原告和被告均提起上诉,二审法院审理后判决:驳回上诉,维持原判。

各方观点

李某祥观点:1. Q 市建设局证明 K 路商业街 A、B、C、D 区不具备工程施工手续。Q 市国土资源局证明原告所在房屋土地至今未出让给第三人。2. 被告为第三人核发《建设工程规划许可证》损害了公共利益。3.《建设工程规划许可证》没有许可的内容。4. 原告的房屋不在秦土供(2003)第 20 号准予工地通知的范围内。

Q 市城乡规划局观点:原告不是《建设工程规划许可证》的利害关系人,无权诉讼。是否拆除与规划许可证无关。

H 房地产开发有限公司观点:第三人实施的改造项目是完全按照法律程序进行的。原告房屋的拆除与第三人无关。

> **法院观点**

一审法院观点：原告具有合法手续的房屋在被告为第三人核发的建设工程规划许可证的建设位置范围之内，原告与被诉的具体行政行为具有法律上的利害关系，是本案的适格原告。第三人申请被告核发《建设工程规划许可证》仅提供了书面申请、供地通知、工程设计方案等证据材料，至今未能向被告提供土地权属证明。被告依据第三人提供的上述证据材料为第三人核发《建设工程规划许可证》未能按照办理建设工程规划许可证程序规定填写制式申请书，而制式申请书对土地权属和工程设计等均有要求。在为第三人核发《建设工程规划许可证》之后，也未公布建设工程设计方案的总平面图，故被告为第三人核发《建设工程规划许可证》的行为认定事实不清，主要证据不足，违反法定程序，依法应予以撤销。但是撤销该行为可能会给公共利益造成重大损失，法院为避免给公共利益造成重大损失，同时保护原告的合法利益，依照《最高人民法院关于执行〈中华人民共和国行政诉讼法〉若干问题的解释》[①] 第 58 条之规定，确认被告为第三人核发建字第 13×××1003903 号《建设工程规划许可证》的行为违法。

二审法院观点：第三人申请上诉人 Q 市城乡规划局核发《建设工程规划许可证》应当按照法律规定提交相关的证据材料。上诉人 Q 市城乡规划局在第三人提交的材料不符合法律规定的情况下为其核发《建设工程规划许可证》违反法律规定，故上诉人 Q 市城乡规划局为第三人核发《建设工程规划许可证》的行为依法应予以撤销。但是撤销该行为可能会给公共利益造成重大损失，为避免给公共利益造成重大损失，同时保护上诉人李某祥的合法权益，依法确认上诉人 Q 市城乡规划局为第三人核发建字第 13×××1003903 号《建设工程规划许可证》的行为违法。原审认定事实清楚，适用法律正确。故驳回上诉，维持原判。

---

① 已于 2018 年 2 月 8 日被《最高人民法院关于适用〈中华人民共和国行政诉讼法〉的解释》废止。本书案例中适用的法律法规等条文均为案件裁判当时有效，下文不再对此进行提示。

关联案例 1

案件名称：徐某源等八人与 F 县自然资源和规划局建设工程规划行政许可纠纷案

审理法院：安徽省高级人民法院（2020）皖行申 283 号①

裁判观点：《行政许可法》第 36 条规定，行政机关对行政许可申请审查时，发现行政许可事项直接关系他人重大利益的，应当告知该利害关系人。本案中，原 F 县城乡规划局于 2016 年 10 月 25 日向 Z 分公司核发的建字 34042120160××××号《建设工程规划许可证》，没有履行行政许可听证告知程序，未听取利害关系人的意见，其作出的建设工程规划行政许可行为程序违法，依法应予撤销。鉴于规划许可涉及的楼房已完工，撤销该行政行为会导致诸多法律关系处于不稳定状态，给国家、社会公共利益造成重大损害，原审判决确认原 F 县城乡规划局颁证行为违法并无不当。

关联案例 2

案件名称：黎某与 L 市规划局行政许可纠纷上诉案

审理法院：甘肃省高级人民法院（2018）甘行终 75 号②

裁判观点：本案被上诉人市规划局核发建设工程规划许可证的行为，主要证据不足，违反法定程序，应当予以撤销，但涉案项目建筑物已封顶，住宅楼房屋已预售，如果撤销被诉行为会给社会公共利益造成重大损害，根据《行政诉讼法》第 74 条第 1 款第 1 项规定，行政行为依法应当撤销，但撤销会给国家利益、社会公共利益造成重大损害的，人民法院判决确认违法，但不撤销行政行为。判决撤销一审判决，确认被上诉人 L 市城乡规划局 2013 年 4 月 25 日向原审第三人某房地产开发有限公司核发《建设工程规划许可证》行为违法。

律师点评

本案系建设工程规划许可中较为常见的行政诉讼，原告认为行政机关向第三人颁发规划许可证违法并对自身利益造成损害，要求法院予以撤销。本案被告在核发《建设工程规划许可证》之时，申请人也即第三人未能向被告

---

① 载中国裁判文书网，https：//wenshu.court.gov.cn/website/wenshu/181107ANFZ0BXSK4/index.html? docId=8c09c882e32645fdbe07ab98009716fc，最后访问时间：2022 年 6 月 25 日。

② 载中国裁判文书网，https：//wenshu.court.gov.cn/website/wenshu/181107ANFZ0BXSK4/index.html? docId=1ba3c95510784eeea8aba94c007c626a，最后访问时间：2022 年 6 月 25 日。

提供土地权属证明（且审判之时尚未提供），在核发之后也未公布建设工程设计方案的总平面图，故被告为第三人核发《建设工程规划许可证》的行为认定事实不清，主要证据不足，违反法定程序，该行政行为的违法是显而易见的，依法应予以撤销。

但是，一审法院并未直接撤销该违法行政行为，而只是确认该行政行为违法。原告对此不服提起了上诉。因此，本案的主要争议焦点不在于被诉行政行为是否违法，而是法院对于违法行政行为应做出怎样的判决。同样是违法颁发规划许可证，行政机关所承担的法律后果为何不同，两者有何区别；法院是如何根据实际情况对同样违法的行政行为做出不同判决的。以下将就此进行分析和点评：

一、做出违法建设工程规划许可行为可能产生的法律后果

先来看看我国法律关于法院对于违法行政行为的审判是如何规定的：

我国《行政诉讼法》第70条规定，行政行为有下列情形之一的，人民法院判决撤销或者部分撤销，并可以判决被告重新作出行政行为：（一）主要证据不足的；（二）适用法律、法规错误的；（三）违反法定程序的；（四）超越职权的；（五）滥用职权的；（六）明显不当的。

《行政诉讼法》第74条第1款第1项规定，行政行为依法应当撤销，但撤销会给国家利益、社会公共利益造成重大损害的，人民法院应当判决确认行政行为违法，但不撤销行政行为。第76条规定，作出确认被诉行政行为违法或者无效的判决，可以同时责令被诉行政机关采取相应的补救措施；给原告造成损害的，依法判决被告承担赔偿责任。

根据上述法律规定，人民法院对于违法建设工程规划许可的行政行为可能做出两种判决：1.依法予以撤销；2.确认其违法，并责令行政机关采取相应补救措施。这两种判决所产生的法律后果是完全不同的。撤销判决的本质是通过司法判决将被认定为违法的行政行为在法律上彻底消灭。在撤销判决之下，依法被撤销的行政行为是无法律效力的行政行为，因此当事人不受它的拘束。当事人不履行它所规定的义务，不承担法律责任。因此，具体行政行为被撤销后，应当尽可能恢复到具体行政行为发生以前的状态。具体到违法建设工程规划许可的行政行为上，依法被撤销的规划许可行为自始无效，根据该规划许可进行的建设行为均是违法行为，依照该规划许可建造起来的建筑是违法建筑，规划许可所指向的建设项目应恢复到规划许可行为发生前的状态。而确认违法判决的本质是通过司法判决确认违法的行政行为不具有合法性但该行政行为在法律上仍然存在。依法被确认违法的行政行为是有效的行政行为，即其法律效力等同于合法的行政行为。具体到违法建设工程规划许可的行政行为上，尽管行政机关颁发建设工程规划许可证的行为被确认违法，但其所颁发的建设工程规划许可证仍然有效，基于该建设工程规划许可证进行的建设行为是合法的，所建造的建设项目也是合法建筑，在满足法定条件的情况下，权利人可就该建设项目取得合法的权利证书。因此，同样针对违法的行政行为，撤销判决和确认违法判决产生的法律后果却是截然相反的。

二、法院如何根据利益损害程度对违法建设工程规划许可行为做出不同判决

《行政诉讼法》第74条第1款规定是在原《最高人民法院关于执行〈中华人民共和国行政诉讼法〉若干问题的解释》第58条[①]关于撤销判决规定之外创设的行政诉讼确认违法判决适用的一种特殊情形。确认违法判决是在撤销判决可能引起更大的利益冲突而又不能适用维持判决或者驳回诉讼请求判决时，法院在上述两种情形的困境之下可选择的"第三条道路"。根据该法律规范，做出确认违法判决的前提是，撤销该具体行政行为将会给国家利益或者公共利益造成重大损失。"国家利益或者公共利益"以及"重大损失"本身是一个并不确定的概念，那么，法院如何在多种利益冲突中找到一种平衡的方法并作适当的应用。这种方法就是利益衡量。

利益衡量是法官自由裁量的体现。法律规范的作用本是排除法官的恣意裁判，保障司法活动的客观性，但利益衡量在法律规范滞后于发展的社会关系时，成为法官自由裁量的突出体现。利益衡量适用于存在无法消除的利益冲突的具体案件。利益衡量所谋求的是一种迂回解决争议的方式，它充分考虑了多方的意见，达成一种利益的均衡。在实践中，法官有时面临的案件之中存在无法消解的利益冲突，主要表现为与案件有关的多种利益均受法律保护，而案件处理的结果只能选择其中一方利益加以保护。行政诉讼是法院解决行政纠纷的一种司法机制，它起源于原告认为行政主体的行政行为侵害其合法权益而向法院提起的诉讼。侵犯个人合法权益的行政行为是违法的，但

---

① 已被《最高人民法院关于适用〈中华人民共和国行政诉讼法〉的解释》废止。

鉴于该行政行为是行政主体基于保护公共利益做出的，撤销该行政行为可能会影响到公共利益；与此同时，撤销违法行政行为后可能引起的国家赔偿也将造成国家利益的损害。确认违法判决正是在这种情形下，通过利益衡量之后做出的一种选择。

那么利益是如何来衡量的呢？人民法院在审理行政诉讼案件时，优先考虑利益的层级。利益分为国家利益、公共利益和个人利益。国家利益应当是指由各级政府以全体人民的名义所代表的具有全国性的利益，如政府对货币、邮政、铁路、航空等事务的管理。公共利益应当是各级政府以管辖区内不特定多数公众的名义所代表的地方的、局部地区的利益，如政府旧城改造，兴建学校、公共图书馆等事务。另外，个人利益是基于个人的正当需求而向他人主张的一种利益要求。这三种利益的常规定位依次是国家利益、公共利益和个人利益。当这三种利益发生冲突时，通常以牺牲较低层级的利益来保障高层级的利益为原则。本案中，被告在核发《建设工程规划许可证》之时，申请人也即第三人未能向被告提供土地权属证明（且审判之时尚未提供），在核发之后也未公布建设工程设计方案的总平面图，故被告为第三人核发《建设工程规划许可证》的行为属违法行为，损害了原告的利益，该利益为个人利益；同时，如果撤销该违法行政行为，新建的单元楼和商业住房将被拆除，这将会造成社会公共资源的极大浪费。同时，新建楼房的业主可以要求国家赔偿，从而给国家利益带来一定的损害。因此，当国家利益、公共利益和个人利益出现冲突时，人民法院选择保护层级较高的国家利益和公共利益，牺牲层级较低的个人利益，从而做出了确认违法的判决。同样，在关联案例2中，被诉具体行政行为虽然违法，但涉案项目建筑物已封顶，住宅楼房屋已预售，如果撤销被诉行为会给社会公共利益造成重大损害，最终人民法院也做出了确认违法的判决。同时，人民法院在衡量利益时，也需遵循利益保护最大化和利益牺牲最小化的原则。本案具备适用确认行政行为违法判决的基本条件。在各项利益发生冲突的情况下，法院采用利益衡量方法，为达到各项利益的最大保护和利益的最小牺牲的目的，做出了确认具体行政行为违法的判决，保持了新建的商品房的合法性，最大限度地保护了国家利益、公共利益以及新建楼房业主的财产权利。

1.2 法院如何认定规划主管部门限期拆除行政处罚决定的效力

——R县S房地产开发有限公司诉R县规划局城乡规划行政处罚及行政赔偿案[①]

> **关 键 词**：城乡规划，违法建筑，行政处罚
>
> **问题提出**：在相对人不服规划主管部门作出的限期拆除违法建筑行政处罚决定而提起行政诉讼时，法院如何认定该行政处罚决定的效力？
>
> **裁判要旨**：规划主管部门作出的限期拆除违法建筑行政处罚决定，符合《城乡规划法》第64条及《行政处罚法》的相关规定，并且不存在显失公平情形的，法院应当依法维持规划主管部门作出的行政处罚决定。

案情简介

原告：R县S房地产开发有限公司

被告：R县规划局

2007年12月5日，R县发展和改革局批复同意原告新建"S大厦"综合大楼项目立项。2008年4月24日，R县规划委员会专家组受原告的委托，组织召开"S大厦"规划方案专家评审会，形成了专家评审意见，原则上同意原告的"S大厦"为单体建筑，地上层数6层，有一层地下室，建筑高度21.9米的规划方案。2009年1月，原告未履行任何审批手续，即对地下室施工。2009年8月27日，原告向被告申请办理"S大厦"的规划许可证，申请用地面积510平方米，总建筑面积4000平方米，建筑层数为七层，建筑高度22.8米。根据原告的申请，2009年9月14日，被告对"S大厦"建筑施工图做出了审查批复及建设工程规划审批意见，颁发了《建设工程规划许可证》给原告，批准总建筑面积4032平方米，建筑总高度22.8米，建筑层数地上六层，地下一层。2010年1月18日，原告向被告递交申请批准"S大厦"设

[①] 本案例系在真实案件基础上加工改写而成。

计调整方案的报告，要求由原地上六层调整为九层。2010年1月27日，被告作出书面回复，要求原告严格按照2009年9月14日核发的《建设工程规划许可证》核定的建设工程规划条件和审查许可的建设工程施工图进行建设。

2010年4月8日，被告工作人员在巡查过程中，发现该工程在进行第六层以上部分的施工，违法建设，2010年4月8日被告向原告下达了《停工通知书》，但原告继续施工，被告又于2010年4月19日下达了《关于责令限期拆除违法建筑的通知》，原告一直未停，继续施工至第八层封顶，才停止施工。"S大厦"实际建筑层数为九层，即地上八层，地下一层，实际建筑高度30米。

2010年4月19日，被告对原告未按照建设工程许可证进行建设的事项立案查处，履行了立案、调查、取证、听证、集体讨论等程序，2010年8月27日，被告向原告下达了行政处罚告知书，原告未在法定期间内申请听证。被告于2010年9月2日对原告作出行政处罚决定书，认为原告所建的"S大厦"未按照被告核发的《建设工程规划许可证》规定的内容进行建设，原告的行为违反了《湖南省实施〈中华人民共和国城乡规划法〉办法》（以下简称：《湖南省实施办法》）[①]第43条的规定，依据该办法第51条规定作出责令原告在2010年9月16日之前自行拆除第七层、第八层违章建筑，并对"S大厦"建筑总面积4458.24平方米处以建筑工程造价10%的罚款222912元（每平方米建筑工程造价500元）的行政处罚决定。

原告认为被告的行政处罚所依据的《建设工程规划许可证》存在审批程序违法、内容错误、显失公正等错误，且在审批、执法的过程中，随意刁难原告，所作出的行政处罚决定不仅违法，也有违公正、公平、适当性原则，应予撤销，由此给原告造成的损失应予以赔偿，遂向法院提起诉讼，请求法院：1. 撤销被告作出的行政处罚决定；2. 责令被告向原告赔偿经济损失967298.25元；3. 责令被告承担本案诉讼费用。

一审法院判决：驳回原告的诉讼请求。

该案原告没有上诉。

各方观点

S公司观点：1. 被告作出行政处罚依据的《建设工程规划许可证》存在

[①] 已于2016年5月1日被《湖南省实施〈中华人民共和国城乡规划法〉办法》废止。

审批程序违法、内容错误、显失公正公平等方面的错误。(1) 被告核发该许可证的审批程序违法,并在其作出的《关于对 S 大厦建筑施工图审查的批复》(以下简称:《批复》) 中对原告设计方案进行肢解,且内容含糊、存在相互矛盾。(2) 被告作出的《建设工程规划审批单》(以下简称:《审批单》) 及《批复》中的内容多处存在矛盾。(3)《建设工程规划许可证》《审批单》及《批复》中关于建筑面积、层数及高度的规定,限制 S 大厦的建设层数和高度没有技术依据。(4) 与 S 大厦相邻的高层建筑物都是八层以上或 30 米以上的高楼,以上建筑物已获被告的规划审批,且已建好,而被告却刻意降低原告 S 大厦的建筑高度、层数,核定 S 大厦的建设层数为地上六层,显失公平。

2. 被告对原告的申辩意见不予理会,顽固地坚持自己的错误。原告收到被告颁发的《建设工程规划许可证》《审批单》《批复》后,多次要求被告变更其中错误的内容,要求将建筑层数由地上六层调整为地上八层,被告直至 2010 年 1 月 21 日才回复不同意,被告不同意的理由明显不能成立。

3. 被告故意随意刁难原告。在原告施工过程中,被告向原告送达《整改通知》和《停工通知书》,要求原告拆除外挑雨棚违法部分,被告此举明显是刁难原告。另外,被告的执法程序混乱、违规,执法随意。

4. 假定原告违规建设,被告作出行政处罚要求原告拆除 S 大厦第七层、第八层,也有违公正性及适当性,且违反法律规定。与 S 大厦相邻的并行的多层建筑物有多幢,被告允许其建,原告的建筑物即使违规也比其他建筑物低,又符合规划管理技术规定的间距要求,不是应当拆除的建筑物,根据《城乡规划法》第 64 条、《湖南省实施办法》第 55 条的规定,被告从公正性、公平性、适当性的角度也不应责令原告拆除,而是应责令原告采取改正措施,如补办审批手续等。S 大厦现在地上只建了八层,根据郴州市规划管理技术规定,符合建设工程规划的技术要求。不是无法采取改正措施消除影响而应当拆除的违法建筑。被告要求原告拆除 S 大厦的第七层、第八层违反法律规定。

5. 被告的违法行为已造成原告直接经济损失 90 万元,间接经济损失巨大,被告多次要求原告停止建设,2010 年 11 月 9 日被告∇组织人员拆除了 S 大厦第八层建筑,原告因房屋被拆的经济损失达 90 万元,因不能按期投入使用的间接损失巨大。被告未依法对原告要求颁发 S 大厦的建设规划许可证的申请进行审核、审批,且作出错误的行政处罚决定,责令原告停工,拆除 S 大厦的第七层、第八层,应对原告因此造成的损失予以赔偿。

R 县规划局观点：1. 被告做出的行政处罚决定，认定事实清楚，程序合法，适用法律法规正确，请依法予以维持。原告所建的 S 大厦，向被告申请建设工程规划许可，申请用地面积 510 平方米，总建筑面积 4000 平方米，建筑层数为七层，根据原告的申请，2009 年 9 月 14 日，被告对 S 大厦建筑施工图做出了审查批复及建设工程规划审批意见，颁发了《建设工程规划许可证》给原告，批准总建筑面积 4032 平方米，建筑总高度 22.8 米，建筑层数地上六层，地下一层。在该项目的建设过程中，被告的执法人员发现该工程在进行第六层以上部分的施工，违法建设，即及时对其下达了《停工通知书》，原告置之不理继续施工，被告又于 2010 年 4 月 19 日下达了《关于责令限期拆除违法建筑的通知》，原告一直无视规划法律法规加班加点强行施工，直至第八层封顶。S 大厦的建设存在未按照建设工程规划许可证的规定进行建设，实际建筑层数为地上八层，实际建筑高度 30 米的违法事实。针对原告的以上违法事实，被告进行了立案调查，送达了行政案件听证通知书、行政处罚告知书，被告于 2010 年 8 月 5 日 15 时依法公开组织行政处罚听证会，原告未到场，主动放弃听证的权利，在行政处罚告知书规定的期限内，未提交书面的陈述报告，被告根据《湖南省实施办法》第 51 条规定作出行政处罚决定，适用法律法规正确。

2. 原告诉请撤销被告做出的行政处罚决定的理由不成立。（1）原告主张被告核发《建设工程规划许可证》的审批程序违法，理由不能成立。第一，被告核发该许可证是根据原告的申请以及原告 S 大厦规划方案专家评审意见，是严格按照法定程序作出的行政许可，合法有效。第二，行政许可一经作出即具有法律约束力，不容许相对人作任意扩大的解释，许可相对人必须在许可的范围内从事活动。第三，本案诉讼是对被告做出的行政处罚决定这一具体行政行为合法性进行审查，核发该规划许可是另一具体行政行为。原告主张被告核发的《建设工程规划许可证》的审批程序违法，应在法定期限内另行提起诉讼，不在本案的审理范围。（2）原告请求判决被告承担其损失 90 万元，没有事实和法律依据。对于原告的违法行为，被告作出拆除违法建筑行政处罚，经报请县人民政府，已责成有关部门强制拆除。超规划范围的违法建筑未形成之前，被告多次下达书面改正、停止违法建筑的通知书，原告置被告的监管及规划法律法规不顾，加班加点强行施工，直至第八层封顶，属违法建筑，其请求被告赔偿损失没有事实和法律上的依据。

法院观点

法院经审理后认为，下列问题是本案争议的焦点：

1. 本案的案由应定为城乡规划行政处罚及行政赔偿纠纷。本案的立案案由是不服规划管理限期拆除违章建筑、罚款处罚决定纠纷，根据《最高人民法院关于规范行政案件案由的通知》① 规定，应根据审理后确定的法律关系性质来确定结案案由。本案涉及并解决的是城乡规划管理过程中的行政处罚以及行政赔偿的问题，应定为城乡规划行政处罚及行政赔偿纠纷。

2. 被告执法随意性的问题。事实上，被告是根据原告地上六层、地下一层的申请作出规划许可的，在颁发许可证之前，原告已经未批先建。原告事后还书面要求变更规划条件，但是未获被告批准。因此，原告没有经过法定程序变更规划条件，被告已经作出的行政许可仍具有法律约束力，原告须在许可的范围内施工建设，原告提出被告的执法随意性并没有事实依据。

3. 被告作出拆除 S 大厦第七层、第八层建筑决定的理由是否充分的问题。本案中的焦点是原告多建了第七层、第八层建筑物，即"S 大厦"的高度、面积超过了行政许可的范围。根据《C 市城市规划区国有土地建设用地性质变更和容积率调整管理暂行办法》第 17 条第 1 款第 2 项规定总建筑面积 1000—5000 平方米（含 5000 平方米）的最大允许误差为 3%，原告实测建筑面积超过最大允许误差范围，即审批 4032 平方米，实际建 4458.24 平方米，已经超 305.28 平方米，依照 C 市的相关规定，原告认为可以采取补办审批手续等改正措施的理由不足，故被告对原告的 S 大厦第八层拆除符合相关规定。

综上，根据《城乡规划法》第 40 条规定，在城市规划区内进行新建、扩建和改建建筑物，必须申请核发《建设工程规划许可证》。原告在 2009 年 1 月建设"S 大厦"，是在《城乡规划法》颁布实施之后，理应申请核发《建设工程规划许可证》，但未申请发证即擅自建设，其行为违反了《城乡规划法》第 40 条的规定。《城乡规划法》第 43 条第 1 款规定，建设单位应当按照规划条件进行建设；确需变更的，必须向城市、县人民政府城乡规划主管部门提

---

① 已于2021年1月1日被《最高人民法院印发〈关于行政案件案由的暂行规定〉的通知》废止。

出申请。变更内容不符合控制性详细规划的，城乡规划主管部门不得批准。原告在未得到被告批准即擅自加建 S 大厦第七层、第八层的建筑物应属违法建筑物。被告依据《湖南省实施办法》第 43 条、第 51 条、第 55 条之规定，对原告于 2010 年 4 月 8 日擅自扩建的 S 大厦第七层、第八层违法建筑作出拆除和对 S 大厦建筑总面积 4458.24 平方米处以建设工程造价 10%的罚款的处罚决定事实清楚，证据确凿，适用法律、法规正确，程序合法，应予支持。原告未履行审批手续施工，施工后虽补办了规划行政许可，但未经法定程序变更规划条件即施工建设，其行为违反了《城乡规划法》的相关规定，故原告要求撤销被告的处罚决定和要求被告赔偿经济损失的理由不能成立。

关联案例 1

案件名称：郭某军与 Z 市国土资源局行政处罚纠纷案

审理法院：浙江省绍兴市中级人民法院（2008）绍中行终字第 37 号[①]

裁判观点：《行政处罚法》规定，违法行为轻微并及时改正，没有造成危害后果的，不予行政处罚。说明行政执法中行政裁量必须遵循执法成本和执法收益的均衡，应当符合比例原则。从行政执法目的和手段关系而言，手段对目的应当是适当的，虽然行政目的是正确的，但也必须选择合适的手段。行政机关必须选择相对成本最小的执法手段，选择对行政相对人最小侵害的方式，从而使行政执法的成本与执法收益相一致。本案上诉人郭某军在拆除 60 多平方米老房的原宅基地上，重建一间 40.96 平方米的住宅，并未多占其他土地面积，也未改变土地用途和性质，从庭审调查情况及双方提交的证据看，上诉人重建房屋是否违反城市规划及所在村区域是否有具体的规划要求，被上诉人未提供充分的证据予以证明。而且从实际状况看，上诉人的重建房屋与其他房屋在结构上已连为一体。可见，上诉人违法行为的事实、性质、情节以及社会危害程度相比于其他未经审批非法占地行为相对轻微。

---

① 载中国裁判文书网，https://wenshu.court.gov.cn/website/wenshu/181107ANFZ0BXSK4/index.html? docId=545008c0f01e4bf983d1338bb8aac959，最后访问时间：2022 年 6 月 25 日。

关联案例 2

案件名称：L 市 T 房地产开发有限公司与 L 市 Y 区自然资源局行政处罚纠纷案

审理法院：福建省龙岩市中级人民法院（2020）闽 08 行终 188 号①

裁判观点：《城乡规划法》第 43 条第 1 款规定："建设单位应当按照规划条件进行建设；确需变更的，必须向城市、县人民政府城乡规划主管部门提出申请。变更内容不符合控制性详细规划的，城乡规划主管部门不得批准。城市、县人民政府城乡规划主管部门应当及时将依法变更后的规划条件通报同级土地主管部门并公示。"本案中，在未申请办理变更规划条件和建设工程规划许可证内容的情况下，上诉人 T 公司在 X 广场 1 号楼楼顶扩建加层 152.21 平方米建筑，该加建部分属于未取得建设工程规划主管部门规划许可的违法建筑。而且，X 广场 1 号楼目前的规划条件未依法变更之前，未实施该规划条件，则在其顶楼所扩建加层的建筑属于"无法采取改正措施消除影响的"情形，并不能经改建或者采取其他改正措施达到城乡规划要求，故依法应当限期拆除。被诉行政行为决定责令 T 公司限期拆除涉案违法建筑，适用法律正确。上诉人 T 公司认为经过政府和相关主管部门协调后同意完善建设，属于合法建设，主张涉案建筑不可拆除，但其所举 2019 年 6 月 18 日《情况说明》并不能充分有效证明涉案规划条件已依法变更或构成政府及有关主管部门的行政承诺，未举证拆除会对房屋整体主体结构安全造成影响的相关证据，故上述主张的事实和法律依据不足，本院不予支持。

关联案例 3

案件名称：王某与 B 市 P 区 D 镇人民政府行政赔偿纠纷案

审理法院：北京市第三中级人民法院（2014）三中行终字第 272 号②

裁判观点：本院认为，根据《国家赔偿法》第 2 条第 1 款的规定，国家机关和国家机关工作人员行使职权，有本法规定的侵犯公民、法人和其他组织合法权益的情形，造成损害的，受害人有依法取得国家赔偿的权利。本案中，王某建设涉案房屋未取得规划审批手续，系违法建设。因此，王某所主张的 D 镇政府强制拆除行为给其房屋造成的损失，并非前述《国家赔偿法》第 2 条第 1 款规定的应予行政赔偿的合法权益。

---

① 载中国裁判文书网，https://wenshu.court.gov.cn/website/wenshu/181107ANFZ0BXSK4/index.html?docId=81f97584f96742889a3dad1200a58611，最后访问时间：2022 年 6 月 25 日。

② 载中国裁判文书网，https://wenshu.court.gov.cn/website/wenshu/181107ANFZ0BXSK4/index.html?docId=97c3be1eeb6447bbbf1cc7cd54fc4556，最后访问时间：2022 年 6 月 25 日。

律师点评

本案属于一起房产公司不服规划部门限期拆除违法建筑的行政处罚决定而提起行政诉讼及行政赔偿诉讼而败诉的案例。此类案例在司法实践中并不少见。本案中,规划主管部门依法对违法建筑的建设者作出了限期拆除违法建筑行政处罚决定,在房产公司未自行拆除违法建筑的情况下,规划主管部门还依法报请县政府组织有关部门强制拆除了违法建筑,房产公司针对规划主管部门作出的限期拆除违法建筑行政处罚决定提起行政诉讼,还一并提出了要求规划主管部门赔偿因此给房产公司造成损失的行政赔偿请求。因而从本案所涉及的相关法律问题上看,较为典型和全面。

规划主管部门作出的限期拆除违法建筑的行政处罚决定属于具体行政行为中的行政处罚,《行政诉讼法》第 6 条规定:"人民法院审理行政案件,对行政行为是否合法进行审查。"第 77 条第 1 款规定:"行政处罚明显不当,或者其他行政行为涉及对款额的确定、认定确有错误的,人民法院可以判决变更。"即人民法院对规划主管部门作出的限期拆除违法建筑行政处罚进行审查时,不仅需要审查行政处罚是否合法,还要审查行政处罚是否明显不当(可称为行政处罚的合理性问题):

一、规划主管部门作出的限期拆除违法建筑行政处罚决定的合法性审查问题

具体行政行为的合法,必须具备行政主体合法、行为权限合法、行为内容合法、行为程序合法和行为行使合法五个条件。[①] 根据《行政诉讼法》第 69 条的规定:"行政行为证据确凿,适用法律、法规正确,符合法定程序的,或者原告申请被告履行法定职责或者给付义务理由不成立的,人民法院判决驳回原告的诉讼请求。"即法院对行政行为合法性的审查,主要可分为事实认定、法律适用两个方面(其他问题如是否符合法定程序等均可纳入法律适用范畴)。规划主管部门在作出限期拆除违法建筑行政处罚决定时,不仅需要适用《城乡规划法》和当地立法机关制定的地方性法规等规划法律法规中的相关规定,还需要适用《行政处罚法》中的相关规定,法院也需要依据《城乡

---

① 姜明安主编:《行政法与行政诉讼法(第五版)》,北京大学出版社、高等教育出版社 2011 年版,第 200 页。

规划法》等规划法律法规和《行政处罚法》对规划主管部门作出的限期拆除违法建筑行政处罚决定的合法性进行审查。

《城乡规划法》等规划法律法规中对建设单位违反规划法律法规进行建设应承担的法律责任及对违法建筑的处理问题作了非常明确的规定。《城乡规划法》第64条规定："未取得建设工程规划许可证或者未按照建设工程规划许可证的规定进行建设的，由县级以上地方人民政府城乡规划主管部门责令停止建设；尚可采取改正措施消除对规划实施的影响的，限期改正，处建设工程造价百分之五以上百分之十以下的罚款；无法采取改正措施消除影响的，限期拆除，不能拆除的，没收实物或者违法收入，可以并处建设工程造价百分之十以下的罚款。"各地人大常委会制定的有关实施《城乡规划法》办法中也作了与《城乡规划法》第64条相同或基本相同的规定，如《湖南省实施办法》第47条、《福建省实施〈中华人民共和国城乡规划法〉办法》第67条。本案中，原告S公司在未得到规划主管部门批准的情况下即擅自加建S大厦第七层、第八层的建筑物，显然属于《城乡规划法》第64条、《湖南省实施办法》第47条中所规定的"未按照建设工程规划许可证的规定进行建设"的违法行为，S公司应当按照上述规定承担相应的法律责任。

而《行政处罚法》作为行政处罚基本法对行政处罚决定的作出、行政处罚程序等作出了非常明确的规定，如《行政处罚法》第44条规定："行政机关在作出行政处罚决定之前，应当告知当事人作出行政处罚决定的事实、理由及依据，并告知当事人依法享有的权利。"违反《行政处罚法》的相关规定(如在处罚决定作出之前并未告知当事人作出行政处罚决定的事实、理由及依据等)将会导致行政机关作出的行政处罚决定被认定为违法。本案中R县规划局作出限期拆除违法建筑行政处罚时，履行了立案、调查、取证、听证、集体讨论等程序，并事先向原告下达了行政处罚告知书，符合《行政处罚法》中的相关规定。

对行政相对人而言，在对具体行政行为提起行政诉讼时有一个问题需要予以注意，行政机关在行政管理过程中可能会先后作出数个行政行为，如本案中，规划主管部门除了作出限期拆除违法建筑行政处罚之外，还作出了规划行政许可行为、要求整改、要求停工、强制拆除违法建筑等其他具体行政行为，这些具体行政行为之间虽然相互关联，但彼此独立，属于不同的行政法律关系。每一个行政行为均具有可诉性，如行政相对人仅针对其中一个具体行政行为提起行政诉讼，该行政诉讼的审查内容即为该行政行为的合法性，其他行政行为是否合法或者行政机关是否存在其他违法行为并不属于该行政诉讼的审查范围。本案原告仅针对规划局作出的限期拆除违法建筑的行政处罚提起诉讼，本案的审查范围即为限期拆除违法建筑的行政处罚的合法性问题（包括是否明显不当），原告应重点分析和论证该行政处罚是否合法（包括是否明显不当），而不应将精力过多集中于规划主管部门作出的其他行为是否合法，本案原告的观点一、二和三即属于过多纠缠规划局作出的其他行为的合法性问题。在司法实践中，行政相对人在针对某个行政行为提起的行政诉讼中以行政机关存在其他违法行为或违法因素（包括行政机关作出的其他具体行政行为违法、不履行法定职责等）为由来要求认定该具体行政行为违法，基本上都不会得到法院的支持。

二、规划主管部门作出的限期拆除违法建筑行政处罚决定的合理性审查问题

根据《城乡规划法》第64条的规定，立法机关赋予了规划主管部门以行政自由裁量权，规划主管部门在查处"未取得建设工程规划许可证或者未按照建设工程规划许可证的规定进行建设"的违法行为时，需要依法行使行政自由裁量权，区分不同性质的违法建筑并处以不同种类的行政处罚，对"尚可采取改正措施消除对规划实施的影响的"，作出"限期改正，处建设工程造价百分之五以上百分之十以下的罚款"的行政处罚；对"无法采取改正措施消除影响的"，作出"限期拆除，不能拆除的，没收实物或者违法收入，可以并处建设工程造价百分之十以下的罚款"的行政处罚。即规划主管部门在适用《城乡规划法》第64条作出行政处罚决定时，将不可避免地涉及行政自由裁量权的行使问题。法学理论和法律实践一直在试图有效规制规划主管部门对行政自由裁量权的行使，目前至少有以下两种规制方式：

1. 地方立法机关在制定《城乡规划法》的实施办法时，在实施办法中对规划主管部门的行政自由裁量权进行明确或限制。如《湖南省实施办法》第47条规定："有下列情形之一的，属于前款规定的无法采取改正措施消除影响的情形：（一）严重影响公共安全、环境卫生或者生产、生活秩序的；（二）改变规划条件的强制性指标，且无法纠正的；（三）无法采取改正措施消除影响的其他情形。"《福建省实施〈中华人民共和国城乡规划法〉办法》第67条第2款及第3款规定："有下列情形之一，认定为无法采取改正措施消除对规划实施影响的违法建设：（一）违反本办法第二十四条规定进行建设的；（二）擅自占用地下工程或者压占城市管线、永久性测量标志进行建设的；（三）影响国家和省重点工程项目建设的；（四）对文物保护、风景名胜区保护造成严重影响的；（五）其他无法采取改正措施消除对规划实施影响的。可以采取改正措施消除对规划实施的影响的违法建设，是指前款规定情形以外，经改建或者采取其他改正措施可以达到城乡规划要求的违法建设。"地方立法机关在其制定的地方性法规中对"无法采取改正措施消除对规划实施的影响"的违法建筑的具体情形作出概括列举式规定时，法院需要审查规划主管部门行使自由裁量权是否符合这些地方性法规中的规定，可以有效规制规划主管部门对行政自由裁量权的行使。

2. 在司法实践中通过适用比例原则来对行政自由裁量权进行相应规制。所谓比例原则，是指行政机关实施行政行为应兼顾行政目标的实现和保护相对人的权益，如为实现行政目标可能对相对人权益造成某种不利影响时，应将这种不利影响限制在尽可能小的范围和限度内，保持二者处于适度的比例。比例原则有广义和狭义之分，广义比例原则包括三项次级原则：必要性原则、适当性原则、最小损害原则；狭义的比例原则即最小损害原则，指行政机关实施行政行为，其目的和手段必须对称和相适应，行政机关不得采取超过目的需要的过度的措施，应尽可能使行政相对人的损失减少到最低限度。[①]《行政诉讼法》第77条第1款的规定（"行政处罚明显不当，或者其他行政行为涉及对款额的确定、认定确有错误的，人民法院可以判决变更"）为比例原则在我国司法实践中的适用提供了法律依据。本案中原告认为被告规划局作出行政处罚要求原告拆除S大厦第七层、第八层有违公正性及适当性（见原告的观点四），即包含适用比例原则的要求，只是该要求不符合有关规划法律法规规定而并未被法院所采纳和支持。

此外，需要予以注意的是，根据原《城市规划法》第42条的规定，规划主管部门作出的行政处罚决定需要由作出处罚决定的机关申请人民法院强制执行，而《城乡规划法》第68条规定："城乡规划主管部门作出责令停止建设或者限期拆除的决定后，当事人不停止建设或者逾期不拆除的，建设工程

[①] 姜明安主编：《行政法与行政诉讼法（第五版）》，北京大学出版社、高等教育出版社2011年版，第74—75页。

所在地县级以上地方人民政府可以责成有关部门采取查封施工现场、强制拆除等措施。"本案中，规划主管部门即先后两次根据该规定报请县政府责成有关部门强制拆除了原告的违章建筑。对规划主管部门作出的责令停止建设或者限期拆除的决定的执行而言，申请人民法院强制执行显然需要耗费较长的时间、效率低下，而改由行政机关自行执行，显然会更加便捷和高效，更加有利于对违章建筑的依法、及时查处，在违章建筑建成之前即予以及时强制拆除。而且司法实践观点认为对违章建筑而言，不存在应当依法予以保护的合法权益，即使规划主管部门存在违法行使职权的情形，行政相对人也无权请求行政赔偿。因此，建设单位应当严格按照规划法律法规的规定进行建设，遵循"先规划、后建设"的原则，切忌抱有通过造成既成事实后"迫使"规划主管部门最终罚款了事的侥幸心理，否则，结果往往会是违章建筑被强制拆除而损失惨重。

1.3 行政处罚明显不当，法院有权直接变更行政处罚内容

——F 公司诉 H 市规划局行政处罚纠纷案①

> 关 键 词：规划许可，行政处罚，显失公正
>
> 问题提出：行政处罚行为显失公正的定性以及法律后果？
>
> 关联问题：行政自由裁量有哪些限制？
>
> 裁判要旨：行政部门所作的处罚决定必须以事实为依据，与违法行为的事实、性质、情节以及社会危害程度相当，应针对影响的程度，既要保证行政管理目标的实现，又要兼顾保护相对人的权益，应以达到行政执法目的和目标为限，尽可能使相对人的权益遭受最小的侵害。而本案中，H 市规划局所作的处罚决定不必要地增加了 F 公司的损失，给被上诉人造成了过度的不利影响，该处罚决定应属于显失公正，法院依法予以变更。

---

① 本案例系在真实案件基础上加工改写而成。

案情简介

原告（被上诉人）：F公司

被告（上诉人）：H市规划局

被上诉人F公司所建9层商服楼，位于H市D区Z街108号院，院内原有两栋楼房所有权原属T公司，两楼占地547平方米，土地使用面积1031.60平方米。1993年4月，T公司向H市规划土地管理局（1995年10月分为土地管理局和规划局）申请翻扩建院内2层楼房。同年6月17日，T公司将Z街108号两栋楼房卖给了F公司。12月7日，H市规划土地管理局颁发93（地）字246号《建设用地规划许可证》，同意T公司翻建D区Z街108号楼。1994年1月6日，H市规划土地管理局核发建设用地许可证批准建设用地211.54平方米，建筑面积680平方米的3层建筑。5月9日，H市规划土地管理局核发给T公司94（审）1004号《建设工程规划许可证》。同年6月24日，T公司与F公司共同向规划土地管理局申请扩建改造Z街108号楼。申请增建4层，面积为1200平方米。在没有得到H市规划土地管理局答复的情况下，F公司依据T公司取得的《建设工程规划许可证》，于1994年7月末开始组织施工，F公司将Z街108号院内原有2层建筑拆除，建成地下1层、地面9层（建筑面积3800平方米）的建筑物，将Z街108号临街原有3层建筑拆除，建成地下1层、地面9层（建筑面积6164平方米）的建筑物。

1996年8月12日，规划局对F公司作出行政处罚决定。认定：一、F公司未经市规划管理部门批准，未取得《建设工程规划许可证》，于1995年8月，将Z街108号（原为138号）临街原有3层建筑（建筑面积1678.21平方米）拆除，建成地下1层、地面临Z街为6层、后退2.2米为8层、从8层再后退4.4米为9层（建筑面积6164平方米）的建筑物，违反了《城市规划法》第29条、第32条和《黑龙江省实施〈中华人民共和国城市规划法〉办法》①第23条规定。依据《城市规划法》第40条和《黑龙江省实施〈中华人民共和国城市规划法〉办法》第41条规定，作如下处理：1.拆除地面工程5、6、7、8、9层，拆除部分合计建筑面积为2964平方米。2.地下1层、地面1、2、3、4层部分予以罚款保留，处罚建筑面积3200平方米，罚款

---

① 已于2015年3月1日废止，下同。

192000元。二、F公司在1994年6月将Z街108号院内原有2层建筑拆除，建成地下1层、地面9层（建筑面积3800平方米）的建筑物，违反了《城市规划法》第29条、第32条和《黑龙江省实施〈中华人民共和国城市规划法〉办法》第23条规定。依据《城市规划法》第40条和《黑龙江省实施〈中华人民共和国城市规划法〉办法》第41条规定，作如下处理：1. 拆除地面工程8、9层，拆除部分建筑面积为760平方米。2. 对地下1层，地面1、2、3、4、5、6、7层予以罚款保留，处罚建筑面积3040平方米，罚款182400元。F公司不服上述处罚决定，向一审法院提起行政诉讼。

一审法院判决：一、撤销H市规划局H规罚决字（1996）第1号行政处罚决定中第一部分第1项和第2项的罚款部分；撤销第二部分第1项和第2项的罚款部分（即拆除Z街临街建筑部分的5、6、7、8、9层，拆除面积2964平方米，罚款192000元；拆除Z街院内建筑部分8、9层，拆除面积760平方米，罚款182400元）。二、维持H市规划局H规罚决字（1996）第1号行政处罚决定第一部分第2项的保留部分；维持第二部分第2项的保留部分（即Z街108号临街建筑地下1层，地上1、2、3、4层部分予以罚款保留；Z街108号院内建筑地下1层，地面1、2、3、4、5、6、7层予以罚款保留）。三、变更H市规划局哈规罚决字（1996）第1号行政处罚决定对该楼的拆除部分，变更为：该楼第七层由Z街方向向后平行拆至第3/2支撑柱；第八层从Z街方向向后平行拆至第3支撑柱；第九层从Z街方向向后拆至第4支撑柱；第七、八、九层电梯间予以保留，电梯间门前保留一个柱距面积通行道（上列所提柱距依H市纺织建筑设计院1999年3月18日现场实测F楼七至九层平面图纸和规划局、F公司现场认同立面图为准），对该违章建筑罚款398480元。上述罚款于本判决发生法律效力后一个月内履行，上述罚款履行后F公司、规划局于一个月内补办有关手续。

二审法院判决：驳回上诉，维持原判。

各方观点

H市规划局观点：F公司违法建设工程，从来没有办理过规划审批手续，该违法工程破坏了Z街的景观，严重影响城市规划，违反了城市规划法的有关规定。上诉人依法作出了哈规罚决字（1996）第1号行政处罚决定，该处罚决定合法、公正。原审法院认定上诉人对F公司申报的工程建设申请在法定期内未作答复，应当承担责任，与事实不符；原审判决还认定上诉人下达停工通知时，F公司违法建设工程已主体完工并开始装修，由于上诉人没有依法履行职责，造成既成事实，增加了处理难度，这一认定是不客观的。上诉人H规罚决字（1996）第1号行政处罚决定是根据F公司违法建设工程的性质、情节及其对社会的危害程度依法作出的，该处罚决定合法公正，不存在处罚显失公正的问题。原审判决以行政处罚显失公正为由，判决对上诉人哈规罚决字（1996）第1号行政处罚决定予以变更，未能达到保护Z街景观的目的。

F公司观点：H市规划局H规罚决字（1996）第1号行政处罚决定内容存在明显的滥用职权和显失公正问题。原审判决认定事实清楚，适用法律法规正确。

法院观点

一审法院观点：F公司在H市Z街108号所建商服楼房，开工依据是原T公司得到批准的对Z街108号院内楼房的改建588平方米的建设规划许可。对Z街108号临街楼房的翻建没有批准手续，未取得建设规划许可。F公司现已建成的面积为9964平方米的9层楼房，部分是违反建设工程规划许可的建筑，部分是未取得规划许可的建筑，应认定是违反《城市规划法》的建设行为，应予处罚。规划局下达了H规土罚字（1994）第002号行政处罚决定后，又以主体不符及内部管理等问题为由，下达了H城规罚字（1995）第018号行政处罚决定，且该决定认定"严重影响了Z街景观"的法律依据不足。经规划局批准在同处Z街位置上的多处建筑均属高层，其高度与F公司所建楼房高度超过12米性质相同。另有经批准而超高建筑给予罚款保留处理，还有未经批准而超高的建筑至今未作处理，规划局对在Z街上的违法建筑存在同责不同罚的现象。规划局确定了Z街保护建筑"外文书店"为影响Z街景观的参照标准，就应以F公司建筑物遮挡该书店多少，就决定拆除多少是正确的。经勘验，规划局所作的处罚拆除面积超过遮挡面积，故对F公司的违建行为处罚显失公正。规划局举证对F公司处罚依据是1986年经国务院批准的"H市城市总体规划"，此规划没有对Z街建筑物规模、体量和高度作规定。规划局又举证1996年10月规划文本有对Z街建筑物的体量、高度的规定，但此规划制定、报审时，F公司楼已建成，且该规划文本至今未经国务院批准，不具有法律效力。且是在 F 公司建楼之后制定，不能作为对 F 公司处罚的依据。鉴于 F 公司建楼系违法建筑，规划局处罚显失公正，对规划局具体行政行为应予变更。

二审法院观点：被上诉人 F 公司未全部取得建设工程规划许可证即在 H 市 Z 街 108 号地段建成面积为 9964 平方米的 9 层商服用房，违反了《城市规划法》第 29 条、第 32 条和《黑龙江省实施〈中华人民共和国城市规划法〉办法》第 23 条的规定，应予处罚。根据《城市规划法》第 37 条、第 40 条的规定，H 市规划局有权对 F 公司违法建设行为进行查处。H 市规划局作出的 H 规罚决字（1996）第 1 号行政处罚决定中，从其作出部分拆除部分罚款保留的处罚内容看，H 市规划局已在事实上认定 F 公司违法建设行为，属于《城市规划法》第 40 条规定的对城市规划有一定影响尚可采取改正措施的情形。诉讼中 H 市规划局称 F 公司所建商服楼严重影响城市规划，与其处罚决定自相矛盾，且未提供足够的证据证明。"H 市城市总体规划"中对 Z 街规划的要求是："在建设中，要从整体环境出发，使新旧建筑互相协调，保证完美的风貌"，该规划中没有关于 Z 街建筑物规模、体量和高度的规定。规划局提供的 1996 年 10 月修编后的 H 市总体规划，有对 Z 街建筑物的体量、高度的具体规定，但该规划尚未经国务院批准，根据《城市规划法》第 21 条第 3 款的规定，不具有法律效力。诉讼中，H 市规划局提出 F 公司建筑物遮挡 Z 街保护建筑新华书店（原外文书店）顶部，影响了 Z 街的整体景观，按国务院批准的"H 市城市总体规划"中关于 Z 街规划的原则规定和 Z 街建筑风貌的实际情况，本案可以是否遮挡新华书店顶部为影响 Z 街景观的参照标准。规划局所作的处罚决定应针对影响的程度，责令 F 公司采取相应的改正措施，既要保证行政管理目标的实现，又要兼顾保护相对人的权益，应以达到行政执法目的和目标为限，尽可能使相对人的权益遭受最小的侵害。而 H 市规划局所作的处罚决定中，拆除的面积明显大于遮挡的面积，不必要地增加了 F 公司的损失，给 F 公司造成了过度的不利影响。原审判决认定该处罚决定显失公正是正确的。原审判决将 H 市规划局所作的处罚决定予以变更，虽然减少了拆除的面积和变更了罚款数额，但同样达到了不遮挡新华书店顶部和制裁 F 公司违法建设行为的目的，使 F 公司所建商服楼符合 H 市总体规划中对 Z 街的规划要求，达到了执法的目的，原审所作变更处罚并无不当。原审判决认定事实基本清楚，适用法律、法规正确。

关联案例 1

案件名称：罗某志与 D 市自然资源和规划局行政处罚纠纷案

审理法院：海南省第二中级人民法院（2021）琼 97 行终 146 号[①]

裁判观点：上诉人存在非法占用基本农田进行建设的行为，但上诉人的违法行为存在两种情况，上诉人在 A 块土地上进行的是农用设施建设，土地未硬化；上诉人在 B 块土地上进行的是非农建设，土地已硬化。两者违法行为的事实、性质、情节以及社会危害程度不同，适用法律依据不同，应根据实际调查情况分别进行处罚。被上诉人未进行区分，一律按照非农建设进行处罚，明显不当，违反了《行政处罚法》第 4 条第 2 款"设定和实施行政处罚必须以事实为依据，与违法行为的事实、性质、情节以及社会危害程度相当"的规定，本案被诉行政行为应予撤销，并由被上诉人重新作出处罚决定。一审判决认定事实基本清楚，但适用法律存在错误，判决结果不当，本院予以纠正。

关联案例 2

案件名称：D 食品有限公司与 J 省 S 工商行政管理局行政处罚纠纷案

审理法院：江苏省高级人民法院（2011）苏知行终字第 4 号[②]

裁判观点：本案中，S 工商局在对 D 公司进行行政处罚时，责令其停止侵权行为即可足以达到保护注册商标专用权以及保障消费者和相关公众利益的行政执法目的，但其未考虑到 D 公司存在在先设计且主观上没有攀附任何东华公司注册商标声誉的恶意；D 公司仅为当季一款月饼的包装促销并未长期广泛宣传，在权利人商标获得授权后一个月即被查处，侵权时间很短；权利人作为纺织企业，其注册在食品类别上的"L"商标授权后于 D 公司的设计包装时间，且其尚未实际投入使用，没有任何损失存在。因此，D 公司的侵权性质、行为和情节显著轻微，尚未造成实际危害后果。在此情形下，S 工商局在责令停止侵权行为的同时，对行政相对人并处 50 万元罚款，使行政处罚的结果与违法行为的社会危害程度之间明显不适当，其行政处罚缺乏妥当性和必要性，违反了《行政处罚法》第 4 条规定的过罚相当原则，属于显失公正的行政处罚，依法应予变更。

[①] 载中国裁判文书网，https：//wenshu.court.gov.cn/website/wenshu/181107ANFZ0BXSK4/index.html？docId=f9315836526c4467bb10ad40012a6c53，最后访问时间：2022 年 6 月 25 日。

[②] 本案裁判观点由作者加工整理而成。

> **关联案例 3**
>
> **案件名称：** 孙某习与 H 市公安局 D 分局行政处罚纠纷案
> **审理法院：** 安徽省高级人民法院（2020）皖行申 855 号[①]
> **裁判观点：** D 镇人民政府实施强制清除行为时，孙某习在现场有阻碍其工作人员依法履行职责的行为，D 分局在查明事实基础上，对其予以治安处罚依据充分，但孙某习的阻碍行为情节一般，社会危害程度不大，也未造成严重的后果发生，不属于《治安处罚法》第 50 条规定的情节严重的情形。D 分局对其适用行政拘留十日处罚过重，不符合过罚相当原则。

律师点评

根据《行政诉讼法》第 77 条第 1 款规定，人民法院有权依法对行政机关明显不当的行政处罚予以变更。但是，如何判定行政处罚是否明显不当，目前还缺少相关法律、法规的具体规定以及这方面的司法解释。本文所选的是一起较为典型的有关违法建设的行政处罚"明显不当"的案例，当事人 F 公司在未全部取得建设工程规划许可证的情况下组织施工并建设完成，H 市规划局依职权对该违法建设行为作出了行政处罚，然该行政行为不必要地增加了违反建设单位的损失，处罚过重，经法院认定为"明显不当"而依法判决予以变更，因本案一、二审的主要争议焦点均围绕该行政处罚是否"明显不当"以及法院对此应如何处理，直接对应以下探讨问题的核心内容，值得借鉴。

一、行政处罚"明显不当"前提系该行政处罚形式上合法

根据行政处罚的适应违法行为原则，行政主体实施的行政处罚，必须与受罚人的违法行为的事实、性质、情节及社会危害程度相适应，亦即行政处罚的种类、轻重程度及其减免均应与违法行为相适应。如果行政处罚虽然在形式上不违背法律、法规的规定，但在实质上与法律、法规的精神相违背，损害了社会和他人利益而表现出明显的不恰当，就属于"明显不当"。因此，明显不当的行政处罚是以形式上合法为前提的，即处罚有事实根据和法律根

[①] 载中国裁判文书网，https://wenshu.court.gov.cn/website/wenshu/181107ANFZ0BXSK4/index.html?docId=b0517b37ab684af7abcdaca000449f08，最后访问时间：2022 年 6 月 25 日。

据，处罚没有超出法定的限度、法定的幅度和适用的种类，被处罚人的行为确应受到处罚。

1. 处罚依据是法定的。具体到本案，F公司未全部取得建设工程规划许可证即在H市Z街108号地段建成面积为9964平方米的9层商服用房，存在违法建设的事实。根据原《城市规划法》第29条、第32条以及《黑龙江省实施〈中华人民共和国城市规划法〉办法》第23条第1款的规定，其行为确属于违法建设，应予处罚。

2. 实施处罚的主体依法定职权可以对该具体行政行为进行查处。行政处罚需由具有行政处罚权的行政机关在法定职权范围内实施，没有行政处罚权的行政机关或其他组织一般不能实施行政处罚。本案中，根据原《城市规划法》第40条的规定，H市规划局依法有权对F公司违法建设行为进行查处。

3. 处罚程序是法定的，主要是要求行政机关依照《行政处罚法》及相关法律法规规定的程序实施行政处罚。

二、行政处罚明显不当有哪些具体表现，法院一般如何判断行政处罚是否存在明显不当的情形

在目前还缺少相关法律、法规的具体规定以及这方面的司法解释的情况下，业界和学界对行政处罚明显不当的含义有一些不同的观点：

1. 通说。是指有权处罚的行政机关，对被处罚相对人实施的行政处罚行为，虽然在法律规定幅度和范围内，但在行政自由裁量权的行使中，呈现出量罚上的明显不合理、不公正，违背了法律上的基本公正原则。[①] 具体表现为具有通常法律和道德意识水准的人均可发现和认定的明显的不公正，主要有畸轻畸重；同样情况，不同对待；不同情况，同样对待；反复无常。[②]

2. 结果说。即指行政处罚虽然在法律规定的范围和幅度内，但结果明显不公正。显失公正的表现形式有：（1）行政处罚畸轻畸重；（2）同责不同罚；（3）行政处罚反复无常。[③]

3. 目的说。即指行政处罚虽然在表面上没有违反法律、法规的强制性规定，但是与法律目的和精神相违背，损害了社会或者他人的利益而表现出明

[①] 马怀德：《行政诉讼原理》，法律出版社2003年版，第103页。
[②] In WEnt德国国际继续教育与发展协会、最高人民法院行政审判庭、国家法官学院编：《中德行政法与行政诉讼法实务指南——中国行政法官实践手册》，中国法制出版社2008年版，第154页。
[③] 应松年：《中国行政诉讼法教程》，当代世界出版社2000年版，第211—212页。

显的不公正。显失公正①具有以下五个特征：第一，行政机关作出行政处罚在表面上似乎合法，至少不违反法律明确的禁止性或义务性规定。第二，行政机关作出的行政处罚虽然在表面上合法，但存在明显的不合理或不适当。第三，这种不合理和不适当严重地违背了法律的目的和精神，从而使合理性问题质变为合法性问题。第四，不公正是明显的，以至于具有一般理智的人均能够发现这种不公正性。第五，不公正的表现形式主要是畸轻畸重。②

综合归纳上述观点以及实践中法院的判决，行政处罚明显不当具体表现有如下情形：

1. 畸轻畸重。所谓畸轻畸重，是指行政机关对行政相对方的处罚虽在法定幅度之内，但其处罚程度与被处罚违法行为及其情节应受到的处罚明显地显现出过轻或过重。行政处罚中，行政主体享有很大的自由裁量权，而在自由裁量的范围之内还有一个合理、适当的问题，行政处罚行为应建立在正当考虑的基础上，应与违法事实、情节和社会危害性相适应，以符合行政目的。但需注意的是在司法实践中要划清畸轻畸重与偏轻偏重的界限，处罚偏轻偏重不属显失公正范围。

2. 执法不一。所谓执法不一，是指行政机关在处罚违法行为时没有公正适用法律，出现执法相矛盾的情况，包括"相同案情，不同对待；不同案情，相同对待"两种情形。如果两个人共同实施同一违法行为，其违法情节基本相同，且具有同样的主观恶性和危害结果，其中一个人所受处罚与另一人所受处罚相比却大相径庭，则属"相同案情，不同对待"的明显不当；如果两个人虽然实施了同一违法行为，其中一人为谋划者和直接行动者，另一人仅予以一定的协助，行政机关对两人科以相同的处罚，则属"不同案情，相同对待"的明显不当。

3. 反复无常。所谓反复无常，是指行政机关对同样的违法行为，处罚标准不一、反复无常。这种反复无常，人民法院应以滥用职权行为予以撤销；但如果不能认定其出于故意，仅从形式上看极不合理，则应以明显不当性质认定。

而在H市规划局与F公司行政处罚纠纷案中，同时存在"畸重"的情形与

---

① 根据2015年5月1日生效的《全国人民代表大会常务委员会关于修改〈中华人民共和国行政诉讼法〉的决定》，"显失公正"被修改为"明显不当"。
② 最高人民法院行政审判庭编：《〈关于执行《中华人民共和国行政诉讼法》若干问题的解释〉释义》，中国城市出版社2000年版，第117—118页。

执法不一的情形。首先，在 H 市规划局作出的 H 规罚决字（1996）第 1 号行政处罚决定中，从其作出部分拆除部分罚款保留的处罚内容看，H 市规划局已在事实上认定 F 公司违法建设行为，属于原《城市规划法》第 40 条、《城乡规划法》第 64 条规定的对城市规划有一定影响尚可采取改正措施的情形。但是，H 市规划局称 F 公司所建商服楼严重影响城市规划，这与其处罚决定自相矛盾，且未提供足够的证据证明。H 市规划局又提出 F 公司建筑物遮挡 Z 街保护建筑新华书店顶部，影响了 Z 街的整体景观，按国务院批准的"H 市城市总体规划"中关于 Z 街规划的原则规定和 Z 街建筑风貌的实际情况，因此二审法院认为本案以建筑物是否遮挡新华书店顶部为影响 Z 街景观的参照标准较为准确。而 H 市规划局所作的处罚决定中，拆除的面积明显大于遮挡的面积，不必要地增加了 F 公司的损失，给 F 公司造成了过度的不利影响，属于"畸重"的情形。同时，经 H 市规划局批准在同处 Z 街位置上的多处建筑均属高层，其高度与 F 公司所建楼房高度超过 12 米性质相同。另有经批准而超高建筑给予罚款保留处理，还有未经批准而超高的建筑至今未作处理，H 市规划局对在 Z 街上的违法建筑存在执法不一、同责不同罚的现象。因此本案是一起典型的有关违法建设的行政处罚"明显不当"的案例。

而除了上述主要的表现形式外，法院还可以通过是否存在以下情形判断行政处罚是否明显不当：

1. 客观上无法完成，没有可行性。行政主体在作出行政处罚时，应该考虑到该行政处罚被处罚人客观上能否完成。

2. 没有考虑被处罚人的实际承受能力。行政主体在作出行政处罚时，应该考虑到被处罚人的实际承受能力，不能使被处罚人无法生活。如果给予被处罚人的行政处罚达到其无法承受的程度，就难以使其认识错误，纠正错误，不利于社会的安定。

3. 不符合社会道德评价。即是否符合社会公众道德评价标准。如果一个违法行为严重地违反了社会公共道德准则，行政机关仅给予较轻的处罚，不但没有起到防止、纠正违法行为的作用，而且会造成社会公众道德评价标准的降低。

三、我国法律赋予人民法院对已经认定为明显不当的行政判决予以变更的权力，如何变更行政处罚为合法合理，是法院审判的重点

"明显不当"是一种形式上合法但实际滥用行政处罚自由裁量权的行为，

为保护相对人的权利，解决具体行政行为"合法不合理"问题，《行政诉讼法》第77条第1款规定："行政处罚明显不当，或者其他行政行为涉及对款额的确定、认定确有错误的，人民法院可以判决变更。"这赋予了人民法院对行政机关处罚的变更权，是我国行政诉讼制度中确立的一定限度的司法变更权的唯一规定，系法律特设的，用以弥补合法性审查不足，且必须予以限制的审查权。因而，如何变更行政处罚为合法合理，是法院审判的重点。

实践中，法院经审理认为行政处罚明显不当时，应全面调查案件事实，重新认定行政处罚明显不当的部分。而对变更判决证据的认证，要求法院以自己的新的判断改变行政机关的判断，而不是追求自身判断与行政机关判断的一致。本案中，二审法院在判定H市规划局的行政处罚是否明显不当时，是以是否遮挡新华书店顶部为影响Z街景观的参照标准，据此判断对F公司的违法建筑物是否要作相应的拆除以及拆除的程度。而H市规划局所作的处罚决定中，拆除的面积明显大于遮挡的面积，不必要地增加损失，侵害了F公司的合法权益，属于明显的不适当、不合理，因而被认定为明显不当。在此事实基础上，原审判决将H市规划局所作的处罚决定予以变更时，同样也应参照此标准，减少不必要的拆除面积。最终判决减少了拆除的面积和变更了罚款数额，但同样达到了不遮挡新华书店顶部，不影响Z街景观，以及同时又制裁了F公司违法建设行为的目的，使F公司所建商服楼符合H市总体规划中对Z街的规划要求，达到了执法的目的。

此外，对明显不当的行政处罚的"变更"的理解存在不同的看法。一种看法认为对明显不当的行政处罚的"变更"只能减轻，不能加重。这是因为判决变更不宜加重，因为我国行政诉讼刚刚起步，在人民群众不敢告的心理还相当普遍的情况下，如果明确行政审判可以加重对原告的处罚，既不利于保护公民的诉权，也会影响办案的社会效果。另一种看法认为，行政处罚明显不当，既包括畸重也包括畸轻问题。既然对畸重的处罚可以判决变更为较轻的处罚，那么对畸轻的处罚也可以变更为较重的处罚。但现在学术界比较一致的看法是对变更问题应作全面理解，不能绝对地理解为只能减轻，不能加重。根据《行政诉讼法》的基本精神，人民法院审理行政案件，原则上不能加重对原告的处罚，也不能对行政机关没有给予处罚的原告设定处罚。但是，在利害关系人以被诉行政处罚决定明显不当为由，要求加重对原告处罚等情况时应作特殊情况处理。例如受害人（被处罚人侵害的对象）提起的行政诉讼案件，人民法院认定原处罚畸轻的,应判决加重对侵害人(被处罚人)的处罚。

最后,还要提及的是,行政机关必须享有一定的自由裁量权,虽然自由裁量权受到司法监督,但司法干预行政自由裁量的程度是有限的,只有自由裁量行为非常不合理,过分地偏离了法律的内在要求,以致在实质上丧失了合法性时,法院才能予以变更。如果仅是行政处罚轻一些或重一些的轻微不合理问题,法院一般不应予以干预。例如根据被处罚人的违法行为,应对其处以 200 元的罚款,而行政机关作出了罚款在法定幅度内的 1000 元的罚款,相差很大,显然失去公正;但如果行政机关作出了罚款在法定幅度内的 300 元的罚款,法院如认定为明显不当而予以变更,则不恰当。

1.4 法院如何认定农村建房中取得建设工程规划许可证的条件及程序

——荆某明诉 A 市城市规划管理局规划行政许可纠纷案①

> **关 键 词**:农村建房,建设工程规划许可证效力,相邻关系
>
> **问题提出**:法院如何认定农村建房中申请建设工程规划许可证的条件及程序?
>
> **关联问题**:农村建房过程中相邻关系的处理。
>
> **裁判要旨**:根据《城乡规划法》第 11 条第 2 款的规定,A 市城市规划管理局具有核发建设工程规划许可证的法定职权。A 市城市规划管理局根据申请人的申请及其提供的相关证明材料,在调查核实的基础上,按照法定程序,在拟为申请人颁发本案建设工程规划许可证前依法进行了公示,在无利害关系人提出异议的情况下,核发的建设工程规划许可证合法有效。故本案撤销该许可证的诉请,法院不予支持。

案情简介

原告(上诉人):荆某明

---

① 本案例系在真实案件基础上加工改写而成。

被告（被上诉人）：A 市城市规划管理局

第三人（被上诉人）：荆某河

荆某明与荆某河均系某村村民，双方宅院东西相邻，荆某明居西，荆某河居东。2006 年 10 月 18 日，荆某河因其住房年长日久，急需修建，向村委会提出申请。村委会于 2006 年 12 月出具证明 1 份，证明荆某河所建房屋所占土地属于该村集体土地；2007 年 3 月出具证明 1 份，证明荆某河建北屋五间，东屋三间，南屋四间，实际建筑面积为 197.5 平方米，实属荆某河所有使用；2007 年 4 月出具证明 1 份，证明荆某河因翻建房屋与西邻家荆某明发生纠纷，经村委会等相关部门调解不成功，研究同意荆某河西屋不翻建，南屋五间只盖四间，与西邻家留有一定的空间，并让荆某河出具保证书，并在证明上写明"不需要西邻签字盖章"。村委会及 T 路办事处于 2008 年 8 月 4 日、5 日在 A 市城市规划管理局发放的私有住房规划建设审核意见呈报表的"有关部门审核意见"栏中签署"同意"，并加盖公章。2008 年 9 月 2 日，该区规划分局对荆某河申请翻建扩建院内平房事实进行公示，A 市城市规划管理局于同月 10 日向荆某河颁发了建设工程规划许可证。该规划许可证上注意事项第 1 项载明："本执照有效期六个月，逾期如未完工应申请延期，否则作废。"2009 年 4 月 29 日，在以荆某河为原告，荆某明为被告的相邻侵权民事纠纷一案庭审中，荆某明得知了 A 市城市规划管理局 2008 年 9 月 10 日给荆某河颁发了建设工程规划许可证，认为该行政行为侵犯了其合法权益，向法院提起行政诉讼。

一审判决：驳回荆某明的诉讼请求。

二审判决：驳回荆某明上诉，维持原判。

各方观点

荆某明观点：1. 一审判决认定事实不清，证据不足，结果错误。（1）A 市城市规划管理局准许荆某河翻建的南屋占用了其合法享有使用权的部分土地。其东屋东墙向东至荆某河宅院内 1.5 米宽的土地是其家滴水和流水的地方，该滴水和流水地方的土地使用权归其享有。（2）A 市城市规划管理局为荆某河颁发本案建设规划许可证主要证据不足。A 市城市规划管理局依据荆某河提交的林权证不是荆某河本人的林权证，该林权证载明的四至与荆某河宅院的实际四至不符。2. A 市城市规划管理局为荆某河颁发本案建设工程规划许可证程序违法。(1) A 市城市规划管理局办理本案建设工程规划许可证时应当征求四邻意见，但未征求。(2) A 市城市规划管理局在为荆某河拟颁发本案建设工程规划许可证前未进行公示。(3) A 市城市规划管理局在颁发本案建设工程规划许可证前未告知其听证的权利，也未组织其听证。3. A 市城市规划管理局为荆某河颁发本案建设工程规划许可证缺乏法律依据，适用法律法规错误。该局未提供其为荆某河颁发本案建设工程规划许可证所依据的相应的法律法规和规范性文件。

A 市城市规划管理局观点：1. 一审判决认定事实清楚，证据充分，结果正确。(1) 荆某河所住房屋所占土地性质为集体土地，荆某河所持的林权证和村委会及 T 路办事处的证明均能证明该局批准荆某河建设的房屋系其所有。(2) 荆某河提交的林权证是 A 市人民政府于 1983 年 3 月 20 日颁发的，是合法有效的。(3) 该局准许荆某河翻建的南屋的西山墙至荆某明的宅院留有一定的距离，未侵犯荆某明的任何合法权益。2. 该局为荆某河颁发本案建设工程规划许可证程序合法。(1)《河南省〈城市规划法〉实施办法》（以下简称：《河南省实施办法》）第 36 条①明确规定，由城市居民委员会或村民委员会征求四邻意见，并签署意见。事实上，村委会和 T 路办事处多次征求荆某明意见，在多次协调未果，且荆某河写出保证书保证其南屋五间只建四间与西邻荆某明家留有一定空间的情况下才签署了同意翻建不需要西邻签字的意见，该意见可以作为审批的依据。(2) 该局对拟批准荆某河翻建房屋一事依法进行了公示。(3) 由于公示期间荆某明及他人未向该局提出异议，因此，该局依法未组织召开听证。3. A 市城市规划管理局为荆某河颁发本案建设工程规划许可证于法有据，适用法律法规正确。该局为荆某河颁发本案建设工程规划许可证依据的是《行政许可法》和《城乡规划法》，并非没有法律依据。

被上诉人荆某河观点：A 市城市规划管理局为其颁发本案建设工程规划许可证，认定事实清楚，证据充分，程序合法，适用法律法规正确。

法院观点

一审法院观点：A 市城市规划管理局主管本行政区域内的城市规划工作，具有颁发建设工程规划许可证的法定职权。荆某明诉称 A 市城市规划管理局

---

① 已于 2010 年 12 月 1 日被《河南省实施〈中华人民共和国城乡规划法〉办法》废止，下同。

为荆某河颁发建设工程规划许可证的行政行为严重侵犯了其合法权益，但并未提供充足证据。故荆某明要求撤销该许可证的诉请，证据不足，该院不予支持。依照《最高人民法院关于执行〈中华人民共和国行政诉讼法〉若干问题的解释》第 56 条第 4 项之规定，判决驳回荆某明的诉讼请求。

二审法院观点：根据《城乡规划法》第 11 条第 2 款的规定，A 市城市规划管理局具有作出本案被诉具体行政行为的法定职权。本案中，荆某明主张其东屋东墙向东至荆某河宅院内 1.5 米宽的土地是其家滴水和流水的地方，该滴水和流水地方的土地使用权归其享有，A 市城市规划管理局准许荆某河翻建的南屋占用了该土地的一部分。而事实上 A 市城市规划管理局准许荆某河翻建的南屋的西山墙向西至荆某明主张其享有合法使用权的土地位置有较长的距离，且荆某明未能提供证据证明其对该土地享有合法使用权，故荆某明主张 A 市城市规划管理局准许荆某河翻建南屋侵犯其土地合法使用权，缺乏事实根据。荆某明诉称荆某河所持的林权证不是其所有，但荆某明未能提供证据证明其主张。A 市城市规划管理局根据荆某河的申请及其提供的相关证明材料，在调查核实的基础上，按照法定程序，在拟为荆某河颁发本案建设工程规划许可证前依法进行了公示，在无利害关系人提出异议的情况下，依据《城乡规划法》第 40 条的规定作出本案被诉具体行政行为，程序上并无不当。

综上，荆某明上诉理由不成立，其上诉请求本院不予支持。一审判决认定事实清楚，证据充分，审判程序合法，结果正确。

关联案例 1

> **案件名称**：卜某与 S 市自然资源和规划局行政许可纠纷案
> **审理法院**：海南省三亚市中级人民法院（2021）琼 02 行终 1 号①
> **裁判观点**：卜某主张 S 市资规局颁发建字第×××号《建设工程规划许可证》时未考虑实际情况，导致蔡某彬、陈某梅联建房屋严重影响了其房屋的采光权和通风权。经查，涉案房屋位于 S 市私宅区 G 村，G 村私宅历史以来宗地均毗邻排列，大部分私宅以联排形式划地，私宅均是占地面积较小、建筑面宽较窄，相邻私宅之间的采光和通风主要通过相邻之间互相退让用地红线或自行通过预留天井等方式解决。而本案中，卜某所有的房屋 F 楼 204 房坐落于 Y 市 J 区 G 村 D 路 42 号，系从余某祥

---

① 载中国裁判文书网，https：//wenshu.court.gov.cn/website/wenshu/181107ANFZ0BXSK4/index.html？docId=cf2e3d3c1af24134baa9ad17012a5dbe，最后访问时间：2022 年 6 月 25 日。

住宅楼中分割购买取得,余某祥在建设 F 楼时没有退用地红线,也未留出通风采光间距;而对于蔡某彬、陈某梅的联建房屋,S 市资规局考虑到其与相邻房屋之间的采光和通风,在作出 426 号审批意见时已让蔡某彬、陈某梅的联建房屋退用地红线 0.2 米。因此卜某房屋的采光和通风受影响有历史和其自身原因,S 市资规局在向蔡某彬、陈某梅联建房屋颁发建设许可过程中,已充分考虑卜某房屋采光和通风。

综上所述,S 市资规局给蔡某彬、陈某梅颁发建字第×××号《建设工程规划许可证》的行政行为依据充分,符合法定程序。一审判决据此驳回卜某的诉讼请求,认定基本事实清楚,适用法律、法规正确,依法应予维持。卜某的上诉请求及理由不能成立。

关联案例 2

案件名称:陈某与 F 市 G 区城市管理和综合执法局行政决定纠纷案
审理法院:广东省佛山市中级人民法院(2021)粤 06 行终 174 号[①]
裁判观点:《城乡规划法》对于限期拆除是否可申请听证没有作出规定,故听证不是作出限期拆除决定的必经程序。上诉人陈某关于其有权依法要求听证的上诉意见没有法律依据,本院不予支持。

律师点评

本案属于一起较为典型的农村建房过程中由建设工程规划行政许可效力引发的行政诉讼。由于农村土地性质以及农村建房的特殊性,涉及的建设工程规划许可证核发的条件以及程序与城市建房有所不同。同时,农村建房中若相邻关系处理不善会引发相邻权的民事诉讼,接下来从以下几方面对本案的法律问题进行分析和点评:

一、农村建房中建设工程规划行政许可的效力

目前,在建设工程规划行政许可领域全国层面的立法有《城乡规划法》,核发的主要法律依据为《城乡规划法》第 40 条;核发程序的主要法律依据为《行政许可法》第 29 条、第 34 条、第 36 条、第 38 条。

[①] 载中国裁判文书网,https://wenshu.court.gov.cn/website/wenshu/181107ANFZ0BXSK4/index.html? docId=6e28fc46da1e498097ddad0f01559742,最后访问时间:2022 年 6 月 25 日。

1. 关于核发建设工程规划许可证的主体

《城乡规划法》第 11 条规定，国务院城乡规划主管部门负责全国的城乡规划管理工作。县级以上地方人民政府城乡规划主管部门负责本行政区域内的城乡规划管理工作。由此可见，本案中 A 市城市规划管理局作为县级以上地方人民政府城乡规划主管部门有权作出本案被诉的具体行政行为。

2. 关于核发建设工程规划许可证的内容

根据《城乡规划法》第 40 条第 1 款、第 2 款规定，在城市、镇规划区内进行建筑物、构筑物、道路、管线和其他工程建设的，建设单位或者个人应当向城市、县人民政府城乡规划主管部门或者省、自治区、直辖市人民政府确定的镇人民政府申请办理建设工程规划许可证。申请办理建设工程规划许可证，应当提交使用土地的有关证明文件、建设工程设计方案等材料。需要建设单位编制修建性详细规划的建设项目，还应当提交修建性详细规划。以及根据纠纷发生时施行的《河南省实施办法》第 36 条规定，在设市城市或县人民政府所在地镇的城市规划区内，居民新建、扩建、改建、翻建私有住房，应向城市居民委员会或村民委员会提出申请，由城市居民委员会或村民委员会征求四邻意见，并签署意见后，持土地使用权属证件（在市区的，还应持房屋产权证件）、户籍证件，报街道办事处或乡（镇）人民政府审查，向市、县（市）城市规划行政主管部门申领建设工程规划许可证后，方可开工。本案中荆某河向村委会提出房屋翻建的申请，村委会出具荆某河所建房屋所占土地属于该村集体土地的证明；出具荆某河所建房屋实属其所有使用的证明；同时，村民委员会参与调解了荆某河与荆某明的纠纷，并研究同意荆某河西屋不翻建，南屋五间只盖四间，与西邻家留有一定的空间。村委会及 T 路办事处在 A 市城市规划管理局发放的私有住房规划建设审核意见呈报表的"有关部门审核意见"栏中签署"同意"。从上述事实可见，荆某河按照规定提供了相应的证明材料，其提出建设工程规划许可证的申请符合要求。而荆某明在上诉案中提出的抗辩意见：荆某河扩建行为侵犯了其土地使用权；以及诉称荆某河所持的林权证不是其所有，对上述两点荆某明均未能提供充分的证据证明。如关联案例 1 中的裁判观点，在农村建房中，申请人按法律法规的要求提交了相关证明文件，申请在征询过四邻意见后，已符合建设工程规划许可证申请的初步条件，可由行政机关予以审批。

3. 关于建设工程规划许可证核发的程序

根据《行政许可法》第36条规定，行政机关对行政许可申请进行审查时，发现行政许可事项直接关系他人重大利益的，应当告知该利害关系人。申请人、利害关系人有权进行陈述和申辩。行政机关应当听取申请人、利害关系人的意见。本案中，根据《河南省实施办法》规定的具体申请程序，荆某河向村委会递交申请，在荆某明与荆某河就申请建设工程规划许可证产生纠纷的情况下，村委会参与双方的调解工作并签署审核意见。A市城市规划管理局在收到村委会审核后的申请后，经审查对拟批准荆某河翻建房屋一事依法进行了公示，在公示期间荆某明及他人未提出异议。由此可见，A市城市规划管理局核发建设工程规划许可证的程序符合相应的法律法规，整个行政许可过程尽到了告知利害关系人的职责、听取了利害关系人的意见。

就荆某明在上诉案中关于行政许可程序所提出的观点，作如下分析：（1）荆某明陈述A市城市规划管理局未征求四邻意见，根据《河南省实施办法》规定，征询意见的主体是村委会，而非A市城市规划管理局。而实际情况是在荆某河申请之后，村委会主持过荆某明与荆某河的调解，荆某明对荆某河的申请完全知情，也提出过意见。（2）荆某明陈述的建设工程规划许可证在颁发前未进行公示，与事实不符，A市城市规划管理局下属的分局在其现场两处显要位置张贴过公示。（3）荆某明提出的A市城市规划管理局在颁发本案建设工程规划许可证前未告知其听证的权利，也未组织其听证。根据《行政许可法》第47条第1款规定，行政许可直接涉及申请人与他人之间重大利益关系的，行政机关在作出行政许可决定前，应当告知申请人、利害关系人享有要求听证的权利；申请人、利害关系人在被告知听证权利之日起五日内提出听证申请的，行政机关应当在二十日内组织听证。而在本案中，经村委会研究同意荆某河的西屋不翻建，南屋五间只盖四间，与西邻家留有一定的空间，并让荆某河出具保证书。同时，如关联案例2中法院所认定的，《城乡规划法》并没有规定城乡规划部门在颁发规划行政许可证时听证系必经程序。由此可见，荆某河在其自身房屋所占用的土地上进行的部分翻修并不影响荆某明的正常生活，村委会审查荆某河的申请后调整了翻建的内容。A市城市规划管理局作出的行政许可不属于直接涉及荆某明的重大利益关系，并且荆某明在A市城市规划管理局的公示期间未提出任何异议。因此，荆某明在上诉中提出的观点没有依据。

二、各地关于农村建房中规划许可证申请的规定

2008年1月1日施行的《城乡规划法》，其立法目的在于宏观协调城乡空间布局，从而促进城乡经济社会全面协调可持续发展。在该法颁布之后，各地在上位法的基础上作出具体规定，目前已有福建、河南、湖南、辽宁、青海等省结合实际情况制定了本区域内的实施办法。

自2010年12月1日起施行的《河南省实施〈中华人民共和国城乡规划法〉办法》中专门对农村建房建设工程规划许可证的申请进行了规定。其中第47条明确，在乡、村庄规划区内村民使用原有宅基地或者村内空闲地进行住宅建设的，应向村民委员会提出申请，经村民委员会同意后报乡、镇人民政府。经审查符合规划的，乡、镇人民政府应当自接到申请之日起十日内核发乡村建设规划许可证。从此项规定可见，若村民使用原有宅基地建房，必须先向村委会提出申请，该规定充分考虑了农村土地集体所有的性质，以及村委会在协调村民关系过程中所起的基层组织的作用。故申请在经村委会同意后才可报乡镇人民政府审批。新颁布的《河南省实施〈中华人民共和国城乡规划法〉办法》与之前《河南省实施办法》相比较，首先，新颁布的实施办法明确了农村建房申请的规划许可证为乡村建设规划许可证，将城市与农村建设规划许可证进行了区分。其次，颁发规划许可证的主体发生变化，本案中涉及的原实施办法规定由市、县（市）城市规划行政主管部门颁发建设工程规划许可证，而新颁布实施办法由乡、镇人民政府负责颁发。

除河南省颁布的《河南省实施〈中华人民共和国城乡规划法〉办法》外，其他各省的实施办法中也针对农村建房申请乡村建设规划许可证作出了相应的规定。

1. 《福建省实施〈中华人民共和国城乡规划法〉办法》

《福建省实施〈中华人民共和国城乡规划法〉办法》第38条第2项规定，农村村民进行住宅建设的，应当提交乡村建设规划许可证申请表、村民委员会同意意见等相关材料。第39条第1款规定，镇、乡人民政府受理乡村建设规划许可证的申请后，应当派人到现场踏勘。对使用原有宅基地建设的村民住宅项目，经审查符合规划要求的，镇、乡人民政府应当自受理之日起二十日内核发乡村建设规划许可证。从上述规定可见，福建省农村建房的程序须先经村委会同意，后由乡镇人民政府现场踏勘后作出核发乡村建设规划许可证的决定。同时该实施办法中也提及了乡村建设规划许可证这一概念。

2. 《湖南省实施〈中华人民共和国城乡规划法〉办法》

《湖南省实施〈中华人民共和国城乡规划法〉办法》第30条第2款规定，在村庄规划区内进行农村村民住宅建设的，申请人持宅基地批准文件或者宅基地使用证明、户籍原件、村民委员会书面意见、住宅建设工程设计方案或者政府提供的通用设计图等材料，报所在镇、乡人民政府审批，核发乡村建设规划许可证；需占用农用地的，申请人应当依法办理农用地转用审批手续，由镇、乡人民政府提出审查意见，报城市、县人民政府城乡规划主管部门审批，核发乡村建设规划许可证。

3. 《辽宁省实施〈中华人民共和国城乡规划法〉办法》

《辽宁省实施〈中华人民共和国城乡规划法〉办法》第33条规定，在乡、村庄规划区内使用原有宅基地进行农村村民住宅建设的，建房村民应当依法申请核发乡村建设规划许可证。

建房村民持原有宅基地的证明文件、村民会议讨论通过的意见、身份证等材料向所在乡或者镇人民政府提出书面申请；建设两层（含两层）以上住宅的，还应当提交项目设计方案。

建设一层住宅的，乡或者镇人民政府应当自受理申请之日起十日内依据乡、村庄规划及土地利用规划进行核查，对符合规划要求的，核发乡村建设规划许可证；对不符合规划要求的，不予核发，告知申请人并书面说明理由。建设两层（含两层）以上住宅的，经乡或者镇人民政府初审后，报县城乡规划主管部门。县城乡规划主管部门应当依据乡、村庄规划、土地利用规划及国家有关规范、标准进行核查，符合规划要求及国家有关规范、标准的，县城乡规划主管部门应当自收到初审意见及相关材料之日起十日内核发乡村建设规划许可证；对不符合规划要求及国家有关规范、标准的，不予核发，告知申请人并书面说明理由。

相比较而言，辽宁省实施办法对乡村建设规划许可证的审批条件以及程序作了更详细的规定。就核发的程序而言，辽宁省的实施办法同样要求申请乡村建设规划许可证时，须出具村民会议讨论通过的意见。相对于湖南省以是否占用农用地为标准区分审批的主体而言，辽宁省实施办法主要区分了住宅的规模，对于不同规模的农村建房由不同的政府机关最终审批。

结合各省现行的乡村建设规划许可证申请的规定，从中可见：（1）关于规划许可证的名称，在《城乡规划法》颁布后，各地实施办法都将农村建房的规划许可证定义为乡村建设规划许可证，以作区别。(2) 关于审批的主体，大部分地区的地方性规定会区分土地的性质或者规模等不同情况，分别由城市、县人民政府城乡规划主管部门或者镇、乡人民政府审查决定。(3) 关于审批程序，通常而言农村建房的申请除需要附必要的证明文件外，还需经过村委会或者村民会议的讨论，在报行政机关审批时，有部分还需进行现场踏勘。(4) 对于行政主体审核乡村建设规划许可证的期限、不予核发需书面说明理由作出了明确规定，使得行政机关能更好地依法行政。

三、农村建房过程中相邻关系的处理

本案虽然是由建设工程规划许可证效力引发的行政诉讼，但从中引申出一个问题，即农村建房过程中相邻关系的处理。相邻关系是两个或两个以上相互毗邻不动产的所有人或使用人，在行使占有、使用、收益、处分权利时发生的权利义务关系。《民法典》第二编第七章相邻关系中专门对此进行了规定。在农村建房审批以及施工过程中所涉的相邻关系往往会引发行政或者民事诉讼。

1. 所涉及的相邻关系

在本案中，《河南省实施办法》规定申请人需向村委会提出建设工程规划许可证的申请，村委会在收到申请之后，负责征询四邻的意见，并进行调解。村委会在研究荆某河的申请之后未同意其翻建西屋，对于南屋也只允许盖四间，并保证与西邻荆某明家留有一定的空间。村委会签署的上述意见充分考虑了荆某明与荆某河双方相邻权的行使，符合《民法典》第293条规定，建造建筑物，不得违反国家有关工程建设标准，不得妨碍相邻建筑物的通风、采光和日照。A市规划管理局对拟批准的建设工程规划许可证进行公示，在此过程中允许利害关系人提出异议。上述行政许可的行为充分体现了在农村建房的审批过程中对于相邻关系的妥善处理。

2. 行政许可颁发之后涉及的相邻关系侵权纠纷

在行政机关颁发建设工程规划许可证后，被许可人在具体实施过程中可能存在超越规划范围，侵犯他人相邻权的行为，或者第三方阻挠被许可人实施建设行为，这些都会引发相邻关系的侵权纠纷。在本案中，荆某河取得建设工程规划许可之后开始修建房屋，但在具体实施中遇到荆某明的干涉，使得施工无法正常进行，因此其提起了民事诉讼。根据《民法典》第292条规定，不动产权利人因建造、修缮建筑物以及铺设电线、电缆、水管、暖气和

燃气管线等必须利用相邻土地、建筑物的，该土地、建筑物的权利人应当提供必要的便利。因此在行政许可有效的情况下，荆某明作为荆某河的相邻关系人，应当为荆某河的修建提供便利，而不是加以阻挠。荆某河在其相邻权被荆某明侵害的情况下，提起了民事诉讼来保护自身的合法权利。

由此可见，正是由于法律规定民事主体的一些特定行为须经行政机关批准、许可后实施，具体行政行为为这类行为的实施提供了行政合法性审查，使其在行政法意义上具备了合法性。若行政机关的批准、许可不符合法律规定，便会使得民事主体在从事获得行政批准的民事行为时，侵犯他人的合法权益而形式上却获得了许可。《行政诉讼法》第12条列举了关于行政诉讼受理范围的几种情形，并未将涉及相邻权问题列入行政诉讼的受案范围，但根据《行政诉讼法解释》第12条第1项规定，被诉的行政行为涉及其相邻权或者公平竞争权的，公民、法人或者其他组织可以依法提起行政诉讼。由此可见，当被诉的行政行为涉及相邻权，当事人可通过行政诉讼途径来解决。通常认为，通过行政诉讼来撤销行政机关所颁发的行政许可，对公民、法人、其他组织合法权益的保护更有效，这样从根本上消除了侵权行为。

综上所述，建设工程规划许可证的合法有效性主要体现在以下三方面：第一，作出规划许可的行政机关是否具有该项法定职权；第二，申请人的申请是否符合规划许可的要求；第三，规划许可证颁发的程序是否合法。针对农村建房的特殊性，各地的实施办法都专门对乡村建设规划许可证的申请、核发作出了详细的规定，相应条款充分考虑了农村土地的特性以及相邻关系的妥善处理。

1.5 法院认定规划许可行为违法的主要依据

——孙某某等诉 A 市城市规划管理局规划行政许可案①

> **关 键 词**：房地产开发，规划许可，违法
>
> **问题提出**：房地产开发过程中，建设规划许可取得和变更履行了法律法规规定的审批程序，规划部门依法核发建设规划许可证后，第三人要求撤销该行政许可的，法院如何确定行政许可的效力？
>
> **关联问题**：判断影响日照、通风等损害是否成立应该依据的标准是什么？
>
> **裁判要旨**：法律未明确规定必须履行听证程序的，行政机关可以采用公示程序；编制分区规划城市的规划主管行政机关，依照法律和地方性法规的授权规划许可的建筑工程，符合国家和当地行政主管部门技术规范规定的相关标准，且不违反其他法律、法规规定的，应认定其许可行为合法。公民认为所规划建筑工程影响其采光权、日照权等权益的，除非证明其住房日照、采光受到严重影响，超出了法律法规允许的范围，否则不予支持。

案情简介

原告（上诉人）：孙某某、张某、王某、杨某某

被告（被上诉人）：A 市城市规划管理局

一审第三人：B 公司

2009 年 4 月 29 日，B 公司向 A 市城市规划管理局提出申请，申请办理详细性规划和建设工程规划许可证，并提供 A 发改投资（2009）58 号文件、A 规管地字（2009）0003 号建设用地规划许可证、A 政土（2009）27 号文件、Y 区国用（42）第 181（一）号土地证、L 工程住宅楼方案设计等相关申请材料。2009 年 5 月 13 日，A 市城市规划管理局在《Y 日报》进行公示（2009 年第 9 号），载明："规划总用地 0.22 公顷。建筑面积 2040 平方米，容积率

---

① 本案例系在真实案件基础上加工改写而成。

1.7，建筑密度25%，绿地率45%。"2009年10月9日，A市城市规划管理局在《Y日报》进行修改公示（2009年第36号），载明："规划总用地0.22公顷。建筑面积1855.8平方米，容积率1.55，建筑密度23.4%，绿地率45%。"2009年11月24日，A市城市规划管理局审定由A市城乡规划建筑设计院规划在T路北段路西建设的L工程的修建性详细规划，同意按相关审定事项实施。

2009年12月1日，A市城市规划管理局向B公司颁发建字第安规管建居字（2009）017号建设工程规划许可证，许可B公司在G大道与T路交叉口西南角建设L工程，建设规模为地上1856平方米，地下277平方米，设计方案中无营业项目的设计。此外，D广场属小高层建筑，其与所规划住宅楼的侧面间距为9.4米。所规划住宅楼的耐火等级为二级，孙某某等四人所居住的带东窗的1号楼、2号楼属多层建筑，与所规划住宅楼东间距为6.1米。并且，所规划住宅楼宅前通道位于B公司用地范围内，并未将孙某某等四人的院落作为通道使用。

孙某某等四人认为该规划许可行为侵犯其合法权益和公共安全，向一审法院提起行政诉讼，请求判定A市城市规划管理局的行为违法，并依法责令A市城市规划管理局撤销其给B公司颁发的A规管建居字（2009）017号建设工程规划许可证。一审判决作出后，原告孙某某等人不服一审判决，向二审法院上诉，请求二审法院撤销一审判决，支持上诉人的诉讼请求。

一审法院判决：驳回原告孙某某等四人的诉讼请求。

二审法院判决：驳回上诉，维持原判。

各方观点

孙某某等人观点：1. 一审判决认定事实不清，适用法律错误，应予撤销。被上诉人作出行政许可行为在法定程序上应按照《行政许可法》的相关规定办理。一审时，上诉人提出被上诉人的行政行为违反《行政许可法》第36条、第47条等法律强制性规定，存在严重的审批程序违法，剥夺上诉人等公众的合法权益。但一审法院未予采纳。被上诉人的行为违反《城市房地产管理法》第27条等存在审查不严等问题，一审法院未据实查证。2. 被上诉人的行政许可行为依据的数据存在弄虚作假，不符合国家规范性标准，缺乏事实依据等，应当予以撤销。第三人的征地面积仅有1112.6平方米，而其规划用地总面积却公示为 2200 平方米，所谓代征的 1081.4 平方米既无代征手续，也没有相关法律依据。第三人提交的控制性详细规划占用地面积为 1211 平方米，与其实际征地面积 1112.6 平方米相差 98.4 平方米，所许可的征地面积相互矛盾，无法认定。其规划计算出的各项建筑指标，均是在上述相互矛盾的基础上得出，根本不能作为规划数据采纳，上述事实不明，被上诉人所许可的规划是建立在随意捏造的数据上，被上诉人未严格审查，是严重不负责任的违法行为，应予撤销。被许可的建筑北侧与 D 广场的高层建筑间距仅有 9.4 米，与国家标准间距 13 米相差 3.6 米，而其规划的与上诉人相邻小区道路最宽的仅有 3.4 米，达不到 6 米至 9 米的标准。由于规划的不合理，将严重影响上诉人的采光、通风、视觉卫生和居住安全。被上诉人的行政行为存在程序违法、依据数据不实等严重问题，请求撤销一审判决及被诉建设工程规划许可证。

A 市城市规划管理局观点：1. 一审法院认定事实清楚，适用法律正确，程序合法，依法应予维持。被上诉人依第三人的申请，按照我国有关法律、法规和行政规章的规定实施具体行政行为，符合法律规定。关于上诉人主张的被上诉人程序违法问题，《行政许可法》第 36 条、第 47 条虽规定了有关利害关系人享有听证的权利，但对如何适用该规定设置了两个前提条件：一是行政机关的主动发现功能，二是行政许可行为直接关系他人的重大利益。本案并不符合适用条件，没有必要召开听证会。答辩人在《Y 日报》上刊登公告，在结合各方意见和建议的基础上对规划进行了多次修正，最终形成规划意见。上诉人明知这些公示，不能把自己放弃权利的责任归到被上诉人身上。2. 上诉人不是本案真正利害关系人，依法应驳回其上诉请求。上诉人所提出的诉讼理由中，仅有第三人的建筑物距离上诉人住宅太近，影响其采光、通风和安全这一种情况与上诉人有利害关系，上诉人就其他方面提起诉讼，是不具有诉权的。关于侧面楼间距问题，《城市居住区规划设计规范》①规定：条式住宅，多层之间不宜小于 6 米；高层与各种层数住宅之间不宜小于 13 米。被上诉人给第三人规划的地上建筑为六层条式建筑，距离上诉人的楼间距为 6.1 米，符合规定。上诉人主张楼间距不符合消防通道的问题，《建筑设

---

① 该规范已于 2018 年局部修订施行，下同。

计防火规范 GB50016-2006》①消防车道一节规定：消防车道的净宽度和净空高度均不应小于 4.0 米。被上诉人的规划完全符合法律规定，上诉人在本案中并不存在真正的利害关系。请求驳回上诉，维持原判。

第三人观点：1. 上诉人称 A 市城市规划管理局审批程序违法不能成立。根据《行政许可法》第 36 条、第 47 条，只有涉及他人"重大利益"的行政许可事项，行政机关才告知利害关系人有权陈述、申辩和要求听证，但对于什么是"重大利益"法律并未界定。本案中，被上诉人未发现涉及上诉人重大利益，就没有必要告知，其审批程序不违反上述规定。2. 本案开发项目的设计并没有违反国家的有关标准和规范。上诉人所说本案开发项目与北侧鼎盛广场项目的间距与上诉人无利害关系，且该间距并不违反国家强制性标准。上诉人所述 6—9 米的道路宽度是《城市居住区规划设计规范》中对小区路面宽度的规定，本案开发项目是一栋单独的住宅楼，与上诉人的住宅不在一个小区，不适用该规定。上诉人所述本案开发项目影响上诉人采光、通风、视觉卫生和居住安全等，无任何事实依据。3. 上诉人称本案行政许可的数据弄虚作假不是事实。本案规划用地面积与答辩人取得的出让土地面积与上诉人没有利害关系，上诉人无权对此提起诉讼。从控制性详细规划中可以看出，本案规划是针对 G 大道与 T 路交叉口西南地块（包括道路）的规划，答辩人取得的出让地是该规划地块中的一部分，出让土地面积和规划总用地面积、居住用地面积在数据方面有差距，充分说明答辩人的开发项目没有超出规划用地面积和规划的居住用地面积，符合规划。本项目的各项技术指标并无不当之处。请求驳回上诉，维持原判。

法院观点

一审法院观点：A 市城市规划管理局具有审查并颁发《建设工程规划许可证》的法定职权。孙某某等四人未提供该住宅楼具有营业项目的相关证据，A 市城市规划管理局规划退离红线的距离不违反相关法律规定。《城市居住区规划设计规范》中有关侧面间距的规定与本案所规划的住宅楼不属同一情形，且不是严格规定，孙某某等四人居住的 1 号楼、2 号楼东侧与所规划住宅楼间距为 6.1 米，符合《建筑设计防火规范 GB50016—2006》的规范要

---

① 该标准现已废止，下同。

求，故孙某某等四人诉称本案所规划住宅楼违反相关侧面间距和有关防火间距及消防通道的规范，与事实不符，不予采信。A市城市规划管理局进行审定颁发建设工程规划许可证未经听证程序，并不违反法律强制性规定，故孙某某等四人称A市城市规划管理局剥夺其作为利害关系人的陈述、申辩及要求听证的合法权利，于法无据，不予采纳。孙某某等四人称所规划的住宅楼影响其采光权、日照权、通风权、隐私权和生命财产安全权，证据不足，不予采信。孙某某等四人请求依法判定A市城市规划管理局的行政行为违法，并撤销其给B公司颁发的A规管建居字（2009）017号建设工程规划许可证，无法律依据，不予支持。A市城市规划管理局根据《城乡规划法》第11条、第40条规定作出的A规管建居字（2009）017号建设工程规划许可证，认定事实清楚，证据充分，适用法律正确，符合法定程序，应予维持。

二审法院观点：（一）根据《城乡规划法》第11条第2款的规定："县级以上地方人民政府城乡规划主管部门负责本行政区域内的城乡规划管理工作。"A市城市规划管理局作为本行政区域内的城乡规划主管部门，享有作出本案行政行为的法定职权。（二）A市城市规划管理局为B公司颁发建设工程规划许可证的行为并无不当。1.上诉人主张B公司所建楼房为商住楼，被诉规划许可证规划的退离道路红线距离应不得少于15米。根据规划楼房所临T路宽度，应参照《A市城市规划管理办法》第17条第3项"临宽度为40米至50米道路的建（构）筑物，退离道路红线距离不得少于10.0米，有营业项目的不得少于15.0米"的规定，本案L工程规划为住宅楼，A市城市规划管理局规划退离道路红线10米，符合规定。上诉人主张B公司所建楼房为商住楼，并提交照片予以证明，因本案审查的是A市城市规划管理局为B公司颁发建设工程规划许可证的行为，在规划许可不违反相关规定的情况下，B公司是否存在将规划住宅楼建为商住楼及退离道路红线少于10米的情况，均是实施规划的行为，不属于本案审查范围。2.上诉人主张L工程的楼房与其居住的楼房间距不符合标准，根据《城市居住区规划设计规范》第5.0.2.3条"住宅侧面间距，应符合下列规定：（1）条式住宅，多层之间不宜小于6m……"的规定，A市城市规划管理局规定的L工程的建筑与上诉人住宅楼之间的间距为6.1米，符合该规范规定。3.上诉人主张防火间距及消防车道不符合规定的问题。依据《建筑设计防火规范GB50016-2006》第5.2.1条有关民用建筑的防火间距和第 6.0.9 条 "消防车道的净宽度和净空高度均不应小于 4.0m" 的规定，本案被诉规划行为符合该规定。（三）上诉人主张 A 市城市规划管理局为 B 公司规划的 L 工程占地面积超出 B 公司经批准的土地使用权面积，从附图可以看出，规划是从道路中线开始，并非仅针对 B 公司享有土地使用权的土地进行规划，土地使用权证是 B 公司对土地享有使用权的唯一合法凭证，规划许可证并不具备确定其土地使用权的效力，上诉人的此项主张没有依据，本院不予支持。（四）A 市城市规划管理局为 B 公司颁发规划许可证程序合法。根据《行政许可法》第 46 条的规定："法律、法规、规章规定实施行政许可应当听证的事项，或者行政机关认为需要听证的其他涉及公共利益的重大行政许可事项，行政机关应当向社会公告，并举行听证。"根据《城乡规划法》的相关规定，城乡规划主管部门在颁发规划许可证时听证并非必经程序。上诉人以没有听证为由主张 A 市城市规划管理局颁证程序违法没有法律依据，本院不予支持。综上所述，上诉人的上诉理由不能成立，本院不予采纳。一审判决正确，应予维持。

关联案例 1

> **案件名称**：江某莲、王某梅与 C 市规划局、M 模具产业园区开发建设有限公司行政许可纠纷案
>
> **审理法院**：重庆市第一中级人民法院（2018）渝 01 行终 141 号[1]
>
> **裁判观点**：根据《行政许可法》第 36 条、第 47 条第 1 款规定以及《重庆市城乡规划条例》（2010 版）第 57 条的规定，并结合被上诉人 C 市规划局举示的证据，能够证明被上诉人 M 模具公司向规划主管部门申请调整其建设的 "H 城" 涉案部分楼栋工程方案后，被上诉人 C 市规划局将申请修改的主要内容及拟调整方案进行了公示，公开征询意见，并告知提出听证申请的期限及后果，但被上诉人 C 市规划局未收到异议和要求听证的申请，故其作出被诉《建设工程规划许可证》的行政程序符合法律、法规的规定。

---

[1] 载中国裁判文书网，https：//wenshu.court.gov.cn/website/wenshu/181107ANFZ0BXSK4/index.html? docId=a017aaabc9b6416f8102a8f900967979，最后访问时间：2022 年 6 月 25 日。

关联案例 2

案件名称：陈某荣与 N 市行政审批局行政许可纠纷案

审理法院：江苏省高级人民法院（2020）苏行申 1063 号[1]

裁判观点：根据《江苏省城市规划管理技术规定》第 3.2.1 条规定，本案陈某荣所购的 C 区商铺与 Y 大厦裙房高度均为介于 10 米至 24 米之间的多层非住宅建筑，两建筑之间的相邻面宽为 11.2 米，C 区商铺与 Y 大厦裙楼外墙的垂直间距为 11.91 米，符合多层与多层的最小间距为 6 米的规定。

根据修正前的《江苏省城乡规划条例》第 40 条第 1 款第 1 项的规定，城乡规划主管部门应当就与居住建筑相邻，可能影响居民合法权益的建设工程的修建性详细规划、建设工程设计方案，以公示、听证会、座谈会等形式，听取利害关系人的意见。本案中，被申请人在作出被诉许可前在 G 小区南、北大门张贴《G 小区四期商办楼项目规划公示》，同时在该局网站上将相关规划调整内容进行公示，并告知利害关系人有提出建议和听证的权利，已经充分保障了利害关系人的知情权和提出异议的权利，原审判决认定被诉行政许可行为程序合法并无不当。

关联案例 3

案件名称：李某娟、樊某霞与 Z 市城乡规划局 D 规划分局行政许可纠纷案

审理法院：河南省郑州市中级人民法院（2019）豫 01 行终 302 号[2]

裁判观点：虽然《城乡规划法》第 50 条第 2 款规定，经依法审定的修建性详细规划、建设工程设计方案的总平面图确需修改的，城乡规划主管部门应当采取听证会等形式，听取利害关系人的意见，但由于本案既不涉及修建性详细规划的修改，也未进行总平面图的修改，因此本案的情形依照前述法律规定无需举行听证程序。鉴于被上诉人 Z 规划分局批前公示程序符合法定要求，而 Z 规划分局通过 R 公司代表其举行听证会及专家论证会，实际是听取业主意见的一种形式，也是多渠道保障业主知情权的方式之一，尽管形式上不规范，但不能因此而否定被诉批复的效力。从依法行政角度，Z 规划分局应该在以后的工作中避免此类情况并改正工作方式。况且，上诉人与被上诉人 R 公司签订的《商品房买卖合同》第 10 条约定，在优化买受人所购商品房质量或使用功能的前提下，出卖人可自行进行商品房功能优化设计变更，包括但不限于优化总平面规划布局、调整经营性配套公建设计方案，以及调整建

---

[1] 载中国裁判文书网，https://wenshu.court.gov.cn/website/wenshu/181107ANFZ0BXSK4/index.html?docId=496cb37606524fdabcfaacfa001801e6，最后访问时间：2022 年 6 月 25 日。

[2] 载中国裁判文书网，https://wenshu.court.gov.cn/website/wenshu/181107ANFZ0BXSK4/index.html?docId=e2b39940d2de4ced9ad2aa5e012d6d58，最后访问时间：2022 年 6 月 25 日。

筑细部，出卖人无需另行通知买受人。上诉人通过与 R 公司之间的合同约定，业已部分让渡了自己的规划改变知情权，R 公司有权申请变更规划。Z 规划分局的批复行为不会造成上诉人预购房屋价值贬损，上诉人认为被上诉人程序违法的理由不成立。

关联案例 4

案件名称：林某华、Z 市自然资源局与林某兰、林某芳、林某清等行政许可纠纷案

审理法院：广东省 Z 市中级人民法院（2020）粤 08 行终 162 号①

裁判观点：林某福等人提供的 Z 市人民公社 L 生产大队的证明文件不是权属证明，且该证明文件中所记载的地块亦无法确认是否为涉案土地，即无法证实涉案土地曾属其父辈所有。

林某福等人声称其一家一直在涉案土地的居住使用，种过树以及出租给渔网厂作为晒场使用，但对此未能提供证据予以证实，无法证实其对涉案土地存在使用事实。

虽然林某福的楼房与涉案土地所建设的房屋相邻，但中间隔了一条宽 3 米多至 6 米多的通道，林某福等人未能举证证明被诉的《建设工程规划许可证》对其房屋的通风、采光或出入通行等相邻权存在影响的可能性。原审法院仅以涉案土地上所建房屋的南面是林某福建设的房屋，属相邻关系即认定林某福等人与被诉的《建设工程规划许可证》具有利害关系不当，应予纠正。

本案中，在林某福等人未能提供证据证明其与涉案土地存在直接利害关系的情形下，原审仅以存在林某福等人曾要求有关行政机关处理其宅基地被非法侵占的事实为由，即认定林某福等人与林某华之间对涉案土地发生了权属争议，进而确认其与被诉的《建设工程规划许可证》存在利害关系显属理据不足，应予纠正。

---

① 载中国裁判文书网，https://wenshu.court.gov.cn/website/wenshu/181107ANFZ0BXSK4/index.html?docId=5c5f99869a6b48dba683ac8f00eafb5b，最后访问时间：2022 年 6 月 26 日。

关联案例 5

> **案件名称**：王某日、许某华与 T 县住房和城乡建设规划局行政许可纠纷案
> **审理法院**：浙江省台州市中级人民法院（2013）浙台行终字第 117 号①
> **裁判观点**：从建筑施工图看，原审第三人建筑项目中高层建筑距上诉人建筑为 9 米多，虽未达到 13 米的标准，但由于上述规定不属于强制性条文，故不能认定被上诉人的规划许可违法。《高层民用建筑设计防火规范》第 4.2.1 条规定，高层建筑与一、二级耐火等级的其他民用建筑的防火间距不得小于 9 米。原审第三人建筑与上诉人房屋防火间距满足该项要求。在符合有关规划设计要求的情况下，被上诉人的规划许可行为与上诉人房屋损害并无关联。综合以上分析，被上诉人的规划许可行为并不违反有关规定，行政行为本身并未侵犯上诉人的相邻权。

关联案例 6

> **案件名称**：郭某与 N 县住房和城乡规划建设管理局纠纷案
> **审理法院**：河南省商丘市中级人民法院（2016）豫 14 行终 90 号②
> **裁判观点**：关于上诉人认为被上诉人作出被诉行政行为没有告知利害关系人进行听证属于程序违法的问题。《城乡规划法》第 40 条第 3 款规定，城市、县人民政府城乡规划主管部门或者省、自治区、直辖市人民政府确定的镇人民政府应当依法将经审定的修建性详细规划、建设工程设计方案的总平面图予以公布。本案中，被上诉人 N 县住建局作出颁发建字第 2014-020 号《建设工程规划许可证》之前已在其单位公告栏、N 县电视台、N 新闻网等相关媒介中对 H 医院病房楼项目简介、建设工程设计方案平面图等相关内容予以公布。因听证程序并不是城乡规划部门在颁发规划行政许可证时必经程序，故上诉人认为未进行听证程序违法的主张不能成立，本院不予支持。

律师点评

近年来，随着城市建设速度加快，公民权利意识逐渐增强，"阳光权"引发的纠纷日益增多。不少人认为只要自己的住房日照、采光受到影响，就是

---

① 载中国裁判文书网，https://wenshu.court.gov.cn/website/wenshu/181107ANFZ0BXSK4/index.html? docId=2f95415b15994af79481dd5ca83f0f3c，最后访问时间：2022 年 6 月 26 日。

② 载中国裁判文书网，https://wenshu.court.gov.cn/website/wenshu/181107ANFZ0BXSK4/index.html? docId=00604270d498454e882dea17a387b349，最后访问时间：2022 年 6 月 26 日。

被侵权了，就应当获得经济赔偿，其实这是一种错误认识。居民"阳光权"维权的前提是其住房日照、采光受到严重影响，超出了法律法规允许的范围。本案所涉及的相关法律问题较为典型和全面，现针对本案中所涉及的法律问题进行分析和点评：

一、规划许可的程序是否合法的法律问题

我国目前针对规划许可程序方面的法律规定主要有《行政许可法》和《城乡规划法》。《行政许可法》第18条："设定行政许可，应当规定行政许可的实施机关、条件、程序、期限。"该条规定应当依法设定和实施行政许可。第36条："行政机关对行政许可申请进行审查时，发现行政许可事项直接关系他人重大利益的，应当告知该利害关系人。申请人、利害关系人有权进行陈述和申辩。行政机关应当听取申请人、利害关系人的意见。"该条规定了申请人、利害关系人的陈述权和申辩权。第38条："申请人的申请符合法定条件、标准的，行政机关应当依法作出准予行政许可的书面决定。行政机关依法作出不予行政许可的书面决定的，应当说明理由，并告知申请人享有依法申请行政复议或者提起行政诉讼的权利。"该条规定行政机关作出准予行政许可决定以及作出不予行政许可决定时应说明理由。第46条："法律、法规、规章规定实施行政许可应当听证的事项，或者行政机关认为需要听证的其他涉及公共利益的重大行政许可事项，行政机关应当向社会公告，并举行听证。"该条规定行政机关可以依职权进行听证。第47条："行政许可直接涉及申请人与他人之间重大利益关系的，行政机关在作出行政许可决定前，应当告知申请人、利害关系人享有要求听证的权利；申请人、利害关系人在被告知听证权利之日起五日内提出听证申请的，行政机关应当在二十日内组织听证。申请人、利害关系人不承担行政机关组织听证的费用。"该条规定行政机关应依申请进行听证。《城乡规划法》第40条："在城市、镇规划区内进行建筑物、构筑物、道路、管线和其他工程建设的，建设单位或者个人应当向城市、县人民政府城乡规划主管部门或者省、自治区、直辖市人民政府确定的镇人民政府申请办理建设工程规划许可证。申请办理建设工程规划许可证，应当提交使用土地的有关证明文件、建设工程设计方案等材料。需要建设单位编制修建性详细规划的建设项目，还应当提交修建性详细规划。对符合控制性详细规划和规划条件的，由城市、县人民政府城乡规划主管部门或者省、自治区、直辖市人民政府确定的镇人民政府核发建设工程规划许可证。城市、

县人民政府城乡规划主管部门或者省、自治区、直辖市人民政府确定的镇人民政府应当依法将经审定的修建性详细规划、建设工程设计方案的总平面图予以公布。"该条规定了建设工程规划许可证核发的程序。第42条："城乡规划主管部门不得在城乡规划确定的建设用地范围以外作出规划许可。"该条规定禁止城乡规划主管部门在建设用地范围以外作出规划许可。第43条："建设单位应当按照规划条件进行建设；确需变更的，必须向城市、县人民政府城乡规划主管部门提出申请。变更内容不符合控制性详细规划的，城乡规划主管部门不得批准。城市、县人民政府城乡规划主管部门应当及时将依法变更后的规划条件通报同级土地主管部门并公示。建设单位应当及时将依法变更后的规划条件报有关人民政府土地主管部门备案。"该条规定变更规划条件应当遵循的原则和程序。第50条："在选址意见书、建设用地规划许可证、建设工程规划许可证或者乡村建设规划许可证发放后，因依法修改城乡规划给被许可人合法权益造成损失的，应当依法给予补偿。经依法审定的修建性详细规划、建设工程设计方案的总平面图不得随意修改；确需修改的，城乡规划主管部门应当采取听证会等形式，听取利害关系人的意见；因修改给利害关系人合法权益造成损失的，应当依法给予补偿。"该条规定因修改规划或者建设工程设计方案的总平面图给当事人造成损失应依法给予补偿。

根据上述规定可知，规划许可的许可机关是城市、县人民政府城乡规划主管部门或者省、自治区、直辖市人民政府确定的镇人民政府。建设单位或者个人在城市、镇规划区内进行建筑物、构筑物、道路、管线和其他工程建设的，应当申请办理建设工程规划许可证。对符合控制性详细规划和规划条件的，由许可机关核发建设工程规划许可证。许可机关应当依法将经审定的修建性详细规划、建设工程设计方案的总平面图予以公布。行政机关对行政许可申请进行审查时，发现行政许可事项直接关系他人重大利益的，应当告知该利害关系人。申请人、利害关系人有权进行陈述和申辩。行政机关应当听取申请人、利害关系人的意见。申请人的申请符合法定条件、标准的，行政机关应当依法作出准予行政许可的书面决定。也就是说，申请人、利害关系人的意见不是必须被采纳，只要申请人的申请符合法定条件、标准的，行政机关应当依法作出行政许可。这也是法院普遍采纳的观点，并不以申请人、利害关系人的利益是否真的受到损害作为确认行政许可是否违法的依据。至于听证程序是否必须进行，依据是法律、法规、规章是否规定实施行政许可应当听证，目前尚未有法律、法规、规章规定规划许可应当听证。至于《行政许可法》第47条规定的重大利益关系人如何定义，法院普遍认定利害相关人并不是重大利益关系人，不认为应当告知所有利害相关人听证的权利。经依法审定的修建性详细规划、建设工程设计方案的总平面图不得随意修改；确需修改的，城乡规划主管部门应当采取听证会等形式，听取利害关系人的意见。除修建性详细规划、建设工程设计方案的总平面图外，其他修改不需要采用听证形式。如关联案例3，修建性详细规划、建设工程设计方案的总平面图外的修改未采取听证形式，并不会被法院认定规划许可行为违法。

二、保护"阳光权"应该注意的法律问题

本文提到的案例中，原告之所以具有提起行政诉讼的主体资格，是基于《行政诉讼法解释》第12条第1款规定，相邻权人有对行政主体作出的涉及相邻权的具体行政行为提起行政诉讼的原告主体资格，其目的是保护民事主体享有的相邻权不受侵害。这类行政诉讼法院审查的重点是被诉具体行政行为许可建设的建筑项目是否符合有关建筑管理的技术规范，并以此认定是否侵犯了原告的相邻权。而被诉具体行政行为许可建设的建筑项目是否符合有关建筑管理的技术规范又是行政机关作出行政许可前重点审查的内容，基本上不会存在不符合的情况，最多是所依据的技术规范是否正确的争议。这类争议发生时，法院在对技术规范是否正确的问题上，基本上倾向于行政机关的意见，因为负责作出行政许可的行政机关是这方面的权威，一般公众的理解很难得到法院的认可。

那么"阳光权"是不是可以通过直接起诉申请规划许可的开发商，要求其赔偿损失呢？实践中有这样的案例，法院依据鉴定单位出具的鉴定报告（大寒日，满窗日照为0小时），再考虑原告地段房价等因素，酌定了每平方米的赔偿标准，乘以原告家的建筑面积后，得出了最后赔偿结果。

现在，规划局在普通的新区住宅审批中，通常采用楼间隔控制的办法来保证相邻建筑的阳光权，阳光权的纠纷也非常小。但在老城区，因为高楼大厦太多，而且建设前后的时序也不同，控制中相对会难一些。举例来说，影响相邻建筑采光的因素不仅有楼间隔、楼高度，还有可能包括两幢楼之间是否为其后的建筑物留下足够的通道等诸多问题。可能单从一幢楼的分析来看，其后的住宅能享受到两小时的最低阳光标准，但要是侧面以前还有一幢楼，可能就要综合起来考虑，就要复杂得多了。目前，规划部门通常采用的是计算机模拟的办法，但实际的情况是，要想完全真实地表现出现实的情况，几乎不太可能，有时候容易出现计算结果和现实的误差。因此，如果由有资质的鉴定机构认定日照时间未满足法定条件、标准，仍可以通过民事诉讼索赔损失。

第二章 房地产开发土地使用权的取得

综述：土地使用权取得常见法律问题分析

我国的土地归国家或集体所有，对此《民法典》和《土地管理法》都作出了明确的规定，其中城市的土地属于国家所有；农村和城市郊区的土地，除由法律规定属于国家所有的以外，均属于农民集体所有。根据《土地管理法》第2条的规定，土地的所有权不能转让。因此，在房地产开发中，开发商取得的只是土地的使用权。

近些年，随着我国房地产市场的迅猛发展以及《民法典》的出台，房地产各项制度也日趋健全，关于土地使用权取得而签订的合同，受到我国《民法典》《土地管理法》《城市房地产管理法》以及国务院《城镇国有土地使用权出让和转让暂行条例》等法律、法规的调整。

但由于我国市场管理机制尚不完备，房地产市场的开发、交易存在不规范的行为，人民法院受理的房地产纠纷案件逐年增加。同时因相关法律规定比较原则，人民法院在处理此类纠纷中也遇到了许多具体适用法律的问题。针对房地产市场出现的国有土地使用权出让、转让、投资合作建房等问题，为了指导各级人民法院公正及时地处理房地产纠纷案件，规范房地产市场交易行为，促进房地产市场的健康发展，最高人民法院在2005年6月公布的《土地使用权合同解释》针对三方面的纠纷进行了规定：一是土地使用权出让合同纠纷；二是土地使用权转让合同纠纷；三是合作开发房地产合同纠纷。需要注意的是，《土地使用权合同解释》调整涉及的土地使用权范围仅仅指国有建设用地使用权，不包括集体土地和国有农用地。

《土地使用权合同解释》施行十多年来，因其相关规定具有较强的可操作性，并符合房地产市场的实际情况，在司法实践中取得了良好的效果，获得了社会各界的一致好评，《土地使用权合同解释》已成为目前各级人民法院处理各类土地使用权合同纠纷最主要的判决依据。

为了进一步揭示涉及土地使用权合同纠纷的特点与核心法律问题，笔者汇集了五个土地使用权合同纠纷的典型案例，主要涉及土地使用权出让合同和土地使用权转让合同两种类型的合同纠纷。通过逐一分析每个案件的背景、案件争议焦点、法院裁判要旨、法律适用依据等相关内容，提炼出以下常见法律问题进行综合解析。

一、土地使用权取得方式

我国《民法典》《城市房地产管理法》等法律法规对土地使用权取得方式进行了详细规定。我国《民法典》第347条规定了土地出让的方式，根据该规定，获得建设用地使用权，可以采取出让或者划拨等方式。工业、商业、旅游、娱乐和商品住宅等经营性用地以及同一土地有两个以上意向用地者的，应当采取招标、拍卖等公开竞价的方式出让。从土地使用权取得的角度看，该法规规定的土地使用权出让，又可称为土地使用权原始取得，指的是划拨方式取得土地使用权以及招标、拍卖、挂牌交易和协议等出让方式取得土地使用权。

在此需要重点对协议出让进行分析，根据《协议出让国有土地使用权规定》和《协议出让国有土地使用权规范（试行）》的规定，协议出让国有土地使用权有着比较严苛的适用条件，一般可以采用协议出让的情况有以下几种：（1）供应商业、旅游、娱乐和商品住宅等各类经营性用地以外用途的土地，其供地计划公布后同一宗地只有一个意向用地者的；（2）原划拨、承租土地使用权人申请办理协议出让的；（3）划拨土地使用权转让申请办理协议出让；（4）出让土地使用权人申请续期，经审查准予续期的，可以采用协议方式。因此，协议出让一般适用在划拨、出租土地使用权变为出让土地的情况和出让土地使用权人续期的情况，但是无论是何种情况，均必须经过依法批准才能采取。

除了前述土地使用权原始取得方式之外，还可以通过土地使用权继受取得来取得土地使用权，具体包括继承、出售转让、出租等方式取得土地使用权。

二、土地使用权出让常见法律问题

（一）出让土地使用权的招拍挂方式及适用条件

出让土地使用权是指土地使用者向国家支付土地使用权出让金，国家将国有土地使用权在一定年限内出让给土地使用者的行为，出让的方式主要有招标、拍卖、挂牌交易和协议等。招标出让国有建设用地使用权，是指市、县人民政府国土资源行政主管部门发布招标公告，邀请特定或者不特定的自然人、法人和其他组织参加国有建设用地使用权投标，根据投标结果确定国有建设用地使用权人的行为。拍卖出让国有建设用地使用权，是指出让人发布拍卖公告，由竞买人在指定时间、地点进行公开竞价，根据出价结果确定国有建设用地使用权人的行为。挂牌出让国有建设用地使用权是指出让人发布挂牌公告，按公告规定的期限将拟出让宗地的交易条件在指定的土地交易场所挂牌公布，接受竞买人的报价申请并更新挂牌价格，根据挂牌期限截止时的出价结果或者现场竞价结果确定国有建设用地使用权人的行为。

根据国土资源部[①]发布的《关于进一步推行招标拍卖出让国有土地使用权的通知》的规定，今后，商业、旅游、娱乐和豪华住宅等经营性用地，有条件的，都必须招标、拍卖出让国有土地使用权。其中，具备以下条件之一的，必须拍卖出让土地使用权：（1）以获取最高出让金为主要目标，以出价最高为条件确定受让人的；（2）对土地使用者资格没有特别限制，一般单位或个人均可能有受让意向；（3）土地用途无特别限制及要求。对不具备拍卖条件，但属于下列情况之一的，必须公开招标出让：（1）除获取较高出让金外，还具有其他综合目标或特定的社会、公益建设条件的；（2）土地用途受严格限制，仅少数单位或个人可能有受让意向的。对土地使用者有资格限制或特别要求的，可对符合条件的用地申请者进行邀请招标。

之后，根据国土资源部发布的《招标拍卖挂牌出让国有建设用地使用权规定》第4条第1款规定，再次明确"工业、商业、旅游、娱乐和商品住宅等经营性用地以及同一宗地有两个以上意向用地者的，应当以招标、拍卖或者挂牌方式出让"。

[①] 现已整合为自然资源部，下同。

(二) 挂牌交易公告的法律性质

本章收集的时某公司诉甲县国土局土地使用权出让合同纠纷案中，时某公司通过挂牌出让的方式获得国有土地使用权，本案中的争议焦点是挂牌出让中挂牌交易公告的法律性质，集中体现在挂牌交易公告是要约还是要约邀请。

一般来说，挂牌交易公告中并没有一经承诺即受约束的意思表示，因此挂牌交易公告不符合要约的构成要件，所以挂牌交易公告不属于要约。根据《民法典》第473条的规定，要约邀请是希望他人向自己发出要约的表示。挂牌交易公告恰恰仅仅是希望竞买人报价并发出要约的意思表示，因此当然属于要约邀请。

由于挂牌交易公告属于要约邀请，那么在本章案例中时某公司对挂牌交易所作的报价则应为对要约邀请的响应，应认定为要约。甲县国土局尚未对时某公司的报价作出承诺时，双方关系仍停留于缔结合同过程中的要约阶段，本案合同因尚未承诺而没有成立，双方当事人之间没有形成合同关系。

(三) 国有土地使用权出让合同性质

1. 国有土地使用权出让合同的概念

土地使用权出让合同，是指市、县人民政府土地管理部门作为出让方将国有土地使用权在一定年限内让与受让方，受让方支付土地使用权出让金的协议。根据该定义，国有土地使用权出让合同有以下特点：首先，国有土地使用权的出让主体是特定的，只能是市、县人民政府土地管理部门，其他政府部门不具有签订国有土地使用权出让合同的主体资格；其次，国有土地使用权出让合同的标的是特定的，即必须是国有土地使用权，农村集体土地使用权不能作为出让合同的标的；最后，国有土地使用权出让合同的主要内容是出让方将国有土地使用权在一定年限内让与受让方，受让方支付土地使用权出让金。

2. 国有土地使用权出让合同的性质

国有土地使用权出让合同的性质一直是学界争论的话题，主要存在以下三种观点：

第一种观点认为，国有土地使用权出让合同是行政合同。这种观点认为政府在出让合同中代表国家和公共利益，出让土地使用权是政府行政管理的一种体现，并且出让合同中还为行政机关保留了特别权力，如监督指导合同的实际履行、单方面变更合同、认定受让方利用土地的行为是否违法并给予行政制裁等。因此，土地使用权出让合同是行政合同①。

第二种观点认为，国有土地使用权出让合同是民事合同，这种观点认为政府代表国家管理土地，是以民事主体身份参加合同关系，出让合同确定的是平等的民事主体之间的权利义务关系，因此，土地出让合同是民事合同②。

第三种观点认为，国有土地使用权出让合同具有双重性，这种观点认为政府在土地出让合同关系中既是行政管理者，又是土地所有者的代表人，既可以作为行政机关审查和批准用地人的用地申请，并核发土地使用证，又可以代表土地所有者与土地使用者签订土地使用权出让合同，约定双方的权利义务及各方违约的责任。政府的双重身份导致出让合同既有行政合同性质，又有民事合同性质③。

在这三种观点中，争论最大也是最针锋相对的两种观点是国有土地使用权出让合同属于"行政合同"还是"民事合同"。要探讨上述两种学说的区别，笔者必须先对行政合同与民事合同的概念进行界定：

（1）行政合同，是指行政主体为了满足公共利益的需要，行使国家行政权来实现行政管理目标，与相对人之间经过协商一致所达成的协议。一般认为，行政合同的当事人中一方必须是享有行政权力的行政主体，当事人双方地位是不平等的，双方是管理和被管理的关系。行政机关订立合同的目的是便于行政主体运用行政职能实现行政管理目标。

（2）民事合同，是指平等主体的自然人、法人、其他组织之间设立、变更、终止民事权利义务关系的协议，但是不包括婚姻、收养、监护等有关身份关系的协议。民事合同以产生、变更、终止民事权利义务关系为目的，其内容实际是民事财产关系中的债权债务关系。

从前述分析，笔者认为土地使用权出让合同应属于民事合同。理由有以下几点：

1. 国有土地使用权出让合同的目的是实现土地的商品价值。虽然土地出让必须符合国家、省、市地区的土地总体规划，但出让合同的现实目的是使土地的使用权进入市场流通，使其作为一项特殊的商品进行流通，以实现土

---

① 参见应松年：《行政合同不可忽视》，载《法制日报》1997年6月9日。
② 参见王见福、黄明川：《土地法的理论与实践》，人民日报出版社1991年版，第217页。
③ 参见王利明：《物权法论》，中国政法大学出版社1997年版，第590—598页。

地的商品价值。对受让人来说，结合《民法典》建设用地使用权的相关规定，受让人通过国有土地使用权出让合同取得了一种用益物权，这种用益物权从土地所有权中分离出来，不仅可以实际占有、使用、收益，更重要的是土地使用者可以转让、出租、抵押或用于其他经济活动，实际上享有法律允许范围内的处分权。这与行政合同的实现行政管理目标的目的是不相一致的。

2. 出让合同双方当事人法律地位平等。《城镇国有土地使用权出让和转让暂行条例》第 11 条明确规定，出让合同的订立要遵循平等、自愿、有偿的原则。这表明出让合同双方应是平等民事主体的关系。而国家在进行土地使用权出让行为时，其法律地位只是一个特殊的民事主体。在国有土地使用权出让合同中，当国家作为监管主体时，与土地使用者形成行政法律关系；而当国家作为出让方时，则与土地使用者形成平等的民事法律关系。而出让合同双方当事人的法律地位平等是出让合同民事合同性质的主要标志。

3. 出让合同双方当事人的权利义务是对等的。《城镇国有土地使用权出让和转让暂行条例》第 14 条、第 15 条均规定了，合同一方未按约定履行主要义务，对方享有合同解除权和违约赔偿请求权，这是民事合同双方权利义务对等的典型表现。根据《城镇国有土地使用权出让和转让暂行条例》第 18 条规定，土地使用者变更土地用途应征得出让方同意并经批准，土地用途的变更就是合同内容的变更，依据民事合同的规则，应取得合同相对方的同意。此外，《城市房地产管理法》第 16 条也规定了，土地使用者必须按照出让合同约定，支付土地使用权出让金；未按照出让合同约定支付土地使用权出让金的，土地管理部门有权解除合同，并可以请求违约赔偿。第 17 条规定，土地使用者按照出让合同约定支付土地使用权出让金的，市、县人民政府土地管理部门必须按照出让合同约定，提供出让的土地；未按照出让合同约定提供出让的土地的，土地使用者有权解除合同，由土地管理部门返还土地使用权出让金，土地使用者可以请求违约赔偿。此两条赋予了双方平等的解除权利，是民法中双方法律地位平等的重要体现。因此，在土地使用权出让法律关系中，双方都享有权利并负有义务，且一方的权利就是对方的义务，具有很强的对等性。

4. 建设用地使用权主要在民法体系中进行规定。我国《民法典》物权编中专门对建设用地使用权作出了相应规定，而有关物权的规定是民法体系中重要的组成部分之一。最高人民法院印发的《民事案件案由规定》明确将

"建设用地使用权出让合同纠纷"纳入"建设用地使用权合同纠纷"之中，从而认定其为民事合同。《土地使用权合同解释》的制定依据中也提到"结合民事审判实践"，适用的也都是民法的精神和原则。

综合上述理由，结合司法审判实践中关于国有土地使用权出让合同的纠纷主要是由民事审判庭进行审理和裁判的，因此笔者倾向认为将国有土地使用权出让合同定性为民事合同是符合我国法律规定和司法实践的。但同时，根据最高人民法院会议纪要等文件及少部分案例裁判观点，国有土地使用权出让合同也存在被认定为行政协议的可能性。

（四）农用地的土地使用权出让合同的效力

由于国有土地使用权出让合同的标的必须是国有土地，实践中，在签订国有土地使用权出让合同时，合同标的有时还是正在办理转用建设用地审批手续的农用地，在此情况下国有土地使用权出让合同何时生效就成为一个值得研究的问题。

国有土地使用权出让合同的标的必须是国有土地，农用地及集体土地均不能作为国有土地使用权出让合同的转让标的。农用地及集体土地在进行转让前必须依法进行土地性质变更。根据《土地管理法》第44条第1款规定，建设占用土地，涉及农用地转为建设用地的，应当办理农用地转用审批手续。在该条规定的农用地转用审批手续完成之前，是无法进行国有土地出让的，因此在本案中以正在办理转用审批手续的农用地签订的国有土地使用权出让合同属于无效合同。

（五）管委会作为土地使用权签订主体的合同效力

在我国行政机构序列中，没有开发区管理委员会这样一个机构。伴随着全国各地出现的开发区热，开发区管理委员会这种特殊的机构应运而生。一般理解开发区管理委员会属于政府的派出机构，行使政府授权的相关职责。根据《城市房地产管理法》第15条第2款的规定，市、县人民政府土地管理部门是依法有权经办国有土地所有权出让行为的唯一主体，是依法可以与土地使用者签订土地使用权出让合同的唯一主体。而开发区管委会显然不是法律规定的有权签订土地出让合同的主体，但是在实践当中，开发区管委会大包大揽各项政府职能，频繁出现开发区管委会签订土地出让合同的情形。如何认定此类合同的效力成为土地出让领域常见的问题。笔者认为，政府土地管理部门代表国家履行对国有土地的管理职责，只有政府土地管理部门才有权力出让国有土地使用权，其他任何部门均没有此权力。《土地使用权合同解释》第 2 条第 1 款明确规定，开发区管理委员会作为出让方与受让方订立的土地使用权出让合同，应当认定无效。当然在《土地使用权合同解释》实施前，开发区管理委员会作为出让方与受让方订立的土地使用权出让合同，如果在起诉前经过了市、县人民政府土地管理部门追认，可以认定合同有效。《土地使用权合同解释》在认定开发区管理委员会作为出让方签订的国有土地使用权出让合同无效的同时，赋予了一定的救济措施，即起诉前经市、县人民政府土地管理部门追认的，可以认定合同有效。这是最高人民法院从尽量维护合同的效力促进交易的稳定性的角度所做出的价值判断。

三、国有土地使用权转让常见法律问题

（一）无证转让土地使用权的合同效力

根据原 2005 年发布的《土地使用权合同解释》第 9 条的规定，转让方未取得出让土地使用权证书与受让方订立合同转让土地使用权，起诉前转让方已经取得出让土地使用权证书或者有批准权的人民政府同意转让的，应当认定合同有效。有司法裁判观点认为，按照该案审判时的法律规定分析，转让方在没有取得出让土地使用权证书的情况下与受让方签订的土地使用权转让合同是效力待定的合同。如果转让方签订合同后取得土地使用权或处分权，则转让合同溯及于成立之时发生效力；如果转让方签订合同后获土地使用权人追认的，则转让合同溯及于成立之时发生效力；如果转让方签订合同后既没有取得土地使用权或处分权，也未获土地使用权人追认，则转让合同溯及于成立之时无效。但是，也有司法裁判观点认为，并未对"起诉前转让方未取得出让土地使用权证书或者未经有批准权的人民政府同意转让"情形下的合同效力作出规定，土地使用权转让方在起诉前未取得权属证书，也未经有批准权的政府同意转让，但法院不予以直接否定土地使用权转让合同效力。而且，根据原《物权法》第 15 条规定，当事人之间订立有关设立、变更、转让和消灭不动产物权的合同，除法律另有规定或者合同另有约定外，自合同成立时生效；未办理物权登记的，不影响合同的效力。《民法典》第 215 条也继续沿用了原《物权法》第 15 条的规定。同时 2020 年修订后发布的《土地使用权合同解释》已经将原《土地使用权合同解释》第 9 条进行了删除调整。

综上，笔者更倾向于上述第二种司法裁判观点，随着我国经济社会的发展，为鼓励市场交易，我国在法律制度设计上一般不再轻易否定合同的效力。

以发生物权变动为目的的债权合同，其成立及生效应当依据合同法的规定，标的物是否成就、能否交付只是合同履行的结果问题，并非当然是合同的生效要件，不能以合同不能履行或物权没有发生变动反推合同无效。土地使用权转让作为物权变动的一种形态，其转让行为适用物权法规定的物权变动原则，能否取得土地使用权证书或经有批准权的政府同意转让，属于合同履行问题，并非合同的生效要件。

（二）土地使用权转让"黑白合同"的效力

在土地使用权转让过程中，会出现出让人和受让人双方就同一国有土地使用权签订两份转让合同的问题。如本章嘉某公司与太某公司土地使用权转让合同纠纷案就出现这种问题。第一份是合同双方实际履行的合同（以下简称：黑合同），第二份是合同双方为了办理土地使用权转让备案登记手续而签订的合同（以下简称：白合同）。笔者认为，认定合同是否无效主要看出让人和受让人签订的土地使用权转让合同是否符合《民法典》第146条、第153条、第154条的规定。以嘉某公司与太某公司之间的土地使用权转让合同纠纷案件为例，双方签订的"白合同"明确约定了比"黑合同"要低的转让价款，由于国家按照备案的"白合同"征收土地转让税金，在本案中，出让人和受让人实际上通过签订"白合同"逃避国家税收征收，致使国家利益遭受损失。根据《民法典》第153条、第154条的规定，本案中出让人和受让人签订的用于备案的"白合同"属于恶意串通、损害国家利益的合同，因此应被认定为无效合同。在"白合同"被认定为无效后，土地出让人和土地受让人应按双方实际履行的"黑合同"中约定的转让价款缴纳土地转让税金。

（三）"一地多卖"情形中的合同效力及权利归属

在土地使用权转让的实践中，经常会出现出让方将一个土地的使用权与两个或多个受让人签订转让合同而产生纠纷的情形。假定出让方先后与甲、乙、丙3个买受人订立了土地使用权转让合同，均未办理权属变更登记，在这种情况下，甲、乙、丙3个合同都有效。关于土地使用权的归属，《土地使用权合同解释》第9条规定："土地使用权人作为转让方就同一出让土地使用权订立数个转让合同，在转让合同有效的情况下，受让方均要求履行合同的，按照以下情形分别处理：（一）已经办理土地使用权变更登记手续的受让方，请求转让方履行交付土地等合同义务的，应予支持；（二）均未办理土地使用权变更登记手续，已先行合法占有投资开发土地的受让方请求转让方履行土地使用权变更登记等合同义务的，应予支持；（三）均未办理土地使用权变更登记手续，又未合法占有投资开发土地，先行支付土地转让款的受让方请求转让方履行交付土地和办理土地使用权变更登记等合同义务的，应予支持；（四）合同均未履行，依法成立在先的合同受让方请求履行合同的，应予支持。未能取得土地使用权的受让方请求解除合同、赔偿损失的，依照民法典的有关规定处理。"

如果出让方在与甲、乙两受让人订立转让合同之后，为乙办理了土地使用权变更登记手续，而后又与丙受让人订立转让合同，在这种情况下，出让方与甲、乙签订的两个合同均为有效，那么出让人与丙签订合同的效力如何呢？此时，出让方已不再是土地使用权人，已经没有权利转让该土地的使用权，其再与丙签订转让合同，即是对丙的一种欺诈行为。根据《民法典》第148条的规定，出让方与丙所签订的土地使用权转让合同为可变更或可撤销合同。丙有权请求人民法院或者仲裁机构变更或者撤销。

四、土地市场现状下的法律服务探析

近年来的房地产调控政策对土地市场产生了影响，由于一些房地产开发商资金日趋紧张，导致这些房地产开发商无力支付土地出让金，从而产生国有土地出让合同的争议和纠纷。同时房地产开发商也会进行土地使用权转让，以争取获得现金保证自身的市场竞争力。因此在国有土地使用权出让及转让两个市场，均存在大量的法律需求。而在当前房地产政策仍将继续的大环境下，本章涉及的国有土地出让方式、国有土地出让和转让的主要纠纷及其解决，对于政府国有土地管理部门以及房地产开发企业都有重要的指导意义，对于规范国有土地出让市场、避免国有土地出让违约同样有重要意义。

笔者认为，可以从以下几个方面开拓土地市场的法律服务：

1. 为开发商提供融资项目法律服务

房地产是典型的资金密集型行业，在国家有关部门对开发商在土地出让金支付、开发贷款审批、预售款使用作了严格限制之后，开发商不能像往常那么容易融资，而在目前宏观调控政策下，开发商又不能通过商品房销售回收资金，因而迫切需要寻找其他融资途径。开发商很有可能在取得土地使用权但是又无力进行进一步投入的情况下需求融资。无论采用何种融资方式，均需要律师提供法律服务，包括尽职调查、起草审查修改合同、出具法律意

见等法律服务。

2. 提供土地使用权转让法律服务

如果新一轮房地产宏观调控持续下去，势必会造成部分开发商的经营困境，为了自救，开发商会选择将已经取得的土地使用权进行转让。在此情况下，转让方及受让方都需要法律服务。对于受让方而言，其首先要委托律师开展法律尽职调查并出具尽职调查报告，在综合其他情况后决定是否继续收购。如决定继续收购的话，需要律师参与谈判，起草、修改相应的法律文件等。对于转让方而言，也同样需要律师提供法律服务，包括但不限于协助受让方开展尽职调查，甄别相关合同文件是否需要提供，以及确定相关文件提供的时间、方式、技巧等，并委托律师参与谈判，起草、修改法律文件等。

3. 代理诉讼案件

新一轮的房地产宏观调控有可能会导致"违约潮"产生，关于国有土地使用权出让合同和国有土地使用权转让合同纠纷案件有可能会频繁发生。不论土地出让方还是转让方都需要律师提供诉讼服务。

2.1 法院如何认定出让未履行审批程序的土地使用权的法律责任

——时某公司诉甲县国土局土地使用权出让合同纠纷案[①]

> **关 键 词：** 要约邀请，定金，土地使用权审批，缔约过失责任
>
> **问题提出：** 在国有土地使用权出让方存在违反关于审批的法律规定时，竞买人能否实际取得土地使用权？
>
> **关联问题：** 出让国有土地使用权审批程序适用法律问题；合同未成立时，订立过程中产生的缔约过失责任问题。

[①] 一审：浙江省高级人民法院（2003）浙民一初字第1号；二审：最高人民法院（2003）民一终字第82号，载《最高人民法院公报》2005年第5期。

> **裁判要旨**：国有土地使用权出让公告属于要约邀请，竞买人在竞买申请中提出报价，并按要约邀请支付保证金的行为，属于要约，双方当事人尚未形成土地使用权出让合同关系。国有土地使用权出让方因出让公告违反法律的禁止性规定，撤销公告后，造成竞买人在缔约阶段发生信赖利益损失的，应对竞买人的实际损失承担缔约过失责任。

案情简介

原告（上诉人）：时某公司

被告（被上诉人）：甲县国土局

2002年11月7日，甲县国土局在《甲县报》上刊登了《甲县国土资源局国有土地使用权挂牌出让公告》（以下简称：《挂牌出让公告》），主要内容：经甲县人民政府批准，甲县国土局定于2002年11月21日8时到同年12月4日15时，在甲县地产交易窗口挂牌出让下列一宗国有土地使用权：1. 该地块位于甲县某镇填海开发工程区域，面积25.9434公顷；2. 该地块挂牌起拍价为4300万元，成交地价在成交后付40%，余额在合同中约定付清；3. 凡具有资金实力，并能在规定时间完成建设的中华人民共和国境内外的公司、企业和其他组织均可参加竞买；4. 报名时间：2002年11月1日至同年11月20日15时止，报名地点：甲县地产交易窗口；5. 参加竞买者在报名时须交纳保证金2000万元；6. 挂牌时间：2002年11月21日8时始至同年12月4日15时止；挂牌地点：甲县地产交易窗口。《甲县国土资源局国有土地使用权挂牌出让须知》（以下简称：《挂牌出让须知》）第13条载明："挂牌期限届满，按照下列规定确定是否成交：（1）在挂牌期限内只有一个竞买人报价，且报价高于底价并符合其他条件的，挂牌成交。（2）在挂牌期限内有两个或两个以上的竞买人报价的，出价最高者为竞得人；报价相同的，先提交报价单者为竞得人，但报价低于底价者除外。（3）在挂牌期限内无应价者或竞买人的报价均低于底价或均不符合其他条件的，挂牌不成交。（4）在挂牌期限截止时仍有两个或两个以上的竞买人要求报价的，出让人可以决定实行现场竞价，也可另行确定时间实行拍卖竞价，出价最高者为竞得人。"2002年11

月20日，甲县国土局收到时某公司的"挂牌出让竞买申请书"，同日，时某公司依约汇入甲县土地储备中心2000万元，甲县国土局出具了某省行政事业单位往来收据一份，确认收到该笔款项。次日，时某公司向甲县国土局提供了"挂牌出让竞买报价单"，报价为5000万元。

2001年12月14日，渝某公司与甲县国土局签订《国有土地使用权出让草签合同》，该合同约定："本合同项下宗地的土地使用权出让金为每平方米人民币165元，总额为4400万元。"同年12月18日，渝某公司汇入甲县某渔港开发中心100万元，该中心确认收到该笔款项；2002年10月17日，渝某公司汇入甲县财政局1120万元；同日，渝某公司又汇入甲县财政局200万元；次日，渝某公司汇入甲县财政局300万元；同年11月14日，渝某公司向甲县国土局提供了《关于将应退土地转让金转为土地挂牌保证金的报告》，要求将上述款项直接转为挂牌竞买保证金；同年11月18日，甲县国土局法定代表人甲书面同意转为保证金；同年11月20日，渝某公司汇入甲县土地储备中心280万元，同日，甲县国土局出具收到该笔款项的收据；同年11月22日，该款项进入甲县土地储备中心账户；同年11月21日，渝某公司向甲县国土局提供了"挂牌出让竞买报价单"，报价为5100万元。

2002年11月20日，甲县国土局将"甲县海滨湾挂牌出让底价为5700万元，计人民币伍仟柒佰万元整"的底价函保存在甲县公证处。

2002年11月20日，某省国土资源厅接到举报称甲县国土局在当日甲县海滨湾土地挂牌出让中有不规范、暗箱操作行为后，查明该宗土地正在上报审批而未获批准，要求甲县国土局在未经依法批准前停止挂牌。同年11月22日，甲县国土局分别向时某公司、渝某公司发出了《关于对2002-005号海域开发宗地停止挂牌出让的通知》，该通知载明，根据省国土资源厅意见，甲县港湾，未经省厅批准前，不得进行挂牌出让。故本局停止挂牌出让，若重新挂牌，另行公告。同日，甲县国土局将2000万元退还给时某公司。时某公司收到上述通知和款项后，于同年12月6日发给甲县国土局《关于对2002-005号海域开发宗地停止挂牌出让通知的复函》，认为"贵局的发布公告及接受挂牌押金和我公司挂牌报价的行为是民事法律行为，对双方都具有法律约束力，贵局擅自停止挂牌的行为已违反了我国的有关法律规定，应属无效行为。我公司现要求贵局恢复挂牌，将该幅土地依法出让。若贵局一意孤行，我公司将依法要求贵局双倍返还挂牌押金，并赔偿相应的经济损失。

请贵局在收到函后于五个工作日内给予答复,否则,我公司将依法对贵局提起诉讼"。

2003年1月9日,时某公司向省高级人民法院提起诉讼称:根据国家法律规定,"商业、旅游、娱乐和商品住宅等各类经营性用地,必须以招标、拍卖或挂牌方式出让",而甲县国土局作为唯一代表国家出让国有土地的部门,在未经有权部门批准发布挂牌公告后又取消挂牌,按照常理,是不可能的事情,甲县国土局对此恶意毁约行为应承担全部的法律责任。时某公司已取得了本次挂牌的最高报价,是本次挂牌的竞得人。时某公司交纳的2000万元履约保证金,是时某公司、甲县国土局约定的在签订国有土地使用权出让合同之前的立约定金,根据《担保法》第89条、第90条①之规定,甲县国土局应双倍返还。根据《民法通则》第4条②、《合同法》第5条③所规定的公平原则和相关规定的精神,为了防止国有资产流失,甲县国土局不得改变《挂牌出让公告》和《挂牌出让须知》中确定的报名主体的条件,应尽速补办相关手续,继续履行公告所确定的义务。故时某公司请求:1. 判令甲县国土局继续履行合同;2. 判令甲县国土局双倍返还时某公司所交的约定为定金性质的保证金计4000万元(已返还2000万元);3. 由甲县国土局承担案件受理费。

二审法院审理期间查明,至二审庭审结束时,甲县填海开发工程区域的国有土地使用权出让仍未获省人民政府批准。

二审期间,时某公司当庭提交一份新证据,即甲县人民政府常务会议纪要([2003]4号),以证明甲县国土局在本案尚未了结的情况下,就准备将涉案土地继续以协议方式出让给渝某公司,缺乏履行挂牌义务的起码诚意。甲县国土局认为该份证据已过举证时限,不予发表质证意见。

二审庭审结束后,时某公司递交书面申请,请求对渝某公司的报价单和甲县国土局的底价单的真实性进行重新鉴定,对渝某公司是否实际交纳2000万元保证金等进行调查取证。

各方观点

时某公司观点:时某公司不服一审判决,认为:(1)一审判决基本事实

---

① 《民法典》第586条第1款及《民法典》第587条已对此处原《担保法》规定进行了相应替换及调整施行。
② 对应《民法典》第5—7条。
③ 对应《民法典》第6条。

认定错误。时某公司应为本次挂牌竞买唯一合法竞买人，甲县国土局虚拟了案外人渝某公司参与本次挂牌竞买的事实。（2）时某公司与甲县国土局之间挂牌出让合同关系已经形成，甲县国土局国有土地使用权挂牌出让行为应为有效。（3）时某公司向甲县国土局缴纳的2000万元保证金在法律上应认定为立约定金。

甲县国土局观点：甲县国土局认为：（1）时某公司不是本次挂牌出让唯一合法的竞买人。（2）本次挂牌存在底价。（3）挂牌公告为向不特定的人所发出的要约邀请。（4）本次挂牌为甲县国土局作为政府职能部门严格按照行政规章的规定进行国有土地使用权出让活动的举措，不存在时某公司所称的为渝某公司"量身定做"的问题。（5）时某公司所支付的2000万元保证金不是带有担保性质的定金，不应双倍返还。挂牌公告只规定2000万元为履约保证金，双方之间没有对保证金作过定金性质的约定，也从未订立过任何专门的定金合同或定金条款。（6）甲县国土局未经有权机关批准而将讼争土地挂牌出让，违反了《土地管理法》和《合同法》的规定，其挂牌行为应当认定无效。

法院观点

一审法院观点：一审法院认为，（1）2000万元是保证金不是定金。《担保法》第90条[①]规定："定金应当以书面形式约定。"而从本案的证据来看，双方当事人之间没有签订过任何形式的定金合同或定金条款。从双方挂牌出让的有关文件来看，只约定了2000万元的保证金。而《最高人民法院关于适用〈中华人民共和国担保法〉若干问题的解释》（以下简称《担保法解释》）第118条[②]规定"当事人交付留置金、担保金、保证金、订约金、押金或者订金等，但没有约定定金性质的，当事人主张定金权利的，人民法院不予支持"，从该规定来看，时某公司主张定金权利，缺乏法律依据。（2）时某公司诉称本案系要约的理由不能成立。时某公司的报价应解释为要约，而甲县国

[①] 原《担保法》该规定已被《民法典》第596条替换及修改，《民法典》未再规定"定金应当以书面形式约定。"同时规定"定金合同自实际交付定金时成立"。

[②] 该条未在《民法典》及《最高人民法院关于适用〈中华人民共和国民法典〉有关担保制度的解释》进行明确规定。但在《最高人民法院民法典担保制度司法解释理解与适用》一书（人民法院出版社2021年版，附录部分第689页），最高人民法院民事审判第二庭认为：该条规定符合《民法典》精神，可沿袭原来的审判思路。

土局既没有确定时某公司为中标人，也没有与其签订确认书，甲县国土局尚未作出承诺，据此，双方之间的合同关系尚未成立。（3）本次挂牌出让行为的效力问题。《土地管理法》《城市房地产管理法》《土地管理法实施条例》《城市房地产开发经营管理条例》等法律法规对土地出让的权限范围均未作规定，但该省人大常委会颁布并于 2000 年 7 月 5 日施行的《浙江省实施〈中华人民共和国土地管理法〉办法》第 21 条[①]规定，在已批准的农用地转用范围内和原有建设用地范围内，具体建设项目用地按照下列规定办理审批手续：杭州、宁波两市六公顷以上、其他设区的市五公顷以上的建设项目用地，由省人民政府土地行政主管部门审核，报省人民政府批准。具体建设项目需要占用土地利用总体规划确定的国有未利用地的，按照前款规定办理审批手续。法律、行政法规另有规定的除外。而讼争地块达 25.9434 公顷，依据上述规定，应报省政府批准，而甲县国土局在挂牌出让公告以前，未报经省政府批准，这种挂牌行为也是无效的。

一审法院判决：驳回时某公司的诉讼请求。

二审法院观点：二审法院认为，时某公司与甲县国土局之间国有土地使用权出让合同关系是否已成立的问题，是时某公司请求继续履行合同的前提，也是甲县国土局承担合同责任的基础。对这一问题的判定应综合挂牌出让公告的法律性质、本案是否存在承诺、甲县国土局承担责任的法律根据等三方面内容进行确定。（1）关于挂牌出让公告的法律性质是要约邀请还是要约的问题，其区分标准应首先依照法律的规定。《合同法》第 15 条[②]载明拍卖公告和招标公告的法律性质为要约邀请，本案刊登于报纸上的挂牌出让公告与拍卖公告、招标公告相同，亦是向不特定主体发出的以吸引或邀请相对方发出要约为目的的意思表示，其实质是希望竞买人提出价格条款，其性质应认定为要约邀请。时某公司于 2002 年 11 月 21 日所作的报价应为本案要约。要约邀请不形成合同关系，撤回要约邀请亦不产生合同上的责任。（2）关于本案是否存在承诺的问题，2002 年 11 月 22 日，即时某公司与渝某公司虽已报价

---

① 该办法已被浙江省人民代表大会常务委员会印发的《浙江省土地管理条例》（2021 年 11 月 1 日生效）废止。该条对应《浙江省土地管理条例》第 32 条："在已批准的农用地转用范围内和原有建设用地范围内，具体建设项目用地由设区的市、县（市）人民政府依法批准。法律、行政法规另有规定的除外。"

② 对应《民法典》第 473 条。

但未开始竞价的次日,省国土资源厅以"未经依法批准,擅自挂牌出让国有土地使用权"为由,责令甲县国土局停止挂牌,从而使正在进行中的缔约行为因事实原因的出现而发生中断,此时,挂牌出让程序中的竞价期限尚未届满,国有土地使用权出让合同的主要条款即讼争宗地使用权的价格未能确定,甲县国土局尚未对时某公司的报价作出承诺,双方关系仍停留于缔结合同过程中的要约阶段,因此,本案合同因尚未承诺而没有成立,双方当事人之间没有形成合同关系。(3)关于甲县国土局承担责任的法律根据问题,本案正在进行中的国有土地使用权挂牌交易,不仅于挂牌之时未获审批且至二审法院二审庭审结束时该宗国有土地使用权出让仍未获省人民政府批准,从而造成时某公司期待缔结国有土地使用权出让合同的目的不能实现,甲县国土局对此存在过错,应承担相应的缔约过失责任。

二审法院判决:驳回上诉,维持原判。

关联案例1

案件名称: 隆某公司与张洪某定金合同纠纷案

审理法院: 北京市第三中级人民法院(2021)京03民终10989号[1]

裁判观点: 依据法律规定,当事人可以约定一方向对方给付定金作为债权的担保。定金合同自实际交付定金时成立。给付定金的一方不履行债务或者履行债务不符合约定,致使不能实现合同目的,无权请求返还定金;收受定金的一方不履行债务或者履行债务不符合约定,致使不能实现合同目的,应当双倍返还定金。本案中,张洪某与隆某公司之间就张洪某举办某活动达成协议,隆某公司已收取定金,后因隆某公司单方原因未能履行协议,造成合同目的无法实现。张洪某要求隆某公司双倍返还定金,于法有据,应予支持。

---

[1] 载中国裁判文书网,https://wenshu.court.gov.cn/website/wenshu/181107ANFZ0BXSK4/index.html? docId=21382d9c78cf450aa1a5a90b67067b9f,最后访问时间:2022年6月25日。

关联案例 2

案件名称：甲市高某塑胶公司、甲市乙区丙街道国土城建和水务局等建设用地使用权出让合同纠纷案

审理法院：广东省佛山市中级人民法院（2021）粤 06 民终 6456 号[1]

裁判观点：《城市房地产管理法》第 12 条第 1 款规定："土地使用权出让，由市、县人民政府有计划、有步骤地进行。出让的每幅地块、用途、年限和其他条件，由市、县人民政府土地管理部门会同城市规划、建设、房产管理部门共同拟定方案，按照国务院规定，报经有批准权的人民政府批准后，由市、县人民政府土地管理部门实施。"第 15 条规定："土地使用权出让，应当签订书面出让合同。土地使用权出让合同由市、县人民政府土地管理部门与土地使用者签订。"据此，法律明确规定了土地使用权出让的实施主体及土地使用权出让合同的签订者须为市、县人民政府土地管理部门。本案中，原甲市乙区丁镇国土房产管理所不是土地出让的合法主体，该所依照上述法律规定也无权受托行土地出让之事。高某塑胶公司上诉主张的涉案土地出让经合法授权，土地用途事后完成审批，即使成立，也与上述法律的强制性规定相悖，本院对其主张合同有效，不予支持。一审法院对涉案合同效力的认定正确，应予维持。

关联案例 3

案件名称：李某、甲市人民政府建设用地使用权出让合同纠纷案

审理法院：福建省高级人民法院（2018）闽民终 1304 号[2]

裁判观点：诉争合同系建设用地使用权出让合同，鹰某集团在签订合同时未丧失主体资格，其系在我国香港特别行政区登记注册的企业，根据 1990 年 5 月 19 日实施的《城镇国有土地使用权出让和转让暂行条例》第 3 条 "中华人民共和国境内外的公司、企业、其他组织和个人，除法律另有规定者外，均可依照本条例的规定取得土地使用权，进行土地开发、利用、经营" 规定，鹰某集团有权签订土地使用权出让合同。《国家工商行政管理局关于外国（地区）企业在中国境内从事生产经营活动登记管理办法》中有关外国（地区）企业经登记主管机关核准登记注册后方可在中国境内从事生产经营活动的规定属管理性强制性规范，不能据此认定鹰某集团无权

---

[1] 载中国裁判文书网，https：//wenshu.court.gov.cn/website/wenshu/181107ANFZ0BXSK4/index.html？docId=2dfeb7d9712843b2be9fadf7010515c2，最后访问时间：2022 年 6 月 25 日。

[2] 载中国裁判文书网，https：//wenshu.court.gov.cn/website/wenshu/181107ANFZ0BXSK4/index.html？docId=2e8aef8d5db142238dd3aa5d00a54cb8，最后访问时间：2022 年 6 月 25 日。

签订《旅游度假区出让合同》，甲市政府该项主张不能成立。甲市政府作为地方一级政府，代表国家对行政区域范围内的国有土地进行管理，根据《城镇国有土地使用权出让和转让暂行条例》第9条"土地使用权的出让，由市、县人民政府负责，有计划、有步骤地进行"的规定，甲市政府享有国有土地使用权的出让审批权，其有权作为国有土地使用权出让合同的出让方，因此不论旅游建设公司是否有权签订国有土地使用权出让合同，不影响对《旅游度假区出让合同》效力的认定，甲市政府以旅游建设公司合同主体不适格为由主张合同无效依据不足，本院不予采信。且在1998年7月24日，中共甲市市委召开的专题会议中，时任甲市市长张某、旅游建设公司的出资人甲市度假区管理委员会主任崔某和原甲市国土资源局负责人到会参加，形成《备忘录》，亦对《旅游度假区出让合同》进行确认，故《旅游度假区出让合同》系当事人双方的真实意思表示，内容未违反法律、行政法规的禁止性规定，应属合法有效合同，甲市政府主张合同无效依据不足，本院不予采信。

律师点评

本案的要点在于国有土地使用权出让公告是否属于要约邀请；竞买人在竞买申请中提出报价，并按要约邀请支付保证金的行为，是否属于要约，双方当事人是否形成土地使用权出让合同关系；国有土地使用权出让方因出让公告违反法律法规的禁止性规定而撤销公告后，造成竞买人在缔约阶段发生信赖利益损失的，是否应对竞买人的实际损失承担缔约过失责任。围绕争议焦点，笔者对以下几个方面的法律问题进行分析：

一、挂牌出让与国有土地使用权出让的关系问题

时某公司认为一审判决混淆了挂牌出让法律关系与国有土地使用权出让法律关系。挂牌出让是指出让人发布挂牌公告，按公告规定的期限将拟出让的标的交易条件在指定的交易场所挂牌公布，接受竞买人的报价申请并更新挂牌价格，根据挂牌期限截止时的出价结果确定土地使用者的行为。挂牌交易是国有土地使用权等国有资产出让过程中，为了避免价值流失经常采用的交易形式。

挂牌出让综合体现了招标、拍卖和协议方式的优点，同样是具有公开、公平、公正特点的国有土地使用权出让的重要方式，它可以有效地预防土地交易过程中的腐败问题，尤其适用于当前我国土地市场现状。挂牌出让还具有招标、拍卖不具备的优势：一是挂牌时间长，且允许多次报价，有利于投资者理性决策和竞争；二是操作简便，便于开展；三是有利于土地有形市场的形成和运作。挂牌出让是招标、拍卖方式出让国有土地使用权的重要补充。出让国有土地使用权是土地使用者以向国有土地所有者代表支付出让金为对价而原始取得的有期限限制的国有土地使用权。简单来说，就是指国家将国有土地使用权在一定年限内出让给土地使用者，由土地使用者向国家支付土地使用权出让金的行为。国有土地使用权出让最基本的缔约方式是拍卖、招标、挂牌出让和协议出让四种。本案中甲县国土局明确采用挂牌出让方式出让国有土地使用权，并不存在混淆问题。

二、关于挂牌交易公告与挂牌保证金的性质问题

要约是希望和他人订立合同的意思表示。要约可以撤回，撤回要约的通知应当在要约到达受要约人之前或者与要约同时到达受要约人；要约可以撤销，撤销要约的通知应当在受要约人发出承诺通知之前到达受要约人。要约有如下构成要件：(1) 要约是特定合同当事人的意思表示。(2) 要约必须向要约人希望与之缔结合同的相对人发出。(3) 要约必须具有缔约目的并表明经承诺即受此意思表示的拘束。(4) 要约的内容必须具备足以使合同成立的主要条件。

要约的四个要件中最重要的有两个，一是内容具体确定，二是表明经受要约人承诺，要约人即受该意思表示约束。据此，挂牌交易不符合要约的构成要件，所以其性质上不属于要约，而属于要约邀请。要约邀请是当事人订立合同的预备行为，只是邀请他人发出要约，不能因相对人的承诺而成立合同。在发出要约邀请以后，要约邀请人撤回其邀请，只要没给善意相对人造成信赖利益的损失，要约邀请人一般不承担责任。

原《担保法解释》第 115 条[①]规定："当事人约定以交付定金作为订立主合同担保的，给付定金的一方拒绝订立主合同的，无权要求返还定金；收受定金的一方拒绝订立合同的，应双倍返还定金。"定金的数额原则上是由当事人约定的，但《民法典》第 586 条第 2 款对其最高限额又作了限定，即不得超过主合同标的额的百分之二十，超过部分不产生定金的效力。意图显然是

---

① 该条未吸收进《民法典》及《最高人民法院关于适用〈中华人民共和国民法典〉有关担保制度的解释》。但在《最高人民法院民法典担保制度司法解释理解与适用》一书（人民法院出版社 2021 年版，附录部分第 689 页），最高人民法院民事审判第二庭认为该条规定可沿袭原来的审判思路，理由如下：《民法典》第 586 条、第 587 条仅规定了违约定金，本条规定的是立约定金，根据意思自治原则，本条规定的立约定金应予肯定。但适用时应注意"拒绝"的原因。如果非因当事人的原因，如因不可抗力不能订立主合同，则不应适用定金罚则。

限制给付数额过大的定金,将定金的惩罚限定在一定的限度内。本案时某公司提交2000万元保证金相对于申报价5000万元来说已经超过百分之二十,不符合关于定金数额的规定。另《民法典》第586条第1款明确:"当事人可以约定一方向对方给付定金作为债权的担保……"即主张保证金为定金需经双方当事人明确约定。且原《担保法解释》第118条①也规定了当事人交付保证金,但没有约定定金性质的,当事人主张定金权利时法院将不予支持。

三、缔约过失责任导致诉讼请求追加的问题

缔约过失责任,是指在订立合同过程中,一方或双方当事人违反了诚实信用原则而负有的先合同义务,导致合同不成立,或合同虽然成立,但因不符合法定的生效条件而被确认无效或被撤销,给对方当事人造成信赖利益的损失时所应当承担的民事赔偿责任。缔约过失责任只有在合同尚未成立,或者虽然成立但因不符合法定的生效要件被确认为无效或被撤销时,才能发生。若合同已经有效成立,因一方当事人的过失而致他方损害,不适用缔约过失责任,因为它不是发生在合同订立过程中,而是发生在合同有效成立后的情形。在合同有效成立的情形下,因一方当事人的过错而致他方损害,只能适用违约责任。本案合同因事实原因未成立,甲县国土局应该对时某公司承担缔约过失责任。

根据《民事诉讼法解释》第232条规定:"在案件受理后,法庭辩论结束前,原告增加诉讼请求,被告提出反诉,第三人提出与本案有关的诉讼请求,可以合并审理的,人民法院应当合并审理。"第326条第1款规定:"在第二审程序中,原审原告增加独立的诉讼请求或者原审被告提出反诉的,第二审人民法院可以根据当事人自愿的原则就新增加的诉讼请求或者反诉进行调解;调解不成的,告知当事人另行起诉。"本案中,时某公司在缔约阶段所发生的信赖利益的损失,要通过独立的赔偿请求予以保护,而在本案二审期间,虽然甲县国土局同意承担缔约过失的赔偿责任,但时某公司直至二审庭审结束前仍坚持要求甲县国土局承担继续履行合同或双倍返还保证金的责任,未就甲县国土局缔约过失致其损失提出赔偿请求,根据不告不理原则,由于二审

---

① 该条未吸收进《民法典》及《最高人民法院关于适用〈中华人民共和国民法典〉有关担保制度的解释》。但在《最高人民法院民法典担保制度司法解释理解与适用》一书(人民法院出版社2021年版,附录部分第689页),最高人民法院民事审判第二庭认为:该条规定符合《民法典》精神,可沿袭原来的审判思路。

审理范围限于当事人的诉讼请求,且不能违反两审终审原则,故对此问题,二审法院不予审理。

四、关于善意相对人法律保护与国有土地使用权履行审批程序的问题

《招标拍卖挂牌出让国有建设用地使用权规定》第4条第1款规定:"工业、商业、旅游、娱乐和商品住宅等经营性用地以及同一宗地有两个以上意向用地者的,应当以招标、拍卖或者挂牌方式出让。"而甲县国土局作为当地唯一代表国家出让国有土地的部门,在未经有权部门批准发布挂牌公告后又取消挂牌,按照常理,是不可能的事情。本案中时某公司作为善意相对人不存在过错,时某公司按照挂牌公告规定向甲县土地储备中心汇入了2000万元保证金。2007年颁布的《物权法》①已从立法层面正式确立了物权公示、公信原则。所谓公示,指物权的享有或变动,须依据法定的方式予以公开,使第三人能够了解物权的享有或变动的情况;公信,则指通过法定公示方法所公示的权利状态,即便公示的内容有误,如相对人合理信赖其为真实的权利状态,并与不动产登记权利人进行交易,则对此种信赖予以保护。法律明确赋予不动产物权登记的公示效力,目的就在于保护善意相对人的信赖利益与交易安全。2021年生效的《民法典》亦沿用此等法律精神。根据此种法律精神,本案时某公司完全按照县国土局《挂牌出让公告》提供了"挂牌出让竞买报价单",报价为5000万元,并且提交了保证金,其行为合理信赖甲县国土局处于真实的权利状态,作为善意相对人时某公司应该得到应有的法律保护。

关于土地使用权履行审批程序的问题,根据《土地管理法》第44条第3款规定:"在土地利用总体规划确定的城市和村庄、集镇建设用地规模范围内,为实施该规划而将永久基本农田以外的农用地转为建设用地的,按土地利用年度计划分批次按照国务院规定由原批准土地利用总体规划的机关或者其授权的机关批准。在已批准的农用地转用范围内,具体建设项目用地可以由市、县人民政府批准。"根据此条法律规定,诉争土地应由市、县人民政府批准。但浙江省人大常委会颁布并于2000年7月5日施行的《浙江省实施〈中华人民共和国土地管理法〉办法》②第21条第1款、第2款规定:"在已

---

① 该法已于2021年1月1日被《民法典》废止。
② 该办法已于2021年11月1日被《浙江省土地管理条例》废止。

批准的农用地转用范围内和原有建设用地范围内，具体建设项目用地按照下列规定办理审批手续：（一）二公顷以下的建设项目用地，由县（市）人民政府土地行政主管部门审核，报同级人民政府批准，并报设区的市和省人民政府土地行政主管部门备案；（二）二公顷以上五公顷以下的建设项目用地，由设区的市人民政府土地行政主管部门审核，报同级人民政府批准，并报省人民政府土地行政主管部门备案；其中杭州、宁波两市人民政府可以批准二公顷以上六公顷以下的建设项目用地；（三）杭州、宁波两市六公顷以上、其他设区的市五公顷以上的建设项目用地，由省人民政府土地行政主管部门审核，报省人民政府批准。具体建设项目需要占用土地利用总体规划确定的国有未利用地的，按照前款规定办理审批手续。法律、行政法规另有规定的除外。"法院认为，由于讼争地块达25.9434公顷，依据上述规定，应报省政府批准。笔者的观点是：(1)《浙江省实施〈中华人民共和国土地管理法〉办法》中规定有除外条款"法律、行政法规另有规定的除外"，所以本案应适用法律即《土地管理法》的规定。(2) 按照法律位阶冲突解决原则，上位法优于下位法，下位法要服从于上位法，本案应遵循《土地管理法》的规定。所以，本案诉争土地应由市、县人民政府批准。(3) 浙江省人民代表大会常务委员会于2021年9月30日印发《浙江省土地管理条例》（2021年11月1日生效），将该条文修改为与上位法一致的"在已批准的农用地转用范围内和原有建设用地范围内，具体建设项目用地由设区的市、县（市）人民政府依法批准。法律、行政法规另有规定的除外"亦可印证笔者前述观点。

2.2 生效条件不可能成就，法院如何确认国有土地使用权出让合同效力

——南某公司诉甲区国土局国有土地使用权出让合同纠纷案[①]

> **关 键 词**：附条件合同，合同效力，审批权，继续履行
>
> **问题提出**：在双方签订国有土地使用权出让合同时，若该合同附条件且条件为"经省政府批准"，那么该合同的效力如何认定？
>
> **关联问题**：合同生效的情况下，一方明确不履行主要义务，该如何处理？
>
> **裁判要旨**：因双方签订的《国有土地使用权出让合同》事实上无法继续履行，南某公司要求判令继续履行该合同的诉讼请求难以支持，一审判决相关判项应予撤销，南某公司的该项诉讼请求应予驳回。本案所涉《国有土地使用权出让合同》是否应当依法予以解除及其法律后果承担问题，当事人可依法另行解决。

案情简介

原告（被上诉人）：南某公司

被告（上诉人）：甲区国土局

2001年2月23日，丙省乙市人民政府在某国举办"乙市日"招商活动。在招商活动中，某埠村与澳某公司、鑫某公司签订了《开发"××旅游观光度假村"联建合同书》。2001年8月15日，甲区国土局与南某公司、澳某公司签订预约协议，约定：土地面积为20万平方米，土地使用权出让费用为每亩21万元，总计金额为6300万元，土地规划用途为综合用地，使用期限为50年；南某公司和澳某公司凭本协议办理企业设立等手续，在预约有效期内，与甲区国土局正式签订《国有土地使用权出让合同》，取得土地使用权。

2001年10月11日，丙省乙市人民政府同意成立南某公司，企业类型为中外合资企业，经营年限为十年，注册资本为2000万元，其中澳某公司出资

[①] 一审：山东省高级人民法院（2004）鲁民一初字第9号；二审：最高人民法院（2004）民一终字第106号，载《最高人民法院公报》2007年第3期。

600万元，占注册资本的30%；鑫某公司出资200万元，占注册资本的10%；福某公司出资600万元，占注册资本的30%；竟某公司出资600万元，占注册资本的30%。

2003年1月6日，甲区国土局与南某公司签订《国有土地使用权出让合同》。该合同第3条约定：甲区国土局出让给南某公司的宗地位于某埠村，宗地面积186235平方米，其中出让土地面积为152702平方米。第4条约定：出让土地用途为住宅。第6条约定：出让年期为70年。第7条约定：出让金为每平方米369.15元，总额为56369943.3元。第15条约定：南某公司在按本合同约定支付全部土地使用权出让金之日起30日内，应持本合同和土地使用权出让金支付凭证，按规定向甲区国土局申请办理土地登记，领取《国有土地使用证》，取得出让土地使用权。甲区国土局应在受理土地登记申请之日起30日内，依法为南某公司办理出让土地使用权登记，颁发《国有土地使用证》。第40条第2款约定：本合同项下宗地出让方案尚需经丙省人民政府批准，本合同自丙省人民政府批准之日起生效。第45条约定：本合同未尽事宜，由双方约定后作为合同附件，与本合同具有同等法律效力。第5条约定：甲区国土局供地时间自本合同批准之日起。第6条约定：本协议经甲区国土局和南某公司双方签字、盖章后生效。

2003年2月19日，丙省人民政府下发《关于甲区2002年第十八批次城市建设用地的批复》，同意乙市将某街道办事处20万平方米农用地转为建设用地，其中耕地66191平方米，园地133809平方米。上述农用地转用后同意征用，用于丙省乙市城市建设。

2004年4月12日，甲区国土局以《国有土地使用权出让合同》无效、其无法履行合同约定的义务为由，通知南某公司解除双方签订的《国有土地使用权出让合同》，并要求南某公司于接到通知后30日内到甲区经营性用地合同清理办公室办理退款等相关事宜。

一审法院查明，自2001年9月28日至2003年5月29日，南某公司付清了出让合同约定的土地出让金56369943.3元。

二审法院查明，鑫某公司为南某公司股东，占南某公司的10%股份。2001年8月15日，甲区国土局与南某公司、澳某公司签订《乙市甲区国有土地使用权预约协议》时，路国某担任南某公司的总经理。

又查明，2003年2月19日，丙省人民政府下发《关于甲区2002年第十八批次城市建设用地的批复》，除同意乙市将某街道办事处 20 万平方米农用地转为建设用地，以及上述农用地转用后征用，用于乙市城市建设外，同时指出，要严格按照有关规定向具体建设项目提供用地，供地情况要经某市国土资源部门及时报丙省国土资源厅备案。

还查明，2004 年 3 月 1 日，乙市人民政府法制办公室与市国土资源和房屋管理局共同下发《关于 L 区 D 村"某花园"项目用地的情况报告》提出的处理意见为：鉴于目前情况，该宗用地实际已不能按 2003 年 1 月 6 日甲区国土局与南某公司签订的《国有土地使用权出让合同》的约定进行协议出让，处理该问题的关键是依法解除该出让合同。但因该合同的性质属民事法律关系范畴，其主体是甲区国土局与南某公司，而不是市政府，故应由合同双方当事人依法解除该合同，并决定退还其土地出让金等相关费用，将该宗地依法纳入政府储备。

二审期间，2005 年 3 月 10 日，甲区国土局提供丙省泰安市中级人民法院于 2005 年 1 月 13 日作出的（2004）泰刑二初字第 20 号刑事判决书。该判决书认定，2001 年 8 月，被告人于志某利用担任甲区国土局局长职务的便利，接受鑫某公司总经理路国某的请托，为该公司办理了国有土地使用权预约手续。为表示感谢及继续得到于志某的关照，2002 年春节前一天，路国某送给于志某 3 万元的购物卡。2003 年 1 月，于志某以购车为由，向路国某索要 33 万元。于志某的上述行为已构成受贿罪，且具有索贿情节。

各方观点

甲区国土资源局观点：1. 甲区国土局和南某公司签订的《国有土地使用权出让合同》没有生效，该合同是附生效条件的合同，所附条件并未成就。

2. 省政府对农用地转用审批不等于对出让方案的审批。通过和取得农用地转用的审批是形成供地方案的前提条件。当事人在合同中明确约定以出让方案得到批准作为合同生效条件，而丙省人民政府对乙市人民政府的用地请示的批复，是对包括该《国有土地使用权出让合同》项下宗地在内的 20 万平方米的农用地转为建设用地的批复，并非对出让方案的审批。

3.《国有土地使用权出让合同》自始没有法律效力。（1）该合同严重违反了《城市房地产管理法》第9条①："城市规划区内的集体所有的土地，经依法征用转为国有土地后，该幅土地的使用权方可有偿转让"。(2)《国有土地使用权出让合同》严重违反了国家关于招标拍卖挂牌出让国有土地使用权的相关强制性规定。《招标拍卖挂牌出让国有土地使用权规定》第4条第1款规定："商业、旅游、娱乐和商品住宅等各类经营性用地，必须以招标、拍卖或者挂牌方式出让。"(3)除前述导致《国有土地使用权出让合同》无效的情形外，南某公司在签订《国有土地使用权出让合同》过程中还存在与前甲区国土局局长于志某恶意串通、损害国家利益的嫌疑。

4. 一审判决不符合中央和各级政府对非法出让土地进行纠偏行为的指示精神。鉴于改革开放以来的现实情况，国务院自2001年以来出台了一系列政策、法规，严格整顿和规范土地出让行为。本案就是在这种国家整顿和治理土地管理秩序的大背景下发生的。在丙省人民政府高度重视下，丙省乙市人民政府经对本案项下出让行为进行充分调查研究后，认定该宗地的出让是非法出让，指示甲区国土局依法进行查处，并将此出让行为认定为违法违规重点案件之一。

5. 一审判决超越民事审判权限，扩大了判决范围，违反了"不告不理"的民事诉讼法准则。南某公司在民事诉状中提出请求判令甲区国土局继续履行双方所签《国有土地使用权出让合同》和判令甲区国土局承担案件受理费、保全费及其他诉讼费用（庭审过程中，南某公司撤销了原来提出的要求判令甲区国土局赔偿损失的诉讼请求）。可见，南某公司的实质性诉讼请求只有一项，即"继续履行《国有土地使用权出让合同》"，而一审判决增加了一项甲区国土局于判决生效后三十日内为南某公司办理《国有土地使用权证》。

南某公司观点："某花园"项目及为此项目成立的项目公司已经丙省乙市人民政府合法批准。依据2001年8月15日南某公司与甲区国土局签订的《国有土地使用权预约协议》，2003年1月6日双方正式签订了《国有土地使用权出让合同》。该合同签订后，南某公司不仅如约履行了自己的义务，还向当地村民支付了500万元的土地补偿费，并协助当地村委会给全体村民办理了养老保险等相关事宜。但甲区国土局不仅没有依约为南某公司办理《国有

---

① 该条规定于2019年8月26日被修改为"城市规划区内的集体所有的土地，经依法征收转为国有土地后，该幅国有土地的使用权方可有偿出让，但法律另有规定的除外"。

土地使用证》，反而以合同无效为由，通知南某公司解除合同，于同年 6 月 18 日发函催促南某公司办理退款手续。

1. 《国有土地使用权出让合同》的生效条件已成就，该合同已经生效。按照约定条件经由省人民政府审批，而本案中丙省人民政府已同意。

2. 《国有土地使用权出让合同》有效。本案双方所签出让合同的内容并未违反法律和行政法规的强制性规定，合同的主体、客体、意思表示等各要素均合法。

3. 所谓"纠偏行为"与本案无关。举报的内容为南某公司是假外商，未投一分钱，土地付款超期，均与事实相悖。

4. 一审判决并未超越审判范围。关于请求法院判令由甲区国土局为南某公司办理《国有土地使用权证》的申请，南某公司在当庭宣读诉状第一项请求判令甲区国土局继续履行双方所签合同时，特意明确了为南某公司办理《国有土地使用证》这一继续履行合同的实质内容，并记录在案。另外，颁发《国有土地使用证》是甲区国土局在民事合同中应尽的义务，该判决内容也未超出民事审判范围。

法院观点

一审法院观点：1. 《国有土地使用权出让合同》生效且有效。根据《国有土地使用权出让合同》第 40 条第 2 款的约定，该合同的生效条件为"本合同项下宗地出让方案尚需经丙省人民政府批准，本合同自丙省人民政府批准之日起生效"。经查，2003 年 2 月 19 日，丙省人民政府以《关于乙市甲区 2002 年第十八批次城市建设用地的批复》，批准了丙省乙市人民政府的用地请示。

2. 《国有土地使用权出让合同》应继续履行。南某公司按照《国有土地使用权出让合同》约定，付清了土地出让金和代征道路及绿化用地征地费，丙省乙市人民政府有关职能部门为该项目办理了项目立项、规划、土地农转用、征用等手续，双方的合同义务已基本履行完毕。根据合同第 15 条的约定，今后只要甲区国土局继续履行合同义务，依约为南某公司办理国有土地使用权证，合同目的即可得到实现。因此，南某公司请求甲区国土局继续履行合同的主张，予以支持。

一审法院判决：（一）甲区国土局、南某公司继续履行双方于 2003 年 1 月 6 日签订的《国有土地使用权出让合同》；（二）甲区国土局于判决生效后三十日内为南某公司办理《国有土地使用权证》。

二审法院观点：1.《国有土地使用权出让合同》视为没附条件，合同生效。合同所附条件是当事人约定的而不是法定的，同时还必须是合法的。在我国，政府机关对有关事项或者合同审批或者批准的权限和职责，源于法律和行政法规的规定，而不属于当事人约定的范围。因此本案视为没有附条件，所附的"条件"不产生限制合同效力的法律效果。

2.《国有土地使用权出让合同》有效。丙省人大常委会制定的《丙省实施〈中华人民共和国土地管理法〉办法》是一部地方性法规，《招标拍卖挂牌出让国有土地使用权规定》① 是部门规章。根据《合同法》相关规定②，人民法院确认合同无效，应当以法律和行政法规为依据，不得以地方性法规、行政规章为依据，因此，本案《国有土地使用权出让合同》有效。

此外，本案所涉《国有土地使用权出让合同》是否应当依法予以解除及其法律后果承担问题，当事人可依法另行解决。

二审法院判决：（一）撤销丙省高级人民法院（2004）鲁民一初字第9号民事判决；（二）驳回南某公司关于继续履行合同的诉讼请求。

> **关联案例 1**
>
> **案件名称**：上海某房地产营销策划公司、南通中某房产代理公司合同纠纷案
> **审理法院**：江苏省南通市中级人民法院（2022）苏06民终30号③
> **裁判观点**：关于《投资协议》是否已生效。附条件合同中所附条件，是指合同的双方当事人在合同中约定某种事实状态，并以其将来发生或者不发生作为合同生效或者不生效的限制条件。合同义务是依法成立并生效的合同内容，合同义务确定且明确，当事人未全面、适当履行合同义务的，应承担违约责任。案涉《投资协议》第3条第2款约定投资款到中某公司账户，股权投资协议生效，实际是将合同义务作为协议的生效条件，而合同义务不能成为附条件合同中的条件。案涉《投资协议》内容明确，不应将房地产公司是否履行协议视为显示协议生效的条件。故《投资协议》并非附条件生效的协议，协议第3条第2款的约定无效。该《投资协议》的其余条款是双方真实意思表示，不违反法律法规的强制性规定，合法有效。

---

① 2007年11月1日被修订为《招标拍卖挂牌出让国有建设用地使用权规定》。
② 对应《民法典》第153条第1款。
③ 载中国裁判文书网，https://wenshu.court.gov.cn/website/wenshu/181107ANFZ0BXSK4/index.html?docId=bfbc99b8fc9f4540a2c4ae84012b1141，最后访问时间：2022年6月25日。

关联案例 2

> **案件名称**：厚某公司、京某公司房地产开发经营合同纠纷案
> **审理法院**：最高人民法院（2020）最高法民申 5305 号①
> **裁判观点**：《土地管理法》第 44 条第 1 款规定，建设占用土地，涉及农用地转为建设用地的，应当办理农用地转用审批手续。厚某公司虽主张案涉 77 亩土地已全部征收为国有，但所提交的证据并未直接记载案涉 77 亩土地的性质均为国有建设用地，其亦未提交行政机关的征收决定，不足以证明剩余的 33.79 亩土地已完成农用地变更为建设用地的审批手续。二审判决认定案涉合同关于未依法履行农用地转为建设用地审批手续的 33.79 亩土地使用权的转让无效，并无不当。

关联案例 3

> **案件名称**：中某公司、圣某公司等买卖合同纠纷案
> **审理法院**：广东省广州市中级人民法院（2021）粤 01 民终 22089 号②
> **裁判观点**：中某公司与圣某公司签订的《采购合同》是双方当事人的真实意思表示，内容不违反法律、行政法规的效力性强制性规定，合法有效，双方应恪守履行。案涉合同第 3 条约定"甲方应当在合同签订当日向乙方支付合同货款总金额 50%定金，合计 420 万元，本合同正式生效"。可以认定案涉合同是附条件生效合同，由于中某公司仅支付了 100 万元，未达到合同总金额 50%，合同成立未生效。且依据案涉合同第 12 条约定"甲方未按照合同约定支付交款的，视为放弃订单，此合同视为无效合同"。因此，在案涉合同未生效的情况下，圣某公司亦未要求中某公司继续履行，可见双方已无继续履行合同的意愿，一审法院判决案涉《采购合同》自中某公司案涉起诉材料送达圣某公司之日即 2021 年 2 月 5 日起解除并无不当。根据《合同法》第 99 条规定，圣某公司应向中某公司返还已付 100 万元款项。

律师点评

本案是一起围绕甲区国土局与南某公司签订的附条件的《国有土地使用权出让合同》是否生效以及是否合法有效，且该合同能否继续履行等争议焦

---

① 载中国裁判文书网，https：//wenshu.court.gov.cn/website/wenshu/181107ANFZ0BXSK4/index.html? docId=cdcf542982024a5e97edacbf01226a54，最后访问时间：2022 年 6 月 25 日。
② 载中国裁判文书网，https：//wenshu.court.gov.cn/website/wenshu/181107ANFZ0BXSK4/index.html? docId=f3bf95a7fe034ebe8f99adfd00a70e06，最后访问时间：2022 年 6 月 25 日。

点的纠纷，针对上诉人甲区国土局、被上诉人南某公司和法院的观点，笔者对以下几个方面的法律问题进行解析：

一、附条件合同中"条件"的界定

附条件合同，是指当事人在合同中特别规定一定的条件，以条件是否成就来决定合同效力的发生或消灭的合同。该条件是当事人约定的、将来不确定的、合法的事实。在我国，政府机关对有关事项或者合同审批或者批准的权限和职责，源于法律和行政法规的规定，不属于当事人约定的范围。根据丙省人民政府《关于甲区2002年第十八批次城市建设用地的批复》，省政府已经同意该批农用地转为建设用地。该批复还规定其供地情况要经乙市国土资源部门及时报丙省国土资源厅备案。这表明丙省人民政府对建设项目供地管理采取的是备案制而不是审批制，关于该地的出让情况等不需要再报经丙省人民政府审批，因此丙省政府是不会审批的，此合同约定的条件是永远不可能发生的，视为没有附条件，不会发生限制合同效力的法律后果。根据《民法典》第502条第1款规定："依法成立的合同，自成立时生效，但是法律另有规定或者当事人另有约定的除外。"

二、农用地转用的审批和供地方案（包括出让方案）的审批的关系

就农用地转用的审批，根据《土地管理法》第44条规定："建设占用土地，涉及农用地转为建设用地的，应当办理农用地转用审批手续。永久基本农田转为建设用地的，由国务院批准。在土地利用总体规划确定的城市和村庄、集镇建设用地规模范围内，为实施该规划而将永久基本农田以外的农用地转为建设用地的，按土地利用年度计划分批次按照国务院规定由原批准土地利用总体规划的机关或者其授权的机关批准。在已批准的农用地转用范围内，具体建设项目用地可以由市、县人民政府批准。在土地利用总体规划确定的城市和村庄、集镇建设用地规模范围外，将永久基本农田以外的农用地转为建设用地的，由国务院或者国务院授权的省、自治区、直辖市人民政府批准。"本案讼争土地已经丙省人民政府批准了合同项下宗地农用地转为建设用地的审批手续和征地手续，这表明双方签订的《国有土地使用权出让合同》项下的土地已经履行了农用地转为建设用地以及征地手续，符合《土地管理法》规定的由市、县人民政府批准具体建设项目用地条件，不再需要将合同项下宗地出让方案报经丙省人民政府批准，合同项下宗地符合建设用地条件，可以由市、县人民政府依法对具体建设项目占用土地进行批准。

就供地方案（包括出让方案）的审批，除前述《土地管理法》规定的"在已批准的农用地转用范围内，具体建设项目用地可以由市、县人民政府批准"以外，2014 年 7 月 29 日生效的《土地管理法实施条例》第 22 条[①]规定："具体建设项目需要占用土地利用总体规划确定的城市建设用地范围内的国有建设用地的，按照下列规定办理：……（二）建设单位持建设项目的有关批准文件，向市、县人民政府土地行政主管部门提出建设用地申请，由市、县人民政府土地行政主管部门审查，拟订供地方案，报市、县人民政府批准；需要上级人民政府批准的，应当报上级人民政府批准。（三）供地方案经批准后，由市、县人民政府向建设单位颁发建设用地批准书。有偿使用国有土地的，由市、县人民政府土地行政主管部门与土地使用者签订国有土地有偿使用合同；……"虽然国务院基于精简法规条文等考虑，在 2021 年 9 月 1 日生效的《土地管理法实施条例》中已将该条移除，但实践中仍有部分政府部门在土地出让过程中沿用前述规范。可见，供地方案的审批，是市、县人民政府土地行政主管部门签订土地出让合同的必经步骤，也是前置程序。

在实践中，也存在先签合同后报批的情况。正因为有这种情况，2000 年印发的《国有土地使用权出让合同》示范文本（GF—2000—2601）[②]"使用说明"第 7 条中曾指出："合同第四十条关于合同生效的规定中，宗地出让方案业经有权人民政府批准的，按照第一款规定生效；宗地出让方案未经有权人民政府批准的，按照第二款规定生效。"此外，因前述示范文本约定与《土地管理法实施条例》中先报批再签约的原则相矛盾，已在 2008 年版《国有建设用地使用权出让合同》中删去先签合同再报批的途径，改为"第四十一条 本合同项下宗地出让方案业经××人民政府批准，本合同自双方签订之日起生效"。本案中，双方在签订《国有土地使用权出让合同》时，对第 40 条关于合同生效的规定作出了第二款选择，即"本合同项下宗地出让方案尚需经丙省人民政府批准，本合同自丙省人民政府批准之日起生效"。而根据《土地管理法》以及丙省人民政府的批复，该合同不需省政府批准，只需向省国土资源厅备案即可。

综上，农用地转用批准与供地方案批准并非同一概念，其批准也应适用

[①] 根据 2021 年 4 月 21 日国务院第 132 次常务会议修订通过，自 2021 年 9 月 1 日起施行的《土地管理法实施条例》，该条已被删除。

[②] 该示范文本已被 2008 年 4 月 29 日印发的《国土资源部、国家工商行政管理总局关于发布〈国有建设用地使用权出让合同〉示范文本的通知》废止。

不同的程序，省政府对于农用地转用的审批批准并不能代替市、县政府（或其上级政府）对供地方案的审批和批准。本案关于上诉人认为农用地转用审批是供地方案审批的前置程序是正确的表述，但在本案中《国有土地使用权出让合同》涉及的农用地转用审批已经由省政府在批复中审批，而具体供地方案需要由县、市政府批准，无需再经省政府审批，因此不影响《国有土地使用权出让合同》的效力。

三、《国有土地使用权出让合同》效力的认定

根据《民法典》第 153 条第 1 款的规定，只有违反法律和行政法规强制性规定的合同才能被确认为无效，地方性法规和行政规章不能作为确认合同无效的依据。丙省人大常委会制定的《丙省实施〈中华人民共和国土地管理法〉办法》是一部地方性法规；自 2002 年 7 月 1 日起施行的《招标拍卖挂牌出让国有土地使用权规定》① 是为加强土地管理而制定的部门规章。因此，甲区国土局提出双方签订的《国有土地使用权出让合同》违反丙省人大常委会制定的地方性法规和国土资源部制定的部门规章，应认定为无效的请求，于法无据。

此外，根据《丙省实施〈中华人民共和国土地管理法〉办法》规定，本案的出让方案应当由丙省人民政府审批，与《土地管理法》规定由县、市人民政府审批相矛盾，按照法律位阶冲突解决原则，即上位法优于下位法，下位法服从于上位法，应遵循《土地管理法》的相关规定。

四、国家土地使用权出让政策变化对合同履行的影响

《民法通则》② 第 6 条规定："民事活动必须遵守法律，法律没有规定的，应当遵守国家政策。"而在《民法总则》③ 第 10 条规定则删除了国家政策："处理民事纠纷，应当依照法律；法律没有规定的，可以适用习惯，但是不得违背公序良俗。"后续《民法典》也继续沿用《民法总则》的规定。在此前提下，虽然国家政策不再作为民法的法源，但在民事活动中，仍可以通过引致《民法典》中其他条款发挥作用，如由法院认定为不可抗力、情势变更、社会公共利益等情形，或者作为诚实信用原则、公序良俗原则的新内涵，进而产生很大的影响。

国务院下发的有关规范整顿土地出让市场秩序的通知以及国务院有关部

---

① 2007 年 11 月 1 日被修订为《招标拍卖挂牌出让国有建设用地使用权规定》。
② 已于 2021 年 1 月 1 日被《民法典》废止。
③ 已于 2021 年 1 月 1 日被《民法典》废止。

委颁发的贯彻配套规定等规范性文件，属于国家政策。按照本案判决时国家有关政策规定，在 2002 年 7 月 1 日前未经市、县政府前置审批或者签订书面项目开发协议而在此后协议出让经营性用地的，应当按照有关规定改为以招标拍卖挂牌方式出让。完善招标拍卖挂牌手续的，属于对有关国有土地使用权出让合同的变更或者解除，影响到相关合同能否实际履行以及是否解除问题，不影响和限制合同的效力。甲区国土局未严格执行国家有关政策通过招标拍卖挂牌方式出让本案讼争土地使用权，是造成双方签订的《国有土地使用权出让合同》无法继续履行的原因。这一政策方面的程序要求虽不导致本案所涉《国有土地使用权出让合同》无效，但影响该合同在客观上无法继续履行，故南某公司要求判令甲区国土局继续履行《国有土地使用权出让合同》的诉讼请求，难以支持，一审判决相关判项应予撤销。

五、关于行使解除权的问题

合同解除权就是合同当事人依照合同约定或法律规定享有的解除合同的权利，它的行使直接导致合同权利义务消灭的法律后果。行使合同解除权的方法，《民法典》第 565 条第 1 款规定："当事人一方依法主张解除合同的，应当通知对方。合同自通知到达对方时解除；通知载明债务人在一定期限内不履行债务则合同自动解除，债务人在该期限内未履行债务的，合同自通知载明的期限届满时解除。对方对解除合同有异议的，任何一方当事人均可以请求人民法院或者仲裁机构确认解除行为的效力。"解除权在实体方面属于形成权，在程序方面则表现为形成之诉。在没有当事人依法提出该诉讼请求的情况下，人民法院不能依职权径行裁判。《民法典》第 562 条第 2 款规定："当事人可以约定一方解除合同的事由。解除合同的事由发生时，解除权人可以解除合同。"即指由法律直接加以规定，当一定事由发生时，一方当事人享有解除合同的权利。《民法典》对法定合同解除条件作了较为严格的限制。根据《民法典》第 563 条的规定，单方当事人行使合同法定解除权的情形包括：(1) 因不可抗力致使不能实现合同目的；(2) 因一方拒绝履行主要债务；(3) 因一方迟延履行主要债务，经催告后仍未履行；(4) 因迟延履行或有其他违约情形致使不能实现合同目的；(5) 法律规定的其他情形。以持续履行的债务为内容的不定期合同，当事人可以随时解除合同，但是应当在合理期限之前通知对方。根据《民法典》第 566 条第 1 款规定，合同解除后，尚未履行的，终止履行；已经履行的，根据履行情况和合同性质，当事人可以请求恢复原状或者采取其他补救措施,并有权请求赔偿损失。本案《国有土地使用权出让合同》因为甲区国土局拒绝履行主要债务导致合同目的不能实现,所以南某公司具有法定解除权,至于解除合同后赔偿损失问题则属于另外的诉讼请求。

另外,《民法典》生效后对于合同解除权的行使期限予以进一步明确。根据《民法典》第564条第2款规定,明确了法律没有规定或者当事人没有约定解除权行使期限时,解除权的行使期限除原《合同法》第95条第2款"经对方催告后在合理期限内"的规定外,还新增了"自解除权人知道或者应当知道解除事由之日起一年内"的期限要求。同时,笔者认为,解除权消灭后,如果当事人此后又约定了解除权或发生了新的法定情形而使该当事人重新享有了解除权,则依然可以依法行使解除权利。

2.3 国有土地使用权出让合同部分无效,法院如何认定其他部分的效力

——木某公司诉甲省乙市丙区国土分局土地使用权出让合同纠纷案①

> **关 键 词:** 国有土地使用权出让,合同效力,违约,合同解除
>
> **问题提出:** 国有土地使用权出让合同部分无效,是否影响其他部分的效力,整个合同的效力如何?
>
> **关联问题:** 在土地出让合同部分被认定为有效的情况下,双方对是否按照约定交纳土地出让金产生争议,法院如何认定违约责任?
>
> **裁判要旨:** 根据《合同法》第56条②的规定,合同部分无效,不影响其他部分效力的,其他部分仍然有效。就本案情况看,认定合同部分无效,不会影响其他部分的效力。因此,应当认定合同中经过政府批准的84亩土地使用权出让有效,未经政府批准的131亩土地使用权出让无效,其他合同条款仍然有效。对于甲省乙市丙区国土分局关于涉案合同项下转让的土地是不可分物,不适用量上的部分有效、部分无效的上诉主张,不予支持。

---

① 一审:山东省高级人民法院(2006)鲁民一初字第8号;二审:最高人民法院(2007)民一终字第84号,载《最高人民法院公报》2008年第5期。

② 对应《民法典》第156条。

> **案情简介**

原告（被上诉人）：木某公司

被告（上诉人）：甲省乙市丙区国土分局（以下简称：乙市丙区国土分局）

2000年5月29日，乙市丙区人民政府向乙市人民政府报送《乙市丙区人民政府关于2000年度第一批城市建设用地的请示》。该请示称：根据《丙区土地利用总体规划》，我区拟批次转用某街道办事处某村等2个村园地133333平方米。上述用地在《丙区土地利用总体规划》中已确定为城市建设用地。后乙市人民政府向甲省人民政府报送青政地发〔2000〕267号《关于丙区2000年度第一批城市建设用地的请示》。

2001年2月28日，木某公司与某街道办事处签订《土地使用权出让协议》。该协议约定，某街道办事处将某工业区内土地约150亩的土地使用权出让给木某公司，使用期限50年，每亩地价为6.88万元，总价款约为人民币1032万元。合同签订后，木某公司依据1999年乙市丙区人民政府的有关文件，分别于2001年4月20日和2001年9月5日，向原丙区国土局的派出机构——丙区人民政府某街道办事处土地规划与矿产资源管理所（以下简称：土管所）缴纳土地出让定金180万元和50万元，土管所为其开具收款收据。2001年8月25日，木某公司给付土管所258万元支票一张，土管所向其开具258万元收款收据一份。该款实际于2003年3月27日划转至土管所。

2002年1月31日，甲省人民政府下发政土字〔2002〕35号《甲省人民政府关于乙市丙区城市建设用地的批复》称：乙市丙区土地管理局拟征用该区某街道办事处某村等2个村园地133333平方米（折合200亩），作为乙市丙区政府建设储备用地。经审查，该批次用地符合乙市丙区土地利用总体规划，同意该批次用地。

2003年1月16日，原丙区国土局与木某公司签订乙丙土合字〔2003〕4号《国有土地使用权出让合同》，其中约定，丙区国土局出让给木某公司的宗地位于某街道某村麦沟路北、松岭路西，宗地面积为175907平方米，其中出让土地面积为146383平方米。本合同签订之日起60日内，受让人一次性付清上述土地使用权出让金……合同还约定，受让人必须按照本合同约定，按时支付土地使用权出让金。如果受让人不能按时支付土地使用权出让金的，自滞纳之日起，每日按迟延支付款项的3‰向出让人缴纳滞纳金，延期付款超过6个月的，出让人有权解除合同，收回土地，受让人无权要求返还定金，并且出让人可请求受让人赔偿因违约造成的其他损失。本合同项下宗地出让方案尚需经甲省人民政府批准，本合同自甲省人民政府批准之日起生效。

同年3月26日，木某公司向土管所交付300万元支票一张，土管所向其开具300万元收款收据，但未实际划转该300万元。现乙市丙区国土分局认可实际收取木某公司土地出让金共计488万元。此后，木某公司未缴纳剩余土地出让金。上述合同涉及的146383平方米的出让土地中，部分土地经政土字〔2002〕35号文批准转为建设用地。

2005年6月6日，原丙区国土局以木某公司未按合同约定如期缴纳全部土地使用权出让金以及项目用地违反乙市政府〔2003〕95号文件为由，作出丙国土〔2005〕139号《丙区国土资源局关于撤销国有土地使用权出让合同的决定》，决定撤销与木某公司2003年1月16日签订的《国有土地使用权出让合同》，并要求木某公司自收到本决定之日起10日内持《国有土地使用权出让合同》原件到该局办理解除合同相关事宜，已交款项的退还事宜到某街道办事处建设服务中心（原某街道办事处土管所）办理。2005年6月7日，原丙区国土局通过特快专递将上述决定送达木某公司。

2006年3月13日，乙市丙区国土资源局更名为乙市国土资源和房屋管理局乙市丙区国土分局。

一审审理期间，乙市丙区国土分局向一审法院提交涉案土地"现状地形图"一张，载明图中全部黑线部分为签订土地使用权出让合同后的地形图，图中红线圈定的部分为农转用获批准的部分。经质证，木某公司对此证据没有异议。

由于乙市丙区国土分局单方解除合同，木某公司交付部分出让金后未能受让合同项下的土地，木某公司认为乙市丙区国土分局违反合同约定，给其造成各项经济损失1200余万元，故向一审法院起诉，请求判令乙市丙区国土分局履行乙丙土合字〔2003〕4号《国有土地使用权出让合同》，向木某公司交付合同项下的全部土地。

二审法院又查明：木某公司于2003年3月26日向土管所提交的银行转账支票未记载出票日期和收款人，双方当事人对这一事实均无异议。二审法院认为，根据《票据法》第85条的规定，出票日期是支票的必要记载事项，涉及支票使用期限的起算，无出票日期的支票应认定为无效支票。

各方观点

乙市丙区国土分局观点：1. 一审判决认定乙市丙区国土分局和木某公司双方签订的《国有土地使用权出让合同》部分有效是错误的。（1）本案合同中的标的物——宗地为不可分物，不适用量上的部分有效、部分无效。（2）乙市丙区国土分局对土地没有处分权，本案土地的出让要经过市人民政府审批。（3）本合同项下宗地出让方案尚需经省人民政府批准，本合同自人民政府批准之日起生效。由于本案项下的土地还没有完全办理农转用手续，所以不具备拟定出让方案报人民政府批准的条件，本案中的出让合同还不具有法律效力，木某公司只具有一种期待权。（4）一审判决乙市丙区国土分局出让部分土地给木某公司，违反了市人民政府的规划。乙市人民政府于2003年11月11日批准了包括本案宗地在内的地区规划。根据该规划，高新产业区"适当往东北方向发展延伸至李沙路，严禁继续往风景区内延伸"，本案出让合同中的土地在市政府规定的不准建设区域内。本案已经办理农转用的84亩土地的批准文件依法已经自动失效。

2. 一审法院认定"乙市丙区国土分局主张合同解除的抗辩理由，没有法律依据"是错误的。乙市丙区国土分局对木某公司交纳的土地出让金数额有异议，即使按一审认定的788万元，也只占土地出让金总数18153602.4元的43%。木某公司在合同签订后超过6个月没有付清出让金，乙市丙区国土分局依据涉案合同第9条和第31条，具有解除合同的权利，且木某公司已经收到解除合同的决定书。依据《合同法》第96条[①]的规定，双方签订的《国有土地使用权出让合同》自木某公司收到该决定书时解除。由于合同没有约定乙市丙区国土分局行使解除权的时间，在解除条件构成后，乙市丙区国土分局可以随时行使解除权。

木某公司观点：1. 一审认定涉案合同部分有效具有事实和法律依据，处理结果正确。涉案合同约定乙市丙区国土分局向木某公司交付215亩土地，但实际上只有84亩具备了出让条件，符合合同部分无效的情形。乙市丙区国土分局所称审批权上交是合同签订后发生的，审批权上交不影响合同的效力。

---

① 对应《民法典》第565条第1款。

至于乙市丙区国土分局强调的政府新规划，是指规划后不再向风景区延伸，并不影响之前的合同。

2. 一审认定乙市丙区国土分局主张解除合同的抗辩理由不成立是正确的。木某公司没有全额付款的原因在乙市丙区国土分局，当时木某公司的银行支票账户内存款多达700余万元，但土管所停收土地出让金，致使木某公司履约不能。乙市丙区国土分局单方解除合同的条件未成就。丙区人民法院扣划土地出让金发生在合同解除之前，该行为与本案无关，乙市丙区国土分局应当继续履行合同。

法院观点

一审法院观点：双方当事人签订的《国有土地使用权出让合同》涉及的土地中有部分履行了农用地转为建设用地的批准手续，根据《土地管理法》第43条、第44条①的规定，乙市丙区国土分局对该部分土地有权进行出让，其余部分未经人民政府批准，仍然为农村集体土地，乙市丙区国土分局对此无权处分。因此，双方签订的《国有土地使用权出让合同》部分有效。

1. 关于木某公司缴纳的土地出让金问题。签订合同之前，木某公司已向乙市丙区国土分局缴纳土地出让金共计488万元。2003年3月26日，木某公司向乙市丙区国土分局交付300万元银行转账支票，乙市丙区国土分局为其开具收款收据。上述一系列行为表明，木某公司一直在履行合同义务，对乙市丙区国土分局辩称该300万元银行转账支票是空头支票、无法划转的理由，没有证据支持，一审法院不予采纳。

2. 关于《国有土地使用权出让合同》应否继续履行的问题。因合同项下的该宗土地部分获得省人民政府批准，该部分土地具备履行条件。鉴于木某公司涉案土地的相关项目已经政府有关部门批准，获得了项目立项、规划、环保等审批手续。故乙市丙区国土分局应当向其交付该部分土地。乙市丙区

---

① 该法已于2020年1月1日起修正施行，原第43条被删除，第44条规定变更为："建设占用土地，涉及农用地转为建设用地的，应当办理农用地转用审批手续。永久基本农田转为建设用地的，由国务院批准。在土地利用总体规划确定的城市和村庄、集镇建设用地规模范围内，为实施该规划而将永久基本农田以外的农用地转为建设用地的，按土地利用年度计划分批次按照国务院规定由原批准土地利用总体规划的机关或者其授权的机关批准。在已批准的农用地转用范围内，具体建设项目用地可以由市、县人民政府批准。在土地利用总体规划确定的城市和村庄、集镇建设用地规模范围外，将永久基本农田以外的农用地转为建设用地的，由国务院或者国务院授权的省、自治区、直辖市人民政府批准。"

国土分局主张合同解除的抗辩理由，没有法律依据，一审法院不予支持。

综上所述，双方当事人签订的《国有土地使用权出让合同》部分有效，木某公司亦部分履行了付款义务，乙市丙区国土分局应在政府批准的农用地转建设用地范围内向木某公司交付涉案土地。木某公司请求乙市丙区国土分局履行乙丙土合字［2003］4号《国有土地使用权出让合同》，向其交付合同项下的全部土地的主张部分成立。

一审法院判决：（一）被告乙市丙区国土分局于本判决生效后三十日内向原告木某公司交付合同项下已经审批转为建设用地的土地（具体以甲省人民政府政土字［2002］35号《甲省人民政府关于乙市丙区城市建设用地的批复》及现状地形图红线坐标为准）；（二）驳回原告木某公司其他诉讼请求。

二审法院观点： 二审法院认为，本案涉及三个争议焦点：（一）关于《国有土地使用权出让合同》效力的认定；（二）一审认定木某公司交纳土地出让金的数额是否正确；（三）乙市丙区国土分局是否有权解除合同。

1. 关于《国有土地使用权出让合同》效力的认定问题。本合同虽约定合同须经省人民政府批准方可生效，但在合同签订前，合同项下的84亩土地已经省人民政府批准，由农业用地转为建设用地，故这部分土地未经审批不影响相应部分的合同效力；合同项下其余部分土地尚未办理农用地转用审批手续，按约定合同尚未生效，依法不得出让。乙市丙区国土分局认为合同已经成立但未生效，不应认定部分有效、部分无效。二审法院认为，涉案合同是双方当事人的真实意思表示，内容不损害国家、集体和第三人的合法权益，且已经过公证，应认定已经成立。我国《合同法》第44条①规定："依法成立的合同，自成立时生效。法律、行政法规规定应当办理批准、登记等手续生效的，依照其规定。"《土地管理法》第44条第1款规定："建设占用土地，涉及农用地转为建设用地的，应当办理农用地转用审批手续。"据此认定本案中未经政府批准农转用土地的部分合同无效。根据《合同法》第56条②的规定，合同部分无效，不影响其他部分效力的，其他部分仍然有效。就本案情况看，认定合同部分无效，不会影响其他部分的效力。因此，应当认定合同中经过政府批准的84亩土地使用权出让有效，未经政府批准的131亩土地使

---

① 对应《民法典》第502条。
② 对应《民法典》第156条。

用权出让无效，其他合同条款仍然有效。对于乙市丙区国土分局关于涉案合同项下转让的土地是不可分物，不适用量上的部分有效、部分无效的上诉主张，二审法院不予支持。

2. 关于一审认定木某公司交纳土地出让金的数额是否正确的问题。一审认定木某公司已向乙市丙区国土分局交纳土地出让金788万元，木某公司对此不持异议。而乙市丙区国土分局只承认收到木某公司的土地出让金488万元，且被丙区人民法院划走3813357元，目前仅剩1066643元。双方当事人的主要分歧在于2003年3月26日木某公司向土地管理所交付的一张300万元的支票应否算作已付土地出让金。鉴于该支票因无出票日期而被认定为无效，凭无效支票不能划转木某公司的银行存款。木某公司的出票行为应被认定为无效民事行为。尽管土地管理所收到这张支票后出具了收据，但因支票无效，土地管理所出具的收据并不意味着已经或者能够收到300万元土地出让金，事后木某公司也未对这张支票进行补正。事实上乙市丙区国土分局也未收到此笔款项。由于木某公司对这张支票的无效具有过错，不能认定木某公司提交这张支票即视为其支付了300万元土地出让金。乙市丙区国土分局关于该支票无效的抗辩具有事实和法律依据，二审法院应予支持。一审认定木某公司已向乙市丙区国土分局支付土地出让金788万元有误，应予纠正。

为执行（2004）丙执字297号、1162号民事裁定书，丙区人民法院于2005年3月25日扣划被执行人木某公司在某街道办事处的出让土地定金907528元、2905829元至该院账户。同月29日，某街道办事处致函木某公司称，丙区人民法院强行扣划某街道办事处财政款3813357元，某街道办事处已从木某公司交付的土地出让金488万元中支付486.623万元。因此，一审判决认定木某公司交纳的土地出让金为488万元是正确的。木某公司应交纳的土地出让金应按照合同有效部分的土地出让面积计算，木某公司应交纳的土地出让金为5782089.6元（84亩×667平方米×103.2元＝5782089.6元），所付488万元低于应付的土地出让金数额，故应认定木某公司未交齐合同有效部分的土地出让金。

3. 乙市丙区国土分局是否有权解除合同。解除合同的前提是合同已经生效。涉案《国有土地使用权出让合同》第31条约定，受让人延期支付土地出让金超过6个月的，出让人有权解除合同。该合同未约定行使合同解除权的期限，也未约定出让方在解除合同前要进行催告。鉴于该合同部分有效，木某公司应在合同有效部分的范围内履行义务。涉案合同于 2003 年 1 月 16 日签订，截至 2003 年 3 月 26 日，木某公司向乙市丙区国土分局交付土地出让金 488 万元，未达到 84 亩土地的出让金总额。因此，解除合同的条件已经成就。乙市丙区国土分局根据《合同法》第 93 条第 2 款[①]的规定行使了合同解除权，且已经通知了木某公司。其未对木某公司进行催告，并不构成违约。对乙市丙区国土分局关于木某公司没有按期付清合同项下全部土地出让金，其有权解除合同的主张，二审法院应予支持。对木某公司关于解除合同的条件未成就，乙市丙区国土分局无权单方解除合同的主张，二审法院不予支持。

综上，二审法院认为，根据双方当事人在土地出让合同中的约定，涉案合同经过政府批准的部分有效、未经政府批准的部分无效。对于合同的有效部分，双方当事人均有义务履行。木某公司未在合同约定的期限内履行合同有效部分的交纳土地出让金的义务，解除合同的条件已经成就，乙市丙区国土分局解除合同的行为有效。合同解除后，乙市丙区国土分局不再履行向木某公司出让 84 亩土地使用权的义务。乙市丙区国土分局的上诉有理，二审法院予以支持。一审法院认定事实不清，适用法律不当，应予改判。

二审法院判决：驳回木某公司的诉讼请求。

关联案例 1

> **案件名称**：高某 1 与陈某、高某 2 合同纠纷案
>
> **审理法院**：内蒙古自治区兴安盟中级人民法院（2021）内 22 民终 448 号[②]
>
> **裁判观点**：陈某与高某 1 签订的《探矿权转让协议》系双方当事人的真实意思表示，故协议自签订之日起已经成立；但本案的争议焦点在于双方签订的《探矿权转让协议》是否有效。根据《最高人民法院关于审理矿业权纠纷案件适用法律若干问题的解释》第 6 条、第 8 条的规定，矿业权转让应当经自然资源主管部门批准。本案中，高某 1 作为科某公司的法定代表人，将某铁矿的探矿权转让给自然人陈某并与其签订了《探矿权转让协议》，但高某 1 的上述转让行为并未申请自然资源主管部门批准，故双方签订的协议虽成立但未生效。

---

① 对应《民法典》第 562 条第 2 款。
② 载中国裁判文书网，https：//wenshu.court.gov.cn/website/wenshu/181107ANFZ0BXSK4/index.html？docId＝1ad8cff3bd294782b8fcad5000ed69af，最后访问时间：2022 年 6 月 25 日。

> **关联案例 2**
>
> **案件名称：** 金某等与甲科学院医学信息研究所房屋租赁合同纠纷案
>
> **审理法院：** 北京市第三中级人民法院（2022）京03民终1654号①
>
> **裁判观点：** 依法成立的合同，自成立时生效。违反法律、行政法规的强制性规定的合同无效。无效的合同或者被撤销的合同自始没有法律约束力。合同部分无效，不影响其他部分效力的，其他部分仍然有效。本案中，甲医学科学院为涉案房屋所有权人，甲医学科学院在取得《建设工程规划许可证》后，对涉案房屋上标号为1-01、2-02、3-01、4-01、5-01房屋进行施工建设改造，甲医学科学院虽主张上述房屋均具备合法建设手续，但是根据涉案房屋《房屋所有权证书》和《建设工程规划许可证》记载，除标号为2-02、4-01、5-01房屋规划许可建造层高为二层外，标号为1-01、3-01房屋规划许可建造层高为一层，故标号为1-01、3-01房屋一层以上改扩建部分因不具备合法建设手续无法认定具备合法出租手续，因此甲医学科学院与金某鑫公司、金某达成的关于涉案房屋上标号为1-01、2-02、3-01、4-01、5-01房屋的租赁合同效力为部分有效，对于未取得规划许可的房屋的出租合同效力应属无效。

> **律师点评**

本案属于一起较为典型的关于国有土地使用权出让合同效力的案例。同时在国有土地使用权出让合同有效的前提下，如何认定国有土地使用权出让合同中双方当事人的义务和责任，如何认定合同当事人的履约情况和违约责任等焦点问题。本文主要阐述涉及国有土地使用权出让合同的效力及履行的几个基本问题。

一、关于国有土地使用权合同的生效问题

1. 国有土地使用权出让合同的概念

《土地使用权合同解释》第1条对国有土地使用权出让合同作如下定义：本解释所称的土地使用权出让合同，是指市、县人民政府自然资源主管部门作为出让方将国有土地使用权在一定年限内让与受让方，受让方支付土地使用权出让金的合同。

根据该定义，国有土地使用权出让合同包含以下内容：首先，国有土地

---

① 载中国裁判文书网，https：//wenshu.court.gov.cn/website/wenshu/181107ANFZ0BXSK4/index.html? docId=4c8acc65fb9c4d42877486223b822da8，最后访问时间：2022年6月25日。

使用权的出让主体是特定的，只能是市、县人民政府自然资源主管部门，其他政府部门没有签订国有土地使用权出让合同的主体资格；其次，国有土地使用权出让合同的标的也是特定的，即必须是国有土地使用权，农村集体土地使用权不能作为出让合同的标的；最后，国有土地使用权出让合同的主要内容就是出让方将国有土地使用权在一定年限内让与受让方，受让方支付土地使用权出让金。

2. 与正在办理转用建设用地审批手续的农用地签订的国有土地使用权出让合同的效力

由于国有土地使用权出让合同的标的必须是国有土地，在我国，国有土地包括国家所有的土地和国家征收的原属于农民集体所有的土地。实践中，在签订国有土地使用权出让合同时，合同的标的有时还是正在办理转用建设用地审批手续的农用地，那么这样的国有土地使用权出让合同何时生效就成为一个值得研究的问题。

我国《土地管理法》第44条规定："建设占用土地，涉及农用地转为建设用地的，应当办理农用地转用审批手续……在土地利用总体规划确定的城市和村庄、集镇建设用地规模范围内，为实施该规划而将永久基本农田以外的农用地转为建设用地的，按土地利用年度计划分批次按照国务院规定由原批准土地利用总体规划的机关或者其授权的机关批准。在已批准的农用地转用范围内，具体建设项目用地可以由市、县人民政府批准……"《民法典》第502条规定："依法成立的合同，自成立时生效，但是法律另有规定或者当事人另有约定的除外。依照法律、行政法规的规定，合同应当办理批准等手续的，依照其规定。未办理批准等手续影响合同生效的，不影响合同中履行报批等义务条款以及相关条款的效力。应当办理申请批准等手续的当事人未履行义务的，对方可以请求其承担违反该义务的责任。依照法律、行政法规的规定，合同的变更、转让、解除等情形应当办理批准等手续的，适用前款规定。"因此，与正在办理转用审批手续的农用地签订国有土地使用权出让合同的，除合同约定的报批义务条款及相关条款外，其余条款在批准手续办理前未生效，只有在审批手续办理完毕后才能生效。

本案双方当事人约定合同须经省人民政府批准方可生效，至本案一审法庭辩论终结前合同项下有131亩土地部分尚未办理农用地转用审批手续，根据法律规定和合同约定，该131亩土地使用权依法不得出让，合同的该部分内容尚未生效。

二、关于国有土地使用权出让合同的无效问题

根据相关法律法规的规定，国有土地使用权出让合同可因以下事由导致无效，具体阐述如下：

1. 因出让方不具备主体资格而导致合同无效

《土地使用权合同解释》第2条规定："开发区管理委员会作为出让方与受让方订立的土地使用权出让合同，应当认定无效。本解释实施前，开发区管理委员会作为出让方与受让方订立的土地使用权出让合同，起诉前经市、县人民政府自然资源主管部门追认的，可以认定合同有效。"因为政府自然资源主管部门代表国家履行对国有土地的管理职责，所以只有政府自然资源主管部门才有权力出让国有土地使用权，其他任何部门均没有此权力。开发区管理委员会作为出让方签订的国有土地使用权出让合同根据《民法典》的规定应该属于无权处分效力待定的合同，只有经过有处分权人的追认才有效力。

《土地使用权合同解释》在认定开发区管理委员会作为出让方签订的国有土地使用权出让合同无效的同时，赋予一定的救济措施，即起诉前经市、县人民政府自然资源主管部门追认的，可以认定合同有效。这是最高人民法院从尽量维护合同的效力促进交易的稳定性的角度所做出的价值判断。但是《土地使用权合同解释》将时间限定在"本解释实施前"，那么《土地使用权合同解释》实施后，出现类似的行为如何认定呢？根据对本法条的解释和推理，那么《土地使用权合同解释》实施后开发区管理委员会签订的国有土地使用权出让合同都应该一律认定为无效，但是如果将经过政府管理部门追认的合同也一律认定为无效，似乎与最高人民法院尽量维护合同有效的基本原则相违背，笔者认为即使《土地使用权合同解释》实施后，开发区管理委员会等政府部门签订的国有土地使用权出让合同只要在起诉前经过政府自然资源主管部门的追认也应该认定为有效。

2. 因国有土地使用权出让合同的价格条款损害国家利益而无效

《土地使用权合同解释》第3条第1款规定："经市、县人民政府批准同意以协议方式出让的土地使用权，土地使用权出让金低于订立合同时当地政府按照国家规定确定的最低价的，应当认定土地使用权出让合同约定的价格条款无效。"本价格条款无效的基本法理在于损害了国家利益。《民法典》第154条的规定可以作为法律依据。

3. 因违反《民法典》导致的无效

《民法典》中民事法律行为无效的情形包括：第 144 条："无民事行为能力人实施的民事法律行为无效。"第 146 条第 1 款："行为人与相对人以虚假的意思表示实施的民事法律行为无效。"第 153 条："违反法律、行政法规的强制性规定的民事法律行为无效。但是，该强制性规定不导致该民事法律行为无效的除外。违背公序良俗的民事法律行为无效。"第 154 条："行为人与相对人恶意串通，损害他人合法权益的民事法律行为无效。"

国有土地使用权出让合同作为民事法律行为的一种，当然适用《民法典》的规定，所以国有土地使用权出让合同如果出现《民法典》规定的民事法律行为无效情形，也会导致合同无效。

三、关于本案国有土地使用权出让合同未经批准的 131 亩土地部分属于未生效还是无效的问题

1. 二审法院在认定本案合同未经批准的部分既属于未生效也属于无效

二审法院首先认定本案合同未批准部分未生效，即"合同项下其余部分土地尚未办理农用地转用审批手续，按约定合同尚未生效，依法不得出让"。但是在随后的阐述中，又认定该未经批准的部分为"无效"，即"据此认定本案中未经政府批准农转用土地的部分合同无效""本院认为，根据双方当事人在土地出让合同中的约定，涉案合同经过政府批准的部分有效、未经政府批准的部分无效"。

所以，二审法院应该明确本案合同未批准部分是无效还是未生效，因为合同无效和未生效是两个不同的概念，具有不同的内涵。

2. 合同无效与合同未生效的主要区别

合同未生效是指合同已成立，但是合同中所约定的条件未成就，或者约定的期限还未届至，或者还没有按照有关法律规定办理有关行政审批或登记手续，对订立合同的当事人暂时不产生法律约束力的合同。

合同无效是指合同成立后由于合同的内容违反法律强制性或限制性规定，而导致合同从成立时就不具有法律约束力。

合同无效与未生效的主要区别是：第一，两者形成的原因不同，合同未生效是由于合同生效的条件还不具备，合同无效的形成原因是合同内容的违法性。第二，两者的后果也不相同，合同未生效是合同暂时不发生效力，等合同具备条件时就发生效力；而合同无效是自始不发生效力。

3. 本案合同未经批准部分应属于未生效而不是无效

综合以上的分析，本案合同中未经批准部分的 131 亩土地不具备出让条件，根据法律规定和双方当事人的约定，尚未发生合同效力，但是如果该部分土地以后得到有关部门的审批，那么该部分合同内容就生效，对双方具有法律效力，所以该未经批准部分的内容应属于未生效。

如果该部分内容属于无效的话，那么无论该部分内容以后是否得到有关部门的批准，都会造成其无效的结果。

所以，对未经批准部分所涉合同条款的正确认定应该是未生效而不是无效。

2.4 确认国有土地使用权转让合同无效，是否应受诉讼时效的限制

——威某公司、北某公司诉北某集团土地使用权转让合同纠纷案①

> 关 键 词：土地使用权转让合同，无效，诉讼时效
>
> 问题提出：国有土地使用权转让合同无效的确认是否受诉讼时效的限制，无效后当事人请求返还财产或赔偿损失的是否受诉讼时效的限制？
>
> 关联问题：法人被吊销营业执照后没有进行清算也没有办理注销登记的，不属于法人人格的终止，是否仍依法享有民事权利能力和民事行为能力，是否具有诉讼主体资格？
>
> 裁判要旨：合同当事人不享有确认合同无效的法定权利，只有仲裁机构和人民法院有权确认合同是否有效。合同效力的认定，实质是国家公权力对民事行为进行的干预。合同无效系自始无效，单纯的时间经过不能改变无效合同的违法性。当事人请求确认合同无效，不应受诉讼时效期间的限制，而合同经确认无效后，当事人关于返还财产及赔偿损失的请求，应当适用法律关于诉讼时效的规定。

---

① 一审：广西壮族自治区高级人民法院（2005）桂民一初字第 3 号；二审：最高人民法院（2005）民一终字第 104 号，载《最高人民法院公报》2006 年第 9 期。

案情简介

原告（被上诉人）：威某公司

原告（被上诉人）：北某公司

被告（上诉人）：北某集团

1993年3月3日，北某集团与威某公司签订《土地合作开发协议书》，约定双方合作开发乡镇企业城范围内土地150亩；威某公司按每亩20.5万元标准交付合作开发费用，共计3075万元；协议签订后两个工作日内，威某公司支付北某集团土地合作开发费500万元作为定金，同时将原有的土地蓝线图正本和北某集团与广西壮族自治区某市乡镇企业城招商中心（以下简称：招商中心）签订的土地合作开发协议交给威某公司保管；北某集团原则上在收到定金后，从招商中心办理好以威某公司为该150亩土地占有人的蓝线图和转换合同，办理的手续费由北某集团负担；威某公司在签约后10日内再付1000万元，其余的1575万元在1993年5月1日前付足；北某集团办理蓝线图及转换合同，最迟不能超过13日（自合同签订之日起），逾期北某集团赔偿给威某公司100万元，同时本合同有效执行；威某公司付清全款，北某集团根据威某公司要求同意向威某公司转让土地使用权，威某公司提供办理红线图及土地使用权证所需的立项等全部文件，北某集团负责为其办理红线图及土地使用权证；同日，双方又签订《补充协议》约定，北某集团与招商中心合作开发该150亩土地，尚欠合作开发费50%即600万元。在1993年5月1日威某公司支付全款前，北某集团欠交土地合作开发费的损失由其自行承担，如果招商中心提高土地价格，加价部分由北某集团承担；如果收回土地，北某集团应在损失发生时将所收的款项全部退还给威某公司，并在5日内赔偿500万元；如威某公司未能在1993年5月1日前付足款给北某集团，威某公司则赔偿500万元。同日，北某集团将土地示意图正本交付给威某公司。威某公司法定代表人刁某南出具了收条。

合同签订后，威某公司分别于1993年3月4日、3月13日、4月30日支付500万元、1000万元、1000万元给北某集团，北某集团开具了收款收据。但北某集团未依约办理蓝线图及转换合同，也未为威某公司办理土地使用权证。北某集团直到起诉前未取得讼争土地的土地使用权，也未对讼争土地进行开发利用。双方当事人均当庭确认威某公司在诉讼前一直未向北某集团主张过权利。

一审法院另查明，威某公司系由北某公司申办成立，其性质为全民所有制企业法人，主管部门为北某公司。由于威某公司未按规定申报工商年检，2003年11月26日，甲自治区乙市工商行政管理局作出行政处罚决定书，决定吊销威某公司的营业执照，但至今尚未成立清算组进行清算。

> 各方观点

北某集团观点：1. 关于威某公司被吊销营业执照后是否具有独立的诉讼主体资格，其开办单位北某公司是否具有原告的诉讼主体资格问题。北某公司不是本案适格原告。北某公司作为威某公司的开办单位、主管部门及唯一的出资方，虽然有权利义务对威某公司的债权债务进行清理，但并无法律规定，在法人尚未注销时，其开办单位有权作为当事人代为或共同参加诉讼。这在根本上违背了法人独立的原则。法人的民事权利能力和民事行为能力，从法人成立时产生，到法人终止时消灭。威某公司虽然系由北某公司申请开办，但被依法吊销了营业执照之后并没有在包括其开办单位北某公司在内的组织下进行清算，也没有办理注销登记。因此威某公司仍然是一个依法独立存在的法人。被吊销营业执照并不影响威某公司依法保持独立的民事权利能力和其他民事行为能力，威某公司仍然有权且只能以自己的名义独立行使法律赋予的各项民事权利，包括参加诉讼。因此，北某公司不是本案适格原告。

2. 关于《土地合作开发协议书》是否无效的问题。威某公司与北某集团签订的《土地合作开发协议书》的性质是合同权利义务之转让。北某集团原与招商中心约定由招商中心出地，北某集团出资，共同合作开发土地。而北某集团与威某公司签订的合同即是将北某集团的出资义务转让给了威某公司。该合同没有违反法律强制性规定，合同合法有效。

3. 关于威某公司的起诉是否超过诉讼时效的问题。威某公司的起诉已过诉讼时效。《土地合作开发协议书》约定自合同签订之日起最迟不能超过13日，北某集团应办理土地的蓝线图及转换合同，但北某集团并没有在该期限内办理好上述手续，威某公司在1993年3月16日就知道或应当知道其权利被侵害。此外，在另案诉讼中，2000年1月26日，广西壮族自治区北海市中级人民法院在（1999）北民初字第66号民事判决书中，已认定威某公司未能取得土地使用权，亦不能协助恒通公司取得土地使用权，遂判决威某公司返还土地款及赔偿利息损失给恒通公司。广西壮族自治区北海市中级人民法院作出该判决时，威某公司就知道或应当知道其权利被侵害，诉讼时效最迟应该自此时起算，而威某公司一直未向北某集团主张权利，直到2005年才提起诉讼，已超过了法定诉讼时效期间。

威某公司、北某公司观点：1. 关于北某公司的主体问题。北某公司是威某公司的开办单位，威某公司已于2003年11月26日被广西壮族自治区北海市工商行政管理局吊销营业执照，并被责令由主办单位、投资人或清算组进行清算。威某公司至今未成立清算组，因此作为主办单位的北某公司有权利有义务对威某公司的债权债务进行清算工作。本次诉讼，亦是对威某公司债权债务的清算工作之一，由北某公司同权利义务已受限制的威某公司共同参加诉讼，符合法律规定。

2. 关于《土地合作开发协议书》是否无效的问题。威某公司认为北某集团无权签订该合作开发协议，协议违反了法律强制性规定，属无效合同。

3. 关于威某公司的起诉是否超过诉讼时效的问题。威某公司的起诉没有超过诉讼时效，威某公司的诉讼请求应当得到法院的支持。无效合同的确认不适用诉讼时效，无效合同产生的财产返还请求权的诉讼时效期间应自合同被确认无效之日起算。无效合同的确认不受诉讼时效期间限制。合同无效是法律所代表的公共权力对合同成立过程进行干预的结果。确认合同效力是价值判断的范畴，只要法律、行政法规认为合同是无效的或损害社会公共利益的，就应当认定合同无效，而不应考虑合同无效经过的时间过程。

此外，诉讼时效制度适用于债权请求权，而确认合同无效则属于形成权，确认合同无效之诉属确认之诉，不适用诉讼时效制度。合同无效是一种法律状态，法律不应强求当事人随时随地对合同效力进行审视，从而使交易处于不确定的状态。当事人在善意履行合同过程中，不发生对合同效力认定及无效合同财产处理的主张起算诉讼时效问题。无效合同产生的财产返还请求权的诉讼时效期间应自合同被确认无效之日起算。

法院观点

一审法院观点：关于第一个争议焦点，即北某公司是否为适格原告的问题，一审法院认为，北某公司在本案中为适格原告。因为威某公司系北某公司开办的全民所有制企业，威某公司被工商管理部门依法吊销营业执照后，其民事行为能力受到一定的限制，且至今未成立清算组进行清算，北某公司作为该公司的开办单位、主管部门及唯一的出资方有权利及义务对威某公司的债权债务进行清理。该公司作为共同原告参加诉讼并无不当。

关于第二个争议焦点，即《土地合作开发协议书》是否无效的问题，威某公司与北某集团签订的《土地合作开发协议书》，名为合作开发，实为土地使用权转让，该协议为无效合同。依据《最高人民法院关于审理房地产管理法施行前房地产开发经营案件若干问题的解答》第7条①"未取得土地使用证的土地使用者为转让方与他人签订的合同，一般应当认定无效，但转让方已按出让合同约定的期限和条件投资开发利用了土地，在一审诉讼期间，经有关主管部门批准，补办了土地使用权登记或变更登记手续的，可认定合同有效"之规定，北某集团未取得讼争土地的使用权即与威某公司签订协议转让该土地的使用权，且既未对土地进行实际的投资开发，也未在一审审理期间补办有关土地使用权登记或变更登记手续，因此，双方当事人签订的《土地合作开发协议书》无效。依据无效合同返还原则，北某集团应返还其收取的购地款2500万元及利息。

关于第三个争议焦点，即威某公司、北某公司的起诉是否超过法定诉讼时效期间的问题。威某公司、北某公司的起诉没有超过法定诉讼时效期间。当事人向法院请求保护民事权利的诉讼时效期间为两年②，诉讼时效期间从知道或应当知道权利被侵害时起计算。首先，《民法通则》规定的诉讼时效期间适用于债权请求权，不适用于形成权。而威某公司、北某公司关于确认合同无效的请求属于形成权之诉，不应受两年诉讼时效的限制。其次，因合同无效产生的财产返还请求权在性质上属于债权请求权范畴，理应受《民法通则》关于诉讼时效规定的限制，诉讼时效期间从原告知道或应当知道权利被侵害时起算。鉴于当事人并不享有确认合同无效的法定权利，合同只有在被法定裁判机关确认为无效之后，才产生不当得利的财产返还请求权及该请求权的诉讼时效问题。因此，威某公司与北某集团签订的《土地合作开发协议书》被法院宣告无效后，威某公司才享有财产返还请求权。如北某集团不予返还，威某公司才知道或应当知道该权利受到侵害，诉讼时效才开始起算。以合同

---

① 此解答已于2013年失效。
② 关于诉讼时效的规定已被《民法典》变更，《民法典》第188条规定："向人民法院请求保护民事权利的诉讼时效期间为三年……"

被宣告无效为无效合同诉讼时效的起点，威某公司、北某公司的起诉没有超过法定诉讼时效期间。

同时，在涉及无效合同财产返还的诉讼中，对《民法通则》第137条①如何适用，司法实践中还存在另一种诠释：即以无效合同的履行期限为确定诉讼时效的依据。其理由是无效合同的当事人通常在合同被法定机关确认为无效前，并不知道合同无效，当事人对无效合同约定的合同利益有合理的预期。如无效合同约定了履行期限，在该履行期限届满后；如合同未约定履行期限，在当事人主张权利后，合同相对方仍不能完全履行义务，当事人即知道或应当知道其"合同权利"受到侵害，则应积极地行使诉讼权利，维护自身利益。但由于本案双方当事人未对土地使用权转让的履行时间进行约定，威某公司、北某公司从未向北某集团主张过权利，北某集团也从未告知过威某公司不能办理土地使用权转让手续，威某公司不知道也不应当知道北某集团不能履约。所以，无论是以合同被法定裁判机关宣告无效，还是以无效合同的履行期限为依据确定诉讼时效的起算点，威某公司、北某公司在2005年提起返还财产的诉讼，均未超过法定诉讼时效期间。

一审法院判决：（一）威某公司与北某集团于1993年3月3日签订的《土地合作开发协议书》为无效合同；（二）北某集团返还威某公司、北某公司2500万元及利息（利息计算从北某集团取得款项之日起至判决规定的履行期限届满为止，按中国人民银行同期一年期存款利率计算）。

二审法院观点：本案争议焦点有二：其一，北某公司是否具备原告的主体资格；其二，威某公司的起诉是否超过诉讼时效期间。

1. 关于北某公司是否具备原告的主体资格。

由于威某公司未按规定申报工商年检，2003年11月26日，工商行政管理局作出行政处罚决定书，决定吊销威某公司的营业执照，但至今尚未成立清算组进行清算。根据《民法通则》第36条②的规定："法人是具有民事权利能力和民事行为能力，依法独立享有民事权利和承担民事义务的组织。法人的民事权利能力和民事行为能力，从法人成立时产生，到法人终止时消灭。"《公司登记管理条例》③第44条规定："经公司登记机关注销登记，公

---

① 对应《民法典》第188条。
② 对应《民法典》第57条、第59条。
③ 根据《市场主体登记管理条例》，该条例现已失效，下同。

司终止。"威某公司虽然系由北某公司申请开办，但被依法吊销了营业执照之后并没有进行清算，也没有办理公司的注销登记，因此威某公司仍然享有民事诉讼的权利能力和行为能力，即有权以自己的名义参加民事诉讼。北某公司作为威某公司的开办单位，虽然有权利和义务对威某公司的债权债务进行清理，但在威某公司尚未注销时，其开办单位作为当事人共同参加诉讼，没有法律依据。北某公司不是威某公司与北某集团所签合同的缔约人，其与北某集团之间没有直接的民事法律关系。因此，一审法院认定北某公司为本案适格原告，于法无据。北某集团关于北某公司不具备本案原告的诉讼主体资格的上诉请求，应予支持。

2. 关于威某公司的起诉是否超过诉讼时效期间。

一审法院认为，威某公司与北某集团签订的《土地合作开发协议书》，名为合作开发，实为土地使用权的转让协议。因北某集团未取得讼争土地的使用权即与威某公司签订协议转让该土地的使用权，且既未对土地进行实际的投资开发也未在一审审理期间补办有关土地使用权登记或变更登记手续，故双方当事人签订的《土地合作开发协议书》应为无效。一审法院上述关于合同性质及效力的认定，符合本案事实，适用法律正确，且双方当事人对合同效力亦无异议。

依照《民法通则》第135条①、第137条之规定，当事人向人民法院请求保护民事权利的诉讼时效期间为2年，诉讼时效期间从知道或者应当知道权利被侵害时起计算。本院认为，合同当事人不享有确认合同无效的法定权利，只有仲裁机构和人民法院有权确认合同是否有效。合同效力的认定，实质是国家公权力对民事行为进行的干预。合同无效系自始无效，单纯的时间经过不能改变无效合同的违法性。当事人请求确认合同无效，不应受诉讼时效期间的限制，而合同经确认无效后，当事人关于返还财产及赔偿损失的请求，应当适用法律关于诉讼时效的规定。本案中，威某公司与北某集团签订的《土地合作开发协议书》被人民法院确认无效后，威某公司才享有财产返还的请求权，故威某公司的起诉没有超过法定诉讼时效期间。

二审法院判决：一、维持广西壮族自治区高级人民法院（2005）桂民一初字第3号民事判决第一项；二、变更广西壮族自治区高级人民法院（2005）

---

① 对应《民法典》第188条。

桂民一初字第 3 号民事判决第二项为：北某集团于本判决生效后十五日内返还威某公司 2500 万元及利息（利息从取得款项之日起，按中国人民银行同期一年期存款利率计算）。

> **关联案例**
>
> **案件名称**：甲市乙镇丙村民委员会、吴某等农业承包合同纠纷案
> **审理法院**：山东省潍坊市中级人民法院（2022）鲁 07 民终 5342 号①
> **裁判观点**：本案中，吴某、王某非丙村村民，丙村委仅经村二委研究决定，未经本集体经济组织成员的村民会议三分之二以上成员或者三分之二以上村民代表的同意，并报乡（镇）人民政府批准，即收取吴某、王某的土地承包费并与吴某、王某签订土地承包合同，该合同违反法律的强制性规定，应认定无效，且自始无效，丙村委因该合同收取的土地承包费应返还给吴某、王某。李某 1 和李某 2 分别作为当时的村书记和村主任，其收取土地租赁费的行为为职务行为，吴某、王某要求李某 2 承担偿还责任不予支持。丙村委虽辩称其账上无该两笔款项，但是否入账系其内部管理问题，不能以此否定已收取吴某、王某款项的事实；辩称该案已过诉讼时效，因合同无效产生的返还财产请求权的诉讼时效期间，应当从法院认定合同无效之日起算，故吴某、王某要求丙村委返还 5 万元及利息未超过诉讼时效，对丙村村委以上辩称理由不予采信。

> **律师点评**

本案的主要争议焦点是法人被吊销营业执照后的诉讼主体资格问题以及无效合同的诉讼时效问题，对于本案土地使用权转让合同的效力问题，按照裁判时法律规定理解争议不大，因而本文主要探讨诉讼主体和无效合同的诉讼时效问题：

一、关于企业法人被吊销营业执照后没有办理注销登记的，是否丧失法人主体资格和诉讼主体资格的问题

企业法人被吊销营业执照后的法律地位如何呢？是否丧失法人主体资格，是否还享有诉讼主体资格？关于这个问题，法学理论界和实务界长期存在争论，存在两种截然不同的观点：一种观点认为企业法人被吊销营业执照后只

---

① 载中国裁判文书网，https://wenshu.court.gov.cn/website/wenshu/181107ANFZ0BXSK4/index.html? docId=fc484e051d604df089eaaebb0183a800，最后访问时间：2022 年 6 月 25 日。

丧失经营资格，并不丧失法人资格；另一种观点认为企业法人被吊销营业执照后，同时丧失其经营资格和法人资格。笔者赞成企业法人被吊销营业执照后就丧失法人资格和诉讼主体资格的观点，具体阐述如下：

1. 企业法人营业执照的法律性质及被吊销的法律后果

企业法人营业执照的法律性质，是指企业法人营业执照是企业法人经营资格的凭证还是企业法人资格的凭证。只有确切地理解了企业法人营业执照的法律性质后，才能对吊销企业法人营业执照的法律后果作出明确的判断。

《公司法》规定："依法设立的公司，由公司登记机关发给公司营业执照。公司营业执照签发日期为公司成立日期。"《市场主体登记管理条例》第21条规定："申请人申请市场主体设立登记，登记机关依法予以登记的，签发营业执照。营业执照签发日期为市场主体的成立日期。法律、行政法规或者国务院决定规定设立市场主体须经批准的，应当在批准文件有效期内向登记机关申请登记。"

因此，我们可以说营业执照是公司、企业对外证明其法人资格唯一的合法凭证或标志。具有营业执照，就具有法人资格，没有营业执照，包括营业执照没有通过或没有去年检，被政府主管部门吊销营业执照等情形下，就不具有法人资格。一个法人的存续始于营业执照签发的日期，终于营业执照失去法律效力之时。这如同一个自然人一样，其民事权利能力始于出生，终于死亡。所以，认为吊销企业法人营业执照并不丧失其法人资格，不但在法理逻辑上存在矛盾，同时也会造成立法上的相互冲突。

2. 最高人民法院认为，被吊销营业执照后的企业法人仍然具有诉讼主体资格

最高人民法院认为，被吊销营业执照后的企业法人仍然具有诉讼主体资格。其在司法实践中认定："吊销企业法人营业执照，是工商行政管理机关依照国家工商行政法规对违法的企业法人作出的一种行政处罚。企业法人被吊销营业执照后，应当依法进行清算，清算程序结束并办理工商注销登记后，该企业法人才归于消灭。因此，企业法人被吊销营业执照后至被注销登记前，该企业法人仍应视为存续，可以自己的名义进行诉讼活动。如果该企业法人组成人员下落不明，无法通知参加诉讼，债权人以被吊销营业执照企业的开办单位为被告起诉的，人民法院也应予以准许。该开办单位对被吊销营业执照的企业法人，如果不存在投资不足或者转移资产逃避债务情形的，仅应作

为企业清算人参加诉讼，承担清算责任。"

此外，最高人民法院在实践中还曾作出如下认定："吊销企业法人营业执照，是工商行政管理局[①]对实施违法行为的企业法人给予的一种行政处罚。根据《民法通则》第40条、第46条和《企业法人登记管理条例》[②] 第33条的规定，企业法人营业执照被吊销后，应当由其开办单位（包括股东）或者企业组织清算组依法进行清算，停止清算范围外的活动。清算期间，企业民事诉讼主体资格依然存在。"也就是说，被吊销营业执照后的企业法人仍然具有诉讼主体资格。

二、关于国有土地使用权转让合同无效是否适用诉讼时效的问题

1. 无效合同是否适用诉讼时效的问题仍存在较大争议

对于无效合同是否适用诉讼时效的问题，在司法理论界和实务界存在不同的观点，即使最高人民法院在关于无效合同是否适用诉讼时效的问题上，也出现了两个截然相反的典型案例。本案例是最高人民法院认定无效合同不适用诉讼时效的典型判例。

目前，无效合同所涉请求权的诉讼时效问题的确是司法实务中急需规定的问题，但由于在讨论过程中，关于诉讼时效起算点的问题争议颇大，未形成倾向性意见，故最高人民法院审委会对该问题暂未予以规定，待进一步研究。

2. 审判实务中关于合同无效涉及的三种请求权诉讼时效适用问题的主要观点

在无效合同法律关系中，主要有确认合同无效请求权、返还财产请求权、赔偿损失请求权三种请求权。在司法实务中，这三种请求权是否适用诉讼时效以及如何起算是存在争议的问题，主要观点如下：

第一，诉讼时效的适用问题。确认合同无效请求权虽明为请求权，但实质为实体法上的形成权，因此，通说认为，其不适用诉讼时效的规定，而应适用除斥期间的规定。但由于合同无效制度涉及国家利益和社会公共利益的保护问题，故我国合同法并未对确认合同无效请求权的除斥期间进行规定。返还财产请求权为不当得利请求权的，应适用诉讼时效的规定。赔偿

[①] 现已变更为市场监督管理局，下同。
[②] 根据《市场主体登记管理条例》，该条例现已失效，下同。

损失请求权是因缔约过失责任而产生的债权请求权，故也应适用诉讼时效的规定。

第二，诉讼时效期间应从何时起算。该问题是目前理论界和司法实务界争论最大的问题，主要有三种争议观点：

第一种观点认为，应从合同被确认无效之日起算。理由是：合同无效只能由法院或者仲裁机构确认，只有在判决或裁决确认合同无效之时才产生返还财产及赔偿损失请求权，权利人才知道或者应当知道其权利受到侵害，诉讼时效期间才起算。

第二种观点认为，应从履行期限届满之日开始起算。理由是：当事人基于合同有效而签订和履行合同，其对权利实现的合理预期为合同履行期限届满之日，故在合同履行期限届满后，当事人知道或者应当知道其权利受到侵害，而无论合同事后是否被确认无效。而且，合同无效产生的损失，多因合同当事人不履行合同义务产生，而非因合同被确认无效产生。

第三种观点认为，上述两种观点均存在不足，前者会产生权利睡眠问题，后者则会带来无效合同按有效对待的无奈，应综合前两种规定作折衷规定，即，合同被确认无效，返还财产、赔偿损失请求权的诉讼时效期间从合同被确认无效之日起计算。但合同履行期限届满、当事人没有履行或者没有完全履行合同的，当事人以合同无效为由请求返还财产、赔偿损失的，诉讼时效期间从履行期限届满之日起计算。

3. 无效合同应该不受诉讼时效的限制，且合同无效后的财产返还请求权和损害赔偿请求权的诉讼时效应该从合同被确认无效时开始起算

考察无效合同是否受诉讼时效的限制，首先，要从无效合同和诉讼时效的社会价值判断入手，从二者的价值考量中进行抉择。诉讼时效的社会价值，根据梁慧星先生的观点，主要有两点：第一，稳定法律秩序，稳定社会经济秩序；第二，促使权利人行使权利[①]。而无效合同的价值主要是为了保护国家利益和社会公共利益，当无效合同的确认与诉讼时效的适用产生冲突时，要考量二者的价值孰轻孰重，显然诉讼时效制度的牺牲可能会产生权利睡眠、法律秩序及经济秩序处于不稳定之状态的弊端，但是无效合同如果因为诉讼时效的原因产生有效的法律效果，更会给国家及社会公共利益带来巨大

---

① 梁慧星：《民法总论（第二版）》，法律出版社2001年版，第237—238页。

危害，所以无效合同的认定实质上是对社会利益的确认和保护。其次，从诉讼时效所适用的对象上看，无效合同的认定也不受诉讼时效的限制。诉讼时效仅仅适用于请求权，而合同无效的确认属于形成权，自然不适用诉讼时效制度。

本案中法院也支持了合同无效确认请求权不适用诉讼时效的观点。

无效合同确认权的行使不受诉讼时效的限制，那么因无效合同产生的返还请求权和赔偿请求权，受诉讼时效的限制大家观点一致，但是关于起算点问题，尚有争议。笔者认为，起算点应该是无效合同被确认无效之日。那种把因无效合同产生的请求权的诉讼时效起算点定于合同履行期限届满之日是错误的。原因是：基于无效合同产生的请求权以合同无效为前提，在合同有效的情况下，就没有返还财产请求权存在的必要，因而合同无效和有效产生的法律后果是不一样的。只有合同被确认无效后，返还财产请求权和赔偿请求权才会存在，其诉讼时效也才会产生。否则在合同还没有确定是否有效的情况下，就开始计算返还财产请求权和赔偿请求权的诉讼时效，不符合基本的逻辑。

2.5 转让方未取得出让土地使用权证时签订的土地使用权转让合同，法院如何认定合同效力

——太某公司诉嘉某公司土地使用权转让合同纠纷案[①]

> **关 键 词**：土地使用权转让，合同效力，税项承担
>
> **问题提出**：转让方在没有取得出让土地使用权证书的情况下与受让方签订的土地使用权转让合同是否有效？
>
> **关联问题**：合同双方就同一土地使用权转让事宜先后签订两份土地使用权转让合同，一份是合同双方实际履行的土地使用权转让合同，另一份是合同双方为了办理土地使用权转让登记手续而按土地行政主管部门要求签订土地使用权转让合同，如何认定这两份合同的效力？

---

① 一审：山西省高级人民法院（2006）晋民初字第 20 号；二审：最高人民法院（2007）民一终字第 62 号，载《最高人民法院公报》2008 年第 3 期。

> **裁判要旨**：根据《土地使用权合同解释》（2005年）第9条①的规定，转让方未取得出让土地使用权证书与受让方订立合同转让土地使用权，起诉前转让方已经取得出让土地使用权证书或者有批准权的人民政府同意转让的，应当认定合同有效。

案情简介

原告（被上诉人）：太某公司

被告（上诉人）：嘉某公司

2002年3月26日，太某公司与嘉某公司签订《协议书》，约定：（二）开发地段：位于太原市并州南路西一巷48号，占地约64.5亩。（三）双方权利义务（部分）：(1) 太某公司负责旧屋拆除、安置和土地三通一平；(2) 太某公司负责办理土地出让手续，土地出让金及相关出让费用由嘉某公司按太某公司与土地管理部门签署的《国有土地出让合同》约定的付款方式及付款时间支付给太某公司，再由太某公司向政府相关部门缴纳；(3) 土地出让手续办理完毕且嘉某公司向太某公司支付全部土地补偿金后，太某公司即为嘉某公司办理土地使用权转让手续，转让费用由嘉某公司承担；(4) 嘉某公司为取得土地使用权向太某公司支付土地补偿金每亩94万元（不含土地出让金及相关税费）。（四）付款方式：(1) 协议签订后十日内支付2000万元；(2) 太某公司与土地部门签订土地出让合同后十日内，嘉某公司按该合同确定的土地出让金数额向太某公司支付该笔款项；(3) 太某公司取得国有土地使用权后与嘉某公司签订该土地使用权转让合同，此合同经土地局批准十日内，嘉某公司支付剩余的土地补偿金，太某公司收到土地补偿金后协助嘉某公司办理土地使用权过户手续。（五）违约责任（部分）：嘉某公

---

① 该司法解释已于2020年修正，其中原第9条已被《最高人民法院关于审理涉及国有土地使用权合同纠纷案件适用法律问题的解释》（2020修正版）删除，下同。该条与民法典第215条规定相冲突，在实践中对该规定的适用争议也较大。从物权区分原则考虑，当事人之间订立有关设立、变更、转让和消灭不动产物权的合同效力与物权登记无关，未进行物权变动登记，不影响合同的效力。因此为了统一正确适用民法典的有关规定，对《最高人民法院关于审理涉及国有土地使用权合同纠纷案件适用法律问题的解释》的有关内容进行了修正，该条规定已被删除。此处保留本案的目的是展现在对《最高人民法院关于审理涉及国有土地使用权合同纠纷案件适用法律问题的解释》进行修正前，我国法律及司法解释对于《土地使用权转让合同》的效力认定的一个转变过程。

司未按本协议第四条约定时间向太某公司支付款项，按日万分之四计息补偿给太某公司。

2002年4月2日，太某公司与嘉某公司签订《补充协议》。约定：（一）流转税按太某公司76%，嘉某公司24%的比例承担。（二）除流转税外，其他各项税费（包括但不限于土地增值税、交易税）均由嘉某公司承担。（三）以上各项税费凡以太某公司名义缴纳的，嘉某公司如数支付给太某公司。

《协议书》和《补充协议》签订后，嘉某公司分多次共向太某公司支付土地补偿金4580万元，余款未付。2002年9月24日，太某公司与太原市国土资源局签订《国有土地使用权出让合同》（以下简称：《出让合同》），太某公司取得了该宗土地的使用权。嘉某公司按《出让合同》分两次向太某公司支付土地出让金1050万元。嘉某公司尚欠太某公司各种税金：太某公司已缴纳契税41.25万元，实际缴纳营业税242.526万元。

2002年12月，太某公司与嘉某公司签订《太原市出让土地使用权转让合同书》（以下简称：《转让合同》）。转让价格为：每平方米1223元，总额为5255.08万元。2003年1月，双方通过办理权属变更登记手续，嘉某公司于2003年1月取得该宗土地的国有土地使用证。

2006年1月16日，太某公司向一审法院起诉称嘉某公司只支付了部分土地补偿金。请求判令：嘉某公司立即支付土地补偿金、相关税费合计3548.6271万元及违约金755.86256万元。2006年8月7日，太某公司增加诉讼请求，称根据《转让合同》，嘉某公司还另外拖欠太某公司土地转让金5255.08万元没有支付；故请求判令嘉某公司支付土地出让金5255.08万元并承担诉讼费用。

各方观点

嘉某公司观点：1.《协议书》名为合作开发，实为土地使用权转让合同。因该宗土地当时为划拨土地，太某公司无权转让，《协议书》应为无效。在办理出让手续后，《协议书》的效力才得到补正。《协议书》是《转让合同》的准备，并最终被《转让合同》取代。

2.《补充协议》同样是效力瑕疵合同，已被《转让合同》取代。

3.《转让合同》是唯一有效合同。《转让合同》是双方当事人真实意思表示，并经政府批准，是最终确定双方土地使用权转让法律关系的合法文件，土地价格应以《转让合同》的约定为准。嘉某公司已按约定履行完毕自己的义务，不存在拖欠行为。

4. 关于税项承担问题，纳税主体是明确的，《补充协议》的约定违反了税法的强制性规定，应属无效。

太某公司观点：1.《协议书》约定的土地补偿金，系用于地上房屋拆迁、职工安置、工厂搬迁及地上建筑物补偿等，与《转让合同》约定的土地转让金，是两个概念，无法替代。《协议书》涉及土地的拆迁、安置、办理出让手续等内容；《补充协议》涉及税费承担问题；《转让合同》仅是土地使用权的转让。三者之间不存在矛盾，《转让合同》不能取代《协议书》和《补充协议》。《协议书》是双方真实意思表示，不违反国家法律法规，是合法有效的合同；嘉某公司应按约支付土地补偿金。

2.《补充协议》合法有效，税费应由嘉某公司承担。

3.《转让合同》也是合法有效的，嘉某公司应按约支付土地使用权转让价款。

> 法院观点

一审法院观点：1.《协议书》的效力。《协议书》主要是约定嘉某公司为取得土地使用权向太某公司支付 94 万元/亩的补偿金，并非以提供土地使用权作为共同投资、共同经营、共享利润、共担风险合作开发为基本内容。根据《土地使用权合同解释》第 24 条[①]的规定，《协议书》的性质为土地使用权转让合同。《协议书》和《补充协议》是针对同一标的所签订的形式不同、内容也不尽相同的两份合同。《协议书》是真实履行的合同，而《转让合同》只是用于办理过户的合同，《转让合同》并不当然取代《协议书》。《协议书》不存在合同无效的情形，故合法有效。

2.《补充协议》的效力。《补充协议》的内容与《协议书》内容并不冲突，与《协议书》共同构成完整的合同内容，二者是同一的关系。《补充协议》的内容是对《协议书》内容的补充，《补充协议》与《协议书》具有相同的法律效力。

[①] 对应《最高人民法院关于审理涉及国有土地使用权合同纠纷案件适用法律问题的解释》（2020 修正）第 21 条。

3.《转让合同》的效力。(1)《转让合同》约定的土地转让价格是政府规定的最低限价,并非双方达成的合意。(2)《转让合同》约定的价格不符合客观事实和太某公司的内心真意。若土地转让价格为5255.08万元,太某公司在支付土地出让金、土地增值税及其他相关税费、拆迁安置费用后所剩无几。(3)若土地转让价格为5255.08万元,嘉某公司的支付有悖常理。《转让合同》签订后,嘉某公司只需再支付1955.08万元即可,但其当时支付了2000万元,而后又于2005年分四次支付了330万元。(4)《转让合同》约定的重要条款形同虚设。(5)《转让合同》不具备土地使用权转让合同的必要条款,不符合一般的交易习惯。(6)从《协议书》内容可以推断,《转让合同》是按照土地局规定文本,为履行土地局的批准手续而签订的。双方将转让价格约定为5255.08万元,是为了少报纳税金额,而非变更原约定的转让价格。因此,《转让合同》中关于转让价格及土地增值税的约定并非双方当事人真实意思表示,该类条款只会使国家税款减少,因此该类条款无效。其余条款与《协议书》基本竞合,是双方当事人的真实意思表示,且经土地管理部门审查,双方已实际履行,为有效条款。

4.税项问题。双方当事人对税项的约定并不违反法律、法规强制性规定。嘉某公司向太某公司支付的补偿金是双方约定的不含税价格,双方约定各种税项由嘉某公司承担合法有效。但是对于未交纳的税费太某公司没有权利向嘉某公司主张,可在各税费实际发生后另行起诉。

一审法院判决:(一)嘉某公司向太某公司支付土地补偿金1478.3万元及利息(按照中国人民银行同期贷款利率计算)。(二)嘉某公司向太某公司支付契税41.25万元。(三)驳回太某公司的其他诉讼请求。

二审法院观点:1.《协议书》的效力。《协议书》是双方平等自愿达成的协议,是双方真实的意思表示。《协议书》签订时,嘉某公司及太某公司均知道该宗土地属于划拨用地。这一缔约行为并没有规避法律损害国家利益。事实上,太某公司和嘉某公司正是按照《协议书》的约定完成该宗土地转让的。根据《土地使用权合同解释》第9条规定,《协议书》合法有效。

2.《补充协议》的效力。《补充协议》是对转让土地使用权的税费承担所作的补充约定。法律法规明确规定了各种税项的纳税义务人,但是未禁止纳税义务人与合同相对人约定由合同相对人缴纳税款。税法对于税种、税率、税额的规定是强制性的,而对于由谁缴纳税款没有作出强制性或禁止性规定。

故《补充协议》的内容并不违反法律法规的规定，属合法有效协议。

3.《转让合同》的效力。(1)《转让合同》的签订，是因为签订《协议书》时，双方均知道所转让的土地属划拨用地，不能直接转让。只有在太某公司取得国有出让土地使用权后，再与嘉某公司签订转让合同，并由双方共同到土地管理部门办理登记备案，才能完成该土地使用权转让。因此，签订《转让合同》就是为了完成《协议书》约定的义务，而并非为了变更《协议书》的内容。太某公司收取土地补偿金、出让金、转让金，签订《出让合同》《转让合同》以及到土地管理部门登记等行为都是在履行《协议书》约定的权利义务；而嘉某公司支付土地补偿金、出让金、转让金，取得土地使用权等也是履行《协议书》约定的权利义务。(2) 土地管理部门给予登记备案的事实表明，土地管理部门认可双方可以此最低价格办理土地使用权转让手续，也表明双方这一做法并不违反土地管理部门的规定。土地管理部门也依据《转让合同》办理了土地权属变更手续。故《转让合同》仅是双方办理登记备案之用，别无他用，其效力仅及于登记备案。《转让合同》既没有变更《协议书》约定条款，也不构成新的权利义务关系。

4. 税项问题。《补充协议》只约定了转让土地使用权过程中所发生的相关税费由谁负担，而没有约定何时缴纳及缴纳多少。故只有在相关主管部门确定税费种类及额度，太某公司缴纳后，嘉某公司才能支付。太某公司在未缴纳税金的情况下请求嘉某公司支付税金，没有事实依据。对于太某公司已缴纳的242.526万元营业税，嘉某公司应按24%比例负担58.20624万元。

二审法院判决：(一) 维持山西省高级人民法院（2006）晋民初字第20号民事判决第三项；(二) 变更第一项为：嘉某公司向太某公司支付土地补偿金1508.6万元人民币，并按实际迟延付款天数以日万分之四的比例计算违约金；(三) 变更第二项为：嘉某公司向太某公司支付营业税58.20624万元人民币，支付契税41.25万元人民币。

关联案例 1

案件名称： 诚某公司、三某公司项目转让合同纠纷案

审理法院： 广东省珠海市中级人民法院（2016）粤 04 民再 6 号[1]

裁判观点： 关于第三人永某公司与三某公司签订的《土地合作开发合同》的效力问题。永某公司与三某公司于 1992 年签订合同时，《城市房地产管理法》《合同法》《最高人民法院关于审理涉及国有土地使用权合同纠纷案件适用法律问题的解释》均未实施，故本案的相关法律问题应适用《最高人民法院关于审理房地产管理法施行前房地产开发经营案件若干问题的解答》（现已失效，以下简称《解答》）的相关规定。从永某公司与三某公司签订的合同内容来看，永某公司与三某公司签订的《土地合作开发合同》虽然名为合作建房，但实际是三某公司提供土地使用权，永某公司提供资金并以三某公司的名义单独经营，三某公司收取固定利润而不承担经营风险。故该合同应认定为名为合作建房，实为土地使用权有偿转让的合同。《解答》第三点"关于国有土地使用权的转让问题"第 7 条规定："转让合同的转让方，应当是依法办理了土地使用权登记或变更登记手续，取得土地使用证的土地使用者。未取得土地使用证的土地使用者为转让方与他人签订的合同，一般应当认定无效，但转让方已按出让合同约定的期限和条件投资开发利用了土地，在一审诉讼期间，经有关主管部门批准，补办了土地使用权登记或变更登记手续的，可认定合同有效。"《解答》第五点"关于以国有土地使用权投资合作建房问题"第 22 条规定："名为合作建房，实为土地使用权转让的合同，可按合同实际性质处理。如土地使用权的转让符合法律规定的，可认定合同有效，不因以合作建房为名而认定合同无效。"本案中，诚某公司已于 2008 年 11 月办好了冶金花园 7 栋住宅楼的房地产权属登记，即合作开发的土地中有部分土地在原审期间已经办好土地使用权出让手续以及土地使用权变更登记手续。根据上述法律规定，并结合珠海市金湾区政府盘活烂尾楼政策的实际情况，本院认为，《土地合作开发合同》中关于冶金花园 7 栋住宅楼及相应占地 7058.12 平方米的部分应认定为有效。至于剩余的 4941.88 平方米土地部分，因原审期间未办理土地使用权登记手续，故应认定为无效。

---

[1] 载中国裁判文书网，https://wenshu.court.gov.cn/website/wenshu/181107ANFZ0BXSK4/index.html?docId=202a40a3090a47af95eaa743011ee61c，最后访问时间：2022 年 6 月 25 日。

关联案例 2

案件名称： 全某公司、超某公司与桂某源公司土地使用权转让合同纠纷案

审理法院： 最高人民法院（2004）民一终字第 46 号①

裁判观点： 本案中的《合作开发协议》根据其内容实为土地使用权转让合同。该《土地开发合同》为三方当事人协商一致后作出的真实意思表示，内容亦不违反法律规定。合同签订前，甲市国土资源局已同意转让方以出让方式取得讼争土地的使用权，且双方订有《国有土地使用权出让合同》。本案一审起诉前转让方办理了国有土地使用权证，讼争土地具备了进入市场进行依法转让的条件，故合同有效。

关联案例 3

案件名称： 恒某公司、李炳某等合同纠纷案

审理法院： 最高人民法院（2019）最高法民再 379 号②

裁判观点：《土地使用权合同解释》（2005 年）第 9 条规定，转让方未取得出让土地使用权证书与受让方订立合同转让土地使用权，起诉前转让方已经取得出让土地使用权证书或者有批准权的人民政府同意转让的，应当认定合同有效。恒某公司虽主张根据该条解释应认定案涉协议无效，但该条解释仅就"转让方未取得出让土地使用权证书与受让方订立合同转让土地使用权，起诉前转让方已经取得出让土地使用权证书或者有批准权的人民政府同意转让"的合同效力作了规定，并未对"起诉前转让方未取得出让土地使用权证书或者未经有批准权的人民政府同意转让"情形下的合同效力作出规定。而且，根据《物权法》③ 第 15 条规定，当事人之间订立有关设立、变更、转让和消灭不动产物权的合同，除法律另有规定或者合同另有约定外，自合同成立时生效；未办理物权登记的，不影响合同的效力。具体到本案，案涉协议中，土地使用权转让作为物权变动的一种形态，其转让行为适用物权法规定的物权变动原则，恒某公司能否取得案涉土地使用权证书或经有批准权的政府同意转让，属于合同履行问题，并非合同的生效要件。

---

① 载《最高人民法院公报》2005 年第 7 期。
② 载中国裁判文书网，https：//wenshu.court.gov.cn/website/wenshu/181107ANFZ0BXSK4/index.html? docId=7a05e71525cc440ab727abaa00c35a2e，最后访问时间：2022 年 6 月 25 日。
③ 该法已被《民法典》废止。

> 律师点评

本案属于一起较为典型的"无证情况下转让"的出让土地使用权转让纠纷。太某公司在没有取得出让国有土地使用权证书的情况下与嘉某公司签订旨在转让国有土地使用权的《协议书》和《补充协议》，并在取得出让国有土地使用权证书后为了办理土地使用权转让登记备案手续签订了《转让合同》。《协议书》《补充协议》和《转让合同》在诸多合同要素方面均约定不一致，特别是《协议书》和《补充协议》约定的土地转让价格高于《转让合同》约定的土地转让价格。嘉某公司主张土地转让价格以备案的《转让合同》约定为准；太某公司主张《协议书》和《补充协议》约定的土地补偿金并不是国有土地使用权转让费，而是用于地上房屋拆迁、职工安置、工厂搬迁及地上建筑物补偿等；《转让合同》约定的转让价格才是国有土地使用权转让价格。故本案的争议焦点为太某公司在没有取得出让土地使用权证书时签订的土地使用权转让合同，即《协议书》的效力问题。除此以外，本案还涉及前后两份转让合同的效力问题和税务承担问题。本文从以下几个方面对上述问题进行分析和点评：

一、转让方在没有取得出让土地使用权证书的情况下与受让方签订的土地使用权转让合同的效力问题

《土地使用权合同解释》（2005年）第9条规定："转让方未取得出让土地使用权证书与受让方订立合同转让土地使用权，起诉前转让方已经取得出让土地使用权证书或者有批准权的人民政府同意转让的，应当认定合同有效。"该条规定是认定上述转让合同效力最直接的法律依据。该条司法解释代表了当时司法实务界的主流观点，即：

首先，转让方在没有取得出让土地使用权证书的情况下签订合同转让国有土地使用权的行为是一种无权处分行为。无权处分行为是无处分权人以自己的名义就他人的权利标的所为的处分行为。按照民法理论，法律行为可分为负担行为与处分行为。前者系指发生债权债务之行为，故又称为债权行为，如租赁、保证。后者系指使某特定权利直接发生得丧变更之行为，如抵押权的设定行为，商标权的转让行为[①]。国有土地使用权的转让虽然属于债权行

---

① 梁慧星：《民法总论》，法律出版社2004年版，第201页。

为，但债权的行使或债务的履行结果将导致物权的移转变更，因此该等转让行为既包含负担行为也包含处分行为。国有土地使用权有偿转让合同是转让方转移国有土地的使用权于受让方，受让方支付转让费的合同。国有土地使用权转让合同的效力也包括国有土地使用权转移，而且国有土地使用权应属于转让方所有或者转让方有处分权。如果转让方没有取得出让国有土地使用权或相应国有土地使用权的处分权，转让方的转让行为即属于无权处分行为。

其次，无权处分行为的效力待定，其是否生效取决于权利人是否追认及处分人是否取得处分权。一般情况下，法律为维护财产关系的"静的安全"，不允许处分他人之物，无权处分行为在民事上往往构成侵权行为；因此，无权处分行为本不应产生处分的效力，理应属于无效的民事行为。但法律为照顾实际上的便利，于特定情形作为例外，使其发生效力①。例如，原《合同法》就无处分权人订立的合同专门规定了第51条："无处分权的人处分他人财产，经权利人追认或者无处分权的人订立合同后取得处分权的，该合同有效。"依该条规定，无权处分行为是否发生效力取决于权利人是否追认及处分人是否取得处分权。

综上，在上述观点下，转让方在没有取得出让土地使用权证书的情况下与受让方签订的土地使用权转让合同是效力待定的合同。如果转让方签订合同后取得土地使用权或处分权，则转让合同溯及于成立之时发生效力；如果转让方签订合同后获土地使用权人追认的，则转让合同溯及于成立之时发生效力；如转让方签订合同后既没有取得土地使用权或处分权，也未获土地使用权人追认，则转让合同溯及于成立之时无效。《土地使用权合同解释》（2005年）第9条的规定正是采纳了这种观点。

在本案中，法院按照上述理解，认为太某公司在2002年3月和4月签订《协议书》和《补充协议》时虽然没有取得涉案地块的出让国有土地使用权，但于2002年9月取得了涉案地块的土地使用权，即太某公司取得了涉案地块的处分权，故《协议书》和《补充协议》的效力得到补正，为有效合同。

但也有裁判观点对此类合同效力的认定有不同的理解，如上述关联案例3中，法院认为《土地使用权合同解释》（2005年）第9条仅就"转让方未取得出让土地使用权证书与受让方订立合同转让土地使用权，起诉前转让方已

---

① 梁慧星：《民法总论（第二版）》，法律出版社2004年版，第202页。

经取得出让土地使用权证书或者有批准权的人民政府同意转让"的合同效力作了规定,并未对"起诉前转让方未取得出让土地使用权证书或者未经有批准权的人民政府同意转让"情形下的合同效力作出规定,不能当然地反推理解为起诉前转让方未取得转让权的土地使用权转让合同无效。同时结合2007年生效的《物权法》第15条规定,当事人之间订立有关设立、变更、转让和消灭不动产物权的合同,除法律另有规定或者合同另有约定外,自合同成立时生效;未办理物权登记的,不影响合同效力。该案中,再审法院在转让方未取得土地使用权证书的情况下,查明案涉合同系双方真实意思表示后,确认双方合同有效。此后,自2021年1月1日起生效的《民法典》沿用了原《物权法》第15条之规定并删除了原《合同法》第51条,《土地使用权合同解释》(2020年修正)也已经将原《土地使用权合同解释》(2005年)第9条删除。

综上,结合相关立法调整,对于无证情况下国有土地使用权转让合同效力的认定笔者更倾向于上述第二种司法裁判观点。随着我国经济社会的发展,为鼓励市场交易,我国在法律制度设计上一般不再轻易否定合同的效力。以发生物权变动为目的的债权合同,其成立及生效应当依据合同法的规定,标的物是否成就、能否交付只是合同履行的结果问题,并非当然是合同的生效要件,不能以合同不能履行或物权没有发生变动反推合同无效。土地使用权转让作为物权变动的一种形态,其转让行为适用物权法规定的物权变动原则,能否取得土地使用权证书或经有批准权的政府同意转让,属于合同履行问题,并非合同的生效要件。

二、合同双方就同一土地使用权转让事宜先后签订两份土地使用权转让合同,一份是合同双方实际履行的合同,另一份是合同双方为了办理土地使用权转让备案登记手续而签订的合同,正确认定这两份合同的效力是解决纠纷的关键

合同双方就同一土地使用权转让事宜先后签订两份土地使用权转让合同,一份是合同双方实际履行的合同,另一份是合同双方为了办理土地使用权转让备案登记手续而签订的合同。后者并不是对前者的补充或修改,但后者约定的转让价格低于前者。合同双方均为法人,且这两份合同的内容均不违反法律和行政法规的强制性规定。这两份合同的效力应如何认定呢?

综合《民法典》第144条、第146条、第153条、第154条关于无效民事法律行为的规定以及第 508 条，合同的生效要件包括如下几项：

1. 缔约人具有相应的缔约能力。缔约能力就是行为能力，它是指当事人能够签订合同的资格。合同双方均为法人，法人的缔约能力是指法人所具有的与签订合同相适应的民事行为能力。法人的民事行为能力和民事权利能力是重合的，即法人有从事其经营范围内民事活动的民事行为能力和民事权利能力。甚至在《民法典》所推行的鼓励交易的立法原则下，法人超出其经营范围订立的合同也被认为是有效的，除非此等合同违反国家限制经营、特许经营以及法律、行政法规禁止经营的规定。土地使用权转让并不是国家限制经营、特许经营、法律及行政法规禁止经营的领域，故合同双方均具有签订土地使用权转让合同的缔约能力。

2. 意思表示真实。所谓意思表示，指向外部表明意欲发生一定私法上法律效果之意思的行为。意思表示的构成要素包括效果意思和表示行为。表意者内心意欲发生法律上效果的意思，为内心的效果意思，即所谓真意。表示行为，指以书面或口头等形式将意思外部化的行为[1]。所谓意思表示真实，是指表意人的表示行为应当真实地反映其内心的效果意思；也就是说，意思表示真实要求表示行为应当与效果意思相一致。

3. 不违反法律和行政法规的效力性强制性规定。合同之所以能产生拘束力是因为合同的内容和形式符合法律规定；如果合同内容违反法律规定，合同就不会得到法律的保护，合同也就不会对当事人产生拘束力。原《最高人民法院关于适用〈中华人民共和国合同法〉若干问题的解释（二）》第 14 条的规定，只有违反效力性强制性的规定的合同才是无效的合同。但该解释已经被废止，对于"强制性规定"的理解，最高人民法院在其编撰的《中华人民共和国民法典总则编理解与适用》[2] 中，对违反效力性强制性规定无效规则的适用给出指导：在适用第 153 条第 1 款规定的无效规则时，要坚持以下顺序：（1）要确定是否存在强制性规定。首先要区别某一规定究竟是强制性规定，还是倡导性规定抑或是任意性规定。（2）要考察规范对象。该强制性规定规制的对象究竟是意思表示本身、主体的准入条件还是合同的缔约方式、时间、场所等要素，抑或是合同的履行行为。一般来说，合同内容违法，表

---

[1] 梁慧星：《民法总论》，法律出版社 2011 年版，第 172 页。
[2] 最高人民法院民法典贯彻实施工作领导小组主编：《中华人民共和国民法典总则编理解与适用》，人民法院出版社 2020 年版。

明该行为是法律、行政法规所禁止的，原则上应当认定合同无效；主体违法、要素违法，表明法律、行政法规并不禁止该法律行为本身，在认定合同效力时，要根据案件类型，具体问题具体分析；履行行为违法，不影响合同效力。（3）要进行法益衡量。在初步认定合同无效或者有效后，还要根据法益衡量说进行校正，考察所要保护的法益是否超过合同自由这一法益、违法行为的法律后果、是否涉及交易安全保护的问题，还要考察合同的履行情况，最终确定合同效力。

4. 不违背公序良俗。"违背公序良俗"对应原《合同法》第52条第4项的"损害社会公共利益"。所谓公序良俗原则，指法律行为的内容及目的不得违反公共秩序和善良风俗。① 各国均确立了违反公序良俗的合同无效的原则，我国在最新《民法典》中采用了公序良俗的概念，《民法典》第153条第2款规定，违背公序良俗的民事法律行为无效。

如上所述，两份转让合同均满足上述第1项、第3项条件，以下我们就这两份转让合同是否满足第2项、第4项生效条件进行分析：

第一份转让合同是合同双方自愿签订并实际履行的合同，由此可以认定这份转让合同的内容是合同双方的内心真意，即双方签订这份转让合同的表示行为符合其效果意思。故，这份转让合同是合同双方的真实意思表示。另外，这份转让合同的签订也不损害任何一方面的公共利益。所以，第一份转让合同符合合同生效的所有条件，是合法有效的合同。

第二份转让合同是合同双方为了办理土地使用权变更登记手续而订立的，双方均没有履行该份转让合同的内心意思；由此可以认定该份转让合同的内容不是合同双方的内心真意，即双方签订这份转让合同的表示行为不符合其内心效果意思。这种意思表示的不一致在法学理论上称为虚伪表示，即表意人与相对人通谋而为之虚假的意思表示。故第二份转让合同不是合同双方的真实意思表示。另外，第二份转让合同是备案合同，国家将按第二份合同约定的转让价格征收土地转让税金。但是由于第二份转让合同的转让价格低于实际履行的第一份转让合同，这样，合同双方实际缴纳的税金显然要少于他们应该缴纳的税金；故第二份转让合同的签订损害了国家税收利益，即损害了社会公共利益，违背了公序良俗。所以，第二份转让合同因为既不是合同

---

① 梁慧星：《民法总论》，法律出版社2011年版，第50页。

双方当事人的真实意思表示，也违背了公序良俗而无效。

在本案中，嘉某公司和太某公司就涉案地块的国有土地使用权转让事宜先后签订了两份转让合同，前者以《协议书》和《补充协议》的形式出现并为双方当事人所实际履行，后者《转让合同》是合同双方当事人为了办理土地使用权过户登记而签订的备案合同，并不是对前者的补充或修改。根据上文的分析，《协议书》和《补充协议》是合同双方当事人的真实意思表示，且其内容不违反法律、行政法规的强制性规定，亦不违背公序良俗，是合法有效的合同；《转让合同》不是合同双方当事人的真实意思表示，且其内容损害了国家税收利益，是无效的合同。

三、合同中有关税项由纳税义务人之外的合同相对方承担的约定是否有效

首先，根据合同自由原则，合同当事人有自由决定合同内容的权利，但是合同内容不得违反法律、行政法规的强制性规定，不得损害社会公共利益。题述约定作为合同内容的一部分只要是由合同双方自愿接受且不违反法律和行政法规的强制性规定、不损害社会公共利益，就应该是合法有效的约定。

其次，我国相关税法对各种税项的纳税义务人均作出了明确的规定，但法律及行政法规均没有规定纳税义务人不能将相应的税赋转嫁给他人。换句话说，纳税义务人负有向税务管理机关缴纳税款的法定义务，法律及行政法规均没有禁止他人代纳税义务人履行缴纳税款的行为。所以合同中关于由合同相对方代纳税义务人承担税赋的约定并不违反法律和行政法规的强制性规定。

最后，在我国，一般认为社会公共利益主要包括两大类，即公共秩序和公共道德两个方面。[①] 而题述约定及该约定的履行并没有使上述任何一方面的公共利益受到任何损害。所以题述约定并不损害社会公共利益。

综上，合同中有关税赋由纳税义务人之外的合同相对方承担的约定不违反法律和行政法规的强制性规定，也不损害社会公共利益，故只要这种约定是合同双方当事人的真实意思表示就是合法有效的。

本案中，《补充协议》专门就税赋承担作出了明确约定，嘉某公司并没有

---

① 胡康生主编：《中华人民共和国合同法释义》，法律出版社1999年版，第92页。

举证证明《补充协议》中有关税赋承担的约定不是其真实意思表示,故《补充协议》中有关税赋承担的约定应属合法有效约定,对合同双方当事人具有法律拘束力。

2.6 法院如何认定土地使用权转让合同履行过程中是否根本违约

——X 公司诉 K 商贸、K 房地产等项目转让合同纠纷案[①]

> **关 键 词**:土地使用权转让,根本违约,合同解除
>
> **问题提出**:土地使用权转让合同一方当事人在转让合同履行过程中存在违约行为,法院如何认定是否属于根本违约?
>
> **裁判要旨**:在土地使用权转让合同履行过程中,受让方已经按照约定支付了大部分转让价款,大部分履行了其合同主要义务,虽然因错误行使先履行抗辩权拒绝支付剩余小部分转让价款,违反合同约定而构成违约,但不属于根本违约,转让方不享有合同法定解除权。转让方在不享有合同约定解除权和法定解除权的情况下,仅以受让方存在违约行为为由通知受让方解除转让合同,不仅不能发生解除合同的效力,而且会因此构成违约。

【案情简介】

原告(反诉被告、上诉人):X 公司

被告(反诉原告、上诉人):K 商贸

被告(被上诉人):K 房地产

第三人(被上诉人):E 公司

2004 年 3 月 19 日,K 商贸和 E 公司取得《国有土地使用证》。2004 年 3 月 29 日,甲市乙区发展计划委员会批复同意 K 商贸、K 房地产、E 公司及案外人某设备厂联建本案所涉项目。2006 年 4 月 14 日,甲市土地交易中心以《国有土地使用权成交确认书》确认 K 商贸、E 公司、某设备厂以补交土地出

---

① 本案例系在真实案件基础上加工改写而成。

让金2765万元获得该项目宗地规划指标调整后的土地使用权受让资格。后甲市国土资源和房屋管理局与K商贸、E公司、某设备厂签订国有土地使用权出让合同修改协议，将建筑容积率由2.5修改为4.5，土地出让金相应修改。

2006年6月1日，K商贸、K房地产为甲方，X公司为乙方，签订了《国有土地使用权及项目转让合同》（以下简称：转让合同），约定：一、转让土地及项目概况及陈述：5.甲方负责办理本宗土地容积率调增至≤4.5的手续和领取新的土地使用证，并承担支付在办理上述容积率调增手续至取得新的土地使用证时的所有费、税和补交的出让金。10.拟建房屋规划方案设计及实施：本宗土地的规划方案设计由乙方委托设计，但须甲方和E公司及某设备厂对规划方案予以认可，规划方案经有关部门批准后的各种报建工作由甲、乙双方共同办理。12.全部土地出让金（包含调增容积率至≤4.5应补交的出让金和应缴的税费）和某设备厂的货币补偿以及前期的所有费、税由甲方承担；本合同签订后本宗土地及项目的建安费用，报建、建设过程中的税、费由乙方承担。二、转让价金及计算办法：本宗土地及项目转让总价金为本宗土地地上拟建建筑面积×800元/m²；实际结算以批准的本宗土地建设规划方案中的地上建筑面积为准（计价面积不低于39000平方米）。三、转让价金的支付方式：3.本合同签订后，根据市土房局或市土地交易中心书面通知甲方补交调增容积率至≤4.5的出让金，乙方支付甲方480万元（具体金额以政府有关部门通知为准，用于甲方和E公司补交本宗土地出让金）。4.本合同签订后60日内甲方和E公司积极协助乙方委托设计单位进行方案设计并报经市规划部门批准，甲方和E公司与乙方再报经市开发办，获得市开发办同意本宗土地及项目的转、受让批文5日内，乙方支付670万元。5.甲方和E公司协助乙方取得转、受让后的本宗土地土地证后5日内乙方支付甲方30万元。四、在本合同签订后，甲乙双方共同努力在5个月内办理完本宗土地及项目转受让手续，使乙方取得国有土地使用证、国有土地出让合同、规划建设等相关手续。在本宗土地及项目转受让批文经市开发办批准后5日内，由甲方和E公司将土地交付给乙方并办理交接手续。五、甲方的责任：4.在办理本宗土地及项目的建筑设计方案、国土、规划、建设、转让、过户等相关手续过程中，甲方和E公司须按本合同约定无条件配合乙方办理，不得以任何借口拖延时间或为难乙方，如果因为不积极配合造成损失，由甲方承担责任。六、乙方的责任：2.积极办理本宗土地使用权及项目转让的相关手续。

七、本合同须经 E 公司认可后签字、盖章后生效；同时 E 公司有义务出具相关手续配合甲乙双方办理本宗土地及项目转让、过户等相关手续。所有 E 公司应尽义务事宜由甲方负责办理并承担责任。八、为了本合同的顺利履行和强化各方职责，避免因工作失误造成不应有的损失，从本合同签订之日起各方对相互送达的函件资料均应签收以备查证，不得拒收，否则违约；如需及时答复或办理的函件、资料应及时予以办理或答复，如在两个工作日内未予答复或办理则视为认可或违约。九、违约责任：如乙方违约致使该宗土地及项目转让不成，乙方无权要求甲方返还已支付甲方的 1378.3043 万元定金；违约方须向守约方赔偿 500 万元违约金，同时本合同解除。甲乙双方在该合同上签章后，E 公司在该合同上盖章，其法定代表人在该合同上签字。

转让合同签订后，X 公司共计向 K 商贸支付转让款 25043867.80 元。2006 年 9 月 8 日，K 商贸、K 房地产向 X 公司发函，请求 X 公司尽快支付其 271 万元用于缴纳调增容积率的出让金，余下部分出让金应于 2006 年 11 月 30 日前缴清。9 月 11 日、9 月 15 日，X 公司回函表示，这次补交的出让金应先与国土部门签订补充协议并与某设备厂区分开来，明确其转受让项目土地应补交的出让金后补交。9 月 19 日，K 商贸、K 房地产回函确认 2006 年 11 月 30 日前应补交的出让金余额约为 220 万元。9 月 25 日，X 公司向 K 商贸付款 271 万元。10 月 18 日，甲市规划局出具《建设工程选址意见书》。10 月 30 日，X 公司与某设计院签订了设计合同，约定设计费用由 X 公司负担。12 月 19 日，K 商贸、K 房地产向 X 公司发函，请求其支付应于 2006 年 11 月 30 日前支付的 220 万元。12 月 21 日，X 公司回函表示：根据双方所签合同，应在合同签订后 60 日内完成设计方案报经规划部门批准并达到转让条件，但设计方案至今尚未确定更未报批；由于 K 商贸和 K 房地产一再拖延前期手续和报批工作，迟迟达不到转让条件，该转让项目所欠出让金，X 公司计划在项目达到转让条件时付清。2007 年 2 月 8 日，K 商贸和 K 房地产回函明确表示不再配合 X 公司的工作。

2007 年 2 月 9 日，甲市国土资源房屋监察大队向 K 商贸和 K 房地产发出《责令停止转让土地使用权行为通知书》（以下简称：责令停止转让通知），称 K 商贸和 K 房地产在未缴清土地使用权出让金的情况下，与 X 公司签订转让合同，其行为不符合《城市房地产管理法》第 38 条（修改后第 39 条）的规定，既未缴清土地使用权出让金，也未达到开发投资总额的 25%。经过现场踏勘和初步调查，目前尚不构成非法转让土地使用权的违法行为。为此，特通知K商贸和K房地产在不符合法律规定的条件下，不得擅自转让土地使用权，否则应承担相应的法律责任。

2007年3月19日，K商贸、K房地产向X公司发出"关于解除《国有土地使用权及项目转让合同》的函"（以下简称：解除函），表示由于X公司未按合同约定完成规划方案的制作和报批及不按合同约定履行付款义务的行为违反合同约定，特告知X公司解除双方所签订的转让合同。望X公司收到该函后10个工作日内与其协商解除合同的相关事宜。3月26日，X公司回函表示不同意解除合同，要求K商贸和K房地产继续履行合同。双方发生纠纷，X公司于2007年4月9日以土地使用权转让合同纠纷为由诉至一审法院，请求判令：1. K商贸和K房地产继续履行双方签订的转让合同，责令E公司按合同约定继续积极履行相关协助义务；同时要求K商贸和K房地产及E公司限期一个月内完成办理本宗土地及项目的转受让手续。2. K商贸和K房地产连带向X公司赔偿迟延履行合同给X公司造成的资金利息损失595889元（暂从2006年11月1日计算至2007年3月31日）。3. 诉讼费用由K商贸和K房地产承担。K商贸则提起反诉，请求判令X公司违约并支付违约金50万元，以及返还相关的文件、资料。

各方观点

X公司观点：1. 双方所签转让合同合法有效。该合同系双方当事人的真实意思表示，不违反法律禁止性规定。甲市国土资源房屋监察大队责令转让通知中认为"目前尚不构成非法转让土地使用权的违法行为"，该通知不影响转让合同的效力。《城市房地产管理法》第39条属于效力性强制规范，并不影响双方当事人所签合同的效力。土地转让时投资应达到开发投资总额的25%的规定，是对土地使用权转让合同标的物设定的于物权变动时的限制性条件，转让的土地投资未达到25%以上，属合同标的物履行中的瑕疵，不直接影响土地使用权转让合同的效力。

2. 转让合同履行过程中X公司不存在违约行为，K商贸、K房地产及E公司存在多次违约。在规划方案制作上，K商贸及K房地产严重违反了合同约定的在合同履行过程中须无条件配合X公司工作的义务：K商贸及K房地产直到2006年10月18日才办理好建设工程选址意见书，并在认可规划方案的环节上耽误了半年多时间。鉴于 K 商贸和 K 房地产在合同履行过程中的违约行为，加之其要求 X 公司缴纳的 220 万元土地出让金金额有误（根据面积计算，X 公司受让地块应补交出让金仅 206 万元），X 公司才回函表示该转让项目所欠出让金余额在项目达到转让条件时付清，该回函是基于 K 商贸和 K 房地产已严重违约的情况下依法行使抗辩权，X 公司拒绝支付剩余 220 万元转让费有合法、正当理由。

3. K 商贸、K 房地产无权解除转让合同，其向 X 公司送达的解除函不具有法律效力，转让合同事实上没有解除。(1) K 商贸及 K 房地产要求解除转让合同不符合合同约定。根据合同约定，在 X 公司违约致使讼争土地及项目转让不成时，K 商贸及 K 房地产才有权解除合同。甲市国土资源房屋监察大队责令停止转让通知，只是表明讼争地块在不符合法律规定的条件下，不得擅自转让土地使用权，并不表明该地块在符合法律规定的条件下也不能转让。即 K 商贸、K 房地产目前并不享有合同解除权，其向 X 公司发送的解除函不发生法律效力。(2) 转让合同目前处于履行中止状态，客观上存在继续履行的可能。X 公司已基本履行完毕转让合同，K 商贸、K 房地产除存在有意拖延履行合同因素外也在实际履行合同。X 公司实际共向 K 商贸、K 房地产支付了 25055803.24 元转让款，按双方所签转让合同总价金不超过 3120 万元计算，X 公司支付的转让款已经超过了 80%。甲市国土资源房屋监察大队责令停止转让通知，不影响转让合同继续履行。讼争地块目前条件与《城市房地产管理法》第 39 条所规定的合法转让条件相差不大，讼争地块目前也由 X 公司实际控制，转让合同客观上存在继续履行的可能。只要 X 公司与 K 商贸、K 房地产都本着继续履行合同的心态，积极为该地块达到合法条件而努力，不久该地块就可以满足《城市房地产管理法》第 39 条所规定的转让条件。

K 商贸观点：1. 双方所签转让合同的实质是项目转让而非土地使用权转让，根据甲市国土资源房屋监察大队责令转让通知，双方所签转让合同违反了《城市房地产管理法》第 39 条的规定，应为无效合同。

2. 即使转让合同有效，K 商贸、K 房地产业已根据合同约定和法律规定解除了转让合同。X 公司在合同履行中存在以下违约行为：(1) 故意不履行制作项目规划方案的义务，X 公司故意拖延至 2006 年 10 月 30 日才确定设计单位，至 2007 年 3 月 19 日合同解除时一直未完成规划方案的制作，就此 X 公司已严重违约。(2) 故意拒绝支付土地及项目转让费，X 公司拒绝支付 220

万元转让款,并因此导致 K 商贸、K 房地产不能按时足额交清土地出让金,致使甲市国土资源房屋监察大队作出责令转让通知,禁止 K 商贸、K 房地产将该项目转让给 X 公司。X 公司的上述违约行为属于恶意的根本违约,不仅从客观上阻止了合同目的的实现,更让 K 商贸蒙受了巨大经济损失。基于 X 公司的上述违约行为,依照双方合同第 10 条约定及《合同法》第 93 条第 2 款①、第 94 条②、第 96 条③规定,K 商贸、K 房地产于 2007 年 3 月 19 日向 X 公司送达了解除函,明确告知 X 公司解除转让合同;X 公司收到解除函后未依照该合同第 9 条约定在两天内予以答复,应按约定视为对解除合同的认可,解除函已产生法律效力。

K 房地产观点:双方所签转让合同因 X 公司恶意的根本违约,K 商贸和 K 房地产已依法解除了转让合同。X 公司除在初期按合同履行部分义务外,从 2006 年 12 月开始无故拒绝履行合同约定的相关义务,包括:(1)故意不履行项目规划方案制作义务,X 公司至 2007 年 3 月 19 日合同解除一直未完成规划方案的制作,已构成严重违约。(2)恶意拒绝履行支付 220 万元土地及项目转让费的义务,并导致甲市国土资源房屋监察大队责令停止土地转让,致使双方合同目的已不能实现,X 公司这一违约行为已构成根本性违约。K 房地产、K 商贸已依照法律规定和合同约定有效解除了与 X 公司签订的转让合同,2007 年 3 月 19 日其与 K 商贸向 X 公司送达解除函,明确告知 X 公司解除该合同,根据《合同法》第 96 条规定自通知送达时合同解除。X 公司收到解除函后也未依照双方合同第 9 条之约定,在规定时间内提出异议,即视为认可了合同的解除,解除函已产生法律效力。

E 公司观点:转让合同违反了《城市房地产管理法》第 38 条、第 39 条④之规定,既未全部支付土地出让金,也未完成开发总额的 25% 以上,该合同因明显违反了法律的禁止性和限制性规定而无效。甲市国土资源房屋监察大队已下发责令停止转让通知,因此转让合同无效。

法院观点

一审法院观点:首先,K 商贸和 E 公司是本案所涉地块的土地使用权人,

---

① 对应《民法典》第 562 条。
② 对应《民法典》第 563 条。
③ 对应《民法典》第 565 条。
④ 对应《城市房地产管理法》(2019 年修正)第 39 条、第 40 条。

有权将该地块转让。但从 K 商贸、K 房地产与 X 公司签订的转让合同来看，K 商贸、K 房地产向 X 公司转让的主要是项目，合同转让价金也是以拟建地上房屋建筑面积每平方米 800 元为标准确定，所以，虽然双方当事人所签的合同名称为"土地使用权及项目转让"，但实质是项目转让而非单纯的土地使用权转让，即本案双方当事人所签的是项目转让合同。根据《城市房地产开发经营管理条例》第 20 条①的规定，转让房地产开发项目，应当符合《城市房地产管理法》第 38 条、第 39 条规定的条件。虽然 K 商贸和 E 公司已取得土地使用权证书，但尚未交清全部土地使用权出让金，且 K 商贸和 K 房地产、E 公司既未完成"三通一平"，也未进行实际施工建设，不能认定 K 商贸和 K 房地产、E 公司完成了开发总额的 25% 以上。甲市国土资源房屋监察大队也以 K 商贸和 K 房地产未缴清土地使用权出让金、未达到开发投资总额的 25% 为由，向其发出责令停止转让通知。在本案审理中，政府有关管理部门至今未批准此项项目转让，故 K 商贸、K 房地产与 X 公司所签转让合同违反《城市房地产管理法》第 39 条的规定，应为无效。

其次，根据《合同法》第 56 条②的规定，无效合同自始没有法律约束力。本案双方当事人所签的转让合同自始无效，也就不存在继续履行、合同解除及违约赔偿的问题。因此，对双方所签合同是否已解除及 X 公司在合同履行中是否存在违约行为，不作评判，对 X 公司请求继续履行该合同的诉请和 K 商贸请求确认 X 公司违约并支付违约金的诉请不予支持。

一审法院认定转让合同无效，判决：一、驳回 X 公司的诉讼请求；二、驳回 K 商贸的反诉请求。

二审法院观点：（一）双方所签转让合同是否有效。

1. 根据《物权法》第 15 条③的规定，不动产物权变动的原因和履行不动产物权变动的行为本身应相区分，履行不动产物权变动行为的条件未成就，并不影响不动产物权变动的原因行为的效力，即不影响设立、变更、转让和消灭不动产物权的合同的效力。未达土地使用权转让条件属于履行不动产物权变动行为的条件未成就，因此不能发生物权变动的结果，即土地使用权不能转让过户，但并不影响其原因行为即土地使用权转让合同的效力。

---

① 对应《城市房地产开发经营管理条例》（2020 年修订）第 19 条。
② 对应《民法典》第 155 条。
③ 对应《民法典》第 215 条。

2.《城市房地产管理法》第 39 条规定的土地使用权转让条件，依照立法本意，是要约束转让方的行为，防止其炒卖地皮、牟取非法利益。据此，转让方应当根据法律规定使转让土地达到法定条件；未达法定条件先行签订转让合同的，实际是将达到转让条件的法定义务转化为转让方的合同义务。因此，未达法定转让条件并不导致合同无效；相反，确认合同有效才能促使转让方依法履行义务，遏制其因土地价格上涨等因素而恶意违约的行为，符合民事行为应当遵循的诚实信用原则。

3. 甲市国土资源房屋监察大队发出的责令停止转让通知，认定 K 商贸、K 房地产未缴清土地使用权出让金，也未达到开发投资总额的 25% 即与 X 公司签订转让合同的行为，不符合《城市房地产管理法》第 39 条的规定，但认为其"尚不构成转让土地使用权的违法行为"；同时明确其"责令停止转让"的具体含义是："在不符合法律规定的条件下，不得擅自转让土地使用权，否则应承担相应的法律责任。"据此，该通知所称"转让"，特指交付土地即在事实上和法律上移转土地使用权的行为，而非签订转让合同的行为；"停止转让"亦非"禁止转让"，而是转让条件成就时，可以依法转让。

4. 双方在转让合同第 5 条中明确约定了完成土地使用权和项目转让条件的时间是合同签订后 5 个月内，且明确约定在本宗土地及项目转受让批文经市开发办批准后 5 日内办理土地交付。显然，双方合同约定的内容与《城市房地产管理法》第 39 条规定是一致的，与甲市国土资源房屋监察大队发出的责令停止转让通知的要求和有关审批的规定也是完全一致的，该合同内容并未违反法律规定。

综上，K 商贸、K 房地产与 X 公司所签转让合同是双方真实意思表示，转让土地虽未达到《城市房地产管理法》第 39 条规定的土地使用权转让条件，但合同约定了达到转让条件的期限并以此作为交付土地使用权的前提，与法律规定不相抵触，该合同合法有效。一审判决以转让方未交纳全部土地出让金及对土地的投入未达到投资开发总额的 25% 为由，认定转让合同无效，未能正确区分物权变动的原因行为和物权变动行为，将法律对物权变动行为的限制延伸到对物权变动的原因行为进行限制，客观上可能助长负有缴纳出让金和投资义务的转让方趋利毁约的行为，有违民事活动应当遵循的诚实信用原则，适用法律不当，应予纠正。

(二) 双方在履行转让合同的过程中是否存在违约行为及双方所签转让合同是否已解除。

1. X 公司是否存在故意不履行项目规划方案制作义务的违约行为？转让合同第 3 条第 4 项规定："本合同签订后 60 日内甲方和 E 公司积极协助乙方委托设计单位进行方案设计并报经市规划部门批准。"实际履行过程中，K 商贸、K 房地产、E 公司于 2006 年 10 月 18 日方从甲市规划局取得建设工程选址意见书，二审庭审中，K 房地产亦认可没有选址意见书不能进行规划设计。双方对规划设计需要配合的事实是认可的，设计合同迟延签订的责任并不完全在 X 公司一方。2007 年 2 月 7 日，X 公司致函 K 商贸、K 房地产要求其对设计院按规划局意见修改的设计图纸尽快确定，亦表明设计合同签订后双方仍在配合办理规划设计，没有证据表明 X 公司存在故意拖延制作规划方案的违约行为。对 K 商贸、K 房地产该项主张，不予认定。

2. X 公司是否存在故意拒绝支付土地及项目转让款的违约行为？X 公司已支付土地项目转让款 25043867.80 元，如按双方合同约定的土地项目转让总价款不低于 3120 万元计算，X 公司所付转让款已达该约定总价款的 80%，X 公司已实际履行其应承担的大部分付款义务。另外，根据转让合同第 1 条第 12 项和第 3 条第 3 项的约定，应当补交的土地出让金由 K 商贸、K 房地产承担，但实际是由 X 公司支付，该项支付计入 X 公司应付的土地转让款。X 公司对 K 商贸、K 房地产要求其在 2006 年 11 月 30 日前支付尚欠的出让金余额 220 万元，双方发生了争执。同年 12 月 21 日 X 公司回函称"鉴于你方应履行的义务未履行，该转让项目所欠市房地局出让金余额，我方计划在你方将该项目达到转让条件时付清"，根据该回函，X 公司停止支付 220 万元，其本意是对 K 商贸、K 房地产主张《合同法》第 67 条①规定的先履行抗辩权，即要求 K 商贸、K 房地产先行将约定转让项目达到法律规定的转让条件。但按照转让合同第 3 条第 3 项的规定，X 公司有先履行义务，即应先行给付 K 商贸、K 房地产相应数额的土地转让价款，再由 K 商贸、K 房地产将其用于补缴土地出让金。X 公司的回函与双方合同约定的内容不一致，其先履行抗辩不能成立。并且，X 公司拒交尚欠的 220 万元出让金的一项重要理由，是认为应交部分为 206 万元，K 商贸、K 房地产对多出部分未能说明其正当理

---

① 对应《民法典》第 526 条。

由。但 X 公司对其认为合理的部分一并拒交，构成违约，应承担违约责任。鉴于 X 公司已支付转让款 25043867.8 元，已大部分履行其合同主要义务；对未交的 220 万元也仅是主张先履行抗辩，虽因违反合同约定构成违约，但尚未构成根本违约。

3. K 商贸、K 房地产是否存在违约行为？按照合同第 3 条第 4 项关于合同签订之日起 60 日内设计方案报规划部门批准的约定，以及 K 商贸、K 房地产应对 X 公司完成规划设计履行配合义务的约定，K 商贸、K 房地产应有义务在该 60 日内的合理期间取得选址意见书；其在 2006 年 10 月 19 日方取得选址意见书，已超出合同约定的合理期限。但 X 公司并未主张其违约，应视为双方对合同履行过程中发生事实上的变更已相互认许，达成一致意见，故不认定其构成违约。2006 年 12 月 21 日，X 公司以回函形式声明须将项目达到转让条件，才能付清剩余的 220 万元用于补交出让金的转让款；K 商贸、K 房地产遂于 2007 年 2 月 8 日致函 X 公司，明确表示不再配合 X 公司的工作，并于 2007 年 3 月 19 日以书面形式向 X 公司送达了解除函，告知 X 公司解除转让合同。鉴于 X 公司的违约行为只是迟滞了转让条件的成就，并未导致转让条件根本不能成就，故该通知解除合同的行为，违反双方关于一方违约导致转让不能时，对方有解约权的约定，亦构成违约。

4. 双方所签转让合同是否已解除？X 公司拒交剩余的 220 万元转让款，存在违约行为，但不属于根本违约，而是因错误行使先履行抗辩权导致的一部分违约，故双方约定解除合同的条件并未成就。据此，K 商贸、K 房地产通知 X 公司解除合同不符合双方的约定，也未达到《合同法》第 94 条规定的法定解除条件，不能发生解除合同之效力。对 K 商贸、K 房地产认为其解除函已产生法律效力，合同已解除的主张，不予支持。双方合同没有解除，依法应当继续履行。

综上，X 公司对剩余的 220 万元土地出让金中的部分数额存在争议，要求 K 商贸、K 房地产先行达到土地转让条件后再给付该笔转让款，与合同约定相抵触，其先履行抗辩权不能成立，已构成违约。但其已实际履行大部分转让款给付义务，且要求继续履约，其错误主张先履行抗辩权的行为尚不构成根本违约，也没有导致土地使用权在事实上和法律上根本转让不能。甲市国土资源房屋监察大队发出的责令停止转让通知明确认定双方签订转让合同的行为"尚不构成违法"，只是在转让条件不具备时不得擅自转让，因此，K

商贸、K房地产通知解除合同，没有事实和法律依据，亦构成违约，依法不发生解除合同的法律效力。对X公司主张继续履行转让合同的诉讼请求，予以支持。但双方均应按照合同约定履行，X公司亦应按照合同有关支付方式的约定，履行与应补交的出让金相应的土地及项目转让款给付义务。鉴于双方均存在违约行为，K商贸依据转让合同第10条"违约责任"的约定，请求X公司给付违约金50万元，不予支持。

二审法院判决：一、维持一审判决第二项；二、撤销一审判决第一项；三、K商贸、K房地产与X公司签订的转让合同有效；四、K商贸、K房地产与X公司继续履行转让合同；五、驳回X公司其他诉讼请求。

关联案例1

> **案件名称**：全某公司、超某公司与桂某公司土地使用权转让合同纠纷案
> **审理法院**：最高人民法院（2004）民一终字第46号①
> **裁判观点**：《城市房地产管理法》关于土地转让时投资应达到开发投资总额25%的规定，是对土地使用权转让合同标的物设定的于物权变动时的限制性条件，转让的土地未达到25%以上的投资，属合同标的物的瑕疵，并不直接影响土地使用权转让合同的效力，《城市房地产管理法》该项规定，不是认定土地使用权转让合同效力的法律强制性规定。

关联案例2

> **案件名称**：索某公司与X公司土地使用权转让合同纠纷案
> **审理法院**：最高人民法院（2008）民一终字第122号②
> **裁判观点**：根据《物权法》③第15条的规定，当事人之间订立有关设立、变更、转让和消灭不动产物权的合同，除法律另有规定或者合同另有约定外，自合同成立时生效；未办理物权登记的，不影响合同效力。该规定确定了不动产物权变动的原因与结果相区分的原则。物权转让行为不能成就，并不必然导致物权转让合同无效。

---

① 载《最高人民法院公报》2005年第7期。
② 载《最高人民法院公报》2009年第4期。
③ 已被《民法典》废止。

关联案例 3

案件名称：润某公司与公某公司建设用地使用权转让合同纠纷案

审理法院：最高人民法院（2008）民一终字第 3 号①

裁判观点：土地使用权转让合同的相对方是土地使用权转让方和受让方。作为土地使用权转让方，其主要合同义务是按照约定交付土地使用权；作为受让方，其主要合同义务是按照约定支付土地使用权的转让价款。转让方在受让方以其行为表明不履行付款义务，导致转让方转让土地使用权获得相应价款的合同目的不能实现的情况下有权依法解除转让协议，并要求受让方返还土地使用权及赔偿包括返还土地使用权过程产生的费用等损失。

关联案例 4

案件名称：亚某公司与康某公司买卖合同纠纷案

审理法院：最高人民法院（2006）民二终字第 111 号②

裁判观点：在本案买卖合同中，因出卖人少交货及与合同约定质量不符部分货物的价值约占合同总金额的 8%，不仅违约部分价值不高，而且并未因此实质剥夺买受人再次转售而获取利润的机会，并不影响买受人合同目的的实现。出卖人不适当履行合同的行为仅构成一般违约，并不构成根本违约，并不影响买受人合同目的的实现，不构成《合同法》第 94 条③关于解除合同的法定条件。

律师点评

本案是一起未达开发投资总额 25% 时转让土地使用权的典型案件，实践中此种情形较为普遍，发生纠纷诉诸法院的也不在少数。本案不仅涉及未达开发投资总额 25% 时签订的土地使用权转让合同是否有效的问题，还涉及如何认定各方在转让合同履行过程中存在的违约行为是否构成根本违约以及对方是否可以据此解除转让合同的问题。K 商贸、K 房地产与 X 公司在未达开发投资总额 25% 时即签订土地使用权转让合同，之后在转让合同履行过程中，双方均存在违约行为，K 商贸、K 房地产以 X 公司存在违约行为为由书面通

---

① 本案裁判观点由作者加工整理而成。
② 载《最高人民法院公报》2006 年第 11 期。
③ 对应《民法典》第 563 条。

知 X 公司单方解除转让合同，导致发生纠纷诉诸法院。一审法院因错误地认定双方所签转让合同无效而驳回双方的诉请，二审法院则正确认定双方所签转让合同合法有效，并在认定 X 公司所存在的违约行为尚不构成根本违约的基础上，判决双方继续履行转让合同。

关于未达开发投资总额25%时签订的土地使用权转让合同是否有效的问题，应当说，司法实践中对此已经形成了共识，特别是原《物权法》颁布实施之后，法院在司法实践中认为《城市房地产管理法》第 39 条关于土地转让时投资应达到开发投资总额25%的规定，是对土地使用权转让合同标的物设定的于物权变动时的限制性条件，转让的土地未达到25%以上的投资，属合同标的物的瑕疵，并不直接影响土地使用权转让合同的效力，《城市房地产管理法》该项规定，不是认定土地使用权转让合同效力的强制性规定。

关于合同解除问题，根据《民法典》的规定，合同解除有以下几种情形：1. 合同各方当事人协商一致解除合同，《民法典》第 562 条第 1 款规定："当事人协商一致，可以解除合同。" 2. 合同一方当事人在符合约定解除条件时单方解除合同，即合同的约定解除，《民法典》第 562 条第 2 款规定："当事人可以约定一方解除合同的事由。解除合同的事由发生时，解除权人可以解除合同。" 3. 合同一方当事人在符合法定解除条件时单方解除合同，即合同的法定解除，《民法典》第 563 条第 1 款规定："有下列情形之一的，当事人可以解除合同：（一）因不可抗力致使不能实现合同目的；（二）在履行期限届满前，当事人一方明确表示或者以自己的行为表明不履行主要债务；（三）当事人一方迟延履行主要债务，经催告后在合理期限内仍未履行；（四）当事人一方迟延履行债务或者有其他违约行为致使不能实现合同目的；（五）法律规定的其他情形。" K 商贸、K 房地产在诉讼过程中明确提出其单方解除转让合同的法律依据为原《合同法》第 93 条第 2 款、第 94 条、第 96 条，对应上述《民法典》规定，既涉及合同的约定解除，也涉及合同的法定解除。

首先，K 商贸、K 房地产单方解除转让合同是否符合合同约定解除条件？本案中，按照转让合同第 10 条的约定，只有在"乙方（即 X 公司）违约致使该宗土地及项目转让不成"时，甲方（即 K 商贸、K 房地产）才能单方解除本合同。而本案中虽然 X 公司存在违约行为，但 X 公司的违约行为仅是拒绝按照转让合同约定支付剩余的 220 万元转让款，该违约行为并未致使该宗土地及项目转让不成，故 K 商贸、K 房地产以 X 公司存在违约行为为由单方解除转让合同不符合合同约定解除条件。

其次，K商贸、K房地产单方解除转让合同是否符合合同法定解除条件？本案中K商贸、K房地产主张其有权单方解除转让合同的一个重要理由为X公司根本违约。所谓根本违约，是指合同一方当事人违反合同的行为，致使该合同的目的不能实现，根本违约的构成要件是一般违约的构成要件，加上因违约行为导致的合同目的不能实现，其法律效果是当一方根本违约时，另一方当事人可以解除合同并要求对方承担违约责任。我国现行立法中并未直接使用"根本违约"一词，认定和判断合同当事人的违约行为是否构成根本违约的法律依据主要是《民法典》第563条第2、3、4项。在具体认定是否构成根本违约时，需要重点关注和分析当事人的违约行为是否属于不履行或迟延履行主要债务（涉及第563条第2、3项），或者当事人的违约行为是否致使不能实现合同目的（涉及第563条第4项）。对不同性质的合同而言，各方当事人签订合同的目的及各方的主要债务（即"主要合同义务"）是不同的。在土地使用权转让合同中，转让方签订转让合同的目的是转让土地使用权以获取转让价款，为此其主要债务是将土地使用权交付和过户给受让方；受让方签订转让合同的目的是支付土地使用权转让价款以获取土地使用权，为此其主要债务是支付转让价款。以此来进行分析，对K商贸、K房地产而言，其与X公司签订转让合同的目的是将土地使用权及项目开发权转让给X公司以获取X公司向其支付的土地及项目转让款；对X公司而言，其主要债务为按照转让合同约定支付转让价款。虽然X公司在合同履行过程中因错误行使先履行抗辩权拒绝支付剩余的220万元转让款而构成违约，但鉴于X公司已经支付了大部分转让价款（已支付转让价款达到了总转让价款的80%），未支付的转让价款仅属于小部分，X公司拒绝支付剩余220万元转让款的违约行为并未导致K商贸、K房地产的合同目的无法实现，X公司的违约行为并不属于根本违约，在此情况下，K商贸、K房地产无权行使法定解除权而单方解除转让合同。综上，K商贸、K房地产在既不具备合同约定解除权，也不具备合同法定解除权的情况下，单方解除转让合同，不仅不能产生转让合同解除的法律效力，还反而构成K商贸、K房地产的违约行为。

本案中另一个需要关注的法律问题是合同履行抗辩权的正确行使。根据《民法典》第525条至第528条的规定，合同履行过程中的抗辩权包括同时履行抗辩权、先履行抗辩权和不安抗辩权。其中第526条规定，当事人互负债务，有先后履行顺序，应当先履行债务一方未履行的，后履行一方有权拒绝其履行请求。先履行一方履行债务不符合约定的，后履行一方有权拒绝其相应的履行请求。本案中 X 公司在 2006 年 12 月 21 日回函中称"鉴于你方应履行的义务未履行，该转让项目所欠市房地局出让金余额，我方计划在你方将该项目达到转让条件时付清"，虽未明确表示系行使先履行抗辩权，但从该函表述内容可以非常清楚地看出 X 公司的本意是主张原《合同法》第 67 条，即《民法典》第 526 条的先履行抗辩权。但因为根据转让合同的约定，X 公司有先履行义务，即 X 公司应先行给付 K 商贸、K 房地产转让价款，再由 K 商贸、K 房地产将其用于补缴土地出让金，X 公司所主张的先履行抗辩权与转让合同约定的内容不一致，不能成立，而构成 X 公司的违约行为。

从本案中我们至少应该得到以下两个方面的启示：1. 慎重行使合同解除权。除双方协商一致解除合同之外，合同一方单方解除合同必须符合合同中所约定的合同解除条件，或者符合法定合同解除条件。合同一方在既不具备合同约定解除权也不具备法定解除权的情况下，即单方解除合同，不仅产生不了解除合同的法律效力，还会因擅自单方解除合同构成该方当事人的违约行为而需要向对方承担违约责任。如本案中 K 商贸、K 房地产单方解除转让合同即被二审法院认定为 K 商贸、K 房地产的违约行为。2. 正确行使各种合同履行抗辩权。合同各方应严格按照法律规定和合同约定正确行使合同履行抗辩权，如合同一方行使合同履行抗辩权不符合法律规定或合同约定，该方所谓的"行使合同履行抗辩权的行为"将会构成该方的违约行为而需向对方承担违约责任。如本案中 X 公司拒绝支付剩余 220 万元转让款的行为即被二审法院认定为错误行使先履行抗辩权的行为而构成 X 公司的违约行为。

第三章 房地产合作开发

综述：合作开发房地产纠纷常见法律问题及司法处理原则

合作开发房地产，常见形式是指一方当事人以土地使用权作为出资形式，另一方投入资金，双方共同在土地上开发建设房屋的合同行为。由于合作周期、规模以及资金等条件相较于一般合作项目更为复杂，因此合作开发双方或多方在合作过程中，更容易发生争议和纠纷。

但我国法律、行政法规及规章对于合作开发房地产的相关规定较少且不明确。《土地使用权合同解释》于2020年12月进行了修正，并正式于2021年1月1日生效，其中对于国有土地上"合作开发房地产合同纠纷"作出了专章规定，为人民法院审理该类案件提供了部分的审判依据。

随着《民法典》的颁布实施，以及国际、国内经济形势发展、有关房地产开发的各项制度不断完善，笔者基于相关法律法规，主要对最高人民法院，以及部分省、市高级人民法院就合作开发房地产纠纷案件的判决进行评析，总结和归纳了当下人民法院在对各类型房地产合作开发纠纷案件司法审判的基本观点和认识，并将合作开发房地产容易发生纠纷案件且争议较多的几个方面的问题，结合本章的案例分析，综合归纳为合作开发合同的性质及效力认定、违约责任、合同解除、收益分配以及争议问题等方面做出阐述，以期为法律实务工作者办理该类案件提供有益的借鉴和参考。

一、关于合作开发房地产合同的性质认定

（一）合作开发房地产合同的概念

房地产开发，是指以城镇土地资源为对象，按照既定目标对地上进行房屋设施的建筑安装活动，以及为此而进行的规划、设计、经营管理活动的统称[①]。

[①] 最高人民法院民事审判第一庭编著：《最高人民法院关于国有土地使用权合同纠纷司法解释的理解与适用》，人民法院出版社2015年版，第170页。

合作开发房地产合同，是指两方或两方以上的当事人约定，由一方提供土地，另一方提供资金（或双方共同出资）、技术、劳务等，共同开发土地、建筑房屋，并在项目开发完成后，按约定比例分享收益的协议。我国现行《城市房地产管理法》第28条"依法取得的土地使用权，可以依照本法和有关法律、行政法规的规定，作价入股，合资、合作开发经营房地产"中所规定的作价入股的合作开发形式，事实上是一种狭义上的合作开发。《土地使用权合同解释》中所指合作开发房地产合同，是指当事人订立的以提供出让土地使用权、资金等作为共同投资、共享利润、共担风险合作开发房地产为基本内容的协议。从司法实务看，这一概念仍应从狭义概念来理解。

广义的房地产合作开发，则是双方合作在土地上增添建筑物的活动。它不限于一方出地，另一方出资，也可以是双方共同出地出资；合建的主体也不局限于企事业单位，而可以是单位与自然人之间，或自然人与自然人之间[1]。如本章选用的案例3.7，G大学、J公司合作开发房地产是以共同出资的形式联建房产，同时对合作项目的开发、联建房产所有权分配、经营利润分配、违约责任等均作了明确约定，虽有别于一方出地、一方出资的合作形式，但不可否认，这种形式无疑也属于房地产合作开发范畴。因此，法院对该案的案由确定为合资合作开发房地产合同纠纷，显然是正确的。

（二）合作开发房地产合同的特征

如前所述，从狭义概念角度出发，合作开发房地产合同除具有一般民事合同的特征外，还具有如下特殊特征：

1. 主体的特殊性

在合作开发房地产合同中，至少有合作的一方应具有房地产开发的经营资格。合作开发房地产的经营者应当是依照《城市房地产管理法》第30条规定设立的房地产开发企业法人。

2. 标的的特殊性

根据《城市房地产管理法》第28条的规定："依法取得的土地使用权，可以依照本法和有关法律、行政法规的规定，作价入股，合资、合作开发经营房地产。"在《民法典》生效后，对于以划拨方式取得的土地能否成为合作开发房地产经营的土地在司法实践中已有不同态度，即在修正后的《土地使

---

[1] 符启林、邵挺杰主编：《房地产合同实务》，法律出版社2002年版，第460页。

用权合同解释》中已删除了基于划拨方式取得的土地继而签订合作开发房地产合同无效之规定。结合《民法典时间效力规定》第 8 条规定，可以认为土地使用权人以划拨土地使用权作为投资与他人订立合作开发房地产合同的，在《民法典》生效前，司法解释认定在起诉前未办理批准手续的，合同无效，而在《民法典》生效后，司法解释相应修订，根据《民法典》及修订后司法解释，目前合作开发房地产合同不因项目土地为划拨土地使用权而无效。

3. 合同内容的特殊性

合作开发房地产合同具有混同性质，即一个合同包含两个以上的合同内容。由于合作开发房地产项目的合同在法律上没有明确的范例，因此是一种无名合同，当事人约定的合同内容不同，合同的性质就会不同①。

（三）合作开发房地产合同的性质

合作开发房地产合同，是指当事人之间订立的以提供土地使用权、资金等方式共同出资，共享利润、共担风险，合作开发房地产项目的合同，因而界定一个合同是不是合作开发房地产合同，需要从以下几个方面把握：

1. 共同出资是合作的必备前提条件。至于出资的方式如现金、国有土地使用权、技术等并不影响双方合作的性质。在提供土地使用权的出资方式时，是否成立项目公司法律并无强制性规定，由合作双方在合同中约定。

2. 共同经营不是合作开发的必备条件。由于房地产开发经营非常复杂，投资者出于自身条件或者其他因素的考虑而不参与房地产开发经营，既体现了当事人的自愿原则，也不妨害国家的市场管理秩序、社会公共利益，不违反国家强制性法律法规。因此，合作各方有权约定是否共同经营。

3. 共享利润、共担风险应作为合作开发的必备要件。因当事人共同出资合作的目的就是要对合作成果带来的经济利益共同分享，与此相对应，对合作过程中以及合作的不利后果和风险也要共同承担，这也是民事权利和义务相一致原则的内在要求和具体体现。值得注意的是，司法实务中在界定合同性质时，合同中是否约定共担风险，并不是判断合同是否具有合作开发房地产性质的唯一标准；在确定受益人是否为合同相对人和是否应当承担民事责任时，不能仅以合同有无约定为限，而应查明事实确定实际构成合作开发房

---

① 最高人民法院民事审判第一庭编著：《最高人民法院关于国有土地使用权合同纠纷司法解释的理解与适用》，人民法院出版社 2015 年版，第 172—173 页。

地产法律关系的当事人地位及其民事责任。

例如：最高人民法院对武汉某公司与某大学合资、合作开发房地产合同纠纷再审审查与审判监督案作出的（2019）最高法民申 2063 号[①]民事裁定书认定：《合作建房合同书》中约定，武汉该公司与该大学之间的合作方式为该大学提供经相关部门批准的某土地作为本金投入，并承担部分旧房拆迁费用，武汉该公司承担全部建设资金，所获收益双方按照比例分配，同时约定讼争项目土地使用权 50 年期满后房地产无偿移交给该大学。虽然双方对于房屋面积的分配比例和面积的约定，是在合同履行完毕房屋建成之后如何分配的约定，但并非无论房屋是否建成都要分配约定的房屋，即使没有明确约定共担风险，但并不能据此得出结论双方约定了该大学不承担风险。该大学与武汉该公司随后签订的《补充合同》，也只是对《合作建房合同书》利益分配方式和时间作了变更，也没有约定该大学只享有收益，不承担风险的内容，更不存在案涉土地使用权由武汉该公司最终享有的约定。因此，原判决根据上述约定内容，认定该大学与武汉该公司共同投资、共享利润、共担风险，双方签订的《合作建房合同书》《补充合同》性质为合作开发房地产合同，不存在缺乏证据证明和适用法律错误的问题。

二、关于合作开发房地产合同效力的认定

合同效力，是指依法成立受法律保护的合同，当事人必须履行合同义务，不得擅自变更或解除合同的法律拘束力，即法律效力。也就是说，合同一旦依法成立，就要求合同双方依照约定严格履行合同，否则即依靠国家强制力，要求当事人履行合同并承担违约责任。合同的效力可分为四大类，即有效合同，无效合同，效力待定合同，可变更、可撤销合同。

《民法典》以下几个条款规定了民事法律行为无效的情形：（1）第 144 条规定："无民事行为能力人实施的民事法律行为无效。"（2）第 146 条第 1 款规定："行为人与相对人以虚假的意思表示实施的民事法律行为无效。"（3）第 153 条第 1 款规定："违反法律、行政法规的强制性规定的民事法律行为无效。但是，该强制性规定不导致该民事法律行为无效的除外。"（4）第 153 条第 2 款规定："违背公序良俗的民事法律行为无效。"（5）第 154 条规

[①] 载中国裁判文书网，https://wenshu.court.gov.cn/website/wenshu/181107ANFZ0BXSK4/index.html? docId=fd211aa6042443ccaaf0aba301158f4e，最后访问时间：2022 年 6 月 24 日。

定:"行为人与相对人恶意串通,损害他人合法权益的民事法律行为无效。"

(一) 合作开发房地产合同无效的特殊情形

对于合作开发房地产合同而言,要认定合同的效力,除了审查该合同是否具备一般合同生效的实质要件和形式要件外,还应当综合以下条件加以认定,即签订合作开发房地产合同的当事人至少有一方应当具备房地产开发经营资质。否则,所签订的合作开发房地产合同无效。

(二) 合作开发房地产合同无效的补正情形

考虑到当前开发房地产合同签订时,部分当事人双方存在没有取得房地产开发资质的情形,在实践中,为了经营活动的稳定性,《土地使用权合同解释》又对该等合同无效情形规定了补正情形。

《土地使用权合同解释》第 13 条第 2 款规定,起诉前当事人一方取得房地产开发经营资格或者已经依法合作成立房地产项目公司的,应当认定合同有效。这是对合同当事人的资质进行了补正。

这一补正情形,充分体现了司法审判实践中不轻易认定合同无效的立法本意,以促进合同加速履行和社会资源的有效利用。

例如,云南省砚山县人民法院作出的胡某、马某等合伙合同纠纷民事一审民事判决书 (2021) 云 2622 民初 1378 号[①]认定,合作开发房地产合同的当事人至少应有一方具备房地产开发经营资格,否则合同应当认定为无效。胡某与马某等的项目合作协议书是以出售所建房屋营利为目的,胡某与马某等作为自然人不具备房地产开发经营资质,至今双方当事人也未合作成立具有房地产开发经营资质的房地产开发企业,因此马某等与胡某于 2020 年 11 月 30 日所签订的《项目合作协议书》违反法律、行政法规的强制性规定,应当认定为无效。

(三) 不认定为合作开发房地产合同的四种情况

"共担风险",是合作开发房地产法律关系的本质特征之一。在实践中,却往往出现这样的情况:表面上符合合作开发房地产合同的形式要件,但因为提供土地使用权或资金的一方当事人并不实质承担经营风险,致使合同只是徒具合作开发房地产合同的形式,缺乏双方当事人"共担风险"这一重要

---

① 载中国裁判文书网,https://wenshu.court.gov.cn/website/wenshu/181107ANFZ0BXSK4/index.html?docId=7ba8457dd0b14371a462aea4017bfa24,最后访问时间:2022 年 6 月 25 日。

合作特征，因此，并不能把它们归入合作开发房地产合同。《土地使用权合同解释》第 21—24 条就规定了以下四种情形：

1. 合作开发房地产合同约定提供土地使用权的当事人不承担经营风险，只收取固定收益的，应当认定为土地使用权转让合同。由于在实践中不担经营风险的一方通常并非开发经营的决策方，《土地使用权合同解释》第 21 条并未将土地方是否参与项目开发经营作为认定的条件之一。

2. 合作开发房地产合同约定提供资金的当事人不承担经营风险，只分配固定数量房屋的，应当认定为房屋买卖合同。由于双方签订这种名为合作开发、实为房屋买卖的合同时，建设项目一般尚未开始实施，更不可能办理预售手续，故此种合同大部分情况下都是无效的。只有建设项目实施到一定阶段且已取得商品房预售许可时再签订的合同，或起诉前已取得商品房预售许可的情况下，这种合同才能被确认有效。

3. 合作开发房地产合同约定提供资金的当事人不承担经营风险，只收取固定数额货币的，应当认定为借款合同。

4. 合作开发房地产合同约定提供资金的当事人不承担经营风险，只以租赁或者其他形式使用房屋的，应当认定为房屋租赁合同。对名为合作开发、实为房屋租赁的合同而言，如果双方约定提供资金一方可以使用房屋的时间超过 20 年，超过部分将因无效而得不到法律的保护。

（四）合作开发房地产合同无效的责任承担

《民法典》第 157 条规定："民事法律行为无效、被撤销或者确定不发生效力后，行为人因该行为取得的财产，应当予以返还；不能返还或者没有必要返还的，应当折价补偿。有过错的一方应当赔偿对方由此所受到的损失；各方都有过错的，应当各自承担相应的责任。法律另有规定的，依照其规定。"该规定确立了合同无效后各方责任的处理原则。

三、关于合作开发房地产合同的违约责任

违约责任，即违反合同的民事责任，是指合同当事人一方不履行合同义务或者履行合同义务不符合约定条件所应承担的赔偿损害、支付违约金等民事责任，是保障债权实现和债务履行的重要措施。《民法典》第 577 条对违约责任作了概括性规定。

违约责任在英美法中通常称为违约的补救，而在大陆法中则被包括在债务不履行的责任之中,或被视为债的效力的范畴①。在违约责任的构成上,大陆法系传统的法律与理论,都认为应具备四个要件:违约行为、损害事实、违约行为与损害事实之间的因果关系、违约人主观上的过错。但在奉行无过错责任原则的英美法系合同法中,关于违约责任的构成,实际上只需要一个要件:即违约行为的存在②。

(一)合作开发房地产合同主要违约形态

房地产合作开发合同违约行为,是指房地产合作开发合同当事人无正当理由而不履行或者履行合同义务不符合约定义务的行为。

根据《民法典》的相关规定,房地产合作开发合同中的违约行为具体可分为预期违约、迟延履行合同、不适当履行合同、根本违约此四种违约形态。

1. 房地产合作开发的合作一方预期违约,主要表现为一方不办理合作开发审批及相关的土地使用权变更等手续、不配合设立合作开发项目公司等,致使合同没有履行可能。

2. 迟延履行房地产合作开发合同义务,主要表现为一方未按合同约定条件和时间足额出资、不按期推进土地上原建筑构筑物等拆迁进度、建设操盘方未按合同约定按期推进完成相关工程建设及销售等。

3. 合作开发一方不适当履行房地产合作开发合同义务,主要表现为土地提供方的土地使用权存在瑕疵(包括但不限于一级开发关联义务未履行完毕、存在抵押查封限制情形、农用地转非农用地手续未办理完毕等),致使合作开发土地使用权在合作开发过程中存在法律障碍,以及不按合同约定比例向合作各方分配应得资产及利润等。

4. 合作开发一方根本违反房地产合作开发合同义务。常见的根本违约主要表现为合作开发一方在另一方不知情的情况下将合作开发的项目进行抵押贷款归己使用,或与第三方再建立合作开发关系、未告知合作方开发地块此前已被设定的开发限制义务及条件等。

(二)合作开发房地产合同违约责任形式③

违约责任形式,即承担违约责任的具体方式。我国《民法典》第八章作了明文规定,违约责任除了有继续履行、采取补救措施和赔偿损失三种基本

---

① 王家福主编:《民法债权》,法律出版社1991年版,第128—176页。
② 王军编著:《美国合同法》,中国政法大学出版社1996年版,第319页。
③ 王利明:《违约责任论》,中国政法大学出版社2003年版。

形式外，还有违约金、定金、解除合同等责任形式。

合作开发房地产合同违约责任形式也为以上六种，其中，笔者认为，常用的违约责任形式为继续履行、支付违约金、赔偿损失和解除或终止合同。但在通常情况下，除非有充足证据表明合作方存在公司人格混同的情形，否则承担责任的主体通常限定于合作方本身，难以穿透至其股东或实际控制人。

(三) 发生情势变更，无法履行合同的一方当事人不承担违约责任

《民法典》第533条规定："合同成立后，合同的基础条件发生了当事人在订立合同时无法预见的、不属于商业风险的重大变化，继续履行合同对于当事人一方明显不公平的，受不利影响的当事人可以与对方重新协商；在合理期限内协商不成的，当事人可以请求人民法院或者仲裁机构变更或者解除合同。人民法院或者仲裁机构应当结合案件的实际情况，根据公平原则变更或者解除合同。"

据此，在合作开发房地产过程中，合同签订后发生情势变更，一方无法履行合同不构成违约。但对于是否符合情势变更，法律进行了严格的限制，必须由高级人民法院确认，不得滥用，以保证合同交易的稳定性。

如在本章选用的案例3.7中，法院在判决书中明确：G大学因教育部办学条件调整未能继续履行《联建协议》，并无主观过错；导致《联建协议》未能履行的直接原因是G大学校址搬迁，而校址搬迁源于教育部规定办学条件的调整，G大学不承担违约责任。尽管辽宁省高级人民法院在判决中并未将G大学不能继续履行合同的原因明确为情势变更，但G大学在抗辩理由中已提出这一点，且判决是以教育部文件办学条件改变作为事由来确认G大学不承担违约责任的。

(四) 由于不能归责于当事人的原因而导致合同履行出现瑕疵时，当事人应如何承担责任

在合作开发房地产过程中，经常会出现一些不能归责于当事人的原因而导致合同履行出现瑕疵，此时当事人应承担何种责任？对此主要有两种观点：其一，根据《民法典》第590条第1款的规定，当事人一方因不可抗力不能履行合同的，根据不可抗力的影响，部分或者全部免除责任，但是法律另有规定的除外。其二，根据《民法典》第543条的规定，当事人协商一致，可以变更合同。对于非归责于当事人的原因导致的合同履行瑕疵是否属不可抗力范围，以及如何承担民事责任的问题，应结合具体情况，考虑当事人是否

存在故意、是否获得利益等诸多因素，以决定责任的大小及是否部分免责。

四、关于合作开发房地产合同的解除

合同解除是指合同成立后，在一定条件下通过当事人的单方行为或者双方合意终止合同效力或者溯及消灭合同关系的民事行为。

根据《民法典》的规定，除约定解除条件外，合同解除的法定事由有以下五种情形：因不可抗力致使不能实现合同目的；在履行期限届满之前，当事人一方明确表示或者以自己的行为表明不履行主要债务；当事人一方迟延履行主要债务，经催告后在合理期限内仍未履行；当事人一方迟延履行债务或者有其他违约行为致使不能实现合同目的；法律规定的其他情形。

（一）合作开发房地产合同的解除条件

在合作开发房地产合同履约过程中，一方根本违约致使合作开发合同的目的不能实现时，守约方可以解除合同。判决合同解除的条件除了包括合同合法有效、具备解除条件等显而易见的因素外，解除合同的程序要件也同样重要，必须严格遵守，解除合同必须书面告知对方当事人，否则合同尚在有效状态。而对于合同解除的异议处理，在《民法典》第565条第1款中有着具体规定："……对方对解除合同有异议的，任何一方当事人均可以请求人民法院或者仲裁机构确认解除行为的效力。"而对一方当事人解除合同后，另一方当事人提出异议的期限，原《合同法》和《民法典》皆未作明确规定。但《民法典》实施后，异议期限是否还有意义，目前尚存在争议。

（二）合作开发房地产合同解除时的预期利益问题

根据法律，守约方可向违约方索赔直接经济损失，对合作开发的预期利益从理论上讲也应享有索赔权；但对合同解除后损失赔偿预期利益包括范围，以及在实际操作中如何计算预期利益，目前法律规定尚不够明确。

我国《民法典》第584条规定了违约一方当事人应赔偿因其违约所造成的损失，包括合同履行后可以获得的利益。但对因违约原因导致合同并未履行或部分履行而解除，违约方需向守约方赔偿损失的范围是否包括守约方可获得的预期利益，在理论界及司法实务中存在不同的观点，主要分为支持可得利益损失赔偿和反对可得利益损失赔偿两派。否定说认为，由于合同解除的效力是使合同恢复到订立前的状态，而可得利益只有在合同完全履行时才可能产生。既然当事人选择了解除合同的权利，就说明非违约方不愿意继续履行合同，故而不应当得到合同完全履行情况下所应得的利益[1]。肯定说认为，违约解除可以与赔偿损失并存。赔偿责任不能因合同解除而不复存在，其损失的范围原则上包括直接损失和间接损失[2]。鉴于当前理论界与实务界对合同解除后可得利益赔偿问题尚未形成共识，故在司法实践中，各地法院视案件的具体情况分别作出了支持或不予支持可得利益诉求的不同处理。

（三）关于合作开发合同守约方可否要求违约方按合同约定支付违约金

对判决合作开发房地产合同解除时，是否可同时判决违约方按照合同支付违约金，特别是当事人在合同中明确约定合同解除时违约方仍应支付违约金条款是否有效的问题，在《民法典》生效前，在理论界及实务界存在肯定说和否定说两种争议。

肯定说认为，根据《民法典》第585条第1款"当事人可以约定一方违约时应当根据违约情况向对方支付一定数额的违约金，也可以约定因违约产生的损失赔偿额的计算方法"的规定，违约金是双方当事人在签订合同时就此后可能发生的违约行为承担违约责任的预先约定，属当事人意思自治的范围，因此合同解除并不影响该约定的效力。

否定说认为，合同解除虽然也是基于违约事实而产生的法律后果，但它不属于违约责任方式，而属于合同违约后的一种补救措施；合同解除导致合同关系归于消灭，故合同解除后的法律后果也不表现为违约责任，而是一种民事责任，主要包括不当得利返还责任和损害赔偿责任。

对此，《民法典》第566条第2款已有明确规定，即在合同因违约而发生解除情形的，解除权人可以请求违约方承担违约责任，但是当事人另有约定的除外。据此，在法律层面明确了合同解除情形下的违约责任适用问题。

五、关于合作开发房地产的新增利益分配问题

共担风险、共享收益，是合作开发房地产合同的本质特征。当事人双方合作开发的目的，一定是分享收益。因此，在合作开发房地产合同中，收益分配是必不可少的一个内容，在实践中也极易出现争议和纠纷。在合作开发房地产行为中，最常见的收益分配方式有两种：按比例分配房屋、卖房后按比例分配货币。

---

[1] 王利明：《违约责任论》，中国政法大学出版社2003年版，第556页。
[2] 崔建远主编：《合同法（第三版）》，法律出版社2016年版，第203页。

在合作开发房地产合同中,新增利益主要体现在新增房屋面积上。因此,新增利益的分配问题主要体现在新增房屋面积所取得的利益如何分配。

最高人民法院(2005)民一终字第 60 号[1]民事判决书对华某公司与杰某公司合作开发房地产合同纠纷案有如下认定:"新增加的面积是合作项目的产物,理应归合作各方共同所有。但上述三份协议均未就新增的 27762.8 平方米建筑面积的分配再予约定,一审法院根据各方合作情况,对各方未作约定的新增面积,适用公平原则按照 20% 的比例确定给华某公司,与参照双方最初约定分配面积所占分配比例以及合同履行过程中分配面积所占比例的变化等合作项目实际履行情况综合考虑的结果大致相当,也符合本案实际,可予维持。"

最高人民法院作出上述认定的法律依据是基于民法基本原则——公平原则,其主要内容有:(1)民事主体参与民事法律关系的机会平等;(2)当事人的关系上利益应均衡;(3)当事人合理地承担民事责任。它要求立法者和裁判者在民事立法和司法的过程中应维持民事主体之间的利益均衡;要求民事主体应依据社会公认的公平观念从事民事活动,以维持当事人之间的利益均衡。

六、当前合作开发房地产司法处理中存在的问题

(一)合作建房用于自住的当事人资格问题

在司法实践中,关于房地产开发经营主体的资格问题,常常引发多种争议和纠纷。比如:由一方出地、另一方出资,合作建房用于自用而非销售的合作行为,能否也要求合作方必须具备经营资格?

多数人认为,此类合作行为不能认定为合作开发经营房地产行为,只能看作一般的合建、联建房屋行为,双方不需具备经营资格。

但到目前为止,法律上还未就此作出明确规定。

(二)关于合作一方以划拨土地使用权投资进行合作开发经营的行为

根据我国现行立法,划拨土地不得用于房地产开发。除非法律允许开发,或者经有批准权的人民政府批准后,划拨土地使用权人才可以与他人进行合作开发[2]。但目前,我国实践中存在大量以划拨土地使用权投资、与他人合作

---

[1] 载《最高人民法院公报》2007 年第 8 期。

[2] 韩延斌:《国有土地使用权出让、转让纠纷中的法律对策及其展望》,载《民事审判指导与参考》2004 年第 2 期,法律出版社 2004 年版,第 147 页。

进行房地产开发的情况。在《民法典》生效后,《土地使用权合同解释》中已删除了基于划拨方式取得的土地继而签订合作开发房地产合同无效之规定,目前合作开发房地产合同不因项目土地为划拨土地使用权而无效。

(三) 关于合作开发房地产合同解除后的预期利益

在合作开发房地产实践中,因为《土地使用权合同解释》在程序上和实体上,都没有就守约方的预期利益作出相关规定,这样导致了一个后果:一旦合作开发房地产合同被解除,守约方往往可以就直接利益要求索赔,对预期利益是否赔偿及如何计算则没有明确的法律规定。这对守约方是不公平的,也容易促使违约方利用恶意违约终止合同而取得更大的经济利益。恶意违约常常发生在合作开发的土地各种手续已办妥、工程已开工或封顶、资金使用最紧张的时期已过、工程有承建方垫资或预售即将开始时,由拥有土地的合作一方以各种借口不履行相关义务,迫使对方提出终止合同。由于对预期利益是否应当赔偿及如何计算在实践中往往争议较大,各地法院的裁判也不尽一致,这需要最高人民法院在总结审判经验的基础上适时出台司法解释或发布具有指导意义的相关案例。

3.1 法院如何认定土地使用权转让合同纠纷案中单方解除权行使的条件

——G 房地产有限公司诉 Q 电器有限责任公司、C 房地产开发有限责任公司土地使用权转让合同纠纷案[①]

> **关 键 词**:土地使用权转让合同,解除权,合同解除程序
>
> **问题提出**:土地使用权转让合同解除权的行使需要具备哪些条件?
>
> **裁判要旨**:各方当事人应当严格履行合同,任何一方不得任意单方解除合同,只有在合同约定或者法律规定的单方解除权成就时,当事人才享有合同解除权。在违约解除的情况下,违约方不享有合同解除权,守约方要求继续履行合同的,法院应当支持。

---

① 一审:广西壮族自治区高级人民法院(2004)桂民一初字第 1 号;二审:最高人民法院(2004)民一终字第 46 号,载《最高人民法院公报》2005 年第 7 期。

案情简介

原告（被上诉人）：G 房地产有限公司（以下简称：G 公司）

被告（上诉人）：Q 电器有限责任公司（以下简称：Q 公司）

被告（上诉人）：C 房地产开发有限责任公司（以下简称：C 公司）

本案所涉及的位于 L 市 L 路 153 号土地属国有出让土地，土地证号为 L 国用（2003）字第 188461 号，土地面积为 34665.3 平方米（合 51.9979 亩），用途为工业用地，系 Q 公司根据与 L 市国土资源局 2003 年 6 月 26 日所签订的《国有土地使用权出让合同》受让取得；该宗土地按抵押合同设定土地使用权抵押登记，抵押面积为 34537.3 平方米，抵押金额为 837 万元，抵押期限从 1997 年 7 月 11 日至 1999 年 7 月 9 日，抵押权人为中国某某银行 L 分行，目前该笔抵押已到期，尚未办理注销登记；Q 公司经企业改制后以出让方式处理该宗土地使用权，尚欠 292.5 万元的职工经济补偿金未支付；2003 年 11 月 18 日，L 市发展计划委员会通知 Q 公司：L 市土地收购储备与审批委员会 2003 年第 9 次工作会议已同意你单位位于 L 路 153 号土地的用途改变为经营性用地，请于《通知》发出之日起至 2004 年 6 月 30 日，到市计委、规划局、国土局等有关部门办理相关手续，期限内未办理的，视为自动放弃，并告知：一、房地产开发公司宗地改变用途的，请按房地产开发项目的有关程序办理；二、非房地产开发公司宗地改变用途的，应在获得房地产开发资格后，按房地产开发项目的有关程序办理。

2003 年 9 月 18 日，Q 公司、C 公司与 G 公司签订《土地开发合同》约定，Q 公司、C 公司同意将 Q 公司位于 L 市 L 路 153 号 52 亩土地转让给 G 公司，土地转让价款为 2860 万元。具体合同内容如下：

G 公司同意于 2003 年 9 月 30 日前，将 200 万元转入 Q 公司账户作为合作定金，逾期视为 G 公司违约，Q 公司、C 公司有权单方解除合同。

鉴于 C 公司在 2003 年 3 月 31 日与 Q 公司签订《协议书》之后投入了前期资金并作了一些前期工作，本协议签订后，Q 公司同意 G 公司支付给 C 公司补偿款 1640 万元。

根据 Q 公司的要求，Q 公司、C 公司必须在两个月内办理完成市政府同意该宗土地转让给 G 公司控股或 G 公司法定代表人控股的、在 L 市新成立的公司，并给予今年或明年上半年土地开发计划指标；G 公司在得到市政府将土地转让给 G 公司控股的或 G 公司法定代表人控股的 L 市成立的新公司，并得到开发指标批准可以进行房地产开发时起一个月内必须代 Q 公司支付该宗土地办理土地使用性质变更（由工业用地变更为商业用地）向土地管理部门交纳的土地变性费用及契税约 600 万元。

Q 公司在办理完成将该宗土地过户给 G 公司在 L 市的控股公司或 G 公司法定代表人控股的公司三个月内，G 公司在 L 市的控股公司或 G 公司法定代表人控股的公司代 Q 公司分期支付职工安置费、厂房搬迁费及代 Q 公司偿还零星欠款，此三项共约 600 万元。以上共计 2300 万元在 G 公司支付给 Q 公司的土地转让费中扣除，余下 2200 万元（G 公司根据 Q 公司和 C 公司的要求，支付给 Q 公司 560 万元、支付给 C 公司 1640 万元），G 公司在得到土地使用和开发指标批准，可以进行房地产开发时起一年内支付给 Q 公司和 C 公司。

合同实际履行情况：

2003 年 9 月 29 日，G 公司将 200 万元定金转入 Q 公司账户。

2003 年 11 月 18 日，L 市发展计划委员会批准将本案所涉及的土地用途改变为经营性用地。

2003 年 12 月 15 日，G 公司函告 Q 公司、C 公司，将代其履行合同的公司变更为 H 房地产有限公司，要求 Q 公司、C 公司按合同约定将土地过户给该公司。

2003 年 11 月 21 日，Q 公司与 C 公司函告 G 公司，其已于 2003 年 11 月 18 日将 L 市发展计划委员会批准土地用途改变的文件办妥，并将复印件交与 G 公司，要求 G 公司提前支付 600 万元款项，其中 300 万元用于交纳土地收益金，办理土地过户及办理解封和搬厂，另 300 万元在办理完土地过户手续后的一个月内支付。

2003 年 12 月 2 日，C 公司、Q 公司再次致函 G 公司：一、根据 C 公司、Q 公司于中国某某银行 L 分行主要负责领导处得到的结果是，今年内还清银行欠款的本金，则所欠表内和表外利息全部免掉，明年的政策目前尚未明确。因此，要求 G 公司今年内全部按合同代 L 市磁电机厂（即 Q 公司）还清银行欠款，如果采用承担债务的做法，G 公司必须承诺承担所有的利息。二、G 公司必须提供合同规定的抵押担保手续，使双方得以尽快进入下一步的土地办理程序。2003 年 12 月 18 日，Q 公司、C 公司致函 G 公司：由于《土地开发合同》第 7 条对 G 公司提供抵押担保的时间、抵押物、保证范围及担保金额均未作出明确约定，为此，三方都认为有修改并完善该条款的必要，并于2003年11月5日、12月15日、12月16日开会讨论了此问题，但没有达成一致意见。

2003年11月22日、12月2日，Q公司、C公司也曾两次给G公司发函，要求G公司提供抵押手续，希望G公司务必在2003年12月8日前到Q公司商谈修改完善上述问题并最终达成一致意见，否则，《土地开发合同》无法履行，三方将全面终止该合同。但G公司至今未予答复。由于G公司能否提供并办理抵押担保登记手续，对确保Q公司、C公司今后利益的实现至关重要，因此再次发函，希望G公司务必在2003年12月8日前到Q公司商谈修改完善上述问题并最终达成一致意见，否则，《土地开发合同》无法履行，三方将全面终止该合同。

2003年12月20日，H房地产有限公司函复Q公司、C公司，认为Q公司、C公司以根本就不存在的不安全因素为由拒不办理该宗土地过户，已属严重违约。

2003年12月29日，Q公司、C公司致函G公司，决定从即日起终止《土地开发合同》，并要求G公司商谈办理定金退还事宜。2004年1月3日，G公司致函C公司、Q公司，拒绝终止合同。

一审法院另查明，2004年1月18日，中国某某银行L分行Y支行函复H房地产有限公司：1. 只要全部归还所欠我行贷款本金，我行即按规定解除该宗土地使用权的抵押关系；2. 根据以上原则，贵公司能代债务人L市磁电机厂归还所欠我行的全部贷款本息，我行即解除该宗土地使用权的抵押关系。一审法院还查明，Q公司系L市磁电机厂于2003年改制成立，其营业执照所载明的营业期限为2003年6月8日。

二审法院判决：驳回上诉，维持原判。

各方观点

G公司观点：该公司与Q公司、C公司于2003年9月18日签订《土地开发合同》约定，G公司以2860万元受让Q公司位于L市L路153号51.9979亩土地作为房地产开发用地，G公司在2003年9月30日前将定金200万元支付给Q公司，合同即为生效。合同签订后，G公司按期支付了定金200万元。依合同约定，Q公司必须在合同生效后两个月内办理完成将该宗土地转让给G

公司或 G 公司法定代表人控股的、在 L 市新成立的公司，并给予今年或明年上半年土地开发计划指标，但 Q 公司已逾期 40 日仍不向土地管理部门办理过户手续，且于 2003 年 12 月 29 日函告 G 公司终止《土地开发合同》，使合同无法履行，给 G 公司造成和即将继续造成巨大的损失。故请求：一、判令 2003 年 9 月 18 日签订的《土地开发合同》合法有效，Q 公司与 C 公司应当继续履行；二、Q 公司、C 公司双倍返还定金 400 万元，并赔偿由此给 G 公司造成的一切经济损失；三、判令由 Q 公司、C 公司承担本案全部诉讼费用。

Q 公司观点：1. 不同意继续履行合同。Q 公司是一个特困企业，在得到开发指标后，要求 G 公司提供未付款项的抵押担保。G 公司对 Q 公司这一正当要求予以拒绝。因此，Q 公司已对 G 公司失去信任，若再继续履行，Q 公司将承担很大的风险。

2. 不同意双倍返还定金。Q 公司在本案中不存在违约行为，Q 公司是依法终止与 G 公司的合作。

3. 不同意赔偿 G 公司的经济损失。G 公司对此没有具体的诉讼请求且赔偿的前提是 Q 公司存在违约行为。

C 公司观点：1. 本案《土地开发合同》于 2003 年 9 月 18 日签订之时，Q 公司并不具备独立的民事主体资格，该合同应为无效合同，且 C 公司要求 G 公司对 1000 多万元应付款提供担保，G 公司不提供，C 公司对此承担很大的风险，故 C 公司不同意继续履行合同。

2. C 公司没有收到 200 万元的定金，也不存在违约行为，因此不同意双倍返还 200 万元定金。

3. 不同意赔偿 G 公司的经济损失，G 公司没有具体的损失数额，C 公司在本案中亦未违约，定金罚则和违约金罚则不能同时适用，主张双倍返还定金则不能主张损失赔偿。

法院观点

一审法院观点：本案性质为土地使用权转让合同纠纷。三方当事人签订的《土地开发合同》是在自愿、协商一致基础上签订的，合同约定转让的标的物亦系 Q 公司通过出让而取得的拥有使用权并经有关部门批准进行房地产开发的土地，该土地可以进入市场，合同内容没有违反法律规定。至于 C 公司所提出的在订立该合同时，Q 公司已超过了营业期限的问题，根据《民法通则》的规定，法人的民事行为能力始于法人的设立，终于法人的终止①，而本案中 Q 公司并未随着营业期限的到期而终止，其营业执照并未被注销或者吊销，其作为一个企业法人至今仍然合法存在，法人资格并未终止。且本案合同亦不属其营业执照所确定的营业范围之内，而是其对自身财产的自愿处分，符合合法的意思自治原则，故本案合同为有效合同。C 公司主张合同无效没有法律和事实依据，不予支持。对于有效合同，根据诚实信用原则，各方当事人均应恪守合同的约定，全面履行合同。G 公司已按照合同约定履行了合同，交付了定金并将合同中所约定的代其履行的公司告知了 Q 公司与 C 公司，而 Q 公司与 C 公司却没有按照合同的约定履行自己的义务，而是以三方在合同中对抵押担保问题约定不明确，又没有协商一致、其利益存在风险为由，拒绝按合同的约定办理有关土地手续，并进而要求终止合同，显然有悖于合同的约定。根据合同约定，在 G 公司将 200 万元定金转至 Q 公司账户后，Q 公司和 C 公司就应当履行合同第 3 条第 2 款所约定的义务，此期间并不存在 G 公司应先行办理抵押手续的问题，因为合同并没有将 G 公司办理抵押手续作为 Q 公司和 C 公司履行该义务的前置条件，且综观合同分析，合同第 7 条所指的"G 公司未付给 Q 公司、C 公司的部分款项"也不是指 200 万元定金之后其余应付款项，而是合同第 3 条第 3 款所指的在支付 2300 万元之后余下的 2200 万元，也只有在其时并办理过户手续中才存在风险，才有要求 G 公司办理未付余款担保抵押的必要性。由此可见，合同约定的抵押担保条款并非不明确。何况，即使存在 Q 公司和 C 公司所主张的抵押担保条款不明确的问题，也不影响合同的履行。根据合同约定，G 公司在履行本案合同中，除已支付给 Q 公司的 200 万元定金外，还需代 Q 公司履行相关的义务，支付约 1500 万元的款项后，方能实际取得土地过户且 G 公司也承诺以过户的土地使用权作为对未付款项的抵押担保，该承诺不违反法律规定且是切实可行的，故 Q 公司与 C 公司所主张的风险没有事实依据，是不存在的，不予支持。综上所述，Q 公司、C 公司在本案中的行为已构成违约，应承担违约责任，其无权主张终止本案合同；G 公司作为守约方主张继续履行合同的诉讼请求于法有据，是成立的；其主张 Q 公司、C 公司赔偿一切损失的诉讼请求，由于没有提出具体的损失数量和相应的证据，不予支持，予以驳回；由于 G 公司在

---

① 对应《民法典》第 59 条。

本案中要求继续履行合同的诉讼请求已得到本院的支持，故其主张由 Q 公司与 C 公司双倍返还 200 万元定金的诉讼请求，既与三方当事人在本案合同中的约定不符，又不符合定金罚则的适用范围，该罚则中的双倍返还只适用于履行落空的情形，故 G 公司的该诉讼请求亦不能成立，不予支持，予以驳回。

一审法院判决：一、G 公司、Q 公司、C 公司继续履行三方于 2003 年 9 月 18 日所签订的《土地开发合同》，Q 公司与 C 公司应于判决生效之日起五个工作日内依该合同第 3 条第 2 款的约定，办理完成土地过户的相关手续；二、驳回 G 公司的其他诉讼请求。

二审法院观点：Q 公司、C 公司与 G 公司于 2003 年 9 月 18 日签订的《土地开发合同》约定，Q 公司、C 公司将 L 市 L 路 153 号土地使用权转让给 G 公司，G 公司向 Q 公司、C 公司支付 2860 万元土地转让价款，故本案性质为土地使用权转让合同纠纷。该《土地开发合同》为三方当事人协商一致后作出的真实意思表示，内容亦不违反法律规定。合同签订前，L 市国土资源局已同意 Q 公司以出让方式取得讼争土地的使用权，双方订有《国有土地使用权出让合同》。本案一审起诉前 Q 公司办理了国有土地使用权证，讼争土地具备了进入市场进行依法转让的条件。而土地出让金的交纳问题，属土地出让合同当事人即 L 市国土资源局和 Q 公司之间的权利义务内容，其是否得到完全履行不影响对本案土地使用权转让合同效力的认定，故 C 公司提出的因《土地开发合同》签订时未取得国有土地使用权证及土地出让金未全部交清违反法律强制性规定应认定该合同无效的上诉主张，本院不予支持。关于投资开发的问题，《城市房地产管理法》第 39 条关于土地转让时投资应达到开发投资总额 25% 以上的规定，是对土地使用权转让合同标的物设定的于物权变动时的限制性条件，转让的土地未达到 25% 以上的投资，属合同标的物的瑕疵，并不直接影响土地使用权转让合同的效力，《城市房地产管理法》第 39 条中的该项规定，不是认定土地使用权转让合同效力的法律强制性规定。因此，C 公司关于《土地开发合同》未达到 25% 投资开发条件应认定无效的主张，本院亦不予支持。关于转让土地使用权是否已向抵押权人履行通知义务的问题，中国某某银行 L 分行 2004 年 1 月 18 日向 H 房地产有限公司出具的复函、2003 年 12 月 2 日 Q 公司、C 公司与中国某某银行 L 分行商谈银行贷款了结事宜的函件及《土地开发合同》第 3 条第 2 款三方当事人关于抵押债务数额及处理方式的约定内容等证据均表明，本案讼争土地的抵押权人中国某某银行L分行知道该土地使用权的转让事宜，且未提出异议。C公司关于本案土地使用权转让未通知该土地抵押权人导致转让无效的理由与事实不符，不能成立。综上，《土地开发合同》于签订之时虽有瑕疵，但经补正后已不存在违反法律强制性规定的情形，应认定有效。一审法院关于合同效力的认定，适用法律正确，应予维持。当事人各方在有效合同的履行过程中对合同条款的约定内容发生歧义，应依合同法规定的合同解释方法确定发生争议条款的真实意思表示。一审判决根据合同目的、合同条款之间的关系，确认《土地开发合同》第7条约定的应由G公司提供抵押担保的"未付款项"是指G公司依合同第3条约定的义务内容代Q公司支付2300万元款项以外的余款2200万元，认定事实并无不当。Q公司要求G公司先行就全部转让款项提供抵押担保作为其履行合同义务的前置条件，与合同约定不符。同时，因H房地产有限公司不是履行《土地开发合同》付款义务的债务人，其工商注资问题与认定G公司是否具有履约能力之间不具有关联性。因此，Q公司在未能提供确切证据证明G公司于履行期限届至时将不履行或不能履行合同的情形下，其行使合同解除权的条件尚未成就，故Q公司以存在履约风险为由要求解除合同的主张因缺乏事实和法律依据，本院不予支持。关于办理土地过户手续的问题，《土地开发合同》虽然存在前后条款约定不准确的问题，但从文义表述、交易习惯等方面综合判断，可以认定合同第3条第2款关于"办理完成市政府同意该宗土地转让给G公司控股的或G公司法定代表人控股的、在L市新成立的公司，并给予今年或明年上半年土地开发计划指标"的约定，是指Q公司、C公司应履行的义务为办理政府同意将土地使用权转让给合同约定的公司和政府给予土地开发指标的手续。合同第4条则应是Q公司向土地管理部门办理土地使用权变更过户手续的义务。Q公司主张的其已办理的经L市发展计划委员会批准的土地变性手续就是履行合同第3条第2款的义务，与合同约定内容不符。一审判决认定Q公司、C公司于G公司支付定金后未能按期履行合同第3条第2款所约定的义务，已构成违约，适用法律未有不妥。至于Q公司、C公司履行《土地开发合同》第3条第2款义务的期限，一审判决指定为五个工作日，符合本案的实际情况。综上，一审判决认定事实清楚，适用法律正确。

二审法院判决：驳回上诉，维持原判。

> **关联案例**
>
> **案件名称**：植某与 X 房地产投资有限公司建设用地使用权转让合同纠纷案
> **审理法院**：中山市第一人民法院（2016）粤 2071 民初 8537 号①
> **裁判观点**：土地使用权转让合同系双方的真实意思表示，内容没有违反法律、行政法规的强制性规定，为有效合同。一方如约交纳土地转让款履行了土地使用权受让人的付款义务。另一方迟延交付土地，且未能及时注销土地使用权上的抵押登记，并因债权人的申请而被法院查封，造成土地使用权无法分割登记至受让方名下。因转让方的上述行为导致土地使用权的合同目的无法实现，受让方要求解除土地使用权转让合同，符合法律的规定，予以支持。

律师点评

一、本案中当事人签订的土地转让合同合法有效

合同依法有效是合同解除的前提条件，无效合同不存在解除问题，合同无效和合同解除不可能同时适用。本案中，《土地开发合同》为三方当事人协商一致后作出的真实意思表示，内容亦不违反法律规定。合同签订前，L 市国土资源局已同意 Q 公司以出让方式取得讼争土地的使用权，双方订有《国有土地使用权出让合同》。在本案中，《土地开发合同》于签订之时虽然出让方尚未取得土地使用权证，但在本案一审起诉前出让方 Q 公司办了国有土地使用权证，讼争土地具备了进入市场进行依法转让的条件，《土地开发合同》经补正后应认定有效。

此外，《城市房地产管理法》第 39 条关于土地转让时投资应达到开发投资总额 25% 以上的规定，是对土地使用权转让合同标的物设定的于物权变动时的限制性条件，转让的土地未达到 25% 以上的投资，属合同标的物的瑕疵，并不直接影响土地使用权转让合同的效力，《城市房地产管理法》第 39 条中的该项规定，不是认定土地使用权转让合同效力的法律强制性规定。因此，法院对 C 公司关于《土地开发合同》未达到 25% 投资开发条件应认定无效的主张不予支持，是完全正确的。

诉争土地在转让之时已经为银行债权设定了抵押，并办理了抵押登记手

---

① 载中国裁判文书网，https://wenshu.court.gov.cn/website/wenshu/181107ANFZ0BXSK4/index.html?docId=ce0c72ca1f7a42678a8ba77b008e8f6e，最后访问时间：2022 年 6 月 25 日。

续，根据《民法典》第551条的规定："债务人将债务的全部或者部分转移给第三人的，应当经债权人同意。债务人或者第三人可以催告债权人在合理期限内予以同意，债权人未作表示的，视为不同意。"本案中，虽然转让方并没发函征求抵押银行关于土地使用权转让的意见，但中国某某银行L分行2004年1月18日向H房地产有限公司出具的复函、2003年12月2日Q公司、C公司与中国某某银行L分行商谈银行贷款了结事宜的函件及《土地开发合同》第3条第2款三方当事人关于抵押债务数额及处理方式的约定内容等证据均表明，本案讼争土地的抵押权人中国某某银行L分行知道该土地使用权的转让事宜，且表示原则上清偿债务而并非不同意债务转让。因此，C公司关于本案土地使用权转让未通知该土地抵押权人导致转让无效的理由与事实不符，不能成立。

二、本案中，转让方不享有单方解除合同的权利

合同解除可以分为单方解除和协议解除，一方当事人的单方解除权必须基于法律的规定或者双方当事人的约定。

就约定解除权而言，本案中，受让方已经按照合同约定支付了200万元定金，在合同约定的付款条件尚未成就的情况下，受让方拒绝按照出让方要求提前支付600万元的补偿款，并不存在违约情形。原审被告在一审答辩提出，C公司要求G公司对1000多万元应付款提供担保，G公司不提供，C公司对此承担很大的风险，故C公司不同意继续履行合同，即提出解除合同。由于合同并没有明确约定受让方提供抵押担保的时间、抵押物、保证范围及担保金额等，事后当事人又未能对此达成补充协议，因此，受让方未按照出让方要求提供相应的担保并不构成违约，出让方以此主张解除合同，缺乏依据。

就法定解除权而言，依据我国《民法典》的相关规定，合同解除的法定事由有以下五项：1. 因不可抗力致使不能实现合同目的；2. 在履行期限届满前，当事人一方明确表示或者以自己的行为表明不履行主要债务；3. 当事人一方迟延履行主要债务，经催告后在合理期限内仍未履行；4. 当事人一方迟延履行债务或者有其他违约行为致使不能实现合同目的；5. 法律规定的其他情形。本案中，《土地开发合同》明确约定了一方当事人违约时，合同相对方的单方解除权。本案中，既不存在不可抗力导致合同解除的情形，受让方又不存在任何违约行为，因此转让方不能依据《民法典》第563条之规定享有法定解除权。

三、守约方要求继续履行合同的请求得到法院支持后，能否向违约方主张双倍返还定金

三方签订的《土地开发合同》中约定，G 公司同意于 2003 年 9 月 30 日前，将 200 万元转入 Q 公司账户作为合作定金，逾期视为 G 公司违约，Q 公司、C 公司有权单方解除合同。在案件审理过程中，G 公司主张继续履行合同，但认为出让方违反合同约定，逾期 40 天未能办理土地使用权过户登记手续，且擅自终止合同，要求出让方承担双倍返还定金的责任。对此，一审法院认为，由于 G 公司在本案中要求继续履行合同的诉讼请求已得到本院的支持，故其主张由 Q 公司与 C 公司双倍返还 200 万元定金的诉讼请求，既与三方当事人在本案合同中的约定不符，又不符合定金罚则的适用范围，该罚则中的双倍返还只适用于履行落空的情形中，故 G 公司的该诉讼请求亦不能成立，不予支持，予以驳回。二审法院维持了一审的判决。《民法典》第 587 条规定："债务人履行债务的，定金应当抵作价款或者收回。给付定金的一方不履行债务或者履行债务不符合约定，致使不能实现合同目的的，无权请求返还定金；收受定金的一方不履行债务或者履行债务不符合约定，致使不能实现合同目的的，应当双倍返还定金。"定金是为了担保债的履行而以现金提供的担保方式，按其功能划分，可以分为立约定金、成约定金、证约定金、违约定金、解约定金。本案中，双方约定的定金目的显然是保证双方当事人履行合同，即定金设立目的是保证合同得以履行，属于违约定金。在定金给付后，一方应履行债务而未履行的，应受定金罚则制裁。本案中，受让方要求继续履行合同的诉讼请求得到了法院的支持，出让方虽然存在违约行为，但通过继续履行仍可以实现受让方的合同目的，合同目的并未落空，而且《土地开发合同》中也没有明确约定出让方不按照约定时间办理土地使用权权属登记时，受让方有权双倍返还定金，因此，法院驳回受让方双倍返还定金的诉讼请求是正确的。

3.2 法院如何确定合作开发"一地数转"情形下土地使用权的归属

——B 公司诉 A 公司土地使用权转让合同纠纷案、C 公司诉 A 公司土地使用权转让合同纠纷案①

> **关 键 词**：土地使用权转让，一地数转，合同效力
>
> **问题提出**：在合作开发"一地数转"且数份土地使用权转让合同均有效时，法院如何确定土地使用权的归属？
>
> **裁判要旨**：在一地数转且数份土地使用权转让合同均有效时，应当根据《土地使用权合同解释》（2005 年）第 10 条的规定来确定土地使用权的归属问题，在各受让方均未办理土地使用权变更登记手续时，已先行合法占有投资开发土地的受让方请求转让方履行土地使用权变更登记等合同义务的，应予支持。

案情简介

B 公司诉 A 公司土地使用权转让合同纠纷案（以下简称：甲案）

原告（被上诉人）：B 公司

被告（上诉人）：A 公司

C 公司诉 A 公司土地使用权转让合同纠纷案（以下简称：乙案）

原告（上诉人）：C 公司

被告（被上诉人）：A 公司

2003 年 6 月，某国土资源局与 A 公司签订国有土地使用权出让合同，将某地块的土地使用权出让给 A 公司，同年 8 月，A 公司领取了该地块的国有土地使用证。

2006 年 1 月 12 日，A 公司与案外人南京 D 科技有限公司（以下简称：D 公司）订立联合开发协议书（以下简称：协议一），约定双方联合开发该地块，A 公司以土地及领取建设规划许可证前的一切工作一次性作价 4300 万元

---

① 本案例系在真实案件基础上加工改写而成。

转让给 D 公司，A 公司申请注册成立项目公司，A 公司享有 60% 的股权，其余股东由 D 公司指定，享有 40% 的股权；待总平确定批准之日起 10 日内 D 公司指定的股东应付给 A 公司 500 万元，双方登记成立项目公司；项目施工许可证领取之日起 20 日内 D 公司指定的股东付给 A 公司 1500 万元；项目销售许可证领取之日起六个月内 D 公司指定股东付给 A 公司其余转让费。2006 年 8 月 15 日，A 公司与 D 公司订立补充协议（以下简称：协议二），约定：D 公司支付首笔转让款 500 万元后，则按约派人参与总平设计，A 公司取得项目总平批准后 10 天，D 公司支付给 A 公司 1000 万元，转让价格调整为 5250 万元。2006 年 8 月 16 日，A 公司与 D 公司又订立补充协议（以下简称：协议三），约定：该补充协议生效后 10 日内 D 公司指定的股东支付给 A 公司首笔转让款 500 万元，原 2006 年 1 月 12 日所订立的协议一即生效执行，D 公司指定股东为陆某，陆某为项目公司的法定代表人。协议一、协议二、协议三中均约定自双方签字盖章后生效，三份协议上均加盖了双方当事人的印章及经双方当事人法定代表人签名。

2006 年 8 月 25 日，陆某以 D 公司的名义向 A 公司支付了首笔转让款 500 万元。2006 年 9 月 30 日，项目公司 B 公司经工商行政管理部门批准设立。2007 年 1 月 12 日，A 公司取得该项目的总平批复。后 A 公司多次要求 D 公司及陆某按照约定支付总平批复后的 1000 万元转让款，但 D 公司及陆某一直未予支付。而 B 公司则要求 A 公司将该项目土地使用权过户至其名下，双方因此而发生纠纷。2007 年 6 月 20 日，A 公司向 B 公司及陆某回函称，正式解除其与 D 公司或陆某之间的联合开发协议书及两份补充协议书，B 公司也无存在的必要，建议尽快清算该公司。

其间，因 D 公司及陆某不能按约支付转让款，B 公司决定另行转让项目。而此时同为 A 公司和 C 公司的股东周某、郑某于 2007 年 2 月 5 日将其所持的 C 公司股权转让给马某、陆甲，并于 2007 年 4 月 28 日经工商部门核准，C 公司的股东由周某、郑某变更登记为马某、陆甲，法定代表人由周某变更登记为马某。2007 年 4 月 28 日，A 公司与 C 公司订立项目转让协议书，协议约定：A 公司将该项目转让给 C 公司，转让价格（含土地转让费）为 5250 万元；协议订立后 15 日内 C 公司支付首笔转让款 900 万元（含所有土地转让费），并具体约定了其他各期付款事宜；本项目地块场地现状为无需再拆迁的平地，无大门及门卫室，水电未接入场地等。该协议订立当日，A 公司将该地块交付给 C 公司。此后，C 公司修建了大门和门卫室，并委托有关施工单位进行场地平整、土方开挖、桩基施工等基础工程建设，并于 2007 年 5 月 8 日向 A 公司支付了首期 900 万元项目转让款（含土地转让费）。2007 年 6 月 19 日，A 公司与 C 公司订立国有土地使用权转让合同，约定 A 公司将该项目所占地块的土地使用权转让给 C 公司。

2007 年 6 月 21 日，B 公司向原审法院起诉，要求 A 公司立即履行合同，将争议的土地使用权过户至其名下。B 公司在起诉时提交了 2006 年 10 月 10 日投资协议（以下简称：协议四）及 2006 年 11 月 15 日投资补充协议（以下简称：协议五）。协议四中约定：A 公司出资 1000 万元注册资金和建设所需土地注册成立 B 公司；1000 万元注册资金在 B 公司注册时已实际投入，A 公司占股 60%，陆某占股 20%，陆某某占股 20%；项目建设资金约 1.1 亿元人民币；A 公司的出资和土地投入，由 B 公司在项目建成实现销售后，以销售收入和利润的方式返还给 A 公司，具体返还金额到时根据销售价格另行协商；协议自双方签字盖章后即生效等。协议四上加盖了 A 公司及 B 公司双方的公司印章，A 公司的法定代表人周某在该协议上签名。协议五中约定：因 B 公司成立前土地无法过户，A 公司在建设工程规划许可证领取前将土地过户给 B 公司；B 公司注册时 1000 万元注册资金由 B 公司股东陆某、陆某某实际投入，A 公司在 B 公司并没有实际投入；A 公司将土地变更登记至 B 公司名下并变更土地用途后，根据 A 公司在建设所需土地上的实际投入（经双方审定）与 B 公司股东陆某、陆某某在 B 公司注册及项目建设中的实际投入确定 A 公司在 B 公司的实际出资比例；2006 年 8 月 15 日及 16 日 A 公司与 D 公司签订的补充协议终止；本协议自双方签字盖章后生效。协议五上仅加盖了 A 公司及 B 公司双方的公司印章，无 A 公司法定代表人的签名。

2007 年 9 月 11 日，C 公司向原审法院提出申请，认为 B 公司诉 A 公司案的处理结果与其有法律上的利害关系，申请以第三人身份参加该案诉讼，并提出独立的诉讼请求，要求 A 公司履行项目转让合同将该案争议的土地使用权过户至其名下。原审法院认为，C 公司对该案没有独立的请求权，未予准许 C 公司作为第三人参加 B 公司诉 A 公司案的诉讼。2007 年 9 月 24 日，C 公司向原审法院另案起诉 A 公司。因上述两案的争议标的相同，原审法院决定将上述两案合并审理。

各方观点

一、B公司诉A公司土地使用权转让合同纠纷案

A公司观点：1.一审判决将当事人之间签订的五份协议的性质均认定为土地使用权转让合同是错误的。（1）协议一及协议二、协议三实质是土地使用权转让合同，该合同因违反《城市房地产管理法》而当属无效，因该项目的总投资额为1.1亿元，本案在起诉时已完成的开发投资未达到投资总额的25%，不符合法律规定的土地转让的强制性条件，上述三份协议应当无效。（2）协议四、协议五其性质应属于合作开发合同，因双方当事人均不具备开发经营资质当属无效合同。（3）协议五签订主体不适格。虽然该份协议有A公司、B公司的盖章，但因不具有双方约定的签字生效条件，协议五尚未生效。该份协议主要内容均为无效条款，原审判决依此要求履行合同无法律依据。

2.B公司不具备开发高层建筑资质，现实上在短期内也无法取得相应的资质。根据一审判决第一项，当事人双方的合同也无继续履行的可能性。

3.一审认定上诉人与案外人C公司之间有恶意串通行为，与事实不符。周某、郑某与马某、陆甲之间、上诉人与C公司之间是经过正常协商、签订、履行过程进行股权和项目转让的。虽然上诉人在之前的合同没有书面解除的情况下，因现实被迫继续转让项目，但并不足以证明上诉人与C公司之间恶意串通，一审判决认定上诉人与C公司恶意串通与事实不符。

B公司观点：1.我方一审起诉是由于A公司没有履行合同义务，其没有按照约定给我们过户土地。A公司在原审中包括现在一直称我们没有履行能力导致解除合同，但是至今没有举出任何证据。2.法院认定五份协议为土地使用权转让协议正确，这不是实质上的合作开发。合同效力问题，一审认定也正确，都是当事人的真实意思表示，未达25%只是标的物的瑕疵，不影响合同效力。3.A公司与C公司恶意串通的事实清楚，因为C公司与A公司的法定代表人为同一人。

二、C公司诉A公司土地使用权转让合同纠纷案

C公司观点：1.没有证据证明我方存在恶意串通的故意。A公司是在B公司违反约定不按时付款，双方的转让合同无法继续履行，合同目的无法实现的情况下才与上诉人洽商转让该可能被解除转让合同项下的土地使用权，

我方事先也并不知道对方的转让合同没有解除，我方并没有损害他人利益的故意。2. 一地数转应当按照最高人民法院的司法解释确定的原则处理。我方已订立了受让合同，依法支付了转让款，并于付款当日接收了争议土地并且实施了投资与开发，更主要的是我方已经开始办理土地使用权变更登记手续，而案外人 B 公司仅仅有签约行为和支付部分转让款的行为，以及不继续付款的违约行为并引起了土地使用权转让合同的解除。两者相比，应当认定我方的转让合同有效并且继续履行。

A 公司观点：一审法院认定我方与 C 公司恶意串通是没有依据的。我方在与 C 公司订立转让合同之前，周某已经不是 C 公司的股东，更不是 C 公司的法定代表人；我方也没有向 C 公司现任法定代表人马某及股东陆甲披露此前将土地使用权转让给 B 公司的事实。因此，我方不存在与对方恶意串通的故意，一审以此为由认定合同无效是没有事实依据的。同时我方认为转让协议均因违反了《城市房地产管理法》关于投资不足 25% 不得转让的规定而无效。

法院观点

一审法院观点：D 公司与 A 公司签订的协议一及协议二、协议三，B 公司与 A 公司签订的协议四、协议五，C 公司与 A 公司签订的项目转让协议及土地使用权转让合同性质均应认定为土地使用权转让合同。D 公司与 A 公司签订的协议一及协议二、协议三，B 公司与 A 公司签订的协议四、协议五依法应当认定为有效。《城市房地产管理法》第 38 条、第 39 条规定的未完成开发投资总额的 25% 以上不得转让的条件，是对土地使用权转让合同标的物设定的关于物权变动时的限制性条件，转让的土地未达到投资总额 25% 以上的，属合同标的物的瑕疵，并不直接影响土地使用权转让合同的效力，故《城市房地产管理法》第 38 条的规定，不是认定土地使用权转让合同效力的法律强制性规定。A 公司关于双方签订的协议四和协议五中土地使用权转让内容的约定违反法律规定属无效条款的抗辩理由不能成立。

D 公司与 A 公司签订协议一后，又通过签订协议二、协议三明确表明其在协议一中的所有权利、义务均由其指定的股东陆某享有、承担，陆某又和 A 公司共同组建成立了 B 公司，后 B 公司又与 A 公司签订协议四及协议五承继了 D 公司在协议一中的所有权利和义务。D 公司、A 公司以及 B 公司三方之间实际已形成了合同权利义务的转让关系。B公司和A公司在协议五中明确表示D公司与A公司签订的两份补充协议终止履行，由于B公司与D公司之间系合同权利义务转让关系，其有权对D公司在此之前签订的合同是否继续履行作出处分行为，且D公司事后对此也表示予以认可，故2006年8月15日和16日A公司与D公司签订的协议二、协议三应当不再继续履行。A公司仍然以B公司、陆某未按照协议二约定，未支付第二笔转让款1000万元为由追究其违约责任，要求解除合同没有事实根据。因此，A公司不具备法定的合同解除权，其于2007年6月20日以违约为由解除与D公司及陆某的协议一及协议二、协议三的行为不具有法律效力。

《合同法》第52条①第2项规定，恶意串通，损害国家、集体或者第三人利益的合同无效。由于C公司的原股东、法定代表人周某及股东郑某，同时也是A公司的法定代表人、股东，周某在与D公司签订的协议一及协议二、协议三上签字，在与B公司签订的投资协议（协议四）上也有周某的签字，对成立项目公司B公司并与之签订协议等事项也是经过A公司股东会讨论并形成决议的，周某、郑某作为A公司股东参加了会议并在决议上签名。因此，A公司对其与D公司及B公司之间存在协议关系以及协议的履行情况是明知的，C公司对A公司与D公司及B公司之间存在协议关系及协议的履行情况也应当是明知的。在2007年2月12日某区发改局批复同意该项目开发业主变更为C公司之前，C公司与A公司已经达成了土地使用权转让的意思表示，所以双方共同向某区发改局申请变更开发业主。A公司在其与B公司之间的土地使用权转让关系尚未解除的情况下，实施上述行为，已构成违约。而基于双方公司法定代表人及股东的重合关系，C公司对此也应当是明知的。2007年4月28日，C公司在与A公司签订项目转让协议的同时，周某、郑某变更其股东及法定代表人身份的行为系规避法律的行为，同年6月19日双方签订土地使用权转让合同时，A公司尚未解除与D公司、陆某的系列协议，C公司在明知A公司未解除与他人签订的土地使用权转让合同的情况下，仍与A公司签订土地使用权转让合同，并依据该合同占有争议的土地使用权不属于合法、善意占有。因此，C公司与A公司签订的项目转让协议及土地使用权转让合同属于恶意串通、损害第三人利益的合同，依法应当认定为无效，

---

① 对应《民法典》第154条。

其占有行为同样也应当认定为无效。B 公司的诉讼请求符合法律规定，予以支持。C 公司要求 A 公司继续履行合同的诉讼请求，不符合法律规定，依法不予支持。

一审法院在甲案中判决：B 公司与 A 公司签订的协议四及协议五继续履行，A 公司于本判决生效之日起三十日内协助 B 公司办理完毕该地块国有土地使用权过户的相关手续；并在乙案中判决驳回 C 公司的诉讼请求。

二审法院观点：1. 关于 A 公司与 D 公司、B 公司所订立的协议一、二、三、四、五的效力问题。（1）关于协议一、二、三的效力。A 公司与 D 公司订立的协议一、协议二、协议三，系名为联合开发、实为土地使用权转让合同，该合同是双方当事人真实的意思表示，内容亦不违反法律、行政法规的强制性规定，应当认定为合法有效。（2）关于协议四的效力。对于 A 公司与 B 公司订立的协议四，A 公司虽主张该协议非当事人真实意思表示，仅为备案而订立，但并没有提供足够的证据予以证实，故对其该主张不予采信。因此，协议四亦应当认定为有效。（3）关于协议五的效力。B 公司认为，协议五中约定的"签字盖章后生效"是指签字或盖章，两者择其一，则合同生效。A 公司认为，"签字盖章后生效"，是指签字且盖章，缺一不可。A 公司与 B 公司先后订立的五份协议中均约定"签字盖章后生效"，而前四份协议双方均按约加盖了双方公司的印章，并有法定代表人的签名。因此，从双方订约的实际情况看，协议五中约定"签字盖章后生效"的真实意思，是指签字且盖章，即签字和盖章两个条件同时具备时，协议方生效。而协议五中仅加盖了双方公司的印章，A 公司的法定代表人并未签名，当事人约定的协议五生效条件并未成立，故协议五并未生效。

2. 关于 C 公司与 A 公司所订立的项目转让协议、土地使用权转让合同的效力问题。由于 A 公司与 B 公司订立的协议五没有生效，故协议五中 A 公司与 B 公司"有关该项目投资、建设、经营过程中产生的全部权利义务均以双方订立的协议四、协议五为准，协议二、协议三终止"的约定亦没有生效。B 公司应当按照协议一、协议二、协议三的约定向 A 公司支付相应转让款。A 公司在多次发函要求 B 公司按照协议一、协议二、协议三的约定履行付款义务均被拒绝、双方已产生争议的情况下，方将土地使用权另行转让给 C 公司，故 A 公司、C 公司主观上并不存在损害 B 公司合法权益的故意。同时，A 公司的股东与 C 公司的原股东虽然曾存在重合，但在 A 公司与 C 公司于 2007 年

4月28日订立项目转让协议之前，周某、郑某已经于2007年2月5日通过股权转让协议的方式将其所持有的C公司股权转让给了第三人。因此，A公司将土地使用权转让给C公司时，客观上双方的公司股东已不存在重合，当事人仅凭两公司曾经存在股东重合为由主张A公司与C公司恶意串通订立项目转让协议、土地使用权转让合同，依据不足。一、二审审理中，当事人亦没有提供证据证明A公司与C公司存在其他恶意串通情形。因此，一审法院关于A公司与C公司恶意串通订立项目转让协议、土地使用权转让合同的认定，事实与法律依据不足。《城市房地产管理法》虽然规定未完成开发投资总额的25%以上的土地使用权不得转让，但该规定系对土地使用权转让合同的标的物设定的关于物权变动时的限制性条件，并不直接影响土地使用权转让合同的效力。因此，A公司据此主张其与B公司、C公司的土地使用权转让合同无效没有法律依据，不予采信。综上，A公司与C公司之间不存在恶意串通，双方订立的项目转让协议、土地使用权转让合同性质均为土地使用权转让协议。该协议是双方当事人真实的意思表示，内容亦不违反法律、行政法规的强制性规定，应当认定为合法有效。一审法院认定该项目转让协议、土地使用权转让合同无效不当，予以纠正。

3. 关于哪份土地使用权转让合同应当继续履行的问题。A公司就同一土地使用权与B公司（D公司）订立的协议一、二、三、四合法有效，A公司与C公司签订的协议亦合法有效，A公司存在一地两卖行为。《土地使用权合同解释》（2005年）第10条第1款第2项规定，土地使用权人作为转让方就同一出让土地使用权订立数个转让合同，在转让合同有效的情况下，受让方均要求履行合同的，已先行合法占有投资开发土地的受让方请求转让方履行土地使用权变更登记等合同义务的，应予支持。在双方均未办理土地使用权变更登记的情况下，比较双方的履行情况，B公司虽依约支付了500万元的转让款，但是，C公司除了按约支付了首期转让款900万元（含全部土地使用权转让费用）外，还依据项目转让协议的约定，实际取得了讼争土地使用权，并投入了相应的资金修建了大门、门卫室，进行了土方开挖，并进行了桩基工程的部分施工，实际合法占有了该地块，故C公司要求继续履行土地使用权转让合同的请求，符合该司法解释的规定，应当予以支持。在C公司与A公司继续履行合同后，A公司与B公司的合同客观上已无法继续履行，双方应解除合同，故B公司起诉要求继续履行合同不予支持。

二审法院在甲案中判决：一、撤销甲案一审判决；二、驳回 B 公司的诉讼请求。并在乙案中判决：一、撤销乙案一审判决。二、A 公司继续履行与 C 公司于 2007 年 6 月 19 日订立的土地使用权转让合同，A 公司于本判决生效之日起三十日内协助 C 公司办理完毕该地块国有土地使用权过户的相关手续。

关联案例

> **案件名称**：S 有限公司与 Z 总公司等联营建设索道纠纷案
> **审理法院**：最高人民法院（2001）民二终字第 197 号[①]
> **裁判观点**：当事人以同一标的先后与他人签订两个协议，两个协议内容均不违反法律、行政法规的强制性规定，依法符合合同生效条件的，不能因前协议有效而认定后协议无效，或认定前、后协议存在效力上的差异。当事人因履行其中一个协议而对另一个协议中的对方当事人构成违约的，应承担违约责任。

律师点评

本案属于一起较为典型的"一地两卖"案例，A 公司在尚未正式书面通知解除与前一公司（B 公司）的土地使用权转让合同的情况下，即与后一公司（C 公司）签订土地使用权转让合同。两个案件中的原告（B 公司和 C 公司）均要求继续履行与 A 公司所签订的土地使用权转让合同并要求 A 公司协助办理争议土地使用权过户手续，即两案的主要争议焦点为"一地数转"的处理规则问题，围绕该主要争议焦点，两案又牵涉到其他多方面的多个法律问题。

关于一地数转中数个土地使用权转让合同的效力及土地使用权归属问题，最高人民法院的司法态度经历了一个转变的过程。《最高人民法院关于审理房地产管理法施行前房地产开发经营案件若干问题的解答》（现已失效）第 13 条规定："土地使用者与他人签订土地使用权转让合同后，未办理土地使用权变更登记手续之前，又另与他人就同一土地使用权签订转让合同，并依法办理了土地使用权变更登记手续的，土地使用权应由办理土地使用权变更登记手续的受让方取得。转让方给前一合同的受让方造成损失的，应当承担相应的民事责任。"第 14 条规定："土地使用者就同一土地使用权分别与几方签订

[①] 载《最高人民法院公报》2005 年第 4 期。

土地使用权转让合同，均未办理土地使用权变更登记手续的，一般应当认定各合同无效；如其中某一合同的受让方已实际占有和使用土地，并对土地投资开发利用的，经有关主管部门同意，补办了土地使用权变更登记手续的，可认定该合同有效。转让方给其他合同的受让方造成损失的，应当承担相应的民事责任。"根据该解答中的规定，一地数转情形中的数份土地使用权转让合同均应认定为无效，只有在满足一定条件时方可认定其中一份转让合同有效（实际上是已经获得实际履行的转让合同认定为有效）。

随着认识的逐步深入，特别是对合同履行与合同效力的区分及物权变动效力与合同效力的正确区分，最高人民法院在司法实践中形成了以下裁判倾向（见关联案例）：当事人就同一标的签订数份合同，数份合同内容均不违反法律、行政法规的强制性规定，依法符合合同生效条件的，不能因前合同而认定后合同无效，或认定前、后合同存在效力上的差异，当事人因履行其中一个合同而对其他合同中的对方当事人构成违约的，应承担违约责任。之后在《土地使用权合同解释》中确立了该裁判规则，《土地使用权合同解释》（2020年）第9条规定："土地使用权人作为转让方就同一出让土地使用权订立数个转让合同，在转让合同有效的情况下，受让方均要求履行合同的，按照以下情形分别处理：（一）已经办理土地使用权变更登记手续的受让方，请求转让方履行交付土地等合同义务的，应予支持；（二）均未办理土地使用权变更登记手续，已先行合法占有投资开发土地的受让方请求转让方履行土地使用权变更登记等合同义务的，应予支持；（三）均未办理土地使用权变更登记手续，又未合法占有投资开发土地，先行支付土地转让款的受让方请求转让方履行交付土地和办理土地使用权变更登记等合同义务的，应予支持；（四）合同均未履行，依法成立在先的合同受让方请求履行合同的，应予支持。未能取得土地使用权的受让方请求解除合同、赔偿损失的，依照民法典的有关规定处理。"比较本案各方的履行情况，B公司和C公司均未办理土地使用权变更登记手续，而C公司已先行合法占有投资开发土地，根据《土地使用权合同解释》（2005年）第10条[①]第1款第2项的规定，C公司要求A公司履行土地使用权变更登记等合同义务的，应当予以支持。二审判决符合

[①] 对应《最高人民法院关于审理涉及国有土地使用权合同纠纷案件适用法律问题的解释》（2020年）第9条，下同。

《土地使用权合同解释》（2005年）第10条的规定。即在合同受让方均未办理土地使用权变更登记手续的情况下，优先支持已先行合法占有投资开发土地的受让方。

本案中另一个非常重要的法律问题是关于协议五是否生效，其涉及协议五中的"签字盖章后生效"如何理解，对此A公司和B公司之间争议非常大：B公司主张协议五中约定的"签字盖章后生效"是指签字或盖章，两者择其一，则合同生效；A公司则主张"签字盖章后生效"是指签字且盖章，缺一不可。在司法实践中，不同法院在不同案件中对该问题的理解和认定也存在不一致，至少存以下几种理解和认定方式：（1）法院认定签字和盖章两个条件必须同时具备，相关协议才生效，并以未同时具备签字和盖章两个条件为由认定相关协议并未生效。（2）法院认定公章最能代表法人的真实意思表示，在法人已在相关协议上加盖其公章的情形下，即使其中的签名系伪造（或者没有签名），相关协议也生效。（3）法院认为双方在合同中将"签字盖章"这一条件表述为合同"生效"的条件，但该条款实质上属于合同成立条件的约定[1]等。

分析法院在上述案件中对"签字盖章后生效"的理解和认定，可以看出法院通常并非仅仅从其字义上进行理解，而是结合具体案件中的其他相关事实（包括双方当事人是否已经实际履行合同及双方当事人之间的交易习惯等）来综合作出认定。《民法典》第466条第1款规定："当事人对合同条款的理解有争议的，应当依据本法第一百四十二条第一款的规定，确定争议条款的含义。"第142条规定："有相对人的意思表示的解释，应当按照所使用的词句，结合相关条款、行为的性质和目的、习惯以及诚信原则，确定意思表示的含义。无相对人的意思表示的解释，不能完全拘泥于所使用的词句，而应当结合相关条款、行为的性质和目的、习惯以及诚信原则，确定行为人的真实意思。"此处所说的习惯，是指平等民事主体在民事往来中反复适用、长期形成的行为规则，这种规则乃约定俗成，虽无国家强制执行力，但交易双方自觉地遵守，在当事人之间产生权利和义务关系，交易习惯可以作为法院定案的依据。本案中，A公司与B公司之间前后存在五份协议，五份协议中均

---

[1] 参见四川省成都市中级人民法院（2022）川01民终148号，载中国裁判文书网，https://wenshu.court.gov.cn/website/wenshu/181107ANFZ0BXSK4/index.html? docId = 18fc8f48ee79408fb55aaeb700b31c49，最后访问时间：2022年6月26日。

约定"签字盖章后生效",而前四份协议双方均按约加盖了双方公司的印章,并有法定代表人的签名,即从双方订约的实际情况来看,双方之间已经形成了在协议中既签名又加盖公章的交易习惯,协议五中约定"签字盖章后生效"的真实意思,应当理解为签字且盖章,即签字和盖章两个条件同时具备时,协议五方生效。故二审判决认定协议五尚未生效。

房地产经营者从本案中应当吸取的教训是,在房地产开发过程中应当尽量避免"一地数转",该方式风险非常大,极易产生纠纷。对转让方来说,转让方不仅需要按照约定履行其中一份转让合同(履行顺序根据《土地使用权合同解释》(2020年)第9条的规定确定),还需要按照法律规定和合同约定向其他未得到履行的转让合同的受让方承担赔偿损失等违约责任。即使只有一个受让方要求继续履行转让合同,其他受让方并不要求继续履行转让合同,转让方也需要相应妥善处理其他受让方的善后事宜。而在处理善后事宜过程中,转让方往往需要向其他受让方作出经济方面的补偿(有时甚至可能需要作出超出该受让方因此所受损失或转让方因此所获利益的高额经济补偿)。本案最终就是A公司将土地过户给了C公司;因B公司向最高人民法院提起申诉,后经最高人民法院调解,由A公司向B公司共计支付1500万元(含500万元已付款)结束。而对受让方来说,只有一个受让方能够最终获得土地使用权,对无法获得土地使用权的受让方来说,其遭受损失是显而易见的,而对最终获得土地使用权的受让方来说,也往往会因其他受让方采取诉讼保全措施等而延误开发时机,如本案中B公司就在诉讼中申请财产保全查封了争议土地使用权,导致C公司一直无法进行后续的开发建设。C公司虽然最终获得了土地使用权,但此时已经错过了开发获利的最佳时机。可以说,本案所涉及的三方当事人都因"一地数转"遭受了损失。

3.3 法院如何确定合作开发房地产纠纷中当事人违约时应承担的责任

——江某、张某诉蓝某公司、何某合资、合作开发房地产合同纠纷案[①]

> **关 键 词**：合作建房，不可抗力，违约责任
>
> **问题提出**：如何确定合作开发房地产合同当事人违约应承担责任的范围？
>
> **关联问题**：非归责于当事人的原因导致合同履行出现瑕疵时，当事人应承担何种责任？
>
> **裁判要旨**：根据已查明事实，案涉项目因规划设计方案审批未完成至今未能动工，依据《合作建房协议书》第6条第1项约定，此属于"无法按双方约定的条款正常开发本项目超过壹个月"的情形，江某、张某有权单方面解除《合作建房协议书》，蓝某公司应承担违约责任。

案情简介

原告（反诉被告、上诉人）：江某、张某

被告（反诉原告、上诉人）：蓝某公司

被告（被上诉人）：何某

蓝某公司与某省某市国土资源局（以下简称：某市国土局）分别于2008年1月28日订立5份《国有土地使用权出让合同》、2011年9月2日订立3份《国有建设用地使用权出让合同》，约定：某市国土资源局分别将位于某市某地段八块地块出让给蓝某公司，性质为居住用地，容积率分别小于等于1.6或1.7。

2011年2月23日，蓝某公司与某市国土局订立《国有建设用地使用权出让合同变更协议》，约定容积率均变更为小于等于0.68。某市人民政府分别于

[①] 一审：江西省高级人民法院（2015）赣民一初字第8号；二审：最高人民法院（2015）民一终字第395号；再审：最高人民法院（2016）最高法民申1502号，载中国裁判文书网，https://wenshu.court.gov.cn/website/wenshu/181107ANFZ0BXSK4/index.html?docId=f1a2841ad03241f08f37f13a6ef0ec37，最后访问时间：2022年6月25日。

2008年6月20日、2011年6月15日、2011年6月17日将上述八宗地块向蓝某公司发放了《国有土地使用权证》。

2012年11月25日,蓝某公司与江某、张某订立《合作建房协议书》,约定:蓝某公司与江某、张某合作开发位于某市某山的大道北侧的某国际生态城1#-3#地块约218亩的土地,蓝某公司为开发商,江某、张某为投资商;容积率为1.2,规划条件以政府批准的方案为准;蓝某公司以上述地块作为出资,江某、张某负责项目开发建设的全部资金,蓝某公司以每亩130万元收取回报,共计28340万元,另获得1000平方米的物业(地上住宅或商业),其余收入归江某、张某;蓝某公司保证其提供的土地使用权合法有效,否则承担江某、张某的损失并双倍返还保证金;保证江某、张某为该地块唯一开发权拥有者;蓝某公司配合江某、张某负责统筹规划并办理全套报建手续;江某、张某在5个月内提供符合国家设计规范要求和满足某市方案报审资料要求的规划设计方案,并提供完整的资料数据,蓝某公司在3个月内完成项目规划设计方案的报批工作;江某、张某全权负责项目的建设、销售、经营管理等工作,并在订立本协议5个工作日内向蓝某公司支付12000万元合作保证金,在完成报建手续后的5个工作日内,向蓝某公司支付5640万元,6个月内再支付10700万元,项目竣工验收后1个月内付清余款;如因蓝某公司的原因在项目报建、建设时不能提供上述土地,拖延履行本协议或在协议履行过程中不能按期动工或中途停工,造成江某、张某不能正常开发超过1个月的,可视为蓝某公司根本违约,江某、张某有权要求解除本合同,并追究蓝某公司的违约责任,蓝某公司除退还江某、张某已支付给其的资金及在履行协议中产生的相关费用(设计、工资、管理、工程)外,按每月2%支付违约金,并在10个工作日内双倍返还保证金;本协议订立后5日内江某、张某未支付保证金的,本协议自然无效,并承担每月2%的违约金;在蓝某公司提供了地块的情况下,江某、张某未按协议约定支付相应款项的,对已付的保证金不予以退还,江某、张某按每月2%支付违约金,蓝某公司有权将合作地块另行使用;本协议履行过程中如出现纠纷协商不成的,任何一方可向某仲裁委员会申请仲裁;及其他相关内容。

合同签订后,江某、张某分别于2012年11月26日、11月27日、11月29日、12月18日、12月19日、12月24日、12月27日、2013年1月6日分9次将12000万元保证金汇至何某账户,蓝某公司于2012年11月26日向张某出具《收据》，载明：收到其保证金5880万元；于2013年1月22日向江某出具《收条》，载明：收到其保证金6120万元。江某、张某为履行合同义务，成立了项目部，并租用了蓝某公司的房屋进行办公。

江某、张某前期投入该项目资金为156.825586万元。另在2012年12月至2014年2月25日期间，江某、张某支付了本案项目其他工程款（含材料费、水电费等）25.395592万元、管理费（含办公费、住宿费、租金等）29.3868万元、工资50.9681万元，江某、张某前期投入资金共计262.576078万元。

2014年2月22日，蓝某公司向某市委、市政府发出《关于请求加快某国际生态城规划审批和解决企业困难的紧急报告》，要求政府尽快给包括本案项目在内的某山项目发放政府抄告单。但某市政府至今未下发本案土地开发《抄告单》，致使江某、张某无法进行实质性开发。江某、张某在向蓝某公司要求办理开发手续未果后，于2014年5月20日根据合同约定，向仲裁委员会申请仲裁，该委员会于2014年8月11日作出余仲裁字（2014）22号裁决书，裁定：一、解除双方订立的《合作建房协议书》；二、蓝某公司向江某、张某返还保证金12000万元及违约金4261.973334万元，返还前期费用79.4万元及违约金15.88万元，共计16357.253334万元；三、驳回江某、张某其他仲裁请求。蓝某公司不服该仲裁，向某省某市中级人民法院申请撤销该仲裁，某省某市中级人民法院于2015年1月27日作出（2014）余民撤字第6号民事裁定书，裁定撤销新余仲裁委员会余仲裁字（2014）22号裁决。江某、张某即向一审法院提起本案诉讼。

某市某区管委会委托上某规划建筑设计研究所对某江生态经济区南部片区制定控制性详细规划，该研究所于2012年2月出具《某江生态经济区南部片区控制性详细规划》，将本案项目列入该规划中，并将本案地块容积率由1.0调整为0.68。2012年12月18日，某江生态经济区管委会向某市规划委员会出具余孔管字〔2012〕75号《关于要求调整某山国际生态城养生村二期容积率的请示》，要求将本案项目容积率由0.68变更为1.2。2012年12月27日，某江生态经济区管委会再次向某市城乡规划委员会出具《关于要求调整某山国际生态城养生村二期概念规划经济技术指标的请示》，要求将本案项目容积率由0.68变更为1.2。2013年1月16日，某市城乡规划委员会办公室作出余规委办字（2013）1号《某市城乡规划委员会2012年第四次会议纪要》，同意将本案项目的容积率调整为1.1。2013年3月18日,某江生态经济区管委会向某市人民政府出具《关于要求批准某山国际生态城养生村二期容积率调整的请示》,要求将本案项目的容积率由0.68调整为1.1。2013年4月23日,某江生态经济区党政办公室作出《某江区2013年底7次党政班子会议纪要》,决定尽快将本案部分地块进行农地征收,并挂牌出让。2013年5月9日,某市人民政府办公室向某江管委会出具余府办抄字[2013]75号《抄告单》,同意管委会对《某江生态经济区南部片区控制性详细规划》修改方案进行论证,并按批准的方案重新订立土地出让合同。2013年5月7日,某江生态经济区管理委员会规划建设局向包括本案项目在内的片区购房业主发出《关于某江生态经济区南部片区控规调整论证报告告知征询函》,专家组分别于2013年6月11日和7月8日出具《〈某江生态经济区南部片区部分地块控制性详细规划〉调整论证报告评审会会议纪要》和《〈某江生态经济区南部片区部分地块控制性详细规划(调整)〉评审会会议纪要》,拟将包括本案项目在内的地块容积率规划为小于等于1.1。2013年6月,上海某规划建筑设计研究所出具《某江生态经济区南部片区控制性详细规划调整论证报告》,拟定本案项目地块的容积率为1.1。2013年7月31日,某市规划局公布《〈某江生态经济区南部片区部分地块控制性详细规划(调整)〉批前公示公告》,同日,上海某规划建筑设计研究所出具的《某江生态经济区南部片区部分地块控制性详细规划(调整)规划文本》将本案项目的容积率拟定为1.1。2013年9月24日,某市规划局向某市政府出具《关于〈要求批准实施某江生态经济区某山南部片区部分地块控制性详细规划(调整)的请示〉的意见》,表示同意该控制性详细规划(调整)的意见。2014年4月24日,某市城乡规划委员会办公室作出余规委办字[2014]1号《某市城乡规划委员会2014年第一次会议纪要》,确认本案项目容积率为1.1,但未发放《抄告单》执行该纪要的内容。另蓝某公司在获得本案土地使用权后,为获得银行贷款,将本案1-1-60地块办理了2009年5月27日至2010年3月2日期间、2010年12月14日至2014年2月17日期间、2014年2月20日至2018年1月28日期间的抵押《他项权证》;将1-1-61、1-1-62地块办理了2011年6月20日至2014年6月26日期间的抵押《他项权证》;将1-1-63地块办理了2013年6月20日至2014年6月26日期间的抵押《他项权证》。

江某、张某向一审法院提起诉讼,请求:解除《合作建房协议书》;判令蓝某公司、何某返还江某、张某支付的合作保证金 12000 万元及利息 6337.684 万元（按中国人民银行公布的贷款利率的 4 倍，自 2013 年 1 月 7 日暂计算至 2015 年 1 月 31 日，实际计算至还清之日止），支付违约金 6240 万元（按每月 2% 暂计算至 2015 年 1 月 31 日，实际计算至还清之日止），返还江某、张某前期投入资金 296.3209 万元及违约金 106.6755 万元（按前期投入资金每月 2%，自 2013 年 8 月 1 日暂计算至 2015 年 1 月 31 日）；案件受理费等诉讼费用由蓝某公司、何某承担。

蓝某公司提起反诉称，根据《合作建房协议书》的约定，江某、张某应在 2013 年 4 月 25 日前提交报审资料，完成项目规划设计方案，并在 2013 年 4 月 30 日前向蓝某公司支付 5640 万元，2013 年 10 月 25 日前支付 10700 万元。但江某、张某至今未提交报审资料，致使合作项目不能完成报建手续，本案项目无法进入实质性开发，蓝某公司未获得合作回报。江某、张某的行为构成违约，根据合同约定，江某、张某应向蓝某公司按应付款金额的每月 2% 支付违约金。故请求江某、张某向蓝某公司支付违约金 2481.6 万元（按首期回报款金额每月 2% 暂计算至 2015 年 3 月 1 日，并保留追究第二期回报款违约责任及其他违约责任的权利），反诉费由江某、张某承担。

各方观点

江某、张某观点： 1. 何某作为蓝某公司的法定代表人和自然人股东，收到了 12000 万元保证金后，没有提交 12000 万元转入蓝某公司账户的转账凭证，在江某、张某一审申请诉讼保全时，蓝某公司的账户上只有几百万元，因此，江某、张某有合理理由推定何某没有将 12000 万元转入蓝某公司账户，滥用法定代表人和自然人股东的权利，应与蓝某公司共同承担连带责任。

2. 《合作建房协议书》签订前和履行过程中，蓝某公司将案涉 4 块土地全部向银行进行抵押，并未将抵押事实告知江某、张某，给合作带来极大风险，这一行为违背了诚实信用原则，主观上具有明显的欺诈恶意。

3. 一审判决虽然认定蓝某公司根本违约，但判决支持的违约金远不能弥补江某、张某的实际损失。

蓝某公司观点： 1. 一审判决认定事实及适用法律均存在严重错误。（1）蓝某公司从未收到江某、张某提供的任何规划设计方案，一审法院对此认定事实错误。（2）蓝某公司无任何违约行为，一审判决解除《合作建房协议书》缺乏事实和法律依据，双方应当继续履行合同。（3）蓝某公司不存在《合作建房协议书》第 4 条第 1 项及第 6 条第 1 项所约定之违约行为，一审判决认定蓝某公司支付违约金和前期费用于法无据，适用《合同法》[①] 第 94 条第 4 项、第 97 条、第 107 条、第 114 条第 1 款属于适用法律错误。（4）因一直在等待政府规划调整，蓝某公司对案涉 218 亩土地亦产生了土地使用税、土地出让金、投资收益不能及时实现等成本。双方当事人为合作经营关系，应共同承担经营风险。

2. 一审程序违法。（1）一审法院超标的查封蓝某公司的资产，蓝某公司多次反映并要求解冻超标的查封的部分财产，但一审法院未予理会。（2）一审法院违法受理江某、张某增加的诉讼请求。（3）一审法院未对蓝某公司提出的"减少违约金比例或不予支付违约金"的请求予以审理。

3. 江某、张某在 2014 年 4 月 24 日项目具备开发条件后不按照合同约定制作报建详规方案，而是仲裁申请解除合同，已构成违约。江某、张某未按合同约定缴纳案涉土地使用税，致使蓝某公司垫付税费，亦构成违约。

何某观点：请求驳回江某、张某的上诉请求。

法院观点

一审法院观点：本案在一审审理期间的争议焦点为：（1）蓝某公司与江某、张某是否构成违约，双方订立的《合作建房协议书》是否可以解除？（2）蓝某公司是否应返还保证金 12000 万元及 4 倍的银行贷款利息和承担每月 2% 的违约金；江某、张某是否应承担合作回报 5640 万元每月 2% 的违约金？（3）江某、张某对本案项目的前期投入费用是多少，蓝某公司是否应承担该费用及每月 2% 的违约金？（4）何某在本诉中是否应承担连带责任？

一审法院认为，蓝某公司与江某、张某订立的《合作建房协议书》是双方当事人的真实意思表示，且不违反法律、行政法规的强制性规定，合法有效。双方当事人订立合同后，因本案合作项目未完成报建工作，致使项目开发不能实现。……江某、张某按合同约定履行了按时提交规划设计方案的义务，蓝某公司主张江某、张某违约的理由不能成立，不予采纳。根据双方合

---

① 根据《民法典》，该法已于 2021 年 1 月 1 日废止。分别对应《民法典》第 563 条第 4 项、第 566 条、第 577 条、第 585 条第 1 款。

同约定，蓝某公司在收到江某、张某提交的项目规划设计方案后 3 个月内，完成本案项目设计规划的报建工作。但蓝某公司在收到江某、张某提交的规划设计方案后，3 个月内未完成报建，致使本案项目不能按时开发。且蓝某公司在与江某、张某订立合作合同时，将已抵押的地块用于合作出资，违反了其保证江某、张某为本案地块唯一开发权拥有人的约定，蓝某公司构成违约，江某、张某根据双方合同约定，主张解除合同的理由成立，予以采纳，根据《合同法》第 94 条第 4 项之规定，解除双方当事人订立的《合作建房协议书》。由于蓝某公司未按合同约定完成本案项目的报建工作，构成根本违约，根据双方订立的合同约定，蓝某公司应当返还其收取的保证金 12000 万元及江某、张某在本案项目中前期投入（设计、管理、工程、工资）的资金。蓝某公司对其收到江某、张某支付的 12000 万元保证金无异议，对江某、张某前期投入费用的金额有异议。……江某、张某的前期投入资金为 262.576078 万元（156.825586 万元+105.750492 万元），蓝某公司应当返还。由于蓝某公司根本性违约，根据合同约定，应当按已付总价款的每月 2%，向江某、张某支付违约金，故江某、张某主张蓝某公司支付其已支付总价款每月 2% 违约金的理由成立，予以采纳。根据《合同法》第 97 条、第 107 条、第 114 条之规定，蓝某公司应向江某、张某返还保证金及前期投入资金 12262.576078 万元及每月 2% 的违约金（其中 12000 万元自 2013 年 1 月 7 日起计算至还清之日止，262.576078 万元自 2014 年 2 月 25 日起计算至还清之日止）。江某、张某要求蓝某公司对 12000 万元保证金承担银行同期贷款 4 倍利息的主张，由于已对蓝某公司进行了违约处罚，在合同没有对利息进行约定的情况下，江某、张某的该项主张不能成立，不予采纳。

另何某系蓝某公司法定代表人，本案《合作建房协议书》签约方是蓝某公司和江某、张某，何某在该合同上签字，是其作为蓝某公司法定代表人的职务行为，江某、张某在与蓝某公司订立合同后，将 12000 万元保证金汇至何某账户，并不表明该款项由何某收取，蓝某公司承认其收到该保证金并向江某、张某出具"收条"，表明江某、张某履行了向蓝某公司支付保证金的义务，而该保证金通过何某账户转给蓝某公司，只是资金走向的形式要件，不能因此认定何某对该保证金承担返还责任，故江某、张某主张何某对蓝某公司返还保证金承担连带责任的理由不能成立，不予采纳。

一审判决：一、解除蓝某公司与江某、张某于 2012 年 11 月 25 日订立的

《合作建房协议书》；二、蓝某公司在判决生效之日起十日内向江某、张某返还保证金及前期投入资金 12262.576078 万元，并支付违约金（其中 12000 万元自 2013 年 1 月 7 日起计算至还清之日止，262.576078 万元自 2014 年 2 月 25 日起计算至还清之日止，按每月 2% 计算）；三、驳回江某、张某的其他诉讼请求；四、驳回蓝某公司的反诉请求。

二审法院观点：规划设计方案的报批属于蓝某公司的主要合同义务。首先，根据《合作建房协议书》第 3 条第 3 项、第 4 条第 6 项、第 5 条约定，蓝某公司负责办理完成全套报建手续，江某、张某在蓝某公司办理一切相关规划条件通过后才开工建设，在完成项目规划设计方案后才第一次向蓝某公司支付回报。因此，规划设计方案的报批应属于蓝某公司的合同义务。其次，根据《合作建房协议书》第 6 条第 2 项约定，蓝某公司应在规划方案审批完成后将土地交由江某、张某使用，据此理解，《合作建房协议书》第 6 条第 1 项约定的蓝某公司在项目报建、建设时应提供的"本协议中的土地"应是指规划方案审批完成后的土地。因此，蓝某公司作为合作开发中的出地一方，规划设计方案的报批应属于其主要合同义务。蓝某公司未能履行其主要合同义务，应承担违约责任。双方当事人虽知容积率需要调整、规划条件尚不确定，但对规划条件的确定以及规划设计方案的报批仍有完成时间上的预期，蓝某公司亦对此做出承诺，可视为自愿承担了规划条件尚不确定可能带来的风险。故其以政府未能确定规划条件为由认为自己不承担责任的主张不能成立。

根据已查明事实，案涉项目因规划设计方案审批未完成至今未能动工，依据《合作建房协议书》第 6 条第 1 项约定，此属于"无法按双方约定的条款正常开发本项目超过壹个月"的情形，江某、张某有权单方面解除《合作建房协议书》。故在江某、张某提出诉讼请求的情形下，一审判决解除《合作建房协议书》并无不当，蓝某公司关于此点的上诉理由不成立。

《合作建房协议书》解除后，依据《合作建房协议书》第 6 条第 1 项约定，蓝某公司应退还江某、张某已支付给其的所有资金及江某、张某在履行协议期间所产生的（设计、工资、管理、工程）等相关费用。对于江某、张某主张的设计、工资、管理、工程等前期投入费用，其中 262.576078 万元或者有收条、收据、发票、支付凭证等证明，与江某、张某提交的合同也相印证，或者属于前期开发产生的合理费用（如售楼部租金、装修费、水电费、办公费、工资等），故一审判决将此262.576078万元作为前期投入资金予以认定并无不当，蓝某公司关于此点的上诉理由不成立。

依据《合作建房协议书》第6条第1项约定，蓝某公司除应退还江某、张某已支付的所有资金及江某、张某在履行协议期间所产生的（设计、工资、管理、工程）等相关费用外，还应对已付所有资金、设计、工资、管理、工程费用等按每月2%支付违约金，故一审判决认定蓝某公司就12000万元保证金和262.576078万元费用按照每月2%向江某、张某支付违约金有事实依据。根据《最高人民法院关于适用〈中华人民共和国合同法〉若干问题的解释（二）》① 第29条规定，综合上述因素判断，蓝某公司关于每月2%的违约金过高的主张无事实依据和法律依据，本院不予支持。每月2%的违约金对应的是12000万元保证金和262.576078万元费用的返还，故违约金应自蓝某公司收到上述资金和费用之后即开始计算，一审法院对此认定并无不当，蓝某公司关于应扣除8个月履行期间的上诉理由不成立。

除了违约金外，江某、张某主张蓝某公司还应按照银行同期贷款利率的4倍向其支付12000万元的利息损失。本院认为，《合作建房协议书》对此并未做出约定，江某、张某主张约定的违约金低于造成的损失、请求予以增加，应对造成损失的具体数额承担举证责任，但在本案审理过程中，其并未提供相关证据证明，故其主张没有事实依据，不予支持，其关于此点的上诉理由不成立。

江某、张某关于何某应为蓝某公司的行为承担连带责任的主张无事实依据和法律依据，不予支持，其关于此点的上诉理由不成立。

二审判决：驳回上诉，维持原判。

再审法院观点：《合作建房协议书》中并未约定蓝某公司不承担经营风险，约定的内容本质上是蓝某公司出地，江某、张某出资，双方共享收益、共担风险。原判决基于上述基本事实认定《合作建房协议书》的性质符合合资合作开发房地产合同的特征，不存在适用法律错误的问题。

根据《合作建房协议书》，江某、张某有关规划设计方案报批的合同义务主要是在5个月内提供规划设计方案；在原审程序中江某、张某虽然没

---

① 根据《最高人民法院关于废止部分司法解释及相关规范性文件的决定》，该司法解释已于2021年1月1日废止。

有提交直接证据证明其已将规划设计方案交给蓝某公司，但原判决依据其提交的与柏某公司订立的设计合同、柏某公司出具的规划设计方案以及支付设计费的证据；考虑到其作为合作开发的出资方，在已经支付12000万元保证金、已经支付设计费并取得设计方案的情形下，不按约向蓝某公司提供设计方案不合常理的情况；而且根据已查明事实，蓝某公司在之后向某市规划局提交的规划设计方案中，对案涉项目在总体规划部分引用了江某、张某的规划设计方案，认定江某、张某已经按照《合作建房协议书》约定向蓝某公司提供了规划设计方案，不存在缺乏证据证明的问题。蓝某公司提出的本案系江某、张某由于市场下行认为继续进行项目开发无法获得预期回报从而始终没有按照约定提供规划设计方案，以及其提交的规划设计方案实际是参照和采用了上海某规划建筑设计研究所的《某江生态经济区南部片区控制性详细规划》的概念性规划设计方案等理由，均缺乏证据证明，本院不予支持。

根据已查明事实，在江某、张某已经按照合同约定履行了主要合同义务的情况下，案涉项目系因蓝某公司没有完成规划设计方案审批手续至今未能动工，属于《合作建房协议书》约定的"拖延履行本协议或在协议履行过程中不能按期动工或中途停工，造成江某、张某不能正常开发超过1个月的"情形，江某、张某有权单方面解除《合作建房协议书》。故原判决判令解除《合作建房协议书》，蓝某公司向江某、张某返还保证金及前期投入资金12262.576078万元（12000万元+262.576078万元），并支付违约金，具有事实和法律依据。

再审法院判决：驳回蓝某公司的再审申请。

关联案例

> **案件名称**：S公司与某市自来水公司等联营建设索道纠纷案
> **审理法院**：最高人民法院（2001）民二终字第197号[1]
> **裁判观点**：自来水公司等三公司诉请原审法院确认效力的《关于筹建某乡金沙索道协议书》以及《关于组建S公司协议书》，其内容均不违反法律、行政法规的强

---

[1] 载《最高人民法院公报》2005年第4期。

> 制性规定，各方当事人均未抗辩上述合同不是其真实意思表示，根据《最高人民法院关于适用〈中华人民共和国合同法〉若干问题的解释（一）》① 第 3 条所确立的认定合同效力的原则以及《合同法》② 第 52 条的规定，应认定上述合同合法有效。关于上诉人索道公司提出的 J 省某市建筑工程公司第八工程区、某山管委会及某乡政府不具有签订民事协议行为能力的问题，经本院审查，在某山风景名胜区的开发发展过程中，某乡政府和某山管委会均负有招商引资等企业管理职能和部分行政管理职能，其在职权范围内就某山风景名胜区内有关开发建设项目所签订的民事合同应认定有效。J 省某市建筑工程公司第八工程区虽为 J 省某市建筑工程公司的内设机构，但其所签订的合同既然已经得到某市建筑工程公司追认，其效力也不受影响。因此，索道公司关于本案系争合同无效的上诉主张，本院不予支持。

律师点评

本案属于一起较为典型的合资、合作开发房地产过程中由于一方当事人违约而引起的民事诉讼。在合作开发房地产过程中，依据法律及合同约定确定房地产合作开发纠纷中违约一方当事人的责任，以及在出现不能归责于当事人的原因而导致合同履行出现瑕疵时、确定各方当事人如何分担责任及损失等，对于厘清合作开发协议各方的义务履行、责任界限划分具有重要意义。本文从以下几方面对该类相关法律问题进行分析和点评：

一、如何确定房地产合作开发纠纷中违约方的责任

（一）本案《合作建房协议书》是什么性质的合同

关于《合作建房协议书》的性质，双方并未形成争议，且从协议书的内容来看，蓝某公司出地，江某、张某出资，双方共享收益、共担风险，根据《土地使用权合同解释》第 12 条规定，符合合资、合作开发房地产合同的特征，因此，《合作建房协议书》属于房地产合作开发合同。

（二）本案中蓝某公司因违约需承担哪些责任

根据本案情况，江某、张某已向蓝某公司支付 12000 万元保证金，并按合同约定履行了按时提交规划设计方案的义务，但蓝某公司收到规划设计方案后未完成规划报建手续，且违反合同约定将已抵押地块用于合作出资，因

---

① 根据《最高人民法院关于废止部分司法解释及相关规范性文件的决定》，该司法解释已于 2021 年 1 月 1 日废止。
② 对应《民法典》第 146 条、第 148 条、第 149 条、第 150 条、第 151 条、第 153 条、第 154 条。

此蓝某公司构成违约，应承担违约责任。通常情况下，房地产合作开发合同中违约责任基本包括以下类型：

1. 继续履行合同义务。通常情况下，能够以继续履行合同义务方式承担违约责任的包括金钱给付义务（例如交易合作对价的支付、建安成本的提供等）及符合合同约定的非金钱履行义务（例如限期内办理公司登记手续、公司管理移交、拆迁等）。但根据《民法典》第580条规定，法律上或者事实上不能履行、债务的标的不适于强制履行或者履行费用过高以及债权人在合理期限内未请求履行的义务，不适宜请求继续履行，通常人民法院或者仲裁机构可以根据当事人的请求终止合同权利义务关系，但是不影响违约一方违约责任的承担。

2. 按法律规定及合同约定支付违约金。该等责任通常又可能根据违约具体事项分为不同类型。针对逾期履行义务的（包括但不限于逾期提供资金、逾期办理手续、逾期完成某些开发工作等），通常约定按日支付一定比例违约金，超出一定期限则相应提高违约金标准或一方有权行使合同解除权；针对一方重大违约情形（包括但不限于无法取得合作标的地块、无法办理符合合作目的的规划审批、一方未披露重大合作不利事项等），通常约定按合作对价一定比例一次性支付较高数额的违约金。例如本案中法院支持由于蓝某公司根本性违约，根据合同约定，应当按已付总价款的每月2%向江某、张某支付违约金。但在法院已经支持该等违约责任的情况下，蓝某公司另行主张江某、张某按银行同期贷款利率4倍向其支付利息则没有合同依据和事实依据，难以获得支持。

3. 赔偿损失。根据《民法典》第584条，当事人一方不履行合同义务或者履行合同义务不符合约定，造成对方损失的，损失赔偿额应当相当于因违约所造成的损失，包括合同履行后可以获得的利益；但是，不得超过违约一方订立合同时预见到或者应当预见到的因违约可能造成的损失。合同中通常约定违约方需按一定标准支付违约金，如违约金不足以弥补实际损失的，另行就实际损失进行赔偿，赔偿实际损失通常也作为违约责任的兜底性条款。

4. 解除或终止合同。通常适用于合同已无法继续履行、继续履行不能实现合同目的的情况，例如项目合作地块被政府收回/未取得项目地块、合作地块规划指标与预期偏差较大、拆迁难度较大、一方未披露合作前存在的历史遗留问题等。

（三）何某是否应承担连带责任

在本案中，江某、张某主张何某滥用作为蓝某公司法定代表人和自然人股东的权利，但未能提供相关证据证明，应承担举证不能的法律后果，何某无须承担连带责任。但需注意的是，实操中对于较大型房地产开发企业来说，资金集中归拢调用属于较为常见的情形，单个项目公司的盈余资金被统筹调用，构成关联方资金往来，如关联方之间未就此签订借款协议明确债权债务关系的，则不排除存在股东与项目公司人格混同的可能性。

二、由于非归责于当事人的原因导致合同履行出现瑕疵时，当事人应承担何种责任

在合作开发房地产过程中，考虑到政策变化、牵涉相关主体较多、市场变化等因素，经常会出现一些不能归责于当事人的原因而导致合同履行出现瑕疵的情形，此时根据《民法典》第590条规定，当事人一方因不可抗力不能履行合同的，根据不可抗力的影响，部分或者全部免除责任，但是法律另有规定的除外。因不可抗力不能履行合同的，应当及时通知对方，以减轻可能给对方造成的损失，并应当在合理期限内提供证明。当事人迟延履行后发生不可抗力的，不免除其违约责任。据此，如确因不可抗力而非因任何一方当事人原因导致合同不可履行的，双方应各自承担合同不能履行导致的后果，但互不就合同不能履行向对方承担违约责任；但需注意的是，当事人通常在合同中对于不可抗力的具体类型、适用条件、证明流程等进行详细约定，如未按合同约定执行相应流程的，则较难以不可抗力主张免除相应责任。

除发生不可抗力情形外，根据《民法典》第543条规定，当事人协商一致，可以变更合同。例如在履行房地产合作开发合同中出现僵局情形时，通常当事人可能约定一定的处理机制，包括但不限于一方强制收购、一方退出、双方另行协商商务条件并变更合同等。法律、行政法规规定变更合同应当办理批准等手续的，依照其规定。

此外，除上述民事方面的责任外，规范合资、合作开发房地产的法律法规包括《土地管理法》《城市房地产管理法》《土地管理法实施条例》《城镇国有土地使用权出让和转让暂行条例》等，司法解释包括《土地使用权合同解释》等，当事人在合作开发房地产项目过程中，如因存在违反上述法律法规情形的，还需同步承担相应行政责任。

3.4 法院如何认定以划拨土地使用权作为投资合作开发房地产合同的效力及法律后果

——L 公司与 Q 公司合资、合作开发房地产合同纠纷申请再审案[①]

> **关 键 词：** 划拨土地使用权，合作开发房地产，合同效力，法律后果
>
> **问题提出：** 对以划拨土地使用权作为投资合作开发房地产合同效力的认定及法律后果？
>
> **裁判要旨：** 土地使用权人以划拨土地使用权作为投资与他人订立合作开发房地产合同的，在《民法典》生效前，司法解释认定在起诉前未办理批准手续的，合同无效，而在《民法典》生效后，司法解释相应修订，根据《民法典》及修订后司法解释，目前合作开发房地产合同不因项目土地为划拨土地使用权而无效。

案情简介

原告（二审被上诉人、再审被申请人）：L 公司

被告（二审上诉人、再审申请人）：Q 公司

原告 L 公司与被告 Q 公司签订《合作开发框架协议》，约定双方采用入股合作开发、分段实施、盈亏共担的合作形式，对项目用地进行合作开发，由 Q 公司以国有土地使用权作价入股，成为 L 公司的法人股东，由 L 公司负责全部开发事宜，待开发结束后，由 L 公司收购 Q 公司的股权。Q 公司负责办理项目的土地出让及转让有关事宜，由 L 公司负责办理 Q 公司以国有土地使用权作价入股有关事宜。该项目实行单独核算，在收益分配方面按照"风险共担、利益共享"的原则，按照甲、乙双方出资的股权比例承担风险、分享盈利。

[①] 一审：陕西省铜川市印台区人民法院（2020）陕 0203 民初 470 号；二审：陕西省铜川市中级人民法院（2021）陕 02 民终 158 号；再审：陕西省高级人民法院（2021）陕民申 2817 号，载中国裁判文书网，https://wenshu.court.gov.cn/website/wenshu/181107ANFZ0BXSK4/index.html? docId = 932363e1686745019a95adce010f7de5，最后访问时间：2022 年 6 月 25 日。

由于项目土地为划拨工业用地，开发建设需要办理出让转让及变更手续，Q公司首次于2010年12月20日向印台住建局上报关于土地变更开发建设的申请，未果后，又于2013年5月17日向印台区城建局请示，最后无疾而终。由于Q公司对于土地手续申请后期是否能办理下来，为何不能办理等问题并没有持续跟进，导致双方盲目进行其他合同内容，项目最终没有取得实质性进展。

L公司于2020年起诉Q公司，请求依法判令解除双方于2010年9月8日签订的《合作开发框架协议》，并请求判令Q公司返还已付的1300万元并支付资金占用费4696391.66元（按照银行同期同类贷款利率计算至2019年8月19日，按全国银行间同业拆借中心公布的贷款市场报价利率自2019年8月20日起暂计至2020年4月28日）及至被告将全部欠款及资金占用费实际清偿日止。

各方观点

Q公司观点：《土地使用权合同解释》（2005年）[①] 第16条规定："土地使用权人未经有批准权的人民政府批准，以划拨土地使用权作为投资与他人订立合同合作开发房地产的，应当认定合同无效。但起诉前已经办理批准手续的，应当认定合同有效。"该条规定适用于本案，本案合作土地的性质为划拨土地，故《合作开发框架协议》无效。Q公司于2021年上诉，请求撤销原判，重新裁判或者发回重审；且不服二审判决，申请再审。

L公司观点：《土地使用权合同解释》第16条已经被修订做出判决完全符合法律规定，Q公司混淆一、二审判决内容，二审适用法律错误不能成立。

法院观点

一审法院观点：原、被告于2010年9月8日签订的《合作开发框架协议》是双方真实意思表示，且内容不违反法律规定，依法成立并生效。原告现在起诉要求与被告解除该协议，被告应诉后表示同意。

一审法院判决：一、2010年9月8日原告L公司与被告Q公司签订的

[①] 根据《最高人民法院关于审理涉及国有土地使用权合同纠纷案件适用法律问题的解释》（2020年修正），该司法解释已于2020年12月29日修改。

《合作开发框架协议》于 2020 年 7 月 22 日解除；二、被告 Q 公司于本判决生效之日起三十日内向原告 L 公司返还 1300 万元，并支付截至 2019 年 8 月 19 日的利息 4233350.89 元。自 2019 年 8 月 20 日起，以 1300 万元为基数，按照全国银行间同业拆借中心公布的贷款市场报价利率计算利息至本判决生效之日。

二审法院观点：上诉人所称《土地使用权合同解释》（2005 年）"土地使用权人未经有批准权的人民政府批准，以划拨土地使用权作为投资与他人订立合同合作开发房地产的，应当认定合同无效。但起诉前已经办理批准手续的，应当认定合同有效"之规定已被修订，其依据该条主张合同无效理由亦不成立。

二审法院判决：驳回上诉，维持原判。

再审法院观点：Q 公司以《土地使用权合同解释》（2005 年）第 16 条主张案涉合同无效。虽然该司法解释第 16 条规定，"土地使用权人未经有批准权的人民政府批准，以划拨土地使用权作为投资与他人订立合同合作开发房地产的，应当认定合同无效。但起诉前已经办理批准手续的，应当认定合同有效"。但 2020 年修改后的该司法解释删除了该规定。而《民法典时间效力规定》第 8 条规定，"民法典施行前成立的合同，适用当时的法律、司法解释的规定合同无效而适用民法典的规定合同有效的，适用民法典的相关规定"。因此，根据修改后的前述司法解释，L 公司与 Q 公司的合作开发房地产合同并不因部分土地为划拨土地使用权而无效，Q 公司该项再审理由亦不能成立。

再审法院判决：驳回 Q 公司再审申请。

> **关联案例 1**
>
> **案件名称**：某银行支行诉某汽修公司、某投资公司合资、合作开发房地产合同纠纷案
>
> **审理法院**：最高人民法院（2014）民提字第 187 号[①]
>
> **裁判观点**：1993 年某汽修公司与某银行支行签订一份《合作建房合同》。合同约定双方在某汽修公司所在地修建综合办公楼，由某汽修公司出土地、某银行支行出

---

① 载中国裁判文书网，https://wenshu.court.gov.cn/website/wenshu/181107ANFZ0BXSK4/index.html?docId=97f37947089a447a9b254297e63803af，最后访问时间：2022 年 6 月 26 日。

资金，建成后双方按 5∶5 分成。办公楼中属某银行支行所有权的部分，由某汽修公司负责办理产权转让手续，费用由某汽修公司承担。2000 年整个工程结算完毕。后某银行支行垫付了办证及相关转让费用，但未能办理权证的转让手续。2004 年 12 月，某汽修公司单方办理了含办公楼占地面积在内地块的《国有土地使用权证》，性质为国有划拨工业用地。庭审中，涉案当事人均认可该宗土地至今未办理出让审批手续。某汽修公司一审反诉主张确认与某银行支行签订的《合作建房合同》无效，最高人民法院认为，双方在《合作建房合同》中的有关约定内容，尽管不甚详尽，但并未违反法律、法规强制性规定。从合同履行情况看，双方履行了相关行政审批手续，并无规避法律规定，违反城市整体规划，偷逃出让金或国家税款等违法行为；也不存在擅自变更建设用地划拨性质，或违背划拨土地用途，擅自用于房地产开发，损害国家利益或社会公共利益等违法行为，认定《合作建房合同》有效。

关联案例 2

案件名称：李某与某置业公司合同纠纷案

审理法院：最高人民法院（2015）民申字第 2699 号①

裁判观点：关于某置业公司与李某所签合同的效力问题。某置业公司与南阳生化厂签订的《联合开发协议》性质上应属于合资、合作开发房地产合同。南阳生化厂以其所有的国有划拨土地使用权与某置业公司合作进行经济适用房开发建设，不违反法律、行政法规的强制性规定。此后，双方通过签订《企业并购协议》《经营合作补充协议》以及某生化厂和某置业公司签订的转让协议，对《联合开发协议》的内容作了重大变更，实质上将案涉土地使用权转让给了某置业公司。由于案涉土地已经办理了国有土地使用权出让手续，且某置业公司已于 2011 年 4 月取得了国有土地使用权证。因此，依据《土地使用权合同解释》（2005 年）第 12 条的规定，《经营合作补充协议》可以按照补偿性质的合同处理。故二审判决关于合同性质的认定并无不妥。《经营合作补充协议》系双方当事人真实意思表示，也不存在违反法律、行政法规强制性规定的情形，应认定为有效。

律师点评

合作开发房地产合同，根据《土地使用权合同解释》（2020 年）第 12 条规定，是指当事人订立的以提供出让土地使用权、资金等作为共同投资，共

---

① 载中国裁判文书网，https：//wenshu.court.gov.cn/website/wenshu/181107ANFZ0BXSK4/index.html? docId=156a0aa38c47447ca4854955f15b360f，最后访问时间：2022 年 6 月 26 日。

享利润、共担风险合作开发房地产为基本内容的合同。

根据上述定义，合作开发房地产合同涉及的土地使用权，限定于出让土地这一类型。而针对划拨土地使用权，土地使用权人必须先向政府缴纳土地出让金，取得出让土地使用权，办理合建审批手续、依法办理土地使用权变更登记后才可以划拨土地使用权为投资，与他人签订合作开发房地产合同。

2005年8月1日起施行的《土地使用权合同解释》第16条规定："土地使用权人未经有批准权的人民政府批准，以划拨土地使用权作为投资与他人订立合同合作开发房地产的，应当认定合同无效。但起诉前已经办理批准手续的，应当认定合同有效。"因此此前根据上述司法解释，法院在审理以划拨土地使用权进行合作开发房地产的合同纠纷时，对于在起诉前未能办理批准手续的，通常认定合作开发房地产合同无效。

并且，自1992年起生效的《划拨土地使用权管理暂行办法》（现已失效）第40条明确规定："以土地使用权①作为条件，与他人进行联建房屋、举办联营企业的，视为土地使用权转让行为，按照本办法办理。"虽然《划拨土地使用权管理暂行办法》系由国家土地管理局发布，从效力级别上来看属于部门规章，不能直接作为认定合同效力的法律依据，但法院在审理涉及划拨土地相关的合作开发房地产合同纠纷过程中，结合2005年版《土地使用权合同解释》第16条一并作为认定合同效力的参考依据。

然而，根据2021年1月1日起生效的《民法典》第215条的规定，当事人之间订立有关设立、变更、转让和消灭不动产物权的合同，除法律另有规定或者当事人另有约定外，自合同成立时生效；未办理物权登记的，不影响合同效力。为有效执行该条规定，最高人民法院于2020年12月29日发布《土地使用权合同解释》（2020年），将2005年版《土地使用权合同解释》第16条删除。并且，2019年7月，自然资源部发布《自然资源部关于第一批废止和修改的部门规章的决定》，将《划拨土地使用权管理暂行办法》废止。

据此，在现行法律、行政法规及规章、司法解释层面均未规定以划拨土地使用权作为投资与他人订立的合作开发房地产合同是无效的；换言之，在合同效力层面，即使划拨土地使用权人在起诉前未取得政府批准、未补缴完

---

① 《划拨土地使用权管理暂行办法》（现已失效）第3条规定："划拨土地使用权（以下简称'土地使用权'）的转让、出租、抵押活动，适用本办法。"故第40条中的"土地使用权"即特指划拨土地使用权。

毕土地出让金或未将土地性质变更为出让土地，合同依然有效。

本案例中，一审虽于2020年审理判决，但由于一审过程中原被告的争议焦点均在合同解除与已付款项返还义务上，未有任何一方提出由于案涉土地为划拨土地，故而合同效力存疑，因此法院亦未对合同效力进行分析评判。而Q公司在2021年上诉及再审申请过程中方提出合同无效的主张，此时根据《民法典时间效力规定》第8条规定，L公司与Q公司的合作开发房地产合同已不会因土地为划拨土地使用权而无效。

在认定合作开发合同有效的前提下，会产生如下相应法律后果：

首先，如合同当事人在合同履约过程中发生纠纷的，可依据合同约定执行相应投资利润分配、项目及公司管理、违约责任、合同解除或终止等条款。

其次，即便合作开发合同有效，但由于在完成政府批准、补交土地出让金及变更土地性质之前，土地性质仍为划拨土地，根据《城市房地产管理法》第24条的规定，划拨土地使用权应用于国家机关用地和军事用地、城市基础设施用地和公益事业用地、国家重点扶持的能源、交通、水利等项目用地；以及法律、行政法规规定的其他用地建设，划拨土地使用权取得的收益，仍需按有关收益金取费标准向土地管理部门或财政部门上缴。且最高人民法院此前明确规定，企业对其以划拨方式取得的国有土地使用权无处分权①，如各方当事人拟合作开发的项目不属于前述类型的，则实际上存在违规改变划拨土地用途的操作，不排除经营所得利润仍需首先用于补缴相当于土地使用权出让金的款项后，方能进行利润分配。

此外需要注意的是，《土地使用权合同解释》第21条规定，合作开发房地产合同约定提供土地使用权的当事人不承担经营风险，只收取固定利益的，应当认定为土地使用权转让合同，如合作当事人以划拨土地使用权投资，但约定提供土地使用权一方当事人不承担经营风险的，则不能按合作开发房地产合同相关解释执行。

---

① 《最高人民法院关于破产企业国有划拨土地使用权应否列入破产财产等问题的批复》（2020修正）第2条规定："企业对其以划拨方式取得的国有土地使用权无处分权，以该土地使用权设定抵押，未经有审批权限的人民政府或土地行政管理部门批准的，不影响抵押合同效力……"

3.5 法院如何认定合作开发项目新增利益分配比例

——华某公司诉杰某公司合作开发房地产合同纠纷案①

> **关 键 词**：合作项目，新增利益，分配
>
> **问题提出**：在合作开发合同未约定的情况下，合作项目新增利益应如何分配？
>
> **关联问题**：合作开发房地产合同的主要特征及其定性。
>
> **裁判要旨**：对合作项目新增利益，应参照合同约定的原利益分配比例，按照公平原则确定合作各方分配比例。

案情简介

原告（上诉人）：华某公司

被告（上诉人）：杰某公司

2001年8月，L市建设局批复同意华某公司对某项目进行开发，项目总建筑面积43787平方米。2001年12月，该市建委为该项目核发建设项目选址意见书和建设用地规划许可证。2002年4月，杰某公司注册成立，法定代表人为L先生，L先生同时担任华某公司法定代表人。

2002年5月25日，华某公司、S先生、Y公司签订《协议书》约定合作开发项目，但该协议未履行。2002年7月6日，华某公司、S先生、Y公司、C先生签订合作开发项目的《房地产合作开发协议书》约定，各方一致同意合作开发建设项目，各方的权利和义务通过本协议予以规范。主要条款有：一是项目已经办理了建设项目选址意见书和建设用地规划许可证。现因项目建设需要，经三方友好协商，增加S先生、Y公司对该项目进行开发建设。二是项目用地范围中包括华某公司两宗出让土地，面积分别为15293.9平方米及2451.2平方米。三是开发方式为各方商定以杰某公司作为项目建设的项

---

① 一审：山西省高级人民法院（2005）晋民初字第1号；二审：最高人民法院（2005）民一终字第60号，载中国司法案例网，https：//anli.court.gov.cn/static/web/index.html#/alk/detail/C51B25C46AE327991525D52639BC1306，最后访问时间：2022年6月25日。

目公司；对杰某公司的股东股权进行变更；华某公司应配合S先生、Y公司在本协议签订后办理杰某公司股东变更登记手续。四是开发条件为根据建设规划，该项目分两期建设并由S先生、Y公司具体实施。华某公司负责将原项目建设单位由华某公司变更为杰某公司，负责办理杰某公司开工前政府所有批文；土地变更手续在拆迁协议签订后统一办理；华某公司按一、二期开发进度负责该部分土地地上建筑物的拆迁补偿安置及"三通一平"，并承担由此发生的费用（拆迁保证金、搬迁、拆除、清运）；华某公司协同办理杰某公司的股权变更手续和办理杰某公司房地产开发经营的资质，所需费用由S先生、Y公司承担。S先生、Y公司负责除华某公司提供项目建设用地以外部分土地的拆迁、安置及费用，并交纳该部分所需补交的土地出让金，负责除华某公司承担的费用之外的本项目开发建设经营所需的全部资金的投入，负责杰某公司具体运作，并对本项目整体进行规划设计、施工、销售，负责对其费用及项目公司注册资金的投入。五是分配与销售为华某公司分得项目总建筑面积11070平方米房产，其中一期为商场3700平方米（作为对华某公司提供的土地及其上部建筑物的拆迁补偿安置的全部费用）、独立店面500平方米、住宅2205平方米；二期为商场1000平方米、独立店面1500平方米、住宅2165平方米；项目开始运作，拆迁公告发布时，即由杰某公司与华某公司按照以上条件签订拆迁安置协议，具体补偿房产的位置、层次，在项目总图中商定；除补偿华某公司11070平方米的房产外，其余的房产全部归S先生、Y公司所有；各方所得房产相对集中、好坏搭配，并按物业管理条例由各方各自承担应交的各项费用。协议还约定了房产销售、违约责任和期限等。

根据上述协议，2002年7月，杰某公司的股东由L先生等变更为L先生、S先生和C先生，法定代表人由L先生变更为S先生。2002年11月，杰某公司以出让的方式取得19983平方米的土地使用权。杰某公司对项目的规划设计进行了优化调整，项目总建筑面积为74464平方米，分两期建设。

2002年11月1日，杰某公司与华某公司签订《拆迁安置协议》。主要约定：根据市政府相关规定及《房地产合作开发协议书》第5条第1款之约定，在坚持公平、守信的原则下，双方就拆迁安置中的有关事项，签订如下协议：杰某公司将严格按照原《房地产合作开发协议书》第5条之规定对华某公司拆迁房屋进行安置补偿，鉴于华某公司流动资金欠缺及目前拆迁工作中遇到的实际困难，双方协商同意，在原协议基础上，华某公司减少分取项目一期的住宅建筑面积 800 平方米，由杰某公司按每平方米建筑面积 1000 元的价格进行现金补偿，即华某公司分得项目总建筑面积 10270 平方米（原为 11070 平方米）及现金补偿 80 万元。补偿房屋应相对集中，好坏搭配，具体补偿房产的位置、朝向、层次，在项目设计文件批准定稿后，在设计平面图纸中商定。本协议签订后，华某公司即可将项目一期建设用地面积 15293.9 平方米的土地使用权人变更为杰某公司，待二期拆迁开始时，将二期建设用地面积 2451.2 平方米的土地使用权人变更为杰某公司。本协议签订后，华某公司需按原《房地产合作开发协议书》之规定，按项目建设进度对其用地范围内的地上建筑物进行拆除和场地"三通一平"，并承担相应的费用和责任。

2002 年 12 月 31 日，市计委根据杰某公司的申请批复：项目建设单位由华某公司变更为杰某公司；建设规模及主要内容：工程总用地面积 19983 平方米，总建筑面积 74464 平方米；总投资及资金来源：该项目总投资 7500 万元，资金全部由杰某公司自筹解决。2003 年 6 月 19 日，杰某公司领取建设工程规划许可证。

2003 年 11 月 8 日，华某公司与杰某公司签订《补充协议书》，双方根据《房地产合作开发协议书》和《拆迁安置协议》，就项目分配补偿等具体问题协议如下：一是双方在项目运作过程中，应遵守互惠互利、诚实信用、合法等原则，涉及双方利益的事宜应互相透明及时沟通协商；二是对华某公司的房产面积、位置及其他要根据《拆迁安置协议》的约定进行补偿，具体补偿的类型、方位、面积、层次为：大小商场及店铺补偿面积、位置编号按双方签字的"建筑平面位置分配图"（附件一）及"商业补偿面积及位置编号表"（附件二）执行。协议还约定，杰某公司应将立项文件、一书两证、施工许可证复印件在协议签订后 15 日内提交华某公司一份备存；杰某公司补偿给华某公司的所有房产，按回迁安置对待，并协助华某公司办理产权证及土地使用权证手续；建设项目由杰某公司整体开发，项目的整体投资、规划、设计、建设、销售等均由杰某公司负责；但根据合作原则，对上述问题，杰某公司应及时与华某公司沟通，涉及补偿华某公司房产的设计、建设施工等相关问题，杰某公司必须征求华某公司意见，并取得华某公司认可，不得自作主张，损害华某公司利益；本协议与 2002 年 7 月 6 日合作协议及以前双方签订的协议具有同等法律效力；本协议与以前协议不一致或有矛盾的，以本协议为准。

根据双方当事人的协议以及政府部门的批准文件，杰某公司对该项目进行了开发。华某公司在与杰某公司就房产分配签订补充协议后,称才知道杰某公司开发面积由43787平方米增加为71549.8平方米,作为合作开发主体请求就增加面积进行分配,为此双方发生纠纷。

2004年9月22日,华某公司起诉,主要诉讼请求为:判令杰某公司在双方签订的《房地产合作开发协议书》和《补充协议书》基础上,对其单方扩大建设规模增加的开发建设面积27762.8平方米,按50%的比例和各种类型房产面积比例,为华某公司按照好坏位置、层次搭配原则增加分配面积共计13881.4平方米,其中住宅面积5480.38平方米,独立店铺2508.37平方米,大小商场5894.04平方米。

一审法院判决:(一)杰某公司从增加的面积中补偿华某公司5552平方米,其中住宅面积为2166平方米,独立店铺为1000平方米,大小商场为2386平方米;(二)驳回华某公司的其他诉讼请求。

一审判决,华某公司、杰某公司均不服,提起上诉。二审法院判决:驳回双方上诉,维持原判。

各方观点

华某公司观点:1. 26.62亩开发使用土地是华某公司的合作投资土地,不是杰某公司以出让方式取得的土地。该项目中总共使用土地35亩,其中26.62亩(占76.06%)开发使用土地,是华某公司根据双方签订的《房地产合作开发协议书》自行承担拆迁安置费用,达到"三通一平"以自有出让土地及合作投资的方式过户在杰某公司名下的,是双方合作的真实体现,并非杰某公司以出让方式取得的。

2. 合作项目规模变更而增加的27762.8平方米建筑面积是双方投资形成的财产。项目规模变更后增加的27762.8平方米建筑面积是在已确定的开发土地上形成的,合作项目面积的增加,华某公司投入的土地的价值也随之增值,没有华某公司前期土地的投资,就不能有现在增加的建筑面积。且同样面积的土地上增加建筑面积,必然加大项目的容积率,减少绿化面积及公共设施,客观上减损了华某公司原来应分得建筑面积的经济价值。

3. 本案房产项目增加的27762.8平方米建筑面积,双方在协议中并没有约定如何分配,理应由合作双方共同所有。

4. 对项目规模变更后增加的27762.8平方米建筑面积,应当按照公平原则及贡献大小的原则为华某公司再行分配 50%的房产。（1）在合同履行过程中，华某公司以自有土地作为出资，履行了提供建设用地、支付土地出让金、进行拆迁安置、负责"三通一平"以及办理手续等义务，实际出资的市场价值超过 6400 万元。杰某公司及其股东的实际投入却很少，只是在开发初期有少量的资金投入，建设项目开始后，款项来源主要是房产预售的销售款和银行贷款及施工单位的垫资，而这些运作如果没有华某公司先期的土地投资是不能实现的。（2）即使把杰某公司规划中所称的总投资 7500 万元全部作为其实际投入，与华某公司实际投入的 6400 万元比较，双方总的投资比例也已经达到 54%和 46%。公司仅要求在新增加的面积部分按照 50%的比例分配，符合法律规定。（3）通常的房地产项目合作中，提供建设土地一方所占的分配比例至少占总面积的 40%到 50%，而本案中华某公司不仅是提供建设土地的一方，还负责绝大部分用地的拆迁事宜。根据惯例及诚实信用原则，华某公司要求对规模变更后所增加的面积再分得 50%的房产是合情合理的。（4）华某公司要求对新增加的建筑面积再分得其中的 50%，符合公平原则。

杰某公司观点：1. 一审判决认定华某公司请求对增加面积分配的理由不足，是正确的，但在判决中适用公平和诚实信用的原则，判决杰某公司适当补偿华某公司 5552 平方米的面积，显然是错误和矛盾的。

2. 一审判决认定华某公司并非合作开发协议的一方当事人是正确的，但认定华某公司属于项目合作开发主体是错误的。（1）《房地产合作开发协议书》虽然名义上为合作开发协议，但因为华某公司既没有投入资金到项目公司共同经营，拆迁后的土地也不是作为投资进入到项目公司，又不愿意承担任何风险，所以实质上华某公司不具备合作开发的主体资格，其只是将土地转让给了杰某公司，其权利的获得在该协议中已经被确立为不承担任何风险的拆迁安置补偿之法律关系。（2）杰某公司作为该建设项目的项目公司，不仅受让了华某公司的土地，而且还受让了其他被拆迁主体的土地。被拆迁人的权利已经在《拆迁安置协议》中得到落实。杰某公司独立承担着经营风险，依法只能按《公司法》的规定由公司变更后的股东承受权利与义务。华某公司不再占有杰某公司股份，也就不能认定为项目的合作开发主体。

3. 杰某公司与华某公司之间只有唯一的一种拆迁安置法律关系。双方的拆迁安置法律关系在《房地产合作开发协议书》中已经事先约定好，又在

《拆迁安置协议》和《补充协议书》中得到了充分的确认。无论是签订协议的主体称谓，还是实体上的权利与义务的细化约定，都充分地证明了双方的权利与义务关系是拆迁安置的法律关系。

法院观点

一审法院观点：根据《房地产合作开发协议书》确定，华某公司作为合作开发的主体共同签订了协议，且约定了其应履行的义务，即拆迁地上建筑物，达到"三通一平"，并承担由此发生的费用等内容，由此应认定华某公司系该项目的合作开发主体。《房地产合作开发协议书》同时约定了以杰某公司作为合作开发项目的项目公司。原改造建设单位由华某公司变更为杰某公司改造建设经营；除华某公司承担"三通一平"的费用外，由S先生和Y公司负责本项目开发建设经营所需的全部资金的投入，并负责杰某公司具体运作和本项目整体进行规划设计、施工、销售。对于房产的分配，规定除补偿华某公司11070平方米的房产外，其余的房产全部归S先生和Y公司所有。由此证明华某公司应分得的房产面积已确定为11070平方米。为履行《房地产合作开发协议书》而成立的项目公司杰某公司根据该协议与华某公司就分配的房产面积及具体位置达成了《拆迁安置协议》和《补充协议书》，双方均应严格履行。

杰某公司作为合作各方成立的项目公司，负责对该项目进行规划设计、施工、销售，在对项目规划设计进行优化调整的基础上，将原建筑面积由43787平方米增加为71549.8平方米，并报经有关部门批准实施。其增加的面积是由杰某公司在投入相同的土地上增加投资，优化设计而形成的，华某公司仍是出让的26.62亩土地，并未增加其他投资。虽然华某公司是合作开发的主体，但应分面积在《房地产合作开发协议书》中已确定为11070平方米；且在开发过程中华某公司也与杰某公司就其应分配的建筑面积又签订了《补充协议书》，进一步确定了其应得到补偿的房产面积和具体位置，故华某公司请求对增加面积进行分配，理由不足。但是鉴于在杰某公司开发前，华某公司已经做了一些前期的开发工作；在该项目的开发过程中，华某公司作为合作一方又履行了《房地产合作开发协议书》规定的合作义务，根据公平和诚实信用原则，就杰某公司开发中增加的面积可酌情对华某公司进行适当补偿。

华某公司虽然是合作开发的主体，但其应分配的面积已在三份协议中确定，予以确认。杰某公司作为开发的项目公司，对开发过程中增加的面积应归自己所有，但鉴于华某公司作为该项目的合作一方，根据合作协议履行了自己的义务，从公平和诚实信用原则考虑，杰某公司应酌情将增加面积27762平方米的20%给华某公司作适当补偿，具体位置可根据好坏搭配的原则确定；对华某公司的其他诉讼请求应予驳回。

二审法院观点：1. 关于华某公司和杰某公司之间是合作开发关系还是拆迁安置补偿关系的问题

从涉案项目的开发建设过程看，在华某公司与S先生、Y公司、C先生签订《房地产合作开发协议书》之前，华某公司已提交了《关于项目开发改造方案的报告》，并经政府批复同意获得项目开发的权利，获得了项目的建设项目选址意见书和建设用地规划许可证。为开发建设需要，L先生等股东在该协议签订前即注册成立了杰某公司。该项目前期的立项、规划等审批手续均为华某公司运作的结果，也是该协议签订的基础。该协议明确约定了各方的分工合作内容。华某公司及杰某公司提交的证据显示，该项目所占19983.19平方米土地面积中的17762.59平方米，是由华某公司取得土地使用权的自有土地变更登记至杰某公司名下，有2220.6平方米土地面积为杰某公司直接以挂牌出让方式取得。华某公司依照该协议将其已拥有土地使用权证的自有土地投入到合作项目中。《房地产合作开发协议书》的约定内容和实际履行过程表明，杰某公司是该项目合作的载体，是为运作双方的合作项目设立的。华某公司与杰某公司在《房地产合作开发协议书》中不是合同的相对方，但是，华某公司与S先生、Y公司、C先生作为合同的相对方，约定了该项目开发方式以杰某公司作为项目建设的项目公司，原建设单位由华某公司变更为杰某公司建设经营；约定除华某公司承担"三通一平"的费用外，由S先生和Y公司负责本项目开发建设经营所需的全部资金的投入，并负责杰某公司具体运作和对本项目整体进行规划设计、施工、销售。且约定"本项目整体竣工并完成销售归物业公司管理后，协议终止，项目公司注销"等内容。此后的《拆迁安置协议》及《补充协议书》内容也都是以《房地产合作开发协议书》为前提，由华某公司与杰某公司直接签订的。因此，杰某公司在该项目合作中具有双重的地位，一方面作为华某公司与S先生、Y公司、C先生合作开发该项目的项目公司，另一方面随着协议的履行，替代S先生、Y公司、C先生成为合作主体，与华某公司继续进行项目的合作，并先后签订了《拆迁安置协议》及《补充协议书》。

合作开发房地产合同，是当事人订立的以提供土地使用权、资金等作为共同出资，共享利润、共担风险合作开发房地产为基本内容的协议。在一方以资金为投入，另一方以取得的土地使用权为投入的合作开发房地产合同中，土地使用权投入方将土地使用权变更为合作各方共有或者变更至项目公司名下，通常是合作开发房地产合同约定的重要内容，有的还要另行签订土地使用权转让合同。其真实意思表示是以土地使用权作价出资的合作，还是单一的土地使用权转让，合作各方是否共享利润、共担风险是主要的认定依据。各方约定共同成立专门的项目公司开发房地产，无论项目公司是否成立，以及土地使用权是否已经变更登记为项目公司享有，均不影响合作开发房地产合同的效力。《房地产合作开发协议书》中合作各方关于房产的分配，并没有无论项目盈亏任何一方都不承担合作风险亦获取固定利益的约定。合作各方均承担了实际的合作风险。该协议的实质是华某公司以土地使用权出资，与相对方合作开发。因此，华某公司与 S 先生、Y 公司、C 先生之间通过《房地产合作开发协议书》及对该协议的实际履行行为形成合作关系。《房地产合作开发协议书》签订后，就该合作协议未尽事宜，又签订了《拆迁安置协议》和《补充协议书》，在此，杰某公司是合作协议的主体，并承担了《房地产合作开发协议书》中 S 先生、Y 公司、C 先生的权利和义务，负责履行该协议约定的有关内容。因此，华某公司与杰某公司之间存在实际合作开发关系。《拆迁安置协议》所确定的内容，是华某公司与杰某公司就具体拆迁安置事项形成的另一法律关系。

2. 关于新增加的面积应该如何处理的问题

《房地产合作开发协议书》《拆迁安置协议》是以市改革发展计划委员会立项批准的开发建设规模总面积为 43787 平方米的原项目为基础的，该协议中约定华某公司应分配 11070 平方米的房产，是依据 43787 平方米这个前提确定的。《补充协议书》载明"根据 2002 年 7 月 6 日四方签订的《房地产合作开发协议书》和双方签订的《拆迁安置协议》，并根据市、区两级政府协调会议精神，现就项目分配补偿等具体问题，经平等协商达成如下补充协议"，可见，合作各方仍然以原来的《房地产合作开发协议书》和《拆迁安置协议》为依据进行面积的分配补偿，并未就项目优化设计后的 71549.8 平方米建筑面积中增加部分的分配进行新的约定。华某公司主张分配增加的房屋面积，并非以股东身份对项目利润分配的主张,而是依据合作合同关系对《房地产合作开发协议书》有关约定房产分配面积发生变更而提出的请求。新增加的面积是合作项目的产物,理应归合作各方共同所有。但上述三份协议均未就新增的27762.8平方米建筑面积的分配再予约定,一审法院认为华某公司请求的合同依据不足,并无不当。

该项目71549.8平方米的建筑面积是以杰某公司名义报批,政府有关部门批复为依据建设的,项目所占19983.19平方米土地面积中的17762.59平方米原来是华某公司取得土地使用权的自有土地,2220.6平方米土地面积为杰某公司直接以挂牌出让方式取得。一审法院根据各方合作情况,对各方未作约定的新增面积,适用公平原则按照20%的比例确定给华某公司,与参照双方最初约定分配面积所占分配比例以及合同履行过程中分配面积所占比例的变化等合作项目实际履行情况,综合考虑的结果大致相当,也符合本案实际,可予维持。

综上所述,华某公司、杰某公司的上诉请求缺乏有关事实及法律依据,均不予支持。一审判决对部分事实的认定虽不够准确,但对本案的实际处理结果没有造成影响,并不失公平,可予维持。

> **关联案例1**
>
> **案件名称:** 成某公司与江某公司房地产合作开发纠纷案
> **审理法院:** 最高人民法院(2000)民终字第64号[1]
> **裁判观点:** 房地产合作开发双方签订合作开发协议后,提供资金合作方成立项目公司,项目公司与提供土地使用权合作方签订拆迁安置性质的协议,项目公司以此为由认为其与提供土地使用权合作方系拆迁安置法律关系,而非房地产合作开发法律关系,法院不予支持。

---

[1] 本案裁判观点由作者加工整理而成。

关联案例2

案件名称：华某公司与杰某公司合作开发房地产合同纠纷案

审理法院：最高人民法院（2005）民一终字第60号①

裁判观点：一审法院根据各方合作情况，对各方未作约定的新增面积，适用公平原则按照20%的比例确定给华某公司，与参照双方最初约定分配面积所占分配比例以及合同履行过程中分配面积所占比例的变化等合作项目实际履行情况，综合考虑的结果大致相当，也符合本案实际，可予维持。

律师点评

取得合作项目的开发利益，应为房地产合作各方之最终目的。直接或间接因项目利益分配问题发生争议引起的纠纷，在合资合作开发房地产合同纠纷案件中占相当大的比重。

在项目利益分配发生争议情况下，双方争议焦点往往集中在以下两个方面：第一是"该不该分"的问题。一方主张项目利益分配，对方则极力抗辩否定双方之间的房地产合作开发关系，否认对方的房地产合作开发主体身份，不承认对方对合作项目的利益分配权，如辩称双方系土地使用权转让合同关系、房屋买卖合同关系、借款合同关系、房屋租赁合同关系、拆迁安置补偿合同关系等，认为对方不该参与项目利益分配。第二是"该怎么分"的问题。合作双方常常围绕项目投资数额、比例，利润数额以及利润分配比例等问题发生争议，经常相互指责对方违约，以此作为主张对方少分或不分利润的理由。本案是典型的涉及项目利益分配的合作开发房地产纠纷案件，案件争议焦点亦涉及上段所述两方面。

本案一审受理时间早于2005年发布的《土地使用权合同解释》施行时间，按照《土地使用权合同解释》（2005年）第28条②规定，本案并不适用《土地使用权合同解释》（2005年）。但本案二审在《土地使用权合同解释》（2005年）施行之后，二审判决虽未明确引用《土地使用权合同解释》（2005

---

① 载《最高人民法院公报》2007年第8期。
② 对应《最高人民法院关于审理涉及国有土地使用权合同纠纷案件适用法律问题的解释》（2020修正）第25条规定："本解释自2005年8月1日起施行；施行后受理的第一审案件适用本解释。本解释施行前最高人民法院发布的司法解释与本解释不一致的，以本解释为准。"

年）文号及条款号，但《土地使用权合同解释》（2005 年）相关内容及原则已被吸纳在二审判决中，如《土地使用权合同解释》（2005 年）第 14 条[①]、第 20 条[②]等。笔者认为，在应适用于本案的相关法律对有关问题没有规定的情况下，二审法院采用《土地使用权合同解释》（2005 年）对该有关问题所确定的原则，是合适和必要的。下面围绕本案的两个焦点问题展开分析。

一、关于华某公司和杰某公司之间是否存在房地产合作开发关系

本案二审法院关于华某公司与杰某公司之间合作开发关系的认定，采用了《土地使用权合同解释》（2005 年）第 14 条规定的原则，即从"共同投资""共享利润""共担风险"等三个方面进行考察。本案华某公司与 S 先生、Y 公司、C 先生等签订的《房地产合作开发协议书》，其主要内容"共同投资""共享利润"两特征较明显应无争议，但该协议"共担风险"特征不明显。但该协议亦无华某公司不承担项目风险之类的规定，且华某公司实际也以承担项目建设用地实际拆迁成本等方式承担了项目的投资风险。因此，该协议无论从合同名称、合同内容还是合同履行情况来看，均符合"合作开发房地产合同"的特征，因此，华某公司与 S 先生、Y 公司、C 先生之间存在房地产合作开发关系应予认定。杰某公司虽未参与《房地产合作开发协议书》，但杰某公司作为合作项目公司，经股权转让由 S 先生、C 先生控制后，与华某公司已存在事实上的合作开发关系，应履行《房地产合作开发协议书》相关义务。杰某公司与华某公司签订《拆迁安置协议》及《补充协议》，实际上是在履行《房地产合作开发协议书》。杰某公司抗辩与华某公司仅存在拆迁安置法律关系，不存在合作开发房地产关系，是无事实依据的。在关联案例 1 中，成某公司（项目公司）在诉讼过程中亦主张与原土地使用权提供方之间系拆迁安置补偿关系，法院最终未予支持。

二、关于新增面积如何分配问题

本案中，项目新增建筑面积属于项目新增利益，系由华某公司提供的土

[①] 对应《最高人民法院关于审理涉及国有土地使用权合同纠纷案件适用法律问题的解释》（2020 修正）第 12 条规定："本解释所称的合作开发房地产合同，是指当事人订立的以提供出让土地使用权、资金等作为共同投资，共享利润、共担风险合作开发房地产为基本内容的合同。"

[②] 对应《最高人民法院关于审理涉及国有土地使用权合同纠纷案件适用法律问题的解释》（2020 修正）第 17 条规定："房屋实际建筑面积超出规划建筑面积，经有批准权的人民政府主管部门批准后，当事人对超出部分的房屋分配比例协商不成的，按照约定的利润分配比例确定。对增加的投资数额的承担比例，当事人协商不成的，按照约定的投资比例确定；没有约定投资比例的，按照约定的利润分配比例确定。"

地使用权与杰某公司投入的资金共同作用而形成。根据公平原则，华某公司作为项目合作开发方，应享有新增面积的分配权。具体双方按何种比例分配新增面积，亦应按公平原则确定。

公平原则为《民法典》强调的基本原则之一，其主要内容有：（1）民事主体参与民事法律关系的机会平等。（2）当事人的关系上利益应均衡。（3）当事人合理地承担民事责任。它要求立法者和裁判者在民事立法和司法的过程中应维持民事主体之间的利益均衡；要求民事主体应依据社会公认的公平观念从事民事活动，以维持当事人之间的利益均衡。

《民法典》第6条规定："民事主体从事民事活动，应当遵循公平原则，合理确定各方的权利和义务。"

《土地使用权合同解释》（2020年修正）第17条规定："房屋实际建筑面积超出规划建筑面积，经有批准权的人民政府主管部门批准后，当事人对超出部分的房屋分配比例协商不成的，按照约定的利润分配比例确定。对增加的投资数额的承担比例，当事人协商不成的，按照约定的投资比例确定；没有约定投资比例的，按照约定的利润分配比例确定。"该条规定的法律依据即为《民法典》第6条规定之公平原则。

本案虽不能直接适用《土地使用权合同解释》（2005年），但因适用于本案的法律对该问题并无具体和明确的规定，二审参照《土地使用权合同解释》（2005年）第20条规定的原则考量新增面积分配比例的公平性，甚为妥当。参照双方最初约定分配面积所占分配比例，并考虑到项目建设及合同的实际履行情况，最终确定华某公司对新增面积分配比例为20%，体现了公平原则。关联案例2中，终审判决亦按公平原则最终确认了合作双方的合作项目利益分配比例。

3.6 法院如何认定合作开发法律关系的当事人范围及其责任

——J公司诉某村委会、沙某社等合资、合作开发房地产合同纠纷案①

> **关 键 词**：合作开发，经营风险，受益人，当事人范围，连带责任
>
> **问题提出**：合作开发房地产的合同签订各方尽管是单一主体，但合作开发房地产法律关系的一方实则为数人时，如何确认该合作开发法律关系的当事人范围及各方主体应承担的法律责任？
>
> **关联问题**：如何理解合作开发房地产合同中的"共担风险"？在合作双方仅约定共同投资、共同分配或使用开发的房地产，但并未在字面上明确约定"共担风险"时，是否可以否认合作开发房地产合同的性质？当合作开发房地产一方当事人为数人时，在承担责任的分配上，该数人是否应对合同的相对方承担连带责任？
>
> **裁判要旨**：合作开发房地产合同的法律特征在于"共同投资、共享利润、共担风险"，不能仅以《合作建设开发合同》在字面上没有约定"共担风险"即否定双方合作开发房地产合同的性质。基于合作开发房地产合同的特性，只要是合作开发的受益人，其均为合作开发房地产法律关系的当事人。受益人是否为合作开发房地产的合同相对人，以及受益人在履行《合作建设开发合同》中是否存在过错，均不能成为其否认自己为合作开发房地产法律关系的当事人并免予对外承担连带清偿责任的事由。

案情简介

原告（二审上诉人、再审被申请人）：J公司

被告（二审被上诉人、申请再审人）：某村委会、沙某社

被告（二审被上诉人、再审被申请人）：H公司

某村委会是某庙侧临东晓南路边地块的土地使用权属单位。2002年4月

---

① 本案例系在真实案件基础上加工改写而成。

8日，某村委会出具《土地使用证明》，同意提供上述土地给沙某社使用，包括对土地项目的开发、经营管理业务（含物业租赁业务）。2002年4月10日，沙某社与H公司签订《合作建设开发合同》，约定双方在上述土地上合作开发建设一幢十二层高的商住楼及开发专业市场商铺。之后，沙某社在2002年12月6日与H公司签订的《补充合同》中同意H公司与第三方合作建设某庙东侧地段临时商铺。

2002年12月18日，H公司找到第三方J公司作为合作方，并与J公司签订《合作开发××路地块项目合同》，约定双方合作开发建设五栋二层商铺及其他增建的配套房和停车场；H公司负责提供上述地块的土地使用权，并办理项目开发建设需要的所有审批手续；J公司负责出资开发该项目。合同签订后，J公司、H公司共同委托施工单位进行商铺的建设。2003年9月18日、9月28日，J公司先后两次向沙某社发函，要求沙某社确定共同的合作开发关系，上述两份函件同时抄送某村委会；但沙某社和某村委会均没有回复。

在本案中，J公司和H公司均确认因规划部门只批准在讼争地块上建设四栋建筑，故双方合同约定建设五栋商铺的内容已实际变更为建设四栋商铺。J公司投资的三栋商铺于2003年1月开工，现已建成并通过了竣工验收，但没有投入使用；讼争地块上另有一栋商铺为H公司所建。

2003年12月29日，H公司在J公司未退出合作的情况下，与某商场另行签订《合作合同》，约定H公司以讼争土地及土地上建筑物与某商场共同开发。该合同签订当天，某商场向H公司支付570万元。2004年2月4日，H公司及沙某社出具《确认函》，共同确认沙某社已经知悉并同意H公司与某商场合作开发。

2004年，某商场就本案讼争地块与H公司、某村委会、沙某社及J公司之间的房地产合作建设、经营使用合同纠纷，向法院提起诉讼，请求：1. 解除其与H公司于2003年12月29日签订的《合作合同》；2. H公司返还570万元及利息；3. H公司向其赔偿违约金140万元；4. 判令某村委会、沙某社对上述第2、3项诉讼请求与H公司承担连带清偿责任；5. 诉讼费用由H公司、某村委会、沙某社承担。案经审理，法院作出（2004）穗中法民四初字第159号民事判决：一、解除某商场与H公司于2003年12月29日签订的《合作合同》；二、H公司一次性向某商场返还570万元及违约金57万元；三、某村委会、沙某社对H公司的上述债务承担连带清偿责任；四、驳回某商场的其他诉讼请求。某村委会、沙某社不服该判决，向广东省高级人民法院提起上诉，广东省高级人民法院于 2006 年 5 月 9 日以（2006）粤高法民一终字第 15 号民事判决书判决驳回上诉，维持原判。

基于前述背景情况，J 公司认为，在自己未退出合作的情况下，H 公司又与某商场合作开发该地块并签订了合作合同，H 公司的行为已违反合同约定，某村委会和沙某社依约应当提供全部的土地证明文件及与项目有关的资料来办理相关手续，但沙某社、某村委会和 H 公司拒不提供资料办理市场登记证及名称核准登记，构成共同违约，导致项目无法投入营运，无法招租。故而，J 公司向广州市中级人民法院提起诉讼，请求一审法院：1. 判令解除 J 公司与 H 公司于 2002 年 12 月 18 日签订的《合作开发××路地块项目合同》；2. 判令 H 公司向其司返还投资款 338 万元；3. 判令 H 公司向其司支付违约金 845 万元；4. 判令 H 公司赔偿其司自 2004 年 9 月 16 日至 2006 年 9 月 15 日期间的逾期利润损失 3072240 元；5. 判令某村委会、沙某社就上述第 2、3、4 项诉讼请求与 H 公司承担连带清偿责任；6. 本案诉讼费用由 H 公司、某村委会、沙某社共同承担。

各方观点

J 公司观点：1. J 公司与某村委会、沙某社、H 公司形成事实上的房地产项目合作建设关系；2. 在 J 公司未退出合作的情况下，H 公司未经其同意以 J 公司投资建好的商铺与某商场合作经营，对此沙某社还出具了一份确认函。此外，沙某社及某村委会是本项目收益方，沙某社在另案中承认其与 J 公司、H 公司、某商场形成房地产合作建设关系，因此，沙某社及某村委会对 H 公司应当履行的债务承担连带责任。

H 公司观点：1. 认可 J 公司与 H 公司之间的关系是合作开发房地产关系。2. 但认为 J 公司在建成 3 栋商铺后没有继续履行合同义务，即 J 公司违约在先。3. 在本案中，各方当事人互有过错，沙某社也没有尽到必要的协助义务使商铺尽快投入使用，因此，应当区分各方当事人的过错，各自承担法律责任，而非承担连带清偿责任。

沙某社观点：1.《合作建设开发合同》的主要条款，排斥了共担风险和共享收益，不能认定为合作建设或开发合同。沙某社没有对项目进行投资，双方没有共享利润、共担风险的约定，不符合合作开发房地产合同的一般特征。2. 合作建设法律关系并不当然产生当事人之间的连带民事责任，《合作建设开发合同》第 4 条已经明确约定由 H 公司独自承担项目建设阶段和商铺经营中所发生的法律责任。且根据合同当事人权责相对性的一般原则，本案纠纷的主要责任应归责于 H 公司，但 J 公司也有过错。总之，某村委会与沙某社不应承担责任。

某村委会观点：与沙某社相同。

法院观点

一审法院观点：H 公司与 J 公司于 2002 年 12 月 18 日签订《合作开发××路地块项目合同》，约定由 H 公司提供租用的涉案土地，J 公司出资在讼争土地上建设商铺，双方形成房地产合作建设、经营使用合同关系，该合同内容是双方当事人的真实意思表示，没有违反法律、行政法规的禁止性规定，属合法有效的合同。

H 公司在 J 公司已出资在讼争地块上建设了 3 栋商铺之后，又于 2003 年 12 月 29 日以讼争土地及地上建筑物为合作条件与某商场签订《合作合同》，其中的地上建筑物包括 J 公司投资建设的商铺，这直接导致 J 公司、某商场各自与 H 公司之间的合作都出现问题。此外，H 公司已不具备继续履行《合作开发××路地块项目合同》的能力，J 公司的合同目的落空，因此，J 公司主张解除《合作开发××路地块项目合同》符合《合同法》第 94 条第 4 项①的规定，应予支持。同时，H 公司的行为构成违约，应当承担违约责任。

对于 J 公司主张沙某社、某村委会对 H 公司返还投资款和赔偿经济损失的责任承担连带责任的诉讼请求。沙某社和某村委会虽分别是涉案土地的经营管理人和使用权人，但并非《合作开发××路地块项目合同》的合同签约主体，2002 年 12 月 6 日沙某社与 H 公司签订的《补充合同》仅能证明沙某社作出同意 H 公司与第三方在讼争地块合作建设临时商铺的意思表示，但第三方的表述并非特指 J 公司。沙某社和某村委会收到 J 公司要求参与共同开发讼争地块商铺的函件后，并无回复同意 J 公司加入到沙某社与 H 公司之间的项目合作之中，H 公司亦从未就上述加入合作问题与 J 公司进行协商，故 J 公司与 H 公司、沙某社之间并未形成事实上的房地产项目合作建设关系。另外，

---

① 对应《民法典》第 563 条第 1 款第 4 项。

根据合同相对性的原则，办理商铺经营所需的市场登记证等许可文件均是 H 公司的合同义务，因此，J 公司认为沙某社、某村委会拒绝提供相关办证资料而与 H 公司构成共同违约缺乏事实与法律依据。J 公司请求沙某社、某村委会承担返还投资款和赔偿损失的连带责任，一审法院予以驳回。

一审法院判决：（一）解除 J 公司与 H 公司于 2002 年 12 月 18 日签订的《合作开发××路地块项目合同》；（二）H 公司自本判决发生法律效力之日起十五日内，向 J 公司返还投资款 338 万元；（三）H 公司自本判决发生法律效力之日起十五日内，向 J 公司赔偿经济损失 845 万元；（四）驳回 J 公司的其他诉讼请求。

二审法院观点：H 公司与沙某社之间就讼争土地合作开发签订的《合作建设开发合同》和 H 公司与 J 公司之间签订的《合作开发××路地块项目合同》均为合法有效合同，系合作开发房地产合同性质，对合同当事人发生法律效力。

因 H 公司违反合同的约定将讼争土地及 J 公司建设的商铺与某商场合作导致 J 公司与 H 公司的合作出现障碍，J 公司所签合同的目的无法实现，故一审法院判决解除 H 公司与 J 公司签订的《合作开发××路地块项目合同》正确，二审法院予以维持。

二审法院还认为，沙某社于 2002 年 4 月 10 日与 H 公司签订《合作建设开发合同》，约定沙某社提供合法的土地使用权，H 公司提供涉案项目开发建设的全部资金，并约定双方共同分配涉案项目开发的收益，因此，沙某社与 H 公司就涉案项目的建设形成合作建设关系。依据合作建设法律关系的特征，合作各方共同享有合作所取得权益，合作各方对外共同承担合作而产生的债务，沙某社享有合作建设项目建成后的全部产权，是合作建设法律关系中的合作方。某村委会是讼争土地权利人，某村委会在讼争土地合作建设中也出具了《土地使用证明》并将讼争土地提供给沙某社使用，其也是讼争土地项目的受益人，其实际上是与沙某社共同提供土地使用权作为合作条件的合作方。且依据 H 公司与沙某社签订的《补充合同》约定，沙某社同意 H 公司与第三方合作建设涉案项目，J 公司就是 H 公司寻找的第三方合作建设方，J 公司与 H 公司签订合作合同后，多次发函给沙某社与某村委会表示其参与 H 公司合作建设涉案项目，沙某社和某村委会均未回函予以反对，应视为沙某社和某村委会认可 J 公司与 H 公司合作建设涉案商铺。H 公司对 J 公司的债务是履行 H 公司与沙某社签订的合作建设合同中产生的，属于 H 公司履行合作建设合同过程中所产生的对外债务。因此，沙某社和某村委会应就 H 公司向 J 公司返还投入涉案项目的投资款及由此产生的赔偿款承担连带清偿责任。因此，J 公司要求沙某社和某村委会对 H 公司因讼争土地合作开发建设而产生的债务承担连带清偿责任的理由充分，二审法院予以支持。一审判决以沙某社及某村委会与 J 公司没有合同关系为由认定沙某社和某村委会不应对 H 公司拖欠 J 公司合作建设债务承担连带责任的理由不足，二审法院予以纠正。故，一审判决认定事实不清，适用法律不当，依法应予以改判。J 公司的上诉有理，应予以支持。

二审法院判决：（一）维持一审判决第一、二、三项；（二）撤销一审判决第四项；（三）沙某社和某村委会对 H 公司第二项、第三项债务承担连带清偿责任。

再审法院观点：本案系合资、合作开发房地产合同纠纷。本案争议焦点为：某村委会、沙某社应否对 H 公司的违约行为承担连带清偿责任。

根据《民法通则》第 87 条①的规定，司法裁判应当恪守连带责任源于法律规定或当事人约定的适用准则，不得逾越。《城市房地产管理法》第 28 条规定，依法取得的土地使用权，可以依照本法和有关法律、行政法规的规定，作价入股，合资、合作开发经营房地产。《土地使用权合同解释》（2005 年）第 14 条②规定，合作开发房地产合同是指当事人订立的以提供出让土地使用权、资金等作为共同投资，共享利润、共担风险合作开发房地产为基本内容的协议。由此可见，合作开发房地产合同的法律特征在于"共同投资、共享利润、共担风险"。从沙某社与 H 公司签订的《合作建设开发合同》来看，该合同对合作项目的内容、合作方式、双方各自承担的义务以及项目成果的分配等进行了约定，体现了上述"共同投资、共享利润、共担风险"的法律特征：

1. 关于共同投资。沙某社与 H 公司约定以双方的名义在某庙地块合作开

---

① 对应《民法典》第 518 条："债权人为二人以上，部分或者全部债权人均可以请求债务人履行债务的，为连带债权；债务人为二人以上，债权人可以请求部分或者全部债务人履行全部债务的，为连带债务。连带债权或者连带债务，由法律规定或者当事人约定。"

② 对应《最高人民法院关于审理涉及国有土地使用权合同纠纷案件适用法律问题的解释》（2020 修正）第 12 条。

发建设商住楼及专业市场商铺，该行为是当事人为实现共同利益而建立的合作关系。《合作建设开发合同》约定了双方不同的出资方式，即沙某社以其土地使用权作为投入、H公司则负责提供资金，故沙某社、H公司具备共同投资的行为。

2. 关于共享利润。双方在《合作建设开发合同》中约定，"项目建筑物建成后全部产权归甲方（即沙某社）所有""建成后的商住楼首层、专业市场商铺包括红线范围内的道路、绿化带、地下室全层及退缩空地等属于甲方的产业全部由乙方（即H公司）全权经营管理15年"等，这是双方对共同开发的建筑物的权属、使用以及经营管理等方面的内容进行的约定，是典型的实物分配方式，也是分享利润的一种形式。

3. 关于共担风险。《合作建设开发合同》约定，沙某社"负责属于甲方应负的法律责任及经济责任"；H公司"负责该项目在建阶段和专业市场商铺经营中所发生的一切法律责任及经济责任"。按照合同自由的原则，双方可以通过合同约定明晰各自的法律责任，但该约定只对双方当事人有约束力，而不能对抗合同以外的第三人。从沙某社与H公司合作开发房地产的目的出发，双方共同投资、共同分配或使用开发的房地产的同时也意味着对风险的共同承担，仅以《合作建设开发合同》在字面上没有约定"共担风险"即否定双方合作开发房地产的性质，既不符合我国房地产市场的实际情况，也与合同当事人共同合作开发房地产的真实意思表示相违背。

综上，二审判决认为沙某社与H公司签订《合作建设开发合同》应认定为合作开发房地产合同，双方对外共同互负连带责任正确，该认定既有法律依据，也有相应事实佐证，应当予以维持。某村委会将讼争土地项目提供给沙某社使用，系讼争土地项目的受益人，应与沙某社共同作为合作方；H公司的债务是基于履行其与沙某社签订的《合作建设开发合同》而产生，某村委会、沙某社应对H公司的违约行为承担连带清偿责任。基于合作开发房地产合同的特性，即"共同投资、共享利润、共担风险"，至于某村委会、沙某社是否为J公司的合同相对人，以及某村委会、沙某社在履行《合作建设开发合同》中是否存在过错，均不能成为其免予对外承担连带清偿责任的抗辩事由，故广东省高级人民法院（即再审法院）对某村委会、沙某社的再审请求不予支持。

某村委会、沙某社还认为H公司与J公司约定的违约金过高，请求广东省高级人民法院依职权调整。对此，由于 H 公司是一审被告，其并未就该问题提起反诉，一审判决作出后，H 公司也未提起上诉，故一、二审法院未予调整违约赔偿金。某村委会、沙某社在再审过程中请求广东省高级人民法院依职权调整违约赔偿金于法无据，广东省高级人民法院不予支持。

再审法院判决：维持二审判决。

关联案例 1

> **案件名称**：成某公司与红某公司房地产合作开发纠纷上诉案
> **审理法院**：最高人民法院（2000）民终字第 64 号①
> **裁判观点**：合作双方经协商约定合作开发房地产，一方负责出地，另一方负责出资，并就此项目共同申报。经有关部门批准，项目开发权仅办到其中一方名下。后因资金困难引资成立项目公司，并沿用原审批项目进行开发建设。项目公司的章程及合同中均明确约定，项目公司还合作对方若干面积的房屋产权。该房地产开发为商业性开发，系房地产合作开发性质。一方主张系拆迁安置补偿纠纷，依据不足，不予支持。

关联案例 2

> **案件名称**：玉某公司与王某等商品房预约合同纠纷一案
> **审理法院**：海南省第一中级人民法院（2016）琼 96 民终 1357 号②
> **裁判观点**：合作双方签订的《合作开发房地产合同书》约定，一方提供项目建设用地，另一方提供开发建设资金，以双方名义共同开发房地产项目，项目建成后，双方按比例分配房产，房产的销售价格、营销方案由其中一方负责确定，另一方分得的房产亦由前者负责按销售政策实施统一销售，另一方对此有监管权。据合同约定及实际履行过程可知，对于合作开发房地产项目，双方既有共享合作事务的盈利之权，又有共担合作事务债务之责，双方应共担合同签订后与本项目相关的一切经济和法律责任。

---

① 本案裁判观点由作者加工整理而成。
② 载中国裁判文书网，https://wenshu.court.gov.cn/website/wenshu/181107ANFZ0BXSK4/index.html?docId=f8781a76721246829761a985cec4559e，最后访问时间：2022 年 6 月 26 日。

律师点评

本案属于合作开发房地产过程中，因各方对合同的性质、合作对象的范围、合作开发一方当事人是否承担责任及当事人内部各方责任的分配等存在重大分歧而引发的纠纷。围绕该主要争议焦点，本案又牵涉到其他多方面的多个法律问题，本文从以下几个方面的法律问题进行分析和点评：

一、关于各方当事人所签订的数份合同的性质问题

《土地使用权合同解释》（2020年修订）第12条规定："本解释所称的合作开发房地产合同，是指当事人订立的以提供出让土地使用权、资金等作为共同投资，共享利润、共担风险合作开发房地产为基本内容的合同。"第21条规定："合作开发房地产合同约定提供土地使用权的当事人不承担经营风险，只收取固定利益的，应当认定为土地使用权转让合同。"第22条规定："合作开发房地产合同约定提供资金的当事人不承担经营风险，只分配固定数量房屋的，应当认定为房屋买卖合同。"第23条规定："合作开发房地产合同约定提供资金的当事人不承担经营风险，只收取固定数额货币的，应当认定为借款合同。"第24条规定："合作开发房地产合同约定提供资金的当事人不承担经营风险，只以租赁或者其他形式使用房屋的，应当认定为房屋租赁合同。"因此，界定合作开发房地产合同需要从以下几个方面把握：1. 共同出资是合作开发的必备前提条件，至于出资的方式如现金、技术、劳务等并不影响合作的性质；2. 共同经营不是合作开发的必备条件；3. 共享利润、共担风险是构成房地产合作开发行为的必备法律要件。因当事人共同出资合作的目的就是要对合作成果带来的经济利益共同分享，与此相对应，对合作过程中以及合作的不利后果和风险也要共同承担，这也是民事权利和义务相一致原则的内在要求和具体体现（参见关联案例1）。

但需要注意的是，在本案中，再审申请人提出了两个观点，以否认合作开发房地产合同的性质。其中一个观点是，认为沙某社提供土地使用权的行为，系基于房地产租赁而非合作开发建设。其理由是：《合作建设开发合同》约定沙某社以"土地使用权作为该项目的投入"，故认为合同的实质是出租而非出资。但本案无论是一审法院，还是二审法院和再审法院，均没有采纳此种观点。笔者对此予以赞同，相反，笔者认为《合作建设开发合同》约定沙某社以"土地使用权作为该项目的投入"，恰恰是沙某社以土地使用权作为出资的意思表示。

另一个值得重视的观点是,沙某社以合同中没有明文约定"共担风险"即否定其与H公司合作开发房地产的性质,这确实是司法实践中存在的一种观点。对于此观点,二审法院和再审法院做了非常透彻的说明,即"从沙某社与H公司合作开发房地产的目的出发,双方共同投资、共同分配或使用开发的房地产的同时也意味着对风险的共同承担,仅以《合作建设开发合同》在字面上没有约定'共担风险'即否定双方合作开发房地产的性质,既不符合我国房地产市场的实际情况,也与合同当事人共同合作开发房地产的真实意思表示相违背"。笔者认为,广东省高级人民法院的这种观点,对于正确理解合作开发房地产合同中的"共担风险",具有重要的示范作用。

二、关于合作开发房地产法律关系的当事人范围的界定问题

在本案中,另一个突出的问题,是如何界定合作开发房地产法律关系的合作各方。

本案一审法院以合同相对性原则作为判断依据,认为沙某社和某村委会虽分别是讼争土地的经营管理人和使用权人,但并非《合作开发××路地块项目合同》的合同签约主体;此外,2002年12月6日沙某社与H公司签订的《补充合同》仅能证明沙某社作出同意H公司与第三方在讼争地块上合作建设临时商铺的意思表示,但第三方的表述并非特指J公司。与此同时,沙某社和某村委会收到J公司要求参与共同开发讼争地块商铺的函件后,并未回复同意J公司加入到沙某社与H公司之间的项目合作之中,H公司亦从未就上述加入合作问题与J公司进行协商,故J公司与H公司、沙某社之间并未形成事实上的房地产项目合作建设关系。除此之外,根据合同相对性原则,办理商铺经营所需的市场登记证等许可文件均是H公司的合同义务,故J公司认为沙某社、某村委会拒绝提供相关办证资料而与H公司构成共同违约并应承担连带责任的主张,缺乏事实与法律依据。

但同样就此问题,本案二审法院和再审法院却持相反意见。不同于一审法院采纳合同相对性原则的裁判思路,二审法院和再审法院是以各方是否是合作开发房地产法律关系中的受益人为立足点,并结合案件的具体情况,确认了沙某社及某村委会均为合作开发房地产法律关系中的当事人。具体观点及分析如下:首先,沙某社于2002年4月10日与H公司签订《合作建设开发合同》,约定沙某社提供合法的土地使用权,H公司提供涉案项目开发建设的全部资金，并约定双方共同分配涉案项目开发的收益，因此，沙某社与H公司就涉案项目的建设形成合作建设关系。其次，依据合作建设法律关系的特征，合作各方应共同享有合作所取得权益，合作各方对外应共同承担合作而产生的债务，具体到本案，沙某社享有合作建设项目建成后的全部产权，是合作建设法律关系中的合作方。再次，某村委会是讼争土地的权利人，与此同时，某村委会在讼争土地合作建设中也出具了《土地使用证明》并将讼争土地提供给沙某社使用，其也是讼争土地项目的受益人，其实际上是与沙某社共同提供土地使用权作为合作条件的合作方。且依据H公司与沙某社签订的《补充合同》约定，沙某社同意H公司与第三方合作建设涉案项目，而J公司就是H公司寻找的第三方合作建设方。此外，在J公司与H公司签订合作合同后，J公司曾多次发函给沙某社与某村委会表示其参与H公司合作建设涉案项目，但沙某社和某村委会均未回函予以反对，故应视为沙某社和某村委会认可J公司与H公司合作建设涉案商铺。最后，基于前述该些事实和理由，二审法院和再审法院均认定某村委会和沙某社为本案合作开发房地产法律关系的当事人。

对于二审法院和再审法院的这一裁判思路，其抓住了合作开发房地产合同/合作开发房地产法律关系中"共同出资、共享利润、共担风险"的基本特征，并以此特征为脉络，进而以判断合作开发房地产合同/合作开发房地产法律关系中各方当事人的范围，而并非囿于传统的合同相对性原则。就此，笔者很是赞同二审法院和再审法院的裁判理念和思路。

三、关于房地产合作开发一方当事人违约时，违约方内部各主体之间的责任分配和承担问题

正是由于界定了合作开发房地产合同/合作开发房地产法律关系中各方当事人的范围，故在本案中，如何判断责任承担主体及责任承担方式，也就一目了然了。

对此，二审法院和再审法院作出如下评述：某村委会将讼争土地项目提供给沙某社使用，系讼争土地项目的受益人，应与沙某社共同作为合作方；而H公司的债务是基于其履行与沙某社签订的《合作建设开发合同》而产生，某村委会、沙某社应对H公司的违约行为承担连带清偿责任。基于合作开发房地产合同的特性，即"共同投资、共享利润、共担风险"，故至于某村委会、沙某社是否为J公司的合同相对人，以及某村委会、沙某社在履行

《合作建设开发合同》中是否存在过错,均不能成为其免予对外承担连带清偿责任的抗辩事由。

基于前述评述,不难发现,二审法院和再审法院在认定当事人主体之间责任分配和责任承担的问题上,其裁判逻辑的切入点是合作开发房地产合同的特性,即"共同投资、共享利润、共担风险"的原则。依托于该原则,二审法院和再审法院一方面突破了传统的合同相对性原则,将合作开发房地产法律关系的当事人扩大至项目的受益人;另一方面将一方当事人视为利益共同体,无论其内部的约定或过错责任等,其并不具备对外效力。

而这一裁判逻辑,除在本案中有所体现外,在近些年有关合作开发房地产引发的建设工程施工合同纠纷、商品房买卖合同纠纷中均有所体现。

比如在建设工程施工合同领域,《北京市高级人民法院关于审理建设工程施工合同纠纷案件若干疑难问题的解答》(京高法〔2012〕245号)第39条规定:"两个以上的法人、其他组织或个人合作开发房地产项目,其中合作一方以自己名义与承包人签订建设工程施工合同,承包人要求其他合作方对欠付工程款承担连带责任的,应予支持。"

此外,参照关联案例2(商品房预约合同纠纷),法院认为,购房者正是基于对合作开发房地产法律关系中合作双方的信任,才与其中一方签署认购协议并给付了预付款,后又与其中一方签署正式的房屋买卖合同,现房屋买卖合同解除,购房者主张由合作开发房地产法律关系的双方共同退还购房款及利息,法院予以支持。

3.7 房地产合作开发一方因行政规章调整未能继续履行合同，法院如何认定违约责任[①]

——G大学诉J公司合资合作开发房地产合同纠纷案

> **关 键 词**：合资合作开发，合同解除，情势变更，违约责任
>
> **问题提出**：合资合作开发一方因行政规章调整未能继续履行合同，法院如何认定违约责任？
>
> **关联问题**：合资合作开发合同未能继续履行，一方的预期利益损失是否可以得到保护？
>
> **裁判要旨**：合资合作一方因教育部办学条件调整未能继续履行合同，并无主观上的过错，并结合合资合作另一方同意解除合同，将联建房屋改造成商品住宅对外出售以弥补自身经济损失的事实，合资合作一方不承担违约责任。

案情简介

原告（反诉被告、上诉人）：G大学

被告（反诉原告、上诉人）：J公司

2000年1月18日，G大学与J公司签订及《补充协议》约定：双方共同出资联建G大学学生公寓，该项目规划面积约为50000平方米，投资总额约7000万元，其中J公司计划投资6000万元，占86%的股份，G大学计划投资1000万元，占14%的股份；合作期限为70年，在合作期限内，本协议约定的联建物所有权按股份属双方共有。由J公司负责办理联建项目所需的一切手续以及建设事宜，联建物完成后，由G大学负责安排在校学生入住学生公寓。双方同意共同成立相应管理机构，做好学生公寓的管理工作。此外，协议第3条约定：只有在联建物经鉴定不能使用或G大学停办的情况下才可提前终止协议；第9条约定：学生的住宿费由G大学统一代收，并于每年暑期开学后

[①] 本案例系在真实案件基础上加工改写而成。

20 天内一次性转给 J 公司，G 大学延迟支付时，J 公司将按延付时间计算，每日加收延付金额 2‰ 的利息；第 12 条第 4 项约定：在联建物能正常使用的前提下，G 大学必须保证学生公寓的年入住率不低于 96%，G 大学擅自不安排学生入住约定的联建物时，J 公司除可以无条件没收 G 大学所投资金外再加罚 1000 万元。有关联建物的收益分配，双方统一按股份共担风险，共享利润，每年所获得的利润按股份进行分配。

上述《联建协议》及《补充协议》签订后，G 大学履行了投资 1000 万元的义务。

2002 年 6 月 10 日，教育部下发教高司函 [2002] 152 号《教育部关于印发〈普通高等学校本科教学工作水平评估方案（试行）〉的通知》，该通知限定了各类高校的基本办学条件。2004 年 2 月 6 日，教育部下发教发 [2004] 2 号[1]关于印发《普通高等学校基本办学条件指标（试行）》的通知（以下简称：《通知》），对前述 2002 年所发出的办学条件指标再一次进行修订，此次修订较之前的条件指标更严格。根据《通知》要求，工科类高校生人均占地面积至少应为 59 平方米，生均教学行政用房至少应为 16 平方米，如不能达标，则将遭到限制招生或者停止办学的处罚。由于 G 大学在校学生总数已逾 1.5 万人，而 G 大学原校址南、北两个校区总占地面积仅为 31 万平方米，远不及《通知》规定的各项办学标准。

故就教育部下发的该两份通知引发的高校办学条件调整的问题，G 大学先是于 2003 年 7 月 28 日向省教育厅出具请示；2003 年 9 月 30 日，省人民政府出具关于 G 大学利用资产置换建设新校区的批复；2006 年 4 月 3 日，区人民政府出具关于收回 G 大学国有土地使用权的决定；2006 年 5 月 26 日，区管理委员会出具关于 G 大学建设新校区的立项批复。

后 2007 年 8 月 15 日，G 大学向 J 公司出具《关于嘉某学生公寓问题的函》，表明其愿意继续履行《联建协议》，学校搬迁后继续使用学生公寓；但考虑到学校即将开学，决定帮助 J 公司对学生公寓进行维修。2007 年 11 月 29 日，J 公司出具《关于嘉某学生公寓善后处理有关问题的函》，表明其同意终止《联建协议》，并就善后事宜进行谈判。2008 年 1 月即寒假结束，G 大学停

---

[1] 依据《教育部关于废止和宣布失效一批规范性文件的通知》（教政法 [2011] 4 号），该通知已废止。

止使用联建公寓，搬迁至新校址。G 大学共使用联建公寓七年零一学期，在此期间，双方从未进行利润分红。双方均同意解除《联建协议》及《补充协议》，现已经将联建公寓中一部分房屋出卖。

基于前述背景情况，G 大学向一审法院起诉，请求法院判令：1. 解除 G 大学、J 公司之间的《联建协议》及《补充协议》；2. J 公司将 G 大学学生公寓 14% 的产权还给 G 大学，如 J 公司不能归还，则判令其折价赔偿 G 大学经济损失人民币 2100 万元；3. J 公司给付双方合作期间 G 大学所应得经营利润 164 万元；4. J 公司承担本案所需全部诉讼费用。

J 公司向一审法院提起反诉，请求判令：1. G 大学应向 J 公司支付 2000 万元的违约金；2. G 大学应赔偿因其违约给 J 公司造成的 700 万元的预期利益损失；3. G 大学应向 J 公司支付 8694813.00 元的联建公寓学生住宿费及迟延违约金；4. G 大学应赔偿 J 公司为改造联建学生公寓的投入 3658820.00 元；5. 判令 G 大学赔偿 J 公司购置的桌、椅、柜和床的损失 172 万元；6. 由 G 大学承担本案的全部诉讼费用。

经 G 大学申请，一审法院委托评估公司对双方联建的学生公寓（建筑面积为 50682.94 平方米）所有权的现市场价值进行评估，总评估价为 156880688.00 元。双方对该评估结论均无异议。

各方观点

G 大学观点：1. G 大学履行了《联建协议》及《补充协议》约定的义务，不应承担违约责任。《联建协议》签订后，G 大学已将 1000 万元投资款如数交付给 J 公司。

2. J 公司违反协议约定，在双方合作长达七八年的时间里，从未向 G 大学分配过利润。

3.《联建协议》应当解除。J 公司无视 G 大学学生公寓所有权归属双方共有的约定，擅自销售联建房产，并将销售所得款项全部占为己有，侵犯了 G 大学的合法利益，双方的《联建协议》已无继续履行的必要和可能。

4. J 公司要求 G 大学支付 2000 万元违约金及 700 万元预期利益损失的主张不能成立。理由：教育部就高校办学条件调整相关文件的颁布，以及相关政府部门提出的 G 大学通过资产置换的方式，筹集资金建设新校园的方案及区人民政府收回 G 大学国有土地使用权的事实，已使得双方签订协议时所依据的基本事实发生情势变更，双方缔约时均无法事先预见，且国家重新制定办学标准，也非 G 大学所能抗拒的事由，应当属于合作双方不可预见、不可避免的经营风险，故 G 大学对《联建协议》无法继续履行没有过错，更无需承担违约责任。而 J 公司要求 G 大学支付 2000 万元违约金及 700 万元预期可得利益损失，是建立在 G 大学违约的前提之下，因此该两项主张依法不能成立。

J 公司观点：1. G 大学应向 J 公司支付 2000 万元的违约金。《联建协议》签订后，J 公司按照协议的约定，履行了自己的全部义务。但 2008 年 1 月，G 大学在未与 J 公司协商的情况下，擅自从 G 大学学生公寓所在的地址迁走，导致学生公寓至今没有学生入住，致使 J 公司签订《联建协议》确定的合作期限 70 年的目标无法实现。按照《联建协议》第 12 条第 4 项之约定，G 大学已经构成违约，应按照协议的约定承担违约责任，即向 J 公司支付 2000 万元的违约金。

2. G 大学应赔偿因其违约给 J 公司造成的 700 万元的预期利益损失。因 G 大学的违约行为造成《联建协议》事实上履行不能，导致 J 公司无法取得学生公寓经营的相关利润。经测算，《联建协议》约定合作期限为 70 年，按照 60 年计算，J 公司将可以获得近 2700 万元的收入；现《联建协议》约定的 2000 万元的违约金不足以弥补 J 公司的预期利益损失，故 G 大学应当另外赔偿 J 公司该违约金与预期利益损失差额部分 700 万元。

3. J 公司没有违约行为，没有销售 G 大学在学生公寓中 14% 比例部分的房产，G 大学提出的归还其 G 大学学生公寓 14% 的产权或因不能归还而产生的折价赔偿经济损失的诉讼请求不能成立。

4. G 大学要求 J 公司给付其双方合作期间 G 大学应依法分得的经营利润的诉讼请求没有事实依据。

法院观点

一审法院观点：1. 本案因 G 大学搬迁至新校址致使《联建协议》无法继续履行，而 G 大学搬迁的事实不属于不可抗力，也不符合情势变更，亦不是双方约定的合同解除、终止的条件，故 G 大学对不能继续履行协议负有过错责任，构成违约；而 J 公司要求 G 大学依据《联建协议》第 12 条第 4 项的约定向其支付 2000 万元违约金的主张，符合双方约定，应予支持。

2. 庭审中，G 大学与 J 公司均表明同意解除协议，故 G 大学请求解除双方《联建协议》的主张，予以准许。

3. 鉴于双方对联建物评估市场价值为156880688.00元均无异议，而依据协议约定，联建物所有权按股份属双方共有，但因J公司已经将部分房屋销售，该房产已经不能进行立体分割，故G大学请求J公司按现市场价值的14%即21963296.32元给付产权赔偿，应予支持。

4. 准许G大学放弃利润分配的诉讼请求。

5. J公司请求G大学向其赔偿因违约给J公司造成的700万元的预期利益损失，因J公司的该项请求证据不足，不予支持。

一审法院判决：（一）准许G大学与J公司解除《联建协议》及《补充协议》。（二）准许G大学放弃要求J公司分配利润的诉讼请求。（三）J公司于本判决生效之日起十日内向G大学支付联建物14%产权款21963296.32元。（四）G大学于本判决生效之日起十日内向J公司支付2000万元违约金。（五）G大学于本判决生效之日起十日内向J公司支付2007年住宿费及迟延利息7269703.00元。（六）G大学于本判决生效之日起十日内向J公司支付改造款2887868.62元。（七）驳回J公司的其他反诉请求。

二审法院观点：1. G大学与J公司均表明同意终止协议，应予以准许。

2. G大学不应承担违约责任。第一，一审判决G大学向J公司支付2000万元违约金首先与《联建建议》第12条第4项的约定内容不符。第二，导致本案协议未能履行的直接原因是G大学校址搬迁，而校址搬迁源于教育部规定办学条件的调整，对此，G大学并无主观过错。另结合J公司在G大学校址搬迁后已同意解除协议并已将学生公寓改造成商品住宅对外出售以弥补其自身经济损失的事实，G大学不应承担违约责任。

3. J公司应在G大学一审诉请2100万元范围内给付产权价款。一审法院判决J公司向G大学支付14%的产权价款并无不妥，但因G大学一审诉请的14%产权款对应为2100万元，故一审判决J公司支付21963296.32元，超出了G大学的诉讼请求，应予以纠正。

二审法院判决：（一）维持一审判决第一、二、六、七项；（二）撤销一审判决第四项；（三）变更一审判决第三项为J公司于本判决生效之日起十日内向G大学支付联建物14%产权款2100万元。

关联案例 1

案件名称：J 公司与 G 大学合资、合作开发房地产合同纠纷案
审理法院：辽宁省沈阳市中级人民法院（2015）沈中民二终字第 883 号①
裁判观点：本案中合作开发房地产对应的国有土地使用权被政府相关部门收回属于不能预见、不能避免并不能克服的客观情况，属于法律规定的不可抗力情形。依据《合同法》第 117 条第 1 款②规定，因该不可抗力导致合作开发房地产合同不能全面履行的，应免除责任。且 J 公司、G 大学双方在协议免责条款中约定如发生双方均无过错的不可抗力事件时，双方应免责。

关联案例 2

案件名称：鑫某公司与某邦公司合资、合作开发房地产合同纠纷案
审理法院：甘肃省高级人民法院（2014）甘民一终字第 275 号③
裁判观点：《最高人民法院关于适用〈中华人民共和国合同法〉若干问题的解释（二）》第 26 条④规定，合同成立以后客观情况发生了当事人在订立合同时无法预见的、非不可抗力造成的不属于商业风险的重大变化，继续履行合同对于一方当事人明显不公平或者不能实现合同目的，当事人请求人民法院变更或者解除合同的，人民法院应当根据公平原则，并结合案件的实际情况确定是否变更或者解除。但就该条款的适用，根据《最高人民法院关于正确适用〈中华人民共和国合同法〉若干问题的解释（二）服务党和国家工作大局的通知》规定："对于上述解释条文，各级人民法院务必正确理解、慎重适用。如果根据案件的特殊情况，确需在个案中适用的，应当由高级人民法院审核。必要时应提请最高人民法院审核。"

---

① 载中国裁判文书网，https：//wenshu.court.gov.cn/website/wenshu/181107ANFZ0BXSK4/index.html? docId=87961ad874274310b2776b009b74e7a1，最后访问时间：2022 年 6 月 26 日。
② 对应《民法典》第 590 条。
③ 载中国裁判文书网，https：//wenshu.court.gov.cn/website/wenshu/181107ANFZ0BXSK4/index.html? docId=199f60725b1d494ab284270297c3025a，最后访问时间：2022 年 6 月 26 日。
④ 该解释现已失效，对应《民法典》第 533 条。

关联案例3

案件名称：聚某公司与电视大学合资、合作开发房地产合同纠纷二审民事判决书

审理法院：最高人民法院（2014）民申字第56号[①]

裁判观点：关于第三个焦点问题，虽然2011年11月17日达州市人民政府注销了达州电大涉案土地的国有土地使用证，但根据《物权法》[②]的规定，不动产权利人的确定应当以不动产登记簿的记载为依据。该市人民政府虽然公告注销了作为涉案土地不动产物权证明的国有土地使用证，但在二审诉讼期间，该市地籍地政事务中心保存的土地登记档案中载明的涉案土地的权利人仍然是电视大学。这表明政府注销国有土地使用证的行为，并未改变涉案土地的权属状况，电视大学仍然是涉案土地使用权的权利人，《合作开发协议书》的履行不存在法律上的障碍，能够继续履行。

律师点评

　　房地产合作开发的特征是双方共同投资，共担风险，共享利润。通常情况下，合作各方在加入合作关系时，均是其乐融融的；但一旦合作开发房地产合同不能继续履行，合作开发房地产法律关系面临破裂之际，由此引起的就合作各方之间违约责任如何认定、利润如何分配是司法实践中经常遇到的问题。而就本案而言，就是合作开发房地产合同履约过程中，因行政规章调整导致合同未能继续履行而引发的纠纷。围绕本案，本文就以下几个方面的法律问题进行分析和点评。

　　一、本案中双方签订的房地产合作开发合同合法有效

　　依据《土地使用权合同解释》，合作开发房地产合同，是指当事人订立的以提供出让土地使用权、资金等作为共同投资，共享利润、共担风险合作开发房地产为基本内容的合同。而本案中，《联建协议》及《补充协议》约定，G大学负责提供土地，且与J公司共同出资合作建设学生公寓，同时协议对合作项目的履行、联建房产所有权的分配、利润分配、违约责任等均作了明确

[①] 载中国裁判文书网，https：//wenshu.court.gov.cn/website/wenshu/181107ANFZ0BXSK4/index.html？docId=dfcd3efd5eb54b9bba9aa380d70006ae，最后访问时间：2022年6月26日。

[②] 对应《民法典》第217条。

约定。

除此之外,作为合作方之一的 J 公司具备房地产开发资质,另一方 G 大学提供的土地使用权也合法存续,双方无论是在主体上,还是在协议内容上均符合合作开发房地产合同的特性,且协议内容系双方之间意思表示,合法有效。

二、关于本案中合同解除后 G 大学应否承担违约责任的问题

在本案中,就合同的解除,因双方已达成一致意思表示,故案件审理中对此并未过多纠缠。但正如关联案例列举,通常在合作开发房地产项目中,一旦合作面临破裂,除合同已约定的解除事由外,各方会转而诉诸法定解除事宜,此时不可抗力和情势变更则会成为各方主体的主要选项。各方主体之所以青睐于不可抗力和情势变更,其一方面除该两项事由可以导向合同解除的法律结果,另一方面该两者还可构成违约责任的免责事由。

具体而言,在本案中,就 G 大学未能完全履行合同是否应当承担违约责任,则是本案审理过程中的争议焦点,而这就涉及对教育部发文引发的高校办学条件调整的性质认定。

1. 是否构成不可抗力

不可抗力系指不能预见、不能避免且不能克服的客观情况。尽管在本案中,G 大学为达到教育部要求的新的办学标准,不得不调整学校占地面积,但在此情形下,校址搬迁并非 G 大学的唯一选择,G 大学还可选择分区办校,因此,就教育部以部门规章形式调整高校办学条件的前因,并不构成法定的不可抗力事由。

2. 是否属于情势变更

《民法典》第 533 条规定,合同成立后,合同的基础条件发生了当事人在订立合同时无法预见的、不属于商业风险的重大变化,继续履行合同对于一方当事人明显不公平的,受不利影响的当事人可以与对方重新协商;在合理期限内协商不成的,当事人可以请求人民法院或者仲裁机构变更或者解除合同。人民法院或者仲裁机构应当结合案件的实际情况,根据公平原则变更或者解除合同。

根据该条款,对于情势变更原则的适用,首先得区分事由是否属于商业风险,若系常规商业风险范畴,则直接排除无法适用该条款;其次,构成情势变更原则的要件有:(1)该事实系发生于合同成立后且尚未终止前;

(2) 该事由系订立合同时无法预见的、不属于商业风险的重大变化;(3) 该事由的出现将导致继续履行合同显失公平。

在本案中,双方签订《联建协议》及《补充协议》是出自不同的商业目的,G 大学主要是解决学生的就近住宿问题,并获取适当利润;而 J 公司的主要目的则应当是利润,双方合作开发房地产的商业目的侧重点不完全一致。而随着教育部发文对高校办学条件的调整,G 大学为了解决自身生存问题,必须符合标准,否则就可能被取消办学资格,故 G 大学调整规模是必然的。但就学校调整规模,是否只能选择校址搬迁则需要根据实际情况决定。

但不论如何,按照教育部发文,G 大学调整办学规模必然涉及土地使用等方方面面的复杂问题,这就需要政府的统筹安排。G 大学在向政府主管部门逐级上报的过程中,政府层面决定了解决方案,主要措施是通过政府批准以资产置换形式于 2008 年 1 月搬迁,同时,政府于 2006 年收回了双方合作项目所涉国有土地使用权。在此情形下,若搬迁后的 G 大学继续履行《联建协议》及《补充协议》,将会导致学生在相隔较远的住宿处和教学区之间来回奔波,既增加危险和交通成本,也耽误学习时间,故对于 G 大学而言明显不公平,也不能实现合同的主要目的,构成《民法典》规定的情势变更情形。

但值得注意的是,正如关联案例 2 裁判观点所述,在《民法典》出台前,对于情势变更的认定是较为严苛和谨慎的。尽管目前《合同法》已废止,但《最高人民法院关于正确适用〈中华人民共和国合同法〉若干问题的解释(二)服务党和国家工作大局的通知》尚未同步进行变更,故目前在司法实践中就情势变更情形的认定,其尺度如何,尚不可知。

此外,基于上述对情势变更的认定,一审法院和二审法院均认为 G 大学未能继续履行协议,并无主观上的过错,故不应承担违约责任。

三、如何看待 J 公司的预期利益损失诉求

本案中,J 公司在一审中提起反诉,主张 G 大学支付 700 万元的预期利益损失,一审法院以其证据不足为由予以驳回。但反言之,其意味着,在证据充足的情况下,预期利益损失的主张应得到支持。故而,J 公司的预期利益损失诉求也是值得我们思考的。

依据《民法典》第 584 条的规定:"当事人一方不履行合同义务或者履行合同义务不符合约定,造成对方损失的,损失赔偿额应当相当于因违约所造成的损失,包括合同履行后可以获得的利益;但是,不得超过违约一方订立

合同时预见到或者应当预见到的因违约可能造成的损失。"本案中合作双方解除《联建协议》及《补充协议》，导致 J 公司原先在合同期内的经营利润无法实现，给 J 公司造成了巨大的预期利益损失。但基于本案，法院认为对于合同无法履行，其系情势变更，G 大学主观上并无过错，进而 G 大学无需承担违约责任的裁判逻辑，相应地，J 公司的预期利益损失也不会得到法院支持。

第四章　房地产开发中的项目转让

综述：通过股权转让实现房地产项目转让的常见纠纷及相关司法观点

近年来，在国家宏观调控政策影响下，房地产市场出现了两种反差较大的情况：一是部分房地产企业因缺少开发资金成本无法按计划进行房地产开发，导致大量项目停建缓建，土地资源闲置浪费；二是又有部分房地产投资者虽拥有大量的闲置资金却苦于无可供开发的土地，故四处寻找房地产开发项目。因此在实践中，房地产项目转让颇有市场。

房地产项目转让是指开发商在开发过程中，将具备一定条件的整个房地产项目转让给他人的行为。这里的项目，是指已经具备开工条件或已经开工但尚未开始预售的建设工程。所谓具备开工条件是指建设工程已经立项，取得土地使用权证，土地已经完成"三通一平"和勘探、设计工作，设计方案已获得规划部门批准并已经取得施工许可证。所谓已经开工但尚未开始房屋预售，是指建设工程已经开始基础施工，但尚不具备法律规定的预售条件，未领取《商品房预售许可证》。

实践中，房地产项目转让主要有两种方式：一是房地产开发项目转让。根据《城市房地产开发经营管理条例》第19条规定："转让房地产开发项目，应当符合《中华人民共和国城市房地产管理法》第三十九条、第四十条规定的条件。"第20条规定："转让房地产开发项目，转让人和受让人应当自土地使用权变更登记手续办理完毕之日起30日内，持房地产开发项目转让合同到房地产开发主管部门备案。"可见，房地产开发项目的转让实质上仍是土地使用权的转让，但又与土地使用权的直接转让有所不同，主要体现在转让范围、转让价值及转让权利义务等方面。二是房地产项目公司股权转让。一般来说，在办理完土地出让，并缴清土地出让金之后，房地产开发的风险就相对较小了，主要风险都在房地产开发前期，而且房地产开发项目转让具有审批手续过繁，耗时过久，交易成本过高等缺点。因此实践中，在土地出让金缴清并取得了土地使用权证后再转让房地产项目的情况是较少的，较多的情况是房地产开发商想在房地产转让的法定条件未达到之前转让房地产项目。因此，转让方通常会通过转让项目公司股权的方式间接实现房地产项目转让的目的。"房地产项目公司"就是指投资者专为开发特定的房地产项目而成立的房地产开发有限公司，由该房地产开发有限公司进行房地产开发项目的立项、规划、报批报建等工作，然后将其持有的项目公司股权转让给第三人，从而实现间接转让房地产项目目的。因转让项目公司股权无需办理项目名称变更、备案等手续，只需取得转让受让双方的股东同意后，签订股权转让协议，并办理工商变更登记即可，涉及交易税费较少，因此实践中采取此种方式转让房地产项目的占多数。鉴于房地产开发项目的直接转让与土地使用权转让并无实质性区别，而土地使用权转让在本书中已有专章进行阐述，故本文仅探讨以股权转让方式实现房地产项目转让的情况。

一、以项目公司股份转让为表现形式的项目转让的一般流程

为了让读者对项目公司股权转让有个大概的了解，以便后文对其中常见的法律纠纷及相应的司法观点进行探讨，先为大家介绍一下以股权转让为形式的项目转让的操作流程。

1. 项目公司尚未成立的，由土地权利人向政府管理部门申请设立以该地块开发为经营范围的项目公司，并办理项目国有土地使用权变更登记、项目立项、规划许可、建设许可等批文。

2. 项目公司股权出让人与受让人就项目公司股权转让进行协商，达成一致意见后，签订并公证《股权转让协议》。

3. 修改公司章程，选举新的董事会，办理公司股权转让之工商变更登记手续。

4. 项目公司为外商投资公司的，股权转让时需符合《外商投资法》及相关规范的要求，涉及负面清单的股权转让需报审查批准机关批准。如果涉及国有股权转让的，需向国有资产监督管理机构履行报批手续，之后除按照国家规定可以直接协议转让的以外，应当在依法设立的产权交易场所公开进行。

5. 办理项目移交手续，支付股权转让价款。

尽管以股权转让方式转让房地产项目是操作较为简便而且实践中得到广泛使用的方式，但因该股权转让的最终目的仍是转让房地产项目，涉及土地、项目等诸多重大问题，因此在以股权转让方式转让房地产项目中产生的纠纷较多。

二、关于股权转让协议的效力问题

影响股权转让协议效力的因素有很多，如收购方、出售方未履行内部决策程序、国有资产及外资企业股权转让未履行报批手续，出让方故意隐瞒土地使用权真实情况、隐瞒房产负担等。

1. 未经审批的外商投资企业股权（权益）转让合同的效力

随着营商环境逐渐优化，我国关于外商投资企业的股权（权益）转让的要求，近年来发生了较为明显的变化，为较为完整地展现此问题的发展流变，有必要展示关于本话题相关法律的沿革。以往我国法律中存在审批程序规定。《外资企业法》[①] 第 10 条规定："外资企业分立、合并或者其他重要事项变更，应当报审查批准机关批准，并向工商行政管理机关办理变更登记手续。"《中外合资经营企业法实施条例》[②] 第 20 条第 1 款规定："合营一方向第三者转让其全部或者部分股权的，须经合营他方同意，并报审批机构批准，向登记管理机构办理变更登记手续。"《中外合作经营企业法》[③] 第 10 条规定："中外合作者的一方转让其在合作企业合同中的全部或者部分权利、义务的，必须经他方同意，并报审查批准机关批准。"《中外合作经营企业法实施细则》[④] 第 23 条第 1 款规定："合作各方之间相互转让或者合作一方向合作他方以外的他人转让属于其在合作企业合同中全部或者部分权利的，须经合作他方书面同意，并报审查批准机关批准。"

需要注意的是，2016 年 9 月 3 日第十二届全国人民代表大会常务委员会第二十二次会议通过《关于修改〈中华人民共和国外资企业法〉等四部法律的决定》，[⑤] 其中：一、对《外资企业法》作出修改，增加一条，作为第 23 条："举办外资企业不涉及国家规定实施准入特别管理措施的，对本法第六条、第十条、第二十条规定的审批事项，适用备案管理。国家规定的准入特别管理措施由国务院发布或者批准发布。"二、对《中外合资经营企业法》作出修改，增加一条，作为第 15 条："举办合营企业不涉及国家规定实施准入

---

① 已被 2019 年《外商投资法》废止。
② 已被 2019 年《外商投资法实施条例》废止。
③ 已被 2019 年《外商投资法》废止。
④ 已被 2019 年《外商投资法实施条例》废止。
⑤ 其中《中外合资经营企业法》《外资企业法》《中外合作经营企业法》均已被 2019 年《外商投资法》废止。

特别管理措施的，对本法第三条、第十三条、第十四条规定的审批事项，适用备案管理。国家规定的准入特别管理措施由国务院发布或者批准发布。"三、对《中外合作经营企业法》作出修改，增加一条，作为第 25 条："举办合作企业不涉及国家规定实施准入特别管理措施的，对本法第五条、第七条、第十条、第十二条第二款、第二十四条规定的审批事项，适用备案管理。国家规定的准入特别管理措施由国务院发布或者批准发布。"2016 年 10 月 8 日商务部公布实施的《外商投资企业设立及变更备案管理暂行办法》① 第 2 条规定："外商投资企业的设立及变更，不涉及国家规定实施准入特别管理措施的，适用本办法。"第 6 条规定，属于本办法规定的备案范围的外商投资企业，发生以下变更事项的，办理变更备案手续：……（三）股权（股份）、合作权益变更……至此，我国不涉及国家规定实施准入特别管理措施的外商投资企业的股权转让由"逐案审批制"转向了"备案制"。

更为关键的是，2019 年 3 月 15 日第十三届全国人民代表大会第二次会议通过《外商投资法》，该法第 4 条第 1 款、第 2 款规定："国家对外商投资实行准入前国民待遇加负面清单管理制度。前款所称准入前国民待遇，是指在投资准入阶段给予外国投资者及其投资不低于本国投资者及其投资的待遇；所称负面清单，是指国家规定在特定领域对外商投资实施的准入特别管理措施。国家对负面清单之外的外商投资，给予国民待遇。"2019 年 12 月 16 日最高人民法院审判委员会通过《外商投资法解释》，该司法解释第 2 条规定："对外商投资法第四条所指的外商投资准入负面清单之外的领域形成的投资合同，当事人以合同未经有关行政主管部门批准、登记为由主张合同无效或者未生效的，人民法院不予支持。前款规定的投资合同签订于外商投资法施行前，但人民法院在外商投资法施行时尚未作出生效裁判的，适用前款规定认定合同的效力。"至此，我国外资企业设立及变更程序已大幅简化。

综上，我们认为，我国就外资营商环境不断优化，2016 年一系列法律法规规章的出台使得不涉及国家实施准入特别管理措施的外商投资企业股权（权益）转让由审批制变成了备案制，而随着 2019 年一系列法律法规规章的出台，不涉及国家规定实施外商投资准入负面清单制度的外商投资企业的股权（权益）转让合同之效力亦不再仅因未经审批而无效或未生效。那么，涉

---

① 该办法现已废止。

及负面清单领域内的外商投资①企业的股权（权益）转让合同未经审批，对合同效力会产生怎样的影响呢？

以往司法实践中对于未经审批的外商投资企业股权（权益）转让合同的效力有不同的观点。有的法院认为，未经相关审查机关批准，违反了法律和行政法规的强制性规定，故《股权转让合同》无效。有的法院认为，办理股权转让的审批手续在此并非合同的生效要件，故认定合同有效。而随着《外商投资法》及相关法律法规的颁布施行，法院主流观点认为，涉及负面清单领域内的外商投资企业的股权（权益）转让合同未办理批准等手续影响合同生效的，也不影响合同中履行报批等义务条款以及相关条款的效力。应当办理申请批准等手续的当事人未履行义务的，对方可以请求其承担违反该义务的责任②。

我们认为，未经审批并不会导致合同无效。认定合同无效，只能依据全国人大及其常委会制定的法律和国务院制定的行政法规，且根据《民法典》第153条第1款的规定，违反法律、行政法规的强制性规定的民事法律行为无效。但是，该强制性规定不导致该民事法律行为无效的除外。只有违反了效力性的强制性规定，才能认定合同无效。我们认为外商投资企业股权（权益）转让的审批程序应属于管理性强制性而非效力强制性规定，违反该规定并不会导致合同无效。又根据《民法典》第502条第2款规定："依照法律、行政法规的规定，合同应当办理批准等手续的，依照其规定。未办理批准等手续影响合同生效的，不影响合同中履行报批等义务条款以及相关条款的效力。应当办理申请批准等手续的当事人未履行义务的，对方可以请求其承担违反该义务的责任。"故未经审批且影响到合同生效的情况下，该合同并非当然无效，而是处于生效条件未达成的未生效状态，且报批义务条款之效力并不受影响，故如果当事人希望该合同继续履行，有权要求报批义务之履行义务人继续履行该义务，倘若当事人不想继续履行该合同，则可以解除合同并要求负有报批义务人承担违反该义务的相应责任。应该说，该观点符合目前

---

① 详见国家发展改革委、商务部于2020年6月23日发布的最新版《外商投资准入特别管理措施（负面清单）（2020年版）》和《自由贸易试验区外商投资准入特别管理措施（负面清单）（2020年版）》。

② 最高人民法院民法典贯彻实施工作领导小组编著：《中华人民共和国民法典合同编理解与适用（一）》，人民法院出版社2020年版，第298页。

司法实践的主流观点。

但需要注意的是，司法实践中存在法院直接根据《外商投资纠纷案件规定（一）》第1条第1款"当事人在外商投资企业设立、变更等过程中订立的合同，依法律、行政法规的规定应当经外商投资企业审批机关批准后才生效的，自批准之日起生效；未经批准的，人民法院应当认定该合同未生效……"的规定而直接认定股权转让合同未生效。我们认为，除非法律、行政法规中已明确约定合同审批后才能生效，否则在法律法规中只规定必须审批而未规定审批后才生效的情况下，直接适用前述条款而直接作出合同未生效的论断的方式值得商榷。

2. 未经变更登记的股权转让合同的效力

《市场主体登记管理条例》第24条第1款规定："市场主体变更登记事项，应当自作出变更决议、决定或者法定变更事项发生之日起30日内向登记机关申请变更登记。"也就是说，有限责任公司的股东转让股权后，应办理公司变更登记和工商变更登记。据此，实践中有当事人认为公司变更登记是股权转让的法定要件，只要股权转让的行为未经过变更登记，则应当认为股权转让行为不具有法律效力，故以股权转让未经登记为由主张合同无效。对于该问题，司法实践中法院的观点还是比较一致的，特别是2018年《公司法》修订后，第32条第3款规定："公司应当将股东的姓名或者名称向公司登记机关登记；登记事项发生变更的，应当办理变更登记。未经登记或者变更登记的，不得对抗第三人。"因此，有观点认为登记瑕疵不影响股权转让效力，只要受让人支付股权转让款即能享有股权，该股权转让是否经过登记或者变更登记，并不影响股权的取得，只是不得对抗第三人。在实践中，股权转让合同签订后，常出现一方反悔拒绝提交相关文件，导致股东变更登记无法完成的情况，给受让方的利益造成了威胁。为了避免这类情况发生，我们认为有必要在合同书中对办理工商变更登记手续的法律责任作出明确约定，并可以规定违反此责任的违约责任。

同时，需要注意的是，如股权变更未经登记，第三人根据公司登记机关登记进行股权转让，是否有可能构成善意取得。《公司法解释（三）》第27条第1款规定："股权转让后尚未向公司登记机关办理变更登记，原股东将仍登记于其名下的股权转让、质押或者以其他方式处分，受让股东以其对于股权享有实际权利为由，请求认定处分股权行为无效的，人民法院可以参照民法典第三百一十一条的规定处理。"由此可见，如果公司登记机关登记的股东不是真正股东，但受让人受让股权满足《民法典》第311条规定的善意取得条件的，受让人可以善意取得股权。

3. 未披露或隐瞒重大事实的股权转让合同的效力

投资者收购项目公司的股权主要是为了获得项目公司名下的地块，因此目标房地产项目是否合法以及能否顺利开发以获取投资回报是投资者最为关心的内容。作为项目公司股权的受让方，在签订股权转让协议前应当重点审查以下内容：一是审查房地产项目的合法性，即审查与房地产项目有关的各类合同和审批文件，并充分考虑可能存在的风险。房地产项目资产权属是否明确、清晰、无瑕疵（如有无抵押登记、是否被查封等），土地使用权是否依法取得、取得方式、土地用途、使用年限及建筑物的占用空间、项目的设计用途等是否符合受让方的投资需求（若不符合需求可否依法变更），相关审批手续是否已经依法办好，如有无建设用地规划许可、建设工程规划许可证、施工许可证等。二是项目开发情况：是否存在尚未拆迁完毕、需受让方承担拆迁补偿责任的风险，项目规划是否合理、有无超规划的情况，项目的相邻关系是否存在纠纷或者潜在危机（如因采光、日照、通风、建设工地噪声等原因引发纠纷或者诉讼，导致工期拖延和经济赔偿双重损失）等。

实践中，由于转让方故意隐瞒房地产项目的情况导致受让方受让股权后项目开发出现困难因而主张股权转让合同无效或要求解除、撤销合同的情况时有发生。那么，是不是只要转让方隐瞒了房地产项目的情况，受让方就可以要求解除、撤销合同呢？从目前的司法实践看，一般法院会根据所隐瞒或者未披露的事实对于交易的股权价值及受让方合同目的的影响程度来确定是否撤销或者解除合同，一旦法院认为转让方所隐瞒或者未披露的事实将导致目标股权的价值显著降低，对交易产生重大影响或者导致受让方合同目的无法实现，法院将依据诚实信用原则撤销股权转让合同或以违反合同约定导致合同目的无法实现为由解除股权转让合同。

值得注意的是，虽然受让方受让股权是为了获得房地产项目，但是股权转让合同的标的仍然是项目公司的股权，而判断合同效力主要考虑的是对合同标的的影响，因此，对于转让方所隐瞒或未披露的事实的影响程度的认定主要依据还是对股权价值的影响。故，房地产项目作为项目公司的主要资产，只能作为股权价值的参考依据，未披露或隐瞒重大事实对项目公司的影响最终也要回归到对股权价值的影响上来。

三、关于股权转让合同履行过程中的纠纷

1. 合同所附条件发生歧义的处理方式

项目公司股权转让合同中常约定在出现某种条件的情况下，对合同的价款进行调整，而在股权转让合同履行过程中，由于双方对该条件存在不同的理解，双方容易产生争议，如在本章选用的案例4.3中，当事人就对"新增面积"这一概念的理解有分歧，一方认为新增面积指地上建筑面积，而另一方认为无论是地上还是地下，建筑总面积增加即可。

所谓条件成就，是指作为条件的事实出现。至于该事实，既可以是自然事实，也可以是人的活动或其他事实。上述两案均为所附条件约定不明而发生歧义，但法院的认定却有不同。在本章引用的案例4.3中，法院以约定范围不明即为条件成就为结论，认为由于合同条款中并未区分新增面积是指地上还是地下，故凡新增了面积，即为条件成就。

我们认为，在难以根据《民法典》第510条[①]、第511条[②]解决合同所附条件约定不明的争议，同时又不存在《民法典》第159条"附条件的民事法律行为，当事人为自己的利益不正当地阻止条件成就的，视为条件已经成就；不正当地促成条件成就的，视为条件不成就"的情形时，当作为条件的表面事实已经发生的，应以认定条件成就为一般原则，但根据公平原则认为对以负担较大义务或对价而促成该表面事实发生的一方显失公平的，认定约定的条件不成就。

[①] 《民法典》第510条规定："合同生效后，当事人就质量、价款或者报酬、履行地点等内容没有约定或者约定不明确的，可以协议补充；不能达成补充协议的，按照合同相关条款或者交易习惯确定。"

[②] 《民法典》第511条规定："当事人就有关合同内容约定不明确，依据前条规定仍不能确定的，适用下列规定：（一）质量要求不明确的，按照强制性国家标准履行；没有强制性国家标准的，按照推荐性国家标准履行；没有推荐性国家标准的，按照行业标准履行；没有国家标准、行业标准的，按照通常标准或者符合合同目的的特定标准履行。（二）价款或者报酬不明确的，按照订立合同时履行地的市场价格履行；依法应当执行政府定价或者政府指导价的，依照规定履行。（三）履行地点不明确，给付货币的，在接受货币一方所在地履行；交付不动产的，在不动产所在地履行；其他标的，在履行义务一方所在地履行。（四）履行期限不明确的，债务人可以随时履行，债权人也可以随时请求履行，但是应当给对方必要的准备时间。（五）履行方式不明确的，按照有利于实现合同目的的方式履行。（六）履行费用的负担不明确的，由履行义务一方负担；因债权人原因增加的履行费用，由债权人负担。"

2. 取得股权的认定标准

在以股权转让的形式转让房地产开发项目中，何时享有股权对受让人来说是十分重要的，也较容易发生争议。实践中，享有股权的认定标准包括签订股权转让合同、支付股权转让价款、取得出资证明书、变更股东名册、变更公司章程、变更工商登记文件等。在司法实践中，有观点认为，判断是否取得股东资格取决于非股东何时实际取得转让股份股东的出资的所有权，亦即在公司中是否实际履行了股东的出资义务；有的则认为享有股权以股东名册的记载为准。

我们认为，享有股权应以出资、认缴出资或者支付股权转让款为标准。《公司法解释（三）》第22条规定："当事人之间对股权归属发生争议，一方请求人民法院确认其享有股权的，应当证明以下事实之一：（一）已经依法向公司出资或者认缴出资，且不违反法律法规强制性规定；（二）已经受让或者以其他形式继受公司股权，且不违反法律法规强制性规定。"根据该司法解释可得出两点结论：第一，在原始取得股权情况下，享有股权的认定标准应是向公司出资或者认缴出资，且不违反法律法规强制性规定；第二，在继受取得股权情况下，享有股权的认定标准应是已经受让或者以其他形式继受公司股权，且不违反法律法规强制性规定。那么在继受取得的情况下"已经受让或者以其他形式继受公司股权"是指什么呢？我们认为应为受让人根据股权转让合同已经支付股权转让款，理由有二：第一，这与《公司法解释（三）》第22条第1项的司法观点相一致。《公司法解释（三）》第22条第1项规定原始取得股权情况下以"向公司出资或者认缴出资"作为享有股权的标准，与此相一致，《公司法解释（三）》第22条第2项规定的"已经受让或者以其他形式继受公司股权"也应体现为已支付股权对价。第二，可从《公司法解释（三）》第23条的规定中推导出来。《公司法解释（三）》第23条规定："当事人依法履行出资义务或者依法继受取得股权后，公司未根据公司法第三十一条、第三十二条的规定签发出资证明书、记载于股东名册并办理公司登记机关登记，当事人请求公司履行上述义务的，人民法院应予支持。"从以上规定可以看出是先享有股权之后才获得公司签发出资证明书、记载于股东名册并办理公司登记机关登记，显然在签发出资证明书、记载于股东名册并办理公司登记机关登记这些步骤之前，享有股权的标准只能是根据股权转让合同已支付股权转让款。

3. 取得土地使用权的认定标准

项目公司股权转让合同中常将取得土地使用权的时间作为股权转让款的支付节点，但在合同履行过程中，双方容易对取得土地使用权的标准发生分歧，而在司法实践中，法院的观点也并不完全一致。有的认为，土地使用权的交付和取得应以颁发土地使用权证（不动产权属证书）为准；有的认为，不动产物权的根据是不动产登记簿，不动产权属证书只是其外在表现形式。

我们认为，土地使用权的取得以登记为准，一经登记，就应认定登记的权利人为真正权利人，是否已领取不动产权属登记证书或登记证明并不影响其权利人地位。《民法典》第209条第1款规定："不动产物权的设立、变更、转让和消灭，经依法登记，发生效力；未经登记，不发生效力，但是法律另有规定的除外。"《不动产登记暂行条例》第2条规定："本条例所称不动产登记，是指不动产登记机构依法将不动产权利归属和其他法定事项记载于不动产登记簿的行为。本条例所称不动产，是指土地、海域以及房屋、林木等定着物。"土地亦属于不动产的一种，故应按不动产登记的要求完成登记。《不动产登记暂行条例》第21条规定："登记事项自记载于不动产登记簿时完成登记。不动产登记机构完成登记，应当依法向申请人核发不动产权属证书或者登记证明。"可见，不动产登记是土地使用权人权利来源的基础，因其具有公示效力，成为外界判断土地使用权取得的标准，而不动产权属证书或登记证明是颁发给权利人的权利证明文件，需依附于不动产登记，只能作为土地使用权取得的辅助认定依据。

需要提醒的是，在项目转让的操作过程中，如当事人将取得不动产权属证书作为某一次付款的节点，建议在合同中明确约定："在取得相应土地的《不动产权证书》后支付款项"或"在土地使用权登记到某方名下后支付款项"，而不是简单地约定：在取得土地使用权后支付款项，以避免双方对付款时间发生争议（虽然二者的时间一般相差不大，但不排除出现异常状况）。

四、股权转让合同被确认无效或者撤销的法律后果

《民法典》第157条规定："民事法律行为无效、被撤销或者确定不发生效力后，行为人因该行为取得的财产，应当予以返还；不能返还或者没有必要返还的，应当折价补偿。有过错的一方应当赔偿对方由此所受到的损失；各方都有过错的，应当各自承担相应的责任。法律另有规定的，依照其规定。"可见，返还财产（折价补偿）与赔偿损失是股权转让合同被确认无效或

者撤销之后的主要处理措施。

就返还财产而言，转让方应当将根据股权转让合同取得的股权转让款全额返还给受让方；而受让方除了应当归还项目公司的营业执照正副本、卫生许可证等材料及与房地产项目相关不动产权属证书等资料，还应将受让的股权予以返还，至于如何返还，应根据股权变更手续办理的具体情况区别处理。如项目公司未向受让方出具出资证明书也没有备置股东名册且公司章程中股东名称及股东出资比例记载事项亦未发生变更的，则不需要办理新的股权变动手续，转让方自动重新取得股权。如果股权转让合同解除前已经发生股权交付（变动）的法律效力且已办理相关记载事项变更的，股权转让合同被确认无效或者撤销时项目公司已向受让方签发新的出资证明书、变更股东名册、章程等，则项目公司及受让方有义务协助转让方办理股权回转的相关手续（如修改章程、变更股东名册、前往公司登记机关办理股东变更登记）。另外，受让方依据无效或被撤销的股权转让合同所取得的股利亦应予以返还。但要返还给谁，需要具体情况具体分析。受让方分红时符合分红条件与程序的，应将红利返还转让方；受让方分红时不符合分红条件与程序的，应将红利返还公司。

就赔偿损失而言，对由于自己的过错而给对方造成的实际财产损失，包括直接财产损失与间接财产损失，均应承担赔偿责任。当然，赔偿的损失仅限于返还财产之后仍无法消弭的财产损失。

另外，需要注意的是，若受让方在实际经营管理公司期间侵害公司合法权益的行为导致公司利益直接受损，由于目标公司是独立的主体，转让方无权在股权转让合同争议中予以主张，只能以项目公司的名义向受让方股东提起损害赔偿之诉，若项目公司怠于或拒绝提起诉讼，出让方在恢复股东资格后可依法提起股东代表诉讼。

关于违约金，实践中常有当事人在主张合同无效或撤销时要求对方承担违约责任。我们认为，股权转让合同双方当事人互负违约责任是主张违约金的依据，而违约责任的存在是基于股权转让合同。股权转让合同无效或被撤销后，其效力属于自始无效，对于无效的合同不存在违约的可能，故而违约金的主张基础亦不复存在。且合同无效或被撤销后的返还财产与赔偿损失，其立法本意是使双方当事人的利益关系恢复到缔约前的状态，若在此基础上仍支持当事人违约金的主张，则可能使一方当事人因合同无效或被撤销而额外受益,这显然有违公平、公正之义。因此,合同无效或被撤销后主张违约责任不符合《民法典》的规定,在实践中司法机关亦不会支持。

4.1 以取得土地使用权作为项目转让付款条件的,法院如何认定土地使用权的取得时间

——Y公司诉H公司、S公司股权转让侵权纠纷案[①]

> **关 键 词**:企业出售,股权转让,土地使用权取得
>
> **问题提出**:项目转让合同中约定付款的前提是取得土地使用权,那么取得土地使用权是指取得不动产权属证书还是指已依法登记?
>
> **关联问题**:在诉讼过程中,法院能否主动代一方向另一方提出抗辩?
>
> **裁判要旨**:土地使用权的取得以登记为准,只要业经登记,就应认定登记的权利人为真正权利人,是否已领取不动产权属证书并不影响其权利人地位。

案情简介

原告(上诉人):Y公司

被告(被上诉人):H公司

被告(被上诉人):S公司

2003年3月29日,Y公司和M公司与H公司、S公司签订了《企业出售合同》一份,Y公司和M公司将D公司出售给H公司和S公司。约定:包括企业拥有的所有动产、不动产、无形资产以及某国道改造650亩土地开发权;Y公司和M公司应于合同签订后3个月内办理好650亩土地的审批手续并使出售企业取得650亩土地使用权,正在办理中的650亩土地使用权不存在任何法律障碍;H公司和S公司以人民币950万元的价款收购该企业的全部资产,H公司和S公司在Y公司和M公司办理好股东、法定代表人的工商登记变更手续后付700万元,余款250万元在H公司和S公司取得650亩土地使

---

① 本案例系在真实案件基础上加工改写而成。

用权后 5 日内付清；Y 公司和 M 公司有义务协助 H 公司和 S 公司取得另外 400 亩土地的使用权；M 公司同意 H 公司和 S 公司向 Y 公司支付本合同全部价款。同年 4 月 1 日，Y 公司、H 公司、S 公司签订《补充协议》一份，约定：Y 公司转让给 H 公司、S 公司的某国道改造约 1036 亩的土地项目开发权，价款为人民币 2000 万元，其中 1200 万元 Y 公司只能以股本金及项目流动资金转投入而不能抽回，另外 800 万元在 H 公司、S 公司取得约 650 亩土地使用权时付 700 万元，待 H 公司、S 公司取得了 1036 亩的土地使用权时付清余款 100 万元；H 公司、S 公司同意 Y 公司在需要对 D 公司增资时，以项目转让款 1200 万元作为股本金及项目流动资金投入；Y 公司在 H 公司、S 公司取得 650 亩土地后再协助 H 公司、S 公司取得相邻地块约 400 亩土地使用权；如 H 公司、S 公司不能在 6 个月内取得 650 亩土地的使用权，H 公司、S 公司有权不支付 800 万元的余款及 1200 万元的资金，同时 Y 公司无权加入 H 公司、S 公司新设立的公司；为便于办理 D 公司的工商登记变更手续，Y 公司在工商登记部门暂时保留 10% 的股权，鉴于 10% 的股权实际已被 H 公司、S 公司收购，并支付了相应的价款，所以 Y 公司必须于 H 公司、S 公司需要办理股权变更时协助办理变更手续。同时，D 公司工商登记的股东由 Y 公司、M 公司变更为 Y 公司、H 公司、S 公司。同年 4 月 21 日，Y 公司与 H 公司签订《出资额转让协议》一份，约定 Y 公司将在 D 公司的出资额 80 万元转让给 H 公司。S 公司对此没有异议。同年 4 月 24 日，D 公司更名为 S 公司，注册资本从 800 万元变更为 2800 万元，S 公司与 H 公司分别占 60% 和 40% 股份，没有 Y 公司的份额。同年 4 月 30 日，H 公司与 Y 公司签订《"某工程"项目合作协议书》一份，约定 Y 公司同意将持有的 D 公司 10% 股份转让给 H 公司；Y 公司投入 H 公司人民币 1200 万元资金，以项目合作形式参与"某工程"，Y 公司占该项目的 9% 股份。

同年 10 月 28 日，Y 公司与 H 公司签订《协议书》一份，约定：根据 Y 公司与 S 公司达成的协议，截至本协议签字之日，S 公司应向 Y 公司支付人民币 1780 万元（以实际账面数为准），Y 公司需提供正式的税务发票。其履约责任由 H 公司帮助落实，付款时间调整如下：2003 年 12 月 31 日前付给 Y 公司 580 万元，其中 2003 年 11 月上旬付 280 万元，余款 1200 万元在 2004 年 1 月起 6 个月内均衡支付。如 S 公司资金不足，则由 H 公司负责垫付，垫款时间仍按本协议约定的付款时间执行。

H公司、S公司为履行收购D公司股份的《企业出售合同》，向Y公司支付股权转让款共950万元。分别为：2003年3月31日S公司支付700万元，7月14日、8月4日通过S公司先后支付40万元、150万元，2004年1月16日H公司支付60万元。为履行《补充协议》，H公司、S公司通过S公司向Y公司支付股权转让款共1000万元。分别为：2003年8月4日支付50万元，9月3日支付230万元，11月17日支付280万元，2004年1月7日支付240万元，4月23日支付200万元。按《补充协议》约定，H公司、S公司尚欠Y公司股权转让款1000万元。

2003年7月13日，S公司与某市国土资源局签订《国有土地使用权出让合同》，受让某市某区某镇某村690670.12平方米土地使用权，其中农用地转为建设用地432710平方米（计649.065亩）。该地块用于S公司开发建设"某公园"项目。后在某市国土资源局办理了其中650亩的土地登记手续，即涉及《企业出售合同》和《补充协议》约定的国道改造650亩土地开发权的项目。在原审法院第二次开庭前，受让的已登记650亩土地上尚有360户房屋未拆迁，出让方至今不能依法向S公司供地，土地使用权证也未能颁发给S公司。

2005年10月14日，Y公司以"H公司未依2003年10月28日协议约定付款构成违约"为由，向一审法院提起诉讼，请求判令H公司支付欠款1000万元及逾期付款的利息损失，一审法院以"2003年10月28日约定的付款义务人为S公司，H公司是第二顺序的债务人，享有先诉抗辩权，Y公司直接起诉H公司不当"为由，裁定驳回Y公司起诉。Y公司对该裁定不服，向二审法院提起上诉，二审法院裁定撤销原裁定，指令一审法院继续审理。一审法院继续审理期间，Y公司申请追加S公司为被告，并以H公司、S公司截至2004年4月23日尚欠1000万元，构成违约为由，变更诉讼请求为：判令H公司、S公司共同向Y公司支付人民币1000万元，并按每日万分之二点一的标准共同支付逾期付款的利息损失。

一审法院判决：一、由H公司、S公司于判决发生法律效力次日起十日内共同偿付给Y公司股权转让款人民币200万元及赔偿经济损失（自2005年10月14日起至判决确定给付之日止，按中国人民银行规定的同期逾期罚息计算标准计付）。二、Y公司在收取上述第一项载明股权转让款的同时，按约定和税务部门有关规定开具相同金额的税务发票。三、驳回Y公司的其他诉讼请求。

二审法院判决：一、撤销一审判决；二、H公司、S公司共同向Y公司支付股权转让款900万元，并按中国人民银行规定的金融机构计收逾期贷款利息标准向Y公司支付逾期付款利息损失；三、驳回Y公司其他诉讼请求。

各方观点

Y公司观点：（一）H公司、S公司无论是在答辩阶段还是在法庭辩论阶段，从未提出本案付款条件不成就的主张或抗辩，原判以付款条件未成就为由，代替当事人进行抗辩，显然错误。（二）本案项目公司S公司的股权已全部变更至H公司、S公司名下，而且项目公司已取得1036亩系争土地的使用权，其中650亩土地经项目公司申请已于2003年在土地登记卡中获得登记，H公司、S公司支付800万元款项的条件已完全成就。至于项目公司是否向主管部门领取土地使用权证，并不影响其权利的取得；此外，650亩土地上建筑物拆迁完成与否，也不是本案合同约定的付款条件。原判关于本案800万元付款条件未成就的认定，也完全错误。（三）Y公司在原审时从未表示过不再履行与H公司于2003年10月28日签订的协议，原判认定双方同意不再履行该协议没有任何依据。后Y公司放弃了上述第（一）（三）项上诉理由，并称：S公司已于2003年8月领取650亩土地的国有土地使用权证，更证明本案800万元的付款条件已成就。请求二审法院依法撤销原判，改判支持Y公司一审全部诉讼请求。

H公司观点：一审中H公司答辩称，H公司虽曾与Y公司签订过合同，但其中只是约定了H公司的一般保证责任，就事实看，该保证责任依法应当免除。二审中H公司主张，根据本案协议约定，支付款项的前提是土地项目开发权的顺利交接，但至今案涉土地尚未交付，800万元款项支付条件并未成就。原审认定事实清楚，判决合法有效，要求二审予以维持。

S公司观点：一审中S公司答辩称，Y公司在指定举证期限后追加S公司为被告并变更诉讼请求，没有法律依据。其原先起诉时要求H公司承担民事责任，便无权再向S公司主张，变更诉讼请求时陈述的事实与原起诉的事实不属于同一法律关系。根据Y公司起诉事实，2003年4月23日H公司就已将转让的10%股权变更在自己的名下，并与S公司一起将M公司变更为S公司。Y公司此时就已经知道自己的合法权益受到侵犯，于2006年3月31日申请追加 S 公司为被告，超过了两年诉讼时效期间，丧失胜诉权。二审中 S 公司主张其对原审判决尚有意见，第一，因为 M 公司没有参加本案诉讼，Y 公司的诉讼主体不适格；在诉讼过程中，Y 公司追加 S 公司为被告并变更其诉讼请求，也不符合法定诉讼程序。第二，本案《企业出售合同》与《补充协议》属不同的法律关系，前者属企业出售关系，后者属房地产项目转让关系，Y 公司与 S 公司未发生任何直接的关系，其无权向 S 公司主张权利。第三，Y 公司向 S 公司主张权利的诉讼时效期间应从 2003 年 4 月 23 日起算，提起本案诉讼已超过诉讼时效期间，Y 公司丧失胜诉权。第四，《补充协议》涉及房地产项目转让关系，应由不动产所在地法院审理，而且其本身是无效的，不具有法律约束力。

> 法院观点

一审法院观点： 关于 Y 公司是否有权向 H 公司、S 公司主张股权转让款：D 公司的注册资金为 800 万元，Y 公司转让给 H 公司、S 公司连同增值部分价款为 2950 万元，由两部分组成，一是《企业出售合同》公司本身股份的转让价款 950 万元，二是《补充协议》某国道改造约 1036 亩土地项目开发权价款 2000 万元。前一份协议 H 公司、S 公司已经履行完毕，后一份协议亦已经支付了 1000 万元。后一份协议第 1 条约定开发权价款 2000 万元，其中 1200 万元 Y 公司只能以股本金及项目流动资金转投入而不能抽回，另外 800 万元在取得约 650 亩土地使用权时付 700 万元，待取得了 1036 亩的土地使用权时付清，Y 公司暂时保留 10%的股权。而同年 4 月 24 日，D 公司更名为 S 公司，注册资本从 800 万元变更为 2800 万元时，Y 公司在该公司暂时保留的 10%股权也被 H 公司取得，不再享有公司任何股份和项目投资份额，按约 Y 公司应当收回股本金及项目流动资金 1200 万元。该《补充协议》第 4 条约定 H 公司、S 公司如不能在 6 个月内取得 650 亩土地的使用权，有权不支付 2000 万元，这与第 1 条约定冲突，从 1200 万元支付与否依附于参股权取舍的角度看，Y 公司没有股份，则有权主张该款，实际 H 公司、S 公司业已支付了 1000 万元，故尚应再支付 200 万元。同时，H 公司、S 公司部分违约，应承担相应的违约责任。因违约金及付款期限没有明确约定，应从 Y 公司主张之日即起诉之日起算，违约金按中国人民银行规定的金融机构计收逾期罚息的标准计算逾期付款的经济损失。H 公司、S 公司直至 2004 年 4 月 23 日仍然向

Y公司支付股权转让款，诉讼时效至此中断。Y公司提起本案诉讼，没有超过两年诉讼时效期间。

关于H公司、S公司是否享有拒付价款的抗辩权：实际上双方股权转让所涉及的资产为某国道改造650亩土地开发使用权，在《企业出售合同》签订前，Y公司未取得合法的开发权，但前期已作了投资。作为财产所有权转移以交付为依据，我国的土地使用权实行登记发证制度，土地使用权的交付和取得以颁发土地使用权证为准。虽然当地政府有意向让H公司、S公司开发，但讼争土地大部分为农用地转为建设用地，政府出让有个征用、拆迁的动态过程。S公司在与某市国土资源局签订《国有土地使用权出让合同》时，实际土地开发权尚不完全具备，政府不能在短期内发证，只待将来实际取得开发权后才能实现。故可视为股权转让包含土地开发的期待权。为此双方的《补充协议》约定对该期待权进行对价交换，与H公司、S公司支付另外的800万元挂钩，其内容并不违反国家法律强制性规定，符合等价有偿原则。现仅取得土地使用权审批手续，至第二次开庭时，650亩土地上建筑物尚未拆迁完毕，当地政府未正式将该土地登记为H公司、S公司所有并颁发使用权证，也未实际交付可供开发的全部土地使用权，Y公司未能完全履行合同的义务或者说约定的800万元转让款付款条件不成就，H公司、S公司为此有权拒付。

二审法院观点：不动产物权变动以登记为其公示方法，一经登记，就应认定登记的权利人为真正权利人。参照《土地登记规则》第65条规定[①]，土地登记卡是土地登记的主件，也是土地使用权、所有权和土地他项权利的法律依据；土地证书是土地登记卡部分内容的副本，是土地使用者、所有者和土地他项权利持有者持有的法律凭证。据此，原判关于"土地使用权的交付和取得以颁发土地使用权证为准"的认定，缺乏依据。本案中，S公司已于2003年7月30日在政府主管部门土地登记卡中被登记为650亩土地的使用权人，是否已领取土地使用证并不影响其权利人地位，原判以未取得土地使用权证为由否认其已取得土地使用权，与法律及事实状态不符。更何况，根据当事人在二审中提供的证据，S公司已于2003年8月6日领取了650亩土地的使用权证，可见，否认S公司取得该土地使用权不具有任何事实依据。至

---

① 对应修改后的《土地登记规则》第21条第2款。

于地上建筑物是否拆迁完毕，土地出让方能否完全向受让方供地，属于土地出让方与土地受让方之间的法律关系，完成拆迁以及使土地具备交付条件，属于土地出让方的义务。在本案法律关系中，除非当事人特别约定以拆迁完成、政府部门完全供地作为付款条件，否则，土地出让关系与本案无涉，不应影响本案当事人权利的实现。本案合同及补充协议中只是约定以取得土地使用权作为支付800万元的条件，而未特别约定以完成拆迁、完全具备供地条件作为付款的基础。原判以地上建筑物尚未拆迁完毕，政府部门未实际交付可供开发的全部土地为由，认定付款条件未成就，显然错误。当然，就当事人诉争的800万元，本案2003年4月1日"补充协议"约定：H公司、S公司取得约650亩土地使用权时付700万元，待其取得了1036亩土地的土地使用权时付清余款100万元。S公司在与国土资源管理部门签订的《国有土地使用权出让合同》中，尽管受让了1036亩土地使用权，但根据证据及当事人陈述，至今只办理了650亩土地的登记，其余土地并未登记，S公司尚未取得另外436亩土地的使用权。故本案700万元付款条件已成就，而余款100万元的付款条件尚不具备，Y公司现在要求H公司、S公司支付该款的主张不能成立，不应予以支持，待将来付款条件成就后，可另行主张。

据上，Y公司上诉理由部分成立，对其相应的上诉请求应予支持，除原判已判令支付的200万元外，H公司、S公司尚应向Y公司支付700万元。其未如期向Y公司支付上述共计900万元款项，应赔偿相应的利息损失。因为在合同及补充协议中对逾期付款利息损失的标准未作约定，根据最高人民法院相关司法解释规定，应当参照中国人民银行规定的金融机构计收逾期贷款利息的标准计算。关于逾期付款利息损失的起算时间，对原判判令支付的200万元，主要依附于补充协议约定的1200万元股本金及项目流动资金，对此，当事人只是约定以该1200万元转投入而不能抽回，事后H公司、S公司在办理D公司更名为S公司的工商变更登记手续时，未依约定为Y公司保留股份，应向Y公司实际支付该款。而对H公司、S公司尚应支付的700万元，按补充协议约定，支付时间为取得650亩土地使用权时。S公司于2003年7月30日在《国有土地使用权登记卡》中获得该650亩土地使用权登记，从该日起，H公司、S公司支付700万元的条件成就，其未履行该项付款义务，应自次日即2003年7月31日起赔偿逾期付款利息损失。但鉴于Y公司在诉讼请求中只主张了2004年2月1日后的逾期付款利息损失，可认为系对自身权利的处分，对此法院予以认可，即 700 万元的逾期付款利息损失从 2004 年 2 月 1 日起算。

关联案例 1

> **案件名称**：马某 1 与马某 2 继承纠纷案
> **审理法院**：江苏省无锡市中级人民法院（2020）苏 02 民终 3604 号①
> **裁判观点**：土地登记卡是土地登记的主件，也是土地使用权、所有权和土地他项权利的法律依据。

关联案例 2

> **案件名称**：莫某公司与杨某物权确认纠纷案
> **审理法院**：最高人民法院（2015）民申字第 1158 号②
> **裁判观点**：根据《物权法》第 9 条第 1 款③的规定，除法律另有规定的以外，不动产物权的转让以产权登记为要件。

律师点评

　　本案中的 H 公司与 S 公司通过购买股权的方式取得项目用地的开发权，却拖欠转让方 Y 公司的合同价款。案件的主要争议焦点是关于土地使用权取得标准的认定，一审、二审法院对此作出了不同的认定，也因此作出了不同的判决。而在 2007 年《物权法》④出台后，关于不动产物权的变动，法院秉持变动以登记为要件的观点，在《民法典》出台并替代原《物权法》后，对于不动产物权变动登记为要件的规定继续沿用。下面笔者除了对案件主要争议焦点展开阐述外，还将对案件涉及的其他几个争议焦点进行分析和点评：

---

① 载中国裁判文书网，https：//wenshu.court.gov.cn/website/wenshu/181107ANFZ0BXSK4/index.html? docId=967a7eea5e764fd79738ac8d0103f467，最后访问时间：2022 年 6 月 30 日。
② 载中国裁判文书网，https：//wenshu.court.gov.cn/website/wenshu/181107ANFZ0BXSK4/index.html? docId=1538efce087f480fbda85171fca0b8df，最后访问时间：2022 年 6 月 29 日。
③ 对应《民法典》第 209 条第 1 款："不动产物权的设立、变更、转让和消灭，经依法登记，发生效力；未经登记，不发生效力，但是法律另有规定的除外。"
④ 已被《民法典》废止。

一、关于土地使用权取得标准的认定问题

本案中,《补充协议》中约定,Y 公司取得 700 万元股权转让款的前提条件是 S 公司取得约 650 亩土地的使用权。一审法院认为,土地使用权的交付和取得应以颁发土地使用权证为准,若 H 公司、S 公司未取得 650 亩土地的土地使用权证,则应认定 H 公司、S 公司未取得该土地的使用权,那么根据合同约定无需支付该笔 700 万元的股权转让款。而二审法院认为,土地使用权的取得以登记为准,只要业经登记,就应认定登记的权利人为真正权利人,是否已领取不动产权属证书并不影响其权利人地位。

一般来说,土地使用权登记在先,不动产权属证书颁发在后,不动产权属证书的内容应以主管部门登记的内容为准。《民法典》第 209 条第 1 款规定:"不动产物权的设立、变更、转让和消灭,经依法登记,发生效力;未经登记,不发生效力,但是法律另有规定的除外。"《不动产登记暂行条例》第 2 条规定:"本条例所称不动产登记,是指不动产登记机构依法将不动产权利归属和其他法定事项记载于不动产登记簿的行为。本条例所称不动产,是指土地、海域以及房屋、林木等定着物。"土地亦属于不动产的一种,故应按不动产登记的要求完成登记。《不动产登记暂行条例》第 21 条规定:"登记事项自记载于不动产登记簿时完成登记。不动产登记机构完成登记,应当依法向申请人核发不动产权属证书或者登记证明。"可见,土地登记是土地使用权人权利来源的基础,因其具有公示效力,成为外界判断土地使用权取得的标准,而不动产登记权证是颁发给权利人的权利证明文件,需依附于土地登记,只能作为土地使用权取得的辅助认定依据。虽然上述法律法规是在本案审理完结后才出台的,代表目前司法实践的观点,不能作为判断本案当时审理情况的标准。但从案件审理时生效的《土地登记规则》的规定看,二审法院的观点符合当时的司法实践。《土地登记规则》第 21 条第 2 款明确规定了土地登记卡是土地登记的主件,也是土地使用权的法律依据;土地证书是土地登记卡部分内容的副本,是土地使用者、所有者和土地他项权利者持有的法律凭证。可见,当时土地管理部门也是以土地登记作为土地使用权的认定标准的。

二、关于法官主动援引当事人未提及的抗辩理由

本案中,Y 公司在上诉时称,一审法院以合同约定的付款条件不成就为由认定 H 公司、S 公司无需支付款项,但该抗辩理由,H 公司和 S 公司在一审诉讼过程中从未提出,一审法院属代替当事人进行抗辩。虽后来 Y 公司撤

回了该项上诉理由,但该理由引起了笔者的思考。

法院作为审判机关,在审判工作过程中应当处于中立地位,对当事人的争议进行居中裁判,不偏不倚,不能参与到任何一方当事人的攻击或防御之中,否则当事人之间的诉讼结构和攻防力量就容易失衡,进而导致公众对法官的公正性产生怀疑。当然,如果当事人的诉讼行为有可能损害到国家利益、社会公共利益、第三人利益时,法官是有权予以必要的干预的。那么,回到本案中来,是不是说对于当事人未提出的抗辩理由,法官就不能作为裁判的依据呢?笔者认为,虽然抗辩权作为一方对抗另一方请求权的一种权利,当事人有权决定是否主张,但是,人民法院作为审判机关,应当以事实为依据,以法律为准绳审理案件,其有权利也有义务查清与案件争议相关的事实。本案中,Y公司与H公司、S公司的主要争议就是关于股权转让款是否应当支付,那么在此情况下,法院是有义务查清楚股权转让款支付条件的。既然法院经审理查明合同约定的付款条件尚未成就,而H公司、S公司也主张不同意拒绝该笔款项,那么法院只能根据查清的事实进行裁判。否则,若法院一方面认为合同约定的支付条件尚未成就,无需付款;另一方面又判令义务人应支付款项,将难以保证裁判结果的公平公正性,不利于问题的解决,甚至会进一步激化矛盾。因此,笔者认为本案一审法官主动援引当事人未提及的抗辩理由并无不当。

三、关于《补充协议》性质认定的问题

S公司在二审答辩时称《企业出售合同》与《补充协议》属不同的法律关系,前者属企业出售关系,后者属房地产项目转让关系。

笔者认为,S公司的主张并非完全没有道理。虽然从《补充协议》的名称看,其似乎应为《企业出售合同》的补充,但事实情况还应当根据合同的具体内容来判断。虽然《企业出售合同》与《补充协议》的内容中均包含某国道改造土地的开发权,但是《企业出售合同》中的土地开发权是属于D公司所有的,H公司、S公司通过购买D公司的股权取得该土地开发权,故该合同的性质实质为股权转让合同。而从《补充协议》的内容看,虽然里面有关于办理股权变更登记的约定,但是合同主要交易标的为某国道土地开发权,除非该土地开发权属D公司所有,否则《补充协议》难以认定为《企业出售合同》的补充,在这种情况下,《补充协议》认定为独立存在的房地产项目转让合同似乎更加合理。虽然从案件的整体情况推断,《补充协议》所涉土地的

开发权属S公司所有无疑，法院的处理结果并无不当。但遗憾的是，二审法院在判决中并未对此进行说明，也未对S公司关于合同性质的异议进行回应。

四、关于费用支付对象的认定问题

从二审法院的判决中可以看出，二审法院认定H公司、S公司在《补充协议》履行过程中已支付的1000万元股权转让款指的是合同中约定的1200万元的股本金中的1000万元，而1200万元股本金之外的800万元股权转让款均未支付，故认为H公司、S公司应支付未支付的700万元从S公司取得650亩土地的使用权的次日起（即2003年7月31日）计算逾期付款利息。笔者对此存在疑问，二审法院是如何认定H公司、S公司2003年8月4日至2004年4月23日期间支付的1000万元股权转让款中未包含前述的700万元的？为什么不能认定该700万元已支付完毕，未支付的仅为1200万元中的900万元？

笔者认为，除非法院查明的事实明确显示或者Y公司、H公司、S公司均认可H公司、S公司支付的款项所指向的对象，否则，法院应当对款项的支付对象进行分析，而不应当直接作出判断，因为不同的判断会导致不同的计算结果，本案的股权转让款包括两部分，这两部分的支付条件不同，其逾期付款违约责任的起算时间也是不同的。本案中，笔者从二审法院的判决书中无法判断出H公司、S公司已支付的款项明确指向其应支付的1200万元还是700万元的股权转让款。一般来说，除当事人另有约定外，当债务人的给付不足以清偿其对同一债权人所负的数笔相同种类的全部债务时，应当认定优先抵充已到期的债务。本案中，1200万元股权转让款的支付时间当事人并未作出明确约定，且各方亦未能达成一致意见，故法院认定为Y公司起诉之日（2005年10月14日）。至于700万元，合同约定应当在取得土地使用权时支付，即2003年7月30日。因此，从法院查明的事实来看，700万元债务的到期时间早于1200万元债务的到期时间。故根据一般的实践操作，应当认定为先到期的700万元的股权转让款优先支付，即H公司、S公司已支付的1000万元的款项中包括700万元。

综上，笔者认为二审法院关于H公司、S公司已支付的1000万元属于《补充协议》约定的1200万元股权转让款的观点值得商榷。

4.2 法院如何认定未经审批机关批准的外商投资企业权利义务转让合同的效力

——仙某公司与中某公司、远某公司、理某公司股权转让纠纷案[①]

> **关 键 词**：外商投资企业，股权转让，合同效力
>
> **问题提出**：外商投资企业合作者一方转让其权利、义务的，但未报审批机关批准，该转让合同是否有效？
>
> **关联问题**：合同中约定守约方在某种情况下有权解除合同并要求违约方承担违约责任，若守约方选择继续履行合同是否还有权要求违约方承担违约责任？
>
> **裁判要旨**：合作者一方转让其在外商投资企业合同中的权利、义务，转让合同成立后未报审批机关批准的，合同效力应确定为未生效，而非无效。

案情简介

原告（二审被上诉人、再审被申请人）：仙某公司

被告（二审上诉人、再审申请人）：中某公司

被告（二审被上诉人）：远某公司

被告（二审被上诉人）：理某公司

远某公司是于1993年8月18日在某市注册成立的房地产开发项目公司，系有限责任公司，经营范围包括"在某路某号、某街某号地段开发、建设、销售、出租和管理自建的商品楼宇"（以下简称：讼争房产项目），其成立时的中外合作双方分别为二某公司和卓某公司。

2007年1月9日，二某公司、卓某公司、中某公司、理某公司，在产交所的见证下签订了一份《出资额及权益转让合同》。合同称，鉴于二某公司作为

[①] 一审：广州市中级人民法院（2008）穗中法民四初字第80号；二审：广东省高级人民法院（2008）粤高法民四终字第323号；再审：最高人民法院（2009）民申字第1068号，载《最高人民法院公报》2010年第8期。

标的公司（远某公司）的中方出资人，卓某公司作为外方出资人，基于其所投入的注册资金和土地使用权等合作条件而分别取得标的公司"某大厦"建成后二某公司占40%，卓某公司占60%建筑面积的分配权利，中某公司、理某公司两方愿意受让二某公司、卓某公司对标的公司的全部出资额及权益，并同意按照法律规定和合同约定履行义务；转让标的为远某公司中外合作双方全部出资额与权益及其在远某公司的章程和合作合同及其相应修改文件项下的全部权利和义务；转让价格为中某公司、理某公司竞买的价格即人民币8500万元。

2007年4月28日，中某公司为股权出让方，仙某公司为股权受让方，理某公司为项目合作方共同签订《股权转让及项目合作合同》，称仙某公司受让中某公司所占28.5%的远某公司股份，形成新的远某公司股权结构，即仙某公司占28.5%股权，中某公司占11.5%股权，理某公司占60%股权；由于中某公司、理某公司转让标的时出现资金缺口，为了能从产交所将全部股权过户到中某公司、理某公司，仙某公司代中某公司一次性垫付人民币4300万元，并作为仙某公司受让理某公司28.5%股权的对价，该笔资金由中某公司及理某公司的股权作质押担保并将有关房地产项目的证照原件交给仙某公司作为履约的另一保证，待过户完毕后三日内，中某公司、理某公司、仙某公司另行签订《股权转让协议》并到市工商行政部门办理股权变更手续，上述质押同时解除中某公司、理某公司应在远某公司产权交易完成后，将中某公司所占的28.5%股权转让给仙某公司，并负责将中某公司的股权转让到仙某公司名下；若中某公司、理某公司不能按约定完成仙某公司办理股权转让的全部法律手续，视为中某公司、理某公司违约，中某公司无条件退还仙某公司投资款并承担仙某公司出资总额每天1%的违约金，并赔偿仙某公司由此遭受的一切直接和间接损失，而仙某公司在该公司中占有的中某公司股份自动转归中某公司所有；仙某公司、理某公司办理银行贷款后，根据贷款发放金额人民币10000万元，按仙某公司占45%的比例及理某公司占55%的比例归还投资款项，具体返还金额为中某公司不少于收回人民币3000万元，仙某公司不少于人民币2500万元，余款留作开发项目之用。次日，中某公司、仙某公司和理某公司与肖雨某、梁俊某、何少某签订了《补充协议（保证函）》，约定该三个自然人作为前述股权转让及项目合作的连带责任保证人承担连带保证责任，若中某公司、理某公司不按时履行合同的全部和部分内容，仙某公司有权要求该三人或其中任何一方履行清偿责任。以上《股权转让及项目合作合同》签订后，至今尚未报请我国对外经济贸易主管部门审查批准。

2007年4月30日，仙某公司自行划款或通过案外人高某公司代为付款的方式向中某公司指定的产交所账户划付了人民币4300万元。

2007年6月4日，某市某区对外贸易经济合作局以越外经贸复〔2007〕103号文批准二某公司、卓某公司与中某公司、理某公司签订的《出资额及权益转让合同》以及远某公司相应的合作合同修正案、章程修正案生效。同年7月24日，某市工商行政管理局向远某公司颁发了新的营业执照，远某公司的合作方（投资者）亦由二某公司和卓某公司变更为中某公司和理某公司，公司的法定代表人和董事会成员也作了相应变更。

由于上述股权变更登记手续完成后，中某公司和理某公司并未按照《股权转让及项目合作合同》的约定将中某公司所受让40%股权中的28.5%过户到仙某公司名下，仙某公司于2007年9月24日提起了诉讼。请求判令：一、中某公司、远某公司和理某公司立即办理将中某公司所持有的远某公司28.5%的权益变更至仙某公司名下的工商登记变更手续；二、中某公司按每天1‰的标准支付逾期履行违约金至办理工商登记变更手续之日（由2007年7月28日起暂计至2007年11月27日的违约金数额为人民币516万元）；三、中某公司将远某公司房产项目有关证照，即该房产项目的国有土地使用权证原件交由仙某公司保管。

一审法院作出（2008）穗中法民四初字第80号民事判决，判决：一、中某公司于判决生效之日起十日内，就其与仙某公司、理某公司共同签订的《股权转让及项目合作合同》项下的股权转让事宜，报请审查批准机关批准；并在审查批准机关批准之日起十日内，到工商行政管理部门办理该股权变更的登记手续。理某公司、远某公司对此应予配合。二、中某公司于判决生效之日起十日内，向仙某公司支付截至判决生效之日的违约金〔违约金以仙某公司已付款人民币4300万元为基数，按每天1‰的标准，自2007年7月28日起计付；之后的违约金以同样的基数和标准计至股权变更的工商登记手续办理完毕之日止（行政机关审批和登记的工作时间予以扣除）〕，中某公司应在股权变更的工商登记手续办理完毕之日一次性给付。三、中某公司于判决生效之日起十日内，将编号为穗府国用〔2000〕字第特126号的国有土地使用权证原件移交给远某公司的法定代表人林某保管。

二审法院作出（2008）粤高法民四终字第323号民事判决，判决：驳回上诉，维持原判。

再审法院作出（2009）民申字第1068号民事裁定，裁定：驳回中某公司的再审申请。

各方观点

中某公司观点：1.《股权转让及项目合作合同》本质上是借款合同，二审法院错误地定性为股权转让纠纷，属于认定基本事实缺乏证据证明。第一，从缔约背景和目的来看，签订《股权转让及项目合作合同》本意是通过向仙某公司借款来解决中某公司、理某公司在竞拍时出现的资金缺口，以完成受让远某公司的权益。第二，合同第5条第2款并非为仙某公司抽逃出资作出的约定，实际上是仙某公司回收借款的保底条款，保底条款说明该合同本质上是一个借款合同。第三，《担保法》第2条第1款①规定："在借贷、买卖、货物运输、加工承揽等经济活动中，债权人需要以担保方式保障其债权实现的，可以依照本法规定设定担保。"可见担保的设定是为了保障债权的实现，而不是为了保障股权转让的实现。《补充协议（保证函）》约定由肖雨某等人对合同的履行承担连带保证责任，也说明《股权转让及项目合作合同》是借款合同。

2. 若将《股权转让及项目合作合同》认定为股权转让合同，则须经审查批准机关批准才生效，否则，因违反法律强制性规定而无效。二审判决认定合同"成立未生效，但具有类似生效的法律约束力"，没有依据。

3. 二审判决认定中某公司须按每天1‰的标准支付违约金，属于适用法律错误。合同第5条第1款约定的是解除合同的违约金，各方没有约定继续履行合同的违约金标准。既然未约定继续履行合同的违约金标准，则不管是调高还是调低都是没有依据的。二审判决认为仙某公司在起诉时主动将标准降低为每天1‰是自身诉讼权利的变更，也缺乏依据。

仙某公司的观点：1.《股权转让及项目合作合同》是股权转让合同而非借款合同。各方自始至终都没有借款的意思表示。合同明确了股权转让的前因后果、标的和价款，并明确了相关手续的办理等事项，具有股权转让合同的必备条款。合同中没有任何如借款、利息、还款期限等借款合同应当具备

---

① 对应《民法典》第681条："保证合同是为保障债权的实现，保证人和债权人约定，当债务人不履行到期债务或者发生当事人约定的情形时，保证人履行债务或者承担责任的合同。"

的条款。关于用银行贷款归还投资款项的合同条款是各方当事人因急于先行回收投资而约定的，该条款已被法院认定为无效。该条款也非"保底条款"。因为，仙某公司支付了人民币4300万元转让款，若是借款合同保底条款，仙某公司则应收回全款，而中某公司无权收回投资款。况且该条款还明确了银行贷款余款用于项目开发。此外，并非只有在借款关系中才有债务人，债务人在法律上是指在当事人之间产生的特定的权利和义务关系中负有义务的人，保证并非仅限于借款性质的债权。在一、二审的整个过程中，理某公司和远某公司均确认《股权转让及项目合作合同》是股权转让合同，而不是借款合同，股权转让是各方的真实意思。

2. 《股权转让及项目合作合同》未经批准不等于无效。中某公司主张无效违反了诚实信用原则。

3. 合同约定的违约金是针对逾期办理股权变更登记手续的违约行为，而选择解除合同或要求继续履行则是守约方的权利。中某公司称违约金仅适用于解除合同及退还投资款的情形，属于狡辩。

法院观点

一审法院观点： 尽管《中外合作经营企业法》[①] 第10条规定："中外合作者的一方转让其在合作企业合同中的全部或者部分权利、义务的，必须经他方同意，并报审查批准机关批准。"但这只是对股权转让的程序予以规定，并未直接规定未经审批的涉外股权转让合同无效，且现在也没有任何迹象和证据显示，若使本案合同有效将损害国家利益和社会公共利益，鉴此亦不宜以上述法律规定为据否定《股权转让及项目合作合同》在民商法上的效力。更重要的是，从当事人签订《股权转让及项目合作合同》的背景来看，该合同是在中某公司和理某公司已经通过竞拍准备受让远某公司的股权，并与远某公司的原出资人签订了《出资额及权益转让合同》，但由于出现人民币4591.8万元的资金缺口以致合同履行出现困难的情况下签订的。仙某公司的及时垫资避免了中某公司的违约，并使其成功获取了远某公司40%的出资权益。在此仙某公司的诚信履约行为值得肯定，其据此所享有的合同权利亦应受到法律的保护。

---

① 已被《外商投资法》废止。

由于在《股权转让及项目合作合同》签订的当时，中某公司、理某公司与远某公司原出资人之间的《出资额及权益转让合同》尚未获得审查批准机关的批准，远某公司的股权也尚未过户到中某公司名下，此时要求《股权转让及项目合作合同》的缔约各方立即将合同报请审查批准机关批准并不现实。但在此情况下，如果仅仅因为中某公司事后反悔，拒绝将合同报批就否定合同效力，将导致法律适用结果的严重不公平。另外从《股权转让及项目合作合同》的内容来看，仙某公司的义务是一次性垫付人民币4300万元，并以此作为受让中某公司28.5%股权的对价，而办理股权转让的全部法律手续，将中某公司所占40%股权中的28.5%过户到仙某公司名下则是中某公司和理某公司应该承担的义务。换言之，办理股权转让的审批手续在此并非合同的生效要件，而是缔约一方应当履行的合同义务。况且，本案的股权转让只是在中方之间进行，通常不存在审批上的法律障碍。综上，中某公司关于合同无效的抗辩没有法律依据，不予采纳；《股权转让及项目合作合同》属依法成立的合同（其中第5条第2款除外），对当事人具有法律约束力，各方当事人均应遵照执行。

至于违约金标准，合同中的约定是每天1%，仙某公司起诉时已自行将其调整为每天1‰，这是仙某公司对其诉讼权利的处分，依法应予尊重。而根据《合同法》第114条[①]第2款的规定，约定的违约金只有在过分高于违约所造成的损失的情况下，才需要根据当事人的请求予以适当减少。本案中，中某公司的行为显然缺乏诚信，现又无证据证明每天1‰的违约金过分高于因中某公司违约给仙某公司造成的损失，鉴于此，对于中某公司关于违约金标准应在每天1‰的基础上再次予以调整的请求，不予支持。

二审法院观点：关于《股权转让及项目合作合同》效力问题。合同各方当事人对一审判决认定《股权转让及项目合作合同》第5条第2款属无效条款没有异议，但对合同效力有争议。本案事实表明，远某公司成立时是中外合作经营企业性质的有限责任公司，2007年1月9日，中某公司、理某公司

[①] 对应《民法典》第585条："当事人可以约定一方违约时应当根据违约情况向对方支付一定数额的违约金，也可以约定因违约产生的损失赔偿额的计算方法。约定的违约金低于造成的损失的，人民法院或者仲裁机构可以根据当事人的请求予以增加；约定的违约金过分高于造成的损失的，人民法院或者仲裁机构可以根据当事人的请求予以适当减少。当事人就迟延履行约定违约金的，违约方支付违约金后，还应当履行债务。"

与远某公司原股东二某公司、卓某公司签订《出资额及权益转让合同》，分别从远某公司的中、外方股东受让40%、60%股权后，2007年4月28日，中某公司、理某公司、仙某公司签订《股权转让及项目合作合同》，约定中某公司将其受让的远某公司28.5%的股权转让给仙某公司，仍属中外合作经营企业的股权转让问题，根据《中外合作经营企业法》第10条关于"中外合作者的一方转让其在合作企业合同中的全部或者部分权利、义务的，必须经他方同意，并报审查批准机关批准"的规定，远某公司的再次股权变更应报国内外资主管部门审查批准。根据《合同法》第44条[①]第1款关于"依法成立的合同，自成立时生效"的规定，以及第2款关于"法律、行政法规规定应当办理批准、登记等手续生效的，依照其规定"的规定，《股权转让及项目合作合同》因未按法律规定办理批准手续而未生效。但本案事实表明，造成《股权转让及项目合作合同》因未报批而未生效的原因，是在仙某公司、理某公司、远某公司都愿意履行报批手续以促成合同生效的情形下，中某公司明确拒绝配合其他各方完成审批手续以促成合同生效，中某公司故意促成合同不生效的行为客观上使得《股权转让及项目合作合同》产生了视为生效的类似法律效果。因此，就《股权转让及项目合作合同》效力而言，除第5条第2款属无效条款外，依法成立未生效，但具有类似生效的法律约束力。

关于中某公司向仙某公司支付违约金的问题。根据《股权转让及项目合作合同》约定，若中某公司、理某公司不能按约定完成向仙某公司的股权转让手续，应视为违约，中某公司应退还仙某公司投资款并承担按仙某公司出资总额每天1%的违约金。本案事实表明，仙某公司垫付人民币4300万元，中某公司受让远某公司40%股权，但中某公司拒绝按照合同约定，配合完成将28.5%股权过户给仙某公司的手续。仙某公司有权参照合同约定向中某公司主张违约金，仙某公司主动将违约金标准调低为每日1‰，属其行使处分权表现，该院予以支持。一审法院判决中某公司按照仙某公司已出资款项人民币4300万元，依据每日1‰标准，自2007年7月28日起，计算违约金，并

[①] 对应《民法典》第502条："依法成立的合同，自成立时生效，但是法律另有规定或者当事人另有约定的除外。依照法律、行政法规的规定，合同应当办理批准等手续的，依照其规定。未办理批准等手续影响合同生效的，不影响合同中履行报批等义务条款以及相关条款的效力。应当办理申请批准等手续的当事人未履行义务的，对方可以请求其承担违反该义务的责任。依照法律、行政法规的规定，合同的变更、转让、解除等情形应当办理批准等手续的，适用前款规定。"

无不当，二审法院予以支持。中某公司上诉主张其并未违约，即使违约，违约金也过高。该主张依据不足，该院不予支持。

再审法院观点：关于《股权转让及项目合作合同》的性质。当事人争议的是该合同是股权（权益）转让合同还是借款合同。该合同名称为股权转让和项目合作合同，其内容也是仙某公司受让中某公司持有的28.5%股权，股权需变更至仙某公司名下，并约定了未按期完成股权变更的违约责任，故该合同是典型的股权（权益）变更合同。中某公司称从《股权转让及项目合作合同》订立的背景和目的看，该合同是借款合同。该合同签订的背景是中某公司在竞拍远某公司权益时出现资金缺口，这是事实。但在现实经济生活中，通过借款来解决资金困难不是唯一的方式，当事人还可以通过转让股权（权益）等方式来筹资。本案当事人选择了转让股权（权益）这种方式来筹资，并无借款的意思表示。中某公司称《股权转让及项目合作合同》第5条第2款为保底条款，由此可推断该合同只能是借款合同。按照该合同条款，中某公司和仙某公司在远某公司获得的贷款中提取一部分先行收回投资，该条款是提前收回出资的条款，而不是保底条款，更不能据此认定整个合同是借款合同。中某公司称他人为该合同履行提供了担保，故该合同就是借款合同，这是对法律的误解。《担保法》[①]第2条第1款规定："在借贷、买卖、货物运输、加工承揽等经济活动中，债权人需要以担保方式保障其债权实现的，可以依照本法规定设定担保。"该条仅列举了适用担保的部分情形，不能根据该款规定得出只能为借贷、买卖、货物运输、加工承揽提供担保的结论。根据《民法通则》[②]第89条，可以为各类债务的履行设定担保。股权（权益）转让合同属于民法上的债，为其履行设定担保符合法律规定。因此，不能根据肖某田等人为《股权转让及项目合作合同》的履行提供了担保就认定该合同只能是借款合同。

关于《股权转让及项目合作合同》的效力。《中外合作经营企业法》第10条规定："中外合作者的一方转让其在合作企业合同中的全部或者部分权利、义务的，必须经他方同意，并报审查批准机关批准。"对于未经批准的，效力如何，该法没有明确规定。但《合同法》第44条规定："依法成立的合

[①] 已被《民法典》废止。
[②] 已被《民法典》废止。

同，自成立时生效。法律、行政法规规定应当办理批准、登记等手续生效的，依照其规定。"依照《合同法》该条规定，此类合同虽已成立，但不像普通合同那样在成立时就生效，而是成立但未生效。《最高人民法院关于适用〈中华人民共和国合同法〉若干问题的解释（一）》第9条①第1款对此类合同的效力则有更明确的解释，即："依照合同法第四十四条第二款的规定，法律、行政法规规定合同应当办理批准手续，或者办理批准、登记等手续才生效，在一审法庭辩论终结前当事人仍未办理批准手续的，或者仍未办理批准、登记等手续的，人民法院应当认定该合同未生效……"因此，二审判决认定《股权转让及项目合作合同》成立未生效。由于该合同未生效的原因是未经批准，而批准的前提是当事人报批，促成合同生效的报批义务在合同成立时即应产生，否则，当事人可肆意通过不办理或不协助办理报批手续而恶意阻止合同生效，这显然违背诚实信用原则。《最高人民法院关于适用〈中华人民共和国合同法〉若干问题的解释（二）》② 第8条规定，经批准才能生效的合同成立后，有义务办理申请批准手续的一方当事人未按照法律规定或者合同约定办理申请批准的，属于合同法第42条第3项规定的"其他违背诚实信用原则的行为"，人民法院可以判决相对人自己办理有关手续；对方当事人对由此产生的费用和给相对人造成的实际损失，应当承担损害赔偿责任。既然"相对人"可以自己办理有关手续，而"对方当事人"应对由此产生的损失给予赔偿，那么，"相对人"自然也可以要求"对方当事人"办理申请批准手续。

关于违约金。《股权转让及项目合作合同》第5条第1款的内容为：若中某公司、理某公司不能按约定完成办理股权转让的全部法律手续，视为违约，中某公司应无条件退还仙某公司投资款并承担出资总额每天1%违约金。中某公司称该条款仅约定了解除合同的违约金，属于理解错误。根据该违约责任条款，只要中某公司违约，就应按每日1%支付违约金，仙某公司还可以要求解除合同，至于是选择解除合同还是选择要求继续履行合同，则是仙某公司的法定权利。仙某公司在起诉时主动将违约金标准降低为每天1‰，是对自身权利的处分，不违反意思自治原则。

---

① 已被《最高人民法院关于废止部分司法解释及相关规范性文件的决定》废止。
② 已被《最高人民法院关于废止部分司法解释及相关规范性文件的决定》废止。

关联案例 1

案件名称：王某群、天某公司股权转让纠纷案

审理法院：最高人民法院（2020）最高法民终 677 号①

裁判观点：关于特殊生效要件。根据查明事实，虽然案涉各方的股权转让实际依照《11.56 亿股权买卖协议》履行，但为规避行政审批要求，当事人串通签订《0.89 亿股权转让协议》用于报批，2007 年 11 月 26 日，商务部审批通过以该《0.89 亿股权转让协议》为基础的股权转让。因此，2007 年 12 月 5 日之前，《11.56 亿股权买卖协议》没有被报送至商务部并获得审批。由于缺乏经审批机关批准这一特殊要件，《11.56 亿股权买卖协议》虽然已于 2007 年 5 月 2 日成立，但在 2007 年 12 月 5 日之前未生效。

关联案例 2

案件名称：吉某公司、鹰某公司股权转让纠纷案

审理法院：最高人民法院（2017）最高法民终 651 号②

裁判观点：《股权转让合同》未生效并不代表对当事人没有拘束力，相反，鹰某公司负有报批促使合同生效的义务。鹰某公司、张某义、张某上诉认为鹰某房地产公司撤回报批申请，系因吉某公司没有履行再投资 8500 万元的承诺。然而，鹰某公司、张某义、张某并不能提供证据证明吉某公司作出了该等承诺，该等承诺也未记载于《股权转让合同》，故其主张的撤回报批申请的理由不能成立。鹰某公司控制的鹰某房地产公司在外资审批程序终结前单方撤回报批申请的行为，不仅违反了《股权转让合同》约定应由鹰某公司完成的报批义务，也违背了民法的诚实信用原则。鹰某公司控制的鹰某房地产公司撤回报批申请的行为不影响《股权转让合同》的效力状态。《外商投资纠纷案件规定（一）》第 9 条规定："外商投资企业股权转让合同成立后，受让方未支付股权转让款，转让方和外商投资企业亦未履行报批义务，转让方请求受让方支付股权转让款的，人民法院应当中止审理，指令转让方在一定期限内办理报批手续。"本案一审审理过程中，河南高院指令吉某公司办理报批手续，但因鹰某公司、鹰某房地产公司不予配合，未能成功办理，故《股权转让合同》仍处于成立但未生效状态。

---

① 载中国裁判文书网，https：//wenshu.court.gov.cn/website/wenshu/181107ANFZ0BXSK4/index.html? docId=729d0d65d63941b795f1ad160123c2ee，最后访问时间：2022 年 6 月 30 日。

② 载中国裁判文书网，https：//wenshu.court.gov.cn/website/wenshu/181107ANFZ0BXSK4/index.html? docId=341da8e855804f61a608a87e0111a8ec，最后访问时间：2022 年 6 月 30 日。

关联案例 3

案件名称： 三某公司与红某公司等合同纠纷案
审理法院： 最高人民法院（2020）最高法民终 679 号①
裁判观点： 依据《外商投资法解释》第 2 条第 1 款规定，对外商投资法第 4 条所指的外商投资准入负面清单之外的领域形成的投资合同，当事人以合同未经有关行政主管部门批准、登记为由主张合同无效或者未生效的，人民法院不予支持。

律师点评

本案中，中某公司为了获得外商投资企业远某公司名下某项目土地的分配权利，受让远某公司原股东的出资额及权益，后由于资金缺口，将其受让的远某公司的部分股东权益转让给仙某公司。但在仙某公司支付完相应转让对价后，中某公司拒绝办理股权变更手续。案件的主要争议焦点为：未经过主管部门批准的中外合作经营企业的股权转让合同是否有效。下面笔者除了对案件主要争议焦点展开阐述外，还将对案件涉及的其他几个争议焦点进行分析和点评：

一、关于《股权转让及项目合作合同》的性质问题

中某公司主张《股权转让及项目合作合同》本质上是借款合同，原因在于其签订合同的本意是通过向仙某公司借款来解决资金缺口，且合同第 5 条第 2 款关于收回投资的约定，实际上是仙某公司回收借款的保底条款，而合同中关于担保的设定是为了保障债权的实现，并不是为了保障股权转让的实现。再审法院经审理认为，中某公司的说法缺乏依据，该合同并无借款的意思表示，是典型的股权（权益）转让合同。

笔者认可再审法院的观点。合同的性质应当根据合同的具体内容、特性以及涉及的法律关系进行判断。姑且不说本案中，合同本身的名称就是股权转让和项目合作合同，单从合同的内容看，合同中就已包含了一般股权转让合同中应当具备的基本合同要素，包括：购买的股权内容、购买的对价、股权转让的流程、股权转让款支付的方式、中某公司未完成股权转让手续应承

---

① 载中国裁判文书网，https://wenshu.court.gov.cn/website/wenshu/181107ANFZ0BXSK4/index.html? docId=4149128597d94e94bbfeace200d0c6b9，最后访问时间：2022 年 6 月 29 日。

担违约责任等，所体现出来的明显就是典型的股权转让关系，即仙某公司以4300万元的对价购买中某公司享有的远某公司28.5%的股权。因此，本案中的《股权转让及项目合作合同》属于名实相符的股权转让合同。

关于中某公司所述的理由，虽然中某公司称其订立合同是为了解决资金缺口，但这并不能推断出由此订立的合同即为借款合同。因为获得资金的方式是多样的，合同中约定的出售股权也是其中的一种。再者说，若仅以中某公司的目的就认定合同性质，那仙某公司通过订立合同取得股权的合同目的又将如何保障。可见，一方订立合同的目的并不能成为认定合同性质的主要依据。而对于合同中关于提前收回投资的约定，姑且不论该约定的效力，单从条款的内容看，无法从中推断出借款的意思表示：首先，该条款针对的是中某公司和仙某公司两方，合同约定提前收回的金额远远低于仙某公司的支付款，且未约定仙某公司收回款项后将取得的股权返还中某公司，如该合同为借款合同，则该条款中不应有中某公司收回款项的约定，且约定的仙某公司收回的款项数额应大于或等于其所支付的价款，同时还应约定仙某公司收回款项后如何返还已取得的远某公司的股权；其次，该条款的内容很明确就是关于中某公司和仙某公司提取一部分贷款从而先行收回投资的约定，从中无法推断出仙某公司支付的价款是属于借款的意思表示。而仙某公司关于因合同设置担保，故合同为借款合同的论断更是毫无依据，担保并非借款合同独有，股权转让合同同样可以设置担保。

二、关于经过主管部门批准的中外合作经营企业的权利转让合同的效力问题

本案中，中某公司主张《股权转让及项目合作合同》未经审查批准机关批准，违反法律强制性规定应为无效。一审法院从诚信、公平及审批障碍的角度出发，认定合同有效，而二审及再审法院均认为合同因未经审批而成立未生效。

人民法院认定合同因违反法律、行政法规的强制性规定而无效，只能依据全国人大及其常委会制定的法律和国务院制定的行政法规，只有违反法律和行政法规的强制性规定才能确认合同无效。强制性规定又包括管理性强制性规定和效力性强制性规定。管理性强制性规定是指法律及行政法规未明确规定违反此类规范将导致合同无效的规范。此类规范旨在管理和处罚违反规定的行为，但并不否认该行为在民商法上的效力。效力性强制性规定是指法律及行政法规明确规定违反该类规定将导致合同无效的规范，或者虽未明确规定违反之后将导致合同无效，但若使合同继续有效将损害国家利益和社会公共利益的规范。此类规范不仅旨在处罚违反之行为，而且意在否定其在民商法上的效力。根据《民法典》第153条第1款规定："违反法律、行政法规的强制性规定的民事法律行为无效。但是，该强制性规定不导致该民事法律行为无效的除外。"我国法律并未将外商投资企业权利转让的审批列为效力性强制性规范，并未规定外商投资企业权利转让未经审批无效。《外商投资法解释》第2条第1款规定："对外商投资法第四条所指的外商投资准入负面清单之外的领域形成的投资合同，当事人以合同未经有关行政主管部门批准、登记为由主张合同无效或者未生效的，人民法院不予支持。"可见，目前司法实践中业已明确外商投资企业未经审批股权转让合同的效力认定方式：不可以合同未经批准、登记为由主张合同无效或未生效。因此，笔者认为关于外商投资企业权利转让的审批规定应属于管理强制性规定，意在规范外商投资企业的管理，违反该规定并不会导致合同无效。故中某公司关于合同无效的主张缺乏法律依据。

虽然《股权转让及项目合作合同》并非无效，但这并不代表合同就当然有效，因为合同还存在是否生效的问题。一审法院认为"办理股权转让的审批手续在此并非合同的生效要件，而是缔约一方应当履行的合同义务"，该说法缺乏法律依据。《民法典》第502条规定："依法成立的合同，自成立时生效，但是法律另有规定或者当事人另有约定的除外。依照法律、行政法规的规定，合同应当办理批准等手续的，依照其规定。未办理批准等手续影响合同生效的，不影响合同中履行报批等义务条款以及相关条款的效力。应当办理申请批准等手续的当事人未履行义务的，对方可以请求其承担违反该义务的责任。依照法律、行政法规的规定，合同的变更、转让、解除等情形应当办理批准等手续的，适用前款规定。"如前所述，如若法律已明文规定外商投资企业转让权利义务应当办理批准手续，那么在中某公司拒绝履行报批的义务导致合同未经审批的情况下，法院应认定《股权转让及项目合作合同》成立未生效。因此，一审法院关于办理股权转让的审批手续并非合同生效要件的论断不符合法律规定（见关联案例1）。

但值得注意的是，本案二审、再审法院在裁判中是依据当时有效的《合同法》第44条[①]第2款关于"法律、行政法规规定应当办理批准、登记等手续生效的，依照其规定"的规定，而直接作出《股权转让及项目合作合同》未生效的论断。笔者认为法律并未规定必须审批后合同才能生效。本案中法院在没有论证《股权转让及项目合作合同》属于前述条款中指向的"法律、行政法规规定应当办理批准、登记等手续生效"的情形的情况下，直接适用前述条款的规定，论证不够严密。因此，虽然笔者认同二审、再审法院关于合同效力的认定结果，但同时认为法院的论证过程，即对于前述条款的适用，值得商榷。而在《民法典》生效后，前述条款被《民法典》第502条替代，《民法典》第502条第2款同样规定："依照法律、行政法规的规定，合同应当办理批准等手续的，依照其规定。未办理批准等手续影响合同生效的，不影响合同中履行报批等义务条款以及相关条款的效力……"法院论证过程无法绕开这样两层逻辑要求：第一，应先论证《股权转让及项目合作合同》系必须办理批准手续才生效的合同；第二，再论证因未办理批准手续影响合同生效，合同之生效要件未达成导致合同未生效。笔者认为，在《民法典》施行后，就该要点展开论证时应格外注意逻辑严密的要求，并且不应认为该合同之效力为无效。

三、关于在《股权转让及项目合作合同》因未经批准而未生效的情况下，是否有权要求义务人履行报请审批机关批准义务的问题

如前所述，本案中《股权转让及项目合作合同》因未经批准而处于成立未生效的阶段，在此情况下，仙某公司是否有权要求中某公司履行行政报批的义务呢？这里就要涉及成立未生效的合同的约束力问题。

合同成立未生效并不代表合同不具有法律效力，未生效的合同对合同当事人仍然具有法律约束力，《民法典》第465条规定："依法成立的合同，受法律保护。依法成立的合同，仅对当事人具有法律约束力，但是法律另有规定的除外。"可见，虽然《股权转让及项目合作合同》未生效，但中某公司同样要受到其约束。但未生效的合同毕竟与生效合同不同，不可能要求合同当

[①] 对应《民法典》第502条："依法成立的合同，自成立时生效，但是法律另有规定或者当事人另有约定的除外。依照法律、行政法规的规定，合同应当办理批准等手续的，依照其规定。未办理批准等手续影响合同生效的，不影响合同中履行报批等义务条款以及相关条款的效力。应当办理申请批准等手续的当事人未履行义务的，对方可以请求其承担违反该义务的责任。依照法律、行政法规的规定，合同的变更、转让、解除等情形应当办理批准等手续的，适用前款规定。"

事人完全履行合同约定的义务。笔者认为，从一般原则的角度分析，成立未生效合同对当事人的强制力应限于要求其履行促使合同生效的相关合同义务或法律义务，这主要从诚实信用原则的角度考虑（见关联案例2）。因为若不约束合同义务方履行促使合同生效的义务，则合同义务方有可能会肆意通过不办理或不协助办理报批等手续恶意阻止合同生效，这对于合同另一方来说是很不公平的；当然，若要求合同当事人完全履行合同义务也是不公平的，这会模糊了合同成立与生效之间的界限。而《民法典》第502条规定："依法成立的合同，自成立时生效，但是法律另有规定或者当事人另有约定的除外。依照法律、行政法规的规定，合同应当办理批准等手续的，依照其规定。未办理批准等手续影响合同生效的，不影响合同中履行报批等义务条款以及相关条款的效力。应当办理申请批准等手续的当事人未履行义务的，对方可以请求其承担违反该义务的责任。依照法律、行政法规的规定，合同的变更、转让、解除等情形应当办理批准等手续的，适用前款规定。"可见，司法审判实践中也是认可可以根据成立未生效的合同，要求履行办理申请批准等手续的义务以促使合同生效，同时规定如合同义务方不同意办理，另一方有权要求对方承担违反该义务的责任。具体到本案中，由于仙某公司客观上无法办理审批手续，因此法院判令要求中某公司履行报批的义务。该判决既符合《民法典》的精神，又结合客观实际，能有效地促进纠纷的解决，合情合理合法，值得肯定。

事实上，上述做法目前还得到了最高人民法院的认定。2020年12月23日修改的《外商投资纠纷案件规定（一）》第1条第2款规定："前款所述合同因未经批准而被认定未生效的，不影响合同中当事人履行报批义务条款及因该报批义务而设定的相关条款的效力。"

四、关于《股权转让及项目合作合同》中退还投资款并承担违约金条款如何理解的问题

《股权转让及项目合作合同》中约定：若中某公司、理某公司不能按约定完成仙某公司办理股权转让的全部法律手续，视为中某公司、理某公司违约，中某公司无条件退还仙某公司投资款并承担仙某公司出资总额每天1%的违约金，并赔偿仙某公司由此遭受的一切直接和间接损失，而仙某公司在该公司中占有中某公司股份自动转归中某公司所有。中某公司认为该条款只适用于仙某公司解除合同的情形，在仙某公司要求继续履行合同的情况下，仙某公司无权根据该条款要求中某公司承担仙某公司出资总额每天1%的违约金。再审法院对上述条款进行解读认为，违约金的支付并不以合同解除为前提，只要中某公司违约，就应按每日1%支付违约金。

笔者认为，上述合同条款事实上赋予仙某公司在中某公司出现特定违约情形的情况下拥有解除合同和追究违约责任的权利，这两种权利是并行不悖的，并不互为前提，可单独适用。权利是可以放弃的，因此仙某公司有权不行使解除合同的权利而只追究中某公司的违约责任。再者说，合同条款中已明确仙某公司未办理股权转让手续即视为违约，既然是违约，那就当然适用于同一条款中针对该特定违约情形设立的违约责任。因此，再审法院对于上述条款的解读是恰当的，公平合理的，充分地维护了守约方的合法权益。

五、外商投资企业的股权（权益）转让由审批制变更为负面清单制为主的外商投资管理制度

本案外商投资企业一方转让其权利、义务产生的纠纷发生在2008年，需要注意的是，此后发生了一系列的法律沿革，以下简要梳理：2016年9月3日第十二届全国人民代表大会常务委员会第二十二次会议通过《关于修改〈中华人民共和国外资企业法〉等四部法律的决定》[1]，其中：一、对《外资企业法》作出修改，增加一条，作为第23条："举办外资企业不涉及国家规定实施准入特别管理措施的，对本法第六条、第十条、第二十条规定的审批事项，适用备案管理。国家规定的准入特别管理措施由国务院发布或者批准发布。"二、对《中外合资经营企业法》作出修改，增加一条，作为第15条："举办合营企业不涉及国家规定实施准入特别管理措施的，对本法第三条、第十三条、第十四条规定的审批事项，适用备案管理。国家规定的准入特别管理措施由国务院发布或者批准发布。"三、对《中外合作经营企业法》作出修改，增加一条，作为第25条："举办合作企业不涉及国家规定实施准入特别管理措施的，对本法第五条、第七条、第十条、第十二条第二款、第二十四条规定的审批事项，适用备案管理。国家规定的准入特别管理措施由国务院发布或者批准发布。"2016年10月8日商务部公布实施的《外商投资企业设立及变更备案管理暂行办法》第2条规定："外商投资企业的设立及变更，不

---

[1] 其中《中外合资经营企业法》《外资企业法》《中外合作经营企业法》均已被《外商投资法》废止。

涉及国家规定实施准入特别管理措施的，适用本办法。"第6条规定，属于本办法规定的备案范围的外商投资企业，发生以下变更事项的，办理变更备案手续："……（三）股权（股份）、合作权益变更……"

2019年3月15日第十三届全国人民代表大会第二次会议通过《外商投资法》，该法第4条第1款、第2款规定："国家对外商投资实行准入前国民待遇加负面清单管理制度。前款所称准入前国民待遇，是指在投资准入阶段给予外国投资者及其投资不低于本国投资者及其投资的待遇；所称负面清单，是指国家规定在特定领域对外商投资实施的准入特别管理措施。国家对负面清单之外的外商投资，给予国民待遇。"2019年12月16日最高人民法院审判委员会通过《外商投资法解释》，该司法解释第2条规定："对外商投资法第四条所指的外商投资准入负面清单之外的领域形成的投资合同，当事人以合同未经有关行政主管部门批准、登记为由主张合同无效或者未生效的，人民法院不予支持。前款规定的投资合同签订于外商投资法施行前，但人民法院在外商投资法施行时尚未作出生效裁判的，适用前款规定认定合同的效力。"

司法实践中，最高人民法院在关联案例3的裁判观点："因并无证据证明三某公司与红某公司签订的《中外合资经营企业合同》属于外商投资准入负面清单领域，而且该合同在获得批准前三某公司已实际投资建设相关设施设备，红某公司还与三某公司签订《补充合同》持续推进该合同的履行，所以，红某公司以该合同未经有关审批进而不符合法律规定和合同约定为由主张该合同未生效，缺乏法律依据，对红某公司的该项主张不应支持。"

综上，笔者认为，我国就外资营商环境不断改善，2016年一系列法律法规规章的出台使得不涉及国家实施准入特别管理措施的外商投资企业股权（权益）转让由审批制变作了备案制，较大限度地为外商投资企业创造了宽松的股权转让条件，而随着2019年一系列法律法规规章的出台，不涉及国家规定实施外商投资准入负面清单制度的外商投资企业的股权（权益）转让合同之效力亦不再仅因未经审批而无效或未生效，更大幅度地为外商投资企业"松绑"，实现"国民待遇"。

4.3 因用地条件变化而追加项目（股权）转让款约定的效力如何认定

——H 公司诉 J 公司等股权转让合同纠纷、J 公司等反诉 H 公司赔偿损失纠纷案①

> **关 键 词**：土地项目转让，建筑总面积增加，股权转让款
>
> **问题提出**：项目转让后因建筑总面积增加可追加股权转让款的约定能否获得法院支持？
>
> **关联问题**：转让方对目标公司或有债务负责的承诺未兑现，受让方垫付后是否有权主张赔偿损失？
>
> **裁判要旨**：《合作协议》规定 1 号地新增面积价款仍按地上面积以每平方米 700 元追加转让价款，并未区分是新增地上面积还是地下面积，故此"按地上面积以每平方米 700 元追加转让价款"应当理解为凡增加面积的转让价款标准。对于转让方要求对新增面积追加转让款条款的请求应予支持。

案情简介

原告（反诉被告、被上诉人）：H 公司

被告（反诉原告、上诉人）：J 公司、沙甲、沙乙

被告（上诉人）：J 餐饮公司

H 公司、贺某（以下简称：卖方）系 M 公司原股东。M 公司于 1995 年成立，注册资金为 3000 万元，法定代表人为刘某华，成立时由卖方两个股东组成，其中贺某为自然人股东，投资 2400 万元，占注册资本的 80%；H 公司投资 600 万元，占注册资本的 20%。M 公司为房地产开发暂定二级资质。

卖方于 2005 年 6 月 9 日与 J 公司、沙甲、沙乙（以下简称：买方）签订《合作协议》，卖方将某竹园项目转让给买方，买方向卖方支付相应项目转让款，协议约定了以下与本案有关的条款：

---

① 本案例系在真实案件基础上加工改写而成。

"一、买卖双方转让的某某园景观住宅区（以下简称：该项目），系某路及周边地区一平方公里的城市控规中六块地中的1、2、3号地，其中1号地办完了前期相关手续，具备开工条件。1号地项目总建筑面积为67030平方米，其中：地上可售面积50010平方米，文物600平方米……3块地现状随经资产剥离后的M公司同时转让。

二、M公司已完成如下政府批文（略）。

三、合作方案：（一）卖方应负责将M公司除某竹园项目之外的其他资产（包括债权债务）、业务从M公司剥离。（二）卖方将其持有经剥离后的M公司全部股权转让给买方，买方向卖方支付包括股份转让款在内的本协议约定款项。

四、1号地转让价款及支付方式：

（一）协议约定款项1号地总额为20099万元（含股权转让款）。

（二）1号地新增面积价款仍按地上面积以每平方米700元追加转让价款，于规划局批准之日3日内支付。

（三）1号地转让价款支付方式为：

1. 第一次付款2000万元在以下条件满足后当日支付（其中1400万元由买方直接支付给银行，以清偿M公司的银行贷款；约106万元支付给某市某区税务所，以清偿M公司的欠税；其余款项买方直接支付卖方清理其他债务。（1）卖方在本协议签署之时提供买方所要求的文件资料（详见本协议附件：《审慎调查清单》）经买方核实无误。（2）卖方将全部股权转让至买方名下，但为保障卖方利益，双方将以M公司股东会议决议的形式签署正式文件，股东决议买方一旦不能如约支付2000万元转让费，买方同意卖方无条件收回全部股权（此文件双方签署后交由卖方保管，买方支付2000万元后退回买方，作废处理）。（3）卖方收到买方第一次款2000万元时，将M公司印鉴、证照、文件（原件）交由买卖双方共管。

2. 第二次付款12000万元在以下（1）（2）（3）条件满足后20日内，由买方将11500万元直接支付给万某公司，500万元买方支付给卖方（需支付给万某公司的款项超过11500万元的部分由卖方承担，该款项可从买方的其他应付款中扣除）。（1）卖方将法定代表人变更为买方指定人员，完成工商登记变更注册手续；（2）卖方应保证在买方向万某公司支付11500万元并到账后1日内将项目的原土地使用权证和房屋所有权证以及项目土地交付给买方，除

11500万元之外如万某公司需向M公司追讨其他违约金赔偿的款项，则该款项由卖方承担；（3）买方支付2000万元拥有M公司经剥离后的全部股权时，通过指定审计单位对M公司进行内部审计，审计结果与卖方提供之审慎调查材料相符。

特别条款：（1）当买方支付完毕12000万元到账后，卖方应保证万某公司将原土地证及房屋产权证交付买方，并于2日内将土地实际控制权交与买方。同时进行市政管网的交接工作。（2）卖方完成M公司除某竹园项目之外的其他资产、业务从M公司剥离的工作。如尚未完成剥离工作，则M公司全部债务累计不能超过买方未支付给卖方的转让款总和。（3）买方支付完毕12000万元的同时，解除对M公司印鉴、证照文件（原件）的共管，交由买方管理。

3. 第三次付款6099万元在以下条件满足后20日内支付，4200万元土地出让金和契税中的35922460元由买方直接支付给原债权人鼎某公司及康某公司，6077540元由买方直接支付给卖方（超过4200万元部分的债务由卖方承担，该款项可从买方的其他应付款中扣除），余下1899万元买方支付给卖方：（1）卖方于买方第二次付款后30日内，完成某竹园项目1号用地建筑物拆除及土地的平整工作，费用双方各自承担50%，可先由买方垫付。（2）M公司办理完毕并取得某竹园项目1号地1号楼建筑工程的开工许可证时，买方按余款的50%支付给卖方款项950万元，M公司在取得1号地2号楼工程规划许可证及开工许可证时，买方支付余款剩余的50%给卖方949万元。办证费用由买方负担。若买方需修改方案，应在办理2号楼委托修改施工图前支付。

……

七、规划标准：

各方同意，某某园住宅区项目1号地最终被政府规划管理部门批准的规划指标应符合以下标准，并确认该批准是否成立构成买方签署并履行本协议的前提和基础：……（二）1号地规划总建筑面积为66430平方米，其中地上建筑面积为50010平方米。（四）1号地项目建设用地面积17207.31平方米。

……

九、股权变更：

卖方应在本协议签署后7个工作日内，配合买方将M公司的全部股权变更至买方名下。买方于工商变更完成后即刻将第一次应付款 2000 万元支付卖方。如买方在 7 日内仍不付款，卖方有权收回股权并追讨买方 1000 万元的违约赔偿。

……"

2005 年 6 月 9 日，作为受让方的买方与作为转让方的卖方签订股权转让合同。合同约定：一、转让方同意将其持有的 M 公司全部股权转让给受让方。其中贺某将其持有的 70% 股权转让给沙甲、10% 股权转让给沙乙；H 公司将其持有的 20% 股权转让给 J 公司……四、转让方和受让方同意确定 M 公司全部股权的转让总价款为 3000 万元，具体支付方式由转让方和受让方另行协商确定。股权转让合同中的其他条款在《合作协议》中均有体现。

2005 年 6 月 19 日，J 餐饮公司出具《担保函》。内容为：鉴于：沙甲先生、沙乙先生及 J 公司向贺某女士及 H 公司收购其拥有之 M 公司股权。双方并于 2005 年 6 月 9 日签订《合作协议》。本公司愿为沙甲先生、沙乙先生及 J 公司在《合作协议》约定的付款义务提供担保。如沙甲先生、沙乙先生及 J 公司未能履行按《合作协议》约定的付款义务，其应付未付部分款项由本公司立即支付，否则愿承担法律责任。本保函在沙甲先生、沙乙先生及 J 公司未付清《合作协议》约定的转让款之前有效。

2005 年 6 月 9 日，贺竹、贺某作为委托人分别向受委托人刘某华出具授权委托书。授权范围为：委托人授权受委托人刘某华代表委托人与 J 公司、沙甲、沙乙签署有关某竹园项目的《合作协议》及有关 M 公司股权转让的股权转让合同及其他相关法律文件，并代表委托人履行《合作协议》、股权转让合同等法律文件。

关于 1 号地新增面积的事实：《合作协议》第 4 条第 2 项约定，1 号地新增面积价款仍按地上面积以每平方米 700 元追加转让价款，于规划局批准之日 3 日内支付。第 7 条第 2 项约定 1 号地规划总建筑面积 66430 平方米，地上面积 50010 平方米。某市规划委员会于 2006 年 3 月 13 日向 M 公司发出 2006 规复函字第×××号《某市规划委员会关于同意某某园住宅小区规划设计方案的复函》，上面记载总建筑面积 73470 平方米。地上 50010 平方米，其中住宅 48660 平方米，公共配套设施 1350 平方米；地下 23460 平方米，其中自行车库 670 平方米，机动车库 9010 平方米，配套公建 1500 平方米，设备用房及其他 12280 平方米。从复函上看，某竹园项目 1 号地规划面积由原 66430 平方米调整至73470平方米，新增7040平方米。

与买方主张的某寺拆迁有关的事实：某市规划委员会于2001年8月14日下发的2001规审字0638号审定设计方案通知书中记载：M公司需负担某寺西侧30户搬迁，负责代征并修建沿某河从某路至本用地南侧的规划路、本用地四至范围的规划道路，满足上述要求后，方可申报建设工程许可证。

H公司、贺某提出诉讼请求：要求买方支付1号地新增面积的追加转让款4928000元及延期期间的违约金（从2006年3月13日开始至款项付清之日止，按每日千分之一计算）。理由是：某竹园项目1号地规划面积由原66430平方米调整至73470平方米，新增7040平方米，根据《合作协议》第4条第2款的约定，付款条件已经成就，J公司应于2006年3月16日支付新增面积的追加转让款4928000元（每平方米700元），但其直至目前仍未支付。

J公司提出反诉请求：判令H公司履行对某寺西侧30户居民拆迁义务，依据拆迁评估结果承担某寺西侧30户居民拆迁所需要的费用17938570元，并最终以实际发生的费用为准。在该院最后一次庭审之后的2007年12月3日，J公司将该反诉请求变更为请求判令H公司履行某寺西侧30户居民拆迁义务。理由是：对某寺西侧30户居民的拆迁义务。根据《合作协议》和2006年3月13日《某市规划委员会关于同意某某园住宅小区规划设计方案的复函》，目标公司开发某竹园项目1号地住宅楼必须完成某寺西侧30户居民的拆迁已成为既定事实，依据《合作协议》约定，该项拆迁义务应由H公司承担。J公司多次发函给H公司，提醒H公司履行该义务，但H公司一直拒不履行。

一审法院判决：……二、J公司、沙甲、沙乙于判决生效之日起十日内给付宏某公司、贺某1号地新增面积的追加转让款4928000元；……七、驳回J公司、沙甲、沙乙的其他反诉请求。

J公司、沙甲、沙乙不服一审判决，认为一审判决对新增面积追加转让条款的认定，偏离了合同的本意，判令J公司、沙甲、沙乙支付1号地新增面积的追加转让款没有合同依据，应予撤销。

二审法院判决，依照《民事诉讼法》第153条[①]第1款第3项，一、维持一审判决主文第一、二、三、四项；二、撤销一审判决主文第五、六、七项；三、H公司于本判决生效之日起十日内赔偿J公司损失10410490.2元；四、

---

① 对应2023年修订的《民事诉讼法》第177条。

驳回 H 公司的其他诉讼请求；五、驳回 J 公司的其他诉讼请求。

各方观点

J 公司观点：1. 不存在新增加的建筑面积，建筑面积与《合作协议》中约定的一致。一审法院对新增面积追加转让条款的认定，偏离了合同的本意。"1 号地新增面积价款仍按地上面积以每平方米 700 元追加转让价款……"中的"新增面积"应理解为地上可售面积的增加，地下面积不应计入新增面积内，约定的追加转款价格也是针对地上面积而言的。

2. 被上诉人 H 公司应当承担某寺西侧 30 户居民的拆迁责任，支付拆迁所需款项。一审法院以上诉人 J 公司主体不适格、拆迁费未实际发生，以及无法确认由上诉人 J 公司实际支付拆迁费用为由，驳回 J 公司该项反诉请求，没有事实依据和法律依据。

H 公司观点：1. 支付 1 号地新增面积追加转让款符合合同的约定；某竹园项目 1 号地规划面积由原 66430 平方米调整至 73470 平方米，新增 7040 平方米，根据《合作协议》第 4 条第 2 款的约定，付款条件已经成就。

2. 在签订《合作协议》的时候，某寺西侧 30 户居民的拆迁问题就已经解决。H 公司承担的并非拆迁的经济责任，从市场公平交易出发，不应该由 H 公司承担某寺西侧 30 户居民的拆迁费用。

法院观点

一审法院观点：1. 根据 2006 规复函字第×××号复函，地上面积虽然没有增加，仍为 66430 平方米，但是规划面积由原 66430 平方米调整至 73470 平方米，新增了 7040 平方米。《合作协议》规定 1 号地新增面积价款仍按地上面积以每平方米 700 元追加转让价款，从条文本身表述看，《合作协议》规定 1 号地新增面积价款仍按地上面积以每平方米 700 元追加转让价款，并未区分是新增地上面积还是地下面积，"按地上面积以每平方米 700 元追加转让价款"应当理解为凡增加面积的均追加转让价款标准，故该院对 H 公司主张 J 公司应支付追加转让款的诉讼请求予以支持，该追加转让款为 4928000 元。

2. 目标公司虽然不是《合作协议》中的一方当事人，但作为签订《合作协议》时即将成为目标公司股东的 J 公司和日后已实际成为目标公司股东的 J 公司，与 H 公司签订《合作协议》，H 公司在《合作协议》第 5 条第 10、11、

12 项等条款中的承诺可视为 H 公司对目标公司的承诺。在 H 公司承诺的内容已经发生的情况下，H 公司不按照《合作协议》约定的义务履行，既是对《合作协议》约定的违反，也是对目标公司权益的侵犯。因此，如果以违反《合作协议》约定为由起诉 H 公司，要求 H 公司履行承诺，起诉的主体以目标公司更为适格。

某寺的拆迁主体是目标公司，目标公司是与拆迁问题有直接利害关系的主体，J 公司坚持以自己的名义起诉，需要满足《公司法》第 152 条①第 1 款、第 2 款中规定的条件并提供相关证据予以证明自己反诉主张的成立。在法定举证期限内，J 公司并未能向该院提交相关证据予以证明。

J 公司主张以自己名义起诉的一个重要理由是认为拆迁款项最终将由自己支付，因此自己有权主张。该院不排除拆迁款项实际由 J 公司支出的可能性；但是至该院裁判之日止，从 J 公司提交的证据来看，拆迁仅进行了极小的一部分，因此也不排除在这之后的拆迁进行中，目标公司的股权状况发生变化，拆迁款项并不一定全部由 J 公司支付。股权状况一旦发生变化，J 公司作为反诉原告起诉的资格也将发生变化。

二审法院观点：本案本诉部分的第一个争议焦点系一审判决对新增面积追加转让款条款的认定是否正确。对比名称的判断应首先看协议各方对约定的解释是否一致，在理解不一致时看条文本身表述是否正确。本案中，J 公司认为《合作协议》第 4 条第 2 项 "1 号地新增面积价款仍按地上面积以每平方米 700 元追加转让价款……" 中的 "新增面积" 应理解为地上可售面积的增加，地下面积不应计入新增面积内，约定的追加转款价格也是针对地上面积而言。但此解释并未得到对方认同，从条文本身表述看，《合作协议》规定 1 号地新增面积价款仍按地上面积以每平方米 700 元追加转让价款，并未区分是新增地上面积还是地下面积，故此 "按地上面积以每平方米 700 元追

---

① 该法于 2018 年发生修订，该法条对应修订后的《公司法》第 151 条："董事、高级管理人员有本法第一百四十九条规定的情形的，有限责任公司的股东、股份有限公司连续一百八十日以上单独或者合计持有公司百分之一以上股份的股东，可以书面请求监事会或者不设监事会的有限责任公司的监事向人民法院提起诉讼；监事有本法第一百四十九条规定的情形的，前述股东可以书面请求董事会或者不设董事会的有限责任公司的执行董事向人民法院提起诉讼。监事会、不设监事会的有限责任公司的监事，或者董事会、执行董事收到前款规定的股东书面请求后拒绝提起诉讼，或者自收到请求之日起三十日内未提起诉讼，或者情况紧急、不立即提起诉讼将会使公司利益受到难以弥补的损害的，前款规定的股东有权为了公司的利益以自己的名义直接向人民法院提起诉讼。他人侵犯公司合法权益，给公司造成损失的，本条第一款规定的股东可以依照前两款的规定向人民法院提起诉讼。"

加转让价款"应当理解为凡增加面积的均追加转让价款标准。故一审法院对于新增面积追加转让款条款的认定是正确的，对于 J 公司的该项上诉理由，法院不予采信。

第二个争议焦点是本案反诉部分 H 公司是否应当承担某寺西侧 30 户居民的拆迁责任。法院认为，虽然 H 公司与 J 公司在《合作协议》中约定：鉴于规划局原审定设计方案通知书中规定本项目牵涉某寺西侧 30 户拆迁事宜，但目前已因地铁建设拆除，无需再承担此项责任。H 公司承诺，如规划部门不予免责，相关处理责任由 H 公司承担。但根据二审查明的事实，某寺西侧 30 户居民未因地铁建设而拆迁，目标公司对某寺西侧 30 户居民的拆迁责任未能免除，因此 H 公司应当就未依合同约定来承担相应的履行责任。由于某寺西侧 30 户的拆迁主体是目标公司，H 公司不能直接就拆迁行为承担履行责任，而只能在目标公司履行拆迁义务后，就因不适当履行给 J 公司造成的损失承担赔偿责任。但 J 公司的上述民事权利，对支付尚欠的股权转让款不具有抗辩效力。目标公司至今仅完成了部分拆迁，仅与李某姗、陈某花、付某红、张某兰签订了《某市住宅房屋拆迁货币补偿协议》，支付了拆迁补偿款 10410490.2 元，法院依据现有证据认定 H 公司因未完全履行合同约定的拆迁义务，造成 J 公司因拆迁已发生的损失，共计 10410490.2 元，H 公司负有赔偿责任。因某寺西侧拆迁范围内的其他房屋未实际发生拆迁，其实际费用亦未能确定数额，故法院不在本案中予以处理，J 公司在损失明确发生后，可以另案起诉解决。法院依据双方合同约定及二审期间新发生的拆迁事实作部分改判。

关联案例 1

案件名称：普某公司与名某公司等股权转让纠纷案
审理法院：北京市高级人民法院（2021）京民终 184 号[1]
裁判观点：首先，《合同书》中多个条款明确约定完成规划调整系普某公司的义务。《合同书》第 5.2 条约定：本合同签订生效后 12 个月内，普某公司应当按照碧某公司的要求负责协调有权政府部门将项目地块规划用途调整为商业用地。从《合

---

[1] 载中国裁判文书网，https://wenshu.court.gov.cn/website/wenshu/181107ANFZ0BXSK4/index.html? docId=8d676249325a4b278b94ad72000aaed5，最后访问时间：2022 年 6 月 30 日。

同书》第5.2条的文字表述看，普某公司负有协调有权政府部门调整项目地块规划用途的义务。该条文中虽用到了"协调"一词，但强调的是普某公司与政府部门进行协调，并非帮助碧某公司协调，没有碧某公司负有启动申报程序、完成调整项目地块规划用途义务的意思表示。《合同书》第8.2条约定，普某公司将目标公司70%股权转让给碧某公司的价款为22400万元；如项目地块未能在碧某公司要求的期限内完成本合同第5.2条约定规划指标调整并能够进行商业地产开发建设、销售的，则前述碧某公司应支付的价款调整为11155.2万元……

其次，在普某公司与碧某公司的往来函件中，普某公司一直认可完成《合同书》约定的规划调整系其义务……

最后，《合同书》中没有约定碧某公司负有以名某公司的名义启动规划调整申报程序并提前7天进行书面催告的义务。

本院认为，没有证据显示碧某公司恶意阻却了《合同书》第5.2条约定内容的实现，第三期股权转让款的付款条件未成就。

《合同法》第45条①规定，当事人对合同的效力可以约定附条件。附生效条件的合同，自条件成就时生效。附解除条件的合同，自条件成就时失效。当事人为自己的利益不正当地阻止条件成就的，视为条件已成就；不正当地促成条件成就的，视为条件不成就。该条款是关于附条件合同效力的规定，即所附条件发生或不发生对合同效力的影响。本案所涉《合同书》第5.2条约定的是付款条件，发生或不发生对《合同书》的合同效力均不产生影响，故一审判决的相关认定正确。

律师点评

本案属于一起较为典型的"以股权收购实现项目转让"的案例，在项目转让中，可能出现土地用地条件变更的情形，如容积率、总建筑面积、商业或住宅用地面积调整等，从开发收益或项目价值角度讲，这些条件的变化通常会影响交易价格的变化，因此，在《股权转让合同》中设定有关用地条件变化后的相应价格调整等条款较为常见。实践中往往会因为用地条件变化界定不明或变化原因的不同而引起交易双方的争议，本案和关联案例中因情形的不同，法院也出现了截然不同的判决。本案还牵涉到或有债务的承担等法律问题。接下来从以下几个方面的法律问题进行分析和点评：

一、关于根据用地条件变化而调整合同价款的条款性质和效力问题

在本案《股权转让合同》中，受让方支付的对价是确定的，但同时对该

---

① 对应《民法典》第158条。

对价设定了可调整条款。合同价款可调整条款是根据某一条件的成就与否来决定是否调整合同价款，并约定价款调整的方法，这一合同安排被称为附条件的民事法律行为。本案中约定为"1号地新增面积价款仍按地上面积以每平方米700元追加转让价款，于规划局批准之日3日内支付"。所附条件是规划部门新增面积，一旦该条件成就，追加转让价款的约定将生效。该条件可归类为延缓条件和积极条件。我国《民法典》第158条规定："民事法律行为可以附条件，但是根据其性质不得附条件的除外。附生效条件的民事法律行为，自条件成就时生效。附解除条件的民事法律行为，自条件成就时失效。"在合同中部分条款设定为附条件生效属意思自治，且不违反法律规定，是有效约定。当然前提是所附条件必须合法。所以，无论是本案法院还是关联案例中的法院，均认可该类条款的合法性。

二、关于所附条件发生歧义的认定问题

所谓条件成就，是指作为条件的事实出现。至于该事实，既可以是自然事实，也可以是人的活动或其他事实。在本案中合同双方对条件是否成立就成为争议的主要焦点。根据前文所述可知，争议产生的原因是双方对"新增面积"这一概念的理解有分歧，H公司认为新增面积指地上建筑面积，而J公司认为无论是地上还是地下，建筑总面积增加即可。法院认为，由于合同条款中并未区分新增面积是指地上还是地下，故凡新增了面积，即为条件成就。这里不难看出，本案争议的实质是对条件含义的分歧，而非条件是否成就。在关联案例1中，合同约定的价款变更条件为"项目地块未能在碧某公司要求的期限内完成本合同第5.2条约定规划指标调整并能够进行商业地产开发建设、销售的"。即所附条件是规划指标调整、符合开发条件。争议点集中在合同所附条件（即第5.2条）之成就义务主体的分歧，惠某公司认为对作为条件之事实出现需区分原因，或者说合同约定的事实出现情形（碧某公司促使政府部门调整的情况）与实际情形（双方均未促使政府部门调整）不同，主张碧某公司导致所附条件未成就。而另一方认为合同约定的条件成就责任主体为惠某公司。法院认为，根据合同约定文意及双方在实际履行中体现的真实意思表示，支持了碧某公司的主张，即合同约定所附条件应由惠某公司负责实现，在碧某公司未阻碍条件成就时，应据案件实际情况，视为条件未成就。

我们认为，法院的处理具有一定的合理性，但缺乏统一的认识和判断标准。在难以根据《民法典》第510条、第511条解决合同所附条件约定不明的争议，同时又不存在《民法典》第159条规定的"附条件的民事法律行为，当事人为自己的利益不正当地阻止条件成就的，视为条件已经成就；不正当地促成条件成就的，视为条件不成就"的情形时，当作为条件的表面事实已经发生，应以认定条件成就为一般原则，但根据公平原则认为对以负担较大义务或对价而促成该表面事实发生的一方显失公平的，认定约定的条件不成就。在本案中的表面事实即为"建筑面积发生了新增"，由于该变化非受让方以负担较大义务而出现，认定条件成就虽然会增加受让方的合同对价，但同时其可根据面积的增加而适当获益，故不存在显失公平。当然，作出准确完善的合同约定是避免争议的最有效手段。

三、关于转让方对目标公司或有债务承担作出承诺的性质问题

目标公司虽然不是《合作协议》中的一方当事人，但作为签订《合作协议》时即将成为目标公司股东的J公司和日后已实际成为目标公司股东的J公司，与H公司签订《合作协议》，H公司在《合作协议》第5条第10、11、12项等条款中的承诺可视为H公司对目标公司的承诺。该承诺是针对目标公司或有债务作出承担的意思表示，虽然未经债权人同意，债务并不转移，但在债务人和承诺人之间具有约束力，当或有债务成为真正债务时，承诺人应清偿债务或向债务人支付用以清偿债务的对价。

四、关于因转让方违约而致目标公司和受让方受损后诉讼主体资格的问题

在H公司承诺的内容已经发生的情况下，即或有债务已成为真正债务，承诺人H公司不按照《合作协议》约定的义务履行，既是对《合作协议》约定的违反，也是对目标公司权益的侵犯。由于债务人是目标公司，直接受害者是目标公司，因为无论谁实际垫付了该笔负债，目标公司均对垫付者产生不当得利的返还义务，所以，由目标公司向承诺人主张权利更为恰当。这正是本案一审法院未支持受让方反诉请求的主要理由之一。但同时受让方J公司与转让方H公司签订有《合作协议》，由于H公司不履行承诺，构成对J公司的违约，当J公司为目标公司垫付了相关款项后，形成实际发生的损害事实。所以当J公司在二审期间举证证明实际发生的垫付事实后，二审法院以H公司具有违约过错为由，认定应对J公司承担赔偿责任。我们认为，一审和二审法院在处理该问题上是恰当的。当转让方违反承诺时，目标公司的权益受到侵犯，有权向转

让方主张权利，只有当受让方代为履行了债务，转让方的违约行为使受让方产生实际损失的，受让方可在实际损失的范围内向转让方主张权利。

4.4 出让方隐瞒目标公司真实情况，法院如何认定股权转让合同效力

——张某某、尹某某诉 L 公司股权转让合同纠纷案①

> **关 键 词**：股权转让，可撤销合同，除斥期间
>
> **问题提出**：通过股权转让方式转让项目时，出让方隐瞒目标公司真实情况，合同的效力如何认定？
>
> **关联问题**：可撤销合同的除斥期间，股权转让合同被撤销的后果。
>
> **裁判要旨**：股权转让合同的出让方对于与目标公司股权有重大影响的事实应当承担告知义务，故意隐瞒目标公司真实情况致使受让方违背真实意思表示签订合同的，构成欺诈，该股权转让合同为可撤销合同。

案情简介

原告（反诉被告、上诉人）：张某某、尹某某

被告（反诉原告、被上诉人）：L 公司

P 公司于 2003 年 3 月登记成立，当时名称为 H 公司。2004 年 9 月 3 日，张某某与尹某某签订该公司的章程。公司章程记载了以下事项：公司注册资本为 1000 万元，由张某某出资 800 万元，尹某某出资 200 万元。此后，H 公司变更名称为 P 公司。2006 年 9 月 26 日，P 公司与大某公司签订结算报告（债权债务协议书）。该协议书确认，P 公司欠大某公司工程款 378 万元。

2006 年 9 月 27 日，张某某与尹某某作为股权出让方、L 公司作为股权受让方，签订股权转让协议。该协议就有关当事人转让 P 公司股权和共同开发某市某区某小区危旧房改造项目（以下简称：A 项目）、某市某县某镇人造板交易中心西区项目（以下简称：B 项目）的投资、债权及部分债务约定了以

---

① 本案例系在真实案件基础上加工改写而成。

下主要内容：第 2 条第 4 款约定，股权转让前，除本合同所列的债务外，P 公司不存在任何其他债务。第 2 条第 5 款约定，股权转让前，除本合同规定中所列的合同、协议外，P 公司未签署任何其他可能使其承担债务或法律责任的合同、协议和文件。第 3 条第 2 款约定，B 项目由于出现法律纠纷而遗留的问题，由转让股权后的 P 公司继续承担解决。第 4 条第 1 款约定，本合同签订后，P 公司修改章程，全体股东在修改后的章程签名后二日内到工商行政管理机关办理股权变更登记手续。办理股权转让手续后当日，L 公司将 900 万元给付张某某以购买 P 公司 90% 的股权。第 4 条第 2 款约定，张某某将 P 公司 70% 的股权转让给 L 公司，尹某某将 P 公司 20% 的股权转让给 L 公司。第 4 条第 5 款约定，张某某、尹某某保证股权变更前 P 公司应在 B 项目上投资约 2568 万元。截至今日，P 公司实际在 B 项目投资 1227 万元。本股权转让协议签订后，按照张某某、L 公司在 P 公司享有的权利、义务，按照股权比例，L 公司应按照张某某、尹某某在 B 项目的实际投资的 90%，共 1103 万元给付张某某和尹某某。股权转让前 P 公司在 B 项目投资的权利、义务归股权变更后的 P 公司享有。张某某享有 10% 的权利，L 公司享有 90% 的权利。第 4 条第 6 款约定，除合同第 4 条第 5 款规定的债权债务之外，张某某、尹某某保证股权变更前的 P 公司无任何其他债务及纠纷，否则超出第 4 条第 5 款所规定的 B 项目应投资数额或少于实际投资的数额或有其他债务，由张某某、尹某某个人承担，L 公司不负责任。第 8 条第 5 款约定，如 B 项目出现与张某某、尹某某在本合同中陈述不一致的情况从而使 P 公司或 L 公司遭受巨大损失时，L 公司有权要求张某某、尹某某承担 P 公司或 L 公司遭受的损失。第 9 条第 3 款、第 4 款约定，当一方违约，另一方要求解除合同时，合同可以解除。双方当事人经协商一致，也可以解除合同。

2006 年 9 月 28 日，张某某与 L 公司签订 P 公司新的公司章程。该章程约定的事项包括：1. 公司注册资本 1000 万元。2. L 公司出资 900 万元、张某某出资 100 万元。在工商行政管理机关于 2005 年 5 月 23 日（股权变更前）核发的 P 公司企业法人营业执照中，记载的法定代表人为高某君。工商行政管理机关于 2006 年 9 月 29 日（股权变更后）核发的 P 公司企业法人营业执照中，记载的法定代表人为陈某华。

2007 年 6 月 18 日，张某某出具收条，记载收到 L 公司交来的股权转让款 203 万元。2007 年 6 月 18 日，张某某与 L 公司签订补充协议。该协议记载，双方对于2006年9月27日签订的股权转让协议，补充约定以下主要内容：1. 原P公司在B项目应收回1800万元，由张某某负责收回。2. 原定股权转让费2003万元，减去上述1800万元，余款203万元，现L公司已足额支付。L公司已完成原合同约定的转让付款义务。3. 关于B项目欠大某公司的工程款378万元按股权转让协议第4条第6款执行，张某某应承担的10%待后续结算时扣除。

股权转让协议签订后，张某某、尹某某未移交其掌握的P公司公章、合同章及财务章。L公司受让张某某、尹某某所持有的P公司股权后，有向P公司投入经营资金的行为。但P公司的注册资金并未变更。

受P公司委托，R公司于2007年11月15日出具关于P公司的审计报告。该报告记载的事项中包括如下内容：1. P公司资产总额13332703.92元，含应收张某某48572.15元。2. P公司负债总额6366247.8元，含应付张某某5974000元。3. 关于股权转让，转让费2003万元，减去转让给张某某的1800万元的债权，余款203万元L公司已经于2007年6月18日足额支付。

一审法院判决：一、撤销原告（反诉被告）张某某、原告（反诉被告）尹某某与被告（反诉原告）L公司于2006年9月27日签订的《股权转让协议书》。二、原告（反诉被告）张某某与被告（反诉原告）L公司于2007年9月18日签订的《补充协议》中，涉及处置原告（反诉被告）尹某某财产的内容无效。三、撤销原告（反诉被告）张某某与被告（反诉原告）L公司于2007年6月18日签订的《补充协议》中除本判决第二项所涉及内容之外的其他内容。四、原告（反诉被告）张某某于该判决生效后十日内退还被告（反诉原告）L公司股权转让费203万元。五、被告（反诉原告）L公司受让原告（反诉被告）张某某名下的P公司70%的股权仍属于原告（反诉被告）张某某；被告（反诉原告）L公司受让原告（反诉被告）尹某某名下的P公司20%的股权仍属于原告（反诉被告）尹某某。六、驳回原告（反诉被告）张某某、原告（反诉被告）尹某某的其他诉讼请求。

二审法院判决驳回上诉，维持原判。

各方观点

张某某、尹某某观点： 一审法院认定，张某某、尹某某有隐瞒债务的事实，造成L公司重大误解，《股权转让协议》属于可撤销协议。张某某和尹某某认为,《股权转让协议》第 4 条第 5 款和第 6 款明确写明 P 公司在 B 项目上有债权债务关系。该协议第 4 条第 5 款就写道:"转让方(张某某和尹某某)保证股权变更前 P 公司应在 B 项目投资约 2568 万元,截至今日,P 公司实际在 B 项目投资 1227 万元。"据此,足以证明 P 公司债务 2568 万元减去 1227 万元,尚有 1341 万元债务。该协议第 4 条第 6 款约定,除规定的 B 项目债务外,P 公司无其他债务,如果有其他债务,由张某某和尹某某个人承担,与 L 公司无关。据此,一审法院认定张某某和尹某某隐瞒债务的事实显然错误。《股权转让协议》不属于可撤销的合同,应属有效协议。

L 公司的反诉超过了民事诉讼法规定的时间,反诉不成立。按照民事诉讼法的规定,L 公司应在提交答辩状期间及法庭辩论终结前提出反诉,而 L 公司是在张某某和尹某某提出诉讼半年后才提出反诉请求,显然是违法的。

L 公司行使撤销权超过了法定期间。按照合同约定,L 公司应当在 2006 年 9 月 29 日给付股权转让款,其不给付的理由就是知道 B 项目存在问题。所以,撤销权行使期限应当从 2006 年 9 月 29 日起算。

L 公司观点:双方签订协议前,张某某和尹某某针对 P 公司的债务存在明显的欺诈行为。P 公司对张某某的负债 5974000 元,此负债在张某某和尹某某起诉之前,L 公司一直不知道,直到庭审时才得知。P 公司欺诈事实显而易见,且该笔债务是在开庭时 L 公司才知道,故没超过法定行使撤销权的期间。关于上述债务,合同中无任何记载。一审开庭两次后,一审法院向双方送达了《法律释明通知书》,L 公司依据该通知提出反诉。反诉是在法庭辩论终结前提出,故不存在一审法院程序违法问题。

法院观点

一审法院观点:1. 关于张某某、尹某某是否对 L 公司有欺诈行为。《股权转让协议》第 2 条第 4 款、第 5 款和第 7 款明确记载:张某某、尹某某向 L 公司保证,除本合同载明之外,P 公司再无其他债务或可能导致 P 公司负债的合同。张某某、尹某某作出的上述保证,对于拟受让 P 公司股权的 L 公司而言,是判断 P 公司资产负债状况的重要依据,并进而成为其判断是否受让 P 公司股权的重要依据。对于张某某、尹某某在合同中作出的保证,L 公司出于善意予以相信并无过错。在《股权转让协议》第 4 条"股权转让款的支付及条款"中,其第 6 款再次明确约定,除股权转让协议第 4 条第 5 款规定的债权、债务外，张某某、尹某某保证 P 公司无任何其他债务及纠纷。而股权转让协议在第 4 条第 5 款中，仅涉及 P 公司在 B 项目的投资金额，并未列明 P 公司针对 B 项目的具体债务。此外，法院注意到，在《股权转让协议》签订前，即 2006 年 6 月 18 日，P 公司与大某公司签订结算报告，确认 P 公司欠大某公司工程款 3782418 元。在 2007 年 11 月 15 日作出的针对 P 公司的审计报告中，另记载 P 公司有 600 余万元的债务，其中包括对张某某的负债 5974000 元。P 公司的上述负债，张某某、尹某某必定明知，并且有义务在出让股权时向股权受让方 L 公司明确披露。但是，张某某、尹某某在签订股权转让合同时，不但向 L 公司隐瞒了 P 公司上述巨额负债，还在《股权转让协议》中向 L 公司保证"P 公司无其他债务或可能导致债务的合同"。张某某、尹某某上述隐瞒债务、虚假陈述的行为，构成以欺诈手段使对方当事人在违背真实意思表示的情况下签订合同，因此《股权转让协议》属于可撤销的合同。L 公司与张某某于 2007 年 6 月 18 日签订的补充协议显示，至迟至该时止，L 公司已经获悉了 P 公司对大某公司的负债。在此后的一年内，L 公司未提出因此而撤销《股权转让协议》的要求，即超过了法律所规定的请求撤销合同的除斥期间，因此 L 公司以张某某、尹某某隐瞒 P 公司对大某公司债务为由，请求法院撤销《股权转让协议》的理由不成立。法院在 2008 年 12 月 25 日开庭审理本案后，张某某向本院提交了 P 公司的审计报告作为证据，法院将该证据交换给 L 公司。审计报告显示，P 公司负债总额为 600 余万元，其中应付张某某 5974000 元。目前无证据表明 L 公司在通过法院证据交换获得上述审计报告之前，已经自其他途径取得了前述审计报告，因此 L 公司以张某某、尹某某隐瞒 P 公司对张某某所负债务为由要求撤销《股权转让协议》，并未超过法律所规定的除斥期间。法院对 L 公司要求撤销《股权转让协议》的诉讼请求予以支持。

2. 关于股权转让合同被撤销的后果。《合同法》第 58 条[①]规定，合同无效或者被撤销后，因该合同取得的财产，应当予以返还；不能返还或者没有必要返还的，应当折价补偿。有过错的一方应当赔偿对方因此所受到的损失，

---

① 对应《民法典》第 157 条："民事法律行为无效、被撤销或者确定不发生效力后，行为人因该行为取得的财产，应当予以返还；不能返还或者没有必要返还的，应当折价补偿。有过错的一方应当赔偿对方由此所受到的损失；各方都有过错的，应当各自承担相应的责任。法律另有规定的，依照其规定。"下同。

双方都有过错的，应当各自承担相应的责任。依据上述规定，张某某自 L 公司取得的股权转让费 203 万元，应当予以返还。L 公司自张某某、尹某某处取得的 P 公司股权，也应当予以返还。

3. 关于张某某、尹某某要求 L 公司给付违约金。依照前述《合同法》第 58 条的规定，合同被撤销后，合同当事人承担责任的方式包括返还财产、折价补偿及赔偿损失。给付违约金并不是合同当事人在合同被撤销后承担民事责任的方式之一。因此，法院对于张某某、尹某某要求 L 公司给付违约金的诉讼请求不予以支持。

4. 关于 L 公司要求张某某、尹某某赔偿损失。L 公司在本案中要求张某某、尹某某赔偿损失，其损失的具体构成包括：L 公司代 P 公司清偿了 P 公司欠大某公司的债务 378 万元，并且在控股经营 P 公司的过程中向 P 公司投入经营资金 130 余万元。L 公司认为，上述支付资金行为均属于其履行《股权转让协议》的行为，并因此而成为受让 P 公司股权所造成的损失。张某某、尹某某作为股权出让方负有赔偿责任。法院对此意见为，对大某公司负债的主体是 P 公司，在经营活动中应当对外支付经营费用的主体也是 P 公司。因此，即便 L 公司实际负担了上述费用，也应当首先向 P 公司提出主张，要求 P 公司给予补偿。在 P 公司不能给予补偿的情况下，才可以进一步考虑股权出让方张某某、尹某某是否应当承担赔偿责任。而本案的诉讼当事人不包含 P 公司，故判断张某某、尹某某对于 L 公司上述费用支出应当承担责任的前提条件不具备，因此法院在本案中对于 L 公司要求赔偿损失这一部分反诉请求不进行审理。L 公司可通过包括另行起诉在内的一切合法途径提出其主张。对于 L 公司的反诉，法院在本案中仅审理其提出的要求撤销《股权转让协议》及补充协议、要求张某某退还股权转让费的请求。L 公司因其要求张某某、尹某某赔偿损失而预付的案件受理费，法院予以退还。

二审法院观点： 1. 关于张某某和尹某某在签订《股权转让协议书》时是否存在欺诈行为的问题。依据张某某和尹某某提交的"××号"《审计报告》，在签订上述股权转让合同之前，P 公司负有 600 余万元的债务，其中包含对张某某的 5974000 元债务。对上述负债，张某某和尹某某应当是明知的。而股权转让合同并未写明上述债务，现也无证据证明 L 公司知道或者应当知道此情况，故根据《最高人民法院关于贯彻执行〈中华人民共和国民法通则〉若干问题的意见（试行）》① 第 68 条的规定，法院认定张某某和尹某某在签订股权转让合同时，在 P 公司的债务问题上，对 L 公司存在欺诈行为。张某某和尹某某认为上述合同第 4 条第 5 款实际上已经表明 P 公司存在上述债务的事实，因该约定仅是写明 P 公司应当对 B 项目的投资数额及 P 公司已对 B 项目的投资数额，与《审计报告》中所列 P 公司的债务，二者在性质（企业准备对外的投资与企业的债务是完全不同的范畴）、债权主体、金额等方面均没有关联性。所以，张某某和尹某某有关此问题的上诉意见，法院不能支持。至于张某某和尹某某提出，因合同第 4 条第 6 款有超过本合同所列债务，由张某某和尹某某负担的约定，所以，张某某和尹某某不构成欺诈的问题。本院认为，隐瞒债务与对所隐瞒的债务承担法律责任是不同范畴的问题。前者涉及欺诈人是否存在欺诈的故意和欺诈的行为。后者涉及受欺诈人是否会因受欺诈而陷于错误认识，从而作出错误的意思表示。张某某和尹某某此上诉意见的一个关键问题，就是 L 公司是否会因张某某和尹某某承诺对合同未列明的债务将承担责任，就能够签订该合同。法院认为，在张某某和尹某某未能向 L 公司证明其偿债能力且在合同中还明确保证"P 公司无其他债务或可能导致债务的合同"的情况下，L 公司仅凭借张某某和尹某某的承诺，就可以不顾及 P 公司存在巨额债务的事实而签订合同，有悖常理。据此，法院认定，因张某某和尹某某隐瞒巨额债务，导致 L 公司作出了错误的意思表示，签订了股权转让合同。张某某和尹某某该上诉意见，法院不能支持。至于张某某和尹某某称 P 公司对张某某债务的形成，皆因 L 公司对 P 公司的投资不到位，张某某是为保证 P 公司的正常运转才借给 P 公司资金的意见，鉴于张某某和尹某某所隐瞒的债务系股权转让合同前形成，因此，与 L 公司是否履行对 P 公司的投资义务无关，故张某某和尹某某此上诉意见，法院不能采信。

2. 关于 L 公司行使撤销权是否超过法定期间的问题。张某某和尹某某提供的《审计报告》证明了二人隐瞒 P 公司债务的事实，此证据系 L 公司在一审诉讼中通过证据交换取得。在张某某和尹某某没有证据证明 L 公司行使撤销权超过法定期间的情况下，张某某和尹某某的此上诉请求，法院不予支持。

3. 关于 L 公司提出反诉请求是否超过法定期限问题。根据《最高人民法

---

① 已被《最高人民法院关于废止部分公司法解释及相关规范性文件的决定》废止。

院关于民事诉讼证据的若干规定》（法释〔2001〕33号）第34条[1]第3款的规定，当事人提出反诉的时间是举证期限届满前。在无证据证明L公司提出反诉违反上述规定的情况下，张某某和尹某某的该上诉请求，法院驳回。

4. 关于张某某和尹某某二审要求L公司给付自2007年6月19日至实际给付之日止的违约金的诉讼请求。因张某某和尹某某在一审程序中的最终诉讼请求未包括上述主张，故此请求，二审期间不予审理。

关联案例1

> **案件名称**：华某公司、赵某股权转让纠纷案
>
> **审理法院**：最高人民法院（2018）最高法民申965号[2]
>
> **裁判观点**：华某公司申请再审认为，原审判决关于双方未将《资产评估报告》和《采矿权评估报告》作为股权交易的依据，也未明确约定煤矿为高瓦斯矿井，赵某、洪某违约交付标的物、隐瞒真相致使不能实现目的缺乏合同依据的认定缺乏证据证明。本院认为，首先，虽然《股权转让协议》第8.1.7条约定，目标公司的资产应与资产评估报告及所附并经双方确认的资产明细表记载情况一致，但并未指明具体的评估报告名称，虽然华某公司称本次股权转让资产评估报告只有一份，该资产评估报告中采矿权价值来源于《采矿权评估报告书》，但该《采矿权评估报告书》亦未明确该矿井类型，仅是在该报告的评估依据第15、16项中列明了某煤矿资源储量核实报告和优化初步设计说明书作为依据文件之一。其次，2010年5月某研究中心出具的《煤与瓦斯突出鉴定报告》形成于双方股权转让协议签订之前，华某公司知晓或应当知晓，但并未提出异议。最后，华某公司自认在2011年9月知晓某煤矿为双突煤矿的事实，但未在签订补充协议时与赵某、洪某进行协商，也未在法定期限内行使撤销权，亦未提出充分证据证明赵某、洪某存在隐瞒、欺诈的情形。华某公司关于因赵某、洪某隐瞒矿井性质造成合同目的不能实现的主张，不能成立。

---

[1] 已被2019年《最高人民法院关于修改〈关于民事诉讼证据的若干规定〉的决定》删去。

[2] 载中国裁判文书网，https://wenshu.court.gov.cn/website/wenshu/181107ANFZ0BXSK4/index.html?docId=8d676249325a4b278b94ad72000aaed5，最后访问时间：2022年6月30日。

关联案例 2

案件名称： 青某公司、青某能源公司股权转让纠纷案

审理法院： 最高人民法院（2017）最高法民申 2533 号①

裁判观点： 青某公司、青某能源公司在一审、二审及申请再审中一再强调其受让股权的目的在于拥有 120 万吨/年产能的煤矿，而不是收购当时兴某煤矿的现状。2012 年 2 月 3 日《股权转让协议》第 1 条兴某煤矿基本情况约定了"目前正在进行 120 万吨/年生产能力扩建"，可见，协议签订当时煤矿并没有 120 万吨/年生产能力，同时协议并没有被申请人负有完成扩建的义务或者类似于完不成该产能扩建则协议可以解除的约定。而 2012 年 3 月 16 日《协议书》第 6 条约定，甲乙丙三方确认，股权转让协议确定的目标公司资源价款的缴纳、资源储量情况，以甲乙双方签订协议时的国有资产管理部门与兴某煤矿达成的交款协议及实际登记为准，不包括待增加的资源部分。因此不论青某公司、青某能源公司如何解释其签约目的，根据《股权转让协议》《协议书》的约定，其收购的煤矿股权，就是当时正在产能扩建审批中的煤矿股权。

青某公司、青某能源公司认为被申请人隐瞒煤矿扩建报批工作因×××号文而处于暂停审批状态属于违约，致其无法实现合同目的。然而，×××号文形成于 2011 年 11 月，为自治区政府向下辖多部门发出，当时双方尚未签署《股权转让协议》，青某公司、青某能源公司完全可以在尽职调查时通过多种渠道了解该文件。而其主张系在资产移交时从出让方手中获取该份文件，亦证明出让方并无刻意隐瞒相关政策文件的故意。但青某能源公司当时并未提出任何异议，而后又签署了《股权转让补充协议》，并在 2013 年 12 月 30 日至 2014 年 5 月 14 日支付股权转让款 3000 万元。青某公司、青某能源公司种种履约行为，均可说明其认同出让方对协议的履行。事实上，直至 2014 年 5 月，本案各方当事人均依照《股权转让协议》《协议书》《股权转让补充协议》的约定履行了义务并得到了对方的认可。二审判决认定青某公司、青某能源公司提出的因出让方存在虚构、隐瞒重要事实等违约行为以致兴某煤矿 120 万吨/年的改扩建工作无法继续完成，其不能实现合同目的的上诉理由欠缺事实与法律依据正确，应予维持。

---

① 载中国裁判文书网，https://wenshu.court.gov.cn/website/wenshu/181107ANFZ0BXSK4/index.html？docId=b4c4627e09624213bca8a89601115778，最后访问时间：2022 年 6 月 30 日。

> 青某公司、青某能源公司主张真正导致 120 万吨/年产能的改扩建工作完全不能进行的原因,在于 2014 年前后自治区政府出台的环保法规和其他配套政策。然 2014 年 12 月 19 日某自治区煤炭工业管理局《关于某自治区兴某煤矿有限公司机械化改造设计的意见》载明"该项目应继续按基本建设相关程序进行",至少证明相关职能部门在 2014 年底还在推进涉案产能扩建项目。青某公司、青某能源公司又提交 2017 年 2 月 13 日某自治区人民政府另一文件作为新的证据,证明兴某煤矿确因政策原因关停,其合同目的无法实现,不应继续履行合同。青某能源公司事实上早在 2012 年就完成了目标公司的股权变更登记并全面接收了兴某煤矿,对于股权转让的出让方而言,其合同义务已经完成,依照协议约定,受让方最晚应于 2014 年支付股权转让余款。之所以至今股权转让余款未支付完毕,是由股权受让方青某公司和青某能源公司的违约行为所致。另一文件关停兴某煤矿,是青某公司、青某能源公司在受让股权后所应当独自承担的经营风险,该证据可以证明煤矿被关停,但该关停与出让方无关,亦不符合情势变更原则。本院二审判决对于情势变更原则已经做了全面释义,本案中并不存在"合同成立以后客观情况发生了当事人在订立合同时无法预见的,非不可抗力造成的不属于商业风险的重大变化"。再审申请人提交的新证据与本案不具有关联性,不足以推翻原审判决。

律师点评

本案属于一起法院认定出让方在签订股权转让合同时隐瞒目标公司真实情况构成欺诈,而对股权转让合同予以撤销的案例。案件的主要争议焦点为合同是否存在可撤销的情形,围绕该主要争议焦点,本案还牵涉到其他相关的法律问题,本文就以下几个方面的法律问题进行分析和点评:

一、股权转让合同纠纷中欺诈的构成

《民法典》第 148 条规定:"一方以欺诈手段,使对方在违背真实意思的情况下实施的民事法律行为,受欺诈方有权请求人民法院或者仲裁机构予以撤销。"通过欺诈行为使对方在违背真实意思的情况下订立的合同属于可撤销合同的范围,欺诈是指一方当事人故意告知对方虚假情况,或者故意隐瞒真实情况,诱使对方当事人作出错误意思表示的行为。从定义来看,欺诈的构成要件包括以下几个方面:

1. 行为人存在欺诈的故意。行为人明知自己的行为会使被欺诈人陷入错误认识,并且希望或者放任这种结果的发生。

2. 行为人实施了欺诈行为。欺诈行为包含两种表现形式:告知对方虚假情况和隐瞒真实情况。前者是行为人以积极的作为方式，虚构事实从而使对方产生错误认识；后者是行为人以消极的不作为方式，对应当告知对方的事实和真相予以隐瞒致使对方产生或加深错误认识。

3. 对方因行为人的行为产生错误认识。首先，对方产生了错误认识，即对行为的性质，对方当事人，标的物的品种、质量、规格和数量等产生与事实不符的认识。其次，对方的错误认识是行为人的行为引起的，若行为人虽实施了欺诈行为，对方也产生了错误认识，但对方的错误认识是因自己的疏忽大意导致或其他非欺诈行为引发的，则仍不应认定为民法典上的欺诈。

4. 对方作出错误的意思表示。意思表示，是表意人将欲成立法律行为的意思表示于外部的行为，通常而言，内心的意思与表达出的意思是一致的，其所为意思表示一般会达成其欲成立的法律行为。而错误的意思表示则是表意人为意思表示时主观认为其与自己的内心意思一致，能发生其欲实现的法律上的效力，但事实上该意思表示无法实现表意人希望的效力。

本案中，一、二审法院均以欺诈为由判决撤销股权转让合同，并且出让方隐瞒目标公司真实情况是认定欺诈并导致合同被撤销的主要理由。

二、"隐瞒"构成欺诈的条件

"隐瞒"实际是一种消极不作为，其是否可以构成欺诈应考察行为人是否有说明真实情况的义务，通常而言，根据法律规定、合同约定或交易习惯，行为人存在告知义务时"隐瞒"才可认定为欺诈。若站在保护交易者知情权的角度，可以认为出让方对目标公司情况进行说明即应当对全部事实交代清楚，否则可以构成欺诈。但是，作为平等的交易主体，受让方应对自己的行为负责，亦应对交易承担谨慎、合理的注意义务。若受让方怠于行使知情权，也未对目标公司进行必要的调查，因此而未能知晓相关信息的，受让方也应当承担不利后果。因此，"隐瞒"构成欺诈不宜包括所有事实，司法实践中通常会结合具体情况，考察所隐瞒的事实是否足以影响交易者的判断以及是否与交易直接相关来认定行为人是否构成欺诈，从欺诈的构成要件来看，这也是判断受让方是否因隐瞒行为而产生错误认识并因此做出错误的意思表示的依据。

一般而言，公司股权的转让价格完全由出让方与受让方在商业判断的基础上自行协商确定，这体现了市场经济条件下交易的意思自治。而影响受让方对公司股权价值判断的主要是与公司的生产经营活动相关的因素，如股权转让合同签订时公司的经营状况、项目价值、专业技术、无形资产、行业前景等。因此，在签订股权转让合同的过程中，出让方应当根据诚信原则告知受让方，公司在经营中存在的影响股权转让价格的情况，而受让方作为交易主体，应当在商事活动中尽谨慎、合理的注意义务，应在通过合理途径对转让方就公司生产经营状况的陈述及公司其他情况进行审慎的调查后，再作出是否受让股权的意思表示。这也就是说，可构成出让方"欺诈"的事实应当是出让方明知，而受让方不知晓或通过合理、审慎调查无法获知的情况。

在本案中，从股权转让协议的内容来看，P公司的债务对L公司决定是否受让股权有重大影响。同时，张某某、尹某某作为占P公司100%股权的原股东，对P公司所负债务肯定是明知的。张某某、尹某某在明知有其他债务的情况下做出"除本合同所列的债务外，P公司不存在任何其他债务"的承诺，存在欺诈的故意。而L公司基于善意对张某某、尹某某的承诺予以信赖并做出受让P公司股权的意思表示，应当认定张某某、尹某某构成欺诈。

三、撤销权的除斥期间

对于可变更、可撤销合同，《民法典》第152条规定："有下列情形之一的，撤销权消灭：（一）当事人自知道或者应当知道撤销事由之日起一年内、重大误解的当事人自知道或者应当知道撤销事由之日起九十日内没有行使撤销权；（二）当事人受胁迫，自胁迫行为终止之日起一年内没有行使撤销权；（三）当事人知道撤销事由后明确表示或者以自己的行为表明放弃撤销权。当事人自民事法律行为发生之日起五年内没有行使撤销权的，撤销权消灭。"此处的"一年"属于除斥期间，除斥期间是指法律规定或当事人依法确定的某种权利预定的存续期间，该期间届满，则权利当然消灭，故又称为权利预定存续期间，即预定期间①。

除斥期间适用于形成权，法律对部分形成权规定权利的存续期间是为了民事法律关系的稳定和正常的交易秩序。对于可撤销合同而言，享有撤销权的一方应当在知道或者应当知道撤销事由之日起一年内行使撤销权，并及时纠正错误的意思表示。若其未在法定的时间内行使权利，除斥期间经过，撤销权归于消灭，可撤销合同成为有效合同，撤销权人再主张撤销权将无法得到支持。

在本案中，关于P公司B项目欠大某公司工程款3782418元一事，张某

---

① 史浩明：《论除斥期间》，载《法学杂志》2004年第4期。

某、尹某某亦对此进行了隐瞒，此行为亦构成"以欺诈手段使对方当事人在违背真实意思表示的情况下签订合同"。但是，张某某、尹某某与 L 公司于 2006 年 9 月 27 日签订股权转让协议，L 公司与张某某于 2007 年 6 月 18 日签订补充协议，对 B 项目欠大某公司的工程款进行了约定，这表明 L 公司此时已知晓撤销事由——张某某、尹某某隐瞒 P 公司 B 项目欠大某公司工程款 3782418 元一事。本案一审开庭审理的时间为 2008 年 12 月 25 日，距 L 公司知晓此撤销事由的时间已超过一年，L 公司基于该撤销事由的撤销权已归于消灭，故法院判定"L 公司以张某某、尹某某隐瞒 P 公司对大某公司债务为由，请求本院撤销股权转让协议的理由不成立"。应当指出的是，即使 L 公司诉讼时一年的除斥期间尚未届满，其签订补充协议对 P 公司所欠大某公司工程款的清偿进行约定，并代 P 公司清偿债务的行为也足以表明其放弃行使撤销权，根据《民法典》第 152 条第 3 项的规定，L 公司基于张某某、尹某某隐瞒 P 公司对大某公司债务的撤销权也应认定为消灭。

四、股权转让合同被撤销的后果

《民法典》第 157 条规定："民事法律行为无效、被撤销或者确定不发生效力后，行为人因该行为取得的财产，应当予以返还；不能返还或者没有必要返还的，应当折价补偿。有过错的一方应当赔偿对方由此所受到的损失；各方都有过错的，应当各自承担相应的责任。法律另有规定的，依照其规定。"股权转让合同被撤销的主要法律后果是返还财产与赔偿损失。就返还财产而言，股权转让合同双方当事人应相互返还自己从对方处取得的财产，从而将双方的利益关系恢复到缔约前的状态。股权出让方应返还收取的股权转让款，股权受让方应返还受让的股权。由于股权转让合同不仅关系到双方当事人的利益，与目标公司亦有直接联系。目标公司亦须协助办理股权回转的相关手续，包括修改章程、变更股东名册、办理股东变更登记手续。关于赔偿损失，股权转让合同的双方当事人对由于自己过错而给对方造成的实际财产损失应承担赔偿责任。由于受让方受让股权后，可能实际参与经营管理活动，可能导致目标公司的盈利或亏损，同时，其亦可能对目标公司有投入。但是，由于目标公司是独立的主体，受让方对目标公司进行投入而导致的财产损失，以及因受让方经营目标公司亏损或不法侵害目标公司利益致使出让方股东权益受损均不包括在此处的赔偿损失的范围内。受让方对目标公司进行投入而导致的财产损失属于受让方与目标公司之间的债权债务关系，受让方应当向目标公司进行追索；而出让方的股东权益损失，鉴于目标公司所受损失得到赔偿，其股东权益即得到填补，因此，出让方应当敦促目标公司提起损害赔偿之诉，倘若公司怠于或拒绝提起诉讼，出让方在恢复股东资格后可依法提起股东代表诉讼。

关于违约金，股权转让合同双方当事人互负违约责任是主张违约金的依据，而违约责任的存在是基于股权转让合同。股权转让合同被撤销后，其效力属于自始无效，对于无效的合同不存在违约的可能，故而违约金的主张基础亦不复存在。而合同撤销后的返还财产与赔偿损失，其立法本意应为使双方当事人的利益关系恢复到缔约前的状态，若在此基础上仍支持当事人违约金的主张，则可能使一方当事人因合同撤销而额外受益，这显然有违公平、公正之义。故而，合同被撤销后主张违约责任不符合《民法典》的规定，在实践中司法机关亦不会支持。

在本案中，张某某应当返还L公司取得的股权转让费203万元，L公司应当返还其从张某某处取得的P公司70%股权及从尹某某处取得的P公司20%股权，而P公司应协助办理股权回转手续。L公司代P公司清偿的欠大某公司的债务378万元，以及在控股经营P公司的过程中向P公司投入的经营资金130余万元，作为L公司对P公司的债权，应当向P公司追偿。

第五章 商品房销售

综述：商品房买卖纠纷中的司法共识与观点分歧

我国商品房销售分为商品房预售和现售。《商品房销售管理办法》第 3 条规定："商品房销售包括商品房现售和商品房预售。本办法所称商品房现售，是指房地产开发企业将竣工验收合格的商品房出售给买受人，并由买受人支付房价款的行为。本办法所称商品房预售，是指房地产开发企业将正在建设中的商品房预先出售给买受人，并由买受人支付定金或者房价款的行为。"而《商品房买卖合同解释》第 1 条规定："本解释所称的商品房买卖合同，是指房地产开发企业（以下统称为出卖人）将尚未建成或者已竣工的房屋向社会销售并转移房屋所有权于买受人，买受人支付价款的合同。"即《商品房买卖合同解释》将上述商品房预售或商品房现售而签订的合同统称为商品房买卖合同。司法实践中，商品房买卖合同纠纷呈现出纷繁复杂的特点：纠纷的类型众多，并且就一些疑难问题，理论界与实务界往往存在一定的分歧。所以，结合国内各地司法实践中的一些典型案例，对《商品房买卖合同解释》进行一次审慎的"体检"，同时根据房地产买卖纠纷中的司法共识与观点分歧对其完成"法的续造"，[1] 应该是一项必要且紧迫的作业。

一、不适用《商品房买卖合同解释》的房屋买卖纠纷类型

最高人民法院《民事案件案由规定》根据作为买卖合同标的物的商品房是否竣工，从民事案由角度将商品房买卖合同纠纷区分为商品房预售合同纠纷和商品房销售合同纠纷，并将商品房预约合同纠纷单列为一类纠纷。司法实践中，上述几类纠纷均涵盖在商品房买卖司法解释适用范围之内。根据《商品房买卖合同解释》第 1 条的规定，以下房地产买卖纠纷除外：

1. 公民个人或者未取得房地产开发经营资格的企业转让自有房屋所发生的纠纷；

---

[1] ［德］卡尔·拉伦茨：《法学方法论》，陈爱娥译，商务印书馆 2003 年版，第 246 页。

2. 因涉及经济适用住房、按经济适用住房管理的房屋、已购公房、承租公房、小产权房、农村宅基地房屋转让所发生的纠纷；

3. 因涉及以房抵债、以房屋让与担保的形式担保债务履行所发生的纠纷。

特别值得注意的是，在这种情形下，双方签订的商品房买卖合同只是清偿债务或担保债务履行的方式，并非在当事人之间成立商品房买卖合同关系，故一方依据商品房买卖合同提起诉讼时主张适用该司法解释的，不予支持，但双方均同意按商品房买卖关系处理且不损害第三人合法利益的除外。[①]

二、未取得预售许可证签订的商品房买卖合同并非必然无效

根据《城市房地产管理法》（2019修正）第45条规定："商品房预售，应当符合下列条件：（一）已交付全部土地使用权出让金，取得土地使用权证书；（二）持有建设工程规划许可证；（三）按提供预售的商品房计算，投入开发建设的资金达到工程建设总投资的百分之二十五以上，并已经确定施工进度和竣工交付日期；（四）向县级以上人民政府房产管理部门办理预售登记，取得商品房预售许可证明。商品房预售人应当按照国家有关规定将预售合同报县级以上人民政府房产管理部门和土地管理部门登记备案。商品房预售所得款项，必须用于有关的工程建设。"但在司法实践中，通常不会就预售行为的上述合法性标准逐一进行审查并要求出卖人出示全部的相关证件。从证据角度看，司法机关一般仅审查出卖人是否具有房地产开发经营资质并取得商品房预售许可证明。国务院2020年11月29日发布的《城市房地产开发经营管理条例》第23条明确列明了房地产开发企业申请办理商品房预售登记的必备条件，其中就包括《城市房地产管理法》第45条规定的前三个条件。2004年7月20日发布的《城市商品房预售管理办法》也对预售许可证所需的上述三个条件再次进行了肯定。这说明上述三个条件是取得预售许可证的必要条件，对于房地产开发商来说，欲取得预售许可证必须履行上述三个条件产生的义务。而对于房地产行政管理部门来说，其必须对开发商是否具备上述三个条件进行审查，即对开发商申请商品房预售许可证进行实质性审查。可见，前三个条件直接属于行政审查的范畴，行政机关经实质审查后颁发的商品房预售许可证，是开发商赖以对外从事民事行为的凭证。正是由于这个

[①] 参见"张某某与某某公司等房地产买卖合同纠纷再审案"，浙江省高级人民法院（2010）浙民再字第108号，载中国裁判文书网，https://wenshu.court.gov.cn/website/wenshu/181107ANFZ0BX-SK4/index.html?docId=5ca677b37d3f4f048c0c1c9e5426314d，最后访问时间：2022年6月22日。

原因，法院只对预售许可证进行形式审查。同时，为维护合同的效力，《商品房买卖合同解释》第2条允许出卖人对商品房预售合同的效力进行补正，并将其取得预售许可证明的期限放宽至起诉前而非签订合同时。

商品房预售合同签订后，规划许可证或其他必要证件被行政主管部门撤销或被人民法院判决撤销，是否影响预售合同的效力？业界对此议论纷纷，各持己见。我们认为，《城市房地产管理法》第45条所规定的四个条件并非并列关系，第4项中预售许可证是已经具备前三个条件的结果。换言之，即便未满足前三个条件，但只要已经取得预售许可证，便属于预售人与行政主管部门之间的行政法律关系，不能因此影响商品房预售合同的效力。合同签订后，如果因规划许可证或其他证件被撤销导致确实存在影响出卖人履约能力的可能性，买受人可以通过要求出卖人承担违约责任的方式来解决纠纷，而不宜据此认定合同无效。

三、关于认购协议的性质与效力

在商品房买卖过程中，买卖双方往往会在签订正式商品房买卖合同之前签订诸如认购书、预订书、订购书等各种形式的协议。一般认为，认购协议是当事人双方对将来订立正式商品房买卖合同达成的合意，其内容相对比较简单，一般是对双方将要交易房屋的基本情况及何时订立正式的房屋买卖合同等有关事项作出约定，包括：（1）双方当事人基本情况；（2）房屋基本情况，包括坐落位置、房号、面积等；（3）房屋单价、总价等；（4）签约及交付房款的时间；（5）定金及罚则。根据《民法典》第495条之规定[1]，商品房认购书作为买卖双方约定为将来订立商品房买卖合同而签订的协议，应属于预约合同；而关于预约与本约的区分，通常可以从订约时间、订约目的及违约后果三个方面进行明确界定。[2] 但在司法实践中，仍存在不少需要进一步具体讨论的空白地带，主要包括：

1. 怎样区分预约与本约？

《商品房买卖合同解释》第5条规定："商品房的认购、订购、预订等协议具备《商品房销售管理办法》第十六条规定的商品房买卖合同的主要内容，

---

[1] 《民法典》第495条：当事人约定在将来一定期限内订立合同的认购书、订购书、预订书等，构成预约合同。当事人一方不履行预约合同约定的订立合同义务的，对方可以请求其承担预约合同的违约责任。

[2] 左峰、陈旻：《房屋买卖案件裁判思路与操作》，中国法制出版社2011年版，第18页。

并且出卖人已经按照约定收受购房款的,该协议应当认定为商品房买卖合同。"但是,现实中的认购协议在内容上呈现出越来越全面化、细致化的趋势,本应属于商品房买卖合同的主要内容,如房屋的基本状况、价款数额、价款支付甚至按揭贷款的办理、交付期限、违约责任等均已经被纳入认购协议中,因此,仅从内容的角度尚不足以明确区分预约与本约。在实践中,司法机关更侧重于通过挖掘隐藏在认购协议背后的当事人真实意图来综合判断,如果这些条款内容写进了认购协议但未加以明确约定,或者一方当事人在合同中声明未来合同不受该条款约束的,或者提出需要在经过进一步协商后方可最终确认的,均只能认定为具备预约性质。[1] 甚至,有些地区实践中认为:房屋交易必须采取行政部门所要求的网签、备案等形式,故无论意向书的内容约定多么完备,也只能将其认定为正式房屋交易行为实施前的预约。

2. 认购是否亦需要以取得预售许可证为必要前提?

众所周知,在取得预售许可证之前,以任何名义进行商品房销售活动均违反《商品房销售管理办法》等行政法规、规章的相关规定。但是,《民法典》第153条第1款,也即"违反法律、行政法规的强制性规定的民事法律行为无效。但是,该强制性规定不导致该民事法律行为无效的除外"则规定了民事法律行为违反强制性规定无效的一种例外,即当该强制性规定本身并不导致民事法律行为无效时,民事法律行为并不无效。考虑到在这种情况下,若仍坚持认定认购协议无效,则协议中的定金罚则应同时无效,那么出卖人违反协议,买受人无权依约要求出卖人双倍返还定金,这对于已经交付了定金的买受人而言相当不利。因此,司法机关倾向于认为,商品房认购书的效力认定应当依照《民法典》关于合同无效的规定予以确定,不以出卖人取得商品房预售许可证明为必要。当然,至于出卖人提前认购发售的行为是否违反了相关的行政管理规定,是否应当承担行政法上的责任,则另当别论。

3. 未明确约定为"定金"的能否适用定金罚则?

现实中,出卖人经常要求买受人在签订认购书的同时缴付一定数额的金钱作为担保,但在认购协议中往往不将其表述为"定金",而是表述为留置

---

[1] 参见"魏某与新某公司商品房预售合同纠纷案",上海市第二中级人民法院(2020)沪02民终6243号,载中国裁判文书网,https://wenshu.court.gov.cn/website/wenshu/181107ANFZ0BXSK4/index.html?docId=4387ee9c7b064208b200ac4400f40561,最后访问时间:2022年6月23日。

金、担保金、订约金、押金、订金、诚意金等以规避定金罚则的适用。这些缴付的金钱属于何种性质？应否适用定金罚则呢？

根据《民法典》第586条的规定，当事人可以约定一方向对方给付定金作为债权的担保。因此，定金合同的成立源于当事人之间的合意明确约定，且约定需符合要式合同（条款）完备的要件，仅以"留置金、担保金、保证金、订约金、押金或者订金"等交付货币的形式无法表示定金合同成立，更无法适用定金罚则。

4. 认购协议可否强制履行？

认购协议签订后，在一方当事人无正当理由拒绝签订商品房买卖合同的情况下，如果守约方起诉要求强制违约方履行预约合同义务以签订本约，人民法院一般难以支持。主要理由在于：预约协议在性质上具有特殊性，其签订的目的是双方将来订立本约，其内容是仅就商品房买卖的部分条款达成一致，其余大部分条款尚需双方当事人继续磋商，法院不宜代替当事人强制为意思表示。因此，预约协议在本质上属于《民法典》第580条第1款第2项所规定的不能强制实际履行的合同，但守约方可根据《民法典》第577条之规定选择要求违约方承担采取补救措施或者赔偿损失等违约责任。

5. 缔约过失责任与信赖利益赔偿的范围是否包括房屋差价损失？

在房屋价格普遍上涨的市场环境下，出卖人为获得额外利益拒绝将房屋售与认购人时，即使适用定金罚则亦不足以弥补买受人的实际损失。在这种情形下，能否在定金罚则或直接损失范围之外，参照房屋差价或违约方所获额外利益确定赔偿数额？对此，司法实践中观点不一，赞成、反对者均有。考虑到房屋价格涨跌本系市场经济的常态，而法律规则在司法适用中应强调稳定性，司法判断不宜对经济、政策的变化过于敏感，因此，我们主张在对法进行解释时不可贸然突破概念的"最大射程范围"。[①] 当然，如果预约协议中没有定金条款，或确有证据证明买受人所受损失远远大于定金数额的，法院可以综合考虑买受人的履约情况、出卖人的过错程度、合理的成本支出、房屋差价及出卖人所获利益等酌定赔偿数额，但买受人坚持按照预期利益要求赔偿的，不应支持。

---

① ［德］卡尔·拉伦茨：《法学方法论》，陈爱娥译，商务印书馆2003年版，第200—204页。

四、关于广告、宣传资料与格式条款

通常情况下，合同文本即全部合同内容的体现，对买卖合同双方当事人具有约束力的全部条款均应体现在合同文本中，但在商品房买卖合同关系中，销售广告、宣传资料中的内容往往并未体现在合同文本中。《商品房买卖合同解释》第 3 条规定："商品房的销售广告和宣传资料为要约邀请，但是出卖人就商品房开发规划范围内的房屋及相关设施所作的说明和允诺具体确定，并对商品房买卖合同的订立以及房屋价格的确定有重大影响的，构成要约。该说明和允诺即使未载入商品房买卖合同，亦应当视为合同内容，当事人违反的，应当承担违约责任。"仅从文义来看，《商品房买卖合同解释》第 3 条提出的"商品房开发规划范围内""具体确定"与"对商品房买卖合同的订立以及房屋价格的确定有重大影响"这三个标准仍存在需要进一步解释的余地。具体到司法实践中，不仅沙盘模型、平面鸟瞰图等被视为合同组成部分，[①] 甚至开发商在售楼广告中关于学区归属的教育优惠承诺也曾被认定为要约而非要约邀请。[②] 对开发商的这些不实承诺和说明还可以从另外一个角度予以规制，即通过缔约责任予以处理。虽然《商品房买卖合同解释》第 3 条将商品房销售广告可列为合同中的内容限定为"商品房开发规划范围内的房屋及相关设施"，但是，即使开发商就商品房规划范围之外的环境和公共设施进行的虚假宣传未被视为合同内容，也不等于开发商不应承担任何责任。该种情况下造成购房者损失的，购房者可根据我国《民法典》第 500 条规定的缔约责任，要求开发商承担缔约的损害赔偿责任。[③]

另外，在现实生活中，开发商通常会在可能构成合同组成部分的销售广告或宣传资料中某个不起眼的角落注明"所示图片与文字均为示意性质，仅供参考，不构成合同附件，具体内容均以政府有关部门审批为准，解释权归开发商所有"之类的文字，开发商可否据此免责呢？司法实践中对此见解不一。在笔者代理过的一起群体诉讼案件中，法院以宣传资料中存在该类提示文字为由，最终没有确认该宣传资料属于合同组成部分，但在其他案例中也

[①] 黄大鹄：《商品房预售中宣传资料及鸟瞰图系要约或要约邀请的确定》，载《人民司法》2009 年第 2 期。

[②] 徐子良、张松、李诗鸿：《开发商在售楼广告中的教育优惠承诺可视为要约》，载《人民司法》2008 年第 14 期。

[③] 《厦门市中级人民法院审理商品房买卖纠纷的调研报告之三：商品房销售广告不实陈述责任认定》，载《人民法院报》2004 年 7 月 27 日。

有相反的司法观点。① 一方面，对于普遍不具备专业知识的购房人而言，其对于小区的居住环境、配套设施等的了解，多是基于开发商的销售广告和宣传资料；其对所购房屋性价比的认知，也是基于开发商的销售广告和宣传资料。如果庭审查明的房屋实际状况与其销售广告和宣传资料所作的"具体确定"的说明和允诺之间存在相当的差异，足以推定该销售广告与宣传资料对原、被告之间《商品房购销合同》的订立及房屋价格的确定有重大影响，该宣传内容应当视为合同的组成部分。

另一方面，即便是体现在合同文本中的部分合同内容，也可能因属于《民法典》第 496 条规定的"格式条款"而被认定为无效。依照《民法典》第 496 条、第 497 条、第 498 条的相关规定，格式条款是当事人为了重复使用而预先拟定，并在订立合同时未与对方协商的条款。采用格式条款订立合同的，提供格式条款的一方应当遵循公平原则确定当事人之间的权利和义务，并采取合理的方式提请对方注意免除或者减轻其责任等与对方有重大利害关系的条款，按照对方的要求，对该条款予以说明。如果格式条款具有《民法典》第一编第六章第三节和第 506 条规定情形的，或者提供格式条款一方不合理地免除或者减轻其责任、加重对方责任、限制对方主要权利的，该条款无效。鉴于国内各地通行的各类商品房买卖合同示范文本均系当地住宅与建设主管部门、工商行政管理部门共同拟定，并通过行政方式强制推行使用，而非开发商单方预先拟定，故主流司法观点一般拒绝将示范文本的内容认定为"格式条款"。但是，对于合同文本后附的那些日益烦琐、严密的"合同补充条款"或"补充协议"，司法实践中不乏认定其构成"格式条款"并确认这些条款无效的实例。②

五、关于商品房交付、质量瑕疵及办证纠纷

商品房买卖的交易周期较长，且买、卖双方履行义务的行为并非同步。一般而言，买受人须在签约后即完成其大部分甚至全部付款义务，而出卖人则待房屋具备交付条件后方可履行其主要义务。因此，商品房买卖的履行纠

---

① 参见"秦某与上海某房地产开发公司商品房预售合同纠纷案"，一审：上海市浦东新区人民法院（2019）沪 0115 民初 53010 号；二审：上海市第一中级人民法院（2020）沪 01 民终 11534 号，载中国裁判文书网，https://wenshu.court.gov.cn/website/wenshu/181107ANFZ0BXSK4/index.html?docId=a048bd8f395043d09fa4acc200c274f6，最后访问时间：2022 年 6 月 23 日。

② 参见《沈阳某投资置业有限公司与韩某商品房买卖合同纠纷案》，载刘言浩主编：《民商事疑难案件裁判标准与法律适用——房地产卷》，中国法制出版社 2011 年版。

纷多集中在房屋交付及办证环节上。

1. 商品房建成后需要满足哪些条件方可交付？

由于商品房的建设和使用直接影响到公民最基本的人身财产权利，且商品房质量问题不仅涉及使用者自身的利益，还涉及社会公共安全，国内出台了大量的行政法律、法规以确保建筑物的质量及安全。《建筑法》第 61 条、《城市房地产管理法》第 27 条、《消防法》第 13 条第 2 款、《城市房地产开发经营管理条例》第 17 条、《建设工程质量管理条例》第 16 条、《建设项目环境保护管理条例》第 23 条等法律、法规均强调工程建设流程的规范要求，规定经"竣工验收"或"综合验收"后方可交付（其中"竣工验收"应系强制性规定）。尽管此处所指的工程交付发生于建设单位与施工单位之间，不能简单等同于出卖人与买受人间的商品房交付，但从时间次序及内在关联上看，工程质量系商品房质量基本保证，工程交付为商品房交付的基本前提。

《商品房销售管理办法》则更侧重于实现买卖双方当事人的意思自治。其中，第 30 条第 1 款规定："房地产开发企业应当按照合同约定，将符合交付使用条件的商品房按期交付给买受人。未能按期交付的，房地产开发企业应当承担违约责任。"考察国内各地推行的商品房买卖合同示范文本，其中明确约定的交付条件通常包括：建设工程经竣工验收合格并取得建设工程竣工验收备案证明或《住宅工程质量分户验收表》，提供有资质的房产测绘机构完成的该商品房面积实测技术报告书，取得法律、行政法规规定应当由规划、公安消防、环保等部门出具的认可文件或准许使用文件，用水、用电、用气、道路等设备设施具备商品房正常使用的基本条件，等等。司法实践中，判断房屋是否具备交付条件的一个重要标准是审查出卖人在交房时能否提供"两证一书"，即《住宅质量保证书》《住宅使用说明书》和竣工验收备案证明文件。如果出卖人交付的房屋符合合同约定的交付条件，买受人以房屋存在一定的质量瑕疵为由拒绝接收房屋，并要求出卖人承担逾期交房违约责任的，不予支持，但出卖人对房屋存在的质量瑕疵应承担修理、更换的合同责任。实践中存在的一个问题是，买受人接收房屋后，又以出卖人没有同时提供《住宅质量保证书》和《住宅使用说明书》为由主张商品房不具备交付条件，并要求出卖人承担逾期交付违约责任的，该如何处理？一种观点认为，按照《民法典》第 621 条第 3 款的规定，即"出卖人知道或者应当知道提供的标的物不符合约定的，买受人不受前两款规定的通知时间的限制"，买受人在接收商品房后仍有权要求出卖人承担违约责任,这有利于保护弱势一方的利益并促进房地产市场的健康发展。但另一种观点认为,买受人明知自己有权要求出卖人同时提供《住宅质量保证书》和《住宅使用说明书》,但未要求其提供且仍接收商品房的,属于对自己合法权利的自由处分,这种情形下要求出卖人承担违约责任,有违民法的公平和诚信原则。

2. 商品房质量瑕疵的程度如何判断?

《商品房买卖合同解释》第10条第1款规定的"因房屋质量问题严重影响正常居住使用",属于法官自由裁量的范畴,应当结合其是否对买受人的生命和财产安全、身体健康造成重大影响,是否严重干扰和影响了买受人的正常生活,可否修复等因素,由法官根据生活常识和经验予以综合判断,必要时可通过委托质量鉴定的方式予以确定。总结司法实践中的常见案例,不难发现:如果商品房的质量瑕疵仅限于轻微的空鼓、渗漏、裂缝等建筑物"质量通病"且不影响主体结构质量安全的,或者因住宅小区的公共配套设施、附属设施部分缺失或存在质量问题的,一般不能认定为构成《商品房买卖合同解释》第10条第1款所规定的"因房屋质量问题严重影响正常居住使用"。但如果这些质量问题影响正常使用,买受人有权要求出卖人予以修缮。若出卖人经催告后在合理期间内拒绝修缮的,买受人自行修缮或依据有资质评估机构的评估结论起诉请求出卖人支付修缮费用的,应予支持;而如果经司法鉴定确认房屋主体结构存在质量安全问题,或室内有害气体及放射性物质超标的,买受人不仅有权要求出卖人进行整改并承担逾期交付违约责任,而且还有权解除合同。

3. 如何衡量交付流程的合理、合法性?

出卖人在交付房屋钥匙之前,经常要求买受人按照出卖人制定的房屋交付流程先行预缴物业管理费用、代办产权费用、公共维修基金等其他费用。买受人对此往往难以接受,从而容易引发交付纠纷。一种司法观点认为,既然这些费用均是买受人依据合同应当支付的必要费用,且这样的合同履行顺序也是商品房买卖市场中的商业惯例,那么买受人无权以此为由拒绝收房;另一种司法观点认为,物业服务合同与房屋买卖合同虽有联系,但并非同一法律关系,如将业主与物业公司需经洽商才能确定具体内容的物业服务合同作为业主与出卖人商品房买卖法律关系中出卖人交房的条件,则对业主极不公平。① 我们注意到，现实中这些"先交钱再交房"的要求往往被事先写进了商品房买卖合同的补充协议。如果这些格式合同条款未被司法确认为无效的话，则对双方具有法律约束力，而在经查阅的案例范围内，我们尚未发现类似合同条款曾被确认为无效的先例。另外，实践中还流行一种"先签字接收再给钥匙验房"的做法，出卖人的理由主要在于：既然房屋已经竣工验收备案并同时向买受人提供《住宅质量保证书》和《住宅使用说明书》，则说明房屋已经具备全部交付条件，换言之，该房屋已由政府及其他相对于买受人更专业、更严谨的社会组织替代买受人验收通过了，若仍赋予买受人再次验收的权利，既无必要亦容易因房屋个别的、表面的、细微的瑕疵引发交付纠纷。但由于《民法典》第 617—623 条赋予了买受人以标的物的质量检验权，任何旨在剥夺这些法定权利的合同条款或单方规定均会面临法律效力上的质疑，故在实务中该种做法已被普遍禁止，目前国内各地使用的商品房买卖合同示范文本中大多都对此有特别限制。

4. 办理商品房权属转移手续的义务主体究竟是出卖人还是买受人？

《商品房买卖合同解释》第 1 条与第 18 条的规定，均明确了出卖人有义务转移标的物所有权于买受人。但《城市房地产开发经营管理条例》第 32 条规定："预售商品房的购买人应当自商品房交付使用之日起 90 日内，办理土地使用权变更和房屋所有权登记手续；现售商品房的购买人应当自销售合同签订之日起 90 日内，办理土地使用权变更和房屋所有权登记手续。房地产开发企业应当协助商品房购买人办理土地使用权变更和房屋所有权登记手续，并提供必要的证明文件。"显然，就办证义务主体的认定，上述两个规定之间存在实质性的差异。司法实践中，既有采纳最高人民法院司法解释的，也有认可国务院行政法规的。就此司法观点上的分歧，学界存在登记请求权与登记申请权的区分理论。主流学说认为，登记申请权是不动产物权发生变动交易的当事人请求登记机关准予在登记簿册上记载物权变动的法律事实的权利，属于程序法上的权利，但登记请求权则是涉及不动产物权变动法律关系的一方当事人请求他方协助办理申请登记的权利，其依据可能是物权法律关系也可能是债权法律关系。② 据此，从民事法律关系角度可以确认，出卖人才是办

---

① 左峰、陈昊：《房屋买卖案件裁判思路与操作》，中国法制出版社 2011 年版，第 51 页。
② 常鹏翱：《不动产物权登记程序的法律构造》，载蔡耀忠主编：《中国房地产法研究》（第二卷），法律出版社 2003 年版。

理商品房权属证书的义务主体，买受人既享有要求出卖人办理房屋过户登记的登记请求权，也享有申请房地产管理部门进行房屋登记的登记申请权。鉴于实践中存在买受人拖延或拒绝申请登记的情况，为避免出卖人办证义务不合理地扩大化，司法实践中通常将出卖人办证义务限制在"办理初始产权登记手续"和"及时通知买受人申请登记并提供协助义务"两个方面。

六、关于退房纠纷

在房价持续大幅上涨的情况下，市场获利预期足以化解许多潜在的退房纠纷，甚至许多已进入诉讼程序的退房案件也多以当事人主动撤诉或和解结案。这不仅掩盖了房地产市场中的许多不规范行为，同时也不利于发掘整理隐藏在各种退房纠纷案件背后的真实司法观点。总结我们查阅的相关案例，退房纠纷产生的原因是多方面的。但从根本上看，引起退房纠纷主要有：开发商的原因，购房者自身的原因，国家宏观调控政策间接导致的退房。其中，可归结为开发商的原因居多，主要体现在房屋质量及与房屋有关的配套设施、证照办理等存在问题，比如：销售广告言过其实、售楼员的承诺成为"空头支票"、房屋存在质量瑕疵、物业小区管理混乱、开发商迟延交付房屋、房产证不能及时办理等，导致购房者向开发商提出退房。另外，为应对资金短缺，部分开发商通过虚假按揭制造虚假销售或将商品房销售给债权人作为民间借贷的担保措施，这也是引发退房纠纷案件的一个重要成因。

1. 退房的合法事由

由于退房会涉及开发商、银行、房地产管理部门、保险公司及购房人等各个方面的关系，因此，为了维护正常的市场交易秩序，我国法律对退房的条件有着比较严格的规定。单从文本角度看，以下针对出卖人的退房事由能够为现行法律、法规所认可：出卖人未告知买受人而将房屋抵押给第三人，一房两卖，商品房预售许可证存在欺诈，出卖人故意隐瞒所售房屋存在抵押的事实，出卖人故意隐瞒所售房屋已出售事实，出卖人故意隐瞒所售房屋为拆迁补偿安置房屋的事实，房屋存在质量问题严重影响正常居住使用，迟延交付房屋超过法定期限，迟延办理房产证超过法定期限，担保贷款合同不能订立，所售房屋主体结构质量不合格，房屋的产权面积与合同约定面积误差比绝对值超出3%，规划、设计擅自变更，套型与设计图纸不一致或相关尺寸超过约定的误差范围，因不可抗力致使不能实现购房合同目的等。

显然，上述事由均系交易标的本身存在质量瑕疵或权属瑕疵并同时具备可归责于出卖方的情形，因此在实践中一般都能得到司法机关的支持。但是，若瑕疵并不严重则难以构成"根本违约"，或者在诉讼过程中该瑕疵得以补正从而未对购房者造成实际损害的话，则被认为退房索赔条件尚未具备。至于其他退房理由如房价下降、还贷压力增大等，尚无法律上的支持。如果此类退房案件进入诉讼，若出卖人（开发商）不同意退房，购房者的诉求并无相对应的法律条文支持。

反之，由出卖人主动提出解除合同的案例也为数不少，理由主要集中在购房者逾期付款及无力支付全部价款，也正因支付购房款系购房者的主要义务，因此出卖人在此情形下提出解除合同的主张通常能够得到司法机关的支持。[①]

2. 不宜将补充合同中的违约条款等同于退房条件

在商品房销售实践中，除在《商品房买卖合同》正文部分明确约定购房者付款义务及相应的违约责任外，出卖人往往还会在补充协议中特别添加上"若乙方因自身原因提出解除合同，乙方应承担赔偿责任，赔偿金额为总房价款的＿＿＿％，并承担由此产生的一切相关费用"此类条文，通过提高购房者随意提出退房要求的成本以保证合同顺利履行。

在 2009 年由上海宝山区法院审理的一起"集体退房诉讼案"中，法院将该条文理解为购房者据以要求退房的条件，在判令购房者承担利息损失和部分诉讼费的同时，支持了购房者关于解除合同的诉讼请求。案件判决后，业界哗然。而在笔者代理过的另一起类似案件中，双方签订的《商品房买卖合同》补充协议中亦有"本合同生效后，出卖人、买受人双方任何一方无正当理由致使本合同终止的，须按总房款的 20% 向另一方支付违约金作为赔偿损失"的条文，购房者据此要求以支付总房款的 20% 为代价来解除合同，但法院最终采纳了笔者的主张，将该条文正确理解为合同解除后的约定赔偿方式而没有曲解为退房条件。

3. 解除权的行使期限

《民法典》第 564 条规定："法律规定或者当事人约定解除权行使期限，

[①] 参见"上海垄某房地产开发公司与谭某商品房销售合同纠纷案"，上海市松江区人民法院（2017）沪 0117 民初 3711 号民事判决书，载中国裁判文书网，https://wenshu.court.gov.cn/website/wenshu/181107ANFZ0BXSK4/index.html? docId = 9a675137337340ab862ca7db0109af15，最后访问时间：2022 年 6 月 23 日。

期限届满当事人不行使的，该权利消灭。法律没有规定或者当事人没有约定解除权行使期限……经对方催告后在合理期限内不行使的，该权利消灭。"但在法律没有规定且当事人亦没有约定的前提下，相对方若没有催告，解除权的存续期间到底有多长？对此，《商品房买卖合同解释》第11条规定："根据民法典第五百六十三条的规定，出卖人迟延交付房屋或者买受人迟延支付购房款，经催告后在三个月的合理期限内仍未履行，解除权人请求解除合同的，应予支持，但当事人另有约定的除外。法律没有规定或者当事人没有约定，经对方当事人催告后，解除权行使的合理期限为三个月。对方当事人没有催告的，解除权人自知道或者应当知道解除事由之日起一年内行使。逾期不行使的，解除权消灭。"实践中，可能会发生起初相对方未催告解除权人行使解除权，在相对方未催告的情形下，自解除事由发生之日起计算一年除斥期间的过程中，相对方又行使催告权的情形。在该种情况下，一年除斥期间和三个月除斥期间的冲突应如何解决？有观点认为，在司法解释对两种除斥期间的适用情形和起算点均有明文规定的情况下，应严格按照规定以解决此种冲突。即在发生相对方起初未催告解除权人行使解除权，在按相对方未催告的情形下自解除事由发生之日起起算一年除斥期间的过程中，如相对方又行使催告权，则适用除斥期间的基础发生了变化，而司法解释又对不同情形下所适用的除斥期间分别作出了明确规定，故不应以主观臆断排除明文规定的适用，且这种经过期间的变化并非除斥期间的可变或延长，而是因为适用基础的变更所发生的除斥期间的变更适用。当然，这并不代表相对方可随时催告解除权人行使解除权而不受时间限制，如相对方在解除事由发生后的一年期间内未催告解除权人行使解除权，则因为经过一年除斥期间，解除权人未行使解除权，则解除权已确定消灭，再无三个月除斥期间的适用可能。

4.法院是否可以依职权解除合同

实践中有观点认为，对于合同无法继续履行的，当事人虽然未主张解除合同，法院也可以依职权解除合同，并对合同解除后当事人之间的债权债务一并处理。对此司法观点，我们认为，当事人是否行使解除权属于当事人对于自身权利的处分，应当予以尊重。对于双方当事人均不主张解除合同，但经审查合同无法继续履行的，法院应当向当事人行使释明权，告知当事人可以变更诉讼请求解除合同。若双方当事人均不同意变更的，应当驳回当事人的诉讼请求，但法院不得依职权解除合同。

另外，当事人已经通知对方解除合同，又向裁判机构请求确认解除合同的效力的，应如何处理？《民法典》第565条第1款规定："……对方对解除合同有异议的，任何一方当事人均可以请求人民法院或者仲裁机构确认解除行为的效力。"解除权的行使可以直接向对方发出解除通知，而无需一定要通过人民法院或者仲裁机构行使。但是，避免发生争议，任何一方当事人均可以请求人民法院或者仲裁机构确认解除合同的效力，由人民法院或者仲裁机构判断发出人是否享有解除权，如果认为发出人享有解除权，则人民法院或者仲裁机构确认合同自解除通知到达对方时解除。《民法典》第565条第1款相较于原《合同法》明确了双方都有请求人民法院或者仲裁机构确认解除行为效力的权利。

5. 房地产买卖合同解除后的房屋差价损失赔偿

从我们查阅的退房纠纷案件情况来看，很多纠纷引发的原因均是出卖人在与买受人签订合同后，由于房价上涨、下跌，出卖人或者买受人对原来的出卖价格不满意而拒绝履行合同。在此情况下，进行履行利益的损害赔偿显然符合损害赔偿政策的选择标准。对此，主流司法观点认为，在因一方当事人过错导致房屋买卖合同解除的情况下，另一方当事人提出要求当事人对房屋差价部分进行损害赔偿的请求，应当属于人民法院可以支持的损害赔偿范围。[1]

在房价上涨情况下，房屋差价部分即原来买受之价金与上涨后的房屋价值间的差额。在房价下跌情况下，房屋差价部分即原来买受之价金与下跌后的房屋价值间的差额。在此，需要注意的是要明晰"所失利益"与"履行利益"的联系与区别。履行利益，是指法律行为尤其是合同有效成立，但因债务不履行而发生的损失。所失利益，又称消极损害，是指因损害事故的发生，赔偿权利人财产应增加而未增加的数额。[2] 履行利益对应信赖利益，所失利益对应所受损害，所受损害是指因损害事故的发生，赔偿权利人现有财产所减少的数额。所失利益属于履行利益的范围之内。履行利益涵盖的范围大于所失利益。因此，在房屋买卖合同纠纷中，房屋差价损失属于当事人所失利益，亦属于履行利益。[3]

对于房屋差价损失的赔偿问题，如果双方就此有约定或通过协商达成一

---

[1] 王继红、俞里江：《房屋差价损害赔偿问题研究》，载《法律适用》2009年第2期。

[2] "买受之不动产价值上涨因可归责于出卖人之事由致不能取得所有权，其上涨之差额，应属买受人之所失利益。"参见黄茂荣主编：《民法裁判百选》，中国政法大学出版社2002年版，第120—123页。

[3] 韩世远：《违约损害赔偿研究》，法律出版社1999年版，第47—50页。

致，应根据约定内容或协商结果予以判处。如果双方无约定或不能协商达成一致，对于当事人的赔偿请求，人民法院通常在判断支持与否时综合考虑守约方的履约情况、违约方能预见的因房屋价值涨跌而产生的损失、双方是否已采取必要措施防止损失扩大、守约方是否存在损益相抵等因素予以适当调整。对于房屋差价损失的具体确定，一般比照最相类似房屋的市场成交价与买卖合同成交价的差额予以确定，也可通过委托专业机构进行评估或向专业机构进行询价予以确定。对于认定差价损失的时间点，则应从保护守约方的利益出发，以守约方的请求为基础，结合合同约定的履行期限届满之日、违约方的违约行为确定之日以及审理中房屋的涨跌情况等情况合理确定。

七、关于房产新政的法律定性

近期不断推出的楼市调控新政的基本导向在于：一方面通过提高购房首付和贷款利率来降低购房者资金承受力，遏制购房需求，减少房屋成交量，以稳定房价；另一方面通过提高购房成本，减少购房需求来改变公众的房价预期，从而遏制房价过快上涨。就"限购令"等房产新政的法律定性，有人认为，政策调整导致买房人无法履行合同，应该属于不可抗力；有人认为，政策调整属于情势变更，购房人退房可不承担违约责任；有人认为，政策调整既不属于不可抗力，也不属于情势变更，判决解除合同会纵容不诚信行为。对宏观经济政策的变化进行正确的法律定性是处理好此类纠纷的前提。因房产新政引发的诉讼纠纷，法院倾向以调解结案，能够查找的案例数量较少且大多不够典型，故以下主要依据最高人民法院及各地高级人民法院出台的相关司法意见来分析。

以"限购令"为例，目前各地司法机关已经达成的基本共识是："限购令"不属于不可抗力，同时也不适用"情势变更"。《民法典》第180条第2款规定："不可抗力是不能预见、不能避免且不能克服的客观情况。"由此可见，构成不可抗力的客观情况要同时具备"不能预见""不能避免"和"不能克服"三个特点，缺一不可。政府遏制房价过快上涨的意愿是明确而坚决的，一系列房地产宏观调控政策的发布是一脉相传的，这种情形下，至少不能说"国十条"等限购令的发布是不可预见的。

同时，"限购令"也不适用"情势变更原则"，一般认定为属于《商品房买卖合同解释》第4条、第19条所规定的"不可归责于当事人双方的事由"。情势变更原则作为一个衡平性原则，规定在《民法典》第533条："合同成立后，合同的基础条件发生了当事人在订立合同时无法预见的、不属于商业风险的重大变化，继续履行合同对于当事人一方明显不公平的，受不利影响的当事人可以与对方重新协商；在合理期限内协商不成的，当事人可以请求人民法院或者仲裁机构变更或者解除合同。人民法院或者仲裁机构应当结合案件的实际情况，根据公平原则变更或者解除合同。""限购令"等国家政策的出台对房屋买卖合同的影响主要体现在强制房屋买卖双方变更合同条款，而这些变更了的条款对于双方来说都是必须接受、没有商量余地的。尤其需要指出的是，国家政策导致的条款变更，会直接导致买房人的不能履行，或者因贷款利率的大幅提高而间接提高购房成本，这两种情形中的无论哪一种都直接改变了合同订立时的合意基础，此时的合同也与双方达成的合意相去甚远。

法院审理此类涉及国家政策影响的案件时通常强调要符合政策调控的基本导向。国家政策调整带来的交易风险，并不属于一般性的商业风险，其后果不应该由合同任一当事人单方承担，否则就是不公平的。在此基本审判理念下，往往倾向于赋予合同当事人选择权，当事人可以选择履行经政策调整变更了的合同，也可以选择解除原合同，这样才能体现公平原则。其实，《商品房买卖合同解释》第19条已经对类似情况作出了规定："商品房买卖合同约定，买受人以担保贷款方式付款、因当事人一方原因未能订立商品房担保贷款合同并导致商品房买卖合同不能继续履行的，对方当事人可以请求解除合同和赔偿损失。因不可归责于当事人双方的事由未能订立商品房担保贷款合同并导致商品房买卖合同不能继续履行的，当事人可以请求解除合同，出卖人应当将收受的购房款本金及其利息或者定金返还买受人。"该条即明确规定了由于国家信贷政策变动，不能按买卖合同约定的首期款以外的余款向银行贷款并订立贷款合同，导致房屋买卖合同不能继续履行的，买方可以请求解除合同并且不承担违约责任。从目前情况来看，在房产新政背景下适用该条规定处理相关纠纷仍是适当的。

5.1 未取得商品房预售许可证，法院如何认定认购书的性质、效力及法律责任

——仲某诉金某公司合同纠纷案[①]

> **关 键 词**：商品房认购书，定金，法律性质，法律效力
>
> **问题提出**：出卖人与买受人在出卖人取得商品房预售许可证前签订商品房认购书并由此发生纠纷，法院如何认定该商品房认购书的性质、效力并确定当事人应承担的法律责任？
>
> **关联问题**：商品房认购书为预约且合法有效时，违反预约应承担何种责任？定金如何认定与处理？实践中哪些情况可以认定为"不可归责于当事人事由"？
>
> **裁判要旨**：通常情况下，商品房认购书的性质为预约，法律对商品房预售合同的强制性规定并不适用于预约合同，即使出卖人未取得商品房预售许可证也不影响预约合同的效力。预约合同生效后，双方当事人均应按约履行。因一方当事人原因未能订立本约的，该当事人应承担相应的违约责任，已收受定金的，应当按照法律关于定金的规定处理。因不可归责于双方当事人的事由而未能订立本约的，双方当事人均不构成违约。出卖人已收受定金的，应当将定金返还给买受人。
>
> 当该商品房认购书具备《商品房销售管理办法》第 16 条规定的商品房买卖合同的主要内容，并且出卖人已经按约定收受购房款的，该协议应当认定为商品房买卖合同。根据《商品房买卖合同解释》第 2 条规定，尚未取得商品房预售许可证明的，该商品房预售合同无效，但在起诉前取得预售许可证明的，可以认定有效。

---

① 上海市第二中级人民法院（2007）沪二中民二（民）终字第 1125 号，载《最高人民法院公报》2008 年第 4 期。

案情简介

原告（上诉人）：仲某

被告（上诉人）：金某公司

2002年7月12日，原告仲某与被告金某公司签订《金某商铺认购意向书》一份，约定原告向被告支付购房意向金2000元，原告随后取得小区商铺优先认购权，被告负责在小区正式认购时优先通知原告前来选择认购中意商铺，预购面积为150平方米，并明确小区商铺的均价为每平方米7000元（可能有1500元的浮动）。如原告未在约定期限内认购，则视同放弃优先认购权，已支付的购房意向金将无息退还。如原告按约前来认购，则购房意向金自行转为认购金的一部分。意向书对楼号、房型未作具体明确约定。上述意向书的签订之后，原告向被告支付了2000元意向金。

2002年11月4日，被告取得房屋拆迁许可证，2003年5月29日取得建设工程规划许可证，2003年6月30日取得预售许可证。但被告在销售涉案商铺时未通知原告前来认购。2006年初原告至售楼处与被告交涉，要求被告按意向书签订正式买卖合同。被告称商铺价格飞涨，对原约定价格不予认可，并称意向书涉及的商铺已全部销售一空，无法履行合同，原告所交2000元意向金可全数退还。双方因此发生争议，原告遂诉至法院。原告起诉认为，被告的行为违反双方的约定，请求法院判令被告按105万元的销售价格向原告出售涉案商铺，如果被告不能履行，请求判令被告赔偿原告经济损失100万元。

二审法院确认一审法院查明的事实并查明：上述意向的书签订在金某公司办理有关项目的立项、规划等主要手续之后，取得预售许可证之前。

各方观点

仲某观点：涉案意向书合法有效，且完全可以实际履行。金某公司为了能高价出售涉案商铺，在实际出售商铺时，违反双方约定，故意不通知原告前来认购存在过错，并实际导致其基于该意向书预期可得到的收益完全丧失。故请求法院撤销原判，依法改判支持上诉人一审的诉讼请求，即判令被告按105万元的销售价格向原告出售涉案商铺，如果被告不能履行，请求判令被告赔偿原告经济损失100万元。

金某公司观点：金某公司在一审中辩称，双方签订《认购意向书》的时间在其依法取得房屋拆迁许可证、建设工程规划许可证、商品房预售许可证等相关许可之前，根据有关法律规定，未取得上述许可前，被告不能对外预售房屋，故双方签订的意向书属于无效合同。另外，双方签订的意向书只明确了原告有优先认购商铺的权利，而对商铺的总面积、位置、户型、朝向等具体事项未加明确，故该意向书属于预约合同，被告收取的2000元意向金相当于定金。即使预约合同有效，因一方原因未能最终正式订立商品房买卖合同的，应按定金规定处理。原告要求被告赔偿其合同预期利益损失的诉讼请求没有法律依据，应当驳回。二审中，金某公司认为，其因为房地产开发实际成本大幅增加，有权依据情势变更原则不与仲某正式签订房屋买卖合同，其主观上不存在过错，客观上也未给仲某造成任何损失，一审法院以信赖利益损失为由，判决金某公司赔偿10000元法律依据不足。故请求二审法院撤销原判，依法改判。

法院观点

一审法院观点：本案的争议焦点是：（1）原被告双方签订的《认购意向书》的法律性质；（2）涉案意向书是否有效；（3）如果涉案意向书有效，原告交纳的2000元意向金是否属于定金。对此，一审法院的具体观点如下：

1. 涉案意向书的法律性质为预约合同。《认购意向书》约定原告向被告交付购房意向金，双方初步确认交易金某商铺的有关事宜，从而对双方在正式认购时签订商品房预售合同达成了合意。涉案意向书中虽对意欲交易的商铺的楼号、房型、价格没有作明确约定，但其主要内容是对将来进行房屋买卖的预先约定，主要预约事项内容是完整的，而商铺的楼号、房型、价格等内容均可由双方在最终签订正式商品房预售合同时予以确认。因此，涉案意向书不是通常意义的"意向书"，而是具有预约合同的性质。

2. 涉案意向书合法有效。涉案意向书并非预售合同，法律对商品房预售合同的强制性规定并不适用于预约合同。即使金某公司出于种种原因最终没有取得相关许可，也不因此导致对预约合同本身效力的否定。此外，本案的事实是被告最终取得了相关开发及销售房产的许可，也进行了对涉案商铺的实际销售，因此，被告关于合同无效的抗辩理由没有事实根据和法律依据，不能成立，应认定原告与被告签订的涉案意向书合法有效。

3. 违反预约合同，应当承担相应的违约责任。被告金某公司未按照意向书的约定，在正式出售房屋时通知原告前来认购，造成双方无法进一步磋商签订正式商品房预售合同，构成违约。由于被告已经将商品全部售出，涉案意向书已无法履行，应予以解除，被告应承担违反预约合同的违约责任。根据预约合同的性质，结合被告的过错程度、原告履约的支出及其信赖利益的损失等因素，被告应赔偿原告损失10000元。

4. 本案中原告交纳的2000元意向金的性质不是定金。本案中金某公司虽然实际收取了仲某2000元意向金，但双方在涉案意向书中约定的是"仲某未在约定期限内认购的，则视同放弃优先认购权，已支付的购房意向金将无息退还。如仲某前来认购的，则购房意向金自行转为认购金的一部分"。从原、被告双方的上述约定看，涉案意向金显然不符合定金的表现形式。因此，合同解除后，被告应当将收受的意向金返还给原告。

一审判决：一、解除原告仲某与被告金某公司于2002年7月12日签订的《××大邸商铺认购意向书》；二、被告于本判决生效之日起10日内返还原告意向金2000元；三、被告于本判决生效之日起10日内赔偿原告经济损失10000元；四、原告的其余诉讼请求不予支持。

二审法院观点：本案二审的争议焦点是：（1）《认购意向书》的性质及法律效力；（2）金某公司有无违约及违约责任的承担。对此，二审法院具体观点如下：

1. 《认购意向书》为独立、有效的预约合同。预约合同，一般指当事人双方为将来订立确定性本合同而达成的合意。根据本案查明的事实，双方签订的《商铺认购意向书》是双方当事人的真实意思表示，不违背法律、行政法规的强制性规定，其效力应予认定。在双方签订意向书之前，金某公司已经申请取得了有关政府部门的立项核准和建设用地规划许可证，该意向书签订的时间在金某公司办理有关项目的立项、规划等主要手续之后，取得"金某"房产预售许可证之前。双方在涉案意向书中所指向的商铺并非虚构，所约定的房屋买卖意向存在现实履行的基础。同时，该意向书明确了双方当事人的基本情况，对拟购商铺的面积、价款计算、认购时间等均作了较为清晰且适于操作的约定。这表明双方当事人经过磋商，就条件成就时实际进行商铺买卖的主要内容达成了合意，对将来正式签署房屋买卖合同进行了预先安排，并以书面形式明确将来商铺正式预售时金某公司优先同仲某订立正式的商品房预售合同。综上，涉案意向书是具有法律约束力的预约合同。一审法院关于涉案意向书是独立、有效的预约合同的认定正确。

2. 金某公司的行为构成违约，应承担相应的违约责任。涉案意向书是合法有效的预约合同，双方当事人均应依法履行意向书的约定。根据涉案意向书的约定，金某公司应在其开发的房地产项目对外认购时，优先通知仲某在约定的期限内前来认购。金某公司未按约履行其通知义务，并将商铺销售一空，导致涉案意向书中双方约定将来正式签订商铺买卖合同的根本目的无法实现，甚至在争议发生时主张双方签订的意向书无效，其行为违背了民事活动中应遵循的诚实信用原则，应认定为违约。

由于合同已无法继续履行，故一审法院认为金某公司违反预约合同的约定，应当赔偿上诉人仲某相应的损失，并无不妥。但一审判决确定的10000元赔偿金额，难以补偿守约方的实际损失。为促使民事主体以善意方式履行其民事义务，维护交易的安全和秩序，充分保护守约方的民事权益，在综合考虑上海市近年来房地产市场发展的趋势以及双方当事人实际情况的基础上，酌定金某公司赔偿仲某150000元。

二审判决：一、维持上海市虹口区人民法院（2007）虹民三（民）初字第14号民事判决第一、二、四项；二、撤销上海市虹口区人民法院（2007）虹民三（民）初字第14号民事判决第三项；三、上诉人金某公司于本判决生效之日起10日内赔偿上诉人仲某经济损失人民币150000元。

关联案例 1

> **案件名称**：修某、宏某公司商品房销售合同纠纷再审案
> **审理法院**：最高人民法院（2017）最高法民申46号[1]
> **裁判观点**：本案中，修某（乙方）作为买受方与作为出卖方的晋某泰公司（甲方）于2012年8月11日所订立的《商品房认购协议》中明确约定双方需另行签订《商品房买卖合同》，且该认购协议中没有确定标的物，即房屋的具体位置，也没有对交付条件、交付日期、公共配套建筑的产权归属、面积差异的处理方式、办理产权

---

[1] 载中国裁判文书网，https://wenshu.court.gov.cn/website/wenshu/181107ANFZ0BXSK4/index.html? docId=960283800b1b41849ec6a81201016d69，最后访问时间：2022年6月23日。

登记有关事宜、违约责任、解决争议的方法等作出约定。因此，该认购协议书缺失商品房买卖合同必备的条款和要件，性质上只是协议双方为了保证将来签订正式的房屋买卖合同而签订的独立的预约合同，并不具备商品房买卖合同的法律约束力。虽然修某在认购协议签订后依约交付了首付款 200 万元，但是由于直至产生争议诉诸法院时，晋某泰公司仍未与修某签订正式的《商品房买卖合同》。故此，原审法院将该《商品房认购协议》定性为预约合同，定性准确。

关联案例 2

案件名称：戴某诉华某公司商品房订购协议定金纠纷案

审理法院：江苏省苏州市中级人民法院（2005）苏中民一终字第 0068 号①

裁判观点：相对于商品房预售合同来说，订购协议是本约订立之前先行订立的预约合同。订立预约合同的目的，是在本约订立前先行约明部分条款，将双方一致的意思表示以合同条款的形式固定下来，并约定后续谈判其他条款，直至本约订立。预约合同的意义，是在公平、诚信原则下继续进行磋商，最终订立正式的、条款完备的本约创造条件。因此在继续进行的磋商中，如果一方违背公平、诚信原则，或者否认预约合同中的已决条款，或者提出令对方无法接受的不合理条件，或者拒绝继续进行磋商以订立本约，都构成对预约合同的违约，应当承担预约合同中约定的违约责任。反之，如果双方在公平、诚信原则下继续进行了磋商，只是基于各自利益考虑，无法就其他条款达成一致的意思表示，致使本约不能订立，则属于不可归责于双方的原因，不在预约合同所指的违约情形内。这种情况下，预约合同应当解除，已付定金应当返还。

关联案例 3

案件名称：俞某与华某公司、魏某商品房买卖（预约）合同纠纷案

审理法院：最高人民法院（2010）民一终字第 13 号②

裁判观点：双方当事人签订的《商铺认购书》对所出售商品房的坐落、面积、单价、总价款等商品房买卖核心条款作出约定，符合商品房买卖合同的基本特征。但因该《商铺认购书》同时又明确约定在出卖人取得《商品房预售许可证》后，应另行签订商品房买卖合同，且约定内容与《商品房销售管理办法》第 16 条规定相比

---

① 载《最高人民法院公报》2006 年第 8 期。
② 载《最高人民法院公报》2011 年第 8 期。

有不少欠缺，故应当认定《商铺认购书》系双方当事人为将来签订商铺买卖合同而事先达成的合意，本案为商品房买卖预约合同纠纷。涉案《商铺认购书》系双方当事人真实意思表示，内容不违反国家法律、行政法规的禁止性规定，应认定有效。

关联案例 4

案件名称： 讯某公司与蜀某公司、友某公司房屋买卖合同纠纷案
审理法院： 最高人民法院（2013）民提字第 90 号①
裁判观点： 对于当事人之间存在预约还是本约关系，不能仅凭一份孤立的协议就简单地加以认定，而是应当综合审查相关协议的内容以及当事人嗣后为达成交易进行的磋商甚至具体的履行行为等事实，从中探寻当事人的真实意思，并据此对当事人之间法律关系的性质作出准确的界定。本案中，双方当事人在签订《购房协议书》时，作为买受人的迅某公司已经实际交付了定金并约定在一定条件下自动转为购房款，作为出卖人的蜀某公司也接收了讯某公司的交付。在签订《购房协议书》的三个多月后，蜀某公司将合同项下的房屋交付给了讯某公司，讯某公司接收了该交付。而根据《购房协议书》的预约性质，蜀某公司交付房屋的行为不应视为对该合同的履行，在当事人之间不存在租赁等其他有偿使用房屋的法律关系的情形下，蜀某公司的该行为应认定为基于与讯某公司之间的房屋买卖关系而为的交付。据此，由于蜀某公司在该房屋买卖法律关系中的主要义务就是交付案涉房屋，根据《合同法》第 36 条、第 37 条的规定，可以认定当事人之间达成了买卖房屋的合意，成立了房屋买卖法律关系。当事人双方签订的回购协议在性质上已经具备了商品房买卖合同的主要条件，应认定为商品房买卖合同。被告在起诉前已经取得了商品房预售许可证，且该协议能够实际履行，故被告应向原告交付涉案商品房并赔偿因延期交付给原告造成的损失。

律师点评

我国曾出台多部法律、行政法规、规章，禁止房地产开发企业在取得商品房预售许可证前进行商品房预售或以认购、预订、排号等形式收取或变相收取定金、预订款等性质费用进行变相的商品房预售。但在实践中，房地产开发企业为最大限度地实现其销售目标，往往在尚未取得预售许可证的情况下就与买受人签订了意向书、认购书、预定书、预订书、预订单等类似协议

---

① 载《最高人民法院公报》2015 年第 1 期。

（以下统称商品房认购书），并同时向买受人收取一定数额的定金、意向金、诚意金或预订金。上述现象在商品房销售领域非常普遍，由此也引发了大量的纠纷和诉讼。本案即是一起典型的因商品房认购书而引发的纠纷，该案涉及的主要法律问题有：商品房认购书的法律性质、效力、违反认购书的法律责任的承担以及定金的认定与处理等，较为全面地反映了现实生活中该类纠纷的主要争议焦点。现笔者结合本案及司法实践中其他相关典型案例，对上述法律问题分析如下：

一、关于商品房认购书的法律性质

本文所称的"商品房认购书"，是对商品房销售领域中有关预订书、预定书、订购书、认购书等类似协议的统称，其在实践中的表现形式包括但不限于上述几种。根据最高人民法院的观点，商品房认购书是商品房买卖合同双方当事人在签署商品房预售契约或商品房现房买卖契约前所签订的文书，是对双方交易房屋有关事宜的初步确认①。其内容一般包括双方当事人基本情况，房屋基本情况（包括位置、面积、单价等）以及签署正式契约的时限约定等。

关于商品房认购书的法律性质，在《民法典》生效之前，理论和实务界曾有不同的观点。一种观点认为认购书是商品房买卖合同的补充协议，另一种观点认为其性质为预约合同，还有一种观点认为是附条件的商品房买卖合同。自《商品房买卖合同解释》颁布施行以后，司法实践中的主流观点认为，商品房认购书的性质为商品房买卖的预约合同，是独立的合同。②

《商品房买卖合同解释》第5条规定："商品房的认购、订购、预订等协议具备《商品房销售管理办法》第十六条规定的商品房买卖合同的主要内容，并且出卖人已经按照约定收受购房款的，该协议应当认定为商品房买卖合同。"据此，在特定条件下商品房认购书的性质为本约，即"名为预约、实为本约"。

由于预约与本约的性质、效力及法律后果均有所不同，因此在特定案件中，对于商品房认购书，双方当事人往往基于自己的利益考量，一方主张其

---

① 最高人民法院民一庭编著：《最高人民法院关于审理商品房买卖合同纠纷案件司法解释的理解与适用》，人民法院出版社2003年版，第54页。

② 最高人民法院民一庭编著：《最高人民法院关于审理商品房买卖合同纠纷案件司法解释的理解与适用》，人民法院出版社2003年版，第54—55页。

为预约，另一方主张其为本约。由此引发的预约与本约之争，是商品房买卖纠纷中最为常见、集中的争议焦点之一。在特定案件中如何判断某一商品房认购书是预约还是本约，是摆在当事人、法官和律师面前的共同课题。

关于预约与本约的概念及区别，学者王泽鉴先生认为："预约，乃约定将来订立一定契约的契约，本约则为履行该预约而订立的契约。预约亦系一种契约（债权契约），而以订立本约为其债务的内容。"[1] "预约之目的在成立本约，当事人所以不迳行订立本约，其主要理由当系因法律上或事实上的事由，致订立本约，尚未臻成熟，乃先成立预约，使相对人受其约束，以确保本约的订立。"[2] 学者黄立先生认为："契约有预约与本约之分，两者异其性质及效力，预约权利人仅得请求对方履行订立本约之义务，不得径依预定之本约内容请求履行，又买卖契约，非不得就标的物及价金之范围先为拟定，作为将来订立本约之张本，但不能因此认为买卖本约业已成立。"[3] 由此，笔者认为，预约与本约可以从订立时间、订立背景、订立目的、订立内容等方面综合考量加以区分，而综合考量的目的在于最大限度地探求当事人的真意。

《商品房买卖合同解释》第 5 条为正确区分商品房认购书是预约还是本约提供具体的判断标准。如何正确地理解该条文内容，是正确区分特定案件中的商品房认购书是预约还是本约的关键。若仅从文义解释，该条规定商品房认购书定性为本约必须具备两个条件。概言之，一是内容完备，即具备《商品房销售管理办法》第 16 条规定的商品房买卖合同的主要内容；二是实际履行，即出卖人已经收受了购房款（包括全部和部分购房款）。但在实践中是否两个条件必须同时具备，缺一不可才能认定为本约？其实并不如此。最高人民法院观点认为，一般情况下，只要内容完备，即可以认定为本约。但考虑到当事人在认购书中往往订有条款约定日后再签订正式商品房买卖合同，故其真实意思为先订立预约，等条件成熟时再订立本约。因此将"实际履行"作为商品房认购书构成本约的要件[4]。也就是说，一般情况下，只要合同内容

---

[1] 王泽鉴：《民法概要》，中国政法大学出版社 2003 年版，第 318 页。
[2] 王泽鉴：《民法概要》，中国政法大学出版社 2003 年版，第 318—319 页。
[3] 黄立：《民法总则》，中国政法大学出版社 2002 年版，转引自最高人民法院民一庭编著：《最高人民法院关于审理商品房买卖合同纠纷案件司法解释的理解与适用》，人民法院出版社 2003 年版，第 67 页。
[4] 具体观点详见最高人民法院民一庭编著：《最高人民法院关于审理商品房买卖合同纠纷案件司法解释的理解与适用》，人民法院出版社 2003 年版，第 71 页。

完备，即可推定当事人之间成立的是本约，是否实际履行并不是判断商品房认购书是预约还是本约的标准，但若根据合同内容可知当事人的真实意思在于为将来订立本约而作预先安排，并非最终确认，则即便此时认购书内容极其完备，法院也不能认定为商品房买卖合同，除非当事人已全部或部分履行（即以行为表明双方当事人之间成立的是本约）。由此可见，《商品房买卖合同解释》第 5 条规定两要件的目的也在于探求当事人的真意。

从司法实务来看，绝大多数法院把商品房认购书的内容是否具备《商品房销售管理办法》第 16 条规定的商品房买卖合同的主要内容作为其是否是本约的首要条件和必备条件。如果认购书的内容本身就欠缺，一般法院都将其认定为预约。如关联案例 1、关联案例 3，这一点几乎已形成共识。但在考察第二个条件即"实际履行"时，有的法院则并不拘泥于"出卖人是否已经收受了购房款"，而是看"是否具备可以实际履行的条件"，如关联案例 1 中，法院认为认购书除了内容欠缺外，还"不具备实际履行条件"，从而认定其为预约，而在关联案例 4 中，法院认为认购书具备了商品房买卖合同主要内容且"能够履行"，进而判决当事人实际履行。因此，在认购书内容完备的前提下，如果客观上具备实际履行条件，即使当事人之间未实际履行，法院也有可能将其认定为本约进而判决当事人履行该本约。相反，如果认购书的内容虽然完备，但是不具备实际履行的条件，则法院也有可能将其作为预约处理。另外，有的法院在判断预约与本约时，除了考察商品房认购书的内容外，还从订立的时间、背景、目的等角度综合考察，探究当事人的真实意图是订立预约，还是订立本约（如关联案例 2 即从订立的目的、意义角度判断系预约还是本约）。

由此可见，司法实践中对《商品房买卖合同解释》第 5 条的理解和适用并不是机械的，而是立足于预约与本约的本质区别，在具体案件中从多个角度进行综合考虑、判断，以最终探明当事人签订商品房认购书的真实意图，进而作出定性，对案件作出裁判。正如学者王泽鉴先生所言："当事人的约定，究为预约抑为本约，在理论上固易区别，实际上则不易判断，应探求当事人的真意加以认定。"[①]

综上，笔者认为，对《商品房买卖合同解释》第 5 条千万不能进行机械

---

① 王泽鉴：《债法原理：基本理论与债之发生》，中国政法大学出版社 2001 年版，第 148 页。

理解，要正确区分某一商品房认购书是预约还是本约，必须结合个案具体情况，从当事人订立商品房认购书的时间、背景、条款内容、订立目的、是否具备实际履行条件以及是否已经部分或全部履行等方面综合考察判断，以探求当事人的真意究竟在于订立预约还是订立本约。反之，若抛开对当事人真实意思的探究，而仅将内容完备或已实际履行作为判断预约与本约的标准，有时可能会导致对当事人真实意思的曲解。比如，当前商品房认购书内容有越来越全面化、细致化的趋势，买受人在签订商品房认购书后就交付部分购房款的情况也越来越多，甚至有的是全额付清。但前者往往是基于房地产开发企业的格式文本，后者往往是出于提前付款可以享受折扣、优惠等经济利益刺激，就当事人本意而言，并不是要在该阶段将商品房交易的全部权利义务条款锁定并将其直接作为今后履行的依据，而是希望在将来条件成熟时进一步磋商、确定相关权利义务条款，由此当然也包括因进一步磋商未成而不订立商品房买卖合同的可能性。若将其认定为本约，一则与其真实意思不符，与"意思自治"原则相悖；二则实际是剥夺了当事人进一步磋商以最终决定是否签订本约的权利，是对契约自由的干涉，因而是不可取的。

二、关于商品房认购书的效力

在因商品房认购发生的纠纷中，较为常见的另一争议焦点是，在出卖人未取得商品房预售许可证的情况下所签订的商品房认购书是否有效？如在本案中，出卖人以商品房认购书系签订在出卖人依法取得商品房预售许可证之前，违反相关法律关于"未取得商品房预售许可证，不得进行商品房预售"的规定为由，主张该商品房认购书无效。

《商品房买卖合同解释》第2条规定："出卖人未取得商品房预售许可证明，与买受人订立的商品房预售合同，应当认定无效，但是在起诉前取得商品房预售许可证明的，可以认定有效。"司法实践中，对于正式的商品房买卖合同的效力与商品房预售许可证的关系，在上述《商品房买卖合同解释》出台后，已成定论，即未取得预售许可证的，合同原则上无效，但起诉前其效力可以补正。因此，若商品房认购书实质为商品房买卖合同时，其效力可直接根据《商品房买卖合同解释》第2条判定，故其不属于本文探讨之重点。

本文须重点探讨的是，当商品房认购书的性质为通常的预约时，其效力是否同样受到商品房预售许可证的影响？对此，实践中历来争议比较大。有观点认为无效，也有观点认为有效。认为无效的理由主要是认为其违反了

《城市房地产管理法》《城市房地产开发经营管理条例》《城市商品房预售管理办法》等相关法律法规关于商品房预售必须以取得预售许可证为前提条件，未取得商品房预售许可证不得进行商品房预售的规定，① 故属于因违反法律、行政法规强制性规定而无效。从司法实践来看，在《商品房买卖合同解释》出台前，一些法院以认购书违反上述法律规定为由判决商品房认购书无效。但在《商品房买卖合同解释》出台后，仍然判定商品房认购书无效的法院相对较少，大多数法院对此问题基本形成了共识，即认为商品房认购书是预约，其并非商品房预售合同（买卖合同、本约），因此，相关法律关于未取得预售许可证不得预售的强制性规定不适用于预约合同。只要是双方当事人真实意思表示，内容不违反法律、行政法规强制性规定，即使没有取得预售许可证，商品房认购书也应当被认定为有效②。本案中法院就是以上述理由认定当事人之间签订的《认购意向书》有效，本案刊登在《最高人民法院公报》（2008年第4期），系最高法院公布的指导性案例，足以代表司法实践中的主流观点。

笔者认为，作为预约合同的商品房认购书，其效力不受是否取得商品房预售许可证的影响，只要其是双方当事人真实意思表示，不存在《民法典》第144条、第146条、第153条、第154条规定的合同无效情形，该商品房认购书就应当是有效的。

首先，商品房认购行为，不是商品房预售行为。通常情况下商品房认购书的性质是预约，而不是本约，它是在项目立项、规划、报建之后但尚未具备预售条件之前，出卖人与买受人就未来可能要进行的商品房交易进行前期的、初步的接洽，是根据诚实信用原则就有关事项达成初步意向，并没有进入实质的权利义务确认阶段。认购书签订以后，仍然可能出现因进一步磋商未成而无法签订正式的商品房买卖合同，无法进行实质性交易的局面，在时间上仅仅于前契约阶段。因此，相对于本约，它是独立存在的合同。故法律关于商品房预售（本约）的强制性规定不应适用于商品房认购书。认为商品

---

① 参见《城市房地产管理法》第45条、《城市商品房预售管理办法》第6条、《城市房地产开发经营管理条例》第23条。

② 如本案中，一、二审法院对商品房认购书的效力就持该观点，此外关联案例2（最高人民法院公报案例）及关联案例3、关联案例4均对在未取得商品房预售许可证之前签订的认购书作了有效认定。又如，福建省高级人民法院民一庭《商品房买卖解答》第2条指出："双方当事人之间的订购协议并非商品房买卖合同，因此不适用《商品房买卖合同司法解释》第2条的规定。"

房认购违反了相关法律规定，从而应归于无效的观点，是将商品房认购等同于商品房预售，没有看到预约合同与本约合同的区别。

其次，退一步讲，即便相关法律关于未取得商品房预售许可证不得进行商品房预售的强制性规定也适用于商品房认购，该强制性规定也属于管理性强制性规定，而非效力性强制性规定。探求《城市房地产管理法》《城市房地产开发经营管理条例》等关于商品房预售必须以取得预售许可证为前提的立法目的可知，其在于防止开发企业将根本不具备建设、销售条件的房屋推向市场，从而维护交易秩序、保护广大消费者及国家在国有土地上的利益不受非法侵害。① 因此，《房地产管理法》等相关法律对商品房预售许可证的规定，更多的是出于行政监管的需要。违反该规定，将导致行政责任，但其并不必然导致民事合同无效。② 如果将上述规定作为效力性强制性规定，并进而将违反该规定签订的认购书作为无效处理，则无疑给房地产开发企业在房价上涨时进行一房多卖提供了很好的理由，结果将使违法者获利，而使广大消费者处于不利地位，这不符合相关法律的立法目的。因此，从这个意义上看，不宜将上述规定理解为效力性强制性规定。

最后，需要指出的是，《住房城乡建设部关于进一步加强房地产市场监管完善商品房住房预售制度有关问题的通知》中，明令禁止房地产开发企业在取得预售许可证之前进行商品房认购、订购、预订。但是，无论是从上述规定的效力等级看，还是从效力性强制性规定与管理性强制性规定的区别看，违反上述规章进行商品房认购承担的是行政责任，不影响商品房认购书的效力。

三、违反商品房认购书的法律责任

作为预约的商品房认购书签订后，因一方当事人原因未能订立正式的商品房买卖合同，该当事人应当承担何种性质的民事责任，是违约责任，还是缔约过失责任？承担责任的方式是什么？守约方能否要求继续履行？还是仅

---

① 最高人民法院民一庭编著：《最高人民法院关于审理商品房买卖合同纠纷案件司法解释的理解与适用》，人民法院出版社2003年版，第25—26页。

② 《城市房地产管理法》第68条规定："违反本法第四十五条第一款的规定预售商品房的，由县级以上人民政府房产管理部门责令停止预售活动，没收违法所得，可以并处罚款。"《城市房地产开发经营管理条例》第39条规定："违反本条例规定，擅自预售商品房的，由县级以上人民政府房地产开发主管部门责令停止违法行为，没收违法所得，可以并处已收取的预付款1%以下的罚款。"《商品房销售管理办法》第38条规定："违反法律、法规规定，擅自预售商品房的，责令停止违法行为，没收违法所得；收取预付款的，可以并处已收取的预付款1%以下的罚款。"

能要求赔偿损失？如果是赔偿损失，则损失范围是什么？如何计算？上述一系列问题，是《商品房买卖合同解释》施行以后一直困扰着司法实践的问题，在处理具体案件时各地法院做法都不尽一致。比如，在责任性质上，有的法院认为违反商品房认购书应承担违约责任，有的法院则认为是缔约过失责任。① 在责任承担方式上，大多数法院认为对于商品房认购书不能判决继续履行，但实践中也曾有法院判决继续履行。在损失范围确定及具体计算方式上，不同法院做法也不太一样。

笔者认为违反商品房认购书的民事责任是违约责任与缔约过失责任的竞合，两者是一个问题的两个方面。如上所述，商品房认购书的性质在一般情况下是预约，而预约相对于本约而言，也是独立存在的合同。因此，从这个角度讲，违反预约也是违反合同，违反合同的责任就是违约责任，即这里违约的"约"，指的是"预约"。而从商品房买卖、本约订立整个过程的角度观察，商品房认购书只是在作为本约的商品房买卖合同的前契约阶段，是当事人双方在订立本约的条件未成熟的情况下，根据诚实信用的原则，就当前能够确定的有关交易的若干事项作出初步确认，以作为未来订立确定性的本约的基础，并希望以此给予对方一定的约束，以使对方继续本着诚实信用的原则，积极磋商并完善欠缺事项，从而为将来订立确定性的本约创造良好的条件。因此，预约的法理基础在于双方当事人的诚实信用。如一方违反预约，导致本约未能如期订立的，则该当事人就违反了诚实信用原则，对最终无法完成缔约（订立本约）具有过错，因此，站在本约的角度，这种过错（故意或过失）就构成缔约过失，应当承担损害赔偿责任。

关于责任承担方式，我国《民法典》第 577 条规定违约责任的承担方式包括继续履行、采取补救措施或赔偿损失，而缔约过失责任的承担方式为损害赔偿，即赔偿损失，其在现行法上的依据一般认为是《民法典》第 500 条。既然违反商品房认购书的民事责任为违约责任与缔约过失责任的竞合，那么，守约方能否选择要求违约一方继续履行以签订本约，或者一并要求履行本约？

从我国的司法实践来看，绝大多数法院均认为，商品房认购书系预约，不得判决继续履行以订立本约或按预定的本约内容直接履行，仅有少数法院

---

① 如本案中，法院认为出卖人应当承担违反预约合同的违约责任。关联案例 3 中一审法院认为出卖人应承担缔约过失责任，二审法院认为是违约赔偿责任。

曾作出商品房认购书继续履行的判决。

笔者认为,虽然违约责任的承担方式包括继续履行,但就商品房认购书而言,人民法院不宜判决继续履行。理由有三:第一,预约毕竟不同于本约,其在缔约背景、目的、内容及行为结果的确定性等方面均与本约有本质区别,预约成立后,当事人需要进一步磋商,即使双方遵守诚信,最终也并不必然成立本约,还可能因为对某些欠缺内容未能达成合意而无法成立本约,但此时却符合双方当事人的真实意愿,因此,应当充分尊重双方当事人谈判的权利和意思自治,不宜在一方请求继续履行,而另一方不同意的情况下判决继续履行预约以订立本约或直接履行本应属于本约最终确定的内容;第二,从实际履行的可能性来看,本约的签订往往需要对方当事人的配合,特别是目前许多地区对商品房预售都实行了网上签约、合同备案制度,不履行上述程序既不利于行政部门对本地商品房销售行为的监管,也会导致买受人无法办理房屋产权转移登记,因此,即便法院对预约作出继续履行的判决,在没有对方当事人的配合办理一系列手续的情况下也很难实际履行,法院也难以强制执行,这样的判决作出后,往往难以收到理想的社会效果,有时还会徒增当事人的诉累,因此,我国《民法典》也规定,对于债务标的不适于强制履行的,债权人不得要求实际履行;① 第三,预约与本约在调整法律关系的深度上各有所能因而各有其存在价值,若违反预约与违反本约均可直接诉请按本约内容履行,则对当事人而言,签订商品房认购书的法律后果几乎就等同于签订正式的商品房买卖合同,则商品房认购书作为预约的特殊功能及存在价值何在,在法律上区分预约与本约的意义又何在?综上,笔者认为,对于一方当事人不同意继续履行商品房认购书的,法院不宜判决继续履行,但相对方请求赔偿损失的,法院一般应予以支持。

对于损失范围的确定,司法实践中法院一般认为违反预约的赔偿范围限于信赖利益损失而不包括期待利益(可得利益)的损失,此点甚是明确。但在具体计算信赖利益损失时,不同法院做法差异很大。如本案中一审法院根据预约合同的性质,结合出卖人的过错程度、买受人履约的支出及其信赖利益的损失,酌定赔偿金额为10000元,而二审法院则认为其难以弥补守约方

---

① 《民法典》第580条第1款规定:"当事人一方不履行非金钱债务或者履行非金钱债务不符合约定的,对方可以请求履行,但是有下列情形之一的除外:(一)法律上或者事实上不能履行;(二)债务的标的不适于强制履行或者履行费用过高;(三)债权人在合理期限内未请求履行。"

的实际损失，于是在综合考虑该地房地产市场发展趋势以及当事人实际情况的基础上，酌定赔偿金额为 15000 元。在关联案例 1 中，一审法院仅判决出卖人向买受人支付已付款的银行同期贷款利息，二审法院改判支付四倍银行同期贷款利息。

梳理上述不同法院的做法，对于信赖利益的计算大概有三种方式，一是参照银行利息标准，二是参照房屋差价，三是根据公平合理原则酌定。其中，房屋差价能否要求赔偿，在司法实践中争议最大。即买受人往往要求出卖人赔偿因涉案房屋涨价或出卖人转售该房屋造成的房屋差价损失，法院应否对此予以支持？对此，不同法院处理也不一样。持反对意见的法院认为房屋差价损失属于可得利益（期待利益）损失，是当事人违反本约应承担的赔偿责任范围，而违反商品房认购书仅仅是违反预约，违反预约的赔偿范围限于信赖利益损失，房屋差价损失不属于信赖利益损失。但实践中也有观点认为，房屋差价的损失属于信赖利益损失中的间接损失，故对于买受人要求赔偿房屋差价损失的，一般可予以支持，但是其不应当超过合同成立或合同有效时的履行利益，具体数额应综合考虑守约方的履约情况、违约方的过错等因素酌定。

究竟应当如何计算信赖利益的损失？房屋差价究竟属不属于信赖利益损失？笔者认为，首先应当明确信赖利益损失的范围，凡是属于该范围的，就应认定为信赖利益损失。通说认为信赖利益损失包括缔约费用以及为准备履行合同而支付的费用。其中是否包含机会利益损失，即信赖合同相对方将与其订立本约而丧失与第三人订立合同的机会，实践中尚有争议，而机会利益损失在商品房认购中往往表现为房屋差价损失，这是在计算违反预约合同的信赖利益损失时当事人最大的争议焦点，也是法院处理此类案件的难点。笔者认为，该机会利益损失客观上确实存在，举例言之，如甲认购某开发商乙的房屋后，就放弃了认购其他开发商的房屋的机会，而后来乙又拒绝与甲订立商品房买卖合同，致使甲在房地产市场价格上涨的情况下需要支付更多的款项才能购得与原认购房屋同一面积和品质的房屋，换言之，即便退还已付房款，该房款在此时的购买力已经下降，这客观上造成了甲财产的减少。故该损失就属于信赖利益损失，若不予以赔偿既不足以弥补守约方损失，也不利于有效遏制出卖人的违约行为，只是在确定具体赔偿数额时，笔者认为，其赔偿上限不应超过履行利益损失，具体数额根据合同履行程度、违约方的主观过错、守约方客观上的损失大小等因素综合考虑确定，故在具体操作时上海高院的指导意见很值得借鉴。

综上，笔者认为，在具体计算信赖利益损失时，要根据个案情况掌握。一方面要考虑预约合同的性质与本约有所区别，因而不能一概判决全额赔偿房屋差价，否则，无异于赔偿可得利益损失。另一方面又要考虑到在房屋价格上涨的情况下买受人确实存在因失去与第三人的交易机会而导致购买力下降的损失，特别是对于某些急需的自住型购房者，对其造成的损害更大。因此，该赔偿金额的确定也要尽量弥补买受人的损失，同时又不使违法者获得额外的利益，故对于那些因房价上涨而恶意违约的出卖人，法院可以判令其全额赔偿房屋差价损失。此外，还应当结合房地产市场的行情、当事人的过错、买受人的具体情况及实际损失大小等多方面因素综合考虑，以确定相对合理的赔偿数额，尽量平衡双方当事人利益。

四、商品房认购书中定金的认定与处理

《商品房买卖合同解释》第4条规定："出卖人通过认购、订购、预订等方式向买受人收受定金作为订立商品房买卖合同担保的，如果因当事人一方原因未能订立商品房买卖合同，应当按照法律关于定金的规定处理；因不可归责于当事人双方的事由，导致商品房买卖合同未能订立的，出卖人应当将定金返还买受人。"上述司法解释条文适用的前提是明确买受人交付的款项的性质为"定金"，但在商品房交易实践中，并非所有情况下当事人都明确买受人交付的款项为"定金"。实际上，在许多情况下出卖人以意向金、诚意金、订金、预付金、认购金、留置金、押金等各种名义收受买受人的款项，但就是未使用"定金"字样，也未对该款项在当事人违反商品房认购书时做何种处理作出明确约定。因此，发生纠纷时，往往一方主张其为定金，另一方主张其为其他性质的款项。

对上述款项性质的判断是能否适用上述司法解释第4条的前提。笔者认为，定金在我国民法典中规定有特定的概念，具有特定的法律后果[1]。交付定金的一方如不履行合同，则无权要求返还定金，收受定金的一方如不履行合同则应双倍返还定金。而其他性质的款项，均没有这样的法律后果。因此，

---

[1] 《民法典》第587条规定："债务人履行债务的，定金应当抵作价款或者收回。给付定金的一方不履行债务或者履行债务不符合约定，致使不能实现合同目的的，无权请求返还定金；收受定金的一方不履行债务或者履行债务不符合约定，致使不能实现合同目的的，应当双倍返还定金。"

判断某一款项是否为定金，关键是要看双方当事人的真实意思是否是赋予该款项以担保法上"定金"的法律后果。如果当事人没有使用"定金"字样，也没有明确约定在一方违约时可以没收该款项或予以双倍返还，则表明其真实意思并不是赋予该款项以担保法上定金的法律效力，故不应当认定款项的性质为定金。① 若该款项的性质不是定金，则仍然应当根据当事人的真实意思来确定该款项的性质（或为预付款，或为质押，或为其他性质）并根据合同有效、无效、解除等不同情况分别作出相应的处理。

五、关于"不可归责于双方当事人的事由"

《商品房买卖合同解释》第4条在具体适用中需界定的另一个问题是"何谓不可归责于双方当事人的事由"。比如，在商品房认购书签订以后，双方对于商品房认购书中未涉及的条款未能磋商一致，导致商品房买卖合同未能订立的，是否属于"不可归责于双方当事人的事由"？对此，最高人民法院公报案例"戴某诉华新公司商品房订购协议定金纠纷案"中的观点认为，双方在公平、诚信的原则下继续进行磋商，只是基于各自利益考虑，无法就其他条款达成一致，致使本约不能订立，属于不可归责于双方的原因，不在预约合同所指的违约情形内。反之，如果在继续磋商中，一方违背公平、诚信原则，或者否认预约合同中的已决条款，或者提出令对方无法接受的不合理条件，或者拒绝继续进行磋商以订立本约，都构成对预约合同的违约，应当承担预约合同中约定的违约责任。另外，对于受房地产调控政策影响，致使不能订立本约的，是否属于"不可归责于双方当事人的事由"？上述司法观点，对正确适用《商品房买卖合同解释》第4条无疑具有重要的指导意义。

---

① 如本案中，一审法院就认为，原告交付的2000元意向金不符合定金的表现形式，故其性质不是定金。

5.2 法院如何对宏观调控政策进行法律定性并适用法律调处纠纷

——甲诉乙公司商品房预售合同纠纷上诉案①

> **关 键 词：** 宏观调控政策，限购，限贷，情势变更，不可归责于当事人双方的事由
>
> **问题提出：** 对于宏观调控政策实施之前签订的商品房买卖合同，因宏观调控政策的实施导致履行障碍的，司法机关如何适用法律以调处纠纷？
>
> **裁判要旨：** 以贷款方式支付房款是双方合同达成及履行的条件，现由于银监局限制商业用房贷款的发放，导致买受人无法办理贷款，此应认定为"因不可归责于当事人双方的事由未能订立商品房担保贷款合同并导致商品房买卖合同不能继续履行的"之情形，当事人可以请求解除合同，故买受人享有法定的合同解除权。

案情简介

原告（上诉人）：甲

被告（被上诉人）：乙公司

乙公司为某城（三期）的房产开发商，在某城（三期）的楼盘销售过程中，乙公司售房的广告宣传单上载明"贷购不限全市稀售""不限贷不限购，抵抗通货膨胀，增值保值持续收益"等字样。

2011年8月6日，甲与乙公司签订《S市商品房预售合同》一份，约定甲向乙公司购买某城（三期）的S市某区某镇某街某弄1056号、1054号5层529室房屋（以下简称：系争房屋），该房屋的规划用途为办公，房屋暂定总价为人民币（以下币种相同）646000元；系争房屋的交付必须符合一定的条件，乙公司承诺在2012年12月31日前办理房地产初始登记手续，取得新建商品房房地产权证（大产证），如到时不能取得商品房房地产权证（大产

---

① 本案例系在真实案件基础上加工改写而成。

证），甲有权单方面解除合同；合同一方按照合同约定向另一方送达的任何文件、回复及其他任何联系，必须用书面形式，且采用挂号邮寄或者直接送达的方式，送达合同所列另一方的地址或另一方以本条所述方式通知更改后的地址，如以挂号邮寄的方式，在投邮后（以寄出的邮戳为准）第 5 日将被视为已送达另一方；合同的补充条款、附件及补充协议均为合同不可分割的部分，合同补充条款、补充协议与正文条款不相一致的，以补充条款、补充协议为准。该合同附件一载明，不低于总房款 50% 的首期款 326000 元由甲于 2011 年 8 月 6 日或之前支付给乙公司，按揭机构提供的贷款 320000 元由甲于 2011 年 10 月 6 日或之前支付给乙公司，因甲原因导致无法办理贷款或贷款不足的差额部分，甲应在 2011 年 10 月 21 日或之前一次性补足；该合同补充条款一载明，若因国家有关按揭贷款政策发生变化，贷款银行要求甲增加首付款比例的，甲应增加支付首付款以满足按揭贷款申请要求。合同还对房屋买卖过程中的其他事宜作了约定。

合同签订后，甲于 2011 年 7 月 31 日通过 J 银行支付给乙公司 20000 元；于 2011 年 8 月 6 日通过 G 银行支付给乙公司 307400 元，乙公司于 2011 年 8 月 6 日为甲开具了 326000 元的发票以及 1400 元的房地产交易登记费收据。

2011 年 8 月 23 日，中国银监会 S 市银监局下发了《S 市商业地产信贷风险提示的通知》（以下简称：《通知》），《通知》对于银行提出的监管要求第 2 项中载明，"……无论企业还是个人，利用贷款购买的商业用房应为已竣工验收的房屋……" 2012 年 3 月 4 日，甲向乙公司发出挂号信，认为乙公司刻意隐瞒相关情况，未给予甲相应的优惠促销待遇，致使其支付的款项明显高于同等户型其他客户，故系争合同显失公平；同时合同约定第二笔房款以贷款方式支付，但是实际上国家相关部门当时已经明确要求今后各银行须严禁个人消费贷款用于购买商业用房，且今后凡是利用贷款购买的商业用房应为已竣工验收的房屋，系争合同的标的物是期房无疑，但乙公司还是陆续安排了几家银行和甲签订贷款协议，致使甲贷款资金无法办理，故要求解除系争合同，乙公司应立即退还甲已支付的房款。2012 年 3 月 6 日，该信函被以"迁移新址不明"为由退回。

系争房屋所属楼盘已于 2011 年 7 月 11 日取得预售许可证，并于 2012 年 12 月 28 日竣工验收备案。

双方所签订的《S 市商品房预售合同》第 21 条约定，甲方或乙方对相对方单方面解除本合同有异议的，应在接到对方有关单方面解除本合同的书面通知之日起30天内，向按第33条选定的解决争议机关确认解除合同的效力。一审过程中乙公司于2013年3月25日出具确认函，称系争房屋的大产证至今还在办理过程中。

各方观点

甲观点：乙公司为某城（三期）的开发商。2011年8月6日，在乙公司明确承诺不限购、不限贷，并确保办理贷款手续的前提下，双方签订了《S市商品房预售合同》，约定甲购买乙公司预售的系争房屋，该房屋的规划用途为办公，总价款为646000元，付款方式为首付326000元，余款通过按揭贷款方式支付。签约后，甲支付了首付款并提供了办理按揭贷款所需的个人资料，但无法办理贷款手续。经查询得知，S市银监局于2011年8月23日下发了《通知》，《通知》明确要求S市各商业银行必须在商业用房竣工验收成为现房后，才能对买房人发放商业贷款。因甲所购房产属商业用房且为期房，故属禁止发放贷款之列。

甲是因系争房屋不限购、不限贷才签订预售合同的，其中约定了贷款支付的内容，现因政策变动导致无法办理贷款，其个人亦无力筹资继续履行合同，故于2012年3月4日按照合同约定的挂号邮寄方式书面通知乙公司解除合同并要求返还已付房款，该信件因乙公司迁移新址不明被退回。甲认为，乙公司更改地址未通知甲，故上述信函应视为已送达对方，且在发出通知后甲多次与乙公司协商，均未解决，甲已尽通知义务，合同应于2012年3月9日解除。

乙公司观点：乙公司不同意甲的全部诉请，合同不应当解除，应继续履行。从客观上看，该合同应当继续履行，且是可以继续履行的；根据合同约定和当事人的意思表示，甲在主观上也应当而且可以继续履行。甲要求解除合同的真实目的与其诉状中的目的有差异，其真实原因是市场价格波动以及认为其没有得到预期利益，或者与其他购房者之间的优惠比例有差异，心理不平衡，才提出解除合同。当初乙公司想给予甲一段时间的宽限期，让其现金补足或者贷款支付余款，并明确告知合同不能解除。甲所称的商业房产期房无法办理贷款的障碍现已消除，甲完全可以贷款，该楼盘的其他人都能够办出贷款，可能是甲根本不想贷款。

法院观点

一审法院观点：首先，依法成立的合同，对当事人具有法律约束力，当事人应当按照约定履行自己的义务，不得擅自变更或者解除合同。当事人一方不履行合同义务或者履行合同义务不符合约定的，应当承担继续履行、采取补救措施或者赔偿损失等违约责任。本案中，双方签订的《S市商品房预售合同》系双方当事人真实的意思表示，合法有效，双方均应按约履行。

其次，按照《商品房买卖合同解释》第23条①的规定，因不可归责于当事人双方的事由未能订立商品房担保贷款合同并导致商品房买卖合同不能继续履行的，当事人可以请求解除合同，出卖人应当将收受的购房款本金及其利息或者定金返还买受人。本案中，甲主张中国银监会S市银监局2011年8月23日下发的《通知》属于不可归责于双方当事人的政策变动原因，致使其无法办理银行贷款，故其可以主张解除合同，要求乙公司返还购房款及利息；而乙公司则主张《通知》属于指导性的风险提示，不足以导致甲无法办理银行贷款，且在合同履行期间系争房屋所属楼盘已竣工备案，曾经出现的履行障碍已经消除，履行合同的基础已恢复至原状，故只同意给予甲一定时间的宽限期让其现金补足或者办理贷款，要求继续履行合同。一审法院认为，《通知》对在沪各商业银行提出了明确的监管要求，足以对未竣工验收的商业用房的银行贷款办理产生障碍，但不可归责于当事人双方的事由导致未能办理商品房担保贷款合同的情况出现后，甲并非立即可享有合同解除权，只有在上述障碍导致商品房买卖合同不能继续履行时，当事人才可以请求解除合同。现仍在双方所签订合同的履行期内，系争房屋所属楼盘已经竣工验收备案，曾经出现的履行障碍已经消除，且乙公司也同意给予甲一定时间的宽限期让其现金补足或者办理贷款来支付购房余款，故对于甲的上述请求，一审法院不予支持。甲应当继续履行双方所签订的《S市商品房预售合同》。

一审判决：驳回原告甲的诉讼请求。

二审法院观点：本案的争议焦点为：（1）甲能否根据《商品房买卖合同解释》第23条的规定享有法定解除权；（2）双方就系争房屋所签订的《S市商品房预售合同》是否因甲发出解除合同的通知而已经解除，甲能否要求返

---

① 该司法解释已修正，对应现行《商品房买卖合同解释》第19条。

还购房款及利息。

双方之间的《S市商品房预售合同》于2011年8月6日签订后，中国银监会S市银监局于2011年8月23日下发了《通知》，明确规定商业用房发放贷款的条件应为已竣工验收的房屋。由于系争房屋所属的楼盘当时系尚未竣工验收的期房，由此导致甲在支付首付款后，剩余32万元房款无法按照合同约定通过贷款方式支付，且此项贷款不能之情形并非如合同中所约定的，系由于购房者本身的原因导致贷款不成或贷款额度不足而应由购房者自行补足，故符合《商品房买卖合同解释》第23条规定的情形。双方在合同中明确约定了付款方式，即首付款326000元，余款32万元以贷款方式支付，且乙公司的广告宣传单上载明"贷购不限全市稀售""不限贷不限购"，说明以贷款方式支付50%房款是双方合同达成及履行的条件，现由于银监局限制商业用房贷款的发放，导致甲无法办理贷款，此应认定为"因不可归责于当事人双方的事由未能订立商品房担保贷款合同并导致商品房买卖合同不能继续履行的"之情形，当事人可以请求解除合同，故甲享有法定的合同解除权。

甲于2012年3月4日向乙公司发出了解除合同的通知，其邮寄方式及邮寄地址符合合同约定。虽然该通知因乙公司迁移新址而遭退回，但根据约定，乙公司迁移新址应事先通知合同相对方，否则由此产生的后果由其自身承担。现甲按照合同约定方式寄送了解除合同通知，根据合同约定，其书面通知寄出后5日即视为送达。在解除合同的通知视为送达后，即发生合同解除的法律效力，而乙公司此后亦未按照规定提出异议，要求争议解决机关确认解除合同的效力，故甲要求确认双方于2011年8月6日签订的《S市商品房预售合同》于2012年3月9日解除的诉讼请求，应予支持。

关于乙公司提出的"甲解除合同的真实原因是市场价格波动导致其没有得到预期利益及与其他购房者之间的优惠比例有差异"之抗辩理由，二审法院认为，在解除合同通知中，甲确实有提及优惠比例不够，但是，本案中需要审查的关键问题是，甲是否享有合同解除权及其于2012年3月4日发出的解除通知是否发生合同解除之效力。至于甲解除合同的内心动因，并不在法院的审查范围之列。乙公司另提出，系争房屋所在楼盘已于2012年12月28日竣工验收备案，具备了办理贷款的条件，其他客户亦办出了贷款手续，故合同履行的障碍已经消除，以此作为其不同意解除合同的抗辩理由。二审法院认为，甲是否享有解除权应以其发出合同解除通知之时为准，而非以之后发生的情况来倒推否定当初的合同解除权。在2012年3月4日甲发出解除合同通知时，乙公司尚未办理竣工验收备案，系争房屋不能办理贷款手续，至于之后乙公司何时办理的竣工验收、何时可以办理贷款手续，已不在考虑范围之列。

既然双方签订的《S市商品房预售合同》已于2012年3月9日解除，则甲要求乙公司返还购房款并支付利息的诉请理应得到支持，乙公司应返还甲购房款327400元，并按照中国人民银行同期贷款利率从2011年8月7日起计算上述款项之利息。

原审判决适用法律错误，依法应予纠正。

关联案例 1

> **案件名称**：梁某诉胡某房屋买卖合同纠纷案
> **审理法院**：广东省佛山市中级人民法院（2010）佛中法民一终字第1761号①
> **裁判观点**：银行房贷政策调整是政府为加强房地产交易进行的政策调控，该调控政策何时出台以及具体内容如何，当事人签订房屋买卖合同时均不可预测。购房人确有证据证明其因银行房贷政策调整而无法履行付款义务，且合同没有明确约定即使购房人无法获得银行贷款也应承担继续履行合同义务的，可参照《商品房买卖合同解释》第23条②的规定处理，允许当事人解除合同，购房人不承担违约责任。

关联案例 2

> **案件名称**：赵某某诉白某某房屋买卖合同纠纷案
> **审理法院**：广东省广州市中级人民法院（2011）穗中法民五终字第1910号③
> **裁判观点**：双方当事人签订的《房屋买卖合同》附件约定：楼价余款39万元由银行贷款支付给卖家或现金支付，最迟不得超过2010年11月20日支付给卖家。现白某某选择了以银行贷款的方式支付上述楼价余款，且双方共同确认银行已于2010年9月16日就上述房款出具了同贷意见书，赵某某亦不否认造成迟延发放原因系银行

---

① 本案裁判观点由作者加工整理而成。
② 该司法解释已修正，对应现行《商品房买卖合同解释》第19条。
③ 本案裁判观点由作者加工整理而成。

第五章　商品房销售 | 341

> 方面所致，因此，在买受人已经获得银行贷款审批同意的情况下，赵某某主张白某某应另行选择现金的支付方式，显然有违公平、合理原则。赵某某上诉提出贷款不批、迟批的风险是白某某可以预见和避免的，对此，因房贷政策导致的银行政策调整不属于双方当事人可以预见的情形，故因此而造成的迟延付款行为，白某某可免除其违约责任，原审法院据此判令驳回赵某某的全部诉请主张正确，应予维持。赵某某对此提出的上诉理由缺乏事实及法律依据，不予采信。

关联案例 3

> **案件名称**：拱某公司与华某公司房屋买卖合同纠纷上诉案①
> **裁判观点**：法律仅系一种抽象的形式规定，必有其空白而不便规定之处。若合同订立后发生非常特殊的情势，致使合同当事人之间利益严重失衡，也不妨酌情予以调整，是谓民事活动应当遵循公平、诚实信用原则。一方面，情势变更制度意味着对当事人合同"法锁"的解除，对原有合同状态和合同效力的否定，与我国合同法维护有效合同的法律效力、稳定社会秩序的目标和宗旨相违背，故不得作为一项普适性原则和制度而存在；另一方面，依公平与诚信原则，在合同订立时的情势发生非常特殊的变化时，也不妨针对个案，对特定当事人的利益状态进行个别矫正。

律师点评

自 2010 年正式开始的房地产新政调控，目的是抑制房价的过快上涨。主要有四次大的政策调控：一是 2010 年 1 月 7 日国务院办公厅发布的《关于促进房地产市场平稳健康发展的通知》（即"国十一条"）；二是 2010 年 4 月 17 日国务院发布的《关于坚决遏制部分城市房价过快上涨的通知》（即"国十条"）；三是 2010 年多部委出台的巩固房地产市场调控成果措施（即"国五条"）；四是 2011 年 1 月 26 日国务院办公厅出台的《关于进一步做好房地产市场调控工作有关问题的通知》（即"新国八条"）。房地产新政对房地产交易市场的调控主要表现在提高首套房及二套房首付比例，提高二套房及以上贷款利率，限制三套房、非本地居民购房及购房套数等。中央各部委出台了商品房预售等相应的配套政策，例如，住建部于 2010 年 4 月 10 日出台了《关于

---

① 案例来源：转引自陈树森、王连国：《政策调整致履约困难的房地产纠纷的司法解决兼论情势变更制度在合同法领域的适用》，载《法律适用》2007 年第 9 期，第 63—65 页。

进一步加强房地产市场监管完善商品住房预售制度有关问题的通知》，规范商品房预售行为。各地政府也陆续出台限购等一系列房地产调控的地方政策。

一、关于房地产宏观调控政策的法律定性

对于房地产宏观调控政策是否均影响民事法律关系，一般认为应当区分倡导性政策与强制性政策。对于倡导性政策，仅为行政机关对房地产交易秩序的指导，不具有具体的法律效力。对于强制性政策，应当区分管理性强制性政策与效力性强制性政策，对于违反管理性强制性政策的，仅为违反公法上的义务，并不介入私法领域。[1] 但政策毕竟不同于法律、行政法规，对于违反效力性强制性政策的民事行为，是否应当等同于《民法典》第153条所指的"强制性规定"呢？对此问题，实务界与理论界的主流观点存在十分显著的分歧。

理论界有观点认为，从主体角度考察，房屋限购令涉及不动产所有权以及不动产交易，按照《立法法》第11条的规定，此类涉及民事基本制度的事项只能由全国人民代表大会及其常务委员会制定法律，中央及各地人民政府以"通知"或"实施意见"等政府规范性文件限制公民购买房屋，主体上是不合法的；从内容来看，房屋限购令是对民事主体不动产物权和缔约自由权的直接侵犯，依据民法典，当事人依法享有自愿订立合同的权利，任何单位和个人不得非法干预。限制购买房屋，对于房屋所有权人（包括开发商和二手房所有权人）来讲，其处分房屋的权能受到了很大的限制。对购房者来说，其缔约自由也因此受到干预而实际丧失。此外，依照民法典，只有违反法律、行政法规强制性规定的合同才归于无效，违反限购令的房屋买卖合同并不属于此种情形，因而，房屋登记机关以房屋买卖合同违反政府限购命令为由而拒绝登记，是不合法的。[2] 也有观点认为，限购令从性质上看主要是属于一种经济政策，它的内容不仅构成了对《民法典》《价格法》等法律制度的违背，而且其作为一种抽象行政行为违反了行政法的比例原则，也过度干预了市场主体的自主交易行为，因此有必要将限购令纳入司法审查范围，加强对相关

---

[1] 潘军锋：《论经济政策的司法回应——以房地产新政形势下民事审判的司法应对为视角》，载《法律适用》2011年第5期。

[2] 王思锋、彭兴庭：《论中国房地产市场的政府规制——兼评"房屋限购令"的合法性》，载《西北大学学报（哲学社会科学版）》2011年第3期。

责任主体的规制。① 更有学者对限购令提出多方面的质疑：(1) 限购令的低位阶决定了其没有资格限制公民处分自身合法财产的权利；(2) 限购令以户籍作为限制手段明显违背法律面前一律平等的原则并侵犯公民的迁徙自由；(3) 限购令以政策征税违反了公民依照法律纳税的规定；(4) 部分地方政府办公厅在实施限购令的过程中违法设定行政许可。②

司法实务界则极力回避从概念或逻辑的角度对房地产调控政策进行清晰明确的定性，既然宏观调控政策是中央和地方政府对房地产市场宏观经济形势研判后作出的重要公共决策，在经济社会活动中指引着市场价值判断的基本方向，则其必将影响民事审判的理念、机制和方法。概念上的自圆其说或者逻辑上的"自洽"从来都不是并且将来也不会是司法所追求的主要目标。我国民事审判在方法上历来注重政策考量，房地产政策以社会公众为对象、以社会整体福利为内容，原则性较强，在房地产新政案件中司法机关更多地注重利益衡量，重视裁判结果形式合理性与实质合理性的结合，用柔性的方式实现矫正正义。司法实践中，一方面，通过颁布实施司法文件及时回应政府部门发布的各项房地产政策，确保中央和地方政策的有效落实③；另一方面，房地产政策只有实际适用于民事审判才能显现其生命力，为贯彻房地产政策人民法院在审理案件时在特定情形下赋予房地产政策"法的效力"甚至高于法律、行政法规的效力的做法，其实也可能借由"公序良俗"等法律原则的规定实现政策与法律之间的对接。

然而，房地产新政是国家行政机关颁布的行政性决定，具有原则性、调控性、应时性、有限性等特征，对房地产政策的违反并不必然导致私人经济关系的变动，房地产政策司法融入存在一个"入法"和"出法"的过程，其理性限度要求遵循法律的基本原则与精神，符合正当程序和社会公共利益。第一，房地产政策应当由有权的机关公布，符合政策公布的形式要件，未经公布的内部文件不能适用。房地产政策包括中央政策、地方政策和行业政策，对于中央政策在特定情形下可以直接引用，对于地方政策和行业政策只能参

---

① 符启林、王亮：《限购令法律问题探究》，载《中国房地产》2011 年第 16 期。
② 孙煜华：《危机考验法治——评限购令遭遇的合宪性与合法性困境》，载《汕头大学学报（人文社会科学版）》2011 年第 6 期。
③ 如《最高人民法院关于当前形势下进一步做好房地产纠纷案件审判工作的指导意见》（法发〔2009〕42 号）。

照适用。第二，政策不具有溯及力，对于房地产政策发布前的行为不适用经济政策调整。第三，房地产政策发生变动后，新政策应当代替之前的政策。房地产政策因修改终止或者自然消亡的，应当不再予以适用。第四，要符合社会公共利益原则。①

综上，经济政策是否从法规效力的层面上影响民事法律关系实则是一个法律解释的问题，即对社会公共利益如何理解的问题，我们认为，在房地产市场上，社会公共利益表现为保障房地产市场的理性稳定和促进房地产资源的有效配置，因此，对于保护社会公共利益的房地产宏观调控政策，司法实践中可以赋予其较强的类似于法规的效力。

二、房地产宏观调控政策对房屋买卖合同效力的影响

调控政策实施后，一种情况是，因买受人隐瞒其属于限购对象的身份情况通过虚构事实情况订立合同。该合同是否有效？如果因违反调控政策而无法继续履行，出卖人请求依法变更或撤销合同并要求对方当事人承担其因此所受损失的，是否应当予以支持？另一种情况是，双方当事人均知道或应当知道订立的合同违反调控政策的强制性规定，一方当事人请求确认合同有效、继续履行的，可否支持？或者，实际买受人为规避限购、禁购政策，以他人名义与出卖人订立合同并办理房屋权属证书后，以其系实际买受人为由，请求确认其为房屋产权人的，能否支持？以上问题均涉及房地产宏观调控政策对房屋买卖合同效力的影响。

如上文所述，对于保护社会公共利益的房地产宏观调控政策，司法机关可以赋予其较强的类似于法规的效力。但就上述问题，司法实践中往往回避对合同效力直接做出明确的"要么全有，要么全无"的判断，通行的做法是综合考虑当事人的主观过错与合同履行的客观可能性，通过"可撤销""合同目的落空情形下的解除权行使"或"事实或法律上无法继续履行"等《民法典》上其他工具性途径，以保证审判结果与宏观调控政策目的一致。不过，也存在直接对合同效力进行评价的司法观点，主要包括：②

（1）合同主体不适格。房地产新政出台后，对于属于限购范围的当事人

---

① 潘军锋：《论经济政策的司法回应——以房地产新政形势下民事审判的司法应对为视角》，载《法律适用》2011年第5期。

② 潘军锋：《论经济政策的司法回应——以房地产新政形势下民事审判的司法应对为视角》，载《法律适用》2011年第5期。

签订的房屋买卖合同,由于主体不适格,原则上认定为无效。

(2) 标的不合法。2010 年 4 月 22 日出台的《关于加强经济适用住房管理有关问题的通知》明确,在取得完全产权前,经济适用住房购房人只能用于自住,不得出售、出租、闲置、出借,也不得擅自改变住房用途。因此,经济适用房属于不完全产权,在取得完全产权的期间限制转让。2010 年 4 月 23 日出台的《关于加强廉租住房管理有关问题的通知》明确,对骗取廉租住房保障,违规转租、出借、调换和转让廉租住房等行为,可收回廉租住房。因此,对于在一定期限内转让经济适用房、公共租赁房屋的,由于标的物属于被限制转让的对象,一般应认定合同无效。

(3) 房地产销售中存在价格欺诈、哄抬房价及违反明码标价规定等行为的,买房人可以撤销房屋买卖合同。

(4) 违反法律、行政法规的规定。房地产新政实施后,除前述情形外,当事人主张房屋买卖合同无效的,应当以是否违反法律、行政法规的规定为效力判断依据。房地产新政实施后,当事人违反房地产强制性政策订立的买卖合同,当事人请求按照合同承担违约责任或赔偿损失的,不予支持。

三、房地产宏观调控政策对房屋买卖合同履行的影响

调控政策实施前订立的合同约定以按揭贷款方式付款,现买受人确因首付款比例提高、不能办理按揭贷款等导致合同无法继续履行,可否请求解除合同?出卖人起诉或反诉请求买受人继续履行合同、承担违约责任或适用定金罚则的,可否支持?此类纠纷是房地产宏观调控政策实施以来实务中出现最为频繁的。就"限购令"等房产新政的法律定性,有人认为,政策调整导致买房人无法履行合同,应该属于不可抗力;有人认为,政策调整属于情势变更,购房人退房可不承担违约责任;有人则认为,政策调整既不属于不可抗力,也不属于情势变更,判决解除合同会纵容不诚信行为。[①] 因此,对宏观经济政策的变化进行正确的法律定性是处理好此类纠纷的前提。

目前各地司法机关已经达成的基本共识之一是,首先,"限购令"不属于不可抗力。《民法典》第 180 条第 2 款规定:"不可抗力是不能预见、不能避免且不能克服的客观情况。"由此可见,构成不可抗力的客观情况要同时具备

[①] 洪波:《房地产宏观调控下房屋买卖纠纷审判实务研究——以情势变更原则的适用为视角》,载《人民司法》2010 年第 21 期。

"不能预见""不能避免""不能克服"三个特点，缺一不可。此次调控虽然空前严厉，但自 2009 年以来房价过快上涨已成为公知的事实，政府遏制房价过快上涨的意愿也是明确而坚决的，一系列房地产宏观调控政策的发布是一脉相传的，这种情形下，至少不能够说"国十条"等限购令的发布是不可预见的。其次，把"限购令"定性为情势变更事由，进而直接适用"情势变更原则"进行调整也不合适，一般应认定属于《商品房买卖合同解释》第 4 条、第 19 条所规定的"不可归责于当事人双方的事由"。情势变更原则作为一个衡平性原则，《民法典》第 533 条作出了规定："合同成立后，合同的基础条件发生了当事人在订立合同时无法预见的、不属于商业风险的重大变化，继续履行合同对于当事人一方明显不公平的，受不利影响的当事人可以与对方重新协商；在合理期限内协商不成的，当事人可以请求人民法院或者仲裁机构变更或者解除合同。人民法院或者仲裁机构应当结合案件的实际情况，根据公平原则变更或者解除合同。"而"限购令"等国家政策的出台对房屋买卖合同的影响却主要体现在强制房屋买卖双方变更合同条款，而这些变更了的条款对于双方来说都是必须接受、没有商量余地的。尤其需要指出的是，国家政策导致的条款变更，会直接导致买房人的不能履行，或者因贷款利率的大幅提高而间接提高购房成本，这两种情形中的任一种都直接改变了合同订立时的合意基础，此时的合同也与双方达成的合意相去甚远。[1]

主流观点认为，在无特别约定的情况下，一般不得以贷款成数变化等政策原因为由主张解除房屋买卖合同。法院审理此类案件时通常强调要符合政策调控的基本导向，而国家政策调整带来的交易风险，并不属于一般性的商业风险，其后果不应该由合同任一当事人单方承担，否则就是不公平的。在此基本审判理念下，往往倾向于赋予合同当事人以选择权，当事人可以选择履行经政策调整变更了的合同，也可以选择解除原合同，这样才能体现公平原则。

其实，《商品房买卖合同解释》第 19 条已经对类似情况作出了规定："商品房买卖合同约定，买受人以担保贷款方式付款、因当事人一方原因未能订立商品房担保贷款合同并导致商品房买卖合同不能继续履行的，对方当事人可以请求解除合同和赔偿损失。因不可归责于当事人双方的事由未能订立商品房担保贷款合同并导致商品房买卖合同不能继续履行的，当事人可以请求

---

[1] 关晓海：《限购令的法律定性分析》，载《人民法院报》2011 年 5 月 4 日。

解除合同，出卖人应当将收受的购房款本金及其利息或者定金返还买受人。"该条即明确规定了由于国家信贷政策变动，不能按买卖合同约定的首期款以外的余款向银行贷款并订立贷款合同，导致房屋买卖合同不能继续履行的，买方可以请求解除合同并且不承担违约责任。从目前情况来看，在房产新政背景下适用该条规定处理相关纠纷仍是适当的。

四、房地产宏观调控政策对商品房屋认购合同效力及履行的影响

《关于进一步加强房地产市场监管完善商品房住房预售制度有关问题的通知》明确，对于未取得预售许可的商品住房项目，房地产开发企业不得预售，不得以认购、预订、排号、发放 VIP 卡等方式向买受人收取或变相收取定金、预订款等性质的费用。出卖人违反前述政策规定，在起诉前未取得预售许可，或者起诉前已经取得预售许可，但认购、预订、排号等行为未得到买受人书面确认的，买受人请求返还定金、预订款等费用的，应当予以支持。出卖人主张买受人承担违约责任或按定金罚则处理的，不予支持。在起诉前已经取得预售许可，认购、预订、排号等行为经买受人书面确认，但双方没有订立商品房买卖合同的，买受人请求返还定金、预订款等费用的，应当予以支持。对于定金部分，《商品房买卖合同解释》第 4 条规定，因当事人一方原因未能订立商品房买卖合同的，应当适用定金罚则的规定。因不可归责于双方的事由导致买卖合同未能订立的，出卖人应当将定金返还买受人。

五、因国家房贷政策调整导致房屋买卖合同解除情形下违约责任的承担

合同解除并不意味着当然免除违约责任。对于因国家房贷政策调整导致房屋买卖合同解除，购房人应否承担违约责任的问题，司法实践中可以区分不同情况采取不同的处理思路：[①]

合同对贷款风险有约定的，按照约定处理。例如，当事人在合同中约定，若因购房人自身原因，或因银行贷款政策变化，导致购房人申请的贷款额度获银行批准不足或贷款不予批准，则购房人应在接到出卖人通知之日起 15 日内，将不足部分的购房款付清。如购房人未在上述期限内付款，视为购房人未按合同约定履行；或者购房人申请银行贷款的具体贷款金额、时间以银行审核为准，不足部分购房人应在过户之前补足等。这种情况下，合同对贷款

---

① 金锦城、张雪洁：《国家房贷政策调整能否作为解除合同之依据》，载《人民司法》2011 年第 14 期。

风险有明确约定，应当按合同约定处理。

合同对贷款风险没有约定的，则看购房人是否确有证据证明其因银行信贷政策调整而无法履行付款义务。如合同约定购房人以贷款方式支付一定比例的购房款，合同签订后确因房贷政策调整而使得购房人无法取得贷款或者所获贷款数额明显低于合同约定的贷款比例，而其又无法通过其他途径筹集资金支付购房款的，则购房人以贷款方式购买房屋的合同目的将无法达到。如果双方无法就差额房款的支付重新协商达成一致，必将导致买卖合同无法履行。如上所述，这种情况下购房人可以解除合同，同时由于合同无法履行的后果是因政策调控的客观原因所造成，该调控政策何时出台以及具体内容如何，均是当事人签订合同时无法预知的，故购房人无需为此承担违约责任。同时，房屋买卖合同解除后，基于公平原则，出卖人应当将已收受的购房款本金及其利息或者定金返还购房人。

5.3 贷款未获批准，法院如何认定合同解除的理由与责任承担

——T 公司诉张某、蔡某东商品房预售合同纠纷案①

> **关 键 词**：按揭贷款，合同解除，违约责任
>
> **问题提出**：贷款未获批准，买受人是否可以解除商品房预售合同？商品房预售合同解除后，违约方的违约责任如何承担？开发商支付的居间费是否属于买受人可预见的损失范围？
>
> **裁判要旨**：合同约定系争房屋的银行贷款手续由开发商代为办理。合同履行中，开发商未能将贷款未获批准的结果及时通知买受人，纠纷发生时，买受人以已无继续履行合同的能力为由提出解除合同。根据合同约定和合同履行的情况，以及双方当事人对解除合同的意思表示，对买受人要求解除商品房预售合同的请求予以支持，但应就其违约行为赔偿开发商的损失。

---

① 本案例系在真实案件基础上加工改写而成。

案情简介

原告（反诉被告、上诉人）：T公司

被告（反诉原告、被上诉人）：张某

被告（反诉原告、被上诉人）：蔡某东

2004年5月19日，张某、蔡某东与T公司签订《S市商品房预售合同》一份，合同中约定，张某、蔡某东购买T公司预售的S市××路××号底层B、二层B商品房（以下简称：系争房屋），T公司暂测该房屋的建筑面积为877.21平方米（底层B为182.67平方米，二层B为694.54平方米），张某、蔡某东购买该房屋单价为每平方米17000元，总价根据暂测面积暂定为14912570元；房屋交付时，建筑面积以S市房屋土地资源管理局认定的测绘机构实测面积为准，如暂测面积与实测面积不一致时，除法律、法规、规章另有规定外，按该房屋每平方米建筑面积单价计算多退少补；张某、蔡某东如未按合同约定的时间付款，应当向T公司支付违约金，违约金按逾期未付款额的日万分之二计算，违约金自本合同的应付款期限之第二日起算至实际付款之日止；此外，双方在合同的附件一中约定，2004年5月19日前支付房价款5965570元，2004年6月19日前贷款支付房价款8947000元；双方在合同的补充条款中约定，张某、蔡某东须在T公司指定的银行办理贷款，且应在签署本合同时将按揭贷款所需全部资料及费用交T公司；如因张某、蔡某东的原因，贷款未获批准或未达到贷款额度，张某、蔡某东应在T公司发出通知后七天内以现金形式补足相应款项。

合同签订后，张某、蔡某东按约支付了第一笔购房款5965570元，并向T公司提供了贷款所需的资料。2004年10月29日S市××区房地产测绘中心出具的《房屋状况汇总表》载明，系争房屋××号一层建筑面积为208.03平方米、二层面积为732.11平方米。2005年8月26日，T公司致函张某、蔡某东，T公司在函中称，其已向多家银行提供了张某、蔡某东的贷款资料，但均因收入相对于贷款金额过低，即使同意放贷也不会超过500万元，故其希望张某、蔡某东能降低贷款额度，差额用现金补足。最后，T公司在该函中表示，希望能够与张某、蔡某东当面协商，如张某、蔡某东有更好的解决方案，其也愿意探讨。2006年10月10日，T公司再次致函张某、蔡某东称：日前，经过努力，贷款银行已基本认可了张某、蔡某东的贷款金额，但提供的贷款资信材料还未完善，希望其尽快补全。2006年10月25日，张某在针对上述第二封函件的回函中称，张某、蔡某东已多次按要求提供了贷款资料并与银行相关人员接触，对于T公司在2006年10月10日的来函中再次要求其提供贷款材料，其认为其已按约定完成了该做的事，贷款能否落实应由T公司负责，即使情况发生变化，也应告知具体缘由等。

2008年1月，T公司诉至原审法院，请求张某、蔡某东支付剩余房款并支付逾期付款违约金。蔡某东、张某先后于2008年2月3日、2008年3月1日收到起诉状副本。T公司在2008年7月23日的原审庭审中，以S市××区房地产测绘中心出具的《房屋状况汇总表》为依据，将诉讼请求变更为：一、要求张某、蔡某东支付剩余房款10016810元；二、张某、蔡某东应自2004年6月20日起按日万分之二的标准支付逾期未付款10016810元的违约金。

原审法院审理过程中，张某、蔡某东于2008年5月14日提出反诉，要求解除合同，返还已付房款。

对于被解除合同的后果，经原审法院释明后，T公司认为应由张某、蔡某东赔偿其损失。在本案中其主张的损失为：1. 其与张某、蔡某东签订合同后，已向中介机构支付了726881.3元的居间费；2. 由于张某、蔡某东未能按照约定的日期支付购房余款，致其上述金额的资金无法及时回笼，若张某、蔡某东及时付款，如约履行合同，该损失不会发生，故张某、蔡某东应赔偿逾期付款损失2562975元（以全部购房款10016810元为本金，按银行同期贷款利率自2004年6月20日计算至合同被解除日止）。

原审法院另查明，2007年1月，东某公司诉至S市J区人民法院，要求T公司按每平方米1000元的标准支付其S市××路××号底层8号（案外人所有的房屋）及系争房屋的居间费1077660元及滞纳金100万元，S市J区人民法院审理后作出判决，一、T公司应支付东某公司咨询费947757.80元；二、T公司应支付东某公司违约金30万元。T公司不服，向原审法院提出上诉。在原审法院审理过程中，双方当事人达成如下调解协议：T公司一次性支付东某公司咨询费及违约金80万元。

原审审理过程中，张某、蔡某东表示金某居是该楼盘的代理销售单位，其并未通过东某公司的居间向T公司购买系争房屋，生效调解书中所确认的T公司应当支付80万元的费用中，还包括案外人所有的房屋应当支付的居间费及违约金。T公司则表示系争房屋确有自己的销售代理公司，销售代理公司具体名称其不清楚。

此外，张某向法院提供的其原工作单位出具的证明载明，张某从2007年11月起已不在该公司领取工资及报酬。蔡某东向法院提供的其原工作单位出具的证明载明，蔡某东已于2008年1月9日辞去该公司董事职务，不在该公司担任任何职务，也不在该公司领取报酬。

各方观点

T公司观点：1. 系争合同合法有效，双方当事人应当严格履行。张某、蔡某东以没有继续履行合同的经济能力为由要求解除合同，缺乏事实依据，也没有法律依据，合同应当继续履行，由张某、蔡某东支付房屋余款及逾期付款损失。

2. 即使合同解除，张某、蔡某东也应当全面赔偿T公司的损失。具体包括T公司已付的中介费和张某、蔡某东未付房款的资金占用利息。故请求二审法院判决撤销原判，依法改判。

张某、蔡某东观点：合同约定房屋余款800余万元是以贷款的方式支付，贷款是由T公司代为办理，T公司在2年多的时间内没有办理出贷款，导致当时的购房环境与现时的购房环境有很大差异，现张某、蔡某东无能力支付房款，原审判决合同解除并无不当。请求二审法院驳回上诉，维持原判。

法院观点

一审法院观点：张某、蔡某东与T公司于2004年5月19日签订的《S市商品房预售合同》是双方的真实意思表示，且于法无悖，应当认定为合法有效，双方当事人均应依约履行。双方在合同的补充条款中约定，张某、蔡某东须在T公司指定的银行办理贷款，且应在签署本合同时将贷款所需全部资料及费用交T公司，如因张某、蔡某东的原因，贷款未获批准或未达到贷款额度，张某、蔡某东应在T公司发出通知后七天内以现金形式补足相应款项。据此应当认定，系争房屋的银行贷款手续是由T公司代为办理，T公司负有将银行审批贷款的结果通知张某、蔡某东的义务，张某、蔡某东只有在收到该通知后方能根据通知的要求对银行贷款的缺额部分予以补足。现银行未能同意张某、蔡某东的贷款申请，但T公司未能将该结果及时通知张某、蔡某东。T公司虽提供了其向张某、蔡某东发出的两份函件，但该两份函件的内容相互矛盾，且在最后一份函件中告知张某、蔡某东，银行已基本认可了其要求的贷款金额，仅需补充贷款资信材料，该函中告知的内容显然与贷款审批的最终结果不一致。故 T 公司称，在起诉前已向张某、蔡某东告知了银行不同意向张某、蔡某东放贷，购房余款全部须自筹的结果，与事实不符。鉴于 T 公司并未按照合同的约定直接向张某、蔡某东发出补足余款的通知，其要求张某、蔡某东自筹购房余款的金额和继续履行合同的要求是通过法院诉状副本的送达而使张某、蔡某东知晓，故应将诉状副本均送达张某、蔡某东之日，作为其二人收到付款通知之日。蔡某东、张某于 2008 年 2 月 3 日及 2008 年 3 月 1 日收到诉状副本，故至 2008 年 3 月 1 日该两人均已得知了需要支付的购房款余额，张某、蔡某东应在此后的合理期限七天内，支付诉状副本中明确的购房余款 8947000 元。现 T 公司认为张某、蔡某东支付购房余款的最后期限仍是 2004 年 6 月 19 日，并要求张某、蔡某东承担自 2004 年 6 月 20 日至 2008 年 1 月 25 日即起诉时止的逾期付款的违约金，缺乏依据，不予支持。

关于双方签订的合同是否能够继续履行的问题。由于系争房屋需自筹的购房余款数额较大，而张某、蔡某东已提供证据证实了其工作及收入均发生了较大的变化，已无力继续履行合同，故该合同在张某、蔡某东履行不能的情况下应予解除。张某、蔡某东应当承担合同解除后的赔偿责任。T 公司经原审法院释明后明确，对于合同解除后的损失现其主张的是已支付的居间费及逾期付款的损失。关于 T 公司主张的居间费赔偿问题，T 公司虽提供了生效的调解书以证明其为销售系争房屋和另一套案外人所有的房屋共向东某公司支付了 80 万元的居间费及违约金，但 T 公司未能提供证据证明东某公司为张某、蔡某东提供了居间服务，在张某、蔡某东签订的预售合同中亦未显示该合同的签订与东某公司有任何关联。同时，在系争房屋已另有销售代理单位的情况下，鉴于 T 公司并未能提供任何证据证明张某、蔡某东在签订预售合同时可能知道或能够预见还另有居间介绍单位存在，故应当认定 T 公司另向东某公司支付居间费已超出了张某、蔡某东在签订合同时应当预见到的 T 公司损失范围。此外，在 T 公司与东某公司居间合同纠纷一案的一审审理中，T 公司亦表示张某、蔡某东所购房屋并非东某公司介绍，而该案一、二审的法律文书中对于张某、蔡某东与 T 公司签订的合同是否由东某公司居间介绍这一节事实均未予认定，故 T 公司虽提供了该案二审的调解书，只能认定调解书上明确的款项是 T 公司自愿向东某公司支付。综上，T 公司要求张某、蔡某东赔偿该笔居间费缺乏依据，不予支持。关于 T 公司要求张某、蔡某东赔偿逾期付款的损失问题，由于张某、蔡某东在收到 T 公司以诉状副本方式送达的催款通知后未能履行付款义务，属违约行为，根据法律规定违约方应承担的赔偿范围包括合同履行后可以获得的利益，而 T 公司因张某、蔡某东逾期付款所遭受的损失应当自违约事实发生之日计算至合同解除之日止，具体赔偿金额由法院酌定。关于张某、蔡某东以系争房屋实测面积大于暂测面积近 8% 为由，要求解除合同并免除其违约责任的请求，因双方已在合同中约定了在系争房屋暂测面积与实测面积不一致时，应按实结算、多退少补，故张某、蔡某东以实测面积与暂测面积相差过大为由，要求解除合同并免除违约责任的主张与合同约定不符，依法不予采信。

一审法院判决：一、T 公司要求张某、蔡某东继续履行双方于 2004 年 5 月 19 日签订的《S 市商品房预售合同》，支付购房余款 10016810 元之诉讼请求，不予支持；二、T 公司与张某、蔡某东于 2004 年 5 月 19 日签订的《S 市商品房预售合同》于判决生效之日解除；三、T 公司应于判决生效之日起十日内返还张某、蔡某东已付购房款 5965570 元；四、张某、蔡某东应于判决生效之日起十日内赔偿 T 公司逾期付款损失 548000 元；五、T 公司其余诉讼请求不予支持。

二审法院观点：张某、蔡某东与 T 公司于 2004 年 5 月 19 日签订的《S 市商品房预售合同》合法有效，双方应当依约履行。本案中，张某、蔡某东因无能力继续履行而提出了解除合同的请求，T 公司表示如果合同解除，应当由张某、蔡某东赔偿 T 公司的损失。考虑到双方当事人对解除合同本身没有异议，只是对解除后的损失有不同意见，结合本案的实际情况，法院认为系争合同解除较为妥当。合同解除以后，违约方张某、蔡某东应当赔偿 T 公司的损失。

关于 T 公司主张的东某公司的居间费问题。T 公司以已生效调解书，证明其向东某公司支付了系争房屋的居间费。经法院审查认为，该生效调解书是证明 T 公司与东某公司之间的法律关系和法律后果，但不能证明该证据与本案当事人张某、蔡某东之间的关系，亦无证据证明张某、蔡某东应当支付或分担该笔费用。现双方合同解除后，T 公司主张该笔损失，超出了张某、蔡某东可预见的合理损失范围，法院依法难以支持。

关于T公司主张的逾期付款的损失问题。T公司计算逾期付款损失为256万余元，即以全部未付购房款为本金，按银行同期贷款利率自2004年6月20日至合同解除日止。法院认为，依据双方约定，张某、蔡某东第二笔房款的支付时间为T公司发出付款请求的七日内。现有证据表明，T公司明确要求张某、蔡某东支付房屋余款的时间是起诉之日，即2008年1月28日。原审法院据此依照双方约定和合同履行的事实情况，酌定T公司的损失为548000元，并无不当。T公司要求自2004年6月20日起计算利息损失，缺乏事实依据，法院难以采信。

二审法院判决：驳回上诉，维持原判。

关联案例1

> **案件名称**：沙某、张家港某公司商品房预售合同纠纷案
> **审理法院**：江苏省张家港市人民法院（2021）苏0582民初12820号①
> **裁判观点**：原告沙某与被告张家港某公司签订的《商品房买卖合同》是双方的真实意思表示，合法有效，双方均应按照合同约定全面履行各自的义务。根据合同约定，原告应当在2021年4月10日前支付剩余购房款，但原告因个人征信存在瑕疵未能办理银行贷款，导致未能如期向被告支付，应属违约。原告认为被告承诺为其代办银行贷款，并保证其一定能办理成功，但商品房买卖合同中并无相关约定，原告提交的微信聊天记录并不能证明其主张，反而能够证明被告销售人员催促其自行与银行协商办理银行贷款、自行解决征信瑕疵问题的事实，原告对此也未提交其他证据予以证明，故本院对其主张的事实难以采信。现原告逾期付款已超过90日，符合合同补充协议第6条约定的被告单方行使合同解除权的情形，故被告要求解除商品房买卖合同符合双方约定和法律规定，本院予以支持，合同自反诉状送达原告之日起即2021年10月13日解除。合同解除后，原告应当配合被告办理案涉合同的备案注销手续，并按照双方约定向被告支付总房款5%的违约金。该款被告可在原告支付的首付款中予以扣除，余款再返还原告。

---

① 载中国裁判文书网，https://wenshu.court.gov.cn/website/wenshu/181107ANFZ0BXSK4/index.html? docId=0a0e95b3dc994ffb8affae010179d9e0，最后访问时间：2022年6月23日。

关联案例 2

案件名称：王某、洛阳某公司商品房预售合同纠纷案

审理法院：河南省洛阳市中级人民法院（2020）豫 03 民终 8399 号①

裁判观点：洛阳某公司、王某双方就案涉房屋所签订的《商品房定购书》系当事人的真实意思表示，不违反相关法律规定，应为合法有效，对当事人均具有法律约束力。涉案定购书在履行过程中因王某未能办理按揭贷款且未向洛阳某公司支付剩余房款，导致不能实现合同目的，其行为已构成违约。

本案中，洛阳某公司主张解除其与王某之间签订的《商品房定购书》，根据本案查明的事实，王某在 2018 年 10 月 13 日签订《商品房定购书》后，既未办理按揭贷款，亦未交纳剩余房款，致使合同目的无法实现，洛阳某公司主张解除该合同，于法有据，应予支持。王某上诉认为双方未约定办理按揭贷款的具体时间，其不存在违约情形，但根据双方签订的定购书约定，乙方（王某）如需通过贷款方式购买该商品房，乙方承诺在签署本定购书前已充分了解该商品房按揭信贷政策，并确认具备按揭贷款条件，保证办理个人住房贷款不存在信用、收入等任何障碍。根据该约定，王某应确认其在签订定购书时具备按揭贷款条件，但王某并未提供证据证明其在签订定购书及之后具备按揭贷款条件，故王某的上诉请求不能成立，应予驳回。

关联案例 3

案件名称：昆明某房地产开发公司、刘某商品房预售合同纠纷案

审理法院：云南省昆明市中级人民法院（2020）云 01 民终 9410 号②

裁判观点：根据房开公司与刘某签订的《商品房买卖合同补充协议》第 3 条约定若刘某未能获取贷款，刘某应按房开公司书面通知的时限内补足剩余未付购房价款。虽本案系刘某个人原因未能办理银行按揭贷款支付房款，但房开公司并未向刘某发送书面通知告知其限期内支付剩余房款，并且刘某于 2019 年 8 月 23 日向房开公司出具了授权委托书，委托房开公司向湖北某建筑工程有限公司的账户退还首付款，房开公司也向湖北某建筑工程有限公司退还了首付款，应视为房开公司已同意解除《商品房购销合同》及《补充协议》。房开公司在知晓刘某未能办理银行按揭贷款后，

---

① 载中国裁判文书网，https://wenshu.court.gov.cn/website/wenshu/181107ANFZ0BXSK4/index.html? docId=9c77b98ad8ea4b6291a8acf300982cf8，最后访问时间：2022 年 6 月 23 日。

② 载中国裁判文书网，https://wenshu.court.gov.cn/website/wenshu/181107ANFZ0BXSK4/index.html? docId=254e3ff9153b4867be09acc200a32308，最后访问时间：2022 年 6 月 23 日。

> 近两年的时间内未书面通知刘某支付剩余房款导致刘某未能履行支付房款的义务，房开公司也存在履行合同义务不当的情形。一审法院认定双方协商一致解除《商品房购销合同》及《补充协议》，判令房开公司向刘某退还房款并支付相应资金占用费的处理并无不当，本院予以维持。

律师点评

本案是一起争议较多的由于银行贷款审批未获通过而引起的商品房预售合同纠纷。在这个案例中，存在一方要求继续履行合同，而另一方要求解除合同的争议；存在一方要求支付剩余房款，而另一方要求返还已付房款的争议；存在一方先是要求另一方支付逾期付款违约金，继而改为要求另一方赔偿损失的争议；存在一方主张商品房预售有居间单位，而另一方主张没有居间单位的争议。在这样一个有着较多争议内容的案例里，厘清思路，审慎思考，作出公正的判断显得尤为重要。

一、房屋买受人解除商品房预售合同的理由是否充分

本案中，房屋买受人要求开发商主张继续履行商品房预售合同，诉请买受人应支付剩余房款并承担违约责任；买受人则反诉要求解除合同，返还已付房款。判断系争房屋商品房预售合同是否应当解除是解决争议的第一步。

本案中，买受人要求解除合同的主要理由有两点：一是因系争房屋贷款长期未获批准，现买受人工作及收入发生较大的变化，已无力继续履行合同；二是系争房屋实测面积大于暂测面积近8%，与最初双方的约定出入较大。

关于买受人要求解除合同的第一点理由，实际上并未明确达到法定或约定的解除条件。因贷款未成引发的商品房预售合同纠纷，法院在判令解除合同时，引用得最多的条款之一是《商品房买卖合同解释》第19条的规定，即："商品房买卖合同约定，买受人以担保贷款方式付款、因当事人一方原因未能订立商品房担保贷款合同并导致商品房买卖合同不能继续履行的，对方当事人可以请求解除合同和赔偿损失。因不可归责于当事人双方的事由未能订立商品房担保贷款合同并导致商品房买卖合同不能继续履行的，当事人可以请求解除合同，出卖人应当将收受的购房款本金及其利息或者定金返还买受人。"而本案的不同点在于，双方当事人签订的商品房预售合同有约定，如贷款未获批准或未达到贷款额度，买受人应在开发商发出通知后七天内以现金形式补足相应款项。因此,根据合同约定,即使贷款不成,买受人在收到开发商约定的通知后,仍然具有支付剩余房款的义务,商品房买卖合同可以继续履行,当事人并没有解除合同的法定权利。

司法实践中,由于贷款不成的原因各异,每个商品房预售合同的合同约定和合同履行情况亦各有不同,审理法院会根据每个案件的实际情况,考虑合同是否解除。如本文中提供的关联案例1,买受人因个人征信存在瑕疵未能办理银行贷款,导致未能如期向被告支付,买受人认为出卖人承诺为其代办银行贷款,并保证其一定能办理成功,但商品房买卖合同中并无相关约定,买受人亦无证据证明其主张,故法院对其主张的事实难以采信。现买受人逾期付款期限已达到合同约定的出卖人单方行使合同解除权的情形,故出卖人要求解除商品房买卖合同符合双方约定和法律规定,法院予以支持。关联案例2中,由于买受人既未办理按揭贷款,亦未交纳剩余房款,致使合同目的无法实现,故出卖人主张解除该合同,于法有据,法院予以支持。关联案例3,因房开公司已经退还了首付款,应视为已经同意解除合同,故法院判令房开公司向买受人退还房款并支付相应资金占用费并无不当。

同理,综观本案的实际情况,合同约定房屋贷款是由开发商负责办理的,但其在合同履行中未能将贷款未获批准的结果及时通知买受人,至纠纷发生时,买受人已无实际履约能力,合同继续履行在客观上已无可能。且开发商在案件审理过程中亦表示如果合同解除,应当由买受人赔偿其损失,可见双方当事人的争议焦点是在合同解除后的损失赔偿方面,故一审、二审法院经综合分析,判令解除商品房预售合同并无不当。

二、合同解除后的违约责任如何承担

在确定违约责任时,通常需要明确几个问题:1. 谁违约[①];2. 违约责任的承担方式;3. 违约金或赔偿金的金额等。

本案中,由于合同中有即使贷款不成,买受人仍需支付剩余房款的约定,且有买受人在开发商起诉要求支付剩余房款而仍未支付的事实,再结合双方的诉讼请求,对于买受人因未依约支付房款而需承担相应违约责任,在二审时已无明显争议。双方的争议焦点是一审酌定的赔偿金金额是否合理。

---

① 关于确定开发商和买受人谁违约的问题,是商品房预售合同纠纷案件的重点之一,也是确定违约责任的前提。但因该问题在本评析案例中不是重点,故不在本文中展开评述。关于该问题可参考本文提供的关联案例。

本案中，开发商先是诉请买受人按合同的约定支付逾期付款的违约金，后经法院释明被解除合同的后果后①，主张由买受人赔偿损失。其主张的损失有两项：一是其向中介机构支付的居间费，二是买受人逾期付款给开发商造成的资金上的损失。

关于开发商主张的第一项居间费损失，根据"谁主张，谁举证"的原则，开发商现有的证据难以支持其主张。虽然开发商提供了生效的法院调解书，证明其为销售系争房屋向东某公司支付了居间费及违约金，但以该份证据要求买受人承担开发商的居间费损失存在以下几个方面的问题：一是买受人否认东某公司为系争房屋提供居间服务，且开发商亦在与东某公司的案件审理中表示系争房屋并非东某公司居间介绍的；二是生效调解书对东某公司居间介绍系争房屋这一事实并未认定，开发商根据调解书向东某公司支付的居间费只能认定其为自愿支付；三是商品房销售合同中并没有显示存在东某公司，且在系争房屋另有销售代理单位的情况下，开发商未能举证证明买受人在签约时可能知道或能够预见还另有居间单位存在。《民法典》第584条规定，违约给对方造成损失的，"损失赔偿额应当相当于因违约所造成的损失……但是，不得超过违约一方订立合同时预见到或者应当预见到的因违约可能造成的损失"，所以，开发商主张的居间费损失难以得到支持。

本案的居间费一节，有值得我们引以为戒的地方。商品房预售在有销售代理的情况下，又有中介机构居间，在诉讼案例中并不多见，相应的居间费损失是否能得到支持需要看主张一方的举证情况。参考二手房买卖过程中大量存在的居间合同及明示居间费的做法，如商品房预售合同一方考虑在将来纠纷发生时需要主张居间费，则应在双方签署的文本中明示交易的居间单位及居间费等内容。

关于开发商主张的第二项逾期付款造成资金上的损失是否合理，要从其计算方式上进行判定。开发商主张的256万余元损失是以全部未付购房款为本金，按银行同期贷款利率自2004年6月20日至合同解约日止计算所得。该计算方式的争议之处主要是损失计算起始时间。按双方合同约定，第二笔房款支付的截止时间是开发商发出付款请求的七日内。在双方合同履行中，开

---

① 对于合同解除的后果，法院应根据《民法典》第566条规定的内容，及当事人对合同解除后的处理约定行使释明权，以决定是否一并处理合同解除后当事人之间债权债务的实体问题。《民法典》第566条第1款规定："合同解除后，尚未履行的，终止履行；已经履行的，根据履行情况和合同性质，当事人可以请求恢复原状或者采取其他补救措施，并有权请求赔偿损失。"

发商明确向买受人发出付款要求之日是其向法院起诉之日，即 2008 年 1 月 28 日，买受人收到起诉状副本后仍未依约支付房款，方才构成违约。因此，根据合同约定和合同履行情况，法院酌定买受人赔偿开发商 54 余万元损失。

5.4 房屋存在质量问题的，法院如何认定开发商应承担的责任

——鞠某东、高某诉绿某公司商品房预售合同纠纷案①

> **关 键 词**：房屋质量，违约责任，维修，退房，赔偿范围
>
> **问题提出**：在因房屋质量导致的房地产买卖合同纠纷中，所出现的质量问题有哪些？开发商承担的责任有哪些？如买受人所购房屋出现质量问题，其要求的赔偿范围有哪些？
>
> **裁判要旨**：根据《民法典》第 577 条等规定，支持买受人要求开发商承担维修、赔偿责任，开发商理应按照鉴定机构提出的专业修复意见进行全面修复。

案情简介

被告（上诉人）：绿某公司

原告（被上诉人）：鞠某东

原告（被上诉人）：高某

2010 年 12 月 9 日，鞠某东、高某（乙方、买方）与绿某公司（甲方、卖方，就上海市浦东新区××路××弄××庭（×号地块）××号×层×× （复式）室房屋（以下简称：系争房屋）签署《上海市商品房预售合同》，该房屋建筑面积为 195.99 平方米，每平方米建筑面积单价 10380 元（人民币，下同），总价 2034376 元。上述预售合同第 22 条约定，甲方交付该房屋有其他工程质量问题的，乙方在保修期内有权要求甲方除免费修复外，还须按照修复费的

---

① 一审：上海市浦东新区人民法院（2015）浦民一（民）初字第 15448 号；二审：上海市第一中级人民法院（2016）沪 01 民终 7321 号，载中国裁判文书网，https://wenshu.court.gov.cn/website/wenshu/181107ANFZ0BXSK4/index.html? docId = 98d9304088404d3d90cf02188cf65d8d，最后访问时间：2022 年 6 月 23 日。

0.5倍给予补偿。双方商定对该房屋其他工程质量有争议的，委托本市有资质的建设工程质量检测机构检测，并以该机构出具的书面鉴定意见为处理争议的依据。同日，鞠某东、高某、绿某公司签署《房屋交接书》，办理了房屋交接手续。2011年1月21日，鞠某东、高某就房屋质量问题向物业管理公司报修。2015年3月19日，物业管理公司出具《情况说明》，内容为：××路××弄××号××室业主于2014年9月24日前来物业再次报修房屋墙角开裂，经查墙角修过仍然有开裂，经与施工方邬某龙沟通房屋墙角开裂属于沉降问题，无法维修。至今钥匙托管于物业。

根据绿某公司出具的《上海市新建住宅质量保证书》，门、窗工程，墙面、顶棚抹灰层工程，电气管线、给排水管道、设备安装和装修工程的保修期限为2年，屋面防水工程、有防水要求的卫生间和外墙面的防渗漏保修期为5年。

经鞠某东、高某申请，原审法院就房屋质量问题、修复方案及修复费用分别委托司法鉴定，鉴定费共计26500元，均由鞠某东、高某预缴。经鉴定，关于房屋质量的鉴定意见为：（1）系争房屋存在墙面粉刷空鼓、不同材料交接缝、客厅地坪下沉、客厅墙角潮湿、北阳台楼面积水等施工质量缺陷；存在窗台、窗角裂缝、局部粉刷龟裂等施工通病。系争房屋室内配电箱、线管内电线缺失、二楼金属扶手生锈、入户门锁具损坏、大门变形，是由于对房屋的保护、维护不当所致。（2）对房屋存在的施工质量问题、施工通病，应予以修复。对保护、维护不当引起的问题，应予以整修。（3）西南卧室梁下净高符合设计和规范要求。鞠某东、高某、绿某公司对于该份鉴定意见均无异议，但绿某公司认为维修超过保修期的项目需鞠某东、高某付费；除了地坪下沉不确定有无超过保修期外，其余保修期均已超过。鉴定机构表示，地坪下沉属施工质量缺陷，不受保修期限制；系争房屋进门客厅地坪下沉2厘米，整个地坪要翻修，且电线被拉掉了，配电箱也没有，无法居住。

关于修复方案的鉴定意见为：1.墙面底部粉刷空鼓：（1）铲除全部空鼓粉刷；（2）清理干净墙面；（3）涂刷界面剂；（4）按原设计和规范要求重新做粉刷层，当墙面涂饰层受损时，并对相关房间顶板、墙面按原设计、施工规范要求满刷涂料。2.客厅地坪下沉/底部受潮：（1）铲除客厅全部混凝土地坪；（2）铲除客厅内全部不符合要求的松散填土，按原设计和规范要求重新对客厅地坪地基进行填土施工，确保填土压实系数达到设计要求；（3）按原设计和规范要求恢复客厅地坪，并做好地坪和墙角防潮处理。3. 客厅、厨房、卫生间墙面及窗台裂缝：可采用填缝法进行裂缝处理：（1）剔凿干净裂缝表面的抹灰层，对于厨房、卫生间外墙，铲除裂缝处外饰层；（2）沿裂缝开凿 U 形槽，槽深不宜小于 15mm，槽宽不宜小于 20mm；（3）清理干净凿槽；（4）将裂缝及周边砌体表面湿润；（5）采用改性环氧砂浆充填；（6）按原设计要求做粉刷和外饰层；（7）对相关房间顶板、墙面按原设计、施工规范要求满刷涂料。4. 入户门：宜按原设计要求更换。5. 所有插座线管内无电线，配电箱内空无一物：按原设计要求重新安装。6. 北阳台楼面积水：（1）将原细石混凝土面层凿除；（2）清理干净楼面；（3）重做细石混凝土楼面，楼面坡度应符合设计要求。7. 天井金属栏杆轻微锈迹：对生锈的不锈钢栏杆予以更换。鞠某东、高某对于该项鉴定意见亦无异议。绿某公司认为除地坪是否过保修期不能确定外，其他均已超过保修期；不认可客厅地坪下沉/底部受潮的修复方案，根据质量鉴定意见，裂缝属施工质量瑕疵，绿某公司认为没有必要将整个客厅混凝土铲除，主体结构有问题时才会这样做，对于其他修复方案本身无异议，但不代表绿某公司对这些修复应承担责任。

关于修复费用的鉴定意见：1. 鞠某东、高某、绿某公司无异议部分的房屋修复费用为 29682 元；2. 鞠某东、高某、绿某公司有异议部分共三项（共计 55634 元），分别为：1. 内墙和顶板涂料的修复费 16460 元；2. 不锈钢栏杆的修复费 1935 元；3. 插座线管内电线、配电箱的费用 7557 元。鞠某东、高某认为以上三项费用均应计费，并明确诉请主张的修复补偿费为 27817 元。绿某公司则不认可，表示房屋销售合同为毛坯交付，没有涂料；栏杆有锈迹是鞠某东、高某保管不善；插座线管内电线及配电箱费交付时都是完好的，系鞠某东、高某没有关好窗户而被人偷了，应另案处理。

二审法院另查明：××有限公司原审期间就系争房屋修复费用鉴定报告作补充说明，内墙、顶板按批腻子进行计费，费用为 10645 元。

各方观点

鞠某东、高某观点：1. 鉴定报告已明确系争房屋存在质量问题，被告原审对修复方案并无异议，其应承担相应修复责任；2. 原告一直报修并多次主张租金损失，但被告没有将系争房屋修好，导致房屋无法居住，原告主张租金损失合理，且未超过诉讼时效。

绿某公司观点：1. 对修复方案中"客厅地坪下沉/底部受潮"该部分不予认可，裂缝属于施工质量瑕疵，不属于主体结构问题，无需将整个客厅混凝土地坪铲除，可通过其他方式予以修复，且修复方案中超过保修期的项目维修费用应由原告承担；2. 系争房屋系毛坯交付，被告对内墙和顶板涂料不承担修复责任，插座线管内电线、配电箱和不锈钢栏杆的维护属物业公司责任，且已超过了保修期，被告不应承担修复责任，故原审认定修复补偿费金额有误；3. 原告无证据证明其在2011年报修后向被告主张过租金损失，该项诉讼请求超过诉讼时效，同时，原告亦未提供证据证明其发生了租金损失，且租金损失并非被告订立合同时可预见到或者应当预见到的损失，每月2000元的标准远高于实际损失，原告也未采取合理措施防止损失扩大，故原告租金损失的诉请不应得到支持。

法院观点

一审法院观点：系争房屋买卖合同系当事人真实意思表示，内容不违反法律禁止性规定，应为合法有效，鞠某东、高某、绿某公司均应严格履行。本案中，鞠某东、高某在房屋交付后不久即发现房屋存在多处质量问题故要求维修，但根据本案司法鉴定意见，至今未全面修复，绿某公司认为除地坪外的质量问题均已超过保修期限的抗辩意见，没有事实依据。关于涂料修复费用争议，在对修复方案鉴定意见质证时，绿某公司对涂料修复方案无异议，现又认为系争房屋毛坯交付时没有涂料，但又未提供反驳证据，法院不予采信。本案纠纷系因绿某公司未及时、有效履行保修义务所致，客观上鞠某东、高某至今仍将房屋钥匙留存于物业公司，绿某公司认为栏杆有锈迹是鞠某东、高某保管不善、插座线管内电线及配电箱费应另案处理的意见，没有事实依据。鞠某东、高某要求绿某公司按照鉴定修复意见修复并依约支付修复补偿费用的诉讼请求，具有事实和合同依据，法院予以支持。鞠某东、高某将房屋钥匙一直留在物业公司等待修复完成，应自修复之日起计算赔偿请求权的时效期间，绿某公司认为鞠某东、高某诉请的租金损失已超过诉讼时效，法院不予采纳。绿某公司履行修复义务是其应承担的合同义务，鞠某东、高某要求修复时全程监督，修复后，绿某公司出具鉴定机构的合格报告，非涉案预售合同约定的权利义务内容，该部分诉请缺乏合同依据，法院不予支持。涉案房屋底层客厅地坪下沉严重，根据鉴定意见需铲除原有全部混凝土地坪后进行全面翻修修复，该质量问题直接导致鞠某东、高某无法装修入住，鞠某东、高某要求绿某公司赔偿租金损失，具有事实和法律依据。对于租金损失数额，法院根据系争房屋所处位置、近几年的租赁市场行情并结合本案具体案情，酌定为每月 2000 元。

一审判决：一、被告绿某公司应于本判决生效之日起三十日内按照涉案《司法鉴定意见书》确定的修复方案将房屋的质量问题予以修复，以达到设计规范要求；二、被告绿某公司履行完毕本判决主文确定的第一项义务之日起十日内按每月 2000 元的标准赔偿原告高某、鞠某东自 2011 年 1 月 21 日起至履行完毕本判决主文确定的第一项义务之日止的租金损失；三、被告绿某公司应于本判决生效之日起十日内支付原告高某、鞠某东修复补偿费 27817 元；四、驳回原告高某、鞠某东的其他诉讼请求。

二审法院观点：本案的争议焦点有三：1. 上诉人应否按照司法鉴定意见书确认的修复方案对系争房屋进行修复；2. 原审确认的修复补偿费金额是否准确；3. 被上诉人主张租金损失是否超过诉讼时效以及若未超过诉讼时效，原审确认的租金标准是否合理。

关于争议焦点一，1. 上诉人不认可"客厅地坪下沉/底部受潮"该部分的修复方案，其认为裂缝属于施工质量瑕疵，不属于主体结构问题，无需将整个客厅混凝土地坪铲除，对此，法院认为，司法鉴定意见书已载明"底层客厅地坪与墙身脱开，中部有通长裂缝，主要是由于地坪下填土密实度达不到规定要求，致使地坪下沉所致，不符合国家标准要求：基土应均匀密实"。鉴定人员原审也出庭释明，地坪属于隐蔽工程，裂缝原因系地坪下面填土密度不符合要求，局部维修不能解决下沉问题。因此，系争房屋既然存在"客厅地坪下沉/底部受潮"的质量问题，理应按照鉴定机构提出的专业修复意见进行全面修复，如此方可从根本上解决该质量问题，对上诉人的上述观点法院难以采纳。2. 上诉人主张除了地坪下沉外的其他质量问题已超过保修期，故不应由其承担维修责任。对此，法院认为，原审查明情况显示，被上诉人在房屋交接后不久即发现房屋存在若干质量问题并于 2011 年 1 月 21 日提出维修要求，而上诉人至今未能进行全面修复，上诉人现以超过保修期为由拒绝承担维修责任，其主张并无事实依据，也有违诚信、公平原则，法院不予支持。3. 上诉人提出系争房屋系毛坯交房，内墙和顶板并非刷的涂料而是批的白色腻子。现被上诉人二审期间已向本院表示同意相关房间内墙和顶板按原设计、施工规范要求批腻子，此系被上诉人对自身权利的合法处分，于法不悖，法院予以认可，并对修复方案进行相应调整。4. 上诉人主张插座线管内电线、配电箱和不锈钢栏杆的维护属物业公司责任，且插座线管内电线、配电箱被偷原因在被上诉人，故上诉人不应承担修复责任，法院认为，该两项问题均系上诉人未及时、全面履行保修义务所致，且上诉人上述主张并无确凿依据佐证，法院不予采信。综上，除前述涉及的修复方案调整内容外，上诉人应按照司法鉴定意见书确定的修复方案将系争房屋质量问题予以修复。

关于争议焦点二，如前文所述，上诉人对相关房间的内墙和顶板应承担批腻子的修复责任，对插座线管内电线、配电箱和不锈钢栏杆亦应承担修复责任。关于内墙和顶板修复费，被上诉人二审期间表示同意该项修复费按批腻子的费用进行计算，原审鉴定机构已明确内墙、顶板按批腻子进行计费，费用为10645元，因此法院采纳鉴定机构意见，确认内墙和顶板批腻子的修复费为10645元。原审鉴定机构关于插座线管内电线、配电箱和不锈钢栏杆的修复费用的认定并无不当，原审予以采纳正确，法院予以确认。综上，法院对原审判决确定的修复补偿费由27817元调整为24909.5元。

关于争议焦点三，上诉人以租金损失诉讼请求超过诉讼时效，被上诉人无证据证明其发生了租金损失，租金损失每月2000元标准过高且非上诉人订立合同时可预见到或者应当预见到的损失，以及被上诉人未采取合理措施防止损失扩大等为由，主张不应支持被上诉人关于租金损失的诉讼请求。对此，法院认为，相关鉴定意见已明确系争房屋底层客厅存在地坪下沉问题，需要将客厅全部混凝土地坪铲除后方可进行全面修复，显然该质量问题属于主体结构问题且直接导致被上诉人无法正常入住使用系争房屋，被上诉人主张系争房屋对外出租的租金损失，于法有据，法院予以支持。同时，从该质量问题的性质看，应由上诉人承担修复义务实属毋庸置疑，上诉人认为被上诉人未采取合理措施防止损失扩大，系将自身责任推卸给被上诉人，对此法院难以认同。上诉人主张被上诉人的该项诉请超过诉讼时效，法院认为，被上诉人于2011年1月21日即提出维修要求，并将房屋钥匙托管于物业公司，而上诉人始终怠于履行修复义务，导致被上诉人利益受损，原审认为被上诉人主张损失赔偿请求权的诉讼时效应自修复之日起计算，法院予以认可，对上诉人关于诉讼时效的抗辩，法院不予采纳。至于租金损失标准，被上诉人基于毛坯房租金价格主张每月3000元的损失赔偿标准，原审在此基础上综合相关因素酌定为每月2000元并无不当，法院亦予认可。

二审判决：一、维持一审判决第二、四项；二、变更一审判决第一项为：绿某公司应于本判决生效之日起三十日内按照涉案《司法鉴定意见书》确定的修复方案将房屋的质量问题予以修复，以达到设计规范要求，修复方案中"对相关房间顶板、墙面按原设计、施工规范要求满刷涂料"调整为"对相关房间顶板、墙面按原设计、施工规范要求批腻子"；三、变更一审判决第三项为：绿某公司应于本判决生效之日起十日内支付高某、鞠某东修复补偿费24909.5元。

关联案例1

> **案件名称**：青岛某置业公司、李某商品房预售合同纠纷案
> **审理法院**：山东省青岛市中级人民法院（2022）鲁02民终910号[1]
> **裁判观点**：李某申请对案涉房屋的修复费用及经济损失进行评估。经法院依法委托，山东某价格评估有限公司于2021年8月27日出具了价格鉴定意见书，价格鉴定结论为：委托鉴定的案涉房屋修复费用在价格鉴定基准日的鉴定价值为479553.00元。经济损失在价格鉴定基准日的鉴定价值为399263.00元。
>
> 李某主张，其从青岛某置业公司处购买的房屋存在质量问题，有经法院依法委托青岛市某建筑设计公司出具的鉴定意见书为证。依据该鉴定意见书，案涉房屋墙体存在裂缝、室外保温层离火后仍可以自燃等问题。依据《商品房买卖合同解释》（法释〔2003〕7号）[2] 第13条规定"因房屋质量问题严重影响正常居住使用，买受人请求解除合同和赔偿损失的，应予支持。交付使用的房屋存在质量问题，在保修期内，出卖人应当承担修复责任；出卖人拒绝修复或者在合理期限内拖延修复的，买受人可以自行或者委托他人修复。修复费用及修复期间造成的其他损失由出卖人承担"，李某要求青岛某置业公司承担修复费用及经济损失于法有据，法院予以支持。法院认为李某依据该价格鉴定意见书，主张案涉房屋的修复费用为479553元和经济损失399263元，符合法律规定，对李某的该主张予以支持并无不当。

---

[1] 载中国裁判文书网，https://wenshu.court.gov.cn/website/wenshu/181107ANFZ0BXSK4/index.html?docId=ac0d4f435f994bd996a9ae85017ef586，最后访问时间：2022年6月24日。

[2] 该解释现已修改。

关联案例 2

案件名称：碧某房地产开发公司、李某商品房预售合同纠纷案

审理法院：安徽省滁州市中级人民法院（2021）皖 11 民终 63 号①

裁判观点：《民事诉讼法解释》第 90 条规定，当事人对自己提出的诉讼请求所依据的事实或者反驳对方诉讼请求所依据的事实，应当提供证据加以证明，但法律另有规定的除外。在作出判决前，当事人未能提供证据或者证据不足以证明其事实主张的，由负有举证证明责任的当事人承担不利后果。由于李某未能提供确凿充分的证据证实其认为所接收的涉案房屋装修标准与合同约定标准不一致要求碧某公司进行更换而碧某公司不予更换，且其亦未能提供确凿充分的证据证实其就涉案房屋存在质量问题要求碧某公司进行维修而碧某公司不予维修，李某与碧某公司在合同中明确约定展示样板房不作为商品房的交付标准，故李某要求通过鉴定确定装修差价款、因房屋质量问题所造成的具体损失及李某要求碧某公司返还装修差价款、补偿房屋质量维修费的上诉请求无事实和法律依据，本院不予支持。

因李某与碧某公司在合同中未对商品房开发范围内的相关配套设施等作具体约定，也无确凿充分的证据证明碧某公司在商品房销售广告和宣传资料中就商品房开发范围内的相关配套设施等所作的说明和允诺具体确定。故李某要求碧某公司赔偿虚假宣传、承诺违约金 1 万元的上诉请求，证据不足，本院不予支持。

关联案例 3

案件名称：山东某建设发展有限公司、朱某商品房预售合同纠纷案

审理法院：山东省青岛市中级人民法院（2021）鲁 02 民终 13669 号②

裁判观点：涉案房屋已于 2017 年 1 月 9 日交付给朱某，但因存在返潮发霉等质量问题，实际不能居住使用，建设发展公司应当据此向朱某承担不能居住使用的损失。一审法院根据评估的租金价值，综合考虑涉案房屋系提前交房以及朱某装修所需的时间等实际情况，判令建设发展公司承担自 2017 年 11 月起算的租金损失，符合公平原则。建设发展公司主张朱某无法入住非因房屋质量原因，故其不应承担租金损失，依据不足，本院不予采信。涉案房屋因质量问题无法入住，在无法入住期间产生的物业费 19960.75 元已由朱某实际缴纳，系朱某的合理损失，应由建设发展公司承担。

---

① 载中国裁判文书网，https：//wenshu.court.gov.cn/website/wenshu/181107ANFZ0BXSK4/index.html？docId=263dd3737cd64b5dbfdfacd4003af347，最后访问时间：2022 年 6 月 24 日。

② 载中国裁判文书网，https：//wenshu.court.gov.cn/website/wenshu/181107ANFZ0BXSK4/index.html？docId=bc5fb2c99f3347aa85f9ae08000c2752，最后访问时间：2022 年 6 月 24 日。

关联案例 4

案件名称： 融某置业公司、邱某商品房预售合同纠纷案

审理法院： 福建省福州市中级人民法院（2018）闽 01 民终 1681 号[1]

裁判观点： 融某公司作为出卖人，负有交付质量合格房屋的合同义务。但邱某在本案中并未要求融某公司对讼争商品房修复后再交付，而是要求"融某公司立即将讼争商品房交付邱某使用"，系对其民事权利的自行处分。一审判决由融某公司对讼争商品房按原有设计进行重新装修，存在判非所请的问题，本院予以纠正。融某公司应立即将讼争商品房交付邱某。邱某关于维修费的诉讼请求，因该项费用未实际发生，邱某一审提交的装修工程预算亦未经融某公司核实确认，故一审法院对该预算书不予采信，对邱某关于维修费的诉请不予支持，并无不当。

关于融某公司应承担的逾期交房违约金问题。综合考虑讼争商品房的出售价格、邱某的实际损失和预期利益、双方当事人在纠纷起因和处理过程中的过错程度等综合因素，本院认为案涉合同约定的违约金标准过分高于邱某的损失。根据公平原则和诚实信用原则，本院酌定融某公司应按邱某已付购房款 1500 万元的日万分之一标准向邱某支付逾期交房违约金（违约金自 2011 年 5 月 1 日起计至房屋实际交付之日止）。

关联案例 5

案件名称： 长沙扬某地产开发公司、田某等商品房预售合同纠纷案

审理法院： 湖南省长沙市中级人民法院（2022）湘 01 民终 161 号[2]

裁判观点： 经审查，根据上诉人地产开发公司与被上诉人田某、李某签订的《商品房买卖合同》第 8 条约定："出卖人应当在 2020 年 7 月 31 日前，依照国家和地方人民政府的有关规定，将具备下列条件，并符合本合同约定的商品房交付买受人使用：1. 该商品房经验收合格。"经审查，案涉房屋于 2020 年 9 月 3 日竣工并经验收合格，次日即向被上诉人田某、李某邮寄收房通知，综合现实因素，上诉人杨某某房产公司的交房行为符合法律规定及合同约定。经查证，案涉房屋在交付时其中一房间楼顶靠近窗户位置存在漏水现象，对此被上诉人田某、李某提供了相应的现场照片作为佐证，经对该照片的审查，该漏水情况的严重程度并不符合《商品房买卖合同解释》第 10 条第 1 款规定："因房屋质量问题严重影响正常居住使用"以及《合同补充协议》约定："该商品房存在地基基础和主体结构的质量问题或存在导致

---

[1] 载中国裁判文书网，https：//wenshu.court.gov.cn/website/wenshu/181107ANFZ0BXSK4/index.html？docId=f26d1b514af14e7285efa9b600c929ed，最后访问时间：2022 年 6 月 24 日。

[2] 载中国裁判文书网，https：//wenshu.court.gov.cn/website/wenshu/181107ANFZ0BXSK4/index.html？docId=a89e51a560dc4e34ac34aea4005f0d03，最后访问时间：2022 年 6 月 24 日。

> 无法正常居住使用的质量问题"的情形,故被上诉人田某、李某以该房屋漏水为由拒绝收房没有事实和法律依据,本院不予支持。但本案案涉房屋存在漏水的质量问题,上诉人杨某房产公司应依照合同约定承担保修责任,并承担保修费用,如因对案涉房屋的维修致使被上诉人田某、李某不能实际使用案涉房屋的损失,被上诉人田某、李某可另行主张权利。

【律师点评】

本案是一起比较典型的房屋质量纠纷案件,房屋所出现的质量问题比较有代表性,由本案小业主的一些诉讼请求引申出的问题也较富讨论意义。

一、质量纠纷的类型以及相应承担责任类型

1. 通常的房屋质量问题包括:(1)楼体不稳定,如过了沉降期依然沉降不止,不均匀沉降等;(2)裂缝,如楼板裂缝及墙体裂缝;(3)渗漏,如水平渗漏及垂直渗漏;(4)墙体空鼓、墙皮脱落;(5)隔音、隔热效果差;(6)门窗密闭性差、变形,如本案中情形;(7)上下水跑冒漏滴;(8)水、电、暖通、气设计不合理,影响小业主正常使用;(9)公用设施设计不合理,质量不过关,如楼梯位置不方便等。

2. 针对上述房屋质量问题,开发商应承担的责任应视情况而定。根据《民法典》《商品房买卖合同解释》及相关规定,开发商因房屋质量问题所承担的责任主要是维修责任、赔偿责任及退房责任。

关于开发商所承担的维修责任,2003年《商品房买卖合同解释》(现已修改)第13条第2款规定:"交付使用的房屋存在质量问题,在保修期内,出卖人应当承担修复责任;出卖人拒绝修复或者在合理期限内拖延修复的,买受人可以自行或者委托他人修复。修复费用及修复期间造成的其他损失由出卖人承担。"对于本条应进行正确理解,费用(损失)的赔偿并不以发生为要件,而是能确定即可,《民法典》第584条中规定违约损失包括合同履行后可以获得的利益,即非发生但能确定的损失。因此,只要开发商未依约修复且房屋维修费用能够确定,法院就应予支持,而无需等开发商拖延修复。但也有其他判例,如关联案例4中,买受人要求开发商交房并支付维修费,法院以买受人并未要求开发商对讼争商品房修复后再交付,而是要求立即将讼争商品房交付其使用,系对其民事权利的自行处分。买受人关于维修费的诉讼请求，因该项费用未实际发生，买受人提交的装修工程预算亦未经开发商核实确认，故法院对该预算书不予采信，对买受人关于维修费的诉请不予支持。

之前我国房价一直维持上行趋势，所以当出现房屋质量纠纷时，大多数小业主要求房产开发商承担的责任主要集中在维修责任上。但当出现房屋价格下跌时，小业主的要求就发生了转变，退房随之增多，这同时引申出了一个问题：什么情况下小业主的退房要求能被支持？目前我国法律对退房的相关规定主要集中在《商品房买卖合同解释》《商品房销售管理办法》中，其中规定房屋主体结构质量经核验确属不合格及房屋质量问题严重影响正常居住使用，小业主方可主张退房，其他房屋质量问题开发商承担维修及赔偿责任。同时，有的地区商品房销售合同范本也列明了房屋主体结构质量经核验确属不合格，小业主可主张退房，如《上海商品房出售合同》。

实践中，对于"房屋质量问题严重影响正常居住使用"的理解存在争议，我国尚未对此做出更清晰的界定。一般而言，"房屋质量问题严重影响正常居住使用"应同时兼具如下两种情形：

（1）影响居住使用与房屋本身特性有关。房屋的绝大部分都应具有满足居住与使用的功能，如果这些部分出现瑕疵，都会影响到该房屋的居住与使用，如房屋渗漏水、墙面裂痕、天花板开裂、地面空鼓、墙皮脱落等。

（2）程度必须到"严重"。至于何谓严重，应赋予法官以自由裁量权。有两个标准可供参考：一是危害居住人的程度，如果已经危害居住人的生命安全，直接认定影响居住使用，如果危害居住人健康，则居住人应以医院病历证明或相关部门技术检查认定结论为准；二是不可修复或修复次数过多，成本过大。如果多次修复仍难以达到其应有的状态，也应认定为严重影响正常居住使用。

二、买受人因房屋质量纠纷向开发商要求赔偿损失的范围

1. 《商品房买卖合同解释》第10条第2款规定了"修复费用及修复期间造成的其他损失由出卖人承担"，但该条在实际操作中往往很难准确把握。本案中，买受人还主张要求自保修之日起至实际修复之日止的租金。

2. 开发商在维修过程中买受人能否主张租金损失？本案中，二审法院认为，该质量问题属于主体结构问题且直接导致买受人无法正常入住使用系争房屋，买受人主张系争房屋对外出租的租金损失，于法有据。因此，若房屋质量问题确实引起了买受人使用的障碍（该质量问题与上述"严重"的情况类似，法官拥有自由裁量权），买受人即有权向开发商主张该损失。

三、房屋质量问题能否成为拒收房屋的理由

买受人能否以房屋存在质量问题向开发商主张拒收所购房屋并进而要求开发商承担违约责任？关联案例5中田某、李某以案涉房屋在交付时其中一房间楼顶靠近窗户位置存在漏水现象为由拒收所购房屋，二审法院未支持。主要理由是，其一，漏水情况的严重程度并不符合《商品房买卖合同解释》第10条第1款规定："因房屋质量问题严重影响正常居住使用"以及《合同补充协议》约定："该商品房存在地基基础和主体结构质量问题的或存在导致无法正常居住使用的质量问题"的情形；其二，除合同有专项约定外，买受人应依据《民法典》第610条规定主张。该条规定，因标的物不符合质量要求，致使不能实现合同目的的，买受人可以拒绝接受标的物或者解除合同。由于涉房屋在交付时其中一房间楼顶靠近窗户位置存在漏水现象并不能致使房屋买卖合同的目的不能实现，故买受人不能据此拒收房屋。

另需引起注意的是，《商品房买卖合同解释》第8条第2款规定："……买受人接到出卖人的书面交房通知，无正当理由拒绝接收的，房屋毁损、灭失的风险自书面交房通知确定的交付使用之日起由买受人承担，但法律另有规定或者当事人另有约定的除外。"如关联案例5中，若房屋在田某、李某"拒收"期间出现毁损、灭失，该风险由田某、李某自行承担。

5.5 中介合同[①]中的禁止"跳单"条款，法院如何认定效力及判断违约行为

——刘某诉蓉某公司行纪合同纠纷案[②]

> **关 键 词：** 代理，第三人，关联性，质证，跳单，居间合同
>
> **问题提出：** 在买房人委托中介看房的过程中，如何判断中介合同的成立？所约定的防"跳单"条款是否有效？如何判定委托人是否实行了所谓"跳单"的违约行为？
>
> **裁判要旨：** 根据《民法典》第965条，委托人在接受中介人的服务后，利用中介人提供的交易机会或者媒介服务，绕开中介人直接订立合同的，应当向中介人支付报酬。但是委托人在签订买卖或者租赁合同的过程中有选择比较的权利，在原中介人并非促成了最终合同签订的情况下，委托人有选择更优惠中介人的权利，法院不支持委托人的行为构成"跳单"违约。

案情简介

原告（上诉人）：刘某

被告（被上诉人）：蓉某公司

覃某系蓉某公司及见某公司法定代表人。蔡某于2020年4月至7月就职于蓉某公司。

2020年4月8日，覃某在其微信朋友圈发布标题为"见某里最新房源"的居间服务信息。2020年4月16日，蔡某通过微信在多人微信群里发布同样信息。2020年4月22日刘某作为居间人与案外人唐某联络案涉房屋租赁事

[①] 中介合同，传统理论一般将其称为"居间合同"。《民法典》第961条规定："中介合同是中介人向委托人报告订立合同的机会或者提供订立合同的媒介服务，委托人支付报酬的合同。"

[②] 一审：四川省成都市武侯区人民法院（2021）川0107民初7608号；二审：四川省成都市中级人民法院（2021）川01民终21320号，载中国裁判文书网，https：//wenshu.court.gov.cn/website/wenshu/181107ANFZ0BXSK4/index.html?docId=6afd97f645b1426288d8ae1b01624118，最后访问时间：2022年6月24日。

宜，并将该情况告知蔡某。蔡某与刘某通话记录里表示：如果签成，一个月佣金和现金奖一分不少。2020 年 4 月 23 日 15：25 分，刘某告知蔡某唐某的联系方式，于同日 22：27 分告知蔡某唐某已租赁其他房屋。同时，当日刘某与蔡某微信聊天记录也显示 13：11 分，刘某告知蔡某，唐某已租赁其他房屋。

2020 年 4 月 23 日，蔡某作为蓉某公司（甲方）代理人与某网络科技有限公司（乙方）（以下简称：网络科技公司）签订《佣金确认书》内容为：甲方经乙方居间介绍，与交易对方进行了案涉房屋的租赁交易，佣金金额 19110 元，于 2020 年 4 月 24 日支付 9555 元，2020 年 7 月 6 日支付 9555 元。后蓉某公司按约将上述款项支付至网络科技公司指定收款人账户内，网络科技公司于 2020 年 4 月 28 日向蓉某公司出具收到其中介费 19110 元的增值税发票。

各方观点

刘某观点：1. 根据客户唐某在（2020）川 0191 民初 6867 号民事裁定中的陈述和刘某提供的录音可知，是刘某带唐某首次实地察看房屋而不是四川某网络科技有限公司锦江分公司（以下简称：锦江分公司）的员工进行的带看；2. 刘某带看后不到 24 小时，蓉某公司就通过锦江分公司与唐某签订合同，系属跳单，锦江分公司也并未提供居间服务；3. 本案应适用居间合同纠纷的法律规定和《民法典》，且根据行业惯例，写字楼租赁中介行业存在首带保护期 7 天，故中介费应当归最先带看的刘某所有。

蓉某公司观点：1. 案涉房屋系通过锦江分公司达成的交易，蓉某公司业已向锦江分公司支付居间佣金，刘某并未提供居间服务；2. 本案发生于 2020 年 4 月不应适用民法典；3. 本案不涉及跳单，是承租人行使对中介的选择权利。

法院观点

根据《民法典时间效力规定》第 1 条第 2 款规定"民法典施行前的法律事实引起的民事纠纷案件，适用当时的法律、司法解释的规定，但是法律、司法解释另有规定的除外"。本案属于民法典施行前的法律事实引起的民商事纠纷，且有相应的法律和司法解释予以调整。因此，本案应适用《民法典》施行前的法律、司法解释。对于刘某主张的"跳单"问题，根据《民法典时间效力规定》第 3 条规定"民法典施行前的法律事实引起的民事纠纷案件，当时的法律、司法解释没有规定而民法典有规定的，可以适用民法典的规定，但是明显减损当事人合法权益、增加当事人法定义务或者背离当事人合理预期的除外"。故对于是否存在"跳单"的问题，应适用《民法典》的规定。

刘某主张客户唐某系首次带其看房，根据行业惯例，写字楼租赁中介存在首带保护期7天，蓉某公司通过网络科技公司与客户唐某签订租赁合同属"跳单"行为，应向其支付居间佣金。

首先，居间合同是居间人向委托人报告订立合同的机会或者提供订立合同的媒介服务，委托人支付报酬的合同，包含以报告订约机会为内容的合同和以充当订约媒介为内容的合同两类。居间人只能在有居间结果时才可以请求支付报酬。本案中，蓉某公司通过微信朋友圈或微信群发布的居间服务信息系要约邀请，其与刘某之间并未建立居间合同关系。

其次，就本案是否存在"跳单"情形的问题。根据《民法典》第965条关于"委托人在接受中介人的服务后，利用中介人提供的交易机会或者媒介服务，绕开中介人直接订立合同的，应当向中介人支付报酬"的规定，"跳单"系委托人绕开中介人直接与相对人订立合同的现象。虽然在案证据显示刘某系在网络科技公司之前带唐某察看案涉房屋的人，但蓉某公司并未绕开中介人直接与唐某订立合同，而系唐某通过网络科技公司与之订立合同，且向网络科技公司支付了居间佣金。故刘某主张本案存在"跳单"依据不足，本院不予支持。

再次，客户可以通过多家中介公司寻找房源，故不能简单以提供服务的时间先后判断居间成功的标准，还应结合委托方与相对方最终达成交易，究竟是利用了谁提供的中介服务。唐某在另案中陈述，其通过多家中介公司寻找租赁房屋，因通过网络科技公司业务员居间服务协调案涉房屋租金报价更低，才选择通过网络科技公司的居间服务签订了租赁合同。故现有证据可以认定唐某系利用了网络科技公司的居间服务。

最后，关于刘某主张的行业惯例7天首带保护期问题，其未提交足以采信的证据系行业惯例，蓉某公司亦不予认可。且带看房源的先后顺序、时间间隔与居间是否成功、能否获取居间报酬并无法律上的因果关系。

故，刘某的主张不能成立，本院不予支持。

关联案例 1

> **案件名称**：北京华某房地产经纪有限公司与中某会计师事务所（特殊普通合伙）等中介合同纠纷上诉案
>
> **审理法院**：北京市第二中级人民法院（2021）京02民终14690号①
>
> **裁判观点**：首先，原告确实曾带领被告看过房源，代理被告与出租人洽谈过租房事宜，但被告在2020年3月31日即明确表示解除独家代理谈判租房事宜，原告亦表示同意，故双方之间独家代理谈判租房事宜合同已经解除。
>
> 其次，被告系在与原告解除独家代理谈判租房事宜后，委托金某公司处理租房相关事宜，且给付了咨询服务费521154.07元，故难以认定被告更换中介方存在恶意。
>
> 再次，嘉某公司、阳某公司未委托原告独家代理涉案房源出租信息，多家中介公司均可掌握涉案房屋的出租信息，嘉某公司亦明确表示涉案房屋的最后的成交条件系金某公司及远某公司与其谈判促成，故难以认定被告主要利用原告提供的信息机会和媒介服务订立涉案租房合同。
>
> 最后，原告自认在其提供服务的过程中，就被告支付中介报酬一事并未协商一致。
>
> 综上所述，被告不构成"跳单"违约。

关联案例 2

> **案件名称**：红某养老院与新某房地产经纪有限公司中介合同纠纷上诉案
>
> **审理法院**：上海市第二中级人民法院（2021）沪02民终69号②
>
> **裁判观点**：居间合同是居间人向委托人报告订立合同的机会或者提供订立合同的媒介服务，委托人支付报酬的合同。居间人促成合同成立的，委托人应当按照约定支付报酬。
>
> 本案中原告与被告签订的《居间服务协议》补充条款、微信记录、被告已签订的相关租赁合同等证明原告已完成了居间服务。被告虽抗辩是自行联系争取才得以租下相关物业，但并无证据证明。因此，被告的"跳单"行为有违诚实信用原则，理应承担相应的违约责任。

---

① 载中国裁判文书网，https：//wenshu. court. gov. cn/website/wenshu/181107ANFZ0BXSK4/index. html? docId=e64c66c4afbf4377804dee22c6bd6d4e，最后访问时间：2022年6月24日。

② 载中国裁判文书网，https：//wenshu. court. gov. cn/website/wenshu/181107ANFZ0BXSK4/index. html? docId=f10d2b483dc647b8af2bacde00fa29bb，最后访问时间：2022年6月24日。

关联案例 3

案件名称：大良某房地产中介服务部与罗某、邓某、大良某房屋中介服务部居间合同纠纷上诉案

审理法院：广东省佛山市中级人民法院（2019）粤 06 民终 6936 号①

裁判观点：

1.《居间服务确认书》中的相关条款是否有效？

《居间服务确认书》中的相关条款无效。

房产中介公司为防止买方利用其提供的房源信息却"跳"过中介公司购买房屋，从而使中介公司无法得到应得的佣金，可以在合同中约定禁止"跳单"的条款，但该条款不能无限制地设置。被告与原告之间签订的《居间服务确认书》中关于"不论甲方通过任何途径成交以下房产均不影响乙方收取中介服务佣金的权利"的约定，属于房屋买卖居间合同中常有的禁止"跳单"格式条款。但是，在原告并未向被告提供独家信息的情况下，案涉《居间服务确认书》中的上述约定实际上永久限制了被告选择更优价格、服务的权利，应属无效。

2. 被告的行为是否构成违约？

本案中，涉案房源信息是公开的，原告并非独家代理，根据本案现有证据可以认定被告系从其他中介处获知相同房源信息，原告并无证据证明被告系利用港某中介的房源信息才实现购房，故被告的行为不构成违约。

关联案例 4

案件名称：淄博汇某公司滨州分公司、邵某居间合同纠纷上诉案

审理法院：山东省滨州市（地区）中级人民法院（2018）鲁 16 民终 79 号②

裁判观点：

1. 涉案委托买房协议的性质，是否为居间合同？

涉案的《委托买房协议》，成立居间合同。

要约邀请是当事人表达某种意愿的事实行为，其内容希望对方主动向自己提出订立合同的意思表示。涉案的《委托买房协议》是被告与原告在看房后共同签署，尽管该协议是原告单方印制，但是该协议并非向不特定的大众发出的，而是向具体的

---

① 载中国裁判文书网，https://wenshu.court.gov.cn/website/wenshu/181107ANFZ0BXSK4/index.html? docId=ede3f4b124b543b5986faaf600b85729，最后访问时间：2022 年 6 月 24 日。

② 载中国裁判文书网，https://wenshu.court.gov.cn/website/wenshu/181107ANFZ0BXSK4/index.html? docId=165240fcc10844e1ab0aa8d9017bf3f8，最后访问时间：2022 年 6 月 24 日。

购房人被告发出，该协议所委托居间的房屋不是不特定的房屋，而是双方看房确定的涉案房屋也即被告最终购买的房屋。双方签署的《委托买房协议》对于被告委托原告居间买房事宜和有关其他服务的事项作出了约定，双方的要约和承诺达成一致，委托合同成立。该委托合同包括居间合同的内容，但是不限于居间合同中居间人提供订立合同的媒介和报告订立合同机会的义务，还包括其他的协助贷款、过户等内容。

2. 该协议约定的禁止私下交易应支付代理费和双倍违约金的条款是否有效？

协议所约定的禁止私下交易应支付代理费和双倍违约金的条款有效。

在《委托买房协议》中，对于私下交易支付双倍违约金的条款，即俗称的"禁止跳单条款"，并不存在免除一方责任，加重对方责任，排除对方主要权利的情形，故应认定为合法有效。

3. 被告另行签订协议的行为是否构成违约？

被告另行签订协议的行为不构成违约行为。

判断是否构成"跳单"违约行为的关键点在于委托人是否利用居间人提供的房源信息和机会等条件。如果委托人并未利用居间人提供的信息和机会，而是通过其他公众可以获知的正当途径获得同一房源信息，则委托人有权另行选择报价低、服务好的其他中介公司作为居间人促成房屋买卖合同的成立，而不构成违约。

本案中，被告并未提供证据证实其为售房人程某售房信息的唯一发布方，而原告提交的证据证实其在德某公司的见证下与程某达成房屋买卖协议，因此综合双方陈述和举证情况，无法证实原告系利用其公司信息后通过私下与购房人交易，因此不能认定原告未通过被告签署购房协议构成违约。

律师点评

"跳单"行为直接损害中介人的正当利益，违背诚信和公平原则，于市场经济建设也无益处。《民法典》第965条首次明确禁止了"跳单"行为，对于规范商品房销售过程的中介环节，具有指导意义。本案从法院的角度对跳单条款的效力以及如何确认"跳单"行为进行分析，利于针对这类问题进行实践判断。

一、"跳单"违约行为的构成要件

所谓"跳单"，是指委托人在接受中介人的服务后，利用中介人提供的交易机会或者媒介服务，绕开中介人私下与相对人订立合同，或者另行委托中介人与相对人订立合同。根据法院判决，构成"跳单"违约需要满足以下要件：一是委托人接受了中介人的服务，二是委托人利用了中介人提供的信息机会或者媒介服务，三是委托人绕开中介人直接订立合同。

1. 双方之间存在有效的中介合同

判断是否构成"跳单",首先要看中介合同是否已生效。根据《民法典》第 961 条,中介合同是中介人向委托人报告订立合同的机会或者提供订立合同的媒介服务,委托人支付报酬的合同。中介人和委托人之间应当存在合法有效的中介合同,并且,中介人应当履行相应的中介义务。

其次,即使委托人与中介人之间达成了所谓的"独家"中介合同,也不能认定委托人通过其他渠道与他人订立合同的行为就一定构成"跳单"违约。因为,"独家"中介合同只能要求委托人不能再与其他中介人达成中介合同或者不能私下与经中介人介绍的第三人缔约,而不能要求委托人与第三人缔约一定要通过原中介人。具体到实践中,应当看委托人的行为是否实际违反了双方的中介合同。

2. 中介人的中介行为与委托人后续缔约的成果具有因果关系

中介人获得报酬请求权的前提是其所提供的中介服务实质上促成了合同的缔结。因此,判定"跳单"违约,还应当判断中介人所提供的服务,与委托人同第三人签订合同是否存在因果关系。这也是判断委托人是否需要向中介人承担违约责任十分重要的一环。

在委托人先与中介人签订中介合同,后与第三人签订买卖合同(或租赁合同)的案例情形中,核心要点就是需要判断原中介人的服务是否与之后的签订存在因果关系。如在关联案例 3 中,需要"同时考虑中介人提供中介服务的程度、停止媒介的原因、委托人与第三人缔约的成因与内容、该缔约内容与中介人所提供的缔约条件的差异、停止媒介服务至委托人与第三人缔约的时间跨度等因素"[①]。

二、关于禁止"跳单"条款的法律效力

1. 禁止"跳单"条款属于格式条款

禁止"跳单"条款,即中介禁止委托人利用中介提供的信息私下与第三人订立合同的行为。中介人为了防止委托人"跳单"而规避给付中介报酬,会预先在中介协议中拟制禁止"跳单"条款,面向不特定委托人重复使用,并且不允许委托人随意更改。因此,禁止"跳单"条款符合格式条款的特性,

---

① 其木提:《论"跳单"之认定标准——最高人民法院指导案例 1 号释评》,载《交大法学》2016 年第 4 期。

应当属于格式条款。

2. 禁止"跳单"条款原则上有效

根据《民法典》第496条和第497条，当禁止"跳单"条款不存在免除一方责任、加重对方责任、限制对方主要权利的情形时，应认定为合法有效。即中介合同中关于禁止买方利用中介公司提供的房源信息却绕开该中介公司与卖方签订房屋买卖合同的约定原则上有效。

然而，该条款所设置的权利与义务需要有一定的限度。如在关联案例3中，双方在《居间服务确认书》中约定"不论甲方通过任何途径成交以下房产均不影响乙方收取中介服务佣金的权利"。这表明：即使甲方未提供给乙方有效的中介服务，乙方必须支付佣金。这显然加重了乙方的义务并且限制了乙方合理选择其他中介人的权利，因此，这类条款应当归属无效。

三、司法中判断委托人是否利用了中介人提供的信息或服务的焦点

1. 举证责任的承担

判断委托人是否利用了中介提供的房源信息，在诉讼中需要证据加以证明。根据"谁主张，谁举证"的原则，在中介公司作为原告时，应当由中介公司举证证实委托人利用了中介公司提供的信息与第三人签约，而规避支付给原中介公司报酬。如若中介公司无法举证证实，则应当承担举证不能的法律后果。反之，中介人按中介合同约定促成合同成立，完成中介服务的，委托人应当按照约定支付报酬；如委托人主张订立合同与中介人无关系自行联系但又无证据证明的，法院不予支持。

2. 非独家房源难以证明委托人利用了中介人所提供的信息或服务

在关联案例1和关联案例3中，原房主都是将房屋"一房数挂"，即并非独家由某一中介公司代理，而是由多家中介公司进行房源信息共享。因此，当原房主将同一房屋通过多个中介公司挂牌出售时，委托人通过其他公众亦可以获知的正当途径获得相同房源信息的，其有权选择报价低、服务好的中介公司促成房屋买卖或租赁合同的成立。即使委托人先前与中介公司签订过中介合同，也不能认为这一行为是利用了先前与之签约的中介公司的房源信息。

综上，司法实践中难以认定委托人利用了原中介人提供的信息或服务。一来，市场上多是非独家房源，委托人有选择比较的权利；二来，中介人也难以举证证明委托人的"利用"行为。因此，在有关"跳单"纠纷的诉讼案件中，以支持委托人的诉讼请求居多。

第六章 房屋权属登记

综述：房地产登记诉讼的司法共识与观点分歧

随着房地产市场的活跃，房屋登记案件数量也迅猛增加。2007 年《物权法》[①] 出台，涉及房地产登记的条文就多达十四条，不少条文与之前有关法律、部门规章对房地产登记的规定不一致，这也给司法审判增加了许多疑难问题。为此，最高人民法院在 2010 年专门出台了《房屋登记解释》的司法解释，国务院于 2014 年出台了《不动产登记暂行条例》[②]，于 2016 年出台的《不动产登记暂行条例实施细则》[③]，专门对房地产登记诉讼领域的一些问题作出了明确规定，就有关问题达成了共识，但即便如此，房地产登记诉讼中仍然存在较多的疑难问题，尚存在分歧。

一、关于房地产登记与转让合同效力问题

《物权法》出台之前，我国立法和司法实务中长期混淆合同生效要件和物权变动要件，导致法理上的混乱，并引发实践中的许多问题。例如《担保法》[④] 第 41 条的"抵押合同自登记之日起生效"等规定。《物权法》第 15 条[⑤]旨在全面纠正将物权变动原因行为的生效要件和物权变动结果行为的生效要件混为一谈的做法。《民法典》第 215 条亦沿用了该条规定，根据该条，未办理物权登记，只是不发生物权变动，并不影响合同效力。

《民法典》第 215 条规定："当事人之间订立有关设立、变更、转让和消灭不动产物权的合同，除法律另有规定或者当事人另有约定外，自合同成立时生效；未办理物权登记的，不影响合同效力。"该条将转让物权的债权合同的生效要件与物权变动的生效要件进行了区分，旨在使发生物权变动的债权

[①] 根据《民法典》，该法已废止。
[②] 根据《国务院关于修改部分行政法规的决定》（国务院令第 710 号），该法已修改。
[③] 根据《自然资源部关于第一批废止和修改的部门规章的决定》，该法已修改。
[④] 根据《民法典》，该法已废止。
[⑤] 对应《民法典》第 215 条。

合同遵循债权行为的生效规则，即以意思表示一致、真实为一般生效要件，是否办理物权登记不影响转让合同行为的效力。《民法典》第 209 条第 1 款规定："不动产物权的设立、变更、转让和消灭，经依法登记，发生效力；未经登记，不发生效力，但是法律另有规定的除外。"不动产物权变动以房地产登记为生效要件。

物权变动的原因行为与物权变动的结果行为属于两个不同的法律行为，有不同的生效要件。在不动产买卖中，买卖合同在当事人意思表示一致、真实时即告成立，产生债法上的约束力，依据买卖合同而直接产生的权利是债权，无需以登记为生效要件。物权变动是不动产买卖行为产生的结果，与原因行为相区分，以登记为变动要件，在结果行为中，当事人完成物权的变动，产生排他性的效果。

在《物权法》出台之前，理解和适用《城市房地产管理法》第 38 条第 6 项关于"未依法登记领取权属证书的"房屋不得转让时，往往认为将转让"未依法登记领取权属证书的"房屋的合同视为转让标的不合法，属于《合同法》第 132 条第 2 款①所指的"法律、行政法规禁止或者限制转让的标的物"，该转让合同因违反法律的禁止性规定而无效，司法审判中也存在将转让未依法登记领取房屋权属证书的合同判定为无效的判决。但在《物权法》出台后，应当说，法院关于《城市房地产管理法》第 38 条第 6 项中的"不得转让"的理解基本达成一致，即理解为房屋所有权没有发生变动，即不发生物权变动的效力，而并非房屋转让合同生效要件的要求，转让未经登记房屋的合同在双方意思表示真实的情况下依法有效。

二、关于房地产登记行政诉讼的原告主体资格

不动产登记行政诉讼案件的被告一般是房地产登记机构，依据现行的《行政诉讼法》及司法解释的规定，行政相对人即房地产登记的权利人当然具有原告主体资格。作为房地产登记权利人之外的第三人能否作为原告对房地产登记行为提起诉讼，依据《民法典》以及相关房地产登记的部门规章的规定，某些类型的不动产登记申请主体可以是登记权利人之外的利害关系人，例如，《民法典》第 220 条第 1 款规定："权利人、利害关系人认为不动产登记簿记载的事项错误的，可以申请更正登记。不动产登记簿记载的权利人书

---

① 对应《民法典》第 597 条第 2 款。

面同意更正或者有证据证明登记确有错误的，登记机构应当予以更正。"由此可见，利害关系人虽然不是登记权利人，但是作为法律规定的登记申请主体之一，当其登记申请被登记机构拒绝的时候自然属于行政相对人，可以直接提起诉讼。

此外，我国行政诉讼原告主体资格标准从起初的"相对人资格论"转变为"法律上利害关系论"。即《行政诉讼法》第12条规定："人民法院受理公民、法人或者其他组织提起的下列诉讼：……（十二）认为行政机关侵犯其他人身权、财产权等合法权益的……"第49条规定："提起诉讼应当符合下列条件：（一）原告是符合本法第二十五条规定的公民、法人或者其他组织；……"第25条规定："行政行为的相对人以及其他与行政行为有利害关系的公民、法人或者其他组织，有权提起诉讼。有权提起诉讼的公民死亡，其近亲属可以提起诉讼。有权提起诉讼的法人或者其他组织终止，承受其权利的法人或者其他组织可以提起诉讼……"

《行政诉讼法解释》第1条第2款第10项规定：对公民、法人或者其他组织权利义务不产生实际影响的行为不属于人民法院行政诉讼的受案范围。反面解释之，则对公民、法人或者其他组织权利义务产生实际影响的行为属于人民法院行政诉讼的受案范围。

房屋连续转让之后，起诉连续转移登记的情形时有发生。对于如何确定原告资格，也是审判实务中的难点和争议问题。例如，A和B是房屋共有人，A将房屋出售给C，并办理了移转登记，后C又将房屋出售给D，也办理了移转登记。此时，B能否针对A和C之间的移转登记行为或者C与D之间的移转登记行为提起行政诉讼，是值得探讨的问题。对此问题，《房屋登记解释》第5条分三种情形分别作出不同规定：

1. 同一房屋多次转移登记，原房屋权利人、原利害关系人对首次转移登记行为提起行政诉讼的，人民法院应当依法受理。即上述案例中，B可以针对A和C之间的移转登记提起行政诉讼。

2. 原房屋权利人、原利害关系人对首次转移登记行为及后续转移登记行为一并提起行政诉讼的，人民法院应当依法受理；人民法院判决驳回原告就在先转移登记行为提出的诉讼请求，或者因保护善意第三人确认在先房屋登记行为违法的，应当裁定驳回原告对后续转移登记行为的起诉。即上述案例中，B可以同时针对A和C之间的移转登记，以及C和D之间的移转登记一并提起行政诉讼，但如果法院已经判决 C 从 A 处取得房屋构成善意取得时，则 B 对 C 和 D 之间的移转登记行为将被驳回。

3. 原房屋权利人、原利害关系人未就首次转移登记行为提起行政诉讼，对后续转移登记行为提起行政诉讼的，人民法院不予受理。即上述案例中，A 不能单独就 C 和 D 之间的移转登记行为提起行政诉讼。

三、关于房地产登记机构的审查义务

所谓审查是指登记机构依法对登记申请进行核对、查证并作出应否允许登记之结论的行为。[①] 登记审查是登记程序中的核心环节，而登记审查方式又是审查程序中的核心问题，即登记机构应当采用何种手段来对登记申请事项进行判断、分析和解读。登记审查的内容和范围影响到不动产交易的效率、交易的安全，登记机构权限范围也决定了登记机构在登记错误时承担的赔偿责任大小。

我国学者普遍认为，房地产登记审查方式有形式审查和实质审查，但是对于何谓形式主义审查，何谓实质主义审查，却莫衷一是。有的学者从登记审查的事项进行界定，认为形式审查就是登记机构就登记申请，不审查其是否与实体法的权利关系一致，而仅审查登记申请在登记手续法上是否适法；实质审查不仅审查登记申请在登记手续法上的适法性，还审查其是否与实体法上的权利关系一致，实体法上的权利关系是否有效。还有的学者认为，实质审查就是指登记机构必须就申请人所提供的材料的真实性负担实质调查和验收的义务；而形式审查，就是指登记机关仅就当事人所提交的书面材料进行审查，如果材料本身没有明显瑕疵就可以依据材料所显示的内容进行登记。[②] 笔者认为，以是否审查登记原因行为的效力为区分实质审查和形式审查的标准没有实质意义，如果要求登记机构对登记申请的合同、继承等登记原因基础法律行为的效力进行审查，但民事法律行为的效力问题只能由有司法裁判权的法院进行判定，这已经超出了登记机构的审查能力和审查范围，必将严重地影响私法自治，此种意义上的实质审查仅在德国普鲁士时期短暂地存在过。因此，区分实质审查和形式审查的标准应当为是否对申请材料的真

[①] 李昊、常鹏翱、叶金强、高润恒：《房地产登记程序的制度建构》，北京大学出版社2005年版，第259页。

[②] 朱岩：《形式审查抑或实质审查——论房地产登记机关的审查义务》，载《法学杂志》2006年第6期。

实性进行审查,而并非要对登记申请原因行为的效力进行审查。如果登记机构要对登记申请材料的真实性进行审查,只要出现登记申请材料虚假,就属于未尽到审查义务,此时则为实质性审查。如果不审查登记申请材料的真实性,而仅仅审查形式上是否完备,则属于形式审查。

我国大部分的法律法规都没有直接正面规定登记机构审查的范围和方式,而是从对登记申请人应当提交的资料和证明文件的角度来体现登记机构的审查范围。例如,《城市房地产管理法》第五章规定了房地产权属登记管理,但是没有规定房地产登记审查方式。上海市在 2008 年修订《上海市房地产登记条例》[1] 及 2020 年公布《上海市不动产登记若干规定》时,也没有使用实质审查和形式审查的概念和分类,而是通过对申请人提交的材料和登记机关职责的翔实规定来确保登记的公信力。"从我国房地产登记的实际情况看,并无实质审查和形式审查的分类,登记机构主要是按照法定的各类登记的具体审核内容和要求,对有关的登记申请进行审核。为此,法制委员会建议不采用实质审查和形式审查的分类,而从房地产登记的实际出发,根据各类登记的不同特点和作用,对土地使用权和房屋所有权的初始登记的审核内容和要求进行补充、完善,从而区别不同的审核责任。"[2]《物权法》及《民法典》也没有明确对登记审查方式作出规定,而是规定登记机构应当履行的职责,包括查验申请人提供的权属证明和其他必要材料;就有关登记事项询问申请人;如实、及时登记有关事项;法律、行政法规规定的其他职责。

登记机构是否需要对登记申请文件的真实性进行审查,是必须考虑的问题。例如,登记申请时提交的身份证是否真实,是否与登记申请人是同一人,登记申请资料中的签名是否为登记申请人真实姓名,登记申请代理人是否为有权代理等内容,登记机构是否负有真实性的审查义务,其审查义务的标准和程度为何,都是在登记司法审判中容易产生争议的地方。但严格说来,在登记实务中,登记机构并未采取纯粹的实质审查或形式审查,而是采取有限的实质审查,对于实质审查的限度标准如何判断,在登记诉讼审判实务中,法院的判断标准也不太一致。例如,北京市高级人民法院认为:"登记机关在进行行政登记时,根据相关法律、法规及规定对申请人提交的证件、证明材

---

[1] 根据《上海市不动产登记若干规定》该条例已废止。
[2] 上海市人大常委会法制工作委员会编:《〈上海市房地产登记条例〉释义》,上海人民出版社 2003 年版,第 191 页。

料进行审查应理解为是否符合法律规定的要求进行审查（形式审查）。但考虑其作为行政登记的专门机构，在具体案件的司法审查中，可要求行政登记机关在形式审查时履行较高的必要合理注意义务。例如，申请人在登记机关预留有印章、签名的，登记机关应当就申请件与预留件进行比对，并对是否一致作出合理注意义务的判断。"该观点确定登记审查方式原则上为形式审查，但同时应承担较高的注意义务，对某些签名、印章的真实性负有较高的注意义务。有的法院则对房地产登记机构应承担的实质审查义务要求更高，要对身份证与申请人的一致性和真实性等事项进行审查。[1]

一般而言，笔者认为，登记机关对相关材料真实性的查验到何种程度的问题，应当区别申请材料的性质分别予以认定：（1）对于那些只要履行正常的审核程序就完全可以判断其真伪性的材料，如房产证以及在登记部门有原始档案的信息材料，登记部门应当保证其查验结果的真实性，一旦出现错误登记，就应当认定登记机关存在过错。（2）对于那些不属于登记部门职权负责范围以内的材料，如当事人之间的合同书等，只要登记机关尽到合理的注意义务，即使没有发现其虚伪性，也不应当认定其违反审查义务。

四、关于房地产违法登记行为的撤销

《行政诉讼法》第70条规定："行政行为有下列情形之一的，人民法院判决撤销或者部分撤销，并可以判决被告重新作出行政行为：（一）主要证据不足的；（二）适用法律、法规错误的；（三）违反法定程序的；（四）超越职权的；（五）滥用职权的；（六）明显不当的。"在登记行为属于行政行为的情形下，当登记机构作出的登记行为违法，法院可以判决撤销登记行为。但与一般的行政行为不同的是，房地产登记行为虽然是行政机关作出的，但是会导致私法上法律关系的形成，在依法律行为发生物权变动的场合，只有办理登记后，才发生物权变动的效力，在基于事实行为发生物权变动的场合，只有办理登记后，其移转行为才能进行。因此，房地产登记行为使登记申请一方获得利益，属于授益性的行政行为。

出于保护第三人的信赖利益和维护法律关系稳定性方面的考虑，立法应当为登记行为的撤销做出限制。《民法典》第311条对不动产的善意取得作出

---

[1] 参见"董银宝不服上海市房屋土地管理局颁发房屋所有权证案"，（1996）南行初字第34号，《中国审判案例要览》1998年卷。

了明确的规定，虽然善意取得制度是民法上的制度，但同时是法院撤销房地产登记行为的限制性条件。《房屋登记解释》第 11 条第 2 款则更全面的对法院作出撤销登记判决进行了限制。该司法解释第 11 条第 3 款规定，被诉房屋登记行为违法，但判决撤销将给公共利益造成重大损失或者房屋已为第三人善意取得的，判决确认被诉行为违法，不撤销登记行为。

五、关于房地产登记错误的赔偿

（一）登记错误行政赔偿的诉讼程序

《民法典》规定，因登记错误，给他人造成损害的，登记机构应当承担赔偿责任。这里登记机构应当承担的赔偿责任，究竟是行政赔偿责任，还是民事赔偿责任，规定不明确。《物权法》在立法征求意见时，有观点认为，因登记机构的过错，致使房地产登记发生错误，因该错误登记致当事人或者利害关系人遭受损害的，登记机关应依照国家赔偿法的相应规定承担赔偿责任。在我国目前没有建立不动产统一登记体制，房地产登记机关仍为国家行政机关的情况下，在审判实务中，因房屋登记行为违法所产生的赔偿责任，无一例外地均被定性为行政赔偿责任，这点在审判实务中是无异议的。

由于房地产登记是行政行为，因登记错误引发的赔偿属于行政赔偿，按照《行政赔偿案件规定》第 21 条第 4 项的规定，因行政机关的具体行政行为引起的行政赔偿，赔偿请求人单独提起行政赔偿诉讼的，应以具体行政行为已被确认违法为前提条件。故在周某霞与 N 市 Q 区人民政府 S 办事处〔（2021）苏 01 行赔终 2 号①〕等案件中，法院均认为，登记机构的登记行为未被法院确认违法或撤销之前，原告不得单独提起行政赔偿诉讼。

（二）登记赔偿责任的归责原则

因房屋违法登记行为，致损害事实发生，所产生的是行政赔偿责任，归责原则就应当适用国家赔偿法的规定。在实行国家赔偿体系的国家，关于行政赔偿的归责原则，具有代表性的主要有三种：违法归责原则、过错归责原则、无过错归责原则。三种归责原则各有利弊，违法归责原则，避免了过错原则在主观方面的困难，便于受害人取得国家赔偿，但违法原则难以解决共同侵权等情况下的责任分担问题。过错归责原则是主观归责原则，以主观存

---

① 载中国裁判文书网，https://wenshu.court.gov.cn/website/wenshu/181107ANFZ0BXSK4/index.html?docId=4edb2955cf3242fd93c6ad1600a147ce，最后访问时间：2022 年 6 月 24 日。

在过错为赔偿的前提，有利于解决混合过错的赔偿问题，但难以通过举证确定，实践中难以操作。无过错归责是只要登记错误，不论是登记机关违法行为所致，还是申请人提供虚假材料所致，一概先由登记机关向受害人承担赔偿责任，有利于受害人及时得到救济，但加重了国家负担。我国现行国家赔偿法实行违法归责原则，即只要行政行为违法，对造成的损害就要承担赔偿责任。违法归责属于客观归责，是针对行政机关的行为而言的，即行政机关或者工作人员不论主观上有无过错，只要实施的行为违法，对造成的损害，就要承担赔偿责任。

在《物权法》出台之前，部门规章和地方立法基本都是采取过错责任原则或违法责任原则。例如，2002年施行的《甘肃省土地登记条例》① 第32条第1款规定："土地登记机关不按规定期限办理土地登记申请的，土地登记申请人可以向上级人民政府投诉，由上级人民政府责令限期办理；因错登、重登等给土地登记申请人造成损失的，应当依法承担赔偿责任，对直接责任人员，按国家有关规定给予行政处分。"2008年修订的《上海市房地产登记条例》② 第72条规定："因登记错误，给他人造成损害的，房地产登记机构应当承担赔偿责任。房地产登记机构赔偿后，可以向造成登记错误的责任人追偿。"

在物权法的起草过程中，学者们起草的物权法专家建议稿都倾向于采取过错责任原则，例如，梁慧星教授主持起草的《中国物权法草案建议稿：条文、说明、理由与参考立法例》第40条建议："因登记机关的过错，导致房地产登记发生错误，且因该错误登记致当事人或利害关系人遭受损害的，登记机关应依照国家赔偿法的相应规定承担赔偿责任。"③ 王利明教授主持起草的《中国物权法草案建议稿及说明》第33条规定："因下列情况而给当事人造成重大损害的，受害人有权要求登记机关予以赔偿：（1）因登记机关的重大过失造成登记错误；（2）无正当理由拖延登记时间；（3）无故拒绝有关当事人的正当查询登记的请求。"④

---

① 根据《甘肃省人民代表大会常务委员会关于废止〈甘肃省土地登记条例〉等三件地方性法规的决定》，该条例现已废止。
② 根据《上海市不动产登记若干规定》，该条例现已废止。
③ 梁慧星主编：《中国物权法草案建议稿：条文、说明、理由与参考立法例》，社会科学文献出版社2000年版，第11页。
④ 王利明主编：《中国物权法草案建议稿及说明》，中国法制出版社2001年版，第10页。

最终《物权法》第 21 条①对登记错误的赔偿责任作出了规定，《民法典》第 222 条亦沿用了该规定：第 1 款是关于提供虚伪登记材料的申请主体的赔偿责任，第 2 款是关于登记机构对登记错误的赔偿责任。对《民法典》物权编规定的登记机构赔偿责任的性质，学者们有不同的理解（考虑到学者观点的形成时间，下文仍使用"《物权法》""《民法通则》""《侵权责任法》"的表述）。有学者认为，从我国《物权法》第 21 条第 2 款的规定来看，我国关于登记机关的赔偿责任采纳的是无过错责任原则。即只要有登记错误和损害发生，不管这种错误是因登记机关工作人员的故意或者过失造成，还是因为其工作人员与登记申请人恶意串通所致，登记机关都要首先承担赔偿责任，而不问该登记机关主观上是否具有过错。登记机关赔偿后，可以向造成登记错误的人追偿。我国《物权法》之所以要规定登记机关承担无过错责任，是因为和登记机构相比，登记错误的受害人处于相对弱势的地位，如果采纳过错责任原则，仅以登记机关或其工作人员无过错为由即可免除登记机关的赔偿责任，让登记错误的受害人自行承担巨大的经济损失，显然是极不公平的。

也有学者认为，《物权法》第 21 条规定的是登记机构的过错责任，并不能推导出登记机构承担无过错责任。《物权法》第 21 条确实没有规定"过错"的字样，但不是没有写明"过错"的字样，就可以认为是无过错责任。参照《民法通则》第 106 条第 1 款②及《侵权责任法》③的一般规则，损害赔偿责任应当是过错责任，只有在法律有明确且特别规定的情况下，某种特殊侵权责任才能确定为无过错责任。没有法律特别规定，任何人都不能将某一种特殊侵权责任认定为无过错责任。④

《物权法》出台之后，最高人民法院的司法解释、部门规章和地方立法仍都不约而同对《物权法》第 21 条做出了违法责任原则的解释。例如《房屋登记解释》第 12 条规定："申请人提供虚假材料办理房屋登记，给原告造成损害，房屋登记机构未尽合理审慎职责的，应当根据其过错程度及其在损害发生中所起作用承担相应的赔偿责任。"第 13 条规定："房屋登记机构工作人员与第三人恶意串通违法登记，侵犯原告合法权益的，房屋登记机构与第三人

---

① 对应《民法典》第 222 条。
② 对应《民法典》第 176 条。
③ 根据《民法典》，该法已于 2021 年 1 月 1 日废止。
④ 杨立新：《论房地产登记错误损害赔偿责任的性质》，载《当代法学》2010 年第 1 期。

承担连带赔偿责任。"该司法解释对登记机构的赔偿责任明确采取过错责任原则。2008 年《房屋登记办法》① 第 92 条规定:"申请人提交错误、虚假的材料申请房屋登记,给他人造成损害的,应当承担相应的法律责任。房屋登记机构及其工作人员违反本办法规定办理房屋登记,给他人造成损害的,由房屋登记机构承担相应的法律责任。房屋登记机构承担赔偿责任后,对故意或者重大过失造成登记错误的工作人员,有权追偿。"国务院 2014 年发布的《不动产登记暂行条例》第 29 条规定:"不动产登记机构登记错误给他人造成损害,或者当事人提供虚假材料申请登记给他人造成损害的,依照《中华人民共和国物权法》的规定承担赔偿责任。"前述行政法规及部门规章对登记机构的赔偿责任亦采取过错责任原则。

(三) 登记错误赔偿责任的分担

由登记错误引发损害赔偿责任的各种情形中,因申请人或第三人与登记机关的混合过错而导致的登记错误在现实中普遍存在。在此种情形下,导致当事人权益受到损害的原因有二:其一系申请人或第三人的过错行为;其二系登记机关的错误登记行为。即该两种行为的共同作用导致了一个损害结果。此种情况下,登记错误赔偿责任如何分担是一个核心问题。具体而言,分别就以下几种情形进行分析:

1. 登记人员和第三人恶意串通致使登记错误的,毫无疑问,此时共同故意构成了共同侵权,而共同侵权的法理是连带赔偿责任。因此,《房屋登记解释》第 13 条规定:"房屋登记机构工作人员与第三人恶意串通违法登记,侵犯原告合法权益的,房屋登记机构与第三人承担连带赔偿责任。"

2. 由于登记申请人的故意和登记机构的过失共同导致登记错误的赔偿问题。这是最为复杂的登记错误赔偿责任分担情形。在登记人员为过失的情况下,登记机构是基于其登记审查行为而承担责任,登记申请人员是基于其申请行为承担责任,两者并非一个行为,也不存在意思的联络,因此,两者不属于连带责任关系。对于登记机构承担的赔偿责任的性质,学者之间有几种不同观点:

(1) 不真正连带责任说。所谓不真正连带责任是指,基于同一个损害事实产生两个以上的赔偿请求权,数个请求权的救济目的相同的,受害人只能

---

① 本规章已被《住房和城乡建设部关于废止部分规章的决定》废止。

根据自己的利益选择其中一个请求权行使，请求承担侵权责任。受害人选择了一个请求权行使之后，其他请求权消灭。如果受害人请求承担责任的行为人不是最终责任承担者的，其在承担了侵权责任之后，有权向最终责任承担者追偿。在不动产错误登记损害赔偿责任中，完全符合不真正连带责任的特征：第一，《民法典》第222条规定的责任主体是两个，既有当事人，也有登记机构，都是违反对同一个民事主体负有法定义务的人。第二，不动产错误登记损害赔偿责任，是基于房地产登记错误这一事实而发生的，符合前述第二个特征。第三，不管是当事人承担赔偿责任，还是登记机构承担赔偿责任，这两个责任主体对同一损害事实发生的侵权责任是完全重合的，是一样的。第四，在两个相重合的侵权责任中，不论是当事人承担，还是登记机构承担，只要承担了一个责任，就实现了受到损害的真正权利人的权利保护的目的。第五，在不动产错误登记损害赔偿责任中，也分为中间责任和最终责任，在受到损害的权利人对与两个不同的请求的选择发生的责任，就是中间责任；在追偿关系中解决的，是最终责任。因此，可以断定，不动产错误登记损害赔偿责任就是侵权责任形态中的不真正连带责任，既不是连带责任，也不是补充责任。①

（2）补充责任说。即认为登记赔偿中，当事人先通过其他途径求偿，在穷尽其他求偿手段仍无法得到赔偿时，方可提起行政赔偿之诉，由登记机构承担补充赔偿责任。在审判实务中，大部分的法院均持此种观点。例如，李某与某县房产管理局行政赔偿案［（2017）湘03行终6号②］中，法院认为，国家赔偿制度是一种最终救济制度，在有民事侵权和行政机关登记错误并存的情况下，国家不应当承担民事侵权责任，通过民事赔偿已经给受侵害人充分赔偿的，应当免除国家的赔偿责任，防止侵权行为人从侵权行为中获得利益，当事人未追究侵权责任人民事侵权责任的情况下先行单独提出行政赔偿，不符合法定起诉条件。

（3）按份责任说。即认为应根据登记机关和登记申请人的过错大小分别确定其应当承担的责任份额。例如，《房屋登记解释》就持此种观点，该司法解释第12条规定："申请人提供虚假材料办理房屋登记，给原告造成损害，

---

① 杨立新：《论不动产错误登记损害赔偿责任的性质》，载《当代法学》2010年第1期。
② 载中国裁判文书网，https://wenshu.court.gov.cn/website/wenshu/181107ANFZ0BXSK4/index.html? docId=f96bd9def17e47c9a3d8a7ad011aebc4，最后访问时间：2022年6月21日。

房屋登记机构未尽合理审慎职责的，应当根据其过错程度及其在损害发生中所起作用承担相应的赔偿责任。"混合侵权情况下，房屋登记机构与第三人并无通谋，房屋登记机构工作人员的主观状态是过失而非故意，第三人的主观状况可能是故意或者过失。最高人民法院认为，登记机构应以承担中间性质的按份责任为宜。因为第三人利用房屋登记机构的失误为自己牟利，登记错误的最终受益人是第三人，而非登记机构。所以房屋登记机构承担的是中间责任，而非最终责任。此外，因为过失在性质上有轻重之分，在损害原因力上有大小之分，按照公平原则，其与赔偿责任份额之间应为正比关系。[①]

笔者认为，从《民法典》的立法本意，以及从保护受害人利益，保障登记公信力的角度，笔者更赞同不真正连带责任说。理由如下：

第一，不真正连带责任说更符合物权法的立法规定。《民法典》第222条的表述与《房屋登记解释》有所不同，《民法典》第222条规定：当事人提供虚假材料申请登记，造成他人损害的，应当承担赔偿责任。因登记错误，造成他人损害的，登记机构应当承担赔偿责任。登记机构赔偿后，可以向造成登记错误的人追偿。

第二，更有利于保护受害人的利益，保障登记公信力。在实践中，加害人往往逃匿或者无赔偿能力，如果采取按份责任或者补充责任，将导致受害人的利益无法得到保护。立法者对于不真正连带责任的设计，往往考虑到了赔偿权利人起诉的便利性，在制度设计预期上，是希望受害人能够以最为便捷的方式获得全部赔偿，同时可以考虑在程序上规定受害人应该向不真正连带责任人尽量一次性请求全部赔偿。赔偿权利人起诉时无需确定最终责任人，可以自主选择赔偿能力较强的责任主体提起诉讼，而无需证明其是最终责任人，程序负担较小。而在补充责任中，两个责任主体有清偿的顺位，权利人必须首先行使顺位在先的请求权，直接责任人是第一顺位的赔偿主体，只有在第一顺位的赔偿主体不能清偿、赔偿能力不足或者下落不明时，权利人才能向第二顺位的责任主体行使请求权。而且当事人需要提起两个赔偿诉讼，一个民事赔偿诉讼，一个行政赔偿诉讼，对于受害人非常不利。《房屋登记解释》在起草过程中曾经规定：当事人请求一并解决涉及的民事赔偿问题的，

---

① 杨临萍：《〈关于审理房屋登记案件若干问题的规定〉理解与适用》，中国法制出版社2012年版。

可以合并审理。但因为审理房屋登记行为涉及的混合侵权情形非常复杂，涉及民事赔偿部分虽然可以一并解决，但是实践中审理案件时间可能较长，甚至第三人逃匿，导致受害人的利益无法得到保护。可见，不真正连带责任更节约受害人的诉讼成本。

第三，不真正连带责任人一般都可以通过商业保险来规避风险。不真正连带责任人一般都是机构责任人，承担责任的基础一般都是严格责任，在相关领域的商业责任保险制度比较发达，责任人完全可以通过商业保险分担损害并控制其经营成本，有利于损害的社会化分散。在房地产登记赔偿领域，世界上许多国家都从登记费用中抽取一定的比例建立登记赔偿基金，起到保险池的作用。

（四）登记错误赔偿责任的范围

在发生错误登记的情形下，受害人遭受的财产损失通常包括以下几个方面：(1) 物权或权利地位的丧失。例如，登记机关将甲的房屋错误地登记为乙的名字，而乙又将该房屋所有权移转给善意第三人丙；再如，登记机关不当涂销了甲的抵押权登记，致使甲丧失了就抵押物优先受偿的权利。(2) 因主张权利而支出的费用，如交通费、手续费、诉讼费等。(3) 可得利益的丧失。例如，在因错误登记丧失房屋所有权或土地使用权的情形，受害人就该房屋或土地可期待的租金或营利的丧失等。那么，上述损害是否均属于登记机关的赔偿范围？对此，《民法典》并未予以明确规定。

根据《国家赔偿法》的规定，登记机关的赔偿范围应限制在直接经济损失的范围之内。所谓直接经济损失，一般认为系指受害人现有财产利益的减少，与之相对的，则是间接经济损失即可得利益的丧失。在司法实务中，法院一般都把登记机关的赔偿范围限制为直接经济损失，此种做法具有合理性。一方面，不动产大多价值巨大，且都具有充分的利用价值。如果使登记机关对受害人的可得利益予以赔偿的话，则将会使登记机关负担过重，不利于登记机关积极性的发挥。另一方面，依侵权法理，只有那些与侵权行为具有法律上因果关系的损害才属于可赔偿的范围。就此而言，直接经济损失原则上是具备这一特征的，因登记错误而导致的可得利益损失则自当别论。因为登记的作用仅仅在于公示物权，而利用物权获得的可得利益并不在登记机关可预见的范围之内，也不在登记制度保护的范围之内，因此，可得利益的丧失与错误登记之间欠缺法律上的因果关系，自不属于可赔偿的范围。例如在王甲、王乙与 A 市国土资源和房屋管理局房屋登记行政赔偿案［（2018）鲁行再 5 号①］中，法院认为，本案被诉注销行为已被人民法院生效判决确认违法，根据上述规定，原审法院应当查明本案的直接损失，A 市房管局在涉案房屋登记中是否存在过错，并根据其过错程度及其在损害发生中所起的作用承担相应赔偿责任。

综上所述，在受害人所遭受的损害中，因错误登记导致的房屋所有权的丧失，以及受害人因办理相关手续支出的交通费、手续费、诉讼费等相关费用以及抵押权被漏登后债权不能实现的损失等，均属于直接经济损失而可以要求登记机关承担赔偿责任；而租金或营利的减少等间接经济损失，则不能要求登记机关予以赔偿。此外，需要特别说明的是，如果受害人对其遭受的损害本身也存在过错，则应视其过错大小适当减轻或免除登记机关的责任。

（五）登记机关的追偿权

《民法典》第 222 条第 2 款规定，因登记错误，造成他人损害的，登记机构应当承担赔偿责任。登记机构赔偿后，可以向造成登记错误的人追偿。该条明确了登记机关的追偿权，并明确了被追偿的对象是"造成登记错误的人"。具体而言，其应当包括以下两类人：一是造成登记错误的申请人。如果登记错误是由于申请人提供了虚假的证明材料所致，则虽然登记机关也存在过错，但由于登记申请人是登记错误的源头，其理应承担终局性的责任。登记机关承担赔偿责任后，有权向有过错的申请人就全部赔偿额予以追偿。二是造成登记错误的工作人员。有过错的工作人员即造成登记错误的直接责任人员，自应对其行为承担一定的法律后果，鉴于国家机关工作人员行为的公务性，追偿对象应当限制为有故意或重大过失的工作人员。

六、关于房地产登记民事诉讼和行政诉讼的交叉

所谓民事与行政交叉案件，是指在案件的审理过程中，同时存在需要解决的行政争议和民事争议，两个争议在法律事实上互相联系，处理结果上互为因果或互为前提。

凡是涉及国家行政权力介入私法领域的纠纷均有可能产生民行交叉问题。房地产登记是国家行政权力对不动产物权变动进行干预和调整，因此也存在

---

① 载中国裁判文书网，https://wenshu.court.gov.cn/website/wenshu/181107ANFZ0BXSK4/index.html? docId=5c6970bc40cb4a338067a8eb017cc198，最后访问时间：2022 年 6 月 21 日。

大量的民行交叉案件。房地产登记行为是行政登记行为的一种，属于具体行政行为。当事人认为该具体行政行为违法的，可以提起行政诉讼。同时，登记机构在对房地产进行登记过程中，又会涉及房地产权属变动的原因行为，该行为又会产生广泛的民事法律效果。房地产登记的私法性质和公法性质主要表现在以下几个方面：一是房地产登记行为是不动产物权变动的生效要件。二是登记行为具有公信力。即任何交易主体均可合理信赖房地产登记簿记载的内容为正确，房地产登记权利人对房地产享有合法的权利。即使登记是错误的，但对于信赖该登记而从事交易的善意第三人，法律仍承认其与真实物权相同的法律效果。《民法典》第311条对善意取得制度作了明确规定。三是房地产证在民事诉讼中的证据效力。房地产证作为国家行政机关发放的确认房地产归属的权证，在民事诉讼中可以成为确定房地产权属的证据。

申请登记人与登记机构之间的行政法律关系、引起物权变动的原因上的民事法律关系、登记权利人与实际权利人的民事法律关系、善意第三人与登记权利人之间的民事法律关系等，这些法律关系相互交叉，错综复杂，使得由此引发的纠纷也出现民事与行政纠纷交织在一起，"剪不断，理还乱"的情形。近年来，民事与行政交叉案件在司法实践中不断涌现，且呈现出逐年上升的发展趋势。广受行政法学界关注的"焦作房产纠纷案"就是该类案件的典型代表。[1] 该案经过"1个纠纷，2种诉讼，3级法院，10年审判，18份裁判"的马拉松式的循环往复却最终未能得到圆满解决，折射出当前司法应对不动产民行交叉问题所面临的"两难"境地。

对于不动产物权登记纠纷民事与行政交叉案件的处理，国内司法界存在以下几种意见：一种意见从行政行为的公定力原理出发，认为应当"先行政，后民事"，其理论依据在于民事诉讼无权确认行政行为的合法性，若存在争议的民事权利已被生效的行政行为所拘束，必先通过行政诉讼途径对该行政行为合法性作出判断，而后才能解决民事争议。一种意见从民事法律关系的有效性作为不动产物权登记行为合法性基础的角度，认为应当"先民事，后行政"。持该意见的人认为，民事争议的解决是行政诉讼的前提条件，只有先解决双方基础民事关系的有效性问题，才能准确地对行政行为是否合法作出认

---

[1] 参见王贵松：《行政与民事争议交织的难题——焦作房产纠纷案的反思与展开》，法律出版社2005年版。

定，因此，在处理方式上，应先中止行政案件的审理，待民事案件审理终结后，再恢复审理。还有意见着眼于提高诉讼效率和节约诉讼成本，认为应当采用行政附带民事诉讼模式或"二审合一"模式。从诉讼经济和诉讼效率的角度出发，不少学者和法官认为，民行交叉案件除民事与行政诉讼分别进行外，其理想模式就是行政附带民事诉讼。在"袁某某不服 S 市房屋土地管理局核发房屋所有权证"一案中，上海市普陀区人民法院做了大胆尝试，通过行政附带民事诉讼的方式解决了一起因房屋买卖纠纷而引起的行政诉讼，在该案中，行政诉讼的第三人同时被列为附带民事诉讼的被告，法院在撤销房屋所有权证的同时判决房屋买卖合同无效。[1]

房地产登记结果是由两个行为相结合产生的，即当事人之间使物权发生变动的原因基础行为——债权行为或者继承等事实行为，以及不动产登记机构受理、审核登记申请，并予以登记记载的行为。第一个行为是民事法律行为，其效力的判定等均应当按照民事诉讼程序，而第二个行为则是房地产登记机构做出的行政确认行为，属于行政行为，对该行为的合法性问题应当通过行政诉讼程序予以裁判。

事实上，在审判实务中，大量的民行交叉案件是当事人对房地产的权属存在争议，当事人往往不明其理，总认为房地产登记权属证书与实际权利密不可分，希望通过撤销产权证从而获得实体权利的确认。由于房屋登记机构在进行登记审查时，并不对房屋产权变更或归属背后所依赖的民事基础关系是否合法有效负有审查义务。因此，如若房产证的利害关系人因对产权证背后的基础民事关系不服而对该证提出异议，只能提起民事诉讼，如果当事人直接提起行政诉讼，要求法院撤销此类登记行为的，则法院应当向当事人行使释明权。对因民事行为瑕疵导致登记错误的，可引导当事人进行民事诉讼，民事诉讼后当事人可凭生效民事判决要求登记机关更正错误的登记行为。民事诉讼通过审查基础民事法律行为的效力而确定权利归属，不受既有房地产登记内容的限制。民事裁判一旦形成，权利人可根据其确权内容直接申请登记机关重新登记，完全没有必要以此为据再行提起行政诉讼，要求撤销原产权证。也正是如此，《房屋登记解释》第 8 条明确规定，当事人以作为房屋登

---

[1] 《袁某某不服 S 市房屋土地管理局核发房屋所有权证案》，载《上海法院典型案例丛编》（行政·刑事案例），上海人民出版社 2001 年版，第 138—141 页。

记行为基础的买卖、共有、赠与、抵押、婚姻、继承等民事法律关系无效或者应当撤销为由，对房屋登记行为提起行政诉讼的，人民法院应当告知当事人先行解决民事争议，民事争议处理期间不计算在行政诉讼起诉期限内；已经受理的，裁定中止诉讼。

当然，对因房屋登记机构发证行为在程序性、适用法律等方面存在异议，仍应由行政审判作出裁决，而不能由民事审判来认定房产证的效力。因为关于行政主体在程序性、适用法律等方面的审查是专属于行政审判的，如同对民事基础关系的法律认定专属于民事审判一样。遇有这种情况，当事人提起行政诉讼是必经之路。

6.1 房屋登记簿发生非权利事项错误时，法院如何确认利害关系人申请变更登记的权利

——刘某诉 L 市住房保障和房地产管理局房屋变更登记案[1]

> 关 键 词：更正登记，变更登记，登记错误
>
> 问题提出：嗣后发生的房屋面积增加或减少导致出现的不动产登记簿与实际情况记载不一致时，利害关系人能否申请变更登记？
>
> 关联问题：更正登记和变更登记的区别。
>
> 裁判要旨：原告以其与第三人共有的房屋实际面积与证载面积严重不符为由申请变更登记的情形实质上属于《不动产登记暂行条例》[2]第 14 条第 2 款第 6 项规定的更正登记，据此规定并结合原告与第三人已离婚的实际情况，原告具有单方申请更正登记的权利。

---

[1] 一审：武威市中级人民法院（2015）武中行初字第 226 号，载中国裁判文书网，https://wenshu.court.gov.cn/website/wenshu/181107ANFZ0BXSK4/index.html? docId = 5453bd0a3ffe4280be04a6e623d2fd02，最后访问时间：2022 年 6 月 21 日。

[2] 根据《国务院关于修改部分行政法规的决定》（国务院令第 710 号），该条例现已修改。

案情简介

原告：刘某

被告：L市住房保障和房地产管理局（以下简称：L市房管局）

第三人：史某林

原告刘某与第三人史某林于1996年10月17日自愿登记结婚，婚后于1998年4月24日购买了第三人史某林所在单位L市海关位于L市C区××街×号×室房屋一套，2000年9月7日被告L市房管局以第三人史某林为权利人颁发了×房（城房改）产字第×号房屋所有权证。后因夫妻关系不睦，第三人曾两次提起离婚诉讼，2014年2月20日L市C区人民法院作出（2013）城民白初字第249号民事判决书准予离婚，但因双方对婚后购买房屋的面积不能达成一致意见，导致评估无法进行，房屋市值不能确定，故该判决对房产分割问题未予处理。原告刘某认为涉案房屋实际面积与证载面积明显不符，于2015年8月26日向被告申请面积变更登记，被告认为原告无权单独申请变更登记，且其申请变更登记不符合《房屋登记办法》①第37条、第38条的规定，口头答复不予受理。原告不服，向法院提起行政诉讼，法院责令被告L市房管局在本判决书生效之日起30个工作日内对原告刘某申请的事项作出处理。

各方观点

刘某观点：根据L市C区人民法院（2013）城民白初字第249号民事判决书查明，原告刘某和第三人史某林婚后购买了L市C区××街×号×室房屋的100%产权，由于双方对该房屋面积存在较大分歧，导致房屋评估申请被退回，房屋市值无法确定，故该判决对涉案房产分割问题未予处理。现原告以涉案房屋系原告和第三人的婚后共同财产，房屋登记面积与实际面积严重不符为由，向被告申请变更登记，被告口头通知不予受理的行为严重侵犯了原告的合法权益，使原告与第三人离婚后在共同财产分割中无法取得实际应有的份额。请求人民法院判令被告对涉案房屋面积进行变更登记。

---

① 根据《住房和城乡建设部关于废止部分规章的决定》（中华人民共和国住房和城乡建设部令第48号），该办法现已废止。

L 市房管局观点：根据《物权法》第 9 条第 1 款①之规定，不动产物权的设立、变更、转让和消灭，经依法登记，发生效力；未经登记，不发生效力，但法律另有规定的除外。涉案房屋登记的权利人系史某林一人，并无其他相关共有人，故原告无法在未经权利人授权情况下单独申请变更登记，且依据《房屋登记办法》② 第 36 条、第 37 条之规定，权利人应当在有关法律文件生效或者事实发生后申请房屋所有权变更登记。据上，原告申请于法不合，故答辩人不予受理原告申请的行为并无过错。

法院观点

被告 L 市房管局作为本辖区负责房屋登记工作的主管部门，具有办理房屋登记的法定职权。本案中，原告以其与第三人共有的房屋实际面积与证载面积严重不符为由申请变更登记的情形实质上属于《不动产登记暂行条例》③ 第 14 条第 2 款第 6 项规定的更正登记，据此规定并结合原告与第三人已离婚的实际情况，原告具有单方申请更正登记的权利。根据《不动产登记暂行条例》第 16 条第 1 款的规定，申请登记应当提交登记原因证明文件等材料并对其真实性负责。经查，原告在申请涉案房屋面积更正登记时，未根据上述规定提交涉案房屋实际面积与证载面积不符的证明文件，被告以其提交的申请材料不符合法定形式为由不予受理，但未按照《不动产登记暂行条例》第 17 条第 1 款第 3 项的规定当场以书面形式告知，根据该条第 2 款的规定，则视为被告受理了原告申请。但截至目前被告尚未对原告申请事项作出处理，构成了不履行法定职责的情形，依法应当判决其履行法定职责。

---

① 对应《民法典》第 209 条。
② 根据《住房和城乡建设部关于废止部分规章的决定》（中华人民共和国住房和城乡建设部令第 48 号），该决定现已废止。
③ 根据《国务院关于修改部分行政法规的决定》（国务院令第 710 号），该决定现已修改。

关联案例 1

案件名称：上诉人张某某、被上诉人 N 市规划和自然资源局、原审第三人汇某公司、原审第三人王某、陆某某房屋所有权登记案

审理法院：江苏省南京市中级人民法院（2021）苏 01 行终 63 号①

裁判观点：本院认为，《行政诉讼法》第 49 条规定："提起诉讼应当符合下列条件：（一）原告是符合本法第二十五条规定的公民、法人或者其他组织；（二）有明确的被告；（三）有具体的诉讼请求和事实根据；（四）属于人民法院受案范围和受诉人民法院管辖。"该法第 25 条第 1 款规定，行政行为的相对人以及其他与行政行为有利害关系的公民、法人或者其他组织，有权提起诉讼。该条文所规定的利害关系，应当是指当事人的权利受到行政行为的直接影响，存在受到损害的可能性，而与该行政行为形成的法律上的利害关系，不能扩大理解为所有直接或者间接受行政行为影响的当事人均具有原告主体资格，即只有公法领域的权利和利益受到行政行为影响，存在受到损害可能性的当事人，才与行政行为形成行政法上的权利义务关系，才具有原告主体资格。亦即应当以行政机关作出行政行为时依据的行政实体法律规范体系所要求保护的权益是否受到损害作为是否存在利害关系的判断标准。……张某某不是案涉行政登记行为的相对人。……因案涉房屋作为住宅登记至汇某公司名下时，张某某尚无为行政实体法律规范体系所要求保护的权益需要不动产登记部门在作出案涉行政登记行为时予以考虑并进行保护，后续发生的房屋所有权登记行为并未对案涉房屋的用途进行改变，故不动产登记部门将案涉房屋登记在王某、陆某某名下的行政登记行为并未对张某某的合法权益造成损害，上诉人张某某不具有为《行政诉讼法》所保护的合法权益，亦不属于行政诉讼法律法规所规定的利害关系人，依法不具有原告主体资格。

关联案例 2

案件名称：朱某不服 P 县房地产管理局、唐某房屋登记行政管理纠纷案

审理法院：四川省遂宁市蓬溪县人民法院（2015）蓬溪行初字第 26 号②

裁判观点：本院认为，原告朱某与第三人唐某之间，因涉及房屋买卖的民事法律关系经诉讼被确认为有效，本案涉及的房屋应归第三人唐某所有。在（2014）蓬溪

---

① 载中国裁判文书网，https://wenshu.court.gov.cn/website/wenshu/181107ANFZ0BXSK4/index.html? docId=9b91e353385c4497960dacfb011f29ee，最后访问时间：2022 年 6 月 22 日。

② 载中国裁判文书网，https://wenshu.court.gov.cn/website/wenshu/181107ANFZ0BXSK4/index.html? docId=7f27dadb13bc421ca217ad91986eafc1，最后访问时间：2022 年 6 月 21 日。

民初字第 84 号案、(2015) 遂中民终字 284 号案以及本案中，原告朱某均未提交证据证实其主张的原房屋间数和原房屋面积，其无证据证实被告 P 县房地产管理局为第三人唐某颁证的房屋面积错误，原告朱某应承担举证不能的法律后果。第三人唐某向被告 P 县房地产管理局申报房屋产权登记时，其为了不缴纳相关税费，隐瞒了房屋系买卖的事实，以自建房名义进行产权登记，被告 P 县房地产管理局对此事实审查不严，在此情况下为第三人颁发房屋所有权证，属缺乏事实依据，应予以撤销，第三人唐某可以依法重新向被告 P 县房地产管理局申报房屋产权登记。

律师点评

在《物权法》出台之前，我国的不动产登记制度不是很健全，主要法律依据是相关部门规章，如《城市房屋权属登记管理办法》（已失效）和《土地登记规则》（已失效）。彼时各种法律或规章相关规定并不一致，登记类型外延和内涵界定并不清晰，例如：《城市房地产管理法》第 61 条第 3 款规定了变更登记的适用情形为：房地产转让或者变更时，应当向县级以上地方人民政府房产管理部门申请房产变更登记，并凭变更后的房屋所有权证书向同级人民政府土地管理部门申请土地使用权变更登记。《城市房屋权属登记管理办法》[①] 则区分了移转登记和变更登记，变更登记较《城市房地产管理法》适用范围更小，但没有规定更正登记。《土地登记规则》则将土地登记分为初始土地登记和变更土地登记。变更土地登记，是指初始土地登记以外的土地登记，包括土地使用权、所有权和土地他项权利设定登记，土地使用权、所有权和土地他项权利变更登记，名称、地址和土地用途变更登记，注销土地登记等，该办法中的变更登记适用范围最为广泛。该办法第 71 条同时规定了更正登记，即"土地登记后，发现错登或者漏登的，土地管理部门应当办理更正登记；利害关系人也可以申请更正登记"。

《物权法》生效后，对不动产登记的效力作出明确界定，并且明确规定之前部门规章中没有的几种新的不动产登记类型，如预告登记、异议登记和更正登记。但基于《物权法》是基本法律，不可能全面地规定登记类型体系。为配合和落实《物权法》关于不动产登记的规定，相继出台了新的部门规章：《房屋登记办法》和《土地登记办法》（目前均已失效），在原有的登记类型

---

① 根据《房屋登记办法》，该办法现已废止。

体系中对预告登记、异议登记和更正登记进行了细化规定。不过，《房屋登记办法》和《土地登记办法》对变更登记的规定仍不一致，《土地登记办法》所指的变更登记包含了《房屋登记办法》所指的移转登记和变更登记。《不动产登记暂行条例》第3条规定的不动产登记类型包括：不动产首次登记、变更登记、转移登记、注销登记、更正登记、异议登记、预告登记、查封登记等。

此后，《民法典》物权编对在吸收《物权法》不动产登记规定的基础上，对登记体系进行查缺补漏，对部分内容进行了修订及调整，如进一步明确预告登记的适用范围、新增居住权登记类型等。

一、房屋建筑面积登记错误，应当申请更正登记还是变更登记

登记簿是不动产物权的公示方式，如果登记簿错误将会影响权利人行使权利，并且对交易第三人形成错误的指示，不利于交易安全，因此，《物权法》特别规定了更正登记制度，《民法典》予以沿用。根据《民法典》第220条的规定，所谓更正登记是指在不动产登记簿记载事项错误时，经权利人、利害关系人申请，在不动产登记簿记载的权利人书面同意更正或者有证据证明登记确有错误时，登记机构对登记错误予以更正的登记类型。

所谓登记错误是指登记簿的非权利记载事项（例如门牌号、面积等）和权利记载事项（如权利性质、权利主体等）与不动产的实际物理状况和权利状况不一致的情形。按照登记错误发生的时间划分，可将登记簿的错误分为初始错误与嗣后错误。不动产登记簿的初始错误是指在进行不动产登记时就已经存在的错误，包括初始的权利事项错误与初始的非权利事项错误。前者如登记时就错误地将甲、乙共有之房屋登记为甲单独所有；后者如登记时错误地将甲的1000平方米的房屋登记为900平方米。不动产登记簿的嗣后错误是指在登记簿记载之时虽然正确，但因登记后出现了新的法律事实而使得登记簿记载的事项与真实的情况不一致。嗣后错误也可以分为嗣后的权利错误与嗣后的非权利错误。前者如，登记之后物权人的姓名或名称、不动产的面积或者所在的街道门牌号等发生变化等。后者是指因登记簿之外的权利变动事由而导致的登记簿的记载与现存的权利状态不一致。所谓"登记簿之外的权利变动事由"是指那些能够不通过记入登记簿即可引发不动产物权变动的法律事实，主要就是法律行为以外的法律事实。例如，《民法典》第229条至第231条规定的因法院、仲裁机构生效的法律文书、政府的征收决定、法定继承、拆除房屋等引起的不动产物权变动。对于嗣后登记错误是否应当适用《民法典》第220条规定的更正登记，有不同的观点。第一种观点认为，《民法典》第220条规定的登记簿的错误仅指初始登记错误，登记机关对嗣后登记错误既无法进行有效的审查，也无任何过错。如果将由此造成的登记簿记载与真实的情形不一致也认定为登记簿的错误，就会导致登记机构的赔偿责任被不适当地扩大，显然是不妥当的。第二种观点认为，无论初始登记错误还是嗣后登记错误都应统一适用《民法典》第220条的更正登记规则和异议登记规则，无需叠床架屋设置其他规则。至于登记机构的赔偿责任是以登记机构具有过错为要件的，嗣后登记错误适用更正登记和异议登记并不会增加登记机构的责任。

对于房屋面积的变更，现有法律规定适用变更登记。《不动产登记暂行条例实施细则》第26条规定："下列情形之一的，不动产权利人可以向不动产登记机构申请变更登记：（一）权利人的姓名、名称、身份证明类型或者身份证明号码发生变更的；（二）不动产的坐落、界址、用途、面积等状况变更的；（三）不动产权利期限、来源等状况发生变化的；（四）同一权利人分割或者合并不动产的；（五）抵押担保的范围、主债权数额、债务履行期限、抵押权顺位发生变化的；（六）最高额抵押担保的债权范围、最高债权额、债权确定期间等发生变化的；（七）地役权的利用目的、方法等发生变化的；（八）共有性质发生变更的；（九）法律、行政法规规定的其他不涉及不动产权利转移的变更情形。"

二、不动产变更登记的申请主体范围分析

如何界定变更登记的申请主体是本案的第二个争议焦点。《不动产登记暂行条例实施细则》第26条规定了不动产变更登记的申请主体是"权利人"。所谓权利人是指登记簿登记记载的权利人，不仅包括所有权人和他项权利人，还应当包括预告登记、查封登记的权利人，如预购商品房的买受人、查封申请人。

权利人之外的利害关系人能否成为变更登记申请主体呢？所谓利害关系人是指登记记载错误可能损害自己利益的人。从立法目的上看，变更登记规则的设置目的是使登记簿的记载事项与不动产的实际状况相一致，有效发挥登记簿的公示功能。在一般情况下，非权利登记事项往往主要是影响到权利人自己的利益，权利人最有动力申请变更登记，因此《不动产登记暂行条例实施细则》规定权利人可以申请变更登记。但在有的情况下，该非权利登记

事项可能使权利人获得利益，而损害他人利益，权利人就没有任何动力申请变更登记。本案就是这种情况，第三人不申请建筑面积变更登记，并不影响其使用，他没有任何动机去主动申请变更登记。此时，如果不赋予利益受到影响的利害关系人变更登记申请权，登记机构又不主动变更登记，则利害关系人的利益将无从保护，而且将会导致登记簿登记事项错误的状况一直延续，不利于登记簿作为物权公示手段，发挥保障交易安全作用。

三、不动产登记错误，权利人有权申请变更登记，利害关系人有权申请变更登记和异议登记

但是，现有法律对"利害关系人"申请登记错误，规定的是"更正登记""异议登记"。利害关系人对于登记错误，包括权利事项登记错误和非权利事项登记错误，有权申请变更登记；但是在权利人不同意更正的情况下，有权申请异议登记；利害关系人在申请异议登记之日起十五日内不起诉，异议登记失效。

《民法典》第220条第1款规定："权利人、利害关系人认为不动产登记簿记载的事项错误的，可以申请更正登记。不动产登记簿记载的权利人书面同意更正或者有证据证明登记确有错误的，登记机构应当予以更正。"《不动产登记暂行条例实施细则》第79条规定："权利人、利害关系人认为不动产登记簿记载的事项有错误，可以申请更正登记。权利人申请更正登记的，应当提交下列材料：（一）不动产权属证书；（二）证实登记确有错误的材料；（三）其他必要材料。利害关系人申请更正登记的，应当提交利害关系材料、证实不动产登记簿记载错误的材料以及其他必要材料。"

《民法典》第220条第2款规定："不动产登记簿记载的权利人不同意更正的，利害关系人可以申请异议登记。登记机构予以异议登记，申请人自异议登记之日起十五日内不提起诉讼的，异议登记失效。异议登记不当，造成权利人损害的，权利人可以向申请人请求损害赔偿。"《不动产登记暂行条例实施细则》第82条规定："利害关系人认为不动产登记簿记载的事项错误，权利人不同意更正的，利害关系人可以申请异议登记。利害关系人申请异议登记的，应当提交下列材料：（一）证实对登记的不动产权利有利害关系的材料；（二）证实不动产登记簿记载的事项错误的材料；（三）其他必要材料。"

此外，目前我国立法是将登记机构的不动产登记行为当作行政行为来对待①，由此引发的诉讼也属于行政诉讼，例如本案就是提起行政不作为诉讼。我国《行政诉讼法》第 2 条第 1 款对行政诉讼原告资格作出规定："公民、法人或者其他组织认为行政机关和行政机关工作人员的行政行为侵犯其合法权益，有权依照本法向人民法院提起诉讼。"

6.2 法院如何认定转让未经登记的房屋的合同的效力

——连某林、张某燕诉龚某基房屋买卖合同纠纷案②

> **关 键 词**：物权变动，不动产登记，合同效力
>
> **问题提出**：在《物权法》及后续《民法典》生效后，如何理解和适用《城市房地产管理法》第 38 条第 6 项关于未依法登记领取权属证书的房屋不得转让？
>
> **关联问题**：如何区分房屋转让合同的生效要件和房屋所有权移转的生效要件？
>
> **裁判要旨**：《城市房地产管理法》第 38 条第 6 项有关未依法登记领取权属证书的房地产不得转让的规定，属管理性强制性规定，本案房屋买卖合同签订时，涉案房屋虽然尚未登记领取权属证书，但并不能因之影响合同效力的认定，房屋买卖合同合法有效。

---

① 虽然现行立法将不动产登记行为作为行政行为处理，但是学者们对此已经提出质疑，有学者认为登记行为是一个兼具民事性和行政性的混合型行为，还有学者认为应当将不动产登记行为视为物权程序行为。

② 一审：江苏市昆山市人民法院（2014）昆花民初字第 0074 号；二审：苏州市中级人民法院（2014）苏中民终字第 02116 号；再审：江苏省高级人民法院（2014）苏审二民申字第 01683 号，载中国裁判文书网，https://wenshu.court.gov.cn/website/wenshu/181107ANFZ0BXSK4/index.html? docId=42cd5a3b3215455f83445eef08942ef7，最后访问时间：2022 年 6 月 22 日。

案情简介

原告：（上诉人、被申请人）：龚某基（又名龚某机）

被告：（上诉人、再审申请人）：连某林、张某燕

2007年1月21日，原告龚某基授权其儿子、女儿代替其以龚某基的名义（又名龚某机）与被告连某林、张某燕签订了一份房屋买卖合同，约定将被告所有的位于××市××镇××小区××号楼××室及××号自行车库（现公安编号为××市××镇××居××幢××室及××号自行车库）一次性转让给原告。转让金额为205000元，后原告按约分三次共支付给被告195000元，三份收款收据均注明付款人是原告龚某机，尚余10000元待房产过户至原告名下后一次性付清。后该房屋已交付给原告使用，原告已经入住该房屋。涉案房屋位于××市××镇××居××号楼××室及××号自行车库系二被告所有的位于××市××镇××村××组房屋拆迁安置房屋，该房屋的产权证明于2013年6月27日办理在连某林名下，其配偶为张某燕。房产证号为13××26（涉案房屋）、13××31（车库）。合同中补充条款里约定涉案房屋过户费用由该合同乙方即原告龚某基支付。上述事实有房屋拆迁协议书、动迁安置房核定单、房屋买卖合同、付款单、收据、水电费收据发票、物业收据及法院依职权调取的房屋产权登记信息查询结果及当事人的陈述予以证实。

一审中原告龚某基诉请：一、判令原、被告于2007年1月21日签订的《房屋买卖成交合同》合法有效；二、判令将位于××市××镇××居××幢××室及××号自行车库的产权过户至原告名下；三、诉讼费由被告承担。

一审法院判决：原告龚某基与被告连某林、张某燕于2007年1月21日签订的《房屋买卖成交合同》合法有效。被告连某林、张某燕于本判决生效之日起十日内协助原告龚某基将位于××市××镇××居××幢××室房屋及××号车库过户至原告龚某基名下，原告龚某基应当在办理完过户手续之日将合同中约定的剩余10000元押金支付给被告连某林、张某燕。过户时产生的税、费均由原告龚某基承担。

原审被告连某林、张某燕不服一审判决，提起上诉。

二审法院查明事实与原审查明事实一致，认为原审判决认定事实清楚，适用法律正确，驳回上诉，维持原判。原审上诉人连某林、张某燕不服二审法院判决，以基本相同的理由向江苏省高级人民法院申请再审。再审法院判

决：驳回连某林、张某燕的再审申请。

各方观点

连某林、张某燕观点：房屋买卖合同应当为无效合同，原因有三：

1. 合同主体不适格，房屋所有权人不只是再审申请人，还有连某英、连某晨。连某林、张某燕不是争议房屋的所有权人。争议房屋属于拆迁安置房，不是买卖或建设取得。因此，虽然该争议房屋所有权证书登记在再审申请人名下，但不能简单认定其所有权人只有再审申请人两人，而应认定为再审申请人这一户的。在没有证据证实其他家庭成员连某英、连某晨放弃该房屋所有权的情况下，不能认定房屋所有权人只是再审申请人。

2. 龚某基一直未向再审申请人提供书面授权委托书，也没有表明对签字人行为的认可。

3. 本案房屋买卖合同违反国家政策和法律强制性规定。如，五年之内不得买卖；还有《城市房地产管理法》第38条第1款第6项的规定。

龚某基观点：其授权其儿子、女儿代其与上诉人签订了房屋买卖合同，合同系双方真实意思表示，涉案房屋登记在上诉人夫妻名下，房屋买卖合同合法有效，应受法律保护。"龚某机"系被上诉人的又名，本是同一人，这从房屋买卖合同上注明的身份证号码就可得知。被审请人已按约支付了购房款，房屋业已交付给被审请人使用至今。

法院观点

一审法院观点：龚某基（又名龚某机）与被告连某林、张某燕的合同系双方真实意思表示，涉案房屋登记在连某林名下，共有人为其配偶张某燕，系有权处分，该份购房合同合法有效，应受法律保护。买卖双方应当依照约定履行自己的义务。本案被告认为涉案房屋系家庭共有，涉及其他人份额，但依据被拆迁房屋登记在二被告名下且涉案房屋已经办理了产权证明，登记在二被告名下，故该院对被告的观点不予采信。

二审法院观点：2007年1月27日的房屋买卖合同虽非被上诉人龚某基本人所签，但被上诉人龚某基对其女儿龚某丽代签合同予以认可，故龚某丽的代理行为合法有效，龚某丽签订合同的法律责任应由被上诉人龚某基承担。关于上诉人连某林、张某燕认为涉案房屋属于连某林家庭户的动迁安置房屋，为连某林家庭四人共同共有，而非连某林、张某燕所有的上诉理由，法院认为，涉案房屋虽系拆迁安置房屋，但已于 2013 年 6 月 27 日办理产权登记在连某林、张某燕名下，应视为连某林家庭内部已对拆迁安置房屋的所有权归属作出了处分。房屋产权登记具有公示公信效力，应认定连某林、张某燕系涉案房屋的合法所有权人。另外，连某林的母亲连某英、儿子连某晨居住的房屋与涉案房屋在同一小区，涉案房屋自 2007 年起就交付给被上诉人龚某基占有至今，被上诉人龚某基也从未支付过房屋租金，而在本案诉讼之前，连某林的母亲连某英、儿子连某晨从未对此提出异议，可以合理推定连某英、连某晨对涉案房屋买卖是知晓且无异议的。上诉人连某林、张某燕与被上诉人龚某基签订的房屋买卖合同系双方真实意思表示，且不违反法律规定，应为合法有效，双方均应按约履行。关于上诉人连某林、张某燕提出的本案房屋买卖合同签订时涉案房屋尚未办理产权证书的问题，法院认为，《城市房地产管理法》第 38 条第 6 项有关未依法登记领取权属证书的房地产不得转让的规定，属于管理性规范，本案房屋买卖合同签订时涉案房屋尚未登记领取权属证书不影响合同效力的认定。

再审法院观点： 虽然涉案房屋系拆迁安置房屋，且无明确协议表明在签订诉争房屋买卖成交合同时，连某林、张某燕系该房屋的所有权人或拥有处分权，但涉案房屋已于 2013 年 6 月 27 日办理产权登记在连某林、张某燕名下。房屋产权登记具有公示公信效力。因此，原审认定连某林、张某燕系涉案房屋的合法所有权人并无不当。其次，根据《最高人民法院关于审理买卖合同纠纷案件适用法律问题的解释》第 3 条第 1 款①的规定，当事人一方以出卖人在缔约时对标的物没有所有权或者处分权为由主张合同无效的，人民法院不予支持。故连某林、张某燕以签约时房屋所有权人不只是再审申请人还有连某英、连某晨为由主张合同无效，法院不予支持。房屋买卖合同虽非龚某基本人所签，但龚某基已对其女儿龚某丽代签合同予以认可，故原审认定龚某丽的代理行为合法有效、龚某丽签订合同的法律责任由龚某基承担，亦无不当。此外，《城市房地产管理法》第 38 条第 6 项有关未依法登记领取权属证书的房地产不得转让的规定，确属管理性规范，本案房屋买卖合同签订

---

① 该解释现已修改，该条已被《民法典》第 597 条吸收："因出卖人未取得处分权致使标的物所有权不能转移的，买受人可以解除合同并请求出卖人承担违约责任。法律、行政法规禁止或者限制转让的标的物，依照其规定。"

时，涉案房屋虽然尚未登记领取权属证书，但并不能因之影响合同效力的认定。因此，原审认定本案房屋买卖成交合同合法有效并无不当。

关联案例

> **案件名称**：豆某妮与杜某歌等确认合同无效纠纷案
>
> **审理法院**：陕西省咸阳市中级人民法院（2021）陕04民终3519号[1]
>
> **裁判观点**：就杜某歌等八人提出，案涉房屋没有取得房产证，违反相关规定，因而无效的理由。《城市房地产管理法》第38条第6项规定，未依法登记领取权属证书的房地产不得转让，旨在规范房屋交易行为，而非禁止交易，该规定系管理性强制性规定，而非效力性强制性规定。没有产权证的房屋，因不具备物权变动的条件而不能发生物权变动的效力。结合《物权法》第15条[2]，当事人之间订立有关设立、变更、转让和消灭不动产物权的合同，除法律另有规定或者合同另有约定外，自合同成立时生效；未办理物权登记的，不影响合同效力的规定，案涉房屋没有取得房产证，不影响合同的效力。故原审判决依据《城市房地产管理法》第38条，认定案涉合同无效不当，应予纠正。

律师点评

本案属于一起关于未取得房屋产权证的房屋转让行为是否有效的案例，本案双方签订《房屋买卖成交合同》时《物权法》并未实施，因此，法院在审理本案时主要是依据《城市房地产管理法》第38条第6项的相关规定。2007年出台的《物权法》对之前物权法领域的许多模糊的概念和错误的做法进行纠正，其相关规定比较早前制定的《城市房地产管理法》等相关法律更为科学合理。2021年《民法典》生效后，对《物权法》相关规定进行了吸收及增补。因此，本文主要是从《民法典》的角度对本案涉及的法律问题进行分析和点评。

一、关于连某林、张某燕与龚某基的房屋转让行为，应区分原因行为与结果行为

《物权法》出台之前，我国立法和司法实务中长期混淆合同生效要件和物

---

[1] 载中国裁判文书网，https://wenshu.court.gov.cn/website/wenshu/181107ANFZ0BXSK4/index.html?docId=cfedb6a9052b499dadeaae0e00e59142，最后访问时间：2022年6月22日。

[2] 对应《民法典》第215条。

权变动要件,导致法理上的混乱,并引发实践中的许多问题。《物权法》第15条旨在全面纠正将物权变动原因行为的生效要件和物权变动结果行为的生效要件混为一谈的做法,后被《民法典》第215条沿用。根据该条,未办理物权登记,只是不发生物权变动,并不影响合同效力。

《民法典》第215条规定:"当事人之间订立有关设立、变更、转让和消灭不动产物权的合同,除法律另有规定或者当事人另有约定外,自合同成立时生效;未办理物权登记的,不影响合同效力。"该条将转让物权的债权合同的生效要件与物权变动的生效要件进行了区分,旨在发生物权变动的债权合同遵循债权行为的生效规则,即以意思表示一致、真实为一般生效要件,是否办理物权登记不影响转让合同行为的效力。根据《民法典》第209条第1款"不动产物权的设立、变更、转让和消灭,经依法登记,发生效力;未经登记,不发生效力,但是法律另有规定的除外"的规定,不动产物权变动以不动产登记为生效要件。

物权变动的原因行为与物权变动的结果行为属于两个不同的法律行为,有不同的生效要件,其法理基础是债权与物权的区分。在不动产买卖中,买卖合同在当事人意思表示一致真实时即告成立,产生债权法上的约束力,依据买卖合同而直接产生的权利是债权。债权的成立和生效未必一定就发生物权变动的结果,就交易习惯与交易的过程看,通常是先订立合同而后再为履行,只有在买卖合同被顺利履行完毕,完成不动产所有权移转登记时才发生不动产所有权移转的效果。如果房屋买卖合同生效后,因主客观原因而无法完成不动产物权移转登记时,此时,不动产物权的所有权不发生变动,而买受人仅能依据买卖合同追究出卖人的违约责任。可见,作为原因行为的债权合同的成立生效与物权变动的结果之间的区分,并不是人为的拟制,而是对客观事实的准确描述。在原因行为中,当事人享有债法上的权利并承担债法上的义务;而在结果行为中,当事人完成物权的变动,使得物权能够产生排他性的后果。

在《物权法》出台之前,理解和适用《城市房地产管理法》第38条第6项关于未依法登记领取权属证书的房屋不得转让时,往往认为将转让"未依法登记领取权属证书的房屋"的合同视为转让标的不合法,属于当时《合同法》第132条第2款所指的"法律、行政法规禁止或者限制转让的标的物"①，该转让合同因违反法律的禁止性规定而无效。在《物权法》及《民法典》出台后，应当从《民法典》的逻辑和视角重新去理解《城市房地产管理法》第38条第6项。首先，未完成初始登记的房屋并不意味着所有权尚未设立，不能作为转让的标的。根据《民法典》第231条规定，因合法建造、拆除房屋等事实行为设立或者消灭物权的，自事实行为成就时发生效力。也就意味着，当房屋建造完成之后，即使未进行登记，该房屋所有权已经产生，合法建造人现实地享有了该房屋的所有权。其次，《城市房地产管理法》第38条第6项中的"不得转让"应当理解为房屋所有权没有发生变动，即不发生物权变动的效力，而并非房屋转让合同生效要件的要求，房屋买卖合同在双方意思表示真实的情况下依法生效，只是如果要想履行交易合同，必须进行初始登记才能发生不动产物权变动的效力。

二、连某林、张某燕与龚某基之间转让房屋的合同行为的效力争议

法律行为是以意思表示为要素并依该表示旨在发生私法上效果的行为，意思表示真实是法律行为的核心要素，是法律行为的生效要件之一。错误（如重大误解）、通谋的虚伪表示（如恶意串通）、意思表示不自由（胁迫或乘人之危）等意思表示瑕疵的情形将会影响法律行为的效力，导致法律行为无效或者可撤销。本案中，连某林、张某燕与龚某基之间的房屋买卖合同是合同双方真实的意思表示；连某林、张某燕是转让房屋的所有权人，拥有处分权；龚某基亦委托其子女代为签订房屋买卖合同，属于有权代理；双方之间的房屋转让合同没有违反法律、行政法规的强制性规定。因此，连某林、张某燕与龚某基之间的房屋转让合同有效。

第一，连某林、张某燕系该房屋的所有权人或拥有处分权。2013年6月27日产权登记办理在连某林、张某燕名下，房屋产权登记具有公示公信效力，该登记表明连某林、张某燕是转让房屋的所有权人，连某英、连某晨并不是房屋的所有权人。同时，《商品房买卖合同解释》第3条第1款的规定，"当事人一方以出卖人在缔约时对标的物没有所有权或者处分权为由主张合同无效的，人民法院不予支持"。因此，房屋买卖合同并不因此而无效。

第二，龚某基的女儿龚某丽代替龚某基签订房屋买卖合同已经得到龚某

---

① 对应《民法典》第597条第2款。

基本人的认可，属于有权代理，龚某丽的代理行为合法有效、龚某丽签订合同的法律责任由龚某基承担。

第三，本案房屋买卖合同签订时，涉案房屋尚未登记领取权属证书，违反《城市房地产管理法》第38条第6项未依法登记领取权属证书的房地产不得转让的规定。但从合同效力角度，《城市房地产管理法》第38条第6项有关未依法登记领取权属证书的房地产不得转让的规定普遍被法院认定属于管理性强制性规定，而我国法律及司法解释对于"强制性规定"的条文表述上存在一定程度的演变，但"管理性强制性规定不影响合同效力"这一原则并未变更。原《合同法》（现已废止）规定违反法律、行政法规的强制性规定的合同无效，《最高人民法院关于适用〈中华人民共和国合同法〉若干问题的解释（二）》（现已废止）则将《合同法》中导致合同无效的"强制性规定"细化为"效力性强制性规定"。反之，"管理性强制性规定"并不导致合同无效。《民法典》则将上述规定整合至第153条第1款："违反法律、行政法规的强制性规定的民事法律行为无效。但是，该强制性规定不导致该民事法律行为无效的除外。"因此，本案中，连某林、张某燕转让为依法登记取得权属证书的房屋的行为，虽违反《城市房地产管理法》第38条第6项规定，但因该规定属于管理性强制性规定，即《民法典》第153条"该强制性规定不导致该民事法律行为无效的除外"但书除外情形，并不因此导致合同无效。

三、房屋是否发生物权变动，应以其是否办理房屋登记为标准

在《物权法》出台之前，按照当时我国《合同法》第133条的规定："标的物的所有权自标的物交付时起转移，但法律另有规定或者当事人另有约定的除外。"该条所指标的物的所有权转移并不区分是动产还是不动产，而且《城市房地产管理法》也只是规定"国家实行土地使用权和房屋所有权登记发证制度"，并没有明确规定不动产所有权自标的物登记时转移。《物权法》及后续《民法典》明确确立了不动产物权登记生效要件主义，从《民法典》的角度重新审视该案件，将会出现不同的判决结果。如前所述，《民法典》第209条第1款规定："不动产物权的设立、变更、转让和消灭，经依法登记，发生效力；未经登记，不发生效力，但是法律另有规定的除外。"本案中，连某林、张某燕与龚某基之间的房屋转让合同有效，而且该协议签订后，连某林、张某燕已将房产交付龚某基使用，龚某基已经支付大部分购房款，但是尚未办理房屋登记过户手续，龚某基尚未取得房屋的所有权，必须在诉争房

屋依法登记至龚某基名下后，龚某基才取得房屋所有权。但是，连某林、张某燕与龚某基之间的房屋转让合同有效，在房屋登记至龚某基名下之前，龚某基享有要求连某林、张某燕履行房屋转让合同、协助办理登记、移转所有权的债权。

6.3 法院如何处理因登记原因行为瑕疵导致不动产登记错误的民行交叉诉讼

——程某诉 L 市住房保障和房地产管理局房屋登记纠纷再审案[①]

> 关　键　词：登记原因行为，瑕疵，房屋登记，先民后行
>
> 问题提出：因登记原因行为的瑕疵导致的不动产登记错误如何起诉？
>
> 关联问题：我国不动产登记机关对不动产登记的审查原则。
>
> 裁判要旨：登记机关办理房屋权属变更登记的行为，符合生效民事判决所确认的房屋权属，未对利益相关人权利行使造成障碍和影响，未损害利益相关人的合法权益，登记行为符合法律规定。在此情况下，法院对利益相关人请求撤销登记的行为不予支持。

案情简介

申诉人（一审原告、二审上诉人）：程某

被申诉人（一审被告、二审被上诉人）：L 市住房保障和房地产管理局（以下简称：L 市房管局）

程某与第三人李某某原为夫妻关系。1992 年 6 月，双方共同购置了位于 L 市 S 区 B 路某处的一套公有住房（以下简称：讼争房屋），并就此取得了 L 市房权（92）字第 3×-0×××1 号《住房有限产权证》，证载产权人为原告程某，有限产权面积为 40 平方米（即 70 平方米的 57.14%）。1997 年 3 月 31

[①] 一审：四川省乐山市市中区人民法院（2012）乐中行初字第 1 号；二审：四川省乐山市中级人民法院（2013）乐行终字第 5 号；再审/提审：四川省高级人民法院（2015）川行提字第 8 号，载中国裁判文书网，https：//wenshu.court.gov.cn/website/wenshu/181107ANFZ0BXSK4/index.html？docId=0bb1a8533e4649c485499993c74c53a8，最后访问时间：2022 年 6 月 22 日。

日，第三人李某某（乙方）就购买该讼争房屋其余30平方米产权事宜，与其所在单位（甲方）签订了《公有住房买卖契约》。该契约约定如下：一、甲方自愿将讼争房产（房屋建筑面积30平方米）出售给乙方。二、乙方本人工龄30年，乙方配偶工龄31年，共计工龄61年，享受政府规定的有关住房折扣。三、政府核定售房成本价405元/平方米，市场价465.75元/平方米。按政府现行住房制度改革政策享受折扣后，个人应付款5783.78元。以上应超过计划款5783.78元，已于1997年3月26日全部付清。四、双方同意于1997年3月26日甲方将上述房地产正式交付给乙方，房屋移交给乙方时，其该建筑物范围内的土地使用权一并转移给乙方……八、上述房地产办理过户手续由甲方一并办理，所需缴纳的税费，由甲乙双方按规定各自承担……十、本契约经双方签章并经政府房改办审查批准后生效……十二、购房职工于1992年已购该住房建筑面积40平方米……1997年9月15日，L市住房制度改革领导小组办公室就该契约出具审查意见：经审查，该契约符合现行住房制度改革政策规定，批准该契约生效。

1998年2月，原告诉至乐山市市中区人民法院并要求与第三人离婚。1998年10月22日，该院作出（1998）乐市中区民初字第395号民事判决，判决准予原告与第三人离婚。该判决主文上载明……二、夫妻共同财产：在市煤炭局程某母亲宿舍内的所有财产及在乐山市中级人民法院宿舍内的保丽板高组合家具一套及红色旧家具一套，缝纫机一台归程某所有。其余夫妻共同财产在李某某给付程某购房款11177元后，全部归李某某所有。随后，该民事判决生效。

1998年12月18日，第三人填写《私有房屋登记申请书》，并由其所在单位按照《公有住房买卖契约》第8条约定办理过户手续。

2001年12月26日，被告L市房管局填发了L市房权证私房字第004×××5号《房屋所有权证》。2002年3月，第三人取得该《房屋所有权证》。该《房屋所有权证》载明：房屋所有权人为第三人李某某，房屋建筑面积为70平方米，产权性质为私产。此后，该讼争房屋由第三人居住至今。

2010年12月15日，原告前往被告处查询讼争房屋的信息，后得知第三人已取得该房的L市房权证私房字第004×××5号《房屋所有权证》。

2010年至2011年期间，原告数次向乐山市市中区人民法院提起民事诉讼，请求法院将离婚时讼争房屋中未分割的30平方米判归其所有。2012年6

月20日，该院作出（2011）乐中民初字第1932号民事判决。随后，第三人提起上诉。2012年10月18日，四川省乐山市中级人民法院作出（2012）乐民终字第594号民事判决，该判决主文如下：一、维持四川省乐山市市中区人民法院（2011）乐中民初字第1932号民事判决第二项、第三项，即"二、李某某于本判决生效后十日内支付程某房屋折价款71266.86元；三、驳回程某的其他诉讼请求"；二、变更四川省乐山市市中区人民法院（2011）乐中民初字第1932号民事判决第一项为：位于乐山市市中区柏杨东路某处房屋［房屋所有权证号：乐山市房权证私房字第004×××5号；国有土地使用证号：乐城国用（2004）第3×××4号］中李某某与程某1998年离婚时尚未处理的30平方米由李某某分得。

2011年10月9日，原告向被告申请撤销L市房权证私房字第004×××5号《房屋所有权证》未果。据此，原告向乐山市市中区人民法院提起行政诉讼，请求：1. 撤销被告颁发的乐山市房权证私房字第004×××5号《房屋所有权证》；2. 由被告承担本案诉讼费用和原告的损失1740.50元。

一审法院于2012年11月26日作出（2012）乐中行初字第1号行政判决：一、驳回原告程某要求撤销被告乐山市房管局颁发的L市房权证私房字第004×××5号《房屋所有权证》的诉讼请求；二、驳回原告程某要求被告L市房管局承担本案诉讼费用和原告的损失1740.50元的诉讼请求。本案受理费50元，由原告程某负担。

程某不服一审判决，向四川省乐山市中级人民法院提起上诉。二审法院认为，上诉人提出的赔偿请求及各项上诉理由不能成立，不予采纳。原审判决认定事实清楚，程序合法，适用法律正确，判决驳回上诉，维持原判。

二审判决生效后，程某仍不服，向四川省乐山市中级人民法院提出申诉。2013年10月30日，该院以（2013）乐行监字第5号驳回申诉通知书，驳回了程某的申诉。程某遂向四川省乐山市中级人民法院提出申诉。该院于2014年12月18日作出（2014）川行监字第75号行政裁定，提审本案。再审法院认为，程某诉请撤销L市房权证私房字第004×××5号《房屋所有权证》的申诉理由不能成立，该院不予支持。原判认定事实清楚、适用法律并无不当，应予维持。

各方观点

程某观点： 第一，1998年乐山市中级人民法院办理房产过户手续向被申诉人提交的材料中《住房有限产权证》产权人为程某，但被申诉人仅根据乐山市中级人民法院提交的材料中的《私有房登记申请书》和《公有住房买卖契约》将产权人变更为李某某，被申诉人作出房屋登记错误。第二，在申请登记中乐山市中级人民法院未向被申诉人提交（1998）乐市中区民初字第395号民事判决的证据材料，房产档案中也没有该证据材料，而该判决为附条件而生效的，第三人未支付判决的款项，该判决还未生效。由于被申诉人不依法履行职责，致使讼争房屋产权人被变更，其房屋产权变更程序违法，做出的L市房权证私房字第004×××5号《房屋所有权证》不当。

L市房管局观点： 本案房屋是乐山市中级人民法院的房改房，属于其夫妻共同财产；被上诉人在办理房屋登记时不知上诉人与原审第三人已离婚，且单位进行房改均由单位统一办理有关登记手续，其房屋所有权已由人民法院的生效民事判决予以确认；房屋行政登记机关的登记行为不违反房改政策，并不违反当时实施的《城市房屋权属登记管理办法》的规定，其房屋登记行为没有影响申诉人行使其民事权利，且其在2002年已经知晓房屋产权发生变更，其诉讼已超过起诉期限。申诉人提出的赔偿请求没有事实依据和法律依据。

李某某观点： 程某系恶意诉讼，应当驳回程某的起诉。

法院观点

一审法院观点： 被告于2002年3月向第三人颁发L市房权证私房字第004×××5号《房屋所有权证》，故本案纠纷的调整应当参照适用自1998年1月1日起施行的《城市房屋权属登记管理办法》①（建设部令第57号）。依据该《城市房屋权属登记管理办法》第8条第3款关于"直辖市、市、县人民政府房地产行政主管部门负责本行政区域内的房屋权属登记管理工作"的规定，被告L市房管局具有办理其行政区域内的房屋权属登记的工作职责。

就本案讼争房屋而言，（1998）乐市中区民初字第395号民事判决已将其

---

① 已被《房屋登记办法》废止。

原有 40 平方米的有限产权确定为第三人个人所有。据此，原 L 市房权（92）字第 3×-0×××1 号《住房有限产权证》的产权人可依法变更登记为第三人。讼争房屋其余 30 平方米产权的出让涉及公有住房的房改政策，所在单位代为办理过户手续，符合《公有住房买卖契约》第 8 条约定，而且是特定历史背景下的通常办理模式。第三人于后虽取得了 L 市房权证私房字第 004×××5 号《房屋所有权证》，但并未实际影响其余 30 平方米面积的产权系原告与第三人共有的物权属性关系，也不妨碍原告依法要求分割共有部分的权利。原告与第三人离婚后，均未及时依法分割其余 30 平方米房屋产权，致使各自应享有的具体份额长期处于待定状态。现经民事诉讼，依据（2012）乐民终字第 594 号民事判决，已经确定本案讼争房屋其余 30 平方米房屋产权归第三人个人所有，原告的相应权利也得到了充分保障。因此，被告为第三人办理房屋产权登记以及向第三人颁发 L 市房权证私房字第 004×××5 号《房屋所有权证》，不仅未对原告权利行使造成障碍和影响，也未对原告合法权益造成损害。

综上，被告依据申报材料办理房屋登记及颁证行为并无不妥，并且原告请求撤销 L 市房权证私房字第 004×××5 号《房屋所有权证》已无实际价值和意义，其提出的赔偿请求也缺少相应的事实根据和法律依据。

二审法院观点： 被上诉人于 2002 年 3 月向原审第三人颁发 L 市房权证私房字第 004×××5 号《房屋所有权证》，故本案应当参照适用自 1998 年 1 月 1 日起至 2008 年 7 月 1 日止施行的《城市房屋权属登记管理办法》（建设部令第 57 号）。依据《城市房屋权属登记管理办法》第 8 条第 3 款的规定，被上诉人 L 市房管局具有办理其行政区域内的房屋权属登记的工作职责。（1998）乐市中区民初字第 395 号民事判决已将其原有 40 平方米的有限产权确定为原审第三人个人所有，（2012）乐民终字第 594 号民事判决又将本案诉争房屋其余 30 平方米房屋产权确定为原审第三人个人所有，即该房屋全部产权现均由生效民事判决确定为原审第三人个人所有。被上诉人 L 市房管局在原审第三人未提供（1998）乐市中区民初字第 395 号民事判决的情况下，根据《城市房屋权属登记管理办法》《公有住房买卖契约》的约定及原审第三人李某某所在单位的申报材料，为原审第三人办理房屋登记并颁发 L 市房权证私房字第 004×××5 号《房屋所有权证》的行为未对上诉人的权利义务产生实际影响，也并不违反法律规定。

再审法院观点： 根据颁发案涉房产证时施行的《城市房屋权属登记管理

办法》第 8 条第 3 款的规定，L 市房管局具有办理其行政区域内的房屋权属登记的工作职责。（1998）乐市中区民初字第 395 号民事判决已将其原有 40 平方米的有限产权确定为第三人李某某个人所有。虽程某称第三人李某某尚有房款未付，但仅系物权与债权的关系，并不因此改变第三人李某某根据生效民事判决所享有该部分房屋的物权属性。据此，原 L 市房权（92）字第 3×-0×××1 号《住房有限产权证》的产权人可依法变更登记为第三人李某某。讼争房屋其余 30 平方米产权的出让涉及公有住房的房改政策，所在单位代为办理过户手续，符合《公有住房买卖契约》第 8 条约定，且符合特定历史背景下的通常的办理模式。第三人李某某于后虽取得了 L 市房权证私房字第 004×××5 号《房屋所有权证》，但并未实际影响其余 30 平方米面积的产权系程某与第三人李某某共有的物权属性关系，也不妨碍程某依法要求分割共有部分的权利。依据（2012）乐民终字第 594 号生效民事判决，该判决在确定本案讼争房屋其余 30 平方米房屋产权归第三人李某某个人所有的同时程某的相应权利也得到了充分保障。因此，虽然 L 市房管局在当时向第三人李某某办证未通知程某到场，其程序上存在一定瑕疵，但鉴于 L 市房管局为第三人李某某的办证行为，与生效民事判决所确认的房屋权属相吻合，同时，该颁证行为不仅未对程某的权利行使造成障碍和影响，也未对其合法权益造成损害。故原一、二审法院就程某诉请撤销 L 市房权证私房字第 004×××5 号《房屋所有权证》已无实际价值和意义，其提出的赔偿请求也缺少事实根据和法律依据的相应认定，并无不当。

> **关联案例 1**

　　案件名称：上诉人周某霞与被上诉人 N 市 Q 区人民政府 S 办事处行政赔偿案
　　审理法院：江苏省南京市中级人民法院（2021）苏 01 行赔终 2 号[1]
　　裁判观点：本院认为，《行政赔偿案件规定》[2] 第 21 条规定："赔偿请求人单独提起行政赔偿诉讼，应当符合下列条件：（1）原告具有请求资格；（2）有明确的被告；（3）有具体的赔偿请求和受损害的事实根据；（4）加害行为为具体行政行为的，该行为已被确认为违法；（5）赔偿义务机关已先行处理或超过法定期限不予处理；

---

[1] 载中国裁判文书网，https://wenshu.court.gov.cn/website/wenshu/181107ANFZ0BXSK4/index.html?docId=4edb2955cf3242fd93c6ad1600a147ce，最后访问时间：2022 年 6 月 23 日。
[2] 该规定现已失效。

(6) 属于人民法院行政赔偿诉讼的受案范围和受诉人民法院管辖；(7) 符合法律规定的起诉期限。"由此，单独提起行政赔偿诉讼应以作为加害行为的行政行为被确认违法为前提。本案中，上诉人周某霞在被上诉人 S 办事处自称的于 2018 年 5 月 16 日实施的对来××过渡房的"自拆助搬"行为未经确认违法的情况下径行提起行政赔偿诉讼，于法无据，应当驳回起诉。

关联案例 2

案件名称：董某宝等与 S 市房屋土地管理局颁发房屋所有权证案

审理法院：上海市南市区人民法院（1996）南行初字第 34 号①

裁判观点：行政机关作出具体行政行为，应认定事实清楚，证据确凿充分，并符合有关法律规定。被告在受理第三人对系争房屋的产权登记申请时，未严格依法对其提交的有关材料查证核实，致认定系争房屋所有人的事实不清。第三人申请登记房屋产权时，隐瞒了其有兄弟多人的事实，侵犯了他人的合法权益，故其据以获取的权益不受法律保护。据此，被告颁发的×房×字第 0×××5 号房屋所有权证依法应予撤销。

律师点评

本文主要是从《民法典》物权编（考虑到法律沿革分析，下仍以《物权法》论述）的角度对本案涉及的法律问题进行分析和点评。本案属于一起因登记原因行为的瑕疵导致的不动产登记错误的案件，即：因程某与第三人李某某之间的房屋权属不明导致的程某与 L 市房管局之间的房屋权属登记纠纷。

从程某起诉的逻辑来看，其认为 L 市房管局仅根据乐山市中级人民法院提交的材料中的《私有房登记申请书》和《公有住房买卖契约》将产权人变更为李某某，被申诉人作出的房屋登记错误，故提起行政诉讼。

那么，L 市房管局就《私有房登记申请书》和《公有住房买卖契约》等房屋登记申请材料如何进行审查？是形式审查？实质审查？还是折中审查？程某针对房屋权属纠纷，先通过民事诉讼后通过行政诉讼的方式是否妥当？

---

① 本案裁判观点由作者加工整理而成。

一、《物权法》确立了我国不动产登记的"折中的实质审查"原则

登记审查制度是整个不动产登记制度的核心内容。采用不同的审查标准，对登记的公信力、登记的效率、登记的质量以及登记错误的责任承担有重要的影响。

据此，登记机关在不动产登记时所负担的主要义务，也就是不动产登记机关所承担的审查标准。

根据不动产登记机关的审查力度，各国法律规定的有三种不同的立法例：

一是严格的实质审查主义。这种审查方式为早期普鲁士法所采纳。即登记机关对登记的审查范围相当广泛，不仅要审查申请书的制作是否符合规定的形式要件，而且也要审查申请材料内容的真实性、权利取得的方式、权利变动的原因是否与事实相符等情况，以确保登记的准确性。

二是形式审查主义。即是指登记机关只对申请人提供的申请材料，如不动产权属证明文件、物权变动意思表示一致的证明文件等材料是否齐备、相关签名印鉴是否齐全、是否符合规范要求进行程序法上的审查，而无需对申请材料的内容是否真实、是否与实体法上的权利义务关系一致进行审查。事实上，很少有国家实行单纯的形式审查模式，多数国家在登记机关实行形式审查之前，先由第三方机构进行实质审查，以分担登记机关的赔偿责任。例如德国，登记审查之前就实行的是公证前置制度，由公证机构对登记申请材料进行实质性审查，再由登记机关进行"窗口式"的形式审查。[①]

三是折中的实质审查主义，这种审查方式为瑞士所采纳。依瑞士法，登记的要件除了需有"申请"和"登记承诺"外，还需证明有"登记簿册的处分权的法律原因"，即使物权变动得以发生的、以权利义务为根据的原因关系。但对该原因法律关系的审查则仍采取了"窗口式"的审查方式。即登记机关审查的重点并非原因法律关系是否有效，而是当事人是否能够证明原因关系的存在，主要是其提交的原因关系的证明是否践行了必要的形式，如是否按法律规定进行了公证，是否具有书面的合同，或是否具有唯一继承人的证明等。[②]

[①] 郑磊：《不动产登记机构错误登记的损害赔偿责任》，郑州大学 2011 年硕士学位论文。
[②] 曹健：《我国不动产登记制度的若干完善建议》，载中国民商法律网，http：//www.civillaw. com.cn/Article/default.asp？id=42208，最后访问时间：2012 年 4 月 16 日。

我国《物权法》第12条第1款①规定："登记机构应当履行下列职责：（一）查验申请人提供的权属证明和其他必要材料；（二）就有关登记事项询问申请人；（三）如实、及时登记有关事项；（四）法律、行政法规规定的其他职责。"《民法典》第212条亦沿用该规定。

由此可见，该条对登记机关审查职责作了列举性规定，由于该规定并没有明确登记机关承担的是实质审查责任，还是形式审查责任，国内有些学者认为"我国采取了以形式审查为主，适当实质审查的模式"②。有的则认为该规定实际赋予登记机关的调查职权，"采用的应当是实质审查模式"。③

笔者认为，我国采取了上述第三种立法例，即：以形式审查为主，适当实质审查的折中模式。具体理由如下：

第一，从《土地登记办法》④《房屋登记办法》⑤ 等相关规定来看，《物权法》第12条中所谓的"必要材料"，应当包括作为登记原因的债权合同，这与德国的形式审查主义不同；但《物权法》对登记机关的要求只是"查验"，即检查验收，并未要求对债权合同的合法有效性予以审查，这不同于早期普鲁士法上的严格实质审查主义。

第二，从我国不动产登记现状看，要求登记机关对不动产登记进行全面实质审查是不现实的。一方面，取得不动产登记权证是登记流程的核心，且我国的登记机关工作人员力量不足，不可能依次到各个具体不动产所在地进行实际审查、检查、勘验，随着我国的登记申请件数逐年攀升，严格的实质审查模式不适合我国当今的不动产登记实际状况。另一方面，在没有实现各个行政部门信息联网共享的情况下，不动产登记机关没有权限和能力对申请人提供的身份资料、婚姻状况、银行资料等材料的真实性作出判断，只能是形式审查。

第三，《物权法》采取登记作为不动产物权公示的必要条件，主要是为了维护交易安全，促使交易便捷、减少交易成本。如果采取严格的实质审查方式，必然会使交易成本增加，交易时间过长，还有可能涉及当事人的隐私。

---

① 对应《民法典》第212条。
② 刘凯湘：《中华人民共和国物权法知识问答》，人民出版社2007年版，第16页。
③ 最高人民法院物权法研究小组编著：《中华人民共和国物权法条文理解与适用》，人民法院出版社2007年版，第80页。
④ 该办法现已废止。
⑤ 该办法现已废止。

我国的物权法在登记机关错误登记时还有一系列救济措施，例如异议登记、更正登记等，这些从某种程度上可以弥补形式审查带来的错误登记损害。①

综上所述，《物权法》确立了我国不动产登记的"折中的实质审查"原则且《民法典》物权编仍延续该原则，对于不动产登记背后的大量基础民事法律关系，如婚姻关系、继承关系、合同是否有效、是否善意取得等，登记机关不仅没有能力，而且没有权力进行审查，这应当是民事司法机关的法定权力。

二、因登记原因行为导致的不动产登记纠纷应先民后行

本案中存在程某与李某某之间的民事纠纷、程某与 L 市房管局之间的行政纠纷，程某应先提起民事诉讼后提起行政诉讼。

1. 关于不动产登记中的民行交叉纠纷原因分析

民事法律关系和行政法律关系属于两种不同类型的法律关系，民事类法律法规适用于平等主体之间从事民事法律行为，行政类法律法规适用于行政机关作出行政行为。具体来说：

（1）不动产登记，是指房地产主管部门将申请人的房地产权利登记于政府特定的簿册上，并颁发房地产权利证书的一种法律制度，是依法确认房地产产权的法定手续。不动产登记行为是行政登记行为的一种，属于具体行政行为。当事人认为该具体行政行为违法的，可以提起行政诉讼。同时，登记机关在对房地产进行登记过程中，又会涉及房地产权属变动的原因行为。因此，该行为又会产生广泛的民事法律效果，主要表现在以下两个方面：一是不动产登记行为是不动产物权变动的生效要件。《物权法》第 9 条第 1 款②规定，不动产物权的设立、变更、转让和消灭都应当进行依法登记，登记后才能生效。二是登记行为具有公信力。不动产登记具有推定登记内容为正确的效力，即推定登记的权利人为正确的权利人，登记的权利为正确的权利，此系登记作为物权公示手段的公信力。即使是登记错误，对于信赖该登记而从事交易的善意第三人，法律仍承认其与真实物权相同的法律效果。《物权法》第 106 条③对善意取得制度作了明确规定。

由此可见，不动产登记涉及两个法律关系，一个是作为登记基础的房地

---

① 郑磊：《不动产登记机构错误登记的损害赔偿责任》，郑州大学 2011 年硕士学位论文。
② 对应《民法典》第 209 条。
③ 对应《民法典》第 311 条。

产所有权民事法律关系，一个是登记机关对申请人的申请进行审查并予以核准登记的行政法律关系。这些民事关系和行政关系相互交织、相互作用，使得行政审判与处理房屋民事纠纷的民事审判经常出现矛盾和冲突。

（2）根据我国法律法规的规定，登记机关的审查是折中的实质审查，即只要程序合法、主体资格合法、证明材料齐全、有关产权的权属清楚，登记机关就予以登记。至于引起变动的原因行为是否真实合法具有法律效力，登记机关只能通过审查书面材料、询问申请人等方式进行形式审查，其无需也无法进行实质意义上的审查。

因此，基于登记行为审查范围的有限性（不对房地产变动的原因行为进行实质性审查）及登记机关审查能力的有限性，可能造成登记行为合法性与登记内容真实性存在一定程度的分裂。如房地产权属变动的原因行为无效、不合法，导致登记机关对房地产的权属登记错误的，对登记机关的错误登记可提起行政诉讼，对权属变动是否有效及第三人基于信赖而从事的交易是否受到保护则会引发民事诉讼，行政与民事争议的交叉成为必然。

2. 关于不动产登记中民行交叉纠纷的处理分析

在《物权法》颁布施行以前，我国《行政诉讼法》《民事诉讼法》中没有明确规定民行交叉的处理方式。由于立法滞后且理论上也没有达成一致，各地法院在法律层面对行政、民事交叉案件的程序整合没有法律依据可循，也没有构建较完整的行政、民事交叉案件程序制度体系，导致该类不动产行政、民事交叉案件的处理在实践中认识不一致，存在较大的随意性。总的来说，各地法院当时主要有三种观点：

一是先民事诉讼后行政诉讼的模式。当事人提起民事诉讼后，即中止了行政诉讼审理，并以民事诉讼结果为依据解决行政诉讼。采用该模式的理由认为房产登记背后的基础民事法律关系也属于房产登记机关审查范围，因此，应该根据民事诉讼结果来决定行政诉讼中房产登记机关的具体行政行为是否合法，即所谓的"先民后行"。

二是行政诉讼附带民事诉讼的模式。法院也显然意识到了第一种模式给行政审判带来的被动或者说不确定性。

三是行政诉讼和民事诉讼独立审理的模式。其理由是行政审判的内容应该是行政机关具体行政行为的合法性，主要包括作出具体行政行为的事实是否清楚、法律依据是否充分、程序是否到位。当事人之间的民事诉讼结果和行政诉讼的处理结果不产生相互影响和相互依赖，孰先孰后并不影响两种诉讼顺利审结时，人民法院实行"行民并行"，对民事诉讼和行政诉讼分别进行审理。①

在《物权法》颁布施行后，最高人民法院为正确审理房屋登记案件，根据《物权法》《城市房地产管理法》《行政诉讼法》等有关法律规定，结合行政审判实际，制定了《房屋登记解释》，其中第8条已明确规定："当事人以作为房屋登记行为基础的买卖、共有、赠与、抵押、婚姻、继承等民事法律关系无效或者应当撤销为由，对房屋登记行为提起行政诉讼的，人民法院应当告知当事人先行解决民事争议，民事争议处理期间不计算在行政诉讼起诉期限内；已经受理的，裁定中止诉讼。"

结合本案来看，其与《房屋登记解释》第8条规定基本一致。从法理上来说，笔者同意先民后行的诉讼办法：

（1）正如最高人民法院就上述司法解释答记者问所述，"原告起诉房屋登记行为时，如果对作为基础关系的转让合同、婚姻、共有、继承等民事行为提出异议，法院如何处理？我们认为，由于基础关系的定性决定着房屋登记行为的存废，在基础关系存在争议时，处理行政争议的时机可能不成熟。因此，恰当的处理是告知当事人先解决民事争议，行政案件暂不立案，但解决民事争议的时间不应计算在行政诉讼起诉期限内。如果行政诉讼已经受理，怎么办？在民事案件处理期间，应当裁定中止诉讼"②。

（2）在不动产登记中，登记原因行为的瑕疵不能因登记机构的登记而得到补正，登记行为合法也并不意味着登记原因行为合法有效。如果登记原因行为无效或被撤销，即使已办理登记也将导致权属变动无效。由此可见，房地产权属的变动从根本上来说取决于引起权属变动的原因行为，不动产登记对原因行为不会产生实体影响。因此，在不动产登记案件中，当事人实际主要是对登记所涉及的民事法律关系有争议，只是由于该行为为登记机关所确认并基于登记而生效，导致登记行为被卷入到诉讼中，呈现民事与行政纠纷交织的状态。解决这一矛盾的根本在于确定登记原因行为的法律效力，如果

---

① 张丹：《物权登记行政民事交叉案件的审理模式之研究》，载珠海法院网，http://www.zh-court.gov.cn/default/article_view.asp?artid=2847，最后访问时间：2012年4月16日。

② 赵大光、杨临萍、王振宇：《〈关于审理房屋登记案件若干问题的规定〉之精释》，载《人民法院报》2010年12月22日。

原因行为的效力没有认定，即便提起行政诉讼，也不能解决问题，故应当建立民事诉讼优先的法律原则。

6.4 法院如何认定违法的房屋初始登记被撤销后登记机构的行政赔偿责任

——周某贵、胡某香诉 X 市房产管理局行政处理决定和行政赔偿案①

> 关 键 词：初始登记，撤销登记，行政赔偿
>
> 问题提出：因未办理竣工验收导致已颁发的房屋所有权证被法院撤销，进而导致之前分户售出的房屋所有权证被撤销，买房人在失去房屋产权的情况下主张行政赔偿，法院如何认定？
>
> 关联问题：当一项违法的行政行为被撤销将会影响到公共利益或者第三人利益时，法院或行政机关能否作出撤销行政行为的判决？
>
> 裁判要旨：开发商在未按照 X 市规划部门的规划进行建设，未提交竣工验收报告的情况下进行的初始登记不符合办理房屋所有权证的条件，房屋初始登记及后续移转登记违法。不动产登记及颁证行政行为对公民发生行政信赖的法律后果，房屋购买者因对房屋所有权证书持有者的信赖，而作出房屋买卖民事行为并支付价款，且经过房管局审查办理了房屋过户的转移登记及颁发房屋所有权证书，因初始登记行为违法，房屋购买者的行政信赖利益应当得到行政救济。

案情简介

原告（上诉人、再审申请人、申诉人）：周某贵、胡某香

被告（被上诉人、再审被申请人、被申诉人）：X 市房产管理局

---

① 一审：河南省新乡市卫滨区人民法院（2011）卫滨行初字第 13 号；二审：河南省新乡市中级人民法院（2012）新行终字第 21 号；再审：河南省新乡市中级人民法院（2013）新中行再字第 10 号；提审：河南省高级人民法院（2015）豫法行提字第 00024 号，载中国裁判文书网，https://wenshu. court. gov. cn/website/wenshu/181107ANFZ0 BXSK4/index. html？docId = 4d6650d189e1428fb73119d17f76c1bc，最后访问时间：2022 年 6 月 23 日。

2010年1月29日，周某贵、胡某香购买樊某海位于本市×庄×巷东某公司开发的住宅楼五层西南户的房屋一套，双方一同到X市房产管理局办理产权过户手续，缴纳了契税及相关费用。2010年2月10日，X市房产管理局给周某贵、胡某香颁发了X房产权证字第2×××7号房屋所有权证书。该房于1995年1月5日由东某公司取得房产证，1995年10月23日樊某海以购买形式取得房产证。2010年8月20日中共X市委领导小组下发通知，要求X市房管局牵头市法制办启动行政执法监督程序，依法撤销违规办理的房产证。2010年8月25日，X市人民政府法制办公室向X市房产管理局发出X政法监字（2010）第7号行政执法监督整改通知书，通知载明：经查，你单位在房屋产权登记中存在以下问题：1995年为东某公司办理过户房产登记时，房屋登记地址为"×庄×巷11号楼，而事实上，×庄×巷11号楼"不存在，此房产登记为错登，请你单位对上述问题予以整改，并将结果报本办。X市房产管理局根据该文件，于2010年12月9日作出X房局行字第（2010）第7号行政决定书，决定撤销并收回第2×××4号房屋所有权证书，具体内容为："周某贵、胡某香：根据《X市人民政府法制办公室行政执法监督整改通知书》[X政法监字（2010）第7号]所查明的事实，你们于2010年2月9日在本局申办的有关本市×庄×巷×号楼×层西南户的房屋登记（房屋所有权证号：第2×××4号），因×庄×巷11号楼不存在而出现房屋登记错误。依据《房屋登记办法》①第81条之规定，经本局研究决定撤销本局2010年2月9日为你们办理的房屋登记，收回你们所持有的第2×××4号房屋所有权证书。"

周某贵、胡某香不服该决定，向新乡市卫滨区人民法院提起行政诉讼，请求撤销X市房产管理局于2010年12月9日作出的X房局行字第（2010）第7号行政决定书并就由此造成的经济损失请求行政赔偿。新乡市卫滨区人民法院于2011年10月8日作出（2011）卫滨行初字第13号行政判决，判决驳回周某贵、胡某香要求撤销X市房产管理局于2010年12月9日作出的X房局行字（2010）第7号行政决定书的诉讼请求。

周某贵、胡某香不服，向新乡市中级人民法院提起上诉。新乡市中级人民法院于2013年11月15日作出（2013）新中行再字第10号行政判决，判决维持原审。

---

① 该办法现已废止，下同。

周某贵、胡某香不服再审判决，向河南省高级人民法院提出申诉，高院于 2014 年 11 月 12 日作出 (2014) 豫法行申字第 00023 号行政裁定，提审本案。高院判决撤销新乡市中级人民法院作出的 (2013) 新中行再字第 10 号行政判决，撤销新乡市中级人民法院作出的 (2012) 新行终字第 21 号行政判决，撤销新乡市卫滨区人民法院作出的 (2011) 卫滨行初字第 13 号行政判决，确认 X 市房产管理局于 2010 年 12 月 9 日作出的 X 房局行字第 (2010) 第 7 号行政决定违法，驳回周某贵、胡某香其他诉讼请求。

各方观点

周某贵、胡某香观点：X 市房产管理局作出撤证具体行政行为不合法，其所提供的证据不充分，依据的事实不成立。X 市房产管理局作出具体行政行为所依据的仅是 X 市法制办的整改通知书，未做实地调查取证。建设部《房屋登记办法》第 81 条不应成为 X 市房产管理局据以撤销周某贵、胡某香房产证的法律依据。周某贵、胡某香是通过合法的二手房买卖依法取得的房产，没有采取隐瞒真相、提供虚假材料等非法手段，不应适用《房屋登记办法》第 81 条。周某贵、胡某香房产证合法有效，依法不应撤销。周某贵、胡某香所购买房屋初始登记所有人是樊某海，有产权证书，因此其二人付清购房款办理了房产过户手续，取得该房屋的权属，应受法律保护。被诉行政处理决定应予撤销并赔偿其经济损失。

X 市房产管理局观点：本案所争议的房产系东某公司未按照 X 市规划局的有关批准进行开发的违规建筑，没有验收报告，不符合办理房屋产权证条件，出现房屋登记错误。周某贵、胡某香在购买本案争议房屋时，购房价格与当时市场价格差距较大，不符合善意取得的条件。

法院观点

一审法院观点：X 市房产管理局具有本市房屋管理的法定职权。X 市房产管理局依据 X 市政府法制办公室下达的 X 政法监字 (2010) 第 7 号行政执法监督整改通知书，查明东某公司在开发本案争议地段房屋时，未按照 X 市规划局的有关批准进行开发，争议房屋没有验收报告，不符合办理房屋产权证条件等情况，出现房屋登记错误，依据《房屋登记办法》第 81 条作出撤销周某贵、胡某香房屋登记，收回其房屋权属证书。周某贵、胡某香在购买该房时，价格与现行市场价格差距较大，其对该房长期存在争议的情况应当知道，因此周某贵、胡某香行为不符合房屋善意取得条件。X 市房产管理局所作行政行为认定事实清楚、证据充分，符合法定程序，合法有效。为避免该决定书丧失变更或修正其效力的可能，给行政机关处理变更留下余地，因此，以驳回周某贵、胡某香诉讼请求为宜。周某贵、胡某香要求的行政赔偿，可在确认行政行为是否违法后另行主张，协商不成的，可以依法提起行政诉讼，本案不予处理。

二审法院观点： X 市房产管理局具有对房屋的行政执法权。X 市房产管理局查明东某公司在开发本案争议地段房屋时，未按照 X 市规划局的有关批准进行，争议房屋没有验收报告，不符合办理房屋产权证条件等情况，出现房屋产权登记错误，于是依据《房屋登记办法》第 81 条作出撤销原告房屋登记，收回原告房屋权属证书的决定。X 市房产管理局的上述行政行为，事实清楚，程序合法。周某贵、胡某香在购买本案所涉房屋时，其购买价格与当时市场价格相比明显较低，而且当时该房屋已由拆迁户居住。周某贵、胡某香请求撤销 X 市房产管理局作出的行政决定，不能成立，一审判决驳回其请求并无不当。

再审法院观点： 1. X 市房产管理局就本案争议房屋作出的房屋登记行为无效。第一，东某公司在开发本案争议房屋时，未按照 X 市规划部门的规划进行建设，争议房屋没有验收报告，不符合办理房屋所有权证的条件，X 市房产管理局在其不符合房屋初始登记法定条件下，于 1995 年 1 月 5 日作出的房屋登记及颁证行政行为不具有法律效力。X 市房产管理局在对该房屋后续发生的买卖转移登记中，未尽到房屋登记审查职责，于 1995 年 10 月 26 日向樊某海办理了转移登记，于 2010 年 2 月 10 日向周某贵、胡某香办理了转移登记，该房屋转移登记行政行为违法。第二，X 市房产管理局作出处理决定的法律效果，是对本案争议房屋所作出的登记和颁证行为违法的认定和行政确认。X 市房产管理局作出 X 房局行字第（2010）第 7 号行政决定书，认定争议房屋登记为错登，该处理决定是对 X 市房产管理局向东某公司、樊某海、周某贵和胡某香作出的房屋登记行为违法的确认。

2. X 市房产管理局作出的被诉行政处理决定违法。第一，该处理决定依据的事实仅为《X 市人民政府法制办公室行政执法监督整改通知书》，但该整改通知书是由 X 市人民政府法制办公室作出，是针对 X 市房产管理局作出的内部层级监督行为，该行为属于内部行政行为，对外不能发生效力，X 市房产管理局对于房屋错登的事实应当另行调查取证，其以该内部行政文书作为处理依据证据不足。第二，被诉处理决定明显不当。涉案楼房有同样情形的 21 套房屋由 X 市房产管理局进行了登记和颁证，但 X 市房产管理局仅对其中 3 套房屋的所有权证书作出了注销处理，其他房屋的登记行为自 2010 年至今却未依法作出处理决定，属于同等情况区别对待的选择性执法，明显不当。但因涉案的房屋登记违法事实客观存在，其登记行为违反了城市规划和房屋登记的强制性法律规定，登记行为无效，撤销该处理决定也并不能赋予东某公司、樊某海、周某贵、胡某香的原房屋所有权证的效力，故法院对周某贵、胡某香主张撤销被诉行政处理决定的诉讼请求不予支持。

3. 周某贵、胡某香对因登记行为及被诉行政处理决定违法而产生的损害，具有申请行政赔偿的权利。不动产登记及颁证行政行为具有法律效力，对公民发生行政信赖的法律后果，本案中，周某贵、胡某香因对樊某海持有房屋所有权证书的信赖，而作出房屋买卖民事行为并支付价款，且经过 X 市房产管理局审查并办理了房屋过户的转移登记及颁发房屋所有权证书，现因登记行为违法，持有的房屋所有权证书被注销收回，其行政信赖利益应当得到救济，周某贵、胡某香可在本判决生效后依法主张行政赔偿。

4. 周某贵、胡某香主张房屋之外的其他经济损失提交的证据不足。《最高人民法院关于行政诉讼证据若干问题的规定》第 5 条规定，在行政赔偿诉讼中，原告应当对被诉具体行政行为造成损害的事实提供证据。本案中，周某贵、胡某香就主张的行政赔偿没有提交有效证据，也没有提交具体详细的经济损失事项、金额、计算方式和事实证据材料，故该项诉讼请求在本案中不予支持，其主张的经济损失可通过另行起诉或其他法律途径解决。

关联案例 1

> **案件名称**：杨某富等 103 人与 X 市 L 区人民政府房屋征收决定案
> **审理法院**：最高人民法院（2019）最高法行申 218 号①
> **裁判观点**：关于裁判方式的选择问题。《行政诉讼法》第 74 条第 1 款第 1 项规定："行政行为有下列情形之一的，人民法院判决确认违法，但不撤销行政行为：（一）行政行为依法应当撤销，但撤销会给国家利益、社会公共利益造成重大损害的……"本案中，改造项目涉及众多小区、单位及住户，原审法院经审查认定案涉项目共涉及 22 家企事业单位，居民 3431 户，截至二审开庭时 2092 户已评估，1841 户已签订协议并拆除。涉及再审申请人所在的小区共 574 户，其中 490 户已评估，412 户已签订协议并搬离。综上，被诉 1 号《征收决定》依法虽应当撤销，但鉴于上述现实情况，如撤销 1 号《征收决定》将使国家利益、社会公共利益面临重大损失。在裁判方式的选择上，原审法院认定 1 号《征收决定》不宜被撤销，依法应当判决确认违法并无不当。

关联案例 2

> **案件名称**：D 市 Y 镇人民政府与李某旭等确认房屋行政登记违法及行政赔偿纠纷案
> **审理法院**：吉林省高级人民法院（2018）吉行申 73 号②
> **裁判观点**：Y 镇政府应与李某民、李某臣承担连带赔偿责任。根据《物权法》第 21 条第 2 款③规定："因登记错误，给他人造成损害的，登记机构应当承担赔偿责任。登记机构赔偿后，可以向造成登记错误的人追偿。"《房屋登记解释》第 13 条规定："房屋登记机构工作人员与第三人恶意串通违法登记，侵犯原告合法权益的，房屋登记机构与第三人承担连带赔偿责任。"张某某明知李某臣的房屋已经进行过抵押登记，却故意隐瞒事实，没有将房屋的抵押情况告知李某旭，违法办理他项权证，为李某民等实施非法吸收公众存款的行为提供了条件，其与李某民恶意串通，侵犯李某旭的合法权益，故 Y 镇政府应就张某某的违法登记行为承担连带赔偿责任。另根据《国家赔偿法》第 36 条第 8 项规定，侵犯公民、法人和其他组织的财产权造成

---

① 载中国裁判文书网，https：//wenshu.court.gov.cn/website/wenshu/181107ANFZ0BXSK4/index.html？docId＝754b89dfa0d44daca9d4aa7e00c0f1c0，最后访问时间：2022 年 6 月 23 日。
② 载中国裁判文书网，https：//wenshu.court.gov.cn/website/wenshu/181107ANFZ0BXSK4/index.html？docId＝a17890549b564b7f8ecca8ce00a44a53，最后访问时间：2022 年 6 月 23 日。
③ 对应《民法典》第 222 条第 2 款。

> 损害的，按照直接损失给予赔偿。原审将李某旭的借款本金及法定孳息作为直接损失，按中国人民银行规定的存款利率计息计入赔偿范围，并无不当。

律师点评

本案实际上是河南省高级人民法院认定房管局颁发房屋产权证书给樊某海的行为违法，并相继撤销樊某海的初始登记和原告的产权登记之后引发的后续问题。这几个行政行为虽然是分别进行，但事实上紧密相关，因此本文将其作为一个系统来进行分析和论证，并结合《民法典》物权编（考虑到法律沿革分析，下仍以《物权法》论述）及相关司法解释，就以下几个主要争议焦点进行论证：

一、在未提交房屋竣工验收报告的情况下，房管局向申请人颁发房屋权属证书违法

《建设工程质量管理条例》第16条第1款规定："建设单位收到建设工程竣工报告后，应当组织设计、施工、工程监理等有关单位进行竣工验收。"房屋的质量问题涉及广大人民群众的人身和财产安全，因此，根据我国法律，建设工程的竣工验收合格是房屋交付使用的前提条件之一，也是办理房屋权属登记，进入市场交易的前提条件。我国《建筑法》第61条第2款规定："建筑工程竣工经验收合格后，方可交付使用；未经验收或者验收不合格的，不得交付使用。"因此，本案中，开发商开发的商品房小区在建设工程完成后，建设单位、施工单位、监理单位、勘察单位和设计单位应当按照规定办理竣工验收手续，并向建设主管部门办理竣工验收备案，未经竣工验收不得交付使用。根据本案审理当时有效的建设部颁布的《城市房屋权属登记管理办法》（已失效）第16条第1款："新建的房屋，申请人应当在房屋竣工后的3个月内向登记机关申请房屋所有权初始登记，并应当提交用地证明文件或者土地使用权证、建设用地规划许可证、建设工程规划许可证、施工许可证、房屋竣工验收资料以及其他有关的证明文件。"可见，依据本案审理当时的部门规章，房屋竣工验收资料也是房管局办理房屋初始登记必须提交的资料之一。即使根据《房屋登记办法》[①] 第30条及《不动产登记暂行条例实施细

[①] 该办法现已废止。

则》第37条，申请房屋初始登记时必须提交房屋已经竣工的证明。

在《物权法》出台之后，不动产登记主要功能是公示不动产物权，保障交易安全，对于这一点已经形成共识。但不能否认的是，不动产登记同时也承载着国家对不动产领域的行政管理目的，例如规划管理、税收管理等。房屋竣工验收合格作为办理房屋权属登记的前提条件也同样如此，承载着国家对于房屋建设工程质量的管理目的，其立法目的是防止质量不合格的房屋进入交易市场流通，保障人民人身和财产安全。因此，本案中，X市房产管理局在登记申请人未提交房屋竣工验收报告、不符合房屋初始登记法定条件下，办理房屋权属登记，核发权属证书，违反了当时有效的《城市房屋权属登记管理办法》的规定，不动产登记行为违法。

二、房屋登记机构违法办理初始登记行为的法律后果

《行政诉讼法》第70条规定："行政行为有下列情形之一的，人民法院判决撤销或者部分撤销，并可以判决被告重新作出行政行为：（一）主要证据不足的；（二）适用法律、法规错误的；（三）违反法定程序的；（四）超越职权的；（五）滥用职权的；（六）明显不当的。"本案中，房屋登记机构在樊某海提交的登记申请资料不符合法律要求的情况下，即作出核准登记，应当属于作出具体行政行为的主要证据不足，按照《行政诉讼法》的规定，法院可以作出撤销登记的判决。此外，行政机关对于自己做出的行政行为，确有错误的，可以自己作出撤销决定，但是必须有法律依据，并且确有证据。本案中，X市房管局撤销房产证的处理决定依据的事实仅为《X市人民政府法制办公室行政执法监督整改通知书》，但该整改通知书是由X市人民政府法制办公室作出，是针对X市房产管理局作出的内部层级监督行为，该行为属于内部行政行为，对外不能发生效力，X市房产管理局对于房屋错登的事实应当另行调查取证，其以该内部行政文书作为处理依据证据不足。

原告周某贵、胡某香从樊某海处购买取得房屋，并取得房屋产权证。樊某海的房屋初始登记被撤销，则直接对基于该初始登记而发生的一系列交易行为产生重大影响，导致对这些交易行为作出的房屋移转登记丧失了正当性基础。

在行政法学界，已经有很多学者主张对于授益行政行为的撤销应当进行限制，需要注意对行政相对人和第三人的信赖利益的保护。授益行政行为是指行政主体赋予相对人权益或免除其义务的行政行为，相对人因此而受有利益，例如批准培训资助、发放建设许可证、入学注册等。相对人基于信赖行政行为获得的利益，从而对该利益进行处分或者作出其他一系列行为，如果行政行为被撤销，将会导致相对人其后的一系列行为面临失去依据的后果，从而严重影响交易安全和法秩序的稳定。在比较法上，德国、日本行政法都相应承认信赖保护原则在授益行政行为的撤销中的限制作用，即把它作为限制行政机关已作出的对相对人赋予权益或免除义务的违法行政行为的撤销权，以保障相对人已取得的利益，维护法秩序的稳定性。[1]

我国《行政诉讼法》当时在规定行政行为的撤销时并未考虑对相对人信赖利益保护的问题，但《最高人民法院关于执行〈中华人民共和国行政诉讼法〉若干问题的解释》[2]已经考虑到对撤销判决进行一定程度的限制，后被2017年修正的现行有效的《行政诉讼法》吸收为第74条第1款："行政行为有下列情形之一的，人民法院判决确认违法，但不撤销行政行为：（一）行政行为依法应当撤销，但撤销会给国家利益、社会公共利益造成重大损害的；（二）行政行为程序轻微违法，但对原告权利不产生实际影响的。"及第76条："人民法院判决确认违法或者无效的，可以同时判决责令被告采取补救措施；给原告造成损失的，依法判决被告承担赔偿责任。"但这里仅考虑国家利益和公共利益因撤销判决而受到影响或重大损失的情形，并没有考虑一般的行政相对人的信赖利益。

不动产登记行为作为行政确认行为，是典型的授益性行政行为，因登记机构核准登记，登记申请人的物权发生变动的效果，并取得对抗第三人的效力。而且不动产登记是国家机关作出的，以国家信用进行担保，任何第三人对此产生的善意合理信赖应当受到法律的保护，否则交易安全将不复存在，登记也失去存在的意义。正因如此，《物权法》第106条[3]明确规定了善意取得制度，以解决交易过程中发生无权处分时的不动产的善意取得问题，保障善意第三人的利益。在行政法领域，第三人对不动产登记的信赖同样值得行政机关的尊重，行政机关不能不受限制或任意地撤销其作出的授益性行政行为。对此，《房屋登记解释》第11条第3款明确规定："被诉房屋登记行为违法，但判决撤销将给公共利益造成重大损失或者房屋已为第三人善意取得的，

---

[1] 黄学贤：《行政法中的信赖保护原则研究》，载《法学》2002年第5期。
[2] 已被《最高人民法院关于适用〈中华人民共和国行政诉讼法〉的解释》废止。
[3] 对应《民法典》第311条。

判决确认被诉行为违法,不撤销登记行为。"

具体到本案中,因开发商未按照 X 市规划局的有关批准进行建设、未提交竣工验收报告而撤销初始登记必然会导致对随后的交易第三人的信赖利益产生不利影响,尤其开发商向社会上的不特定多数人出售房屋,一旦撤销初始登记,不仅影响到本案原告的利益,还将影响其他众多买受人的利益,直接威胁到交易安全和公共利益。因此,本案涉及两项公共利益,即撤销登记将会对交易秩序和交易安全产生负面影响,同时如果不撤销登记,允许未竣工验收的房屋进入市场交易可能对公共利益带来影响。法院在裁判时应当充分衡量这两种相互冲突无法兼顾的两种公共利益的优先顺位。

本案中,法院并没有撤销 X 市房产管理局撤销房产登记的行政决定,也没有撤销房产局的房产登记行为,而是认定 X 市房产管理局就本案争议房屋作出的房屋登记行为无效。东某公司在开发本案争议房屋时,未按照 X 市规划部门的规划进行建设,争议房屋没有验收报告,不符合办理房屋所有权证的条件,X 市房产管理局在其不符合房屋初始登记法定条件下,于 1995 年 1 月 5 日作出的房屋登记及颁证行政行为不具有法律效力。X 市房产管理局在对该房屋后续发生的买卖转移登记中,未尽到房屋登记审查职责,于 1995 年 10 月 26 日向樊某海办理了转移登记,于 2010 年 2 月 10 日向周某贵、胡某香办理了转移登记,该房屋转移登记行政行为违法。

三、登记机构的违法登记行为与原告的损失之间是否存在因果关系

行政机关承担行政赔偿责任的要件包括:具体行政行为违法,行政相对人受到损害,损害和违法行政行为之间存在因果关系。

关于因果关系的界定有条件说、相当因果关系说和盖然性说等观点,其中相当因果关系说是主流观点,这一观点认为,充分原因必须是损害结果发生的必要条件,充分原因具有极大增加损害结果发生可能性的性质。其基本含义是,作为原因的现象应当是作为结果的现象的必要条件。检验方法主要有三:一是采用反证检验法。即提出一个反问句:要是没有甲现象,乙现象也会出现吗?如果回答是肯定的,则甲现象不是乙现象发生的原因;如果回答是否定的,则甲现象可能为乙现象发生的原因。二是采用剔除法,其特点是思维上重建一个拟制的模式,排列各种可能的原因现象,然后一个接一个地剔除这些现象,观察结果现象是否会发生。如果某一现象被剔除时结果现象仍然发生,则认定被剔除的现象不是原因。三是采用代替法,它不是把加

害人的行为从案情中剔除出去,而是在思维模式上将其加害行为由一合法行为所取代。如果被取代后,损害后果仍然发生,则被告的违法行为不是原因;反之,被告的行为就是原因。①

本案中,法院未对登记机构的违法登记行为给原告房屋权利造成损失之间的因果关系存在质疑,而是直接认定周某贵、胡某香对因登记行为及被诉行政处理决定违法而产生的损害,具有申请行政赔偿的权利。不动产登记及颁证行政行为具有法律效力,对公民发生行政信赖的法律后果,周某贵、胡某香因对樊某海持有房屋所有权证书的信赖,而作出房屋买卖民事行为并支付价款,且经过 X 市房产管理局审查并办理了房屋过户的转移登记及颁发房屋所有权证书,现因登记行为违法,持有的房屋所有权证书被注销收回,其行政信赖利益应当得到救济,周某贵、胡某香可在本判决生效后依法主张行政赔偿。

但是,法院对于周某贵、胡某香主张房屋之外的其他经济损失未予支持,《最高人民法院关于行政诉讼证据若干问题的规定》第 5 条规定,在行政赔偿诉讼中,原告应当对被诉具体行政行为造成损害的事实提供证据。本条规定包括两个层面的含义:一是原告需要提交造成损害的事实证据;二是原告需要提交该损害事实是由被诉具体行政行为造成的证据。后者即是违法行政行为与造成损害之间的因果关系。如果周某贵、胡某香有证据证明其主张房屋之外的其他经济损失是由 X 市房产管理局的违法登记行为所致,则可以通过行政赔偿获得救济;若不能证明二者之间的因果关系,则只能通过其他途径获得救济,如,向出卖人主张违约责任。

---

① 参见张新宝:《侵权行为法》,浙江大学出版社 2008 年版。

6.5 民事调解书将房屋抵债的，法院如何认定第三方请求对房屋的强制执行

——L县农村信用合作联社诉梁某忠等案外人执行异议之诉案①

关 键 词：以房偿债，民事调解书，物权变动

问题提出：调解书中已经将房屋抵偿给债权人，该债务人的其他债权人（第三人）请求法院对该房屋强制执行时，法院如何判处？涉案房屋应该归谁所有？

关联问题：民事调解书与民事调解协议的区别，民事调解书产生物权变动效力。

裁判要旨：该调解协议内容各方意思表示真实，且该调解书作出时，涉案房产及相应土地产权明晰且无产权纠纷，该协议合法有效，是对涉案房产所有权的合法处分。依据《物权法》第28条②因人民法院、仲裁委员会的法律文书或者人民政府的征收决定等，导致物权设立、变更、转让或者消灭的，自法律文书或者人民政府的征收决定等生效时发生效力之规定，该调解书生效时，L县农村信用合作联社依法取得涉案房产的物权。因此，L县农村信用合作联社就涉案房屋享有足以排除法院强制执行的民事权益。

案情简介

原告（上诉人）：L县农村信用合作联社（以下简称：L县农信社）

被告（被上诉人）：梁某忠、黄某安

---

① 一审：海南省三亚市中级人民法院（2015）三亚民一初字第27号；二审：海南省高级人民法院（2016）琼民终33号，载中国裁判文书网，https: //wenshu. court. gov. cn/website/wenshu/181107ANFZ0BXSK4/index. html? docId=fc4e6d08056143ea9df0049d20b8ad7d，最后访问时间：2022年6月24日。

② 对应《民法典》第229条。

原审第三人：天某公司、吴某龙

2013年7月8日，四川省泸州市江阳区法院（以下简称：江阳区法院）对L县农信社作为原告与天某公司、吴某龙、叶某华、蒲某堂、夏某冕作为被告的金融借款合同纠纷四案作出（2013）江阳民初字第1820—1823号民事调解书，调解协议内容为：一、天某公司欠L县农信社借款四笔共计669.5万元，天某公司自愿用其所有并由其开发建设的位于S市J路112号"三某中心公寓"地面第二层营业用房，建筑面积约700平方米（以房产部门最后核准面积为准）抵偿所欠L县农信社的欠款及相应利息。二、天某公司抵偿给L县农信社的上述房产，由天某公司于2013年11月30日前交付L县农信社，并负责办理相关产权过户手续；产权过户手续所有税费由天某公司承担。三、如天某公司未按上述约定履行义务，L县农信社有权要求天某公司以货币方式履行债务。天某公司应于2013年12月31日前支付L县农信社669.5万元；逾期支付，天某公司则从2014年1月1日起按年利率10%计付利息至欠款清偿之日止。四、如天某公司在征得L县农信社同意的情况下，用上述抵偿房屋进行融资，则由天某公司在取得融资款项当日以货币方式向L县农信社清偿上述债务。天某公司未按此履行义务，L县农信社有权要求天某公司提前履行本调解书所约定的义务，并向人民法院申请强制执行。五、三某中心、吴某龙、叶某华、蒲某堂、夏某冕对天某公司的上述债务承担连带清偿责任。

2013年11月15日，L县农信社、五某公司、天某公司与世某中心（天某公司前身）签订《房屋交付协议》，天某公司将"三某中心公寓"地面第二层营业用房701.28平方米［具体位置：位于临街A-F轴线共39米，侧面①-④轴线共19.2米（39×19.2=748.8平方米），扣除临街正面E-F轴线6.6米，侧面③-④轴线7.2米（6.6×7.2=47.52平方米）］交付给L县农信社、五某公司，抵偿所欠L县农信社、五某公司的债务。该协议第五条约定，天某公司将房屋交付L县农信社、五某公司后，在取得房屋预售许可证当天为L县农信社、五某公司办理房屋备案登记手续。

梁某忠与天某公司房屋买卖合同纠纷一案，2014年10月30日，一审法院作出（2014）三亚民一初字第8号民事调解书，确认天某公司返还梁某忠购房款1250万元，并赔偿梁某忠350万元。该案在诉讼期间，2014年3月7日，一审法院作出（2014）三亚民一初字第8-1号民事裁定书，轮候查封登记在天某公司名下的坐落于S市H区J路［产权登记号为S土房（2013）字第××号］使用权面积3279.33平方米的国有土地使用权。一审法院在另案即申请执行人黄某安与被申请执行人天某公司、吴某龙民间借贷合同纠纷一案执行过程中，2014年11月5日，一审法院到S市H区J路112号的×××公寓物业处提取了×××公寓已装修房号表，从该表登记情况可知，尚未在物业处办理入住装修手续的房屋包含涉案房屋。一审法院对涉案房屋进行现场查封，并更换门锁予以实际控制。2015年1月6日，一审法院作出（2015）三亚执字第3号执行裁定书，裁定查封涉案房屋（共查封×××公寓套房屋及一楼、二楼连体铺面）。在执行过程中，L县农信社提出执行异议。一审法院于2015年4月8日作出（2015）三亚执异字第39号执行裁定书，驳回L县农信社的执行异议。2015年5月14日，L县农信社向江阳区法院提交申请，要求强制执行（2013）江阳民初字第1820—1823号民事调解书。2015年5月18日，L县农信社向一审法院提起执行异议之诉。本案诉讼中，2015年8月3日，江阳区法院作出（2015）江阳执字第546号执行裁定书，裁定将天某公司所有的、位于S市J路112号中心公寓地面第二层营业用房（建筑面积约700平方米，以房产部门最后核准面积为准）的房屋产权过户给L县农信社。

L县农信社以江阳区法院作出（2013）江阳民初字第1820—1823号民事调解书已经确认其为涉案房产权利人，双方已经对涉案房产进行交付为由，主张其为涉案房产权利人。并以一审法院（2015）三亚执异字第39号执行裁定损害L县农信社的合法权益为由，以梁某忠、黄某安为共同被告，提起案外人执行异议之诉，请求判令一审法院终止对涉案房产的执行。

一审法院判决，L县农信社未实际占有该房，且对未办理过户登记手续存在过错，L县农信社对涉案房屋享有的权益不足以排除一审法院的强制执行措施。对于L县农信社就此提出的执行异议，一审法院以（2015）三亚执异字第39号执行裁定书裁定驳回并无不当，L县农信社要求停止对涉案房屋的强制执行，不予支持，其诉讼请求应予驳回。

二审法院判决，L县农信社的上诉请求有事实和法律依据，本院予以支持；一审判决认定事实清楚，但适用法律不当；撤销海南省三亚市中级人民法院（2015）三亚民一初字第27号民事判决。

各方观点

L县农信社观点：L县农信社对已接收房屋享有物权，具有排他的一切权利。

1. 江阳区法院作出的（2013）江阳民初字第1820—1823号民事调解书确认涉案房屋二层700平方米营业房抵偿给了L县信用社。

2. 江阳区法院（2013）江阳民初字第1820—1823号民事调解书已生效。

3. L县信用社与天某公司对江阳区法院（2013）江阳民初字第1820—1823号民事调解书第1条、第2条确认的房屋抵债已实际履行，天某公司将抵债房屋交付给了L县农信社，L县信用社已接收抵债房屋。

4. 江阳区法院（2013）江阳民初字第1820—1823号民事调解书第3项、第4项是指在天某公司没有履行第1项、第2项协议时，L县信用社有权要求天某公司按第3项、第4项履行。但在调解书确认的第1项、第2项期限内，天某公司自愿履行了调解书确认的义务，将抵债房屋交付给了L县信用社，并到现场进行了面积丈量，确定了交付房屋的四至界限，按具体位置进行了交接。调解书第3项、第4项已没有了履行的基础和前提条件，因此，江阳区法院（2013）江阳民初字第1820—1823号民事调解书确认的以房抵债十分明确，双方已实际履行，完全能证明×××公寓第二层701.28平方米营业房归L县农信社所有（五某公司共同所有）。

5. L县农信社已占有抵债房屋并派人进行管理。

6. 江阳区法院（2015）江阳执字第546号执行裁定书进一步裁定将交付的营业房的房屋产权过户给原告，已裁定抵债房屋产权归L县农信社，是十分明确的以物抵债裁定及产权过户裁定。

7. 按照《物权法》第28条[1]因人民法院、仲裁委员会的法律文书或人民政府的征收决定等，导致物权设立、变更、转让或者消灭的，自法律文书或人民政府的征收决定生效时发生效力的规定，L县农信社对法院确认抵债的房屋从法律文书生效时就享有了物权，具有排他的一切权利。L县农信社的权利能够排除一审法院办理黄某安、梁某忠案对涉案房屋的查封执行。

梁某忠和黄某安观点：L县农信社未取得涉案房屋物权也未占有涉案

---

[1] 对应《民法典》第229条。

房屋。

1. 江阳区法院 2015 年作出的执行裁定不能作为 L 县农信社取得涉案房产物权的证据。

2. L 县农信社的调解书尚未进入执行程序。一审法院执行时，经过勘查也表明涉案房屋在其查封时是毛坯房，江阳区法院的查封不符合相关规定，不应予以认可。

法院观点

一审法院观点：本案双方当事人争议的焦点是 L 县农信社就涉案房屋是否享有足以排除该院强制执行的民事权益。经审查，L 县农信社就涉案房屋并未享有足以排除强制执行的民事权益，其诉讼请求应予驳回，理由如下：其一，根据江阳区法院（2013）江阳民初字第 1820—1823 号民事调解书第 2 条、第 3 条的约定，天某公司应于 2013 年 11 月 30 日前将涉案房屋交付 L 县农信社，并负责办理相关产权过户手续，否则，L 县农信社有权要求天某公司以货币方式履行债务。该民事调解书生效后，天某公司并未按约办理相关产权过户手续，故 L 县农信社与天某公司之间的以房抵债调解协议是否当然履行处于不确定状态。《物权法》第 28 条规定，"因人民法院、仲裁委员会的法律文书或者人民政府的征收决定等，导致物权设立、变更、转让或者消灭的，自法律文书或者人民政府的征收决定等生效时发生效力"。该条所涉人民法院法律文书指的是形成判决和在执行程序中对不动产和有登记的特定动产拍卖时所作的拍卖成交裁定和以物抵债裁定。江阳区法院于 2015 年 8 月 3 日作出的（2015）江阳执字第 546 号执行裁定书，仅是裁定天某公司协助 L 县农信社办理涉案房屋产权证书，不属于拍卖成交裁定或以物抵债裁定，故该裁定不发生物权变动的法律效力。其二，L 县农信社并未占有涉案房屋。L 县农信社并未提供足够的证据证明其在法院执行查封前已占有涉案房屋。一审法院（2015）三亚执异字第 39 号执行裁定书已查明该院在对涉案房屋采取现场查封并更换门锁予以实际控制等措施前，L 县农信社没有占有涉案房屋。对该事实认定 L 县农信社未能提供相反证据推翻，予以确认。如果 L 县农信社是在一审法院采取查封措施后占有涉案房屋，也不是合法占有，不能作为对抗执行措施的依据。其三，L 县农信社对涉案房屋未办理过户登记手续有过错。涉案房屋至今未能办理过户登记手续，主要原因是天某公司就涉案房屋尚未取得房屋预售许可证。而 L 县农信社与天某公司在《房屋交付协议》中约定天某公司在取得房屋预售许可证当天为其办理房屋备案登记手续，这说明 L 县农信社在签订《房屋交付协议》时知道天某公司尚未取得房屋预售许可证，在此情况下 L 县农信社仍与天某公司达成以房抵债协议，存在过错。

《最高人民法院关于人民法院民事执行中查封、扣押、冻结财产的规定》第 17 条①规定，被执行人将其所有的需要办理过户登记的财产出卖给第三人，第三人已经支付部分或者全部价款并实际占有该财产，但尚未办理产权过户登记手续的，人民法院可以查封、扣押、冻结；第三人已经支付全部价款并实际占有，但未办理过户登记手续的，如果第三人对此没有过错，人民法院不得查封、扣押、冻结。据此，结合上述理由，L 县农信社未实际占有该房，且对未办理过户登记手续存在过错，L 县农信社对涉案房屋享有的权益不足以排除一审法院的强制执行措施。

二审法院观点：本案的争议焦点是 L 县农信社就涉案房屋是否享有足以排除法院强制执行的民事权益。本案中，L 县农信社以江阳区法院（2013）江阳民初字第 1820—1823 号生效民事调解书确认其对涉案房产享有物权为由提出执行异议，该民事调解书来源于 2013 年 7 月 8 日，江阳区法院对 L 县农信社作为原告与天某公司、吴某龙、叶某华、蒲某堂、夏某冕作为被告的金融借款合同纠纷四案作出（2013）江阳民初字第 1820—1823 号民事调解书。该调解书为生效的法律文书，其中确认各方当事人的调解协议的内容第 1 条为"天某公司欠 L 县农信社借款四笔共计 669.5 万元，天某公司自愿用其所有并由其开发建设的位于 S 市 J 路 112 号'三某中心公寓'地面第二层营业用房，建筑面积约 700 平方米（以房产部门最后核准面积为准）抵偿所欠 L 县农信社的欠款及相应利息"，该条内容为天某公司以其享有所有权的房产抵偿其所欠 L 县农信社 669.5 万元的债务。该调解协议内容各方意思表示真实，且该调解书作出时，涉案房产及相应土地产权明晰且无产权纠纷，该协议合法有效，是对涉案房产所有权的合法处分。依据《物权法》第 28 条②"因人民法院、仲裁委员会的法律文书或者人民政府的征收决定等，导致物权设立、变更、转让或者消灭的，自法律文书或者人民政府的征收决定等生效时发生

---

① 根据《最高人民法院关于修改〈最高人民法院关于人民法院扣押铁路运输货物若干问题的规定〉等十八件执行类司法解释的决定》修正，现为第 15 条。

② 对应《民法典》第 229 条。

效力"之规定,该调解书生效时,L县农信社依法取得涉案房产的物权。梁某忠认为该调解协议第1条虽约定了以物抵债的内容,但因调解协议第2条约定天某公司应在2013年11月30日前将上述房产交付给L县农信社,并负责办理相关产权过户手续,第3条约定如天某公司未依约履行义务,L县农信社有权要求天某公司以货币方式履行债务,因此上述调解书的履行处于不确定状态。法院认为,该调解书确认的调解协议约定天某公司应在2013年11月30日前将涉案房产交付于L县农信社并办理产权登记手续,若天某公司未能依约履行则以货币方式履行债务,而本案中,在上述调解书生效后,天某公司与L县农信社、案外人五某公司于2013年11月15日上述调解书确认的履行期限内签订《房屋交付协议》,天某公司将涉案房屋交付给了L县农信社,履行了调解书确定的交付义务,且双方均无异议。调解书确认的天某公司以涉案房屋抵偿给L县农信社的约定明确、具体且已经得到实际履行,没有必要依据调解协议第3条、第4条的约定履行。法院对梁某忠的上述抗辩主张不予认可。另外,涉案项目系天某公司开发的项目,土地房屋权证编号为三土房(2013)字第××号,登记在天某公司名下,产权明晰,虽未办理预售许可证,但不影响天某公司对涉案房产的物权,亦无法阻却天某公司对该涉案房产的处分,因此,对黄某安主张的涉案房产物权尚未设立,调解书不能产生物权变动效力的抗辩主张不予支持。综上,阳江区法院作出的(2013)江阳民初字第1820—1823号民事调解书确认了L县农信社对涉案房产的合法权益,该权益可以阻却梁某忠、黄某安对涉案房屋的强制执行。

关联案例

> **案件名称:** 浙江金某自来水公司诉江西三某山管委会联营建设索道纠纷案①
> **审理法院:** 最高人民法院(2001)民二终字第197号
> **裁判观点:** 当事人以同一标的先后与他人签订两个协议,两个协议内容均不违反法律、行政法规的强制性规定,依法符合合同生效条件的,不能因前协议有效而认定后协议无效,或认定前、后协议存在效力上的差异。当事人因履行其中一个协议而对另一个协议中的对方当事人构成违约的,应承担违约责任。

---

① 载《最高人民法院公报》2005年第4期。

`律师点评`

一、调解协议与调解书之间的关系

民事调解作为一种诉讼制度，体现在《民事诉讼法》第9条："人民法院审理民事案件，应当根据自愿和合法的原则进行调解；调解不成的，应当及时判决。"民事调解是在法院审判人员主持下，由平等主体的双方当事人依法自愿协商，达成协议，解决纷争的一种诉讼活动和结案方式。作为结案方式的民事调解的结果即是双方当事人达成调解协议，多数情况下，法院还依据调解协议制作调解书。

合法的调解协议必须具备以下两个特征：一是调解协议的内容必须不违反法律的规定，即不违反法律的禁止性规定，不损害社会公共利益或第三人的利益；二是调解协议的达成必须是出于平等主体的双方当事人的自愿，即双方当事人在调解过程中处于平等的地位，调解程序的启动应当基于双方当事人的自愿，调解过程中双方当事人在自愿的基础上处分其自身的民事权利，进而达成调解协议。上述特征使得民事调解协议具有了类似于民事合同的性质，它是在案件审理过程中，平等主体的双方当事人就变更其相互间的民事权利义务关系而达成的合意，因此，我们认为民事调解协议是一种双方民事法律行为，应当可以类推适用关于合同的订立，合同的效力，合同的履行等一系列规则。同时，它又是一种特别的双方民事法律行为，其特别之处在于：它产生于诉讼过程中，从法院受理民事案件时起至法庭辩论结束后，人民法院都可以主持调解，如同民事合同的订立一样，民事调解协议的达成也是一个过程，调解协议的达成导致了诉讼活动的终结，因而民事调解协议是诉讼终结的一种方式；它是在法院主持下为解决既存的已提起诉讼的纠纷而达成的协议，而已提起诉讼的纠纷是基于一种民事法律关系，这种民事法律关系产生可能是基于侵权、违约、无因管理或不当得利，民事调解协议的达成使得原民事法律关系的当事人之间通过诉讼调解形成了一种新的民事法律关系，并体现在调解协议中。

2023年修改后的《民事诉讼法》第100条规定："调解达成协议，人民法院应当制作调解书。调解书应当写明诉讼请求、案件的事实和调解结果……调解书经双方当事人签收后，即具有法律效力。"第101条规定："下列案件调解达成协议，人民法院可以不制作调解书：（一）调解和好的离婚案件；（二）调解维持收养关系的案件；（三）能够即时履行的案件；（四）其他不需要制作调解书的案件。对不需要制作调解书的协议，应当记入笔录，由双方当事人、审判人员、书记员签名或者盖章后，即具有法律效力。"

调解协议是双方当事人自愿处分其实体权利和诉讼权利的一种文书形式，是当事人之间的法律文书，是调解书的基础。但是，调解协议本身无强制效力，一方或双方反悔，人民法院无从约束。

调解书是指人民法院制作的、记载当事人之间调解协议内容的法律文书。它既是当事人平等协商结果的记录，又是人民法院对当事人的协议予以确认后，依法赋予强制执行力的法律文书。

《民事诉讼法》的适用范围是受理平等主体之间因财产关系和人身关系提起的民事诉讼。作为程序法，其目的在于保障民事实体法的实现。民事实体法规定的民事主体的财产权和人身权属于私权，当事人对私权的处分，国家不应有过多的限制。依私权自治理论，当事人在法院主持调解下所达成的协议，应等同于当事人解决争议的一种"契约"，若无特别约定或规定，"契约"从成立时生效。以生效调解协议为基础的调解书在送达时，当事人不应有反悔之权。人民法院的民事调解书只是对当事人合意形成的"契约"的一种确认，用固定形式的法律文书确定下来，便于当事人履行和法院的强制执行。当事人之间的争议经调解达成协议，可约定调解协议具有法律效力，而无需人民法院制作调解书进行确认，以充分尊重当事人的意思自治。依"举轻以明重"之民法解释方法，当事人之间的调解协议具有法律效力，以当事人调解协议为基础，人民法院按法定程序制作的调解书，当然具有法律效力。

除了法院主持的民事调解之外，还有人民调解委员会主持的人民调解，人民调解也通过达成调解协议的方式结案。《人民调解法》第31条第1款规定："经人民调解委员会调解达成的调解协议，具有法律约束力，当事人应当按照约定履行。"第33条第2款规定："人民法院依法确认调解协议有效，一方当事人拒绝履行或者未全部履行的，对方当事人可以向人民法院申请强制执行。"

二、民事调解协议有效，仅使得当事人间产生债权关系；民事调解书产生物权变动效力

本案中，L县农信社作为原告与天某公司调解协议中达成以房抵债的约定，并约定了办理过户的时间，法院制成调解书。天某公司的债权人梁某忠、黄某安申请强制执行涉案房屋，L县农信社以房屋的所有权人的身份阻止对房屋的强制执行。这里的主要问题是，法院调解书确定的以房抵债是否构成房屋所有权的转移，即是否涉及物权变动。

人民法院在民事案件审理过程中，为了保障债权人债权的实现，可能在案件调解时，在调解书中约定以被告的房产偿还债务。而案件进入执行程序后，对于人民法院民事调解书的相关约定是否能产生物权法上的不动产物权变动效力问题，实践中有两种不同的观点。

一种观点认为，人民法院民事调解书中约定以被告的不动产偿还债务并不一定产生物权变动的法律效果。持此观点的人认为，根据我国《物权法》（现为《民法典》物权编）的规定，不动产物权变动未经登记的，不得对抗善意第三人。同理，人民法院调解书中约定以房偿债，则以房偿债的债权成立，但人民法院调解书并不能代替物权法规定的不动产物权登记制度，双方约定以房偿债仅能成立债权效果，并不一定产生对抗善意第三人的法律效力。

另一种观点认为，人民法院民事调解书中约定以被告的不动产偿还债务，自调解书生效时起，房产产权即发生变动。持此观点的人认为，人民法院法律文书对物权进行变动，是依据公法进行的变动，因为有公权力的介入，物权变动的状态往往比较明确，物权变动本身已经具有很强的公示性，能够满足物权变动对排他效力的要求，从而不必进行登记或交付而直接生效。

我国《物权法》第28条[①]规定："因人民法院、仲裁委员会的法律文书或者人民政府的征收决定等，导致物权设立、变更、转让或者消灭的，自法律文书或者人民政府的征收决定等生效时发生效力。"

而调解协议是一种特殊的双方民事法律行为，调解协议使当事人之间发生的仍是债权关系，而非物权关系，并不能产生不动产物权变动的效果。其理由是：

第一，我国在不动产物权变动方面实行的是登记生效主义。我国《物权法》第9条第1款规定："不动产物权的设立、变更、转让和消灭，经依法登记，发生效力；未经登记，不发生效力，但法律另有规定的除外。"[②] 我国立

[①] 对应《民法典》第229条。
[②] 对应《民法典》第208条。

法明确规定，不动产物权变动，应当进行登记，不动产物权变动自登记时生效。这是我国立法的强制性规定，违反这一强制性规定的行为，应当是一种无效的行为，即使是法院的法律文书也不能违反这一强制性规定，否则并不能产生物权法上不动产物权变动的法律效力。

第二，我国立法规定不动产物权变动应当进行登记，是物权变动公示公信原则的具体体现。物权变动公示公信原则，作为我国《物权法》的一项基本原则，贯穿于整个物权变动的法律规定之中，也贯穿于《民法典》物权编全编规定之中。

第七章　商品房租赁

综述：商品房租赁合同纠纷常见法律问题及司法处理原则

在我国经济高速发展和住房制度改革日益深化的推动下，房屋租赁经营方式日益普遍，房屋租赁业迅猛发展，伴随发展产生的大量房屋租赁纠纷进入司法领域，在法院审理的房地产案件中占有重要地位和相当比重。但由于缺少房屋租赁合同纠纷案件应用法律的具体规则，导致人民法院在审理房屋租赁合同纠纷案件中，出现了很多具体适用法律的难点问题。为了统一法律适用，指导各级人民法院公正及时审理房屋租赁合同纠纷案件，最高人民法院于 2009 年 7 月 30 日正式公布了《房屋租赁司法解释》，并于 2020 年 12 月 29 日进行了修订。修订后的《房屋租赁司法解释》虽然只有短短 16 个条文，但是从城镇房屋租赁合同的效力、租赁合同无效及其责任、房屋租赁期间房屋添附、租赁房屋转租、租赁合同的效力延伸、买卖不破租赁的适用等实践中理解不一和有争议的问题进行了明确规定，可以说，《房屋租赁司法解释》对于统一房屋租赁合同案件的审理和法律适用具有里程碑式的意义。2021 年 1 月 1 日施行的《民法典》也对原《合同法》及 2009 年《房屋租赁司法解释》关于租赁的相关内容进行了总结、完善。但《房屋租赁司法解释》和《民法典》并未也不可能解决所有房屋租赁纠纷的法律问题，其本身也存在如何理解适用的问题，因而，本文对商品房租赁合同纠纷常见法律问题及司法处理原则的探讨，将以法院具体适用《房屋租赁司法解释》的有关审判案例为重点，针对房屋租赁合同纠纷案件的主要类型，对法院审理房屋租赁纠纷案件的相关司法观点予以梳理，对《房屋租赁司法解释》公布前有争议而《房屋租赁司法解释》及《民法典》予以统一了的司法观点，本文只予以简单提及而不予详述。

一、《房屋租赁司法解释》的适用范围问题

关于《房屋租赁司法解释》的适用范围，《房屋租赁司法解释》第1条规定："本解释所称城镇房屋，是指城市、镇规划区内的房屋。乡、村庄规划区内的房屋租赁合同纠纷案件，可以参照本解释处理。但法律另有规定的，适用其规定。当事人依照国家福利政策租赁公有住房、廉租住房、经济适用住房产生的纠纷案件，不适用本解释。"因而，从适用范围上看，当事人依照国家福利政策租赁公有住房、廉租住房、经济适用住房产生的纠纷案件，即国家有关部门代表国家许可符合有关规定的承租人承租前述住房而签订租赁协议产生的纠纷，由于其双方当事人并非平等的民事主体，其法律关系具有一定的公法性质而并非单纯的民事法律关系，对纠纷案件不适用《房屋租赁司法解释》。但是，福利房屋和城市保障性住房，在福利和保障性因素消失后，其租赁纠纷案件，应当属于《房屋租赁司法解释》的调整范围。[①] 另外，对于承租上述住房的承租人将上述住房转租给其他人而产生的租赁纠纷案件，因其不具有公法性而为平等主体之间的租赁纠纷，笔者认为，应适用《房屋租赁司法解释》的规定。

由于对于乡、村庄规划区内的房屋租赁合同纠纷案件，《房屋租赁司法解释》可参照处理，因而从适用范围上，《房屋租赁司法解释》对于房屋租赁合同民事案件的处理无疑具有普遍意义。[②]

二、房屋租赁合同的效力问题

关于房屋租赁合同的效力问题，是法院审理房屋租赁合同纠纷案件中发生纠纷涉及较多的问题，亦是审判实践中争议较多、审判中做法和观点较不一致的重点领域。特别是在《房屋租赁司法解释》颁布以前，对于以违法建筑、临时建筑为标的物、未办理房屋备案手续、未经验收等房屋租赁合同是否有效的问题，由于法律规定不明确、不具体，出现了大量执法标准不统一的"同案异判"现象。《房屋租赁司法解释》将租赁合同效力认定作为重要问题予以规定，对统一租赁合同效力认定上的审判观点起到十分重要的作用。归纳起来，《房屋租赁司法解释》在合同效力认定上明确了如下几点：一是限

[①] 最高人民法院民一庭编著：《最高人民法院关于审理城镇房屋租赁合同纠纷案件司法解释的理解与适用》，人民法院出版社2009年版，第30页。

[②] 本文中所称房屋租赁也不包括依照国家福利政策租赁公有住房、廉租住房、经济适用住房的房屋租赁。

定了无效合同的范围。仅将违法建筑物租赁合同、租赁期限超过临时建筑的适用期限的租赁合同。在违法建筑物范围认定上，确定未取得建筑工程规划许可证或者未按照建设工程规划许可证建设的房屋、未经批准或者未按照批准内容建设的临时建筑，超过批准使用期限的临时建筑为违法建筑。二是对欠缺生效条件合同效力的处理上，采取了补救性措施，即当事人只要在一审法庭辩论总结前，取得了法律、行政法规规定的条件，不存在《民法典》规定的民事法律行为无效的情形，就认定合同有效。[1]

但是，有关房屋租赁合同的效力认定问题，除《房屋租赁司法解释》已经明确的外，审判实践中仍有相当问题有待梳理和分析。

（一）以未经消防验收合格房屋出租而签订的租赁合同的效力

关于以未经消防验收合格房屋出租而签订的租赁合同的效力，一直是司法审判中涉及较多的问题，《房屋租赁司法解释》对此问题并未规定。早在2004年最高人民法院在审判实践中对此问题进行了明确解答。从最高人民法院的观点来看，其对未经消防验收合格房屋出租而订立的租赁合同的效力问题的观点是明确的，[2] 即区分该未经验收合格的租赁房屋是否为当时施行的《消防法》所规定的必须经验收的房屋而区分租赁合同的效力，必须验收的，应当认定租赁合同无效；反之，则不应当以该房屋未经消防验收合格为由而认定合同无效。同时，最高人民法院的观点区别了消防验收与消防检查两种不同的行政行为，对租赁房屋用于开设经营宾馆、饭店、商场等公众聚集场所的，向当地公安消防机构申报安全检查的义务人为该企业的开办经营者，而不是认定房屋租赁合同效力的依据。

（二）以集体土地自建房屋出租而签订的租赁合同的效力

针对在实际生活中，特别是在所谓的城中村，在集体所有的土地上建房出租牟利的行为，最高人民法院在某酒家与某征地管理办公室、某村民委员

---

[1] 参见最高人民法院民一庭负责人就《关于审理城镇房屋租赁合同纠纷案件具体应用法律若干问题的解释》答记者问。

[2] 《最高人民法院关于未经消防验收合格而订立的房屋租赁合同如何认定其效力的函复》（现已失效）规定：第一，出租《消防法》（该法指的是1998年9月1日起施行的《消防法》）第10条规定的必须经过公安消防机构验收的房屋，未经验收或者验收不合格的，应当认定租赁合同无效。第二，租赁合同涉及的房屋不属于法律规定必须经过公安消防机构验收的，人民法院不应当以该房屋未经消防验收合格为由而认定合同无效。第三，租赁房屋用于开设经营宾馆、饭店、商场等公众聚集场所的，向当地公安消防机构申报安全检查的义务人为该企业的开办经营者，但租赁标的物经消防安全验收合格，不是认定房屋租赁合同效力的必要条件。

会房屋租赁、侵权赔偿纠纷上诉案①中认定，村委会未经批准在自己所有的集体土地上建造房屋，违反国务院《村镇建房用地管理条例》②的规定，该房属于违章建筑，不能取得合法的房屋所有权证书，不能出租，某村未经批准擅自建房并将该房出租给该村之外的其他单位，等于使集体所有的土地直接进入了市场，该租赁合同是无效的。③在现行土地管理和土地流转体制下，该判决具有合理性，此司法观点与《房屋租赁司法解释》第2条对城镇违法建筑签订的房屋租赁合同应当认定为无效之规定相一致。

（三）以未办理产权证书房屋签订的租赁合同的效力

对于未取得房产证或无法取得房产证的房屋租赁合同，是指在租赁合同签订时，由于各种原因导致租赁房屋在尚未办理房屋产权证书的情形下就签订的房屋租赁合同，笔者认为，其原因归纳起来包括合法建造（或在建）的房屋应办理证件而尚未办理产权证书以及违法建筑物未办理产权证书。

对于以违法建筑为标的物订立的房屋租赁合同的效力认定，在《房屋租赁司法解释》颁布之前，审判实践中的做法不尽相同。④但《房屋租赁司法解释》对违法建筑租赁合同的效力认定进行了明确规定，无疑对统一审判实践起到了重要作用。《房屋租赁司法解释》第2条规定："出租人就未取得建设工程规划许可证或者未按照建设工程规划许可证的规定建设的房屋，与承租人订立的租赁合同无效……"但同时该条规定了对违法建筑租赁合同的效力补正，即"在一审法庭辩论终结前取得建设工程规划许可证或者经主管部门批准建设的，人民法院应当认定有效"。

对于合法建造的房屋未办理产权证书而签订租赁合同的效力问题，在审判实践中亦做法不一。认定无效者所依据的理由主要有如下两点：

一是《城市房地产管理法》第53条规定："房屋租赁，是指房屋所有权人作为出租人将其房屋出租给承租人使用，由承租人向出租人支付租金的行

---

① 本案裁判观点由作者加工整理而成。
② 该法已被《土地管理法》废止。
③ 《土地管理法》第63条规定："农民集体所有的土地使用权不得出让、转让或者出租用于非农业建设。"《城市房地产管理法》第2条规定：房地产交易包括房地产转让、房地产抵押和房屋租赁。第8条规定："城市规划区内的集体所有的土地，经依法征用转为国有土地后，该幅国有土地的使用权方可有偿出让。"
④ 违法建筑为未取得建设工程规划许可证或者未按照建设工程规划许可证的规定进行建设的建筑物。关于审判实践中对违章建筑租赁合同效力认定的不同做法，详见最高人民法院民事审判第一庭：《最高人民法院民事案件解析（房屋买卖、租赁纠纷）》，人民法院出版社2009年版，第31—32页。

为。"未取得房屋所有权证的情况下，出租人还未取得房屋所有权，因而不能出租。二是原建设部《城市房屋租赁管理办法》（现已失效）第6条中有未依法取得房屋所有权证的不得出租之规定。

但由于原建设部《城市房屋租赁管理办法》未依法取得房屋所有权证的不得出租之规定已被2011年2月1日起施行的《商品房屋租赁管理办法》所取代，而后者则删去了未依法取得房屋所有权证的不得出租之情形。所以可以说，对于合法建造并占有的房屋租赁的，并不能因未办理房屋产权证书而无效，最高人民法院的观点是一贯明确的。

而对《城市房地产管理法》第53条将房屋出租限定为房屋所有权人，其立法的本意并不在于对未取得房屋所有权证的出租予以否定评价，而在于对房屋出租进行概念上的界定，理应进行目的性扩张解释。笔者认为，最高人民法院的观点符合租赁合同的性质，房屋租赁的权源来自合法占有而不必为所有权，将未取得产权证书的房屋租赁合同认定为无效，极不利于经济的发展，也会导致房屋资源的闲置和浪费。

三、房屋租赁合同无效的处理的相关问题

由于房屋租赁合同属于典型的继续性合同，其因无效而终止，无恢复原状可能性或不宜恢复原状，因而，在对房屋租赁合同无效的处理上，其财产的返还和损失的赔偿与一时性合同相比具有特殊性。[1] 其主要问题在于，承租人对房屋占有使用费的支付以及对装饰装修物的处理、扩建费用的承担等方面。在《房屋租赁司法解释》颁布之前，由于原《合同法》规定过于原则，缺乏可操作性，导致审判实践中在对租赁合同无效的处理上观点做法不一。《房屋租赁司法解释》依据合同法的基本原则，结合审判实践，在很大程度上统一了对租赁合同无效的处理。主要表现在如下几点：第一，房屋租赁合同无效，当事人请求参照合同约定的租金标准支付房屋占有使用费的，人民法院一般应予支持。第二，房屋租赁合同无效，对于租赁房屋装饰装修、扩建费用的承担，根据是否经出租人同意，而制定了不同的处理规则和费用负担办法：（1）承租人经出租人同意进行装修装饰、扩建的，未形成附合的装饰

---

[1] 一时性合同是指一次给付便使合同内容实现的合同，买卖合同、赠与合同等属于此。继续性合同，是指合同内容并非一次给付就可以完成，而是需要持续一段时间的给付才能逐渐实现合同内容的一种合同类型，如合伙、租赁、雇佣、保管等。参见张红：《继续性合同终止制度研究》，湖南大学2011年博士学位论文。

装修物，出租人同意利用的，可折价归出租人所有；不同意利用的，可由承租人拆除。因拆除造成房屋毁损的，承租人应当恢复原状。已形成附合的装饰装修物，出租人同意利用的，可折价归出租人所有；不同意利用的，由双方各自按照导致合同无效的过错分担现值损失。（2）承租人未经出租人同意装饰装修或者扩建发生的费用，由承租人负担。出租人请求承租人恢复原状或者赔偿损失的，人民法院应予支持。

对于合同无效的处理，人民法院的司法观点值得梳理和分析：

（一）房屋租赁合同无效时房屋占有使用费的支付标准

《房屋租赁司法解释》确认了在房屋租赁合同无效时承租人应该支付房屋占有使用费，但是对于占有使用费的支付标准，《房屋租赁司法解释》采取了"参照"和"人民法院可予支持"的表述，因而将支付标准的自由裁量权赋予审理案件的法官。而从审判实践来看，在《房屋租赁司法解释》颁布之前，各地各级法院的做法不尽相同，有参照合同约定租金标准酌情支付的情形，也有比照企业固定资产折旧率并结合承租人占用的时间进行计算的情况。因当事人在房屋租赁合同中约定的租金标准，是双方当事人协商一致的结果，一般也与合同订立时的市场行情相符，以此作为房屋使用费计算的参考标准，易于被合同双方当事人接受。而且，房屋租赁合同中约定的租金标准简单明确，便于人民法院在裁判时使用，有利于提高案件的审理效率，及时化解矛盾纠纷，有效地避免采取评估等方式确定房屋使用费时，增加当事人诉讼成本和浪费人民法院审判资源的弊端，[1] 因而，依据租金标准支付房屋占有使用费为审判实践中最通常的做法。因而，除非采用租金标准计算房屋占有使用费将导致显失公平的情形发生，否则法院在房屋租赁合同无效时房屋占有使用费的支付标准上都将采用租金标准。

（二）房屋租赁合同无效时装修装饰物现有价值的计算及依据

《房屋租赁司法解释》第7条规定，承租人经出租人同意装饰装修，租赁合同无效时，未形成附合的装饰装修物，出租人同意利用的，可折价归出租人所有；不同意利用的，可由承租人拆除。因拆除造成房屋毁损的，承租人应当恢复原状。已形成附合的装饰装修物，出租人同意利用的，可折价归出

---

[1] 最高人民法院民事审判第一庭编著：《最高人民法院关于审理城镇房屋租赁合同纠纷案件司法解释的理解与适用》，人民法院出版社2009年版，第64—65页。

租人所有；不同意利用的，由双方各自按照导致合同无效的过错分担现值损失。对上述规定，审判实践中较易把握。但对于不同意利用的，由双方各自按照导致合同无效的过错分担现值损失时，对现值损失如何计算及其依据，较易出现分歧。

司法实践中，对于附合的装饰装修物价值的认定，常用的方法有：（1）费用支出法，即承租人装饰装修实际支付的费用；（2）支出费用年度分摊法，即根据合同约定租期，将支出费用平均分摊，计算纠纷发生时至租期届满间的剩余价值；（3）现存价值法，即对纠纷发生时现存装饰装修物进行工程造价鉴定。由于第三种方法容易掌握，对于出租人和承租人双方也是公平的，在处理无效的房屋租赁合同纠纷中装饰装修物价值的认定上，司法实践中一般采用鉴定方法。[①]

如在前述某证券有限责任公司与云南某房地产开发有限公司房屋租赁合同纠纷案中，对于装修及设备安装不能拆除的部分（即已经形成附合的装饰装修），一审法院委托司法鉴定研究所对该装修和设备安装不能拆除部分进行评估鉴定，并采用估价对其原值和净值（即现值）进行价值鉴定。一审法院及最高院均采纳了该鉴定结论。某市公安消防支队与重庆市某材料总厂等房屋租赁纠纷案、中国人民解放军某部队、西安某大酒店有限公司与西安某医疗器械公司房屋租赁纠纷案等案件中，最高人民法院对鉴定机构对装修的造价鉴定均予以认可。当然，作为证据之一，当事人申请鉴定的期限、鉴定部门的资格及人民法院指定鉴定部门的程序等必须符合《民事诉讼法》及《民事诉讼证据规则》的规定，而且鉴定结论必须经过双方当庭质证后方能作为定案之依据。

四、房屋租赁合同的解除条件及其处理的相关问题

前已述及，房屋租赁合同作为继续性合同，在司法实践中，其合同解除的主要问题是解除之条件的具体认定、解除的具体时间、解除之法律后果的处理等。

（一）租赁合同解除的条件

关于租赁合同解除的条件类型，《民法典》及《房屋租赁司法解释》所

---

① 最高人民法院民事审判第一庭编著：《最高人民法院关于审理城镇房屋租赁合同纠纷案件司法解释的理解与适用》，人民法院出版社2009年版，第125页。

规定的因不可抗力解除，出租人拒不交付租赁房屋解除，因租赁房屋部分或全部毁损、灭失解除，不定期租赁随时解除，租赁房屋危及承租人安全或健康随时解除，租赁房屋被司法机关或者行政机关依法查封、权属有争议、具有违反法律、行政法规关于房屋使用条件强制性规定情况导致租赁房屋无法使用时承租人的解除权，承租人擅自变动房屋建筑主体和承重结构或者扩建，在出租人要求的合理期限内仍不予恢复原状时出租人的解除权，以及一房数租之有效合同不能实际履行时承租人的解除权等情形。从解除条件的司法观点上看，主要表现在对法定解除条件的认定和把握上。

1. 欠付租金是否可以导致房屋租赁合同的解除

由于房屋租赁合同一般履行期较长，由于各种原因，会出现承租人拖欠租金的情况，而出租人也会以此为由主张解除租赁合同。从现行规定来看，可适用的条款为《民法典》第563条关于法定解除的条件规定，以及第722条关于"承租人无正当理由未支付或者迟延支付租金的，出租人可以请求承租人在合理期限内支付；承租人逾期不支付的，出租人可以解除合同"的规定。但是，对于所欠租金是否必须要求是全部租金还是部分租金，合理期限为多长等问题，现行法律和司法解释并没有规定，从而导致欠付租金在何种情形下方能解除合同在实践中的做法不一。在最高人民法院审理的重庆某百货有限公司与重庆某房地产开发有限公司房屋租赁合同纠纷一案中，根据租赁合同的约定，承租人重庆某百货有限公司应向重庆某房地产开发有限公司预付租金1.24亿元，重庆某百货有限公司欠付租金1119.3万元，欠付租金仅占应付租金总额的9%。在此情形下，出租人向承租人发出解除合同的通知，在该案中对于出租人是否能以承租人欠付租金为由解除合同？最高人民法院维持一审认定，判定出租人解除合同的理由不能成立。其理由在于，"应当以《合同法》的规定作为原则，即识别违约行为是否阻碍了租赁合同目的的实现，并以此作为尺度去衡量违约行为的程度和合同是否解除。本案中，承租人重庆某百货有限公司在合同履行过程中，履行了主要义务，支付了91%的房屋租金。虽然存在未足额付款、未按约投保、更换百货品牌的违约行为，但这些行为并非根本性违约，没有因此导致重庆某房地产开发有限公司无法实现合同目的，没有触及和破坏重庆某房地产开发有限公司的根本利益，故重庆某房地产开发有限公司所主张的解除合同事由不能成立"①。可见，最高人民法院在审理此案时，在法律的适用上，将原《合同法》第 227 条纳入原《合同法》第 94 条第 4 项根本违约制度之下来解释，即是否能够以欠付租金为由解除合同要视欠付租金之行为是否构成根本违约。

笔者认为，尽管在该案的处理上最高人民法院的认定及其理由具有合理性。但在法律适用和说理上仍有可探讨之处。因为《民法典》第 563 条规定的法定解除理由中，除第 4 项根本违约之外，还有第 3 项当事人一方迟延履行主要债务，经催告后在合理期限内仍未履行的情形。因而，未构成根本性违约不能成为否定出租人解除权的充分条件，尚需探讨欠付租金（支付租金为承租人的主要债务）的行为是否在经催告后在合理期限内仍未履行，以及承租人是否有正当之理由，否则，哪怕承租人欠付租金未导致出租人合同不能实现，从合同必须严守之原则出发，出租人应有权解除合同。

2. 出租人企业改制能否成为房屋租赁合同解除的法定事由

企业改制，又称"企业产权制度改造"，即依法改变企业原有的资本结构、组织形式、经营管理模式或体制等，使其在客观上适应企业发展的新的需要这一过程。它以股份制或股份合作制为基本形式，又称企业股份制或公司制改造或改组。从目前收集的案例来看，法院倾向认为企业改制仅属于企业内部的行为，不属于房屋租赁合同解除的法定情形，如湖南省高级人民法院审理的郑长某与张家界市某公司房屋租赁合同纠纷上诉案。② 但将企业改制约定为合同解除的条件，则可以成为解除的理由，自不待言。

（二）租赁合同解除的时间

合同解除的时间认定问题，是处理房屋租赁合同纠纷案件中经常遇到的重要问题。合同解除的时间点是对租赁法律关系存在与否的重要判断，对该问题的正确认定，关系到当事人的切身利益。司法实践中，法官对合同解除的时间点如何认定往往会有不同的意见。

在审判实践中，一般情况下，可以分以下三种情况：1. 诉讼之前，双方

---

① 最高人民法院民事审判第一庭编著：《最高人民法院民事案件解析（房屋买卖、租赁纠纷）》，人民法院出版社 2009 年版，第 284 页。

② 案号：(2015) 湘高法民再二终字第 42 号，载中国裁判文书网，HTTPS：//WENSHU.COURT. GOV.CN/WEBSITE/WENSHU/181107ANFZ0BXSK4/INDEX.HTML? DOCID = 71BD5F9329364EB0B4E6 EF48EBA75B63，最后访问时间：2022 年 6 月 30 日。

当事人协商解除租赁合同的，协商确定之日为合同解除之日。2. 一方当事人行使合同解除权，对方有异议提起诉讼，经法院审理后认为行使合同解除权并无不当的，解除合同通知送达之日为合同解除之日。3. 一方当事人行使合同解除权，对方有异议提起诉讼，经法院审理认为该当事人无合同解除权，但双方当事人在诉讼中均同意解除合同的，可以在判决或调解书中明确合意解除之日为合同解除之日……当然，在具体操作实务方面，仍有不少值得进一步加以探讨、明确的问题。比如说，当事人在诉讼程序之外并未依法向对方发出解除合同的通知，但在起诉状中明确提出要求解除合同。对于此种情况下合同解除时间的认定问题，实践中做法不一。有的法院以起诉时间作为合同解除时间，有的以判决生效时间作为合同解除时间。正如有学者指出的，根据《合同法》第96条的规定，解除合同通知到达对方时，合同解除。故对于此种情况下合同解除时间的认定，应以起诉状送达时间作为合同解除的时间为宜。[①]

（三）租赁合同解除的法律后果

对于租赁合同解除的法律后果，与合同无效所涉及的问题大体相同，对其相同内容，在此不再重复。从《房屋租赁司法解释》来看，主要从装饰装修物的处理、次承租人的抗辩权等方面进行了规定，从而统一了司法实践中的不同做法，包括：

1. 对装饰装修物的处理分为经出租人同意的装饰装修和未经出租人同意的装饰装修，规定了不同的处理办法，对经同意的装饰装修又分别对形成附合和未形成附合两种情形进行规定。[②]

2. 对因承租人拖欠租金，出租人请求解除合同时，次承租人请求代承租人支付欠付的租金和违约金，可以抗辩出租人合同解除权。[③]

3. 房屋租赁合同解除，出租人有权请求负有腾房义务的次承租人支付逾期腾房占有使用费。[④]

五、房屋租赁合同中承租人优先购买权问题

优先购买权是指特定人依法律规定在出卖人出卖标的物于第三人时，享

[①] 孙蕾、刘尊知：《房屋租赁合同解除条件的司法完善》，载《人民司法》2001年第14期。
[②] 《房屋租赁司法解释》第10条、第11条、第12条。
[③] 《房屋租赁司法解释》第17条。
[④] 《房屋租赁司法解释》第18条。

有的在同等条件下优先购买的权利。① 承租人优先购买权就是指出租人转让不动产时，承租人在同等条件下，依照法律规定享有优先于其他人购买该不动产的权利。从《最高人民法院关于贯彻执行〈中华人民共和国民法通则〉若干问题的意见（试行）》到《合同法》我国立法及司法解释对该项权利进行了确立，再到《房屋租赁司法解释》对承租人优先购买权的性质进行重新界定，明确了权利的行使条件和救济，最后到《民法典》第726条正式确立了承租人的有限购买权，在很大程度上弥补了承租人优先购买权制度的立法缺陷。下面，笔者将结合《民法典》及其司法解释的相关规定，对法院审理优先购买权案件的相关司法观点进行初步的梳理。

（一）承租人优先购买权的法律性质与法律效力

关于承租人优先购买权的法律性质，在理论上有请求权（债权）说、形成权说、物权说等不同的观点，由于对法律性质的认识不一，导致司法实践中对出租人与第三人签订的买卖合同是否有效的不同观点。《民法典》第726条的颁布在某种程度上结束了司法审判中的不同观点，即原《物权法》并未将优先购买权规定为物权，该权利因此不具有对世性权利……《民法典》遵循法律规定精神，将承租人优先购买权定性还原为债权，第728条还规定承租人不能以出租人侵害其优先购买权为由，请求确认出租人与第三人签订的房屋买卖合同无效。该项规定并不妨碍出租人与第三人恶意串通签订买卖合同损害承租人优先购买权时，承租人依照《民法典》第154条之规定，主张认定出租人与第三人签订的买卖合同无效。

（二）通知的合理期限问题

为保护承租人的优先购买权，按照原《合同法》第230条规定，出租人在出卖房屋的合理期限内通知承租人。但是，对于到底多长时间为合理期限，《房屋租赁司法解释》并没有明确。在2008年以前，实践中通常做法是依据《城市私有房屋管理条例》（已失效）和《最高人民法院关于贯彻执行〈中华人民共和国民法通则〉若干问题的意见（试行）》（已失效）中关于"应提前3个月通知承租人"的规定确定为3个月。② 但上述行政法规和解释被废止

---

① 王利明：《中国物权法草案建议稿及说明》，中国法制出版社2001年版，第32页。
② 徐力：《房屋承租人的优先购买权——〈合同法〉第230条规定的解释与适用》，载最高人民法院民事审判第一庭编：《最高人民法院民事案件解析（房屋买卖、租赁纠纷）》，人民法院出版社2009年版，第496页。

后，该如何确定该通知的合理期间，尚未见相关的案例。从《民法典》第726条所规定的承租人行使优先购买权的期限即15天推断，出租人通知义务的合理期限也应为15天，但此是否反映最高人民法院的审判观点，笔者尚不能确定。

（三）同等条件如何确定

根据《民法典》第726条规定，是否具备同等条件是承租人行使优先购买权的重要前提，但对于何谓同等条件，学界和审判实践中有绝对同等说、相对同等说、价格同等说、价格与约定条件同等说等不同观点。从审判实务界的观点来看，支付价格和支付条件之相对同等观点占有主导地位。[①]

（四）承租人优先购买权受侵害时请求权的行使以及损害赔偿范围的确定

第一，《房屋租赁司法解释》明确规定，对于优先购买权受侵害时，承租人有请求出租人承担赔偿责任的赔偿请求权。但是，承租人除了要求出租人承担损害赔偿责任外，是否有要求法院强制缔约的权利，《房屋租赁司法解释》未予直接规定，从最高人民法院民一庭主编的《最高人民法院关于审理城镇房屋租赁合同纠纷案件司法解释的理解与适用》一书中的意见来看，认为从解释第22条、第23条规定含义看，《房屋租赁司法解释》采取了肯定的观点。但为避免承租人不具备购房能力或者没有购房意图滥用权利，支持承租人行使优先购买权时应赋予其一定的义务，如承租人主张与出租人成立买卖合同的，应当交付一定数额的定金或者提供担保，以使出租人信任其履行能力。[②]

第二，对于出租人损害赔偿责任的范围如何确定，《房屋租赁司法解释》并没有规定。尽管从《民法典》的规定来分析，由于优先购买权被确定为债权，因而出租人未通知承租人购买房屋的行为为违约行为，应承担违约赔偿责任。损失赔偿额应当相当于因违约所造成的损失，包括合同履行后可以获得的利益，即应当赔偿对方因违约所受的实际损失和期待利益损失。也就是说，既应包括不能从出租人处买受房屋而必须支付的额外费用，如另行寻租、搬家等额外费用的实际损失，也应包括合同如期履行，承租人可得到的期待

[①] 王忠：《房屋承租人优先购买权若干实务问题研究》，徐力：《房屋承租人的优先购买权——〈合同法〉第230条规定的解释与适用》，江苏省高级人民法院民一庭：《关于房地产交易中优先购买权问题的调研报告》，分别载最高人民法院民事审判第一庭编：《最高人民法院民事案件解析（房屋买卖、租赁纠纷）》，人民法院出版社2009年版，第574页、第496页、第614页。

[②] 最高人民法院民事审判第一庭编著：《最高人民法院关于审理城镇房屋租赁合同纠纷案件司法解释的理解与适用》，人民法院出版社2009年版，第292页。

利益，如承租人购买或者承租新的房屋时遇到价格上涨的情况下，其将要为购买或者承租替代物支付更多的代价的差额。但从目前有限的关于优先购买权的判决来看，法院并没有支持期待利益的主张，而是以酌定的方式对赔偿范围进行裁决。①

（五）承租部分房屋的承租人对整体转让的租赁物是否享有优先购买权问题

对于承租人只承租部分房屋，而出租人对整体房屋予以转让时，承租人对整体转让房屋是否享有优先购买权，现行法律和司法解释并未规定，从司法实务界的观点来看，最高人民法院认为："目前处理此类案件，可以从以下两个方面综合考虑：第一，从房屋使用功能上看，如果承租人承租的部分房屋与房屋的其他部分是可分的、使用功能可相对独立的，则承租人的优先购买权应仅及于其承租的部分房屋；如果承租人的部分房屋与房屋的其他部分是不可分的、使用功能整体性较明显的，则其对出租人所卖全部房屋享有优先购买权。第二，从承租人承租的部分房屋占全部房屋的比例看，承租人租的部分房屋占出租人出卖的全部房屋一半以上的，则其对出租人出卖的全部房屋享有优先购买权；反之则不宜认定其对全部房屋享有优先购买权。"可见，其观点是区分承租的部分房屋与整体房屋的功能是否可分以及比例大小来确定承租人是否享有对整体出卖房屋的优先购买权。

（六）次承租人优先购买权问题

在房屋合法转租的情形下，当出租人出卖所出租的房屋时，承租人与次承租人之间，谁有优先购买权？对此实务界看法不一，有人认为，从法律赋予承租人优先购买权主要是基于社会公平、照顾弱者，使无房的人有房居住等立法政策考虑，应当支持次承租人的优先购买权主张；② 也有人认为，从文义解释上看，对承租人的理解，应理解为租赁合同关系中出租人的对方当事人。

（七）抵押权人行使抵押权时承租人优先购买权的保护

《房屋租赁司法解释》确立了承租人优先购买权行使不受房屋已经抵押的

---

① 上海市第一中级人民法院审理的夏某公司与康某公司房屋租赁合同纠纷上诉案，案号：（2011）沪一中民二（民）终字第835号。

② 江苏省高级人民法院民一庭：《关于房地产交易中优先购买权问题的调研报告》，载最高人民法院民事审判第一庭编：《最高人民法院民事案件解析（房屋买卖、租赁纠纷）》，人民法院出版社2009年版，第614页。

影响。第 15 条规定："出租人与抵押权人协议折价、变卖租赁房屋偿还债务，应当在合理期限内通知承租人。承租人请求以同等条件优先购买房屋的，人民法院应予支持。"

（八）优先购买权的例外

《民法典》第 726 条对优先购买权的例外进行了明确规定："出租人出卖租赁房屋的，应当在出卖之前的合理期限内通知承租人，承租人享有以同等条件优先购买的权利；但是，房屋按份共有人行使优先购买权或者出租人将房屋出卖给近亲属的除外。出租人履行通知义务后，承租人在十五日内未明确表示购买的，视为承租人放弃优先购买权。"

7.1 法院如何认定出租的房屋是否具备交付使用条件

——电子公司诉实业公司、某学院房屋租赁合同纠纷上诉案[①]

> 关 键 词：房屋租赁，竣工验收，交付
>
> 问题提出：出租方应交付承租人的房屋，经竣工验收合格，但水、电、煤气及通信网络设施尚未接通到指定位置，房屋是否具备交付条件？
>
> 关联问题：当事人仅签订《房屋租赁意向书》，租赁标的物尚未建成时，出租方与承租方的主要合同义务如何认定？一方未履行或迟延履行主要合同义务，对方如何行使合同解除权？双方均存在违约行为时，应如何承担违约责任？
>
> 裁判要旨：当事人双方在签订房屋租赁意向书时，租赁标的物尚未建成，正式的房屋租赁合同尚未签订，但租赁标的物建成后，经竣工验收合格，即具备交付条件，虽然租赁标的物水、电、煤气及网络通信设施尚未接通到指定位置，但其并非交付租赁标的物的必备条件，承租人拒绝接收租赁标的物并签订正式的房屋租赁合同，应承担违约责任。

---

① 本案例系在真实案件基础上加工改写而成。

案情简介

原告（反诉被告、上诉人）：电子公司

被告（反诉原告、上诉人）：实业公司

被告（被上诉人）：某学院

2004年3月18日，某学院与实业公司签订《合同书》一份，约定某学院某路沿街门面楼改建工程总建筑面积约为10000平方米，项目投入资金约2600万元。某路地下车库工程总建筑面积约5000平方米，项目投入资金约2000万元。实业公司全额投资某路沿街门面楼改建工程并租赁15年。工程产权归某学院所有。建设期为1年，16年间共支付某学院6180万元等。

2005年8月25日，某学院出具一份《招商委托书》给实业公司，称本市某区某路辅助用房项目是与实业公司合作开发的，现工程项目已进入结构封顶阶段，为确保实业公司的投资回报和正常的招商工作，根据双方合作合同的规定，该辅助用房的招商工作由实业公司负责实施。具体招商经营年限、业态、品牌要求以合同为准。请实业公司根据合同履行权利和义务，确保招商工作顺利进行。

2005年8月31日，实业公司（甲方）与电子公司（乙方）签订《房屋租赁意向书》一份，约定某学院将其本市某路大门西侧第一区（一号楼）沿街商业用房的使用权转让给甲方15年（该商业用房竣工验收交付使用之日起计算），为了保证某学院大门整体形象，并同意甲方将该商业用房出租给乙方锦某公司使用。甲方出租给乙方的合法房屋坐落于某学院某路大门西侧第一区（一号楼）沿街商业用房，约为5884平方米。乙方向甲方承诺，租赁该房屋作为服务经营使用，服务范围为宾馆及餐饮等商业服务。甲方应满足乙方作上述用途所需的水、电、煤气及通信网络设施，并接通到本建筑物的指定位置，相关费用由甲方承担。本意向书签字生效后，乙方需在三日内支付500万元给甲方作为定金。该定金在正式房屋租赁合同签订以后冲抵当年房租。若乙方违约，定金则作为甲方的经济补偿，不予退还。若甲方违约，定金如数退还乙方，甲方还需支付定金的两倍给乙方，作为违约补偿。甲方于2005年10月10日前向乙方交付房屋，提供竣工验收合格的房屋，并签订正式房屋租赁合同，否则乙方按每日1万元计算向甲方收取延时误工费。因乙方装修时间较长，免租期3个月。租赁期限15年，即从2006年1月10日起到

2021年1月10日止。甲方房屋必须通过工程质量验收合格后，方可把房屋交付给乙方使用。前5年的租金，每年4724852元。本意向书产权方暂不盖章，在正式合同签订时，产权人（即某学院）在正式租赁合同上监证并盖章等。

2005年9月1日、3日，实业公司收取电子公司定金共计500万元。2005年10月20日，电子公司与锦某公司签订《锦某公司旅馆连锁加盟合同》。2005年10月24日，学人投资管理有限公司向锦某公司支付品牌使用费、技术服务费50万元。

2006年7月5日，电子公司发《关于某学院某路大门两侧商业用房未交付使用的函》给实业公司，问询实业公司是否具备辅助商业用房交付使用能力，即是否办理了新建商业用房竣工验收合格证明、商品房质量合格证及房产的"三证一书"等。

2006年9月15日，电子公司的法定代表人曹某平签收了《建设工程竣工验收备案证书》。

此后，电子公司与实业公司因房屋是否具备交付条件产生争议。电子公司认为房产不具备交付使用条件，煤气至今没有接通，未能提供符合验收标准的车位数，竣工蓝图等。而实业公司认为，某学院某路大门西侧第一区（一号楼）沿街商业用房早已符合交付条件，曾多次口头通知电子公司前来签署正式的房屋租赁合同，并此前已将《建设工程竣工验收备案证书》送达电子公司，电子公司均未能及时联系办理。

自2006年9月至11月，双方多次以书面函件方式重申了自己的主张。

2006年11月21日，实业公司发函给电子公司称，商业用房已于2006年9月15日将《建设工程竣工验收备案证书》交付电子公司，依据意向书的约定，电子公司在意向书中约定的交付条件成就后，即负有与实业公司签订租赁合同的义务。关于意向书的争议，在双方无法协商一致的情况下应提交司法机关裁决。请电子公司在收到本函后5日内，前来签订租赁合同。否则，为避免损失的进一步扩大，将依法将该商业用房租赁给第三方，并追究电子公司故意拖延签收租赁合同给实业公司造成的损失。

2006年11月26日，电子公司给实业公司发出《严正声明》，再次提醒实业公司按《房屋租赁意向书》约定的交房必备条件努力，然后再考虑交房。实业公司来函提到将把房屋借给他人，是违法犯罪行为，请实业公司遵章守法等。

原审法院另查明,实业公司与安徽某酿酒公司签订《房产租赁合同》,约定实业公司出租某学院某路大门西侧 1 号楼给安徽某酿酒公司,租赁期限自 2006 年 12 月 20 日起至 2021 年 12 月 19 日止。其中 2006 年 12 月 20 日至 2009 年 6 月 19 日为免租期。每年的租金为 4724852 元等。

2007 年 1 月 12 日,某学院取得系争房屋的房地产权证。该证记载系争房屋于 2006 年 9 月 14 日竣工。

各方观点

电子公司观点:1. 双方所签《房屋租赁意向书》具备了房屋租赁合同的所有要件,双方意思表示真实、内容合法有效,并完全具有可操作性。双方约定之后签订正式合同是为今后在相关部门登记备案之需。故双方所约定的定金性质应为违约定金,一审法院认定为定约定金显属错误。

2. 一审法院认定系争房屋已通过竣工验收可以交付不符合双方关于交付条件的约定,实业公司通知电子公司签订正式合同时系争房屋尚不具备交付条件。故一审法院认为电子公司对最终未能签订正式合同亦有责任系错误认定。

3. 某学院向实业公司出具《招商委托书》,其作为委托人应当承担连带责任。实业公司与案外人就系争房屋签订租赁合同,是合同履行中的根本违约方,且是恶意违约。请求二审法院驳回实业公司的上诉请求,支持电子公司的上诉请求。

实业公司观点:实业公司在房屋符合交付条件后多次通知电子公司进场并签订正式租赁合同,电子公司拒绝进场的真正原因是其公司内部股东意见不一,无继续履约的能力,对此实业公司已经提供证据予以证明。实业公司与案外人签订租赁合同实属无奈之举,不同意电子公司的上诉请求。

同时上诉称:1. 实业公司于 2006 年 11 月 21 日发函至电子公司,根据函件内容,系争《房屋租赁意向书》于 2006 年 11 月 26 日解除。

2. 电子公司违反意向书约定,拒绝接收房屋及签订正式租赁合同,根据定金罚则,其支付的定金应予没收。

某学院观点:实业公司对系争房屋有独立的租赁、转租(招商)权,《招商委托书》是实业公司有权招商即转租的证明,某学院出具《招商委托书》系履行与实业公司所签合同之义务的行为。某学院非《房屋租赁意向书》的合同当事人，与电子公司间无权利义务关系，不同意承担连带责任。

法院观点

一审法院观点： 依法成立的合同，对当事人具有法律约束力，当事人应当按约履行自己的义务。实业公司与电子公司签订的《房屋租赁意向书》，系当事人真实意思表示，且于法不悖，应认定有效，双方当事人均应恪守。《房屋租赁意向书》履行过程中，电子公司按约支付了500万元的定金，而实业公司未按约于2005年10月10日前向电子公司交付竣工验收合格的房屋，构成违约。2006年9月14日系争房屋竣工后，电子公司于次日签收了《建设工程竣工验收备案证书》，应视为系争房屋具备了交付条件。至于煤气等设备，合同虽约定实业公司必须满足电子公司所需，但非交付房屋所必须具备的条件。实业公司的迟延履约，并不导致双方正式的租赁合同无法签订，在实业公司具备交房条件后，电子公司仍以系争房屋不具备交房条件为由不进场、不签订正式的租赁合同，亦有不当。虽然两者行为有先后，但对于最终未能签订租赁合同，电子公司与实业公司均有责任。现电子公司诉请要求解除《房屋租赁意向书》，因系争房屋已由案外人使用，《房屋租赁意向书》实际已无法履行，法院予以准许。因实业公司违约在先，其不享有基于催告对方不履行而产生的合同解除权，故实业公司主张电子公司未按实业公司2006年11月21日的发函的要求签订正式租赁合同，《房屋租赁意向书》已于2006年11月26日解除的辩称，缺乏依据。法院确定《房屋租赁意向书》解除之日为实业公司收到诉状副本之日，即2007年10月12日。

按双方当事人的约定，定金的目的在于保证双方当事人签署正式的租赁合同，现对于合同未能正式签订，双方均有责任，故对于电子公司按定金罚则双倍返还定金以及实业公司要求没收电子公司定金作为赔偿的主张，法院均不予采纳。《房屋租赁意向书》解除后，实业公司应返还电子公司定金500万元。至于双方不当行为对对方造成的实际损失，双方可另行主张。

某学院虽是系争房屋的产权人，但并非《房屋租赁意向书》的相对方，500万元定金亦由电子公司支付给实业公司，且电子公司无证据证明其在系争房屋租赁过程中与某学院产生过相应的权利、义务关系，故电子公司要求某学院承担连带责任的诉请，不符合法律规定，不予支持。

一审法院判决： 一、实业公司与电子公司于2005年8月31日签订的

《房屋租赁意向书》于2007年10月12日解除；二、实业公司于判决生效之日起十日内返还电子公司定金人民币500万元；三、对电子公司的其余诉讼请求不予支持；四、对实业公司的反诉请求不予支持。

二审法院观点： 依法成立的合同，对当事人具有法律约束力，当事人应当按照约定履行自己的义务。电子公司与实业公司签订的《房屋租赁意向书》系双方真实意思表示，且未违反法律禁止性规定，应当认定有效，双方均应按约履行。

关于实业公司是否具备房屋交付条件，本案的特殊性在于双方签订《房屋租赁意向书》时租赁标的物尚未建成，而《房屋租赁意向书》第4条第1款约定："双方约定，甲方（实业公司）于2005年10月10日前向乙方（电子公司）交付房屋，提供竣工验收合格的房屋，并签订正式房屋租赁合同……"第4款约定："甲方（实业公司）房屋必须通过中国及市建筑工程质量验收合格后，方可把房屋交付给乙方（电子公司）使用……"上述内容表明，双方对租赁房屋交付条件的约定是明确的，即房屋必须竣工验收合格。而关于水、电、煤气及通信网络等设施的接通，双方在《房屋租赁意向书》第2条租赁用途中约定为甲方（实业公司）应满足乙方（电子公司）租赁系争房屋进行宾馆及餐饮等商业服务所需，可见，虽然上述设施的接通亦为实业公司的合同义务，但并非其交付租赁房屋时的必备条件。因此，2006年9月15日，电子公司法定代表人曹某平签收系争房屋《建设工程竣工验收备案证书》，应视为此时实业公司已经具备了交付房屋的条件，其有权向电子公司交付房屋。对电子公司关于实业公司交付房屋不符合条件的主张，不予采纳。

关于实业公司是否享有解除合同的权利，该院认为，《合同法》规定[①]，当事人一方迟延履行主要债务，经催告后在合理期限内仍未履行，对方当事人可以解除合同。如前所述，电子公司于2006年9月15日签收了系争房屋《建设工程竣工验收备案证书》，应视为实业公司已经具备了交房条件，电子公司此后多次以房屋配套设施未落实拒绝接收房屋的理由不成立。虽然此时实业公司已逾期交房近一年时间，构成违约，电子公司依法可以行使解除合

---

① 对应《民法典》第563条第1款第3项，有下列情形之一的，当事人可以解除合同：（三）当事人一方迟延履行主要债务，经催告后在合理期限内仍未履行。

同的权利，但电子公司并未行使合同解除权。而《房屋租赁意向书》约定，实业公司交付房屋时双方应当签订正式房屋租赁合同，同时约定，房屋前两年租金电子公司应当在正式合同签订后十五日内一次性支付，故可以认定接收房屋及与实业公司签订正式房屋租赁合同系电子公司的主要合同义务，电子公司拒绝接收房屋及签订正式房屋租赁合同系迟延履行主要债务。因此，实业公司在多次致函催告电子公司接收房屋并签订正式房屋租赁合同而电子公司予以拒绝的情形下，实业公司享有解除合同的权利。2006年11月21日，实业公司最后一次致函电子公司，要求电子公司在接函后五日内与其签订正式合同，否则将系争房屋另租他人，而电子公司仍予拒绝，故该院认定系争《房屋租赁意向书》于2006年11月26日解除。

系争《房屋租赁意向书》第3条第2款约定："本意向书生效后，甲乙双方共同遵守。若乙方（电子公司）违约，定金则作为甲方（实业公司）的经济补偿，不予退还。若甲方（实业公司）违约，定金如数退还乙方（电子公司），甲方还需支付定金的两倍给乙方（电子公司），作为违约补偿。"上述内容系双方当事人关于违约责任的约定。《房屋租赁意向书》履行过程中，实业公司未按约于2005年10月10日前向电子公司交付房屋，构成违约，理应承担违约责任。现电子公司诉请要求实业公司双倍返还已付定金，且该项主张小于实业公司按约应当承担的违约责任，该院予以支持。而电子公司在实业公司具备房屋交付条件后，屡次拒绝接收房屋及签订正式房屋租赁合同，亦构成违约，也应承担违约责任。故实业公司反诉要求没收电子公司已付定金，符合双方约定，亦予以支持。鉴于此，双方各自承担违约责任后结果相抵，实业公司应支付电子公司人民币500万元。

关于某学院是否应当就实业公司的违约责任承担连带责任，某学院并非《房屋租赁意向书》的一方当事人，与电子公司无合同法律关系，电子公司要求其承担连带责任无合同依据。至于某学院向实业公司出具《招商委托书》，系其履行与实业公司间合同的行为，电子公司据此主张某学院与实业公司间为委托法律关系，无事实依据，不予采纳。

二审法院判决：一、撤销一审判决；二、电子公司与实业公司于2005年8月31日签订的《房屋租赁意向书》于2006年11月26日解除；三、电子公司要求实业公司双倍返还定金人民币1000万元的诉讼请求，予以支持；四、实业公司要求没收电子公司定金人民币500万元的诉讼请求，予以支持；

五、综合上述第三项、第四项判决，实业公司应于本判决生效之日起十日内支付电子公司人民币 500 万元；六、电子公司要求某学院承担连带责任的诉讼请求，不予支持。

关联案例 1

> **案件名称**：鼎某商业公司与郑某屋租赁合同纠纷案
> **审理法院**：黑龙江省大庆市中级人民法院（2021）黑 06 民终 403 号[1]
> **裁判观点**：判断某项规定属于效力性强制性规定还是管理性强制性规定的根本在于违反该规定的行为是否严重侵害国家、集体和社会公共利益，是否需要国家权力对当事人的意思自治行为予以干预。《建筑法》《消防法》有关未经验收的建筑物不得交付使用，未经消防验收的建设工程禁止投入使用的规定，是规范建设单位的行为，而非规范开发商和租赁人之间的房屋租赁关系，因此《建筑法》《消防法》的规定属于管理性规定，不影响上诉人与被上诉人在租赁房屋中对房屋交付条件约定的效力。故上诉人主张租赁合同违反效力性强制性规定，应无效的上诉理由不成立，本院不予支持。

关联案例 2

> **案件名称**：汤某与月某公司定金合同纠纷案
> **审理法院**：江苏省宿迁市中级人民法院（2015）宿中民终字第 01067 号[2]
> **裁判观点**：双方签订的租赁意向协议书合法有效。理由如下：月某公司与汤某签订的租赁意向协议书对租赁房屋的经营用途、地点、面积、单价、租赁期间等主要条款作出了明确约定，具有可履行性，因而双方当事人意思表示完整、明确、一致，对双方当事人均具有法律约束力。

---

[1] 一审：黑龙江省大庆市让胡路区人民法院（2020）黑 0604 民初 4185 号；二审：黑龙江省大庆市中级人民法院（2021）黑 06 民终 403 号，载中国裁判文书网，https：//wenshu.court.gov.cn/website/wenshu/181107ANFZ0BXSK4/index.html?docId=c76251aa3adf49e4b033ad1500927b01，最后访问时间：2022 年 6 月 30 日。

[2] 一审：江苏省沭阳县人民法院（2014）沭开民初字第 02354 号；二审：江苏省宿迁市中级人民法院（2015）宿中民终字第 01067 号，载中国裁判文书网，https：//wenshu.court.gov.cn/website/wenshu/181107ANFZ0BXSK4/index.html?docId=5cc65e46b9564274868543c559eb6f2a，最后访问时间：2022 年 6 月 30 日。

> **律师点评**

本案的特殊性在于：当事人双方在签订《房屋租赁意向书》时，租赁标的物尚未建成，正式的《房屋租赁合同》尚未签订。因此本案不同于一般的即时交付的租赁合同，在此情况下，出租方和承租方的合同义务较之一般的即时交付的租赁合同均有所区别。本案中，实业公司最终完成了租赁标的物的建造，且租赁标的物竣工验收合格，但迟延履行并存在水、电、煤气及网络通信设施尚未接通到指定位置的情形，而电子公司认为租赁标的物尚不具备交付条件，拒绝接收房屋并签订正式的《房屋租赁合同》，但未行使合同解除权。因此本案的争议焦点在于，如何认定房屋是否具备交付条件？围绕该争议焦点，又涉及租赁标的物尚未建成且未签订正式《房屋租赁合同》时，双方的主要合同义务的确定等关联法律问题。接下来对于本案争议焦点和关联问题进行分析和点评。

一、关于如何认定房屋具备交付条件

我国法律法规中有关房屋交付条件的规定，法律层面的有：《建筑法》第61条第2款："建筑工程竣工经验收合格后，方可交付使用；未经验收或者验收不合格的，不得交付使用。"《城市房地产管理法》第27条第2款："房地产开发项目竣工，经验收合格后，方可交付使用。"《消防法》第13条第3款："依法应当进行消防验收的建设工程，未经消防验收或者消防验收不合格的，禁止投入使用；其他建设工程经依法抽查不合格的，应当停止使用。"

行政法规层面的有：《建设工程质量管理条例》第16条第3款："建设工程经验收合格的，方可交付使用。"《建设项目环境保护管理条例》第19条第1款："编制环境影响报告书、环境影响报告表的建设项目，其配套建设的环境保护设施经验收合格，方可投入生产或者使用；未经验收或者验收不合格的，不得投入生产或者使用。"《城市房地产开发经营管理条例》第17条："房地产开发项目竣工，依照《建设工程质量管理条例》的规定验收合格后，方可交付使用。"

由以上规定可见，我国对于房屋交付的条件，所使用的定义为"验收合格"，而非"竣工验收合格"，也就是说，对于房屋交付，应当具备两个层次的条件，先是竣工，而后是验收合格，但对于竣工和验收的内容无明确规定，由此在实务界对于房屋交付条件产生了争议，并产生了以下两种不同意见：

一种意见是：根据《建筑法》和《城市房地产管理法》的规定，房屋竣工验收合格即具备交付条件，此竣工验收指的是建设单位组织的，由建设、勘察、设计、施工和监理五方参加的竣工验收。

另一种意见是：建设单位组织的五方主体验收，仅是针对房屋主体质量的验收，而房屋是否具备交付条件，还应当结合《消防法》《建设项目环境保护管理条例》和《城市房地产开发经营管理条例》的规定，即竣工验收的内容，除了房屋主体质量，还包括消防、环境保护设施或是规划、配套、拆迁、物业等应当综合验收的内容。因此，建设单位组织的五方主体验收合格，但消防等设施未验收合格的，房屋仍不具备交付条件。

以上两种意见在当时均具有一定的说服力，但由于国家法律的修订，第二种意见现在已失去重要的法律规定支持，如2021年4月29日修订的《消防法》仅将"国务院住房和城乡建设主管部门规定应当申请消防验收的建设工程"纳入消防验收的范围，而其他工程则采取了建设单位验收报公安消防机构备案的原则，而2004年《国务院关于第三批取消和调整行政审批项目的决定》将住宅小区等群体房地产开发项目竣工综合验收取消，2020年11月29日修订后的《城市房地产开发经营管理条例》也取消了综合验收的相关规定，至于《建设项目环境保护管理条例》所规定的环境保护设施的验收，则只针对需要配套建设的环境保护设施的建设项目，司法实践中法院也均未将对此方面的验收认定为竣工验收的内容，因此，第一种意见即建设单位组织的五方主体共同验收并形成竣工验收合格的文件，房屋即具备交付条件，已成为现在的统一认识，司法实践中法院也基本采取了这一裁判原则。

本案中，当事人就房屋交付条件的争议发生于2008年10月28日《消防法》修订之前，理论上消防验收合格也应是当时法律规定的房屋交付的强制性条件，但法院未予以考虑，判决书中未提及，有三种可能性，一是房屋已经消防验收合格，二是电子公司拒绝交房的理由未涉及消防验收，三是法院认定房屋交付条件时，以双方约定作为认定依据，并参考了当时已修订但未实施的《消防法》的规定，具体情况不得而知。但可以明确的是，房屋是否具备交付条件，除非合同双方对此有明确约定，否则以是否竣工并验收合格为准，而水、电、煤气及通信网络设施等是否接通到指定位置，并不成为房屋交付的必备条件。

二、关于当事人仅签订《房屋租赁意向书》，租赁标的物尚未建成时，出租方与承租方的主要合同义务的认定

《民法典》第703条规定："租赁合同是出租人将租赁物交付承租人使用、收益，承租人支付租金的合同。"可见，对于一般的租赁合同，出租人的主要合同义务是交付租赁物，承租人的主要合同义务是支付租金。

而当事人仅签订《房屋租赁意向书》，租赁标的物尚未建成时，租赁合同还不具备履行条件，因此，双方的主要合同义务与一般的房屋租赁合同必将有较大的区别。在此情况下，正式房屋租赁合同关系的成立有两种方式，一种方式是双方明确约定租赁标的物建成后另行签订正式的《房屋租赁合同》，另一种方式是直接在《房屋租赁意向书》中详细对建成后的房屋租赁权利义务进行约定，待租赁标的物建成后即时履行租赁合同，不再另行签订《房屋租赁合同》。《民法典》第119条规定："依法成立的合同，对当事人具有法律约束力。"因此无论采取哪种方式，只要《房屋租赁意向书》是双方真实意思表示，且未违反法律的禁止性规定，即合法有效，双方均应按照约定履行自己的义务。

本案中，双方约定："甲方（实业公司）于2005年10月10日前向乙方（电子公司）交付房屋，提供竣工验收合格的房屋，并签订正式房屋租赁合同"，因此双方对于正式租赁合同关系的成立采取了第一种方式，在正式的《房屋租赁合同》签订以前，出租方的主要合同义务应当是建造并交付竣工验收合格的房屋，使双方具备签订正式《房屋租赁合同》的条件，而承租方的主要合同义务尚不是支付租金，而是在出租方交付竣工验收合格的房屋时，接收房屋并签订正式的《房屋租赁合同》。

三、关于一方未履行或迟延履行主要合同义务，对方合同解除权的行使

根据《民法典》第563条第1款第3项的规定，当事人一方迟延履行主要债务，经催告后在合理期限内仍未履行的，另一方可以解除合同。

本案中，实业公司未在约定的期限内即2005年10月10日前建造完成并向电子公司交付竣工验收合格的房屋，属于迟延履行主要合同义务的违约行为，此时电子公司可以催告实业公司在一定的宽限期内交付竣工验收合格的房屋，如实业公司仍未履行，则电子公司有权单方面解除合同。但电子公司未主张合同解除权，而是多次以函件表达了继续履行合同的意愿，实际上是对应享有的权利的放弃行为。

而电子公司在2006年9月15日实业公司交付竣工验收合格的房屋时，拒绝接收已经竣工验收合格的房屋并签订正式的《房屋租赁合同》，也属于迟延履行主要合同义务的违约行为，而实业公司则适时行使了合同解除权，于2006年11月21日发函给电子公司，要求电子公司收函后5日内前来签订租赁合同，否则将房屋租赁给第三方。这是实业公司对其权利的正当合理运用，但电子公司仍拒绝接收房屋并签订正式的《房屋租赁合同》，此时实业公司即享有单方面解除合同的权利。

本案中，在电子公司放弃行使合同解除权后，一审法院以"因实业公司违约在先，其不享有基于催告对方不履行而产生的合同解除权"为由，否定实业公司的合同解除权，缺乏法律依据，但判决时适用了当时的《合同法》第96条，令人难以理解。当时《合同法》第96条规定："当事人一方依照本法第九十三条第二款、第九十四条的规定主张解除合同的，应当通知对方。合同自通知到达对方时解除……"从条文字面上理解，实业公司还应当在2006年11月27日再次通知电子公司正式解除《房屋租赁意向书》，但二审法院在实业公司未再次通知的情形下，认定《房屋租赁意向书》于2006年11月26日解除，判决时也未适用《合同法》第96条，似乎也有待商榷。而在电子公司向实业公司先行行使合同解除权并被法院认定《房屋租赁合同》已经解除后，再起诉请求解除《房屋租赁意向书》已无实际意义，法院也不会认可其解除权。

四、关于双方均存在违约行为时，违约责任的承担

《民法典》第592条规定："当事人都违反合同的，应当各自承担相应的责任。当事人一方违约造成对方损失，对方对损失的发生有过错的，可以减少相应的损失赔偿额。"因此在合同合法有效的前提下，应充分尊重当事人的意思自治，双方均存在违约行为时，应按约定承担各自的违约责任。

本案中，一、二审法院都认定实业公司迟延交付房屋和电子公司拒绝接收房屋并签订正式房屋租赁合同均系违约行为，但一审法院认为"对于合同未能正式签订，双方均有责任，故对于电子公司按定金罚则双倍返还定金以及实业公司要求没收电子公司定金作为赔偿的主张，法院均不予采纳"，如此认定没有法律依据，而二审法院依据当时尚未被废止的《合同法》第120条的规定，认定双方按《租赁合同意向书》的约定各自承担违约责任，对电子公司要求实业公司双倍返还已付定金的请求和实业公司要求没收电子公司已付定金的请求均予以支持,虽然最终双方承担违约责任的结果相同,却是适用法律正确的判决。

综上所述,当事人双方仅签订《房屋租赁意向书》,租赁标的物尚未建成,正式《房屋租赁合同》尚未签订时,出租方的主要合同义务是建造并交付竣工验收合格的房屋,承租方的主要合同义务是接收房屋并签订正式的《房屋租赁合同》。房屋竣工经验收合格后即具备交付条件,虽然水、电、煤气及网络通信设施尚未接通到指定位置,但其并非交付房屋的必备条件,承租人以此拒绝接收房屋并签订正式的《房屋租赁合同》,是迟延履行主要合同义务的行为。出租人催告承租人接收房屋并签订正式的《房屋租赁合同》后,承租人在合理期限内仍未履行的,出租人有权单方面解除《房屋租赁意向书》。《房屋租赁意向书》履行过程中,出租人与承租人均有违约行为的,应当按约定承担各自的违约责任。

7.2 法院如何认定出租房屋未取得权属证书之租赁合同的效力

——某公司诉许某房屋租赁合同纠纷案①

> **关 键 词**:房屋租赁合同,权属证书,合同效力
>
> **问题提出**:房屋租赁合同在出租人未取得甚至无法取得房屋权属证书的情况下,法院如何认定房屋租赁合同的效力?
>
> **关联问题**:承租人与次承租人产生纠纷,法院如何确定转租合同的法律效力?
>
> **裁判要旨**:房屋租赁合同在房屋未取得权属证书的情况下,出租人业已取得房屋使用权,其对涉案房屋是否享有所有权,并不影响承租人依据合同约定向出租人履行交纳租赁费用等义务,出租人要求承租人按照合同约定支付租金的诉讼请求有事实和法律依据,应当予以支持。

---

① 本案例系在真实案件基础上加工改写而成。

第七章 商品房租赁

案情简介

原告（被上诉人）：某公司

被告（上诉人）：许某

2008年10月26日、2009年11月30日某公司先后就位于某市某区的两间门面房租赁事宜达成两份租赁合同。2009年11月30日双方签订的租赁合同中约定：租金标准为每月6000元，租金不含水费、电费，水费、电费由许某向某公司缴纳；租赁期限至2011年4月30日；每偶数月的25日缴纳下两个月的租金；许某未缴纳租金，应按照未交租金的15%支付违约金；租赁期满后，许某应提前30日向某公司提出书面续租要求，否则某公司有权收回房屋；等等。

2009年12月30日某省某机关服务中心将包括许某承租的两间门面房在内的665平方米的房屋租赁给某公司使用，租赁期限36个月，自2010年1月1日至2012年12月31日。

在2011年4月30日租赁期限到期后，双方未达成一致意见，也未签订新的租赁合同，但许某未搬出该门面房，继续在此两间门面房经营土特产至今。某公司于2011年5月22日对许某所租门面房停水、停电。

许某向某公司交纳租金至2011年4月30日，许某在期限届满前交纳租金的标准是每月6000元。

2011年5月9日，某公司诉至该院，请求判令许某搬出该房屋；许某支付自2011年5月1日至8月31日房屋占用费34400元（原告请求按照每月8600元计算），所拖欠水费60元、电费483.3元、逾期违约金5241.5元，合计数为40184.8元，之后至判决生效之日按照合同约定的每月6000元另计房屋占用使用费。

各方观点

许某观点：1. 某公司既不是该门面房产权人，也不是合法使用者。许某所租赁的门面房是一违章建筑，产权没登记，所以其产权既不是某省粮食局，也不是某省粮食局机关服务中心，更不是某公司所有。经查知，2009年12月30日某省某机关服务中心将自己没有产权的665平方米房屋租赁给了富某医疗，租赁期限36个月，自2010年1月1日至2012年12月31日。由此可知，富某医疗与本案原告某公司不是一个诉讼主体，无诉讼主体资格。

2. 许某与某公司签订的房屋租赁合同因该房屋未办理产权登记应属无效合同，原审判决按有效合同处理并判决许某腾出房屋并支付房屋占用使用费、逾期违约金、水电费等29784.8元是错误的，应根据《合同法》第56条"无效的合同或者被撤销的合同自始没有法律约束力"所规定的处理原则进行处理。

3. 原审判决适用法律错误。原审判决适用《合同法》第107条、第114条、第227条、第235条关于有效合同的规定处理本案，属于适用法律错误，本案某公司没有诉讼主体资格，应根据《民事诉讼法》第108条之规定依法驳回某公司的一审诉讼请求。

某公司观点：1. 某公司对租赁给许某的两间房屋拥有合法的完全使用权，有事实和法律依据。2. 某公司与许某签订的《房屋合作协议》中涉及的两间房屋属于合法建筑，均有相关文件和审批材料证明。3. 某公司在某省工商局名称的两次变更其实质是一家公司。因此，许某拒不交纳到期房租以及拖欠房租无任何理由和依据。

法院观点

一审法院观点：许某自某公司处租赁该门面房，双方签订租赁合同，双方应严格按照约定履行各自的义务。许某在租赁期满后，未按照约定签订新的租赁协议并交纳租金，许某继续占有该房屋的行为，应属违约行为，故某公司要求许某搬出该房屋，交纳期满后占用期间的租金24000元（4个月×6000元），以及所拖欠的水费60元、电费483.3元及逾期交纳违约金5241.5元，应当予以支持。对于许某的辩称意见，该院认为，某公司通过何种途径取得该房屋的使用权，不影响许某按照双方之间合同的约定履行其交纳租金的义务，也不是租赁期满后许某不搬出所租房屋的理由。

一审法院判决：依照《合同法》第107条、第114条、第227条、第235条之规定，判决许某于判决生效后三日内搬出所承租的位于某市某区的前后两间门面房；许某于判决书生效之日起三日内支付某公司房屋占用使用费24000元及逾期违约金5241.5元，支付所拖欠的水费60元、电费483.3元，共计29784.8元（房屋占用使用费暂计算至2011年8月31日，之后至判决生效之日按照每月6000元继续计算）；驳回原告其他诉讼请求。

二审法院观点：许某与某公司签订的《房屋合作协议》，系双方真实意思表示，合法有效，依法应予保护。合同期满后，某公司与许某未就续签租赁合同达成书面或口头协议，故某公司有权随时请求许某搬离其所承租房屋，并请求支付相关费用。某公司业已取得房屋使用权，其对涉案房屋是否享有所有权，并不影响许某依据合同约定向某公司履行交纳租赁费用等义务，且本案系租赁合同纠纷，而非权属纠纷，某公司具备当然的主体资格。综上，某公司的诉讼请求有事实和法律依据，应当予以支持。许某的上诉理由不足以证明其主张，对其上诉请求，该院不予支持。原审判决认定事实清楚，程序合法，应予维持。

二审法院判决：驳回上诉，维持原判。

关联案例

案件名称：吴某学与新某公司房屋租赁合同纠纷案

审理法院：山东省高级人民法院（2016）鲁民申2636号[1]

裁判观点：《房屋租赁司法解释》第2条规定："出租人就未取得建设工程规划许可证或者未按照建设工程规划许可证的规定建设的房屋，与承租人订立的租赁合同无效。"第5条第1款规定："房屋租赁合同无效，当事人请求参照合同约定的租金标准支付房屋占有使用费的，人民法院一般应予支持。"本案中，因涉案房屋未取得建设工程规划许可证，一、二审判决认定相应的房屋租赁合同无效，符合上述法律规定。吴某学主张因涉案房屋所在的某书城整体没有办理消防手续，其无法办理营业执照，无法正常经营，不应支付占有使用费。涉案合同约定的租赁期间自2010年12月30日至2013年12月29日，涉案房屋已于2010年11、12月份交付给吴某学，吴某学一直占有至租赁期满后仍未交还。虽然吴某学主张曾与新某公司商量过，提出要么降低租金继续履行合同，要么赔偿前期投入损失、解除合同，但新某公司对此不予认可，吴某学亦未通过诉讼等方式主张权利。因此，吴某学以占有房屋后未正常经营为由主张未使用该房屋，本院不予支持，二审判决依据前述司法解释第5条的规定，判令吴某学按照合同约定的租金标准支付租赁期内的占有使用费，在事实认定和法律适用上均无不当。吴某学提交的《停业整改通知书》（复印件）系某市公安局于2012年11月21日出具，该通知书载明因发现存在无证经营问题，要求立即停业整顿。该份证据不能证明吴某学未占有使用该房屋，其新证据的申请事由不能成立。

---

[1] 载中国裁判文书网，https://wenshu.court.gov.cn/website/wenshu/181107ANFZ0BXSK4/index.html?docId=3a40cf83616b46e19ffba76e00c615ca，最后访问时间：2022年6月30日。

> **律师点评**

本案是一起因出租人出租房屋无产权证而引起的租赁合同纠纷，在实际生活中，这类案件较为普遍，在我国司法审判实践中，在相关司法解释出台前，对这类案件的审理也存在一定的争议。现就本案所涉及的相关法律问题解析如下：

一、关于暂未取得房产证的房屋租赁合同效力问题

《城市房地产管理法》第53条在对租赁合同进行定义时，将出租人限定为所有人。故许多法院据此也认为以无产权证的房屋出租的房屋租赁合同应认定为无效。

但是上述审判观点是否正确存在相当大的争议。《民法典》第703条规定："租赁合同是出租人将租赁物交付承租人使用、收益，承租人支付租金的合同。"从该法律规定可以看出，强调的是转移租赁物的使用和收益，并不要求出租人必须是租赁物所有权人或已取得产权证。《民法典》第716条第1款规定："承租人经出租人同意，可以将租赁物转租给第三人……"《民法典》允许转租的规定也可以印证出租人并不一定是房屋所有权人。从合同的角度来分析，出租人作为合同的一方，并非以所有权人为限，因为租赁关系体现的是占有的转移：一方让渡其占有获得租金利益，另一方则通过支付租金取得占有以及使用收益。从物权的角度来分析，合法占有权人在所有权人允许的范围内享受收益权，房屋的合法占有人也有权出租房屋。因此，现实生活中应分情况认定尚未取得房产证的房屋能否出租的问题，在出租人为房产合法占有人的情况下，虽然出租人未取得房产证，但仍然有权出租房屋。

《城市房地产管理法》第53条规定："房屋租赁，是指房屋所有权人作为出租人将其房屋出租给承租人使用，由承租人向出租人支付租金的行为。"此处虽然将房屋出租人解释为"房屋所有权人"，但一是不属于"效力性强制性规定"。二是对租赁合同出租人的限定过窄，并不符合立法原意。最为显著的例子是国有房屋的出租，并非所有权人行使，而是由有管理权的人行使。出租人显然不应限于所有人。三是没有房屋产权证并不必然就不是产权人。在工程未竣工之前，开发商虽未取得房产证，但是在建工程的所有权人，其当然有权将在建工程对外出租。因此，未领取房产证不必然导致房屋租赁合同无效，开发商可以在取得《商品房预售许可证》后对外签订租赁合同。同样，预售商品房的购房者在签订了《商品房买卖合同》以后，房屋标的已确定，也可以对外签订租赁合同。

在司法实践中，为厘清审判中的分歧，就暂未取得房产证的情况下房屋租赁合同的效力问题，《房屋租赁司法解释》第2条规定："出租人就未取得建设工程规划许可证或者未按照建设工程规划许可证的规定建设的房屋，与承租人订立的租赁合同无效。但在一审法庭辩论终结前取得建设工程规划许可证或者经主管部门批准建设的，人民法院应当认定有效。"从上述规定可以看出，对于暂未取得房屋权属证书的情况下房屋租赁合同的效力问题，人民法院是持肯定态度的。

二、关于就违法建筑签订的房屋租赁合同的效力问题

关于认定违法建筑的法律依据，我国《土地管理法》规定了用地申请制度，《建筑法》规定了施工许可证领取制度，《城乡规划法》规定了城镇建设用地规划许可证制度，还有《水法》《公路法》《消防法》《铁路法》《民用航空法》等法律及行政法规均对建筑作了合法化要求并对违反法律法规规定的建筑物的处理进行了不同的规定，同时，违法建筑按照违反的法律法规的性质、侵害的客体及违法建筑处理措施的不同，也可以分为公法意义上的违法建筑、私法意义上的违法建筑、程序性违法建筑、实质性违法建筑等，但在处理违法建筑房屋租赁合同的效力时以什么标准认定违法建筑呢？按照最高人民法院民一庭编写的《最高人民法院关于审理城镇房屋租赁合同纠纷案件司法解释的理解与适用》一书中的定义，违法建筑是指未取得建设工程规划许可证或者未按照建设工程规划许可证规定内容建设的房屋及建筑物。[1]

在审判实践中，对就违法建筑签订的房屋租赁合同的效力认定一直存在很大的争议，许多法院认为无产权证的房屋出租是否属于行政违法，以及建筑物是否违法，都是属于行政管理上的事项，完全没有必要就民事行为作否定的评价。即使是违法建筑，根据《城乡规划法》第64条规定，未取得建设工程规划许可证或者未按照建设工程规划许可证的规定进行建设的，由县级以上地方人民政府城乡规划主管部门责令停止建设；尚可采取改正措施消除

---

[1] 最高人民法院民事审判第一庭编著：《最高人民法院关于审理城镇房屋租赁合同纠纷案件司法解释的理解与适用》，人民法院出版社2009年版，第34页。

对规划实施的影响的，限期改正，处建设工程造价百分之五以上百分之十以下的罚款；无法采取改正措施消除影响的，限期拆除，不能拆除的，没收实物或者违法收入，可以并处建设工程造价百分之十以下的罚款。实践中违法建筑的情况多种多样，违法建筑主要包括：（1）未申请或申请未获得批准，未取得建设用地规划许可证和建设工程规划许可证而建成的建筑；（2）擅自改变建设工程规划许可证的规定建成的建筑；（3）擅自改变了使用性质建成的建筑；（4）临时建筑建设后超过有效期未拆除成为永久性建筑的建筑；（5）通过伪造相关材料向主管部门骗取许可证而建成的建筑。上述违法建筑违法程度各有不同，相当部分是可以补正的。所以，这类房屋租赁合同不宜以其为违法建筑而一律认定为无效。同时，根据《土地管理法》第83条、《城乡规划法》第68条的规定，对违法建筑的认定、拆除权利在有关行政机关和人民法院，其他机关和个人无权认定。也就是说，违法建筑虽然违反了《城乡规划法》的强制性规定，但仅能引起相应的行政处罚，该规定并非效力性强制性规定，也并未直接规定违反了该规定就导致合同无效，因此，不能援引《民法典》第153条规定认定租赁合同无效。

但是2021年1月1日起施行的《房屋租赁司法解释》第2条规定，出租人就未取得建设工程规划许可证或者未按照建设工程规划许可证的规定建设的房屋，与承租人订立的租赁合同无效。

上述司法解释直接确定了就违法建筑签订的租赁合同无效，按照《最高人民法院关于审理城镇房屋租赁合同纠纷案件司法解释的理解与适用》一书中的观点，国家对违法建筑持否定性评价，且违法建筑损害了国家利益，规避了国家对规划体系、建筑产品质量、房地产交易市场等系列行为的监管，使得违法建筑在现行体制以外生存，直接危及社会的公共安全和人民群众的生命财产安全。因此，违法建筑直接损害国家和社会公共利益，并不是在当事人私权范畴内就能解决的问题，人民法院作为公权力的行使者，应当旗帜鲜明地认定就违法建筑订立的房屋租赁合同无效。①

值得注意的是，根据《房屋租赁司法解释》，违法建筑如果在一审法庭辩论终结前取得建设工程规划许可证或者经主管部门批准建设的，则违法建筑

---

① 最高人民法院民事审判第一庭编著：《最高人民法院关于审理城镇房屋租赁合同纠纷案件司法解释的理解与适用》，人民法院出版社2009年版，第37页。

转化为合法建筑，原无效合同中的违法内容被删除，违法的标的物合法化，违法内容经修订后瑕疵消失，合同无效理由不存在了，房屋租赁合同从无效转化为有效，应当得到全面实际履行。但是，以违法建筑为标的物的房屋租赁合同，虽然可因违法原因的消除而被认定有效，但在取得建设工程规划许可证或者经主管部门批准前的合同效力状态是无效，而非效力待定或未生效。另外，司法解释中的"一审法庭辩论终结前"不包括二审、再审程序中发回到一审法院审理阶段。

结合本案实际情况，某公司在庭审中仅出示了所出租房屋的审批证明而未出示该房屋的产权证，许某据此认为某公司与其所签订的房屋租赁合同系无效合同。根据本文上述分析，如果该出租房屋系违法建筑，双方签订的房屋租赁合同应认定为无效，但如果该房屋获得了有关审批，仅仅未取得房屋权属证书，则某公司作为该房屋的合法使用人，有权在出租人同意的情况下，将该房屋进行转租，双方签订的房屋租赁合同真实合法有效，应当受到法律的保护，双方均应按照合同约定执行。一审法院认为，某公司通过何种途径取得该房屋的使用权，不影响许某按照双方之间合同的约定履行其交纳租金的义务，也不是租赁期满后许某不搬出所租房屋的理由。二审法院同样据此维持了原判。

三、关于房屋转租合同效力的有关问题

按照《民法典》规定，承租人经出租人同意转租的，转租合同在租赁合同剩余租赁期限内有效。按照《民法典》第717条规定，承租人经出租人同意将租赁物转租给第三人，转租期限超过承租人剩余租赁期限的，超过部分的约定对出租人不具有法律约束力，但是出租人与承租人另有约定的除外。即承租人与次承租人的租赁期限受原租赁合同期限限制。此点在司法实践中争议并不大。

非法转租，是指未经出租人允许所进行的转租。关于非法转租合同的效力，在司法实践中态度不尽一致。

在《房屋租赁司法解释》出台前，我国并无对擅自转租房屋行为的效力的明确法律规定。但是基于转租在发生上、效力上、转让上、消灭上均受到租赁合同的限制，即转租的生效要件之一是租赁合同的有效存在，大多数法院均认为转租合同无效。

也有部分法院对此有不同意见。其理由为：租赁合同属于确立债权、债

务关系的合同，而不是以产生物权变动效果为目的的合同。出租人对租赁物是否享有所有权、处分权，不是租赁合同必须考虑的内容。租赁合同的内容是出租人将租赁物交由承租人占有、使用，承租人支付相应的租金。承租人将依照合同取得的对租赁物的占有、使用权转移给次承租人享有，并不构成对租赁物的处分。《民法典》第716条第2款规定："承租人未经出租人同意转租的，出租人可以解除合同。"可见，对于承租人未经出租人同意转租的，《民法典》给出租人设定的救济途径是可以解除原租赁合同，而非宣告转租合同无效。

在学界，对非法转租问题存在有效说、效力待定说、无效说等各种不同的学说，在司法实践中，不同地区对同一问题法律适用上也存在一定的差异，这种情况妨碍了法律的统一适用，为此，《民法典》第718条对此进行了明确规定："出租人知道或者应当知道承租人转租，但是在六个月内未提出异议的，视为出租人同意转租。"

因此，非法转租合同出租人在六个月异议期内提出异议的情况下，可以单方解除合同，如超过六个月异议期出租人未提出异议，则视为出租人同意转租，该转租合同应认定为有效合同。

在本案中，某公司所出租房屋系向第三人租赁而来，某公司系承租人，许某系次承租人，在庭审中第三人并未参与，但在未有任何证据证明某公司系擅自转租，应视为第三人对转租合同的默认，某公司的转租行为合法有效。在某公司转租行为合法有效的情况下，某公司作为房屋租赁合同的一方当事人，有权因次承租人许某的违约行为提起民事诉讼，其具备诉讼主体资格。还有，在房屋租赁合同期间，某公司进行了公司变更，变更后的公司作为原公司权利义务的继受人，也有权以一方诉讼当事人的身份就原公司签订的房屋租赁合同主张其权利。人民法院在审理中认为，某公司业已取得房屋使用权，其对涉案房屋是否享有所有权，并不影响许某依据合同约定向某公司履行交纳租赁费用等义务，且本案系租赁合同纠纷，而非权属纠纷，某公司具备当然的主体资格。据此，人民法院认为，某公司的诉讼请求有事实和法律依据，应当予以支持，因此，在本案一审、二审中，均支持了某公司的诉讼请求。

综上所述，根据《房屋租赁司法解释》，城镇房屋租赁合同无效有如下几种情形：出租人就未取得建设工程规划许可证或者未按照建设工程规划许可证的规定建设的房屋，与承租人订立的租赁合同无效。出租人就未经批准或者未按照批准内容建设的临时建筑，与承租人订立的租赁合同无效。租赁期限超过临时建筑的使用期限，超过部分无效。房屋租赁合同只要不存在上述无效的情形或其他违反国家法律效力性强制性规定的情形，应认定为有效。房屋租赁合同不同于权属纠纷，在出租人取得所出租房屋的合法使用权的情况下（包括得到同意的或者在规定期限内未提出异议的转租），即使未取得房屋权属证书，其签订的《房屋租赁合同》也应认定为有效，并应得到法律保护。据此，本案一审、二审法院均支持了某公司的诉讼请求，保护了房屋租赁合同中没有取得房屋权属证书的转租人的合法权益。

律师建议，当事人在房屋租赁合同签订过程中应充分注意合同的效力问题，如存在可能影响合同效力的瑕疵问题（如标的物系违法建筑、非法转租等）时，应及时补正相关手续（如及时办理相关审批手续、取得出租人的同意等），确保房屋租赁合同合法有效，以利于合同当事人全面履行合同义务并享受合同权益。

7.3 法院如何认定约定租赁面积与房屋实际建筑面积严重不符是否构成重大误解

——某实业公司诉某商业公司房屋租赁合同纠纷上诉案[1]

> 关 键 词：租赁面积，建筑面积，重大误解
>
> 问题提出：租赁合同中约定租赁面积与租赁房屋实际建筑面积严重不符，是否构成重大误解？
>
> 关联问题：重大误解的构成条件是什么？租赁合同中，双方的意思自治如何体现？意思表示错误的法律效力是什么？

---

[1] 一审：深圳市龙岗区人民法院（2009）深龙法民初字第703号；二审：广东省深圳市中级人民法院（2009）深中法民五终字第1426号，载中国裁判文书网，https://wenshu.court.gov.cn/website/wenshu/181107ANFZ0BXSK4/index.html?docId=2e069311a8074ed4adb4c3cedf13f400，最后访问时间：2022年6月30日。

> **裁判要旨**：租赁合同约定面积与最终房地产权证上标明的建筑面积或测绘报告上标明的建筑面积有出入的，应以前者为准，先前所付租金按照"多退少补"方式处理，又约定最终房地产权证上标明的建筑面积或测绘报告上标明的建筑面积增加部分超过协议约定建筑面积5%的，对超过5%部分的面积某商业公司有权使用并不予支付租金，该两项约定在逻辑上并无矛盾。合同出租方的经营范围包括房地产开发、商品房经营、物业管理和租赁等，应当具备足够的专业知识评估涉案租赁合同的责任和履行风险，因此"对超过5%部分的面积乙方有权使用并不予支付租金"的约定并不存在重大误解。

案情简介

原告（反诉被告、被上诉人）：某实业公司

被告（反诉原告、上诉人）：某商业公司

2007年2月13日，某实业公司（甲方）与某某仓储公司（乙方），签署了一份《协议书》，协议书第1条1.2约定，甲方同意按照协议书列明的条款及条件建造并向乙方出租本协议书附件二所示位于建筑物内地下一层商业的配套用房，以及一层至三层的商业用房［见附件二之（二）乙方方案规划平面图红线所框定的范围，以下简称：租赁物业］用于开设经营大型超市；租赁物业建筑面积共约19392平方米，其中地下一层建筑面积约为176平方米，地上第一层建筑面积约为3850平方米，地上第二层建筑面积约为6682平方米，地上第三层建筑面积约为8684平方米（租赁物业建筑面积最终以房地产权证上标明的建筑物面积为准，如房地产权证记载不明的，则以政府授权单位出具的测绘报告上标明的建筑物面积为准，如测绘报告没有记载或记载不明的，以双方实测面积为准）。该协议第5条5.2约定，自本协议书第7.5条规定的实际交付之日起，甲方授权乙方180天的免租期……180天期满之日，为免租期结束日。该协议第6条6.2（2）约定，在最终取得房地产权证或政府授权单位出具的测绘报告确定租赁物业之实际建筑面积之前，乙方按照建筑面积19392平方米计算租金，若最终与房地产权证标明的建筑面积或测绘报告上标明的建筑面积有出入，则应以房地产权证上标明的建筑面积为准；如房地产权证记载不明的，则以测绘报告上标明的建筑面积为准，如测绘报告没有记载或记载不明的以双方实测面积为准，先前所付租金按照"多退少补"方式处理；房地产证或测绘报告上标明的建筑面积或双方实测面积其增加部分超过本协议约定的建筑面积5%的，对超过5%部分的面积乙方有权使用并不予支付租金。该协议书第7条7.1约定，甲方同意于2007年8月31日前（以下简称：约定交付日，若因不可抗力导致租赁物业建设工程延期，甲方应及时通知乙方并提供相关证明，甲乙双方应根据该证明资料共同协商并合理顺延上述交付日）将合乎条件的租赁物业交付乙方进行装修及使用。第7条7.5约定，除本协议书另有约定外，乙方签署租赁物业交接单为该租赁物业的实际交付日。

2007年12月28日，某实业公司与某某仓储公司（乙方）签署了《租赁物业交接单》，双方确认……二、《协议书》约定的租赁物业已经全部按某设计研究院制作的施工图纸和工程范围清单进行了施工并且已经全部竣工，并确认租赁物业完好无损，完全符合《协议书》及《协议书》全部附件约定的交付条件；三、甲方已经于2007年12月28日将完好无损的全部租赁物业移交给了乙方，乙方同意按现状全部接收并无异议。

2008年1月25日，某实业公司、某商业公司及某某仓储公司三方签署了《权利与义务转让协议书》，某某仓储公司将其在《协议书》中的全部权利与义务转让给某商业公司。

2008年6月19日，某实业公司向某商业公司发出催收租金的通知，某商业公司收到通知后于2008年7月1日书面答复按《协议书》第6条6.2之（2）约定执行。对此，某实业公司于2008年7月7日复函同意暂按19392平方米计算租金，待后房地产权证或测绘报告等确定面积出来后，双方再进行协商解决。某实业公司委托某某测绘科技有限公司对某商业公司的租用场地进行测绘，该公司于2008年7月10日测量的结果为某商业公司向某实业公司租用的建筑面积为21768.13平方米（其中套内面积18262.52平方米，分摊公用面积3505.61平方米）。2008年7月28日，某实业公司向某商业公司发出《洽谈函》，说明原《协议书》的约定存在重大误解，请某商业公司前来协商。2008年8月9日，某实业公司委托律师向某商业公司发出《律师函》。2008年8月17日，某商业公司委托律师向某实业公司发回《律师函》，称根据《合作协议书》的约定，租赁物业的范围是附件二房屋建筑图之房屋平面图红线所框定的范围，因此租赁物业的面积也应是该框定范围的面积，而不应包括其他面积，到目前为止某实业公司向某商业公司提供的租赁物业测绘资料既不完整也不清晰，且前后提供的数据不一致，无法清楚地了解详细的测绘数据，请某实业公司尽快提供测绘单位出具的清晰完整的测绘图纸和相关资料（包含套内建筑面积及分摊公用面积之汇总表等相关资料），并由双方根据测绘资料对租赁物业的实际面积进行确认。经某实业公司委托，某某测绘科技有限公司再次对某商业公司承租的某某花园三期1—3层商场分割进行了测量，并于2008年8月25日出具了测绘报告（含房屋建筑面积测绘和计算说明、公用建筑面积分层汇总表、房屋建筑面积分户汇总表、房屋建筑面积分层平面图），测量结果为某商业公司使用的建筑面积共计为：01层建筑面积3490.82平方米（套内建筑面积2897.90平方米+分摊公用面积592.92平方米）；02层建筑面积7340.84平方米（套内建筑面积6107.84平方米+分摊公用面积1233平方米）；03层建筑面积9535.32平方米（套内建筑面积7927.49平方米+分摊公用面积1607.83平方米）；地下室778.16平方米；卸货区482.77平方米。2008年11月5日，某实业公司向某商业公司发出《交纳租金通知》，某商业公司于2008年11月10日回复称，敬请贵公司依据双方签订的协议书第6.2.2条之规定提供房产证政府授权单位出具的测绘报告等相关资料（包括清晰完整的测绘图纸、套内建筑面积及分摊公用面积之汇总表等相关资料）供我司参阅，待双方确认无误后，再依据协议的约定对租金进行"多退少补"的处理。

另外，附件二（二）乙方方案规划平面图载明的地下一层建筑面积共计778平方米与某某测绘科技有限公司于2008年8月25日出具的测绘报告中测量的地下一层建筑面积778.16平方米基本一致，另该附件二（二）乙方方案规划平面图标明地下室机房602平方米不计租，某商业公司专属区域为176平方米（778平方米-602平方米）。

某实业公司向某商业公司催讨租金未果，遂向一审法院提起诉讼，请求判令撤销某实业公司、某商业公司于2007年2月13日签署的《协议书》第6条第6.2之（2）约定中的"对超过5%部分的面积乙方有权使用并不予支付租金"。

某商业公司在某实业公司起诉后在举证期限内提起了反诉，请求判令：

一、某实业公司立即支付某商业公司迟延交付违约金230654.6元；二、某实业公司承担本案诉讼费用。

二审审理过程中，某商业公司于2010年2月5日向法院提交《关于租赁面积的说明》称，某商业公司不认可某实业公司单方委托进行面积测量的行为，也不认可其委托的测绘机构出具的测绘结果；但是，为了尽快解决双方纠纷，某商业公司同意，在二审法院确认某实业公司与某某仓储公司于2007年2月13日签订的《协议书》中第6条6.2（2）约定的"对超过5%部分的面积乙方有权使用并不予支付租金"条款合法有效的前提下，某商业公司同意以一审判决认定的20543.14平方米作为计租面积。

各方观点

某商业公司观点：一审法院认定某实业公司与某某仓储公司于2007年2月13日签署的《协议书》第6条6.2（2）的约定为重大误解，没有事实依据。首先，《协议书》是在双方充分协商的基础上共同拟定各项条款，作为有完全民事行为能力的当事人双方当然充分明白各个条款的含义。同时该条款表达完整准确，不存在表述不清和任何歧义。租赁合同中的租赁面积和租金计算是一个非常核心的条款，作为普通的当事人都应当对此十分审慎，更何况某实业公司是一知名的房地产公司，经常拟定或者签署类似条款。对于超过5%的面积不予支付租金实为双方协商之后的约定，不存在重大误解。其次，一审法院判决认定事实错误。一审法院判决认为：《协议书》第6条6.2（2）第一句话约定"多退少补"原则与第6条6.2（2）第二句话约定"对超过5%部分的面积乙方有权使用并不予支付租金"所表述的意思存在冲突，与第1条1.2约定"最终以房地产权证上标明的建筑面积为准，如房地产权证记载不明的，则以政府授权单位出具的测绘报告上标明的建筑面积为准，如测绘报告没有记载或记载不明，以双方实测面积为准"不符合。一审法院错误地理解合同条款。其真正的含义是：第1条1.2约定了承租面积，第6条6.2（2）第一句约定实际承租面积与合同约定面积出现差异时按"多退少补"原则处理，同时，该原则是在第6条6.2（2）第二句话约定的5%以内的多退少补，超过5%部分，某商业公司有权使用而不支付租金。这两个条款的意思层层递进，逻辑清晰，表述清楚，不存在任何冲突之处。

某实业公司观点：一审法院判决认定《协议书》第6条6.2之（2）约定

中的"对超过5%部分的面积乙方有权使用并不予支付租金",为重大误解的论述是正确的,依据是充分的。况且,某商业公司在2008年11月10日给某实业公司的回复中,已确认:双方依据确定的协议书第6.2.2条之规定提供房产证或政府授权单位出具的测绘报告等相关资料(包括清晰完整的测绘图纸、套内建筑面积及分摊公用面积之汇总表等相关资料)供参阅,待双方确认无误后,再依据协议的约定对租金进行"多退少补"的处理。在这里,某商业公司已确认用"多退少补"的合同约定之方式处理计租建筑面积争议的问题。

法院观点

一审法院观点:2007年2月13日,某实业公司(甲方)与某某仓储公司(乙方)签署的《协议书》对计租面积的约定,集中在第1条1.2和第6条6.2(2),综合该两条的约定,某商业公司承租物业的计租应以建筑面积为准,并非某商业公司所称的套内建筑面积,建筑面积包含了套内建筑面积和公摊面积,双方约定建筑面积"最终以房地产权证上标明的建筑物面积为准,如房地产权证记载不明的,则以政府授权单位出具的测绘报告上标明的建筑物面积为准,如测绘报告没有记载或记载不明的,以双方实测面积为准",因此19392平方米是某实业公司、某商业公司双方在签订协议时对租赁物建筑面积的大概约定,不是对计租面积的最终约定,现房地产证未能明确记载某商业公司的租用面积,则应以"政府授权单位出具的测绘报告上标明的建筑物面积为准,如测绘报告没有记载或记载不明的,以双方实测面积为准"。某实业公司与某商业公司有异议的第6条6.2(2)共有两句话:第一句话"在最终取得房地产权证或政府授权单位出具的测绘报告确定租赁物业之实际建筑面积之前,乙方按照建筑面积19392平方米计算租金,若最终与房地产权证标明的建筑面积或测绘报告上标明的建筑面积有出入,则应以房地产权证上标明的建筑面积为准。如房地产权证记载不明的,则以测绘报告上标明的建筑面积为准,如测绘报告没有记载或记载不明的以双方实测面积为准,先前所付租金按照'多退少补'方式处理"。第二句话"若房地产证或测绘报告上标明的建筑面积或双方实测面积其增加部分超过本协议约定的建筑面积5%的,对超过5%部分的面积乙方有权使用并不予支付租金"。可以看出第6条6.2(2)第一句话和第二句话所表述的意思存在冲突,第二句话中的"对超过5%部分的面积乙方有权使用并不予支付租金"不符合该第6条6.2（2）第一句话所采取的"多退少补"原则，也与第1条1.2的约定的"最终以房地产权证上标明的建筑物面积为准，如房地产权证记载不明的，则以政府授权单位出具的测绘报告上标明的建筑物面积为准，如测绘报告没有记载或记载不明的，以双方实测面积为准"不符合。某实业公司在签订合同时对第6条6.2（2）中的"对超过5%部分的面积乙方有权使用并不予支付租金"存在重大误解，对于某实业公司要求撤销的请求，依法予以支持。

一审法院判决：一、撤销某实业公司与某某仓储公司于2007年2月13日签署的《协议书》第6条6.2（2）约定中的"对超过5%部分的面积乙方有权使用并不予支付租金"条款。二、某商业公司于判决生效之日起十日内向某实业公司补交从2008年6月25日至9月24日租金共计145043.64元。三、驳回某实业公司其他诉讼请求。四、驳回某商业公司反诉请求。

二审法院观点： 本案争议的焦点是某实业公司对其与某某仓储公司于2007年2月13日签订的《协议书》中第6条6.2（2）关于"对超过5%部分的面积乙方有权使用并不予支付租金"的约定是否存在重大误解。某实业公司主张其在签订该协议时，经对涉案租赁物的施工图纸进行粗略计算，计得面积约19392平方米，其当时认为只要严格按图施工，建成后的面积不会超过合同约定的5%，故其在未经严格审核建筑面积又未在权威部门核实的情况下签订合同。但其严格按图施工后，实测面积为21145.14平方米，这一误差是图纸计算上的误差，并非施工上的误差，故某实业公司在签订该合同条款时对租赁建筑物的实际建筑面积存在重大误解。二审法院认为，某实业公司的该项主张缺乏依据，理由如下：第一，某实业公司和某某仓储公司在已确认施工图纸的情况下签订协议约定租赁建筑物建筑面积总共约19392平方米，现其又未能举证证明按施工图纸精确计算的建筑面积远大于19392平方米，故其主张约定面积和建成后的实测面积之间的差距是图纸计算的误差，依据不足。第二，某实业公司的经营范围包括房地产开发、商品房经营、物业管理和租赁等，应当具备足够的专业知识评估涉案租赁合同的责任和履行风险。某实业公司在和某某仓储公司签订上述合同时约定最终建筑面积超过合同约定面积5%的部分由某商业公司免费使用，表明其已经预见到租赁建筑物建成后的实际建筑面积存在超过约定面积5%的可能。现其又主张当时对租赁建筑物的实际建筑面积存在重大误解，认为实际建筑面积不会超过约定面积的

5%，明显不合情理。第三，该合同第6条6.2（2）约定最终房地产权证上标明的建筑面积或测绘报告上标明的建筑面积与合同约定面积有出入的，应以前者为准，先前所付租金按照"多退少补"方式处理。又约定最终房地产权证上标明的建筑面积或测绘报告上标明的建筑面积增加部分超过协议约定建筑面积5%的，对超过5%部分的面积某商业公司有权使用并不予支付租金。该两项约定属于递进关系，在逻辑上并无矛盾。应当理解为：最终面积小于约定面积或最终面积增加部分未超过约定面积5%的，按多退少补原则处理；最终面积增加部分超过约定面积5%的，超过5%的部分某商业公司有权免费使用。一审法院认定该两项约定所表述的意思存在冲突，无充分依据，且某实业公司的诉状中也未主张两者存在冲突。第四，某商业公司承租涉案建筑物用于商业经营，其确认上述协议中约定的最高租金标准，目的在于有效控制经营成本，具有合理性。某实业公司在事先已核准图纸的情况下承诺最终面积超过约定面积5%的部分由承租人免费使用，现又主张存在重大误解，诉求超过5%部分的租金，有违诚信，也会导致某商业公司无法实现控制成本的目的。第五，某实业公司二审答辩称，某商业公司于2008年11月10日向其出具的复函中确认"待双方确认合同面积无误后，再依据协议的约定对租金进行'多退少补'之方式处理"，故某商业公司已确认用多退少补的合同约定之方式处理计租建筑面积争议的问题。二审法院认为，某商业公司在该复函中并未排除原协议中有关最终面积超过约定面积5%的部分由其免费使用的条款的适用，不足以认定某商业公司已明确放弃该项权利或同意变更原协议的约定。而且，某实业公司起诉主张因存在重大误解而要求撤销上述协议条款，而非要求确认该条款已由双方协议变更，故其该项答辩意见理由不成立，该院不予支持。综上所述，某实业公司主张其与某某仓储公司签订的《协议书》中第6条6.2（2）关于"对超过5%部分的面积乙方有权使用并不予支付租金"的约定存在重大误解，请求法院撤销该条款的依据不足，该院不予支持。某商业公司相关上诉理由成立，二审法院予以支持。

某商业公司二审时向二审法院书面确认，如二审法院认定上述合同条款有效，则同意以一审判决认定的20543.14平方米作为计租面积。该面积超过了约定面积的5%，故依照双方关于超过5%的部分由某商业公司免费使用的约定，某商业公司实际应按20361.6平方米的建筑面积向某实业公司交纳租金。因某商业公司已按19392平方米的面积交纳租金，故2008年6月25日至

9月24日期间某商业公司应向某实业公司补交租金共计122169.6元[（20361.6平方米-19392平方米）×42元/平方米/月×3个月]。

二审法院判决：一、维持深圳市龙岗区人民法院（2009）深龙法民初字第703号民事判决第四项；二、变更深圳市龙岗区人民法院（2009）深龙法民初字第703号民事判决第二项为：某商业公司于判决生效之日起十日内向被上诉人某实业公司补交从2008年6月25日至9月24日的租金共计122169.6元；三、撤销深圳市龙岗区人民法院（2009）深龙法民初字第703号民事判决第一项、第三项；四、驳回被上诉人某实业公司其他诉讼请求。

关联案例1

案件名称：某客公司与某宾公司房屋租赁合同纠纷案
审理法院：北京市朝阳区人民法院（2019）京0105民初67592号[1]
裁判观点：涉案房屋建筑面积497.41平方米，其中过道建筑面积18.44平方米，门厅及卫生间面积41.05平方米。双方合同约定的租赁面积不包括公用设施、设备等，从探班客公司提交的装修图纸上亦不包括过道、门厅、卫生间的部分，故对于涉案房屋的建筑面积，应以减去过道、门厅、卫生间之后的面积即437.92平方米为准。再加上25%的公摊部分面积之后，与合同约定的建筑面积虽有一定差距，但尚不足以构成重大误解。在某客公司向某宾公司发函要求降低租金未果后，某客公司要求解除合同依据不足。

关联案例2

案件名称：集某公司与知某公司等房屋租赁合同纠纷案
审理法院：上海市高级人民法院（2014）沪高民一（民）申字第618号[2]
裁判观点：知某公司与集某公司签订《上海市房屋租赁合同》之后又签订了《补充协议》，约定系争房屋产证面积为16087平方米，实际可使用面积为29006.28平方米，知某公司按房屋产证面积16087平方米收取租金，租金为每月人民币（以下

---

[1] 载中国裁判文书网，https://wenshu.court.gov.cn/website/wenshu/181107ANFZ0BXSK4/index.html? docId=bc69e87c79824b6691179407763328b2，最后访问时间：2022年6月30日。

[2] 载中国裁判文书网，https://wenshu.court.gov.cn/website/wenshu/181107ANFZ0BXSK4/index.html? docId=a23b05b8977740488a4ba97e00e8e1be，最后访问时间：2022年6月30日。

> 币种同）600000 元，该租金价格与《上海市房屋租赁合同》一致。由此，集某公司对上述两种面积存在差异是清楚的，亦确认按照每月 600000 元标准计算租金，现其主张产证面积与实际使用面积不符，违法改建面积不应计算，相关合同应属无效等，该观点缺乏合同依据及法律依据，原审对此不予采纳并无不当。关于集某公司反诉知某公司免除房屋渗水造成无法出租的租金×××××元、赔偿修理房屋费用×××××元的问题，本院认为，租赁合同签订后，双方进行了房屋及设备的交接，集某公司对房屋质量未提出异议。知某公司在 2010 年、2011 年接到集某公司的报修后，及时对房屋渗水部位进行了修理，履行了合同约定的修理义务。集某公司在签订补充协议时，也同意继续按照租赁合同的约定支付租金，也未对房屋质量问题提出异议而主张减免租金。原审据此对集某公司反诉主张知某公司减免部分租金及赔偿修补费用的请求不予支持亦无不当。集某公司在合同履行中拒付到期租金，存在违约，原审据此对集某公司反诉主张知某公司支付预期收益×××××元及违约金×××××元的请求不予支持于法不悖。

律师点评

此案为租赁合同双方对租赁面积的计算理解不一、合同出租方主张对合同中租赁面积的约定存在重大误解因而主张撤销的案件。在司法实践中，常常会发生意思内容和表示行为不一致的情况，即意思表示不真实。因此，重大误解、欺诈、胁迫、显失公平等就成为合同当事人主张合同无效、申请撤销的理由。在此，笔者结合上述案例，拟从意思表示这一合同核心要素着手，分析其与重大误解、意思自治之间的内在逻辑和制度构建。

一、重大误解的构成条件

《民法典》第 147 条规定："基于重大误解实施的民事法律行为，行为人有权请求人民法院或者仲裁机构予以撤销。"一般来说，依法成立的合同对当事人都有约束力，受法律保护，但是，当行为人对表示内容和表示行为有重大误解时，法律还是赋予了行为人撤销的权利。之所以如此规定，除了考虑到表意人意思表示不真实外，出于法律的公平公正的价值目标，对表意人给予适当的保护还是有必要的，这就是行为的可宽宥性。

《最高人民法院关于印发〈全国法院贯彻实施民法典工作会议纪要〉的通知》（以下简称：《会议纪要通知》）中对重大误解的定义是："行为人因对行为的性质、对方当事人、标的物的品种、质量、规格和数量等的错误认识，使行为的后果与自己的意思相悖，并造成较大损失的，人民法院可以认定为民法典第一百四十七条、第一百五十二条规定的重大误解。"一般认为因重大误解订立的合同,是当事人对合同关系某种事实因素或载体主观认识上的错误而订立的合同,主要表现为表示内容上的错误和表示行为上的错误。前者是表意人对表示内容在法律上的意义和表示的效力有不正确的认识;后者是指表意人在为表示行为时出现错误。前者包括对行为性质、行为对象以及标的物的品种、质量、规格和数量等认识错误,后者包括对所签署的法律文件、对邀约的承诺方式等认识错误。

那么,如何认定重大误解呢?由于重大误解是当事人的主观认识错误,无法直接考证其内心真实意思。为此笔者认为,可以从行为的四要素进行认定,即行为主体、行为主观要件、行为客体和行为的客观要件。

第一,重大误解的行为主体必须是合同当事人,不能来自第三人。当事人双方的意思表示构成了合同,因此误解应当是当事人自己误解。第三人的误解(如误传)是另外层面的法律关系,也可能是欺诈,不能导致合同的撤销。因此在重大误解的合同中,该行为的主体只能是合同的当事人,可以是一方也可以是双方。在大多数情况下,一般是双方错误才可导致合同撤销,对某些特定的合同,单方错误(对当事人特定身份的认识错误)也可导致合同撤销。

第二,重大误解行为的主观方面表现为过失,而非故意。也就是说,只有当事人一方或双方有过失,才可构成合同上的错误。如果表意人作出意思表示是出于故意,那就是虚假表示或真意隐瞒,不成立合同撤销的要件,否则就会使合同处于一种不稳定状态;如果表意人作出意思表示是基于对方故意,则构成合同欺诈,根据《民法典》第148条之规定可以请求人民法院或者仲裁机构予以撤销,而非基于重大误解请求撤销。

第三,重大误解的行为客体就是行为对象所承载的利益或价值,亦即合同的给付行为,在此与其他合同行为没有明显的区别。

第四,重大误解行为的客观方面表现为基于重大误解订立或改变了合同关系,致使合同当事人达不到订立合同的目的或与订立合同的意图完全相反的行为。由此可知,重大误解与合同的订立或合同关系改变存在因果关系。如果一方的误解是由另一方欺诈造成的,合同关系的订立和改变是由于一方欺诈引起而非误解,那么这类合同应按欺诈处理。最后,该等误解必须是重大的,如果继续履行合同,势必造成当事人重大不利后果,无法实现合同当事人的合同目的。在此，对合同某种要素产生错误认识，并不因此构成重大误解。

综上，重大误解是一种可宽宥的行为。当行为人对意思内容和行为表示有重大误解，致使合同行为人达不到订立合同的目的或与订立合同的意图完全相反时，法律还是赋予了行为人撤销合同的权利。在本案中，某商业公司与某实业公司争议的焦点是某实业公司对其与某某仓储公司于2007年2月13日签订的《协议书》中第6条6.2（2）关于"对超过5%部分的面积乙方有权使用并不予支付租金"的约定是否存在重大误解。某实业公司作为一家专业的房地产开发经营公司，在与某某仓储公司核对确认了建筑工程施工图纸后，才签订房屋租赁协议书，并对计租面积的差异作了约定，可以说对合同的条款意思和逻辑关系具有非常清晰明确的认识；并且合同双方继续履行上述约定，并不会导致某实业公司的合同目的不会实现，更不会产生相反的合同效果，因此某实业公司签署上述条款并不构成重大误解。

二、租赁合同中，双方的意思自治如何体现

意思自治原则，又称合同当事人意思自由原则，是近现代合同法律制度中一项重要原则。所谓意思自治，是指合同当事人按照自己的意愿订立、变更、终止合同的权利。此权利之行使不受他人的干预，并受到法律的保护，只有在当事人不能解决之时，国家才能应当事人的请求以法院的身份出面进行裁决，即便如此法院在进行裁决时也不得对当事人的约定任意变更，以当事人的自由意志为基准。合同当事人意思自治是商品经济活动中存在的一项客观规律，它体现了表意人在意思领域独立、自由、平等地决定自己的行为，意味着表意人主体地位独立性、自由性、平等性得以确立，反映了表意人在经济生活中的内在要求，保障了表意人意思表示的真实性。

我国《民法典》第5条规定："民事主体从事民事活动，应当遵循自愿原则，按照自己的意思设立、变更、终止民事法律关系。"根据我国的法律规范和司法实践可知，意思自治的特点是法无明文禁止即自由，只要不违反法律、法规的强制性规定和公序良俗，国家就不得对其进行干预，行政机关也不得限制和干预。

作为一项基本原则，意思自治始终贯穿在民事法律规范中。笔者结合《民法典》以及《房屋租赁司法解释》等相关司法解释的规定，对表意人在租赁合同中的意思自治原则做了一些归纳，现分述如下：

第一，表意人在订立合同中的意思自治不仅体现在其他合同中，也体现在房屋租赁合同中，比如当事人有权依法选择是否从事某种民事活动，有权选择其民事活动的相对人，有权选择其行为的方式、争议解决方式、合同生效方式等。

第二，允许表意人在从事房屋租赁活动时，通过自己的意思表示产生、变更和消灭民事法律关系、选择补救方式等。

第三，表意人可以自由约定房屋租赁合同内容。虽然《民法典》第470条规定了合同一般应包括的条款，但这一条只是提示性和建议性的规定，合同内容还是由当事人自行约定。在《民法典》合同编对租赁合同的规定中，规定了表意人可以约定租赁合同的方式、租赁物的维修与改善、租赁合同终止情形、违约责任和损失赔偿计算方式，此外，《房屋租赁司法解释》第7条到第11条规定了表意人可以约定房屋装修装饰的处理方式；第11条、第12条和第14条分别规定了表意人可以约定房屋维修扩建费用的负担、房屋转租、房屋所有权变动后的合同效力。

当然，意思自治要受到法律的限制，一旦意思自治超出了法律限制的范围，就有承担法律责任的风险。因此，表意人在表示意思时要充分考虑法律风险，把握好"度"，不要超越法律限制范围。比如《民法典》第707条规定，租赁期限六个月以上的，应当采用书面形式；当事人未采用书面形式，无法确定租赁期限的，视为不定期租赁。因此即便《民法典》第469条第1款规定了当事人订立合同可以采用书面形式、口头形式和其他形式，但法律法规对合同形式有特殊规定时还是要遵循法律，否则就要承担相应的法律风险。

由此可知，某实业公司对其与某某仓储公司于2007年2月13日签订的《协议书》中第6条6.2（2）关于"对超过5%部分的面积乙方有权使用并不予支付租金"的约定是双方意思自治的结果，某实业公司在表示其意思时是独立、自由、平等的，其意思内容和表示行为没有违反法律法规的强制性规定和公序良俗。因此上述约定应当受到法律的保护，即使法院在进行裁决时也不得对当事人的约定任意变更，遵循当事人的意思自治。

三、意思表示错误的法律效力

前面讲到的重大误解和意思自治都涉及共同的核心内容，即意思表示。意思表示，是指表意人向他人发出某种表示并据此向他人表明欲依其表示发生特定法律效果的意思，根据其意思，某项特定的法律后果（或一系列法律后果）应该发出并产生效力。当意思与表示一致时，合同是一种理想状态，但现实中常有意思与表示不一致之情形，这就是意思表示错误。

意思自治之前提是当事人双方平等自愿地将各自内心真实意思充分表达于外部，即意思表示完整而真实。当表意人由于各种内在或外在原因，比如在欺诈、胁迫或者乘人之危等状况下实施的民事行为，表意人一方可能意思表示不自由，使得"意思"与"表示"不相一致，则可能导致主体平等地位之丧失与交易安全之破坏，此时民事行为的效力可能就会受到影响。

基于上述考虑，我国《民法典》第147条至第151条规定，一方基于重大误解、以欺诈或胁迫手段、利用对方处于危困状态、缺乏判断能力等情形，使对方在违背真实意思的情况下实施的民事法律行为，均有权请求人民法院或者仲裁机构予以撤销。因此，意思表示错误时，表意人可以依法请求法院或仲裁机关予以撤销。

同时我国《民法典》第157条规定："民事法律行为无效、被撤销或者确定不发生效力后，行为人因该行为取得的财产，应当予以返还；不能返还或者没有必要返还的，应当折价补偿。有过错的一方应当赔偿对方由此所受到的损失；各方都有过错的，应当各自承担相应的责任。法律另有规定的，依照其规定。"法律通过上述规定保持了双方当事人之间的利益均衡。合同被确认无效或被撤销时，当事人都有过错的，要依过错的大小确定损失的承担，一方有过错的，赔偿他方的损失，使其财产处于合同订立前的状况。另外，合同被撤销的，自始无效，依据该合同取得的财产应当返还，不能返还或者没有返还的应当折价补偿。

在本案，某实业公司以重大误解为由，请求法院撤销其与某某仓储公司于2007年2月13日签订的《协议书》中第6条6.2（2）关于"对超过5%以上部分的面积乙方有权使用并不予支付租金"的约定不符合意思表示错误要件，某实业公司的该项主张缺乏依据，当然得不到法院的支持。

因此，租赁合同当事人需要注意的是，对于租赁房屋的实际建筑面积应完全了解，并在租赁合同中明确提供准确的数据，即使需要就建筑面积事宜和对方进行特别约定的，亦应通过合理方式明示约定的目的和内容，避免无谓的分歧产生。

7.4 法院是否认定出租人企业改制属于房屋租赁合同解除的法定条件

——永某公司诉郑长某房屋租赁合同纠纷案[①]

> 关 键 词：企业改制，房屋租赁，合同解除
>
> 问题提出：出租人企业改制是否属于其行使房屋租赁合同解除权的法定条件？
>
> 关联问题：企业改制是否属于不可抗力？企业改制能否适用情势变更原则？
>
> 裁判要旨：出租人企业改制不属于房屋租赁合同解除的法定条件。

案情简介

原告（被上诉人、再审申请人）：永某公司

被告（上诉人、再审被申请人）：郑长某

永某公司属城镇集体性质的企业，2002年1月1日，郑长某与永某公司双方签订了《房屋租赁合同》，永某公司将位于某市某区的接待中心西头第5号门面（该房产是集体资产，土地是行政划拨土地）出租给郑长某经营，约定租金80000元，租期30年（即从2002年1月2日起至2032年1月1日止）。另外还约定：二、乙方（郑长某）有权在租赁期内自主决定对门面进行转租。十、甲（永某公司）、乙（郑长某）双方在合同履行中因国家政策征收、拆迁等，接受合同终止。合同签订后，郑长某依约一次性付清了全部租金，永某公司也将门面交付给郑长某经营。郑长某承租后随即将该门面进行

---

① 一审：湖南省张家界市永定区人民法院（2010）张定法民一初字第360号；二审：湖南省张家界市中级人民法院（2010）张中民一终字第260号；重审：湖南省张家界市永定区人民法院（2010）张定法民一初重字第360号；重审二审：湖南省张家界市中级人民法院（2012）张中民一终字第187号；第二次重审：湖南省张家界市永定区人民法院（2010）张定法民一初重重字第360号；第二次重审二审：湖南省张家界市中级人民法院（2013）张中民一终字第193号；第二次重审再审：湖南省高级人民法院（2015）湘高法民再二终字第42号，载中国裁判文书网，HTTPS：//WENSHU.COURT.GOV.CN/WEBSITE/WENSHU/181107ANFZ0BXSK4/INDEX.HTML？DOCID＝71BD5F9329364EB0B4E6EF48EBA75B63，最后访问时间：2022年6月30日。

了装修，共花去装修款 2000 元。

2004 年永某公司因公司负债重、收入少，难以维持生存，向政府申请对公司进行改制，处置资产对职工实行一次性自谋职业补偿安置。某市某区国有资产监督委员会于 2004 年 8 月 30 日经研究同意该公司以解散的形式进行改制。永某公司、郑长某双方随后就解除合同的事宜进行协商，2005 年 11 月 22 日郑长某向永某公司进行了承诺："本人购买永某公司办公楼东到西 5 号门面，使用 30 年，计价壹拾万元（10 万元），因公司改制，领导樊世某、周叙某两同志做工作，本人同意公司给我原价补偿；以支持公司改制工作顺利进行。如同类情况补偿高于我的，本人拥有同样权利，终止合同时间以退回本金为准。"但双方一直协商未果。

2006 年 7 月 10 日，永某公司与张家界某置业有限责任公司（以下简称：某置业公司）签订了《委托开发修建经济适用住房项目协议书》，某置业公司以收购的方式将永某公司所属的国有及集体资产全部作价 850 万元收尽。后因永某公司、郑长某双方没有就门面腾让的相关事宜协商一致，郑长某至今没有腾让门面，且于 2009 年 2 月 21 日，郑长某将承租的门面转租给了杨松某，双方签订了两年的租赁合同，此次转租合同于 2011 年 2 月 21 日到期。永某公司遂于 2010 年 2 月 3 日向张家界市永定区人民法院提起诉讼，要求依法判决终止永某公司、郑长某双方签订的《房屋租赁合同》。

另认定：在开发过程中，弘某公司在李宏某租赁物的基础上加层，未改变租赁物的性质。

各方观点

郑长某观点：1. 本案诉争的租赁房屋（门面），其产权已发生转移，永某公司不具备原告的诉讼主体资格；2. 一审判决解除《房屋租赁合同》，违反了"买卖不破租赁"的法定原则；3. 一审判决认定"公司以解散的形式进行改制，符合国家法律、政策规定，是法定的解除合同情形，不构成违约"，没有事实和法律依据。

永某公司观点：1. 本案诉争的租赁房屋没有发生所有权转移，也没有交付，永某公司具备原告的诉讼主体资格；2. 买卖不破租赁是在当事人双方合意一致情形下适用的原则，本案郑长某以承诺书的方式对同意解除合同作了表态，双方签订的《房屋租赁合同》第 10 条约定了合同终止的条件，原审法院判决解除合同有据、合法；3. 公司改制是客观事实，解除合同符合合同的约定。

法院观点

一审法院观点：2002 年 1 月 1 日，永某公司与郑长某签订的《房屋租赁合同》，虽是双方当事人的真实意思表示，但合同约定租赁期限为 30 年，违反了《合同法》第 214 条第 1 款关于"租赁期限不得超过二十年。超过二十年的，超过部分无效"的规定。租赁期限只能以 20 年为限，其他条款未违反相关法律、法规、政策规定，对双方仍有法律约束力，双方应按合同约定的有效条款履行义务。2005 年 11 月 22 日，郑长某出具了承诺书，同日，双方签订一份补偿协议。2005 年 11 月 22 日是承诺通知生效的时间，但已被补偿协议所代替，是一份附条件的承诺。因双方都未履行义务，故承诺未生效。2004 年，永某公司根据国家政策和上级部署，以整体处置资产解散职工的形式进行改制，新建经济适用住房（集资建房）安置职工。而新建经济适用住房属于合同约定因国家政策征收、拆迁等解除合同的情形，为此，永某公司要求与郑长某提前解除合同的理由成立，应予以支持。解除合同后，给郑长某造成的经济损失，因郑长某未在法定的诉讼中提出反诉，本案中不宜判决。永某公司当庭增加的诉讼请求按承诺书给郑长某退还所交纳的租金，因附条件的承诺书未生效，且未在法定的期限提出诉讼请求，故不予以支持。

一审法院判决：一、解除永某公司与郑长某于 2002 年 1 月 1 日签订的房屋租赁合同；二、驳回永某公司的其他诉讼请求。

二审法院观点：一、关于《房屋租赁合同》第 10 条约定的解除合同的条件是否成就的问题。郑长某与永某公司签订的《房屋租赁合同》第 10 条约定："甲、乙双方在合同履行中因国家政策征收、拆迁等，接受合同终止，按合同剩余租期，按国家有关政策规定，由国家给乙方补偿租金标准，不视为甲方违约。"永某公司因进行企业改制，将其资产整体转让给弘某公司，由弘某公司在郑长某承租门面上进行加层建设，并不需要对郑长某承租的门面进行征收、拆迁。永某公司因企业改制而转让郑长某承租的门面不属于国家政策导致的征收、拆迁范畴，不符合双方在合同中约定的合同终止的情形。且涉案门面并未灭失或拆迁，租赁合同应当继续履行。故郑长某认为新建经济适用房不属于合同约定因国家政策征收、拆迁等解除合同的情形，合同应继续履行的理由成立，予以支持。

二、关于永某公司是否具有原告诉讼主体资格及原判决是否遗漏了必须参加诉讼的当事人弘某公司的问题。永某公司虽然在企业改制中签订协议将公司资产整体转让给弘某公司，但至今仍未办理产权过户手续。根据《物权法》第6条"不动产物权的设立、变更、转让和消灭，应当依照法律规定登记。动产物权的设立和转让，应当依照法律规定交付"和第9条第1款"不动产物权的设立、变更、转让和消灭，经依法登记，发生效力；未经登记，不发生效力，但法律另有规定的除外"的规定，租赁房屋没有发生所有权转移，租赁房屋的所有权人至今仍然是永某公司，故永某公司具备原告的诉讼主体资格。弘某公司既不是房屋租赁合同的当事人，也不是房屋的所有权人，不属于本案当事人。因此，郑长某认为永某公司不具备原告的诉讼主体资格，原判决漏列当事人，审理程序违法的上诉理由不成立，不予支持。

三、关于承诺书的效力问题。郑长某向永某公司出具了一份承诺书，其内容为"本人购Y办公楼东到西5号门面，使用期30年，估价壹拾万元（10万元），因公司改制，领导樊世某、周叙某两同志做工作，本人同意公司给我原价补偿，以支持公司改制工作顺利进行。如同类情况补偿高于我的，本人拥有同样权利，终止合同时间以退回本金为准"。郑长某是在永某公司做工作的情况下出具承诺书，永某公司给郑长某做工作希望与其终止合同收回门面，是向郑长某发出的口头邀约，郑长某如同意永某公司的要求并作出相应的意思表示即属于承诺。但永某公司未就郑长某的承诺书提出的条件作出同意的意思表示，双方未就合同解除达成一致意见，双方至今也未对终止合同的补偿事项达成一致意见，郑长某也未根据承诺书获取任何补偿，郑长某出具承诺书的行为只是反映了双方就合同终止进行协商的过程，不具有成立新的合同的法律效力。因此，郑长某向永某公司出具的承诺书，不是双方协议一致终止合同的意思表示，对双方无法律约束力。

四、关于原审判决解除《房屋租赁合同》是否违背了买卖不破租赁原则的问题。根据《合同法》第229条规定，租赁物在租赁期间发生所有权变动的，不影响租赁合同的效力。本案中，永某公司将涉案门面转让给弘某公司，但并未办理过户登记，尚不产生所有权变动的效力，故本案尚不需适用买卖不破租赁的规定。且根据该规定，即便涉案门面最终过户登记在弘某公司名下，亦不影响租赁合同的效力。因此，郑长某认为原审判决解除双方签订的

《房屋租赁合同》违背了买卖不破租赁原则的理由不能成立，不予支持。郑长某与永某公司约定的租期为30年，《合同法》第214条第1款规定："租赁期限不得超过二十年。超过二十年的，超过部分无效。"故对涉案《房屋租赁合同》的有效保护期应为20年。永某公司在一审中的诉讼请求为请求法院依法终止双方签订的《房屋租赁合同》，现《房屋租赁合同》仍在合法有效的租赁期内，永某公司亦未请求确认超过法定租赁期限的部分无效，故对《房屋租赁合同》中超过法定租赁期限的约定不需在本案中进行处理。综上，郑长某认为原判解除《房屋租赁合同》错误的理由成立，予以支持。

二审法院判决：一、撤销张家界市永定区人民法院（2010）张定法民一初重重字第360号民事判决；二、驳回永某公司的诉讼请求。

再审法院观点：本案争议的焦点是双方终止租赁合同的条件是否成就。双方当事人所签《房屋租赁合同》第10条约定："甲、乙双方在合同履行中因国家政策征收、拆迁等，接受合同终止，按合同剩余租期，按国家有关政策规定，由国家给乙方补偿租金标准，不视为甲方违约。"本案中，永某公司因进行企业改制，将其资产整体（包含郑长某承租的门面房）转让给弘某公司进行开发建设。永某公司主张该行为符合《房屋租赁合同》中约定的"征收、拆迁等"情形，其与郑长某签订的《房屋租赁合同》应当终止。同时提出郑长某曾表示同意提前解除房屋租赁合同。经查，弘某公司在此地开发时，并没有对涉案郑长某承租的门面进行征收或拆迁，仅在郑长某承租的门面房屋上进行了加层建设，因此，永某公司主张终止合同的条件成就与事实不符，本院不予采纳。虽然郑长某就房屋租赁合同解除事宜曾向永某公司出具了承诺书，但永某公司未对此作出是否同意的意思表示，也未按郑长某提出终止合同的补偿事项履行义务。因此，永某公司以郑长某出具了承诺书尚不构成解除或者终止双方房屋租赁合同的条件。

再审法院判决：维持张家界市中级人民法院（2013）张中民一终字第193号民事判决。

关联案例 1

案件名称：盈某公司与阳某公司发明专利实施许可合同纠纷案
审理法院：山西省高级人民法院（2018）晋民终210号①
裁判观点：该约定是双方当事人真实的意思表示，双方在签订合同时对本合同什么条件下生效是可预见的，本合同是附生效条件的合同。且合同中约定在合同签订后十个工作日内支付第一次许可实施使用费的分期付款，如在本合同签订后十日内被告未支付第一次预付款，应认为按照合同约定，合同生效条件不成就，本合同不发生法律效力。

关联案例 2

案件名称：某公司破产清算组诉黄某房屋租赁合同纠纷案
审理法院：陕西省汉中市中级人民法院（2014）汉中民一终字第00561号②
裁判观点：根据我国现有法律规定，企业改制就是改变企业的所有制，包括企业破产、兼并、重组等方式，其范围涵盖了企业破产。从本案来看，甲市乙区人民政府为加快推进汉中市灯泡厂改制工作，决定成立甲市某厂改制工作领导小组并以甲区政办函（2012）67号文件通知甲市乙区政府有关工作部门，甲市某厂据此提出破产申请，被人民法院依法宣告破产，被告所租赁的场地的使用权被甲市乙区财政局划拨给甲市人民医院。原告以其被人民法院宣告破产，无法继续履行合同，依据双方签订的《租赁合同》第4条约定的解除合同条件，向被告送达书面通知要求与被告终止租赁合同，系依法行使约定解除权，其做法并无不当，故不构成违约。

律师点评

本案属于一起因企业改制引起的房屋租赁合同解除纠纷，永某公司因企业改制要求解除其与郑长某之间的房屋租赁合同，郑长某承诺获得相应补偿后同意解除合同，而截至本案审理时永某公司尚未给付任何补偿，故郑长某不同意解除合同。本案的主要争议焦点就是永某公司与郑长某签订的《房屋租赁合同》是否应该予以解除的问题，围绕该主要争议焦点，笔者拟从以下

---

① 载中国裁判文书网，https://wenshu.court.gov.cn/website/wenshu/181107ANFZ0BXSK4/index.html? docId=1551bc7fac2449ea9fe9a90e01870260，最后访问时间：2022年6月30日。
② 载中国裁判文书网，https://wenshu.court.gov.cn/website/wenshu/181107ANFZ0BXSK4/index.html? docId=203bcdf8dc694bdfb6a0672b2a2ecce7，最后访问时间：2022年6月30日。

几个方面的法律问题进行分析和点评：

一、关于本案承诺书的效力问题

2005年11月22日郑长某向永某公司出具的承诺书载明："本人购买永某公司办公楼东到西5号门面，使用30年，计价拾万元（10万元），因公司改制，领导樊某定、周某元两同志做工作，本人同意公司给我原价补偿，以支持公司改制工作顺利进行，如同类情况补偿高于我的，本人拥有同样权利，终止合同时间以退回本金为准。"显然，郑长某愿意终止合同的前提条件是永某公司给予其补偿，也就是说这是一种附条件的民事法律行为，《民法典》第158条规定："民事法律行为可以附条件，但是根据其性质不得附条件的除外。附生效条件的民事法律行为，自条件成就时生效。附解除条件的民事法律行为，自条件成就时失效。"

根据条件对法律行为效力所起作用的不同，可将所附条件分为附停止条件与附解除条件。决定法律行为效力发生的条件，称为停止条件。附停止条件的法律行为，在条件成就前，法律行为已经成立，但未生效，即其效力处于停止状态，须待条件成就方才生效。如果此条件不成就，则该法律行为将终不生效。决定法律行为效力消灭的条件，称为解除条件。附解除条件的法律行为，其效力已经发生，但因条件成就而丧失效力。如果此条件不成就，则该法律行为将继续有效。①

在本案中，郑长某与永某公司解除合同的意思表示系一种附停止条件的民事法律行为，该条件是永某公司给予郑长某相应补偿。然而直至本案审理时，郑长某仍未获得任何补偿，即所附条件未成就，故不产生任何法律效力，双方签订的房屋租赁合同没有解除，本案二审法院认定郑长某向永某公司出具的承诺书不是双方终止合同的意思表示。

二、关于合同解除权行使的条件

合同解除是我国《民法典》规定的合同终止的方式之一，指合同有效成立后，没有履行或完全履行前，当约定的或法定的解除条件具备时，因享有解除权一方的意思表示，使合同关系除法律另有规定者外溯及地消灭。②《民法典》规定的合同解除权主要有两种，一种是依照当事人的约定产生的合同解除权，

---

① 梁慧星：《民法总论》，法律出版社1996年版，第173页。
② 余延满：《合同法原论》，武汉大学出版社1999年版，第479—480页。

即当事人可以约定一方解除合同的条件，解除合同的条件成就时，解除权人可以解除合同；另一种是法定的合同解除权，即当法律法规规定的合同解除事由出现时，享有合同解除权的当事人可以通过行使合同解除权解除合同。

《民法典》第563条第1款规定了法定解除的条件，概括起来主要有：(1) 因不可抗力致使不能实现合同目的。不可抗力事件的发生，对履行合同的影响不尽一致，有大有小，有的只是暂时影响到合同的履行，完全可以通过延期履行合同实现合同的目的，不必解除合同；只有不可抗力致使合同目的完全不能实现时，当事人才能行使解除权解除合同。(2) 因预期违约不能实现合同目的。预期违约是在合同履行期限届满之前，当事人一方明确表示或者以自己的行为表明不履行主要债务，即明示违约和默示违约。(3) 因迟延履行主要债务致使不能实现合同目的的。债务人无正当理由，在合同履行期间届满时，仍未履行合同主要债务；或对于未约定履行期限，在债权人催告后仍未履行的，法律视为不能实现合同目的。(4) 因迟延履行或有其他违约情形不能实现合同目的的。包括履行期限构成合同的必要因素，比如季节性、时效性较强的合同标的物的迟延交付；债务人拒绝履行合同的全部义务或只履行极小部分的义务；履行质量与约定严重不符，无法通过修理、替换、降价的方式予以补救等情形。(5) 法律规定的其他解除情形。如一方因行使不安抗辩权而中止履行合同，对方在合理期限内经营状况持续恶化，未恢复履行能力也未提供担保的情形；因发生订立合同时当事人不能预见并且不能克服的情况，改变了订立合同时的基础，使合同的履行失去意义或者履行合同使合同当事人之间的利益重大失衡的情形即情势变更等。

三、出租人企业改制不属于行使合同解除权的法定条件

企业改制，又称"企业产权制度改造"，即依法改变企业原有的资本结构、组织形式、经营管理模式或体制等，使其在客观上适应企业发展新的需要这一过程。它以股份制或股份合作制为基本形式，又称企业股份制或公司制改造或改组。这是建立现代企业制度的重要途径之一。本案中，永某公司与某置业公司签订《委托开发修建经济适用住房项目协议书》，约定某置业公司以收购的方式将永某公司所属的国有及集体资产全部作价850万元收尽，就是以资产收购的方式进行的企业改制。

结合本案和《民法典》第562条、第563条来分析，笔者认为，要确认永某公司企业改制是否为房屋租赁合同解除的法定条件，关键在于确认永某公司企业改制仅属于企业内部的行为，还是属于不可抗力事由，抑或能否适用情势变更原则。

(一) 企业改制不属于不可抗力

《民法典》第180条第2款规定："不可抗力是不能预见、不能避免且不能克服的客观情况。"上述条款为民法典中判断不可抗力的标准，因此企业改制是否为"不能预见、不能避免且不能克服的客观情况"是确定本案是否为不可抗力的前提。不可预见是指当事人在订立合同时，对这个事件是否会发生是不可预见的，它在合同订立后的发生纯属偶然；不能避免是指合同生效后，当事人对可能发生的意外情况尽管采取了及时合理的措施，但是客观上并不能阻止这一意外情况的发生，而且它必须是因为当事人不可控制的客观原因所导致的；而不能克服则是指合同的当事人对于意外发生的某一事件所造成的损失不能克服。如果某一事件造成的结果是可以通过当事人的努力而得到克服，那么这个事件就不是不可抗力事件。从法理上说，不可抗力大致分为两类：第一类是重大的自然灾害，如地震、海啸、洪水、火山爆发、山体滑坡等。第二类则为重大的社会非正常事件，如战争、武装冲突、罢工、骚乱、暴动等。显然，本案中的企业改制既不属于重大的社会非正常事件，更不属于自然灾害。

另外，本案中，永某公司企业改制并非真的无法预见。事实上，早在20世纪90年代，以国企改革脱困为标志，国有中小企业改革、国有困难企业关闭破产等已相继启动；从2003年起，国有资产管理改革深入推进；党的十六大和十六届三中全会明确指出："以明晰产权为重点深化集体企业改革，发展多种形式的集体经济。"而本案永某公司是于2004年8月30日由某市某区国有资产监督委员会研究同意以解散的形式进行改制，因此，企业改制对永某公司来说并不是一个猝不及防的突变过程。另外，永某公司企业改制是由永某公司主动向政府申请而被同意的，对永某公司来说，不存在无法预见的可能。因此，笔者认为，本案中出租人企业改制不属于不可抗力。

(二) 企业改制不能适用情势变更原则

在法理上，法律界更倾向于把政策变动划入"情势变更"的范围，但本案出租人永某公司能否以情势变更为由来要求解除合同呢？笔者认为答案是否定的。

《民法典》第533条规定："合同成立后，合同的基础条件发生了当事人在订立合同时无法预见的、不属于商业风险的重大变化,继续履行合同对于当事人一方明显不公平的,受不利影响的当事人可以与对方重新协商;在合理期限内协商不成的,当事人可以请求人民法院或者仲裁机构变更或者解除合同。人民法院或者仲裁机构应当结合案件的实际情况,根据公平原则变更或者解除合同。"事实上,为防止当事人规避或转嫁商业风险,更为防止法官滥用自由裁量权导致交易的不稳定,最高人民法院对于情势变更的适用是十分慎重的。《最高人民法院关于当前形势下审理民商事合同纠纷案件若干问题的指导意见》(法发〔2009〕40号)规定:"人民法院在适用情势变更原则时,应当充分注意到全球性金融危机和国内宏观经济形势变化并非完全是一个令所有市场主体猝不及防的突变过程,而是一个逐步演变的过程。在演变过程中,市场主体应当对于市场风险存在一定程度的预见和判断。人民法院应当依法把握情势变更原则的适用条件,严格审查当事人提出的'无法预见'的主张……"如前所述,永某公司企业改制对永某公司来说,不存在无法预见的可能,更何况,租赁合同的继续履行并不影响永某公司的改制和某置业公司的开发,故笔者认为本案不能适用情势变更原则。

因此,笔者认为,本案中,永某公司企业改制不属于房屋租赁合同解除的法定条件。而双方也并未就企业改制时合同可以解除在合同中作出明确约定,故法院判决双方签订的房屋租赁合同不应解除。

四、合同当事人可约定一方企业改制为合同解除的约定条件

当然,企业改制不是合同解除的法定条件,并不排除其成为解除合同的约定条件。根据《民法典》第562条规定以及意思自治原则,合同当事人可以约定一方企业改制为一方或双方解除合同的条件,那么,在条件成就即企业改制时,合同当事人可以依据合同约定解除合同。

综上所述,只有在出现约定或法定的事由时,当事人才可以行使合同解除权,没有出现法定或约定事由,任何一方不得擅自解除合同。企业改制是为了将国有企业和集体企业改革成为"产权清晰、权责明确、政企分开、管理科学"的产权多元化的市场主体,以实现构建现代企业制度的目标,作为一项已被推出30余年的政策,且可以由企业自主申请的改革方式,其不能归为不可抗力事由,亦不能适用情势变更原则,故不属于合同解除的法定条件,因此,笔者建议必要的时候合同当事人可以根据情况在合同中将企业改制明确约定为合同解除的条件。

7.5 法院如何确定承租人优先购买权受到侵害的损害赔偿数额

——徐某诉恒某公司房屋租赁合同纠纷案①

> **关 键 词**：承租人优先购买权，损害赔偿，缔约请求权
>
> **问题提出**：承租人优先购买权受到侵害以后，如何确定损害赔偿数额？
>
> **关联问题**：承租人优先购买权在法律上的性质是请求权还是形成权？承租人优先购买权受侵害，能否以系争房屋出卖给第三人的价款与起诉日为基准日对系争房屋的评估价款的差价主张出租人赔偿？承租人优先购买权行使的条件和所产生的效力是什么？
>
> **裁判要旨**：承租人的优先购买权被侵害所丧失的是以同等条件购买租赁房屋的机会。该机会损失是指承租人获取某种利益或维持某种有利地位机会的丧失而导致的损失。在此种情形下，承租人是否可以期待获得租赁房屋的所有权还处在一种不确定的状态。因此，承租人的损失仅体现在机会利益损失的范围内，而无法将可期待利益的损失计算在内。此时的损失主要包括：承租人不得不另外寻租或购买其他条件相当的房屋来替代过程中产生的财产上的损害。

案情简介

原告（上诉人、再审申请人）：徐某

被告（被上诉人、再审被申请人）：恒某公司

2009年2月1日，徐某与恒某公司签订承包协议书（实质为房屋租赁合同），恒某公司将位于成都市某区的房屋156、158、160、162、164、166、168、170、172、174、176、178号，建筑面积为776.88平方米，设计用途为

---

① 一审：四川省成都市青白江区人民法院（2013）青白民初字第909号；二审：四川省成都市中级人民法院（2013）成民终字第5424号；再审：四川省高级人民法院（2014）川民申字第1243号，载中国裁判文书网，https://wenshu.court.gov.cn/website/wenshu/181107ANFZ0BXSK4/index.html?docId=c046bb9828734ea8a6aa6fd0a0253eb7，最后访问时间：2022年6月30日。

商业性质的房屋，承包（实为租赁）给徐某开办茶楼，租赁时间为 2009 年 2 月 1 日至 2010 年 1 月 31 日。期满后，原告继续租用被告的房屋，但原、被告未再签订合同。后恒某公司将房屋卖给第三人并分别于 2012 年 2 月 29 日、3 月 5 日、3 月 12 日办理过户登记。现徐某认为自己优先购买权被侵犯，且恒某公司专卖价格低于市场价格给自己造成了损失，向法院提起诉讼，请求判令恒某公司赔偿房屋差价损失 1008984 元并承担评估费 15000 元和诉讼费用。一审法院经审理认定，徐某对承租房屋享有优先购买权，同时恒某公司与 6 户人所签房屋买卖合同有效，故法院判决徐某限期搬离承租房屋。后经二审判决生效后，徐某依判决于 2013 年 5 月 6 日搬离。现徐某申请再审，请求法院判令恒某公司赔偿原告房屋差价损失 1008984 元并承担评估费 15000 元和诉讼费用。

各方观点

徐某观点： 1. 出租人出卖租赁房屋的通知义务是合同的附随义务。出租人未履行通知义务是构成侵害承租人优先购买权的赔偿要件，被申请人免除赔偿的条件是以履行书面告知义务为形式，而无需再审申请人"未提交在不定期限租赁被告房屋期间有购买租赁房屋意思表示的证据"为要件。2. 承租人优先购买权遭受侵害的赔偿额范围及赔偿依据。基于优先购买权为债权的认定基础，将其列为强制缔约义务的请求权范围，故出租人未履行告知义务，与第三人的秘密交易行为，致再审申请人不能行使优先购买权，再审申请人丧失了交易机会。承租人优先购买权丧失侵害的是承租人的信赖利益，或者是承租人的预期利益损失，若实际价格与交易价格存在价差，则该价差实质就是承租人的预期利益。从理性的商事交易目的分析，再审申请人以房屋差价作为赔偿范围，这是被申请人可以预见或商事交易中可遵循的基本规则。

恒某公司观点： 原告观点没有事实和法律依据。

法院观点

一审法院观点： 根据《合同法》规定，出租人出卖租赁房屋的，应当在出卖之前的合理期限内通知承租人，承租人享有以同等条件优先购买的权利。本案原告对被告出卖的所涉及的房屋具有优先购买权，但被告已将所涉及的房屋出售给第三人,并已通过法院强制执行给第三人,故本案原告已不再可能实行优先购买权。依据《房屋租赁司法解释》规定,出租人出卖租赁房屋未在合理期限内通知承租人或者存在其他侵害承租人优先购买权情形,承租人可以请求出租人赔偿损失。原告未提交在不定期租赁被告房屋期间有购买租赁房意思表示的证据,也没有证据证明被告出售租赁房给第三人后,原告因购买其他房屋用于经营而造成的损失,故对法院判令被告赔偿原告房屋差价损失 1008984 元并承担评估费 15000 元和诉讼费用的请求,不予支持。

一审法院判决:驳回原告徐某的诉讼请求。

二审法院观点:一审法院对其主张的房屋价差损失及评估费依法不予支持并无不当,本案不存在适用法律错误问题。

再审法院观点:1. 关于承租人的优先购买权问题。根据《房屋租赁司法解释》第 21 条①的规定,本案中,徐某作为房屋的承租人,享有在同等条件下优先购买出租房屋的权利,恒某公司没有证据证明其已在出卖租赁房屋之前的合理期限内通知徐某,故徐某有请求恒某公司赔偿损失的权利。

2. 承租人优先购买权受到侵害,损失的确定问题。承租人的优先购买权被侵害所丧失的是以同等条件购买租赁房屋的机会。该机会损失是指承租人获取某种利益或维持某种有利地位机会的丧失而导致的损失。在此种情形下,承租人是否可以期待获得租赁房屋的所有权还处在一种不确定的状态。因此,承租人的损失仅体现在机会利益损失的范围内,而无法将可期待利益的损失计算在内。此时的损失主要包括:承租人不得不另外寻租或购买其他条件相当的房屋来替代过程中产生的财产上的损害。本案中,徐某的优先购买权受到侵害,但并未提供证据证明其因未能购买到争议所涉房屋,而另行寻租或购买其他条件相当的房屋用于经营而遭受的损失,也无法证明房屋出售时的市场成交价格,而仅以其单方委托的评估机构,评估出涉案房屋的实际出卖价格与市场价格之间的差价作为其损失的依据。但在实际交易中也存在有价无市的情形,房屋的市场实际成交价与评估价往往不一致,故评估价格只能作为参考。恒某公司作为房屋所有权人,追求的是利益的最大

---

① 对应《民法典》第 728 条,出租人未通知承租人或者有其他妨害承租人行使优先购买权情形的,承租人可以请求出租人承担赔偿责任。但是,出租人与第三人订立的房屋买卖合同的效力不受影响。

化,一般不会以过低的价格出售其房屋,导致其利益受损。徐某就该房屋差价损失要求恒某公司承担损害赔偿责任,依据不足,故一、二审法院对其主张的房屋价差损失及评估费依法不予支持并无不当,本案不存在适用法律错误的问题。

再审法院裁定:驳回徐某的再审申请。

关联案例 1

案件名称:好某公司与许某友、黄某涵等租赁合同纠纷案
审理法院:湖南省岳阳市中级人民法院(2022)湘 06 民终 1442 号①
裁判观点:案涉房屋租赁合同明确约定承租人放弃优先购买权,该约定未违反法律规定,合法有效。

关联案例 2

案件名称:臧某平诉曲某超租赁合同纠纷案
审理法院:山东省青岛市中级人民法院(2018)鲁 02 民终 5302 号②
裁判观点:臧某平明知本案争议房屋为出售房屋,其在出租人履行通知义务后,未明确表示购买,并同意曲某超向他人出售涉案房屋,其已经放弃优先购买权利,曲某超将该房屋卖给伦某英并未侵犯其优先购买权。

关联案例 3

案件名称:李某达与方某公司等承租人优先购买权纠纷案
审理法院:山东省高级人民法院(2014)鲁民申字第 301 号③
裁判观点:一、某信用联社根据某号民事判决,取得了涉案房屋的所有权,其委托方某公司进行管理。方某公司与李某达、曹某进签订了《房屋租赁合同》,合同

---

① 载中国裁判文书网,https://wenshu.court.gov.cn/website/wenshu/181107ANFZ0BXSK4/index.html? docId=a94956ce8d1e411bb592aea80061b267,最后访问时间:2022 年 6 月 30 日。
② 载中国裁判文书网,https://wenshu.court.gov.cn/website/wenshu/181107ANFZ0BXSK4/index.html? docId=bf329d86103e4be2a1c2aa06017c599d,最后访问时间:2022 年 6 月 30 日。
③ 载中国裁判文书网,https://wenshu.court.gov.cn/website/wenshu/181107ANFZ0BXSK4/index.html? docId=4d24c3af162249139a01e672c9b571e3,最后访问时间:2022 年 6 月 30 日。

> 期满后，虽然双方未另行签订租赁合同，但李某达继续使用，方某公司未提出异议并仍收取其租金。在合同履行过程中，某信用联社于 2009 年 6 月将涉案房屋出售给王某枝，其认可在出售房屋前没有通知李某达，且涉案房屋产权已登记在王某枝名下，李某达已不可能行使涉案房屋的优先购买权。因此，某信用联社出售涉案房屋的行为侵犯了李某达的优先购买权。李某达请求其承担赔偿损失，原审予以支持是正确的。二、一审法院委托鉴定机构对涉案房屋市场价值进行了评估，评估价值为 614754 元。而某信用联社与李某达就涉案房屋的实际交易价格为 44 万元。因此，原审将涉案房屋评估价格减去实际交易价格的差额，认定某信用联社赔偿李某达的损失并无不当。某信用联社虽有异议，但未提供证据予以证实。

律师点评

本案是一起典型的承租人在其优先购买权受到侵害以后要求损害赔偿的案例。由于现行法律规定及司法解释并未对此进行明确的规定，导致理论与实践中对其损害赔偿的具体数额该如何确定认识不一。笔者将结合承租人优先购买权的性质，对优先购买权受侵害的损害赔偿范围等相关问题进行分析。

一、承租人优先购买权的性质

关于承租人优先购买权的性质，一向为民法学界富有争论的问题，目前民法学界的争论主要集中在三种学说上：第一种学说为请求权说，即认为房屋承租人在出租人出卖房屋时享有以与第三人同等的条件请求购买房屋的权利，但双方之间的买卖合同须经卖方的承诺方能成立。第二种学说为形成权说，即认为房屋承租人在出租人出卖房屋时享有以与第三人同等的条件购买房屋的权利，承租人依自己一方的购买意思即可使出租人和第三方之间签订买卖合同效力归于消灭，并在其和出租人之间形成以出租人与第三人之间的房屋买卖合同为内容的合同。第三种学说为物权说，即优先购买权具有物权的对世性。

从立法和司法解释的规定上来看，有关承租人优先购买权的规定早见于《最高人民法院关于贯彻执行〈中华人民共和国民法通则〉若干问题的意见（试行）》（现已废止）第 118 条规定，"出租人出卖出租房屋，应提前三个月通知承租人，承租人在同等条件下，享有优先购买权；出租人未按此规定出卖房屋的，承租人可以请求人民法院宣告该房屋买卖无效"。这一规则被《合同法》第 230 条（现已失效）和《房屋租赁司法解释》加以总结、完善，最终被《民法典》第726条所确认,即"出租人出卖租赁房屋的,应当在出卖之前的合理期限内通知承租人,承租人享有以同等条件优先购买的权利"。《民法典》并未将优先购买权规定为物权,该权利因此不具有对世性。同时规定承租人不能以出租人侵害其优先购买权为由,主张出租人与第三人签订的房屋买卖合同无效,但是承租人可以要求出租人承担侵害优先购买权的赔偿责任。该项规定应不妨碍出租人与第三人恶意串通签订买卖合同损害承租人优先购买权时,承租人依照《民法典》第154条规定,主张认定出租人与第三人签订的买卖合同无效。因而,承租人优先购买权应定性为债权(请求权)。

二、承租人优先购买权行使的条件和效力

从《民法典》第726条、第727条、第728条的规定来看,承租人优先购买权的行使必须具备以下条件:1. 只有在出租人出卖房屋于第三人(房屋按份共有人形式优先购买权以及近亲属除外)时,承租人才能行使优先购买权,当然此处所述的"出卖"包括买卖、与抵押权人协议折价、变卖、拍卖;2. 承租人优先购买权的行使有一定的期限,此期限为出租人履行通知义务后的15日(拍卖的应当按拍卖规则要求参拍),承租人只能在此期限内行使优先购买权;3. 承租人享有与第三人同等条件下的优先购买权,也就是说,承租人行使优先购买权必须与第三人的条件相同,否则,也不能主张优先购买权,而同等条件主要是指价格条件,其他条件适当考虑;4. 出租人在将房屋出卖前的合理期限内通知承租人。

如上文所述,优先购买权是房屋承租人在同等条件下有优先于他人与出租人就租赁房屋订立买卖合同的权利,其中包含两重意思:第一,当出租人与他人签订房屋买卖合同之际,承租人可以优先于第三人与出租人签订买卖合同;第二,当出租人签订了数份同等条件的买卖合同之际,承租人有权优先获得房屋所有权。

优先购买权也不是完全不受限制的。后《民法典》第728条规定出租人未通知承租人或者有其他妨害承租人行使优先购买权情形的,承租人可以请求出租人承担赔偿责任。但是,出租人与第三人订立的房屋买卖合同的效力不受影响。

三、承租人优先购买权受到侵害时损害赔偿数额的确定

《民法典》规定,承租人优先购买权受到侵害以后,可以要求出租人承担

损害赔偿责任，但如何确定损害赔偿的标准和数额没有明确的规定，因而在实践中，法院对损害赔偿的标准和数额具有较大的自由裁量权。而争议的焦点在于对于承租人的期待利益是否应予赔偿，具体对本案来说，就体现于对承租人主张起诉日系争房屋的评估总价与被上诉人出售给案外人的房屋总价之间的差价损失能否要求出租人承担。从笔者查询的有关承租人优先购买权的案件来看，由于绝大多数并未涉及损害赔偿数额的确定，因而还无法全面分析法院的审判观点，但是，在与优先购买权的强制缔约请求权相类似的商品房买卖预约合同纠纷案件审理中，法院对于房屋差价是否属于信赖利益以及是否应予赔偿并未有一致的观点，基于类似问题类似处理之原则，对于承租人优先购买权中的房屋差价损失，似乎也难以得到司法统一之观点。

笔者认为，《民法典》第584条规定，当事人一方不履行合同义务或者履行合同义务不符合约定，给对方造成损失的，损失赔偿额应当相当于因违约所造成的损失，包括合同履行后可以获得的利益，但不得超过违反合同一方订立合同时预见到或者应当预见到的因违反合同可能造成的损失。因而，我国《民法典》对于损害赔偿总的原则是以实际损失为基础，但损失的数额还应当是一方在订立合同时预见到或者应当预见到的损失。因而对在出租人侵害承租人优先购买权，其损害赔偿数额的确定，应区分侵害优先购买权的不同情形，具体分析权利人的主张是否在可预见的范围内，从而判定是否给予赔偿。情形不同，在确定损害赔偿数额时自然应当区别对待。

（一）承租人没有行使优先购买权的机会

优先购买权的内容包括出租人在出卖租赁房屋之前有通知承租人的义务，同时，承租人在一定期限内享有优先购买租赁房屋的权利。若出租人在出卖租赁房屋前，没有按照法律的规定通知承租人导致承租人不知道租赁房屋被出卖的事实导致除斥期间已过而无法行使优先购买权，或者出租人按照规定通知了承租人，而在承租人行使优先购买权的除斥期间（上述法律规定为15日，拍卖的应当按拍卖规则参拍），出租人将房屋另行出售，导致承租人没有机会行使优先购买权。

在此种情形下，无论是出租人未通知承租人，还是出租人在承租人做出意思表示的除斥期间内另行出售租赁房屋导致承租人没有行使优先购买权的机会，承租人丧失的是与出租人订立房屋买卖合同的机会。机会损失实际上是指一个人获取某种利益或维持某种有利地位机会的丧失而导致的损失，在此种情况下，如果被告实施侵权行为并使他人的此种机会丧失，即应对他人因此而遭受的损害承担责任。

在此种情形下，承租人是否可以期待获得租赁房屋的所有权还处在不确定的状态，有可能因为购买条件的劣势而无法取得房屋所有权，也有可能因为出租人的意思表示而使得交易无法最终成立，所以在此种情形下，承租人的损失就仅仅体现在机会利益损失的范围内，而无法将可期待利益等损失计算在内。所以在承租人优先购买权受到侵害过程中丧失订约机会给承租人造成的损失主要包括：承租人不得不另外寻找出租房屋或购买其他不动产来替代过程中产生的财产上的损害。

(二) 承租人行使优先购买权后交易目的落空

此种情形主要体现在承租人已经行使了优先购买权，可出租人在承租人行使优先购买权以后，实际取得租赁房屋所有权之前，将租赁房屋另行出售并办理过户登记，根据善意取得制度，承租人实际上无法取得租赁房屋的所有权，而导致承租人的损失。

在此种情形下，承租人已经实际行使了优先购买权，如果出租人不违反此项规定，那么承租人可以期待必然获得租赁房屋的所有权。但此时，出租人又将房屋另行出售，实际上，出租人此项行为类似于商品房买卖过程中的"一房二卖"的情形（如果出租人与承租人并未实际签订书面的买卖合同）。对赔偿损失的确定，根据《民法典》的规定，损失赔偿额应当相当于因违约所造成的损失，包括合同履行后可以获得的利益，即应当赔偿对方因违约所受的实际损失和期待利益损失。实际损失包括财产的灭失、损害和相关费用的支出，是一项实际发生的财产损失。而期待利益的损失，是违约行为导致受害人在合同顺利履行后可以期待获得的利益，尽管这种利益需要合同实际履行才能得到。但是此种期待利益的现实性很高，所以，损害了期待利益也应当负有赔偿责任。

在承租人实际行使了优先购买权而未能得到租赁房屋所有权的，其损失包括：承租人另行寻找买卖交易来替代此次交易而产生的一切费用；从承租人行使优先购买权以后因市场价格变化而产生的收益（即承租人行使优先购买权所确定的价格和房屋现有价值之间的差额）。

具体到本案的情形来看，应属于上述第一种侵害优先购买权的情形，因而，法院对承租人所主张的系争房屋出卖给第三人的价款与其以起诉日为基准日对系争房屋申请评估得出的评估价款的差价损失不予支持,但判决只是简单地以酌定来确定赔偿的数额,似乎未从损害赔偿数额的构成上予以说明,不无遗憾。

7.6 法院如何认定因第三人原因导致合同违约时的各方法律责任
——张某诉刘某房屋租赁合同纠纷上诉案[①]

> **关　键　词**：第三人原因,合同违约,法律责任
>
> **问题提出**：因第三人原因导致合同违约时,如何界定各方的法律责任?
>
> **关联问题**：如何界定租赁合同中出租人的哪些行为导致承租人不能实现合同目的而获得解约权?出租人一方违约导致租赁合同依法解除时,承租人的经济损失如何计算?
>
> **裁判要旨**：因第三人原因导致合同违约时,当事各方主体法律责任的认定不能混为一谈,应区分对待：合同当事人之间的法律责任依据双方合同约定处理,合同当事一方与合同之外的第三人的法律责任依据相关法律或他们之间存在的其他合同关系处理,即按照《合同法》第 121 条[②]的具体规定处理。

案情简介

原告（被上诉人）：刘某

被告（上诉人）：张某

第三人：逄海某

2007 年 12 月刘某、张某签订《房屋租赁合同》,约定："由甲方（张某）将位于某市某区某路 4 号 H 花园二期 4 号楼 1 号网点、3 号网点、负一层出租给乙方（刘某）用于经营宾馆。乙方租赁期限为五年,甲方在 2007 年 12 月 18 日将出租房屋交付给乙方用于装修,租赁期限从 2008 年 1 月 1 日起至 2012

[①] 本案例系在真实案件基础上加工改写而成。

[②] 对应《民法典》第 593 条,当事人一方因第三人的原因造成违约的,应当依法向对方承担违约责任。当事人一方和第三人之间的纠纷,依照法律规定或者按照约定处理。

年12月31日止。第一年租金为贰拾万元,第二年至第五年租金均为贰拾叁万元。合同签订之日起三日内,乙方将第一年租金一次性交付给甲方。其余四年租金乙方均应提前一个月向甲方交纳,即每年的12月1日之前乙方将次年的租金向甲方一次性交清,乙方将房屋租金(注:房屋租金为净价)打入甲方指定账户,租赁期内的水、电、暖、通信等费用由乙方承担。乙方应按时交纳宾馆经营过程中有关工商、税务、消防、公安等各种费用。如甲方在合同期间三年内出售此房,本租赁协议继续有效,第四年起乙方可应甲方要求解除本合同,或因其他原因解除此合同,甲方都应赔偿乙方损失20万元,并退还剩余期限的房租。乙方在经营期间必须按时交纳房屋租金,如乙方未按合同交纳房屋租金,乙方应按日3‰向甲方支付违约金。如超过约定交纳房租期限一个月乙方未交纳房租,甲方有权解除合同并要求乙方支付违约金20万元。在租赁期限内甲方同意乙方对房屋进行装修,但不得破坏房屋的主体结构。乙方在承租期间不得转租。"合同还约定了其他事项。

合同签订后,刘某投入巨额资金对房屋进行了装修、改造,并进行正常经营活动。2008年9月逢海某到刘某经营处,告知其与张某签订的《商品房买卖合同》,由于张某未按约支付后期房款,双方房屋买卖交易无法完成,现要求收回房屋,故要求刘某停止营业,腾退房屋。刘某此时才知道张某与逢海某房屋买卖之中存在重大纠纷,刘某随即与张某联系要求张某妥善解决与逢海某之间的问题,避免影响其正常经营。但张某未能及时解决与逢海某的纠纷,导致逢海某多次来店滋事,影响刘某的正常营业,刘某多次报警也未能解决问题。2008年12月逢海某明确告知刘某:其已与张某解除了房屋买卖合同,并要求刘某交回房屋;同时张某也告知刘某:其就解除房屋买卖合同一事向法院提起了解除合同的违约赔偿之诉。在此情形下,刘某只得诉请法院,要求依法解除其与张某之间签订的《房屋租赁合同》并要求张某赔偿装修、违约金、其他各项损失等共计865223.96元,并在诉讼过程中将逢海某列为诉讼第三人。

各方观点

刘某观点:第一,与张某签订《房屋租赁合同》合法、有效,张某应该全面、及时、正确履行该协议条款。第二,双方签订《房屋租赁合同》时,张某隐瞒了其与逢海某存在买卖合同纠纷的重大情况,事后又未及时、有效处理与逄海某的纠纷，影响到自己的承租经营活动，构成合同违约，应承担违约责任。第三，由于张某未妥善处理其与逄海某的买卖合同纠纷，导致逄海某经常来店滋事，严重干扰了自己的经营活动，租赁合同无法继续履行，自己无法实现承租经营的合同目的，作为承租方有权选择依法解除合同。第四，合同解除后，张某应赔偿刘某停业损失、违约金、装修及设施设备投入损失及其他损失共计865223.96元。第五，第三人逄海某对自己的损失也应承担相应责任。

张某观点：第一，张某是在合法占有房屋的情况下与刘某签订的租赁合同。逄海某对房屋出租的事实是明知的，合同签订时张某与逄海某的纠纷尚未产生，不存在隐瞒纠纷的情况，并且刘某对承租房屋的权利状态也是明知的。在合同的履行过程中，张某全面履行了出租人的法定及相关义务，并无违约行为。第二，刘某在诉状中所称的逄海某的行为张某事前不知晓，事中也并不在场，事后也仅是听刘某自己诉说而已。因此，就刘某诉状中所称的逄海某侵权事实与张某无关，且张某并不清楚。第三，退一步讲即便确实如刘某所言，那也应由逄海某单独承担责任，刘某无权向张某主张权利。第四，张某在与逄海某房屋买卖合同解除过程中不存在过错，而且买卖合同解除后，依据买卖不破租赁的原则，逄海某成为新的出租人，逄海某与刘某的租赁关系并不因此而解除，双方均可依照原租赁合同确定的权利义务继续履行。刘某在能继续履行合同的情况下解除租赁合同，是自行放弃权利的行为，因此造成的损失应自行承担。第五，根据刘某诉状所称的情况，逄海某的行为即使存在，也不足以使刘某租赁房屋的根本目的不能实现，刘某在能够继续履行的情况下坚持解除租赁合同，应当就自己行为导致的损失扩大部分自行承担责任。所以，刘某不应当向张某主张权利，法庭应驳回刘某对张某的诉讼请求。

逄海某观点：刘某、张某之间租赁的事逄海某并不知道，收回该房屋是提前通知过张某的，张某是知道的。关于刘某说的去闹事的事，第三人逄海某只是去收回房屋，并没有破坏设施。与张某解除房屋买卖合同是因为张某违约，张某说其没有任何责任是不对的。

法院观点

一审法院观点：本案争议焦点：（1）刘某、张某之间签订的房屋租赁合同的效力问题；（2）刘某主张的损失如何认定的问题。

关于刘某、张某签订的租赁合同效力问题。张某与逄海某签订了《商品房买卖合同》，张某以分期付款的方式支付了部分购房款后，逄海某同意自签订合同之日起将房屋交付张某使用，故，张某自双方合同签订之日起即取得了本案诉争房产的合法占有使用权，并非以所有权人为限，因为租赁关系体现的是占有的转移：一方让渡其占有获得租金利益，另一方则通过支付租金取得占有以获得使用收益，单就租赁的法律关系而言，各方均不与标的物的所有权发生直接必然的联系，具有房屋所有权的出租人与通过其他方式合法获得占有权的出租人之间并无不同，只是他们占有权的取得方式不同而已，故一审法院确认张某与刘某签订的租赁合同合法有效。

对于刘某主张的各项损失的责任承担问题，一审法院认为，刘某之诉请系基于张某的违约行为继而解除合同而产生的赔偿请求权，现因张某在与逄海某履行房屋买卖合同时未按合同约定及时履行付款义务，从而导致双方因房屋买卖合同产生诉讼，张某主张解除房屋买卖合同，而逄海某明确表示不同意刘某继续承租该房屋，致使刘某租赁合同目的无法实现，故张某应对刘某的损失承担赔偿责任。

关于012号司法鉴定报告书鉴定结论的认定，一审法院认为，首先，该鉴定报告鉴定项目均属形成附合的装饰装修物；其次，刘某、张某对该鉴定结论第一部分装修项目价值88600.03元均认可，对此一审法院予以确认；对于该报告第二部分张某不认可装修项目260826.63元，张某主张系刘某承租前原有装修项目，张某应承担举证责任，因张某未提交相关证据，一审法院对该部分鉴定结论予以确认；对于该报告第三部分张某不认可的安装项目，因鉴定部门仅凭刘某提交的图纸计算价值，未经现场核实，该部分鉴定结论缺乏客观性，对此部分鉴定结论，一审法院不予采纳。关于张某主张装饰装修物的折旧问题，一审法院认为，012号司法鉴定报告书系对刘某装修的现价值进行鉴定，张某主张在该价值基础上再折旧，于法无据，一审法院不予支持，张某应赔偿刘某该部分损失349426.69元。

关于17号司法鉴定评估报告书的认定，一审法院认为，该评估报告的评估对象是热水器、卫星电视、空调、网络系统、安防系统，均属与房屋未形成附合的设备物品，因张某不同意再利用，刘某应予以拆除，该部分设备物品的评估价值不应作为损失由张某承担，刘某该主张，于法无据，理由不当，一审法院不予支持。刘某主张张某应返还押金 1 万元，事实清楚，理由正当，一审法院予以支持。刘某主张的合同约定违约金 20 万元、2008 年 10 月至 2009 年 11 月水电费 24113 元、2008 年 10 月至 2009 年 11 月雇人看管房屋的人工费 9500 元、长期包房的损失 114200 元、为了减少损失将物品转移所花费的搬运费用以及仓库租赁费用共计 18000 元、2008 年 10 月至 12 月的房租损失 5 万元，证据不足，理由不当，于法无据，不予支持。

一审法院判决：一、张某应于判决生效之日起十日内赔偿刘某损失 349426.69 元；二、张某应于判决生效之日起十日内返还刘某押金 1 万元；三、驳回刘某的其他诉讼请求；四、驳回刘某对逄海某的起诉。案件受理费 17414 元，评估费 5000 元，鉴定费 5000 元，共计 27414 元，由刘某负担 14281 元，张某负担 13133 元（因该款刘某已预交，张某承担部分于判决生效之日起十日内直接给付刘某）。

二审法院观点：《合同法》第 121 条[①]规定："当事人一方因第三人的原因造成违约的，应当向对方承担违约责任。当事人一方和第三人之间的纠纷，依照法律规定或者按照约定解决。"本案中，张某与逄海某签订《商品房买卖合同》后，逄海某已将房屋交付给张某使用，张某在取得房屋占有使用权后与刘某于 2007 年 12 月 18 日签订的《房屋租赁合同》没有违反国家法律及行政法规强制性规定，应确认为有效，双方当事人均应当按约履行，违反约定应当承担违约责任。2008 年 12 月上诉人张某与第三人逄海某因商品房买卖合同发生纠纷，致使张某与刘某之间签订的房屋租赁合同的目的不能继续实现，张某应向刘某承担房屋租赁合同中约定的违约责任，其与逄海某之间的纠纷已在青岛市崂山区人民法院另案处理，故，张某认为其与逄海某之间的房屋买卖合同已经解除，其已经不是出租人，本案与其无关的主张不能成立。对于某会计师事务所出具的 012 号司法鉴定报告书，鉴定机构于 2010 年 11 月 18 日出具了一份关于该鉴定报告书的补充说明，该说明中载明："本机构出具的 012 号鉴定报告中原告（刘某）宾馆装修的工程造价是指鉴定委托（2009 年 4 月）时该宾馆装修的工程造价。"原审法院是在 2009 年 4 月 10 日委托某会计师事务所对涉案宾馆的装修价值进行评估，可以看出 012 号鉴定

[①] 对应《民法典》第 593 条，当事人一方因第三人的原因造成违约的，应当依法向对方承担违约责任。当事人一方和第三人之间的纠纷，依照法律规定或者按照约定处理。

报告是对委托鉴定当时涉案房屋的现装修价值进行的评估,不存在再进行折旧的问题,上诉人张某认为该鉴定报告是按照重置价格对装修进行鉴定的主张并无事实依据,不予支持。

二审法院判决:驳回上诉,维持原判。

关联案例 1

案件名称:俞某新与福建某房地产有限公司、魏某瑞商品房买卖(预约)合同纠纷案

审理法院:最高人民法院(2010)民一终字第 13 号①

裁判观点:涉案合同一方当事人以案外人违约为由,主张在涉案合同履行中行使不安抗辩权,不符合合同相对性原则,缺乏事实与法律依据,法院不予支持。

关联案例 2

案件名称:中某公司、某大酒店等合同纠纷案

审理法院:最高人民法院(2021)最高法民再 341 号②

裁判观点:《合同法》第 114 条第 1 款③规定:"当事人可以约定一方违约时应当根据违约情况向对方支付一定数额的违约金,也可以约定因违约产生的损失赔偿额的计算方法。"本案中,案涉能源服务合同第 7 条第 1 款第 1.8 项约定:"某大酒店不得擅自解除或者终止合同,否则,除应赔偿直接经济损失外,还应根据合同约定的收费年限每年按合同约定的能源费用年包干总费用的 20% 计算赔偿中某公司可得利润损失。"该条款明确直接经济损失与可得利润损失均为某大酒店违约损失赔偿的内容,系双方对自己可能承担的违约后果的预先安排。从尊重当事人意思自治和维护诚实信用的合同原则考虑,当某大酒店违约时,其应按上述合同约定向中某公司支付违约金。原二审判决认定投资和运营成本与可得利润损失属重复计算,系认定事实错误。

《全国法院民商事审判工作会议纪要》第 50 条规定:"认定约定违约金是否过高,一般应当以《合同法》第 113 条规定的损失为基础进行判断,这里的损失包括合同履行后可以获得的利益……"原审查明,2017 年 12 月 25 日双方签订案涉能源服

---

① 载《最高人民法院公报》2011 年第 8 期。

② 载中国裁判文书网, https://wenshu.court.gov.cn/website/wenshu/181107ANFZ0BXSK4/index.html?docId=82222bc3ec364f84b8baae080119b7ee, 最后访问时间:2022 年 6 月 30 日。

③ 对应《民法典》第 585 条。

> 务合同并约定服务收费期限为 15 年，2018 年 10 月某大酒店出现迟延付款、将中某公司驱离能源站等违约行为导致案涉能源服务合同解除。原一审兼顾本案合同解除双方过错程度、合同约定服务期限与实际履行时间，参照双方关于可得利润损失的明确约定，酌情支持由某大酒店承担可得利润损失 2028000 元（1690000 元×20%×6 年），符合公平原则。原二审法院认为违约金的认定仅应以实际损失为基础，而作出否定守约方中某公司应获可得利润损失赔偿的违约金调整，属适用法律错误，应予纠正。本院对中某公司再审请求某大酒店赔偿其可得利益损失的合理部分，依法予以支持。

律师点评

本案是一起典型的因第三人原因导致合同违约而引起的纠纷。在同一商用房屋上先后设定买卖合同和租赁合同，由于买卖合同纠纷导致租赁合同无法履行，承租人要求退租，解除租赁合同的诉讼。由于前后两份合同标的物存在高度重合，并且前者的纠纷是后者无法继续履行的真实原因，二者客观上存在紧密联系，故而在一系列纠纷产生后，各方主体对如何承担法律责任出现较大争议和分歧。笔者以为，正是此案涉及的诸多争议，让我们有机会重新审视我国现行合同制度的相关规定，特别是涉及买卖、租赁合同的特殊规定，有必要进行深入了解、分析，以便准确把握、适用。基于此，笔者拟从以下几个方面展开分析与点评：

一、如何理解《民法典》第 593 条规定所体现出来的法律责任承担方式

合同违约是指违反合同债务的行为，亦称合同债务不履行。这里的合同债务，既包括当事人在合同中约定的义务，还包括法律直接规定的义务。合同违约指的是一种行为状态或事实，不包括当事人及有关第三人的主观过错。我们知道，引起合同违约的原因很多，一般可从主观、客观两方面来分析。主观方面的原因是指违约方本身不愿履行，故意不履行；客观方面的原因是指违约方之外的原因导致其失去履行的能力和条件，无法履行。第三人原因就属于客观方面的原因。本案中的逄海某是租赁合同之外的第三人，他与张某有房屋买卖合同关系，与刘某没有合同关系。正是由于逄海某依法解除买卖合同收回房屋，导致张某无法履行出租人合同义务，失去了履行租赁合同的能力和条件，正是从这个意义上说，逄海某的因素正是张某不能履行与刘某签订的租赁合同的第三人原因。

笔者以为，《民法典》第593条规定的理论依据源于合同的相对性原则，即合同的效力范围仅限于合同当事人之间，合同一方只要有违约事实就要向对方承担违约责任，第三人不能主张合同上的权利，也不能承担合同上的义务。这一原则适用的积极意义表现在：厘清复杂法律责任，有利于民事主体预测、防范法律风险，有利于市场交易秩序的有序进行。

合同相对性原则含义丰富，广泛体现于合同法的各项制度之中，一般学界将其概括为三个方面：（1）主体的相对性，即指合同关系只能发生在特定的主体之间，只有合同一方当事人能够向合同的另一方当事人基于合同提出请求或提起诉讼。（2）内容的相对性，即指除法律、合同另有规定以外，只有合同当事人才能享有合同规定的权利，并承担该合同规定的义务，当事人以外的任何第三人不能主张合同上的权利，更不负担合同中规定的义务。在双务合同中，还表现为一方的权利就是另一方的义务，权利义务相互对应，互为因果，呈现出"对流状态"，权利人的权利须依赖于义务人履行义务的行为才能实现。（3）责任的相对性，即指违约责任只能在特定的合同关系当事人之间发生，合同关系以外的人不负违约责任，合同当事人也不对其承担违约责任。

本案中，租赁合同中的承租人刘某向出租人张某主张违约损失赔偿符合合同相对性原则精神，诉求方向没有问题；而张某的抗辩则要求刘某向租赁合同之外的第三人逄海某主张损失赔偿，显然不符合合同相对性原则精神，存在方向性错误，其主张得不到法院的支持，至于张某的另一抗辩"刘某的损失是由于逄海某的侵权行为造成的，与张某无关"没有相应证据支持更不能成立。具体来说，刘某是租赁合同的承租人，依据租赁合同起诉张某，要求作为出租人的张某承担违约损失赔偿责任，从合同主体、权利义务内容、违约责任来看，其诉求都没有任何方向性问题；张某与逄海某系另一法律关系房屋买卖合同的当事方，二者之间的关系及权利义务内容均由买卖合同调整，逄海某不是房屋租赁合同的当事方，只受买卖合同关系的调整，不可能依据租赁合同约定要求其承担违约损失赔偿责任，虽然逄海某的行为实际影响了张某作为出租人的法律主体地位和严重后果，但该后果只能在买卖合同关系框架内由张某、逄海某加以解决，不能一并掺和在租赁合同关系中，否则无法厘清不同契约当事方的责任承担方式，不利于市场交易主体对法律风险的管控。

二、关于合同目的无法实现作为合同解除事由的理解问题

案例中刘某起诉到法院要求解除其与张某签订的租赁合同,理由是:由于张某与逢海某的行为导致宾馆停止营业,无法继续经营下去。用法律术语来讲就是:原告刘某租赁合同目的无法实现,要求依法解除,其依据的正是《民法典》第563条的规定:"有下列情形之一的,当事人可以解除合同:……(四)当事人一方迟延履行债务或者有其他违约行为致使不能实现合同目的……"案例中,出租房屋被逢海某要求依法收回,张某丧失出租人资格,无法继续履行出租合同,承租人刘某无法实现合同目的,故而提出解除合同的诉求。那么合同目的究竟如何理解,又如何与合同解除联系起来?

合同目的是指合同双方通过合同的订立和履行最终所期望得到的东西或者达到的状态。《民法典》第470条关于合同一般条款的规定中并没有提到合同目的条款,但《民法典》第511条第1项规定:(一)质量要求不明确的,按照国家标准、行业标准履行;没有国家标准、行业标准的,按照通常标准或者符合合同目的的特定标准履行。第5项规定:"(五)履行方式不明确的,按照有利于实现合同目的的方式履行。"又如第563条第1款第1项规定:"(一)因不可抗力致使不能实现合同目的。"虽然《民法典》在很多地方使用了合同目的的概念,但并未就合同目的的含义进行明确的规定。笔者以为,这不能说不是一个缺憾,结合合同法的有关规定来看,合同目的至少具备以下特征:

1. 合同目的具有一定的抽象性。合同目的不同于合同标的。合同标的是具体的合同权利义务所指向的对象,合同目的是合同双方通过合同的订立和履行所要达到的最终目标。合同标的是具体明确的,可以是特定的物,也可以是行为,无论是什么都必须明确,否则,合同债务人无法履行。合同目的是抽象概括的,不是具体的物和行为,而是物和行为背后所隐含的合同当事人的目标。合同目的可以由合同具体进行规定,也可以根据合同标的结合其他情况进行推定。

2. 合同目的具有相对确定性。一般情况下,在订立合同时,当事人的合同目的应该是确定的。从严格意义而言,任何人的行为都是有目的的。合同的订立和履行也属于人的行为,而且是比较正式的行为,所以更应该具有一定的具体目的。因此,对于特定的合同当事人,其合同目的是确定的。

3. 合同目的具有多样性。同一合同标的,可能对于不同的合同当事人,

其目的也不尽相同。每一种合同标的的用途是多方面的，某些合同当事人可能用到其中的某些方面，其他人可能用到另一些方面。因此，即使合同标的相同，其目的也可能大相径庭。如本案中，刘某的合同目的是通过承租房屋，经营宾馆，获取经营收益；张某的合同目的是通过出租已购房屋，获取租金收入；逄海某的合同目的是通过转让房屋所有权，获得房屋转让款。合同标的同样为房屋，但合同目的多种多样。

4. 合同目的可以是明示的也可以是默示的。有些合同对合同目的进行明确，其合同目的是明示的。有些不明确，但当事人根据交易的习惯和商业惯例可以推定，其合同目的是默示的。

明确合同目的的内涵及特征对于我们准确把握其作为合同解除法定事由之一在司法实践层面具有重大指导意义：（1）对不可抗力导致合同解除的决定作用。当合同履行过程中发生不可抗力作用时，当事人在一定条件下享有依法解除合同的权利，但该权利的行使受到一定限制。《民法典》第563条第1款第1项规定了因不可抗力致使不能实现合同目的，当事人可以解除合同。合同目的能否实现作为其中决定性的条件之一。（2）对根本违约以及根本违约所导致的合同解除权的确定。根本违约的概念来自英国法，用于描述一种违约形态。英国法将合同条款分为"条件"和"担保"两类。条件"直接属于合同的要素，换句话说，就是这种义务对于合同的性质是如此重要，以至于一方不履行这种义务，另一方就可以正当地认为对方根本没有履行合同义务"。对合同"条件"的违反即构成根本违约。合同目的可以被认为是对合同"条件"的概括，所以违背合同目的必将导致根本违约。根据《民法典》第563条第1款第4项的规定，当事人一方迟延履行债务或者有其他违约行为致使不能实现合同目的，当事人可以解除合同。这一规定确立了根本违约行为和一般违约行为的界限，即如果导致不能实现合同目的即构成根本违约。可以看出合同目的对于是否构成根本违约具有决定作用，当出现根本违约时，法律赋予非违约方解除合同的权利。所以，合同目的对于法定合同解除权的取得具有重要的意义。

笔者认为，本案中刘某的合同目的应这样理解：签订租赁合同，取得租赁房屋使用权，利用租赁房屋开设宾馆营利。因为出租人张某与逄海某的商品房买卖合同纠纷，张某失去对出租房屋合法占有、使用、收益的权利，丧失出租人资格，而逄海某此时又要收回租赁房屋，不同意刘某继续承租经营，故而刘某想利用租赁房屋开设宾馆继续赚钱的想法落空，原租赁合同实际无法履行。在此情况下，解除租赁合同并要求相应赔偿是唯一的出路。对于张某来讲，丧失出租人资格，显然构成根本违约，法律赋予非违约方刘某解除租赁合同的权利。法院正是基于这一认定确认了刘某的合同解除权。

三、关于准确界定合同违约损失赔偿范围的问题

对于违约损失赔偿，我国《民法典》采纳了完全赔偿原则，体现在该法第577条的相应规定中。完全赔偿原则是指因违约方的违约行为而对受害人造成的全部损失都应当由违约方负赔偿责任。具体包括：直接损失与间接损失，前者主要表现为标的物灭失、为准备履行合同而支出的费用、停工损失和为减少违约损失而支出的费用等；后者是指合同履行后可以取得的利益。完全赔偿就是要通过赔偿受害人的实际损失和可得利益的损失，从而弥补受害人遭受的全部损失，使受害人恢复到合同订立前的状态或恢复到合同能够得到适当履行情况下的状态。

根据完全赔偿原则，违约方应赔偿受害人的实际损失和可得利益的损失。实际损失则是现有财产的减少；而可得利益的损失，是合同履行后可以实际取得的利益的损失。可得利益是一种未来的必须通过合同的实际履行才能实现的利益，是当事人订立合同时能够合理预见到的利益。因此，尽管它没有为当事人所实际享有，但只要合同适当履行当事人就会获得。若没有违约行为的发生，当事人是可以获得可得利益的，从这个意义上来说，可得利益的损失与实际损失没有实质的差别，它们都是因为违约行为所造成的损失。在确定可得利益损失的赔偿时，受害人不仅要证明其遭受的可得利益的损失确实是因为违约方的违约行为造成的，而且要证明这些损失是违约方在签订合同时能够合理预见的。受害人的可得利益的损失与违约行为之间还应当具有直接的因果关系。但值得注意的是，当享有解约权的一方提出解除合同请求时，对于未履行期限部分的可得利益法院一般不会支持，理由是在主动提出解除合同的场合，赔偿的范围仅限于解除合同前违约方不履行合同义务所导致的损害以及解除合同时因恢复原状而发生的损害赔偿。可得利益系合同完全履行时的所得收益，既然当事人选择了解除合同，说明其已不愿继续履行合同，其后所得收益当然无权获得。

完全赔偿并不意味着各种损害都应当赔偿。在违约责任中，对于因一方违约而造成的人身伤害和死亡及精神损害的都不予赔偿。这是因为：其一，我国《民法典》中的违约责任形式不包括赔偿人身伤害、死亡及精神损害。

其二，这些损害是违约方在订立合同时所不可预见的。如果要使这些得到赔偿，将会使订约当事人面临合同责任的不可预测性，从而妨害交易的正常进行。其三，我国《民法典》第186条规定，因当事人一方的违约行为，侵害对方人身、财产利益的，受害方可主张违约责任或依照其他法律主张侵权责任。也就是说，责任竞合时，当事人只能主张侵权或违约责任之一。

基于上述对违约损失赔偿范围的分析，并结合本案房屋租赁合同开设宾馆的实际情况，笔者以为，刘某主张的损失赔偿范围应包括：

1. 直接损失部分：（1）装修项目花费部分的残值（或现值）部分，包括各项实际投入的装修项目产生的人工、材料费用，且该装修项目已与出租房屋附合形成一个天然整体无法分拆。该费用金额以法院委托的评估机构鉴定为准。（2）合同解除生效前因张某违约导致刘某的停业损失，该费用金额也可以由法院委托评估机构鉴定为准。（3）刘某为减少违约损失而支出的必要费用，包括两个条件：一是该费用的支出目的是减少违约损失的扩大，二是该费用支出金额是合理的。

2. 间接损失部分：合同未履行期限范围内刘某正常营业的可期待利润，该部分权利举张须有较强的证据证明，至少要从三个方面证明该主张：第一，租赁合同解除前刘某经营正常，有盈利产生；第二，刘某具备后续期限正常经营的各项必要条件；第三，该盈利数据真实、可信，符合市场前景预期，符合刘某实际经营状况。同时实践中也可以将该笔数据交给评估机构进行鉴定而得出。

不管刘某最终列出的赔偿项目有哪些，最终金额是多少，都必须遵循这样几个原则：（1）真实性原则，即各项损失主张必须是真实的，经得起客观检验，有合法的证据材料加以印证；（2）适当性原则，该索赔项目是否应由违约方全额承担（如承租人投入的宾馆设备设施，合同解除后承租人仍可利用，其支出费用是否要由出租人全部承担），索赔项目的计算标准是否科学、准确（如附合装修部分的折旧、残值、现值的认定问题）；（3）合理性原则，合同违约赔偿的额度不超过造成的损失额度，具有一定的补偿功能，而一般不具备惩罚功能（除消费欺诈另有特定法规定外），这可以从《民法典》第584条、第585条的规定体现出来。守约方同时提出违约损失赔偿和定金赔偿要求的，一般不会同时支持，而是会根据实际损失额度酌情支持哪一种请求。

可以看出，该案正是体现了《民法典》关于违约损失赔偿的相关法律尺度、原则。

第八章　房地产金融

综述：房地产金融之司法实务综述

在我国，房地产金融是一门新兴的学科，其内容丰富，主要包括：房地产信贷资金的筹集与运用、房地产股票与债券、房地产信托、房地产保险等。最近十年来，我国房地产业发展迅猛，离不开金融行业的资金支持。国内房地产金融体系虽有所发展，但仍然不是很完善，存在投融资体系结构的不合理、间接融资比例过大等问题。根据推算，中国房地产开发企业的资金大多数来自商业银行贷款。而发达国家房地产融资渠道较多，例如房地产投资基金、保险资金、退休基金、债券市场、股票市场等。

从本章介绍的具体案件看，司法实践中涉及房地产融资的诉讼案件仍主要集中在商品房按揭贷款纠纷、以房地产项目抵押贷款纠纷、金融借贷纠纷等领域。但是在现时市场环境下，相关政府部门针对开发商的开发贷款获取的管理越发趋严，这就迫使开发商不得不寻求房地产信托、私募基金等新兴方式募集开发所需资金。虽然司法实践中鲜有这一类的房地产融资诉讼的生效判决，但这一内容已经成为当下开发商募集资金的新兴模式，不容忽视。

一、传统房地产金融纠纷案件的司法实践常见问题

（一）"名为担保，实为借款"合同的效力

在国家信贷政策收紧、融资门槛提高的背景下，一些符合借款条件的主体与另一方能提供担保的主体私下协议，由符合借款条件的主体向银行借款，而另一方作为担保人，并协商获得银行贷款由担保人与借款人按照一定比例进行使用。司法实践中，一般认为担保人与借款人之间的协议实质上违反的是借款人与贷款人之间关于贷款专款专用的约定，该等约定一般因不违反法律的强制性规定而被认定为有效；但在特别情况下，如违反法律的强制性规定，应认定为无效。

另外，即使"名为担保，实为借款"的合同被认定为有效，借款人仍面临较大的风险，借款人与担保人（部分借款实际使用人）之间的约定只在双方之间发生效力，在担保人不能按约还款的情况下，借款人须承担对贷款人的违约责任，之后再根据其与担保人之间的约定向担保人追偿。

（二）"假按揭"住房抵押贷款合同的效力及责任承担

"假按揭"是指房地产开发商通过虚构购房合同、购房人信息等，以借款人买房之名向银行融资借款，由名义借款人以所购房屋与银行签订抵押合同，骗取银行信用或与银行工作人员合谋以按揭方式获得借款、套取银行资金的行为。对于"假按揭"合同的效力认定，司法实践中存在不同的观点：

第一种观点认为，受欺诈方未请求人民法院变更或撤销贷款合同的，假按揭情形下的住房抵押贷款合同有效。此种观点下，在审判实践中，假按揭情形属于借款人、担保人（开发商）擅自改变借款用途的违约行为，该违约行为不影响个人购房贷款合同的效力，在审理中应认定贷款合同有效。在个人购房贷款合同履行过程中，如出现了符合《合同法》第54条第2款规定①的情形，利益受损害方有权请求人民法院变更或撤销贷款合同。如其不行使请求人民法院变更或撤销贷款合同的权利，在审理中仍应认定贷款合同有效。

第二种观点认为，名义借款人不知情的个人住房抵押借款合同不成立。在最高人民法院（2014）民抗字第65号案例②中，法院认为：名义借款人与贷款人之间的贷款合同未成立，且贷款人发放的贷款实际由担保人使用，担保人也实际向贷款人偿还了本息，担保人与贷款人之间存在事实借款关系。

第三种观点认为，若名义借款人不否认房屋买卖合同和个人购房贷款合同签字的真实性，且经审查能够认定个人并未购买亦未实际使用房屋买卖合同中约定的房屋，该种假按揭则属于"以合法形式掩盖非法目的"的民事行为，个人住房抵押贷款合同无效。该观点值得商榷。一方面，《民法典》已删除"以合法形式掩盖非法目的"的民事行为无效的规定；另一方面，如果说"开发商实际贷款的行为"是这里所谓的"非法目的"，即便开发商在贷款时受到一定条件的限制，但法律并没有对其禁止，不能称之为"非法"。进一步

---

① 对应《民法典》第148条："一方以欺诈手段，使对方在违背真实意思的情况下实施的民事法律行为，受欺诈方有权请求人民法院或者仲裁机构予以撤销。"

② 载中国裁判文书网，https://wenshu.court.gov.cn/website/wenshu/181107ANFZ0BXSK4/index.html?docId=arQ0BuCRnZ82O9mvOD1hCHlrhLwa6KUneMhNieeCvXLiWFu7tNQ6EvUKq3u+IEo4xrhYIUL6n/HlIb6F6BMZlyN05NRB6QgWvb77MR4zDn4+Q/ki4Dz+xRNJ35v1sf51，最后访问时间：2023年11月8日。

分析，前述房屋买卖合同符合《民法典》第146条第1款"行为人与相对人以虚假的意思表示实施的民事法律行为无效"规定，应属无效；但值得注意的是，该等虚假意思表示之下通常并无其他"隐藏的民事行为"。

第四种观点认为，假按揭行为违反了国家强制性规定、损害了社会公共利益，因不具备合同生效的实质要件，个人住房抵押贷款合同应被直接认定为无效。

综合前述观点，一般情况下认定此类合同的效力宜区分不同情况分别作出处理：首先，作为个案不损害社会公共利益，且在受损害方撤销权已经丧失时，该合同一般被直接认定为有效；其次，作为个案不损害社会公共利益，在受损害方撤销权尚未丧失时，该合同一般被认定为效力待定；最后，如"假按揭"损害社会公共利益时，一般直接认定合同无效。

在"假按揭"合同被认定无效或被撤销后，法院一般根据《民法典》第157条的规定，并结合银行是否明知系假按揭及相关合同中签名的真实性等因素，综合确定假按揭各主体之间的民事责任分配。

(三) 以存单形式违法进行房地产借贷的责任承担的认定

以存单为表现形式的借贷行为因涉嫌套取金融机构信用、转嫁风险，实质上形成了由金融机构承担风险的企业间借贷，违反我国金融法律法规，应认定为违法借贷。一旦出现相应情形，一般按照《存单纠纷案件规定》第6条"对以存单为表现形式的借贷纠纷案件的认定和处理"规定进行处理。该条以资金的交付和资金的处分为标准对各当事人的过错进行了划分，按照四种情况予以规定。每种情况中因当事人的过错大小不同，案件的处理结果也不同。其中第一、二两种情况因金融机构是资金的处分者，其责任较大；第三、四两种情况中出资人是资金的处分者，出资人应承担较大的责任。另外，第三种情况中资金虽是出资人处分的，但由于资金已从出资人处交付给了金融机构，金融机构本可以正当经营，不接受出资人的指定，但金融机构接受了指定，将款项贷出。由此产生的风险，出资人、金融机构、用资人三方要共同承担。第四种情况中，资金没有交付给金融机构，属于典型的只要金融机构的信用（承担风险），不要金融机构的服务（指交易服务），因此，出资人责任大。

但实际案件中，如案件情形与前述四种情形均不完全一致，对违法借贷中产生的损失，应按照民法的一般原理，各方当事人根据过错大小承担相应的民事责任。另外，用资人是资金的实际使用者，在案件中是主要责任者，其负有给付资金及利息的不容推卸的责任。基于这种考虑，虽然金融机构对违法借贷承担的是过错责任，但金融机构在承担了责任后，应允许其有向用资人进行追偿的权利。

（四）预售商品房按揭贷款中开发商承担阶段性担保责任的解除

预售商品房按揭贷款合同关系中，开发商承担阶段性担保责任的关键即在于保证期间的确定。一般来说，开发商承担阶段性担保责任的争议主要集中在商品房买受人未按期足额支付按揭贷款，导致作为保证人的开发商成为被告。从《民法典》第158条的规定看，阶段性担保的法律属性应为附解除条件的民事法律行为，即阶段性担保不是对保证期间的约定，而是对解除条件的约定。在阶段性担保中，贷款人要求房地产开发商等提供担保的目的并非要求开发商在债权清偿之前的全部期间内均承担担保责任，而是在期房取得房地产权属证书之前，贷款银行正式办理抵押登记之前，为保障银行债权，由开发商对债务人的还款承担保证责任。即阶段性担保是专为解决贷款风险敞口期问题而存在，只要贷款银行办理了房屋抵押登记，阶段性担保的使命就此终结。从阶段性担保的上述特征看，阶段性担保系附解除条件之民事法律行为。这一观点已包括北京市法院在内的裁判机关形成的共识。

（五）开发商借款合同中罚息、复利的约定是否适用《民法典》中关于酌减违约金的规定

借款合同中对罚息、复利的约定未违反国家法律、行政法规的强制性规定，应属有效。基于银行借贷不同于一般民间借贷，是具有一定特殊行业特性的借贷法律关系。长期以来的实践中，司法机关及部分学界观点不认为利息、复利或罚息可以适用《民法典》中关于酌减违约金的规定，至少利息与复利基本都被认为是利润的一部分，即借贷者使用货币资金必须支付的代价，是利润的一种特殊转化形式；银行罚息因具有一定的惩罚性虽容易被认定为具有违约金的特性，但也有观点认为罚息其实也是一种"特殊"的利息，仍是本金所带来的增值额，与违反合同所应承担的违约金的性质并不完全相同。但在降低实体经济融资成本的改革背景下，《最高人民法院关于进一步加强金融审判工作的若干意见》（法发〔2017〕22号文）中指出："金融借款合同的借款人以贷款人同时主张的利息、复利、罚息、违约金和其他费用过高，显著背离实际损失为由，请求对总计超过年利率24%的部分予以调减的，应予

支持……"因此近年来,在符合该文规定情形下,审判实践中越来越多地适用此意见对复利、罚息等予以调减。

二、房地产信托融资模式

房地产信托投资融合了房地产和金融两个行业领域,既能为房地产开发募集资金提供有效途径,又能为信托投资公司拓宽投资领域。自2003年央行开始紧缩房地产开发贷款起,房地产信托投资就进入了一个高速发展期。从房地产信托的组织形式来区分,可以分为契约型、公司型及有限合伙型三种。

以下我们从这三种类型信托投资的法律依据出发,进行简要法律分析:

1. 契约型

2001年10月1日,《信托法》开始施行,该法施行给房地产信托投资特别是契约型房地产契约投资提供了明确的法律依据。《信托法》第2条规定:"本法所称信托,是指委托人基于对受托人的信任,将其财产权委托给受托人,由受托人按委托人的意愿以自己的名义,为受益人的利益或者特定目的,进行管理或者处分的行为。"第8条规定:"设立信托,应当采取书面形式。书面形式包括信托合同、遗嘱或者法律、行政法规规定的其他书面文件等。采取信托合同形式设立信托的,信托合同签订时,信托成立。采取其他书面形式设立信托的,受托人承诺信托时,信托成立。"根据前述规定,信托投资公司可以与投资人签订信托合同,向投资人筹集资金用于房地产开发项目,并按照信托合同的约定向投资人分配收益。契约型信托资金主要是基于信托契约而组织起来的,它没有公司章程,也没有公司董事会,而是通过信托契约来规范当事人的行为,这是其与公司型信托资金的主要区别。

契约型房地产信托资金并不是按照法人的章程和组织形式进行设立,其在设立、运作、解散方面都比较灵活;另外,由于契约型房地产信托资金的所有权与收益权分离,相对来说信托财产的独立性较高,能够更好保护投资人的利益;同时,在税收上,契约型信托资金也能一定程度避免重复征税。

2. 公司型

公司型房地产信托资金,是指发起人根据《公司法》的规定,出资设立股份有限公司,在股份有限公司设立后,公司根据需要再以公开发行股票的方式募集资金,公司存续期间对房地产项目进行投资并向股东分配收益的信托模式。

《公司法》第77条规定:"股份有限公司的设立,可以采取发起设立或者募集设立的方式。发起设立，是指由发起人认购公司应发行的全部股份而设立公司。募集设立，是指由发起人认购公司应发行股份的一部分，其余股份向社会公开募集或者向特定对象募集而设立公司。"另外，按照上市公司模式运作的公司型房地产信托资金，还应当遵守《证券法》等相关规定。

根据前述规定，公司型房地产信托资金可以直接通过设立股份有限公司并募集股份进行筹资，投资人的权利义务关系主要通过出资协议、公司章程等进行确定。在这一模式下，投资人取得了公司股东身份，并基于这一身份行使股东权利，取得利润分配，而公司的管理者，往往是公司高管或委托独立的管理公司。公司型房地产信托资金，投资人的权利较为片面，主要通过其股东身份得到体现，从某种程度上来说可能存在较大的大股东控制公司影响小股东和公司利益的风险。另外，这一模式也面临针对公司及股东双重征税的问题。

3. 有限合伙型

有限合伙型房地产信托资金，是指由普通合伙人和有限合伙人设立有限合伙企业，根据合伙协议的约定进行房地产项目投资并向合伙人分配收益的方式。有限合伙的组织形式与设立程序较之公司而言更为简单、灵活，是一种高效的企业组织形式，目前我国大量私募股权基金（PE）即采用此种模式。

《合伙企业法》第2条规定："本法所称合伙企业，是指自然人、法人和其他组织依照本法在中国境内设立的普通合伙企业和有限合伙企业……有限合伙企业由普通合伙人和有限合伙人组成，普通合伙人对合伙企业债务承担无限连带责任，有限合伙人以其认缴的出资额为限对合伙企业债务承担责任。"第61条规定："有限合伙企业由二个以上五十个以下合伙人设立；但是，法律另有规定的除外。有限合伙企业至少应当有一个普通合伙人。"

在有限合伙型房地产信托资金中，合伙人由承担无限连带责任的普通合伙人和以认缴出资额为限承担责任的有限合伙人组成，普通合伙人一般由房地产项目投资的管理人员出任，有限合伙人一般是信托资金的投资人。有限合伙型房地产信托资金，可以避免双重征税的税务问题，同时通过普通合伙人管理费等激励机制的约定，绑定投资业绩和普通合伙人收益，能够促使信托资金收益提高，降低投资人风险。但是，由于《合伙企业法》对有限合伙企业的合伙人人数限定为五十人，此种模式一般针对少数投资人并对于投资人的投资额有比较高的要求，资金门槛一般高于契约型和公司型两种房地产信托资金。

三、其他房地产融资方式概述

在我国，银行贷款作为最传统的融资方式，一直在房地产融资领域占据绝对主导地位。但随着银行融资门槛越来越高，非银行融资渠道的加速放开，未来房地产融资模式将由单一融资模式逐步演变为以银行贷款为主，上市、商业票据、资产证券化、债券、私募、信托等多种融资方式并存的格局。

1. 上市。与传统融资方式相比，房地产企业通过上市可以迅速筹得巨额资金，且筹集到的资金可以作为注册资本永久使用，没有固定的还款期限。因此，上市融资作为一种直接融资方式，既可以化解金融风险，降低企业融资成本，又可以改善企业资本结构，从理论上讲是最佳的融资方式。但因为上市要求比较严格，上市审查过程比较复杂，上市融资的初期成本比较高，相比大型房地产企业，中小房地产开发企业或者新的房地产开发企业采用上市融资的方式壁垒比较高。

2. 短期融资券。短期融资券是指企业按规定的条件和程序发行并约定在一定期限内还本付息的有价证券，也即无担保短期本票，是企业筹措短期（1年以内）资金的直接融资方式。短期融资券具有筹资成本低、筹资数额大、审批时间短、发行程序较为简单、周转速度快、利率与期限灵活、对申请发行融资券的企业没有规模上的限制等种种优点，是目前房地产企业比较倾向使用的一种融资方式。

3. 资产证券化。资产证券化是把流动性较低的、非证券形态的房地产投资直接转化成为资本市场上的证券资产的金融交易过程，使得投资者与投资对象之间的关系由直接的物权拥有转化为债权拥有的有价证券形式。资产证券化主要包括两种方式，即项目融资证券化和房地产抵押贷款证券化。这种方式有利于商业银行拓展资金来源，增强资产流动性，减缓商业银行贷款压力。

4. 债券。与上市融资相比，发行企业债券的成本较低，程序较为简单，还能提升企业的信用和信誉，发行长期债券更能为企业带来长期现金流，解决企业资金周转困难。但是，我国企业债券市场并不发达，发债融资对筹资企业的条件要求较高，加上我国企业债券市场运作机制不完善和企业债券本身的一些缺陷，发债的房地产企业更是寥寥可数。

5. 私募。私募是相对于公募而言的，两者的主要区别体现在资金募集方式上，私募是通过非公开形式向少数特定的投资者募集资金，而公募则是以公开形式向社会公众募集资金。私募融资分为私募股权融资和私募债务融资。私募股权融资是指融资人通过协商、招标等非社会公开方式，向特定投资人出售股权以获取资金的方式，包括股票发行以外的各种组建企业时股权筹资和随后的增资扩股。私募债务融资是指融资人通过协商、招标等非社会公开方式，向特定投资人出售债权进行的融资，包括债券发行以外的各种借款。在当前房地产开发和开发型证券融资受条件制约的情况下，采取私募方式融通资金是值得探索的道路之一。但鉴于当前我国对私募较缺乏法律规范，也缺乏对合格投资人的划分标准，私募市场发展不够规范，对房地产企业来说私募融资存在较大风险。

总体来说，新型房地产融资方式一方面可以多途径解决融资困难，并能根据各房地产企业的实际情况来满足其融资需求；另一方面由于新型融资方式缺少法律规范，操作标准不一，风险较大，对房地产企业来说可谓机遇与挑战并存。

8.1 法院如何认定"名为担保，实为借款"合同的效力

——X 公司诉 D 公司抵押合同纠纷案[①]

> 关 键 词：担保，借款纠纷，违约金
>
> 问题提出：担保人为债务人向银行借款提供担保，但要求债务人将部分借款供其使用，这类担保人与债务人私下的"以担保之名行借款之实"的合同效力如何认定？
>
> 关联问题：担保人与借款人以担保方式向银行贷款，并协商将获得贷款共同以一定比例分配使用，担保人、借款人，以及贷款银行三者之间的法律关系如何确定？

---

① 本案例系在真实案件基础上加工改写而成。

> 裁判要旨：一、双方当事人约定的债务人有条件地使用抵押人提供的抵押担保而签订的特殊协议虽非由抵押人和抵押权人签订，但是为设定有效抵押而规范抵押人与被担保人之间法律关系的合同，故从内容上分析，属于特殊类型抵押合同；二、合同当事人约定的违约金过分高于造成的损失的，当事人可以请求人民法院予以适当减少。

案情简介

原告（上诉人）：X公司

被告（被上诉人）：D公司

2005年6月20日，某银行与D公司签订《流动资金借款合同》，约定某银行借款给D公司人民币3000万元（以下币种同），X公司为D公司的借款提供了抵押担保。次日，某银行将3000万元发放给了D公司。2005年6月24日，X公司、D公司签订《特别约定协议》一份，约定：1. D公司取得的银行贷款3000万元中的2000万元由X公司使用，双方按照实际使用资金的数额，以与银行约定的资金利息为标准，各自承担相应的利息和归还本金的义务。抵押房产的登记、评估、利息（包括上浮利息）及保险等费用，均按各自使用资金的比例自行承担。2. 双方同意确定借款到D公司账户后按本协议第1条约定的数额以本票方式转给X公司。3. 双方约定，任何一方未按照本协议的特别约定条款履行，违约方应当承担相应的违约责任。违反本协议特别约定第1条、第2条，违约金以500万元承担，同时违约方还应承担未违约方的可得利润损失，包括直接损失和间接损失。双方在协议中还另行约定了其他事宜。

2005年6月28日，D公司向案外人某公司发函，要求案外人给X公司借款1070万元，时间一年，到期由X公司归还，若X公司到期未归还，D公司承担连带责任。6月29日，X公司出具借条称，借D公司1070万元，本票由案外人代D公司开出，借款期限一年，即从2005年6月19日起至2006年6月18日止，到期全部归还。同日，上述1070万元进入X公司账户。剩余930万元一直没有支付给X公司。

2008年1月，X公司以D公司未交付全部2000万元构成违约为由，向一审法院提起诉讼，请求：一、判令D公司支付930万元；二、判令D公司支付违约金500万元。

一审法院判决：一、D公司应于判决生效之日起十日内偿付X公司违约金人民币120万元；二、X公司的其他诉讼请求不予支持。

宣判后，X公司不服，向二审法院提起上诉，请求二审法院依法改判，判令D公司支付违约金500万元。

二审法院经审理查明，至2008年12月20日，D公司共欠银行贷款本息合计4477726.38元，其中贷款本金996179元，利息3481547.38元，其余事实清楚。判决：驳回上诉，维持原判；二审案件受理费人民币37200元，由X公司负担。

各方观点

X公司观点：一审阶段，X公司提出其与D公司《特别约定协议》中"D公司取得的银行贷款3000万元中的2000万元由X公司使用"是D公司向X公司就"X公司为D公司向银行借款提供房产抵押担保"所承诺的风险反担保。二审阶段，X公司提出：1. 其为D公司融资承担了3000万元的担保责任，D公司承诺支付2000万元反担保，但仅支付了1070万元，违约情节严重。其要求D公司按双方《特别约定协议》支付500万元的违约金，完全合法合理。一审法院只判决D公司承担120万元，明显过少。2. D公司本应继续支付剩余的930万元，但一审判决不再支付。而D公司还未偿还银行借款本息，导致X公司提供的房产面临拍卖危险，故D公司更应全额承担500万元违约金，以给予X公司充分保护。3. D公司对本案纠纷负有全部过错，一审法院却判决X公司承担大部分诉讼费，有失公平。

D公司观点：其与X公司未约定过反担保，双方之间实际是D公司出面向银行借款，所借款项与X公司共同使用。双方实际系企业之间的非法借贷关系，应属无效。其因无力支付上诉费而放弃上诉，并认为其向X公司交付的借款金额系按X公司向其提供的担保房屋之财产价值确定，X公司提供的房屋价值仅为1070万元，故X公司无权向其主张剩余930万元贷款。

> 法院观点

一审法院观点：D 公司与 X 公司签订的《特别约定协议》从订约目的及内容分析，系因 X 公司为 D 公司向某银行借款提供房屋抵押担保，双方当事人约定的 D 公司有条件地使用 X 公司提供的抵押担保而签订的一份特殊的协议。该协议虽非由抵押人和抵押权人签订，但是为设定有效抵押而规范抵押人与被担保人之间法律关系的合同，故从内容上分析，属于特殊类型抵押合同。该协议无论从订约目的还是协议条款，均不违反法律及行政法规的强制性规定，也未有损金融秩序，故认可《特别约定协议》属有效协议，双方当事人应严格按协议之约定履行各自的权利义务。

关于 X 公司按《特别约定协议》之约定向 D 公司主张剩余 930 万元借款权利。认为《特别约定协议》对 D 公司应交付给 X 公司使用的款项数额予以了明确约定，即 2000 万元；协议未约定 D 公司交付给 X 公司使用的借款数额取决于 X 公司提供担保之财产价值，且 D 公司未提供证据证明 X 公司向其提供的担保之财产价值仅为 1070 万元，D 公司的抗辩理由既无合同依据，亦无事实依据，因此对 D 公司该抗辩理由不予采信。X 公司主张的 930 万元虽然有《特别约定协议》的约定，但该 930 万元源于 D 公司从某银行取得借款，故除双方当事人根据各自取得的借款向某银行归还借款本息的期限亦应遵从《流动资金借款合同》的约定之外，D 公司向 X 公司交付讼争 2000 万元借款的期限亦应依据《流动资金借款合同》约定之履行期限。但因涉案《特别约定协议》的合同履行期应自 D 公司从某银行取得借款之次日起一年内，X 公司提起本案诉讼时，已超过《特别约定协议》的合同履行期，且 X 公司未提供证据证明其在合同履行期届满前曾向 D 公司催讨过本案讼争的 930 万元，故一审法院对 X 公司要求 D 公司支付 930 万元的诉讼请求不予支持。

关于违约金问题。一审法院认为，首先，D 公司未能按照双方约定及时将 2000 万元借款足额交付给 X 公司使用，属违约在先，应当承担相应的违约责任。而 X 公司在借款使用期届满之日也未能按约足额履行还款责任，违反了《特别约定协议》第 1 条的约定，也应承担相应违约责任。根据该协议第 4 条约定，双方当事人的违约行为均产生违约金责任，因 D 公司先违约，应承担主要责任。其次，D 公司并未完全不履行约定义务，其已交付了 1070 万元供 X 公司使用，故确定 D 公司应承担的违约金数额时也应根据公平原则考虑这一因素，故 X 公司要求 D 公司根据涉案《特别约定协议》全额偿付 500 万元违约金的诉讼请求显属过高，依法予以调整，酌情判令 D 公司向 X 公司偿付违约金 120 万元。

二审法院观点：关于违约金。合同当事人约定的违约金过分高于造成的损失的，当事人可以请求人民法院予以适当减少。本案中，D 公司未将取得的银行借款足额分与 X 公司使用，违反了双方《特别约定协议》之约定，理应承担相应的违约责任，但 D 公司并非完全不履行合同义务，而是交付了约定的 2000 万元中的 1070 万元。X 公司要求 D 公司全额承担 500 万元违约金，确属偏高。一审法院根据 D 公司未履约的程度，以及 X 公司自身存在借款期限届满未还款的违约情形，判决支持 D 公司适当减少违约金的抗辩请求，将《特别约定协议》约定的违约金调整为 120 万元，并无不当。

现银行虽确认 D 公司仍欠借款本息近 450 万元，且 X 公司为担保借款将其名下的房屋设定了抵押，但因抵押权尚未实现，X 公司名下的抵押房屋并未发生所有权变动。因此，X 公司以其将继续为借款余额承担抵押担保责任、损失巨大为由，要求 D 公司承担全额 500 万元违约金，缺乏事实依据。

> **关联案例 1**
>
> **案件名称**：农行某分行与冯某、D 公司等金融借款合同纠纷案
>
> **审理法院**：新疆生产建设兵团焉耆垦区人民法院（2021）兵 0203 民初 556 号[1]
>
> **裁判观点**：本案被告冯某等自然人分别是 D 公司的工人、育苗户或家属，原告作为专业贷款人未对借款人的资信进行调查，依据所谓的贷款用途声明等资料，让冯某等人在原告准备好的贷款手续上签字，以此签订农户贷款借款合同并发放贷款；且贷款所办理的借记卡也未实际发放到"借款人"冯某等人手中，所发放的贷款也非冯某等人实际控制、使用。
>
> 当事人设立民事法律行为，应当遵循诚实、信用、合法原则，《贷款通则》第 3 条规定：贷款的发放和使用应当符合国家的法律、行政法规和中国人民银行发布的行政规章，应当遵循效益性、安全性和流动性的原则。第 4 条借款人与贷款人的借贷活动应当遵循平等、自愿、公平和诚实信用的原则，意思表示应当真实。而本案中，原告某分行与被告 D 公司出于各自的利益需要，违背了上述原则，D 公司为达到借款

---

[1] 载中国裁判文书网，https：//wenshu.court.gov.cn/website/wenshu/181107ANFZ0BXSK4/index.html？docId=992490d543084d589b40adfd00d5c1ec，最后访问时间：2022 年 6 月 26 日。

目的，原告为达到发放贷款获取利息收益目的，借用公民个人名义，签订虚假贷款合同，设立虚假担保关系，其行为违反了《人民银行法》《贷款通则》等规定，该贷款合同及担保条款无效。在被告冯某等人未实际占有、使用借款的情况下，原告向被告冯某等人主张还款责任及保证责任，无法律依据，本院不予支持。

关联案例 2

案件名称：施某鸣与 Z 银行股份有限公司 N 支行金融借款合同纠纷案
审理法院：江苏省高级人民法院（2019）苏民申 1236 号①
裁判观点：虽然施某鸣办理案涉贷款并非真实用于购房，而是根据马某与蔡某、李某指示与 S 公司签订虚假购房合同，由施某鸣到 Z 行 N 支行办理个人住房按揭贷款，为 S 公司筹集资金，但并无证据证明 Z 行 N 支行参与上述通谋，亦无证据证明 Z 行 N 支行对上述虚假行为明知或应知，Z 行 N 支行未主张否定贷款合同效力，故施某鸣认为该贷款合同无效的申请再审理由不能成立。

Z 行 N 支行按照贷款合同约定将贷款支付给 S 公司，完成了贷款交付义务，Z 行 N 支行不存在任何过错。施某鸣作为借款人有义务按贷款合同约定履行义务，其违约不按期还款付息，Z 行 N 支行要求施某鸣归还剩余借款本金及约定利息，符合法律规定。

关联案例 3

案件名称：某贷款公司与万某、陶某等企业借贷纠纷、金融借款合同纠纷
审理法院：江苏省宜兴市人民法院（2015）宜商初字第 2323 号②
裁判观点：本案所涉的最高额借款合同、最高额保证合同均系各方当事人真实意思表示，且未违反法律、行政法规的强制性规定，应为合法有效，各方当事人应当按照合同约定严格履行各自的义务。本案纠纷的引起是万某未按期归还借款本息，陶某、Z 公司、邵某、T 公司未履行担保责任所致，责任在万某、陶某、Z 公司、邵某、T 公司。陶某、Z 公司、邵某、T 公司认为万某借款的实际借用人为 Z 公司，因其提供的证据不充分，且承诺书也只是万某与陶某之间的内部约定，不能对抗某贷款

---

① 载中国裁判文书网，https：//wenshu.court.gov.cn/website/wenshu/181107ANFZ0BXSK4/index.html？docId=c7c2cb3cd9ed4c01a9d6ab450130c1c6，最后访问时间：2022 年 6 月 26 日。
② 载中国裁判文书网，https：//wenshu.court.gov.cn/website/wenshu/181107ANFZ0BXSK4/index.html？docId=d5cad98046ad4993a610924d5ce792a5，最后访问时间：2022 年 6 月 26 日。

> 公司，故达不到证明目的。退一步讲，即便万某、陶某、邵某、T 公司均主张 Z 公司是实际借款人，但是最高额借款合同、最高额保证合同均系万某、陶某、邵某、T 公司、Z 公司自愿签订，万某、陶某、邵某、T 公司、Z 公司作为完全民事行为能力人，应当具备基本常识，且对本案发生的事实事先也清楚知晓，故应当承担合同约定的责任。

律师点评

随着融资门槛的提高，一些企业因为没有资产抵押，难以获得银行贷款，在此种情况下借款人为获得贷款，必须引入担保公司进行担保。于是，有的企业便与符合借款条件的第三人私下协议，以第三人的名义向银行借款，而自己作为担保人，并协商获得银行贷款由担保人与借款人按照一定比例进行使用，此需求的存在也使得从事类似业务的担保公司应运而生。在笔者所了解的钢贸行业中，就存在钢材交易市场的投资者投资设立一家担保公司，为市场中经营的贸易商向银行贷款提供担保的情形，而担保获得的银行贷款又不全部归于贸易商使用，通常是由担保公司股东与贸易商协商按照一定比例来使用。债务人与担保人就借款如何分配、如何使用以及如何还款等问题进行约定，而债权人对该约定的作出毫不知情，一旦担保人与债务人约定不明，或就还款事项互相"扯皮"，不向债权人按时归还借款及利息，就会引发一系列的法律问题。

一、"名为担保，实为借款"行为的表现形式

合同关系及法律关系的认定，应从合同目的、当事人之间的权利及义务来确定，而不应仅从合同的名称或表象来认定。在担保贷款合同中，一般存在三方当事人，贷款银行、借款人以及担保人；并且通常会签订三份协议：借款人与贷款银行之间的贷款合同，借款人、贷款银行、担保人三方签订的担保合同，以及借款人与担保人关于获得贷款如何分配以及还款责任的承担问题。

对于担保人而言，其在借款人向银行贷款的行为中确实提供了担保，设立了担保法律关系；同时担保人又会与借款人协商，将获得的贷款由借款人和担保人按照一定比例分配使用，并按照分配使用的比例承担相应的还款责任。从法律上分析，在借款人获得银行贷款后，担保人再向借款人进行借款，该种做法显然违反贷款银行放款时要求该笔贷款由借款人专款专用之规定，究其实质就是担保人以担保获得一定贷款的行为，即借款人、担保人共同向贷款银行进行借款。

二、"名为担保，实为借款"合同的效力认定原则

从司法实践来看，只要"名为担保，实为借款"之合同的约定内容未违反法律、法规的强制性规定，不存在我国合同法规定的无效情形，均按照有效处理，遵循当事人之间的意思自治。本案中，X公司为D公司向某银行借款进行担保，并与之另行签订《特别约定协议》约定："D公司取得的银行贷款3000万元中的2000万元由X公司使用，双方按照实际使用资金的数额，以与银行约定的资金利息为标准，各自承担相应的利息和归还本金的义务。"从该协议订立的目的及内容分析认为，双方当事人约定D公司有条件地使用X公司提供的抵押担保获得的贷款，其中获得部分贷款归担保人X公司使用，X公司通过为D公司提供担保，实现了获得部分贷款使用权之目的。该约定未违反法律及行政法规的强制性规定，也未有损金融秩序，法院最终按照有效处理。

但如果存在违反法律、法规或规避法律的行为，该类合同的效力会受到影响，相应后果也不相同。在关联案例1中，原告农行某分行与被告D公司出于各自的利益需要，违背了上述原则，D公司为达到借款目的，原告为达到发放贷款获取利息收益目的，借用公民个人名义，签订虚假贷款合同，设立虚假担保关系，其行为违反了《人民银行法》《贷款通则》等规定，该贷款合同及担保条款无效。原告向名义借款人冯某等人还款的主张，因此未得到法院支持。

在关联案例2中，施某鸣以购买房屋为由向银行贷款，由该房屋的开发商S公司提供阶段性连带责任保证，且银行直接将钱打入开发商账户。后因施某鸣未偿还贷款本息，银行以施某鸣明确表示不再归还贷款为由，向施某鸣发出贷款提前到期通知函，宣布案涉贷款合同项下贷款本息全部提前到期，要求施某鸣立即偿还全部贷款本息。其后，施某鸣亦未主动偿还贷款本息，银行将其诉至法院。后法院查明，施某鸣并未实际购买房屋，而是帮助开发商借款支付工程款。法院审理后认为，施某鸣以虚假购房合同办理个人住房按揭贷款，Z行N支行系被欺诈方，享有要求撤销案涉贷款合同的权利，但其并未主张，该贷款合同仍然有效。同时，Z行N支行履行了贷款交付义务，不存在任何过错。施某鸣作为借款人有义务按照贷款合同约定履行义务，其违约不按期还款付息，则其承担还本付息的责任符合法律规定。

在关联案例3中，Z公司因资金周转需要由万某向某贷款公司借款，并由Z公司等作担保，所借款项全部由Z公司使用。事后，贷款公司因未能收回款项而提起诉讼。法院审理后认为，万某与Z公司等之间约定不得对抗贷款公司，即使Z公司是实际借款人，但是最高额借款合同、最高额保证合同均系万某等自愿签订，万某、Z公司等作为完全民事行为能力人，应当具备基本常识，且对本案发生的事实事先也清楚知晓，故应当承担合同约定的责任。

本案及上述关联案例都有其共通点，即都存在"以担保之名，行借款之实"的行为，法院在审理此类案件时，一般不轻易判定合同无效，除非此类合同违反了法律的禁止性规定。如本案中，因该借款违反了《人民银行法》《贷款通则》等法律强制性规定，因此被认定无效。

三、"名为担保，实为借款"合同各方应注意的法律问题

1. 名义借款人应注意的问题

首先，名义借款人必须注意，即使与实际使用人签订了合同，并约定由实际使用人承担借款的还本付息义务，该约定也只在双方当事人之间生效。一旦实际使用人违反合同的约定，不按时按约向债权人履行还款义务，债权人依据与名义借款人之间的借款合同，根据合同相对性的原则，只会向名义借款人主张还款责任，在实际使用人是该借款合同的担保人的情形下，实际使用人也仅就为偿还之借款承担补充还款责任（一般保证中）或者连带还款责任（连带保证中）。因为名义借款人与实际使用人之间的约定相当于名义借款人将其对债权人的债务转让给实际使用人，而债务转让只有得到债权人的同意或事后追认，才能对抗债权人。否则，名义借款人只能按照与债权人的借款合同履行还款义务后，再依据与实际使用人的合同向其进行追偿。

其次，名义借款人一定要注意防止实际使用人（特别是实际使用人为担保人时）弄虚作假，提供虚假担保。例如在关联案例2中，施某鸣帮助开发商S公司骗取银行贷款用于支付工程款而非购房，然而一旦施某鸣不向银行履行还本付息的义务，银行追究责任时，施某鸣依然要向银行履行还款义务。在这种情况下，施某鸣作为经济条件欠佳的自然人，不仅没有得到房屋，还要承担向银行还款，以及支付高额诉讼费用的责任，实在是得不偿失。

最后，名义借款人在将借款提供给实际使用人使用时，一定要与实际使

用人签订合同，约定相应的违约责任，并将钱款的流向情况通过转账单等形式予以保存，以防止将来涉诉时，实际使用人推脱责任。

2. 实际使用人应注意的问题

从表面来看，实际使用人似乎是该行为的最大利益获得者，不仅得到了钱款，在不按约偿款、债权人提起诉讼时，也有名义借款人处在"风口浪尖"。然而，一旦实际使用人不履行还款义务，名义借款人可依双方之间的借款合同向实际使用人主张权利，要求其在继续履行合同义务的同时承担违约责任。

3. 债权人应注意的问题

《民法典》第673条规定："借款人未按照约定的借款用途使用借款的，贷款人可以停止发放借款、提前收回借款或者解除合同。"我国法律、行政法规中一直将借款用途作为金融机构借款合同的主要内容作出规定。《商业银行法》第35条第1款规定："商业银行贷款，应当对借款人的借款用途、偿还能力、还款方式等情况进行严格审查。"第37条规定："商业银行贷款，应当与借款人订立书面合同。合同应当约定贷款种类、借款用途、金额、利率、还款期限、还款方式、违约责任和双方认为需要约定的其他事项。"《贷款通则》第71条规定："借款人有下列情形之一，由贷款人对其部分或全部贷款加收利息；情节特别严重的，由贷款人停止支付借款人尚未使用的贷款，并提前收回部分或全部贷款：一、不按借款合同规定用途使用贷款的……五、不按借款合同规定清偿贷款本息的……"此外，贷款人还有权解除合同。如上述所述，如果借款人未按约使用借款，贷款人可以行使以下权利：(1) 要求借款人将挪作他用的借款归还到约定的用途上来；(2) 停止发放尚未发放的借款部分；(3) 通知借款人提前收回借款，并要求借款人按已得到的借款额和使用天数计算利息；(4) 直接解除合同，并要求按(3) 返还借款和支付利息；(5) 约定有违约金的，还可以要求借款人支付违约金。

8.2 法院如何认定"假按揭"住房抵押贷款合同的效力及责任承担

——甲银行某支行诉秦某胜、K公司金融借款合同纠纷案①

> **关 键 词**：假按揭，住房抵押贷款，合同效力，责任承担
>
> **问题提出**：房地产开发公司以获取借款为目的与第三人签订购房合同并向银行申请按揭贷款，法院如何认定"假按揭"住房抵押合同效力？
>
> **关联问题**：房地产开发公司与按揭银行之间的法律关系是保证关系还是实际借款关系，应如何分摊各方当事人责任？
>
> **裁判要旨**：名为购房按揭贷款行为，实为向银行贷款的行为，是虚假的个人按揭贷款行为，小业主也并非争议房屋的实际业主，房屋买卖的意思表示不真实，故房屋买卖合同是虚假的；由于小业主无权对争议房屋行使处分权，且其与银行签订的抵押合同没有得到争议房屋的实际业主的追认，因此抵押合同无效，银行亦无权行使因无效抵押合同而产生的所谓抵押权。

【案情简介】

原告（上诉人）：甲银行某支行

被告（被上诉人）：秦某胜、K公司

秦某胜系某商业公司职工。2000年11月14日，秦某胜与甲银行某支行及K公司签订《个人住房担保贷款合同》。合同主要约定：秦某胜向甲银行某支行贷款30万元，用于购买坐落于Z市G区D路M花园南1号楼×单元×室南户（现4号楼×单元×层南户）的房屋一套；贷款期限为120个月，自2000年11月14日起至2010年10月13日止；月利率4.65‰，利息从放款之日起计算；贷款发放方式为秦某胜不可撤销地授权甲银行某支行在该合同的抵押担保和保证担保生效后（或登记备案后），以秦某胜的名义将贷款划入K公司

---

① 本案例系在真实案件基础上加工改写而成。

在甲银行某支行处开立的账户，以购买该合同所列明的房屋；贷款还款方式为自贷款发放次月起月均还款法归还；秦某胜应按期偿还贷款本息，如未按约定的时间归还，甲银行某支行将按国家规定对逾期贷款本息每日计万分之二点一罚息；秦某胜将上述房屋抵押给甲银行某支行以担保其履行还款义务；K公司为秦某胜上述贷款提供连带责任保证，保证期间为秦某胜履行合同期满之日起两年内持续有效。

同日，甲银行某支行与秦某胜签订《房地产抵押合同》。该合同主要约定：为确保上述借款合同的履行，秦某胜愿意以其购买的上述房屋为其在甲银行某支行处借款提供抵押担保；抵押担保的范围为借款合同项下全部借款本金、利息、违约金、损害赔偿金和实现抵押权的费用。上述合同签订当日，甲银行某支行将30万元贷款转入K公司账户。之后，由以秦某胜名义开具的存折账户向甲银行某支行还款，截至甲银行某支行起诉时，该账户累计72期未按时足额还款。

另外，秦某胜及K公司在与甲银行某支行签订《个人住房担保贷款合同》《房地产抵押合同》时向甲银行某支行提供了秦某胜、K公司签订的《商品房买卖合同》以及K公司出具的首付款收据，但秦某胜实际并未购买该房屋。甲银行某支行也认可其上门催收欠款时，已发现所涉房屋的实际业主并非秦某胜；甲银行某支行发放贷款时，款项转入了K公司的账户。还款的账户是以秦某胜个人名义开具，但秦某胜本人并未实际还款。甲银行某支行遂诉至原审法院要求秦某胜还款，并要求K公司承担担保责任。

一审法院判决：K公司向甲银行某支行支付贷款本息，驳回了其他诉讼请求。

二审法院维持原判。

各方观点

甲银行某支行观点：一审法院认定《房地产抵押合同》无效没有法律依据，《房地产抵押合同》应认定合法有效。一审法院认定《商品房买卖合同》虚假不当。该合同名称为《商品房购销合同》，一审法院认定合同"虚假"，对合同效力没有作出认定，即没有认定该合同有效、效力待定、可撤销或者无效。甲银行某支行认为《商品房购销合同》不属于无效合同。一审法院认定《房地产抵押合同》无效，没有提出法律依据。《合同法》第 54 条第 2 款①规定："一方以欺诈、胁迫的手段或者乘人之危，使对方在违背真实意思的情况下订立的合同，受损害方有权请求人民法院或者仲裁机构变更或者撤销。"依据上述规定，甲银行某支行认为，只有甲银行某支行作为受损害方有权请求变更或者撤销，甲银行某支行没有请求撤销，《房地产抵押合同》应认定合法有效，甲银行某支行的抵押权和优先受偿权应予支持等。

其他各方均未作答辩。

法院观点

一审法院观点：甲银行某支行起诉要求秦某胜还款及 K 公司承担担保责任的依据是三方签订的《个人住房担保贷款合同》。虽然秦某胜与 K 公司之间的《商品房买卖合同》是虚假的，但根据审理查明的事实，可以认定本案争议的贷款合同系以融资为目的办理的虚假按揭，虽然属于擅自改变贷款合同约定的贷款用途，但并不当然导致贷款合同的无效。鉴于秦某胜未实际购买本案所涉房屋，亦未由其偿还月供，应当认定秦某胜未实际参与该贷款合同的履行，故应由该笔贷款的实际使用人向甲银行某支行承担偿还贷款本息的责任。综上，法院认定应当由 K 公司作为贷款的实际使用人承担还款责任。

关于甲银行某支行要求就争议房屋行使抵押权的诉讼请求，法院认为，秦某胜、K 公司之间的《商品房买卖合同》本身是虚假的，秦某胜并非争议房屋的实际业主，其与甲银行某支行签订的《房地产抵押合同》当属无效，甲银行某支行无权就争议房屋行使抵押权。

二审法院观点：由于秦某胜并非争议房屋的实际业主，秦某胜与 K 公司之间签订的《商品房买卖合同》是虚假的，秦某胜无权对争议房屋行使处分权，且秦某胜与甲银行某支行签订的《房地产抵押合同》没有得到争议房屋

---

① 对应《民法典》第 148 条、第 150 条和第 151 条。《民法典》第 148 条："一方以欺诈手段，使对方在违背真实意思的情况下实施的民事法律行为，受欺诈方有权请求人民法院或者仲裁机构予以撤销。"第 150 条："一方或者第三人以胁迫手段，使对方在违背真实意思的情况下实施的民事法律行为，受胁迫方有权请求人民法院或者仲裁机构予以撤销。"第 151 条："一方利用对方处于危困状态、缺乏判断能力等情形，致使民事法律行为成立时显失公平的，受损害方有权请求人民法院或者仲裁机构予以撤销。"

的实际业主的追认,因此《房地产抵押合同》系无效合同①,甲银行某支行无权行使因无效抵押合同而产生的所谓抵押权。因此,甲银行某支行关于要求对争议房屋行使抵押权的上诉请求,因《房地产抵押合同》的无效而没有合同依据,亦不能成立,本院亦不予支持。原审法院认定事实清楚,适用法律正确,实体处理并无不当,应予维持。故判决驳回上诉,维持原判。

关联案例 1

> **案件名称**:某银行支行与 H 公司、F 公司、孟某等金融借款合同纠纷审判监督民事案
>
> **审理法院**:最高人民法院(2014)民抗字第 65 号②
>
> **裁判观点**:某银行支行起诉孟某要求其偿还涉案借款本息的依据主要是贷款合同、借款借据等,但孟某在一审中明确辩称,其未在贷款合同、借款借据上签过字,对贷款买房并不知情。经一审法院委托鉴定单位对有关孟某的签名进行笔迹鉴定,结论为某银行支行提供的贷款合同和借款借据上的签名均非本人所写。因此,原审判决认定本案贷款合同、借款借据非孟某本人所签,该贷款合同未成立,并驳回某银行支行对孟某的诉讼请求并无不当。鉴于某银行支行发放的贷款进入 F 公司账户,由 F 公司取得并支配使用,F 公司也实际向某银行支行偿还了部分本息,且 F 公司在本案诉讼中也愿意继续履行还款义务,故原审判决认定某银行支行与 F 公司之间存在事实借款关系,并判决 F 公司偿还借款本息的责任亦无不当。

---

① 关于无权处分合同的效力问题,根据原《合同法》第 51 条规定:"无处分权的人处分他人财产,经权利人追认或者无处分权的人订立合同后取得处分权的,该合同有效。"无处分权的人处分他人财产而签订的合同,在权利人追认之前一般认定为效力待定的合同。但 2012 年《最高人民法院关于审理买卖合同纠纷案件适用法律问题的解释》(现已修改)第 3 条规定:"当事人一方以出卖人在缔约时对标的物没有所有权或者处分权为由主张合同无效的,人民法院不予支持。出卖人因未取得所有权或者处分权致使标的物所有权不能转移,买受人要求出卖人承担违约责任或者要求解除合同并主张损害赔偿的,人民法院应予支持。"之后,确立了无论权利人是否追认无权处分的买卖合同为有效合同。根据物权区分原则,买卖合同是物权变动的原因行为,所有权转移是物权变动之结果;出卖人在缔约时对标的物没有所有权或处分权,并不影响作为原因行为的买卖合同的效力。《民法典》删除了《合同法》第 51 条的规定。《民法典》中,无权处分的合同,在不存在效力瑕疵的情况下,合同本身应认定为有效。根据《担保制度解释》第 37 条第 1 款规定:"当事人以所有权、使用权不明或者有争议的财产抵押,经审查构成无权处分的,人民法院应当依照民法典第三百一十一条的规定处理。"即根据善意取得制度判断相对方是否取得抵押权,能否就抵押物优先受偿。

② 载中国裁判文书网,https://wenshu.court.gov.cn/website/wenshu/181107ANFZ0BXSK4/index.html? docId=c80b36b4a87d46c6a6d6fd67f7040325,最后访问时间:2022 年 6 月 26 日。

关联案例 2

案件名称：杨某霞、Z 银行股份有限公司 G 支行金融借款合同纠纷二审案

审理法院：河南省郑州市中级人民法院（2017）豫 01 民终 17424 号①

裁判观点：当事人行使权力、履行义务应当遵循诚实信用原则；依法成立的合同，对当事人具有法律约束力。关于涉案《个人购房借款合同》及《房地产抵押合同》的效力问题。据查，路某权以购房为名向 Z 行 G 支行申请贷款，提交了符合贷款要求的资料及证明文件，其配偶杨某霞亦出具有《财产共有人承诺函》，同意对其借款承担连带责任，Z 行 G 支行审核批准后与路某权签订《个人购房借款合同》及《房地产抵押合同》，并已按合同约定履行放款义务，且收到来自路某权的部分还款。本院认为，该借贷关系中，借贷双方主体适格，意思表示真实，不违反法律、行政法规的强制性规定，应为有效，依法受法律保护。现杨某霞主张上述合同无效，但无证据证明路某权在签订合同时受到欺诈、胁迫，也无证据证明 Z 行 G 支行在发放贷款过程中对杨某霞主张的路某权和 C 公司利用虚假购房合同，套取银行贷款知情，故涉案借款合同不存在无效的法定事由。杨某霞关于涉案合同无效的上诉理由，证据不足，本院不予采信。

关联案例 3

案件名称：宋某思国有公司、企业、事业单位人员失职罪、受贿罪案

审理法院：湖南省高级人民法院（2018）湘刑再 6 号②

裁判观点：关于原审上诉人宋某思及辩护人提出"没有失职行为，不构成国有企业人员失职罪"的理由。经查，根据《D 银行信贷业务责任管理办法（试行）》规定，开户行的客户经理对客户申请的信贷业务进行初步调查，提出初步调查意见，客户经理应对申报材料的真实性和有效性负责；开户行客户经理对信贷业务批复文件提出的贷前条件，与客户一起逐项落实，客户经理应对落实情况的真实性和有效性负责；开户行客户经理审查客户申报的用款计划、提交的购销合同或收购凭证等，对贷款用途和金额进行核实，确认其是否符合约定用途、金额是否合理，客户经理应对贷款用途的真实性和金额的合理性负责。宋某思作为 D 银行驻 J 公司客户经理，在工作期间，形式上有履职行为，但实际上并未全面、实质履行职责。宋某思明知 J

---

① 载中国裁判文书网，https：//wenshu.court.gov.cn/website/wenshu/181107ANFZ0BXSK4/index.html？docId＝ac49e5c120ea4147a76ca85f00fe72df，最后访问时间：2022 年 6 月 26 日。

② 载中国裁判文书网，https：//wenshu.court.gov.cn/website/wenshu/181107ANFZ0BXSK4/index.html？docId＝483e2ab2c1184f3691c7a9e700afe1e9，最后访问时间：2022 年 6 月 26 日。

> 公司在仓库搭建木架，虚增库存，却不向上级报告，导致唐某成功骗取银行贷款；唐某伪造粮食委托收购合同，虚填的受托人有的是 J 公司员工，有的是宋某思认识的朋友，宋某思应发现合同的虚假性，但宋某思让虚假的合同通过其审查，签字同意支付贷款资金，使 D 银行在 J 公司的客户经理一职形同虚设，造成该行 4200 万元贷款未能按约定用途使用，脱离监管，巨额贷款不能收回。原判认定宋某思失职并造成国有企业巨大损失，事实清楚，证据确实、充分，宋某思及其辩护人提出"不构成国有企业人员失职罪"的理由不能成立，本院不予采纳。

律师点评

本案属于典型的"假按揭"案件，实践中房地产开发商通过虚构购房合同、购房人信息等，骗取银行信用或与银行工作人员合谋获得借款的方式套取银行资金进行房地产开发的现象长期存在，但在房地产市场繁荣时，房地产开发商通常能及时履行还款义务；而一旦房地产开发商资金链出现问题，断供后假按揭就会显露其真面目。

本案甲银行某支行主张秦某胜根据《个人住房抵押贷款合同》的约定返还贷款本息，并要求 K 公司按照约定承担连带保证责任，其主张能否得到支持，关键取决于《个人住房抵押贷款合同》的效力，即本案的核心争议焦点是：假按揭情形下住房抵押贷款合同的效力认定问题。同时，对住房抵押贷款合同效力进行不同的认定决定了各方当事人之间法律关系的不同认定，并最终影响各方当事人之间责任的承担。

一、假按揭情形下《个人住房抵押贷款合同》效力的司法观点

对于假按揭情形下的住房抵押贷款合同的效力，有许多不同的观点：

第一种观点认为，利益受损害方未请求人民法院变更或撤销贷款合同的，假按揭情形下的住房抵押贷款合同有效。

审判实践中认为，假按揭情形属于借款人、担保人（开发商）擅自改变借款用途的违约行为，该违约行为不影响个人购房贷款合同的效力，在审理中应认定贷款合同有效。在个人购房贷款合同履行过程中，如出现了符合《合同法》第 54 条第 2 款①规定的情形，利益受损害方有权请求人民法院变更

---

① 对应《民典》第 148 条："一方以欺诈手段，使对方在违背真实意思的情况下实施的民事法律行为，受欺诈方有权请求人民法院或者仲裁机构予以撤销"。

或撤销贷款合同。如其不行使请求人民法院变更或撤销贷款合同的权利，在审理中仍应认定贷款合同有效。

第二种观点认为，名义借款人不知情的个人住房抵押借款合同不成立。

关联案例1的法院认为，名义借款人对自己与贷款人签订借款合同不知情，其贷款合同未成立；贷款人发放的贷款实际由担保人使用，担保人也实际向贷款人偿还了本息，担保人与贷款人之间存在事实借款关系。

第三种观点认为，名义借款人与开发商采用欺骗手段向银行贷款未损害国家利益，属可撤销可变更合同，贷款人未行使撤销权的，个人住房抵押贷款合同有效。但《民法典》之后，一方以欺诈手段，使对方在违背真实意思的情况下实施的民事法律行为的效力，已不再区分是否"损害国家利益"，均为可撤销可变更合同，则该观点可合并到第一种观点中。

第四种观点认为，若名义借款人不否认房屋买卖合同和个人购房贷款合同签字的真实性，且经审查能够认定个人并未购买亦未实际使用房屋买卖合同中约定的房屋，该种假按揭行为则属于"以合法形式掩盖非法目的"的民事行为，个人住房抵押贷款合同无效。首先，《民法典》已删除了《民法通则》第58条第7项及《合同法》第52条第3项关于"以合法形式掩盖非法目的"的民事行为无效的规定；其次，进一步讲，如果说"开发商实际贷款的行为"是这里所谓的"非法目的"，即便开发商在贷款时受到一定条件的限制，但法律并没有对其禁止，不能称之为"非法"。进一步分析，前述房屋买卖合同符合《民法典》第146条第1款"行为人与相对人以虚假的意思表示实施的民事法律行为无效"规定，应属无效；但值得注意的是，该等虚假意思表示之下通常并无其他"隐藏的民事行为"。

第五种观点认为，假按揭行为违反了国家强制性规定、损害了社会公共利益[①]，因不具备合同生效的实质要件，个人住房抵押贷款合同应直接认定为无效。

此种观点主要考虑两点：第一，当事人各方意思表示不真实，内心意思为房地产开发借款，表示意思却为个人购买住房抵押贷款，内心意思与表示意思不一致；第二，贷款人违反了《商业银行法》第35条对借款人的严格审查义务，系属《民法典》第153条违反法律、行政法规的强制性规定。

---

① 对应《民法典》第153条第2款"违背公序良俗的民事法律行为无效"。

二、假按揭问题的法律分析

假按揭是在房地产业大发展和房地产业融资难两大背景下产生的法律现象，在案件裁决和执行上都给实务界造成一定的困惑。笔者结合本文案例和上述司法观点，围绕其效力进行以下分析：

（一）假按揭是一种意思表示不真实的民事行为

实践中有观点认为，假按揭主要有以下几种情形：（一）开发商为了套现等目的，与购房人甚至与自己的员工恶意串通，签订"假按揭"合同，严重损害银行利益的；（二）开发商为了提前收回投资利益或利润，采取假借他人身份证与银行签订商品房借款抵押按揭贷款合同，或者一房数卖，多次收取房款，损害银行的利益或购房人利益的；（三）开发商通过提高售房单价的方法，与购房人合谋达到"零首付"的目的，套取银行资金，将风险全部转移给银行的；（四）有其他行为的"假按揭"等。

以对假按揭是否知情来分，可以分为：（一）仅开发商知情；（二）仅开发商、购房人知情；（三）开发商、购房人、银行皆知情；（四）仅开发商、银行知情。不管哪种知情情形，假按揭都是一种意思表示不真实的民事行为。

（二）假按揭不能仅以"假"否定其合同效力

判断合同是否具有法律效力，关键看它是否符合合同生效要件。《民法典》第143条规定："具备下列条件的民事法律行为有效：（一）行为人具有相应的民事行为能力；（二）意思表示真实；（三）不违反法律、行政法规的强制性规定，不违背公序良俗。"合同作为一种民事法律行为也应具备上述条件才能具有法律效力。但从《民法典》第147条至第152条看，意思表示不真实的合同一般为效力待定，受欺诈方、受胁迫方或利益受损害方不在法定期限内行使撤销权或变更权的，该合同为有效合同。

因此，不能仅以假按揭合同之"假"而否定其效力。

（三）《商业银行法》第35条非效力性强制性条款，违反该条款不影响合同效力

《商业银行法》第35条第1款规定："商业银行贷款，应当对借款人的借款用途、偿还能力、还款方式等情况进行严格审查。"该条并不是关于合同效力的强行性规范。商业银行作为贷款人，从内部管理规范上，对借款人有真实情况的审查义务，但此不影响合同效力问题。此与《民法典》中借款合同规定相一致，《民法典》只在第669条规定了借款人义务，而未规定贷款人审

查义务。

因此，违反《商业银行法》第35条规定，不属于违反强制性规定，不能因此适用《民法典》第153条而否定假按揭合同效力。

另外，现有法律、行政法规并无明确禁止"假按揭"。因此适用《民法典》第153条尚不能明确判断假按揭合同效力。

（四）假按揭并不必然损害社会公共利益

作为个案的假按揭，对整合社会利益的损害较小，更多的是考量合同相对方的利益，应当赋予银行作为个案合同相对方对合同效力的选择权。但在开发商大范围利用假按揭，企图或已经造成金融秩序不稳、形成房地产繁荣假象，甚至借此推高房价的情况下，假按揭行为则损害社会公共利益。

（五）假按揭意思表示不真实，不适用《民法典》第153条恶意串通情形

恶意，即明知或应知某种行为将造成对他人合法权益的损害而故意为之。互相串通，首先，指当事人都具有共同的目的，即都希望通过实施某种行为而损害他人合法权益。其次，当事人互相配合或者共同实施了该非法行为。在恶意串通行为中，当事人所表达的意思是真实的，但这种意思表示是非法的，因此所订立的合同无效。

但假按揭合同中，意思表示不真实是其核心特征，因此不适用该项规则。

（六）假按揭情况存在时，难以认定银行与借款人之间有"通谋虚伪表示"，难依《民法典》第146条认定其无效

"通谋虚伪表示"或"双方虚假行为"，指表意人与相对人通谋而为虚假的意思表示，该行为需首先认定合同当事人构成共同故意，而目前假按揭贷款案件中均无证据证明银行存在协助开发商套取贷款的故意，因此该款也难以适用。

但银行部分工作人员为了完成发放贷款任务，也可能与开发商形成共同故意，但很难举证证明。且即使存在共同故意，双方之间的意思表示亦非"虚假的意思表示"。

（七）假按揭下，名义借款人与银行之间的借款合同与抵押合同并不当然无效

假按揭是开发商以借款人买房之名向银行融资借款，名义借款人以所购房屋与银行签订抵押合同的行为。假按揭中，存在以下几种法律关系：一是开发商和借款人之间的房屋买卖法律关系，系双方之间虚假的意思表示，应

认定为无效；二是借款人（含名义借款人和实际借款人）与银行之间的借款法律关系；三是借款人与银行之间的抵押法律关系。借款法律行为和抵押法律行为的效力，应结合实际情况予以区别认定。

三、假按揭效力的认定要旨

基于上述分析，笔者认为假按揭效力认定可分三种情形：

第一，作为个案不损害社会公共利益，且在银行方撤销权已经丧失时，宜直接认定为有效。假按揭作为个案，在不损害社会公共利益时宜单纯从合同当事方利益考虑。在假按揭作为银行方的个案时，其对受损害方的危害有限，基于稳定社会关系考量，宜将假按揭合同效力问题交由合同相对方银行决定。若银行方明知对方当事人的"假按揭"事实，而不及时行使撤销权，表明其已经认可了假按揭给它带来的法律风险。

因此，在银行方已经丧失撤销权后，宜直接认定借款法律行为和抵押法律行为（合同行为）有效，但在银行是否已取得抵押权问题上，则需分情况讨论。在开发商作为实际借款人，且被抵押的房屋亦实际归开发商所有时，该房屋抵押权已登记设立的，银行取得抵押权，该房屋抵押权未登记设立的，银行可依据抵押合同要求开发商办理登记。在开发商作为实际借款人，但房屋被一房多卖等情况下，被抵押的房屋存在无权处分的可能，则须结合善意取得制度判断银行能否取得抵押权。

第二，作为个案不损害社会公共利益，在合同相对方撤销权尚未丧失时，认定为效力待定。假按揭意思表示不真实，一般应视为欺诈。依据《民法典》第148条，受欺诈方有权请求人民法院或者仲裁机构予以撤销。在阐明事实后，可将假按揭合同的效力交由受欺诈方决定，或放弃撤销权使之归于有效，或行使撤销权使之归于无效。

第三，损害社会公共利益时，宜直接认定合同无效。若假按揭不是个案，而是开发商大范围采用，其对国家金融秩序的破坏非常明显，宜造成金融秩序不稳、形成房地产繁荣假象，并推高房价。因此，其对社会公共利益的损害显而易见，故宜直接认定合同无效。

至于银行利益，可适用事实借款合同，由开发商直接履行还款责任。

但对于如何认定损害社会公共利益，尚未见立法或司法解释，应由法官根据案件实际情况、所处社会环境及其对法律的理解来综合考量。

四、假按揭各方当事人法律责任承担的问题

《民法典》第157条规定："民事法律行为无效、被撤销或者确定不发生效力后，行为人因该行为取得的财产，应当予以返还；不能返还或者没有必要返还的，应当折价补偿。有过错的一方应当赔偿对方由此所受到的损失；各方都有过错的，应当各自承担相应的责任……"关于假按揭各主体应承担的法律责任，需要考察银行是否明知系假按揭及相关合同中签名的真实性。

如果是房地产开发商通过伪造借款人信息和签名"假按揭"的，由于名义借款人对借款行为不知情，亦不存在过错，应由房地产开发商承担全部的还款责任；而银行由于对"假按揭"不知情，其贷款利息可作为损失，由房地产开发商承担赔偿责任。

如果是房地产开发商和名义借款人串通进行"假按揭"，而银行不知情的，房地产开发商与名义借款人均存在过错，从房地产开发商取得的贷款应付返还义务，银行贷款利息损失由房地产开发商和名义借款人根据其过错程度进行分担。如果是房地产开发商和名义借款人串通进行"假按揭"，而银行知情的，房地产开发商与名义借款人、银行均存在过错（本案例即属于此种情形），房地产开发商取得贷款应付返还义务，银行贷款利息损失由房地产开发商和名义借款人、银行根据其过错程度进行分担。

实践中对"假按揭"情形下的合同效力、举证责任和法律责任认定等问题不乏讨论，其中关于民事责任的承担具有借鉴意义。

1. 借款人及开发商下落不明，借款所购房屋产权登记在借款人名下，且银行已向法院举证证明其履行了发放贷款的义务，应由借款人按借款合同约定承担还款责任，开发商作为担保人承担连带保证责任。

2. 借款人抗辩认为购房并非其真实意思表示，但开发商下落不明，借款人无其他证据证明其抗辩理由，且借款所购房屋的产权登记在借款人名下，应按借款合同约定，由借款人承担还款义务，开发商作为担保人承担连带保证责任。

3. 借款人下落不明或借款人抗辩认为购房并非其真实意思表示，向银行支付首付款及月供款均由开发商负责，开发商亦认可上述借款合同履行事实，且借款人未实际占有借款所购房屋，则开发商系以融资为目的并实际使用贷款，借款人及开发商的民事责任按以下原则处理：

（1）借款人系因开发商欺诈、胁迫而签订借款合同的，由于其未参与合同履行，应由开发商向银行承担偿还贷款本息的责任，借款人不承担还款责任。

（2）借款人明知开发商系以融资为目的以借款人的名义贷款，仍向开发商提供身份证明，并与银行签订借款合同的，由开发商向银行承担偿还贷款本息的责任；借款人虽未参与合同履行，亦未实际占有借款所购房屋，但其帮助开发商套取银行按揭贷款并造成损失，借款人应就其过错向银行承担不超过开发商不能偿还部分10%的赔偿责任。

另外，在"假按揭"行为中，还有可能涉及刑事犯罪问题。对于房地产开发商，在假按揭中，房地产开发商十分明显地以非法占有为目的利用签订、履行借款合同诈骗银行或其他金融机构贷款，其行为涉嫌合同诈骗罪；而如果假按揭行为是个人套取银行资金，房地产开发商受个人控制和利用，则实际的操作者和行为人涉嫌贷款诈骗罪。对于银行工作人员，如属国有商业银行在发放个人按揭贷款时，在所有借款人资料和购房合同均系伪造的"假按揭"中，因未对借款人的主体资格和履约能力进行严格审查，导致开发商得逞的，或者是与房地产开发商合谋进行"假按揭"，为其提供协助和方便的，如果房地产开发商到期无法还款，也无财产可供执行，造成大量银行贷款无法收回的，贷款银行的主管人员等涉嫌国有企业人员失职罪。

五、银行防范假按揭风险的措施建议

假按揭风险主要由银行承受，为避免个人住房贷款变成不良债权，建议银行采取以下措施进行防范：

（一）贷前严格审查借款人、担保人资信

贷前审查工作是防范"假按揭"的第一道防火墙，可以从以下两个方面进行审查：

1. 开发商的资信能力

银行应在与开发商建立合作关系之前，对其资信能力做翔实的调查，若发现开发商资金状况不佳，且存在一些不良行为，或疑似假按揭，或其他影响信用的行为，则立刻从备选合作名单中予以删除或列入黑名单，以杜绝风险隐患。

2. 借款人的资信能力及身份信息

银行应重视客户真实身份信息的收集和查证工作，除查看其书面材料外，还应通过客户贷前面谈和电话核实工作，加强对客户的职业、家庭情况、收入证明、工作单位、身份信息、购房动机、还款意愿以及抵押物状况等的调查，以最大限度地掌握借款人的真实情况。若发现多笔业务中的客户都来源于同一家开发商，则必须保持高度警戒，谨防假按揭。

(二) 贷后建多机制管理房贷

一是在贷款发放后通过电话回访或现场回访，了解目前交易房屋内居住人的情况，识别交易的真实性。二是要求对借款人的贷款做好定时排查。对于大额贷款进行定时风险排查，对于超过一定金额的个人按揭贷款要求每月检查，其他按揭贷款执行每季度审查。三是严格查证还款账户是否存在非借款人账户直接或间接地偿还贷款，甚至非借款人账户一户偿还多套房屋贷款的情况。

(三) 一旦发现假按揭，及时启动司法程序获得救济

撤销权是从知道或应当知道之日起起算一年后消灭，因此银行在撤销权消灭之前及时启动法院或仲裁程序，以获得假按揭案效力认定的主动权。

8.3 法院如何认定以存单形式违法进行房地产借贷的责任承担

——G公司诉某银行等存单纠纷上诉案[①]

关 键 词：存单，违法借贷，普通存单纠纷，过错，责任承担
问题提出：本案是普通存单纠纷还是以存单为表现形式的违法借贷纠纷？以存单为表现形式的违法借贷纠纷责任如何分配？
关联问题：因个人的违法犯罪行为导致存款人存款被冒领，银行承担什么责任？
裁判要旨：在相关刑事案件已对王祖某等犯罪分子的经济犯罪行为做出认定，并已给予刑事处罚的情况下，本案应认定G公司、某银行及三方用资人的过错行为共同造成了损害结果的发生，其应按照民事过错原则，各自承担相应的民事责任，而不应简单套用《存单纠纷案件规定》（2020修正）第6条第2项规定的四种具体处理原则。

---

① 本案例系在真实案件基础上加工改写而成。

第八章　房地产金融

案情简介

原告（被上诉人）：G公司

被告（上诉人）：某银行

第三人：B公司、T公司、促进会

1999年12月，G房产北京办事处高级顾问王志某将该办事处的900万元存入某行北大地分理处。后时任B公司法定代表人、促进会副会长兼秘书长的王祖某找到王志某，王祖某让王志某将上述900万元存入某行北大地分理处后一年内不支取，由王祖某向银行申请贷款，并向G公司北京办事处支付16%另加同期活期利率总计为17.5%的高额利息。后王祖某称在某行F支行无法申请到贷款，让王志某将款项转存至某商业银行股份有限公司F支行（以下简称：某商业银行F支行）。2000年1月6日，王志某将900万元转存至某商业银行F支行。王志某与王祖某约定：用款期限及回报内容不变。同时，王志某还按照王祖某的要求，以G公司北京办事处名义写了一份内容为"2000年内不支取这笔资金，2001年1月6日以后自由支取资金"的承诺书。同日，某商业银行F支行给G房产北京办事处开具了900万元进账单。2000年1月7日，G公司北京办事处与T公司签订《协议书》，约定：G公司同意为T公司的"A"项目筹措启动资金900万元；期限为1年；T公司在G公司履行本协议条款且900万元到达T公司银行账户的基础上，一次性付给G公司筹措运作费86万元；融资回报65.66万元。王志某与王祖某约定的用款期限到期后，2001年1月3日及7月9日，G公司北京办事处又与T公司分别签订两份《补充协议书》，对上述款项的使用期限顺延至2001年7月13日，并对"融资回报"的支付数额、时间及方式再次进行了明确约定。G公司北京办事处将上述900万元转存至某商业银行F支行后，王祖某与梁某（原某某行F支行职员）、王富某（原某某行F支行职员）商定，以偷换银行开户预留印鉴的方式将该款项骗出。为此，王富某又找到王承某（原某商业银行F支行职员），四人经预谋，伪造了G公司北京办事处的银行开户印鉴卡。G公司北京办事处在某商业银行F支行办理开户手续时，王承某将其预留印鉴卡更换为伪造的印鉴卡。后王祖某委托他人，利用伪造的印鉴骗购了支票，并使用该支票从某商业银行F支行骗取了G公司北京办事处的上述900万元款项。后王祖某将其中的329.86万元用于支付G公司北京办事处高息，60万元作为"好处费"支付给梁某、王富某，其余款项分别被转入 T 公司、B 公司、促进会以及促进会某交流中心大厦工程指挥部的银行账户内，用于 B 公司、促进会的经营和促进会名义下的某交流中心大厦工程。其间，王祖某通过梁某、王富某让王承某伪造了给 G 公司北京办事处的存款利息单，并于 2001 年 4 月 27 日委托他人通过王承某将 G 公司北京办事处在某商业银行 F 支行的存款账户清户。2001 年 10 月 25 日，王祖某致函 G 公司，告知 G 公司其已将 G 房产存款"支取"，并希望 G 公司不予追究责任。2001 年 12 月 11 日，王志某复函王祖某，要求其归还本金及相关利息。已生效的北京市第二中级人民法院（2002）二中刑初字第 1630 号《刑事判决书》认定：王祖某作为 B 公司的负责人，为了筹集该公司开发工程的建设资金，伙同梁某、王富某、王承某，采用伪造印章、伪造、调换银行预留印鉴等方法，骗取银行资金，四被告人的行为已构成票据诈骗罪。

T 公司于 2002 年 12 月 13 日被工商行政管理部门吊销了企业法人营业执照。

另某商业银行股份有限公司于 2004 年 10 月 26 日经工商行政管理部门核准，更名为某银行股份有限公司。

2001 年 10 月 24 日，G 公司北京办事处取款时，发现其账户已被清户，故于 2002 年 4 月 11 日诉至原审法院（北京市第一中级人民法院）。2002 年 5 月 31 日因本案需等待刑事判决结果被原审法院中止审理。

2003 年 10 月，经北京市第二中级人民法院和北京市高级人民法院刑事两审，最终认定某商业银行 F 支行工作人员及其他犯罪分子共同犯有票据诈骗罪。因 G 公司对本案钱款被骗毫不知情，是某商业银行 F 支行的工作人员利用职务之便伙同其他犯罪分子骗取了 G 公司的存款，故被告某银行应当承担责任，考虑到 G 公司北京办事处已收回 329.86 万元，故该款项应从本金中扣除。

后原审恢复审理，G 公司具体诉讼请求为：（1）判令某银行给付存款本金 5701400 元；（2）判令某银行偿付利息（自 2000 年 1 月 6 日起至 10 月 24 日止，按中国人民银行活期存款利率计算，自 2001 年 10 月 25 日至给付之日按中国人民银行同期定期存款利率计算）。

一审法院经判决：某银行与第三人 B 公司、T 公司、促进会连带偿还原告 G 公司本金 5701400 元及利息（自 2000 年 1 月 6 日起至 10 月 24 日止，按中国人民银行同期活期存款利率计算，自2001年10月25日起至款项付清之日止，按中国人民银行同期定期存款利率计算，于本判决生效之日起十日内给付）。

二审法院判决：一、撤销北京市第一中级人民法院（2004）一中民初字第8395号民事判决；二、B公司、T公司、促进会于本判决生效后十日内，连带偿还G房产本金5701400元及利息；三、某银行对B公司、T公司、促进会不能偿还G公司的本金部分承担赔偿责任；四、驳回G公司的其他诉讼请求；五、驳回某银行的上诉请求。

各方观点

某银行观点：本案在性质上属于以存单为表现形式的非法借贷纠纷案件，G公司对上诉人的诉讼请求缺乏事实和法律依据。第一，一审法院判决认定上诉人"将资金自行转给用资人"，无任何证据证明，属认定事实错误；第二，在本案以存单为表现形式的违法借贷关系中，某商业银行F支行不存在帮助G公司及B公司、T公司、促进会从事违法借贷行为的过错，故上诉人不应对G公司款项承担任何法律责任；第三，即使上诉人承担法律责任，亦应适用《存单纠纷案件规定》第6条第2项第3种处理情况的规定①，由某银行对B公司、T公司、促进会不能偿还本金部分，承担不超过40%的赔偿责任。

G公司观点：本案不是以存单为表现形式的借贷纠纷案件，应属普通存单纠纷案件，某银行在被上诉人从未对其发出转款指令的情况下，自行将被上诉人的存款转给实际用资人B公司、T公司、促进会使用，故某银行应对被上诉人全部存款的流失承担连带赔偿责任。

促进会观点：促进会系社会团体法人，从未进行过任何经营活动。促进会从未收到G公司和某银行的款项，故一审法院判决认定促进会是G公司存款的实际用资人，对G公司款项承担连带赔偿责任，无事实和法律依据。

法院观点

一审法院观点：G公司工作人员王志某在存款前即与实际用款人B公司

---

① 《存单纠纷案件规定》已于2020年修订，但本条未被修改。

的法定代表人、促进会副会长王祖某约定借款事宜及高息，G公司也实际收取了实际用资人的高息。某银行的工作人员王承某直接参与了经济犯罪，协助王祖某将款项从银行骗出，该款项大部分被划入实际用资人账户。故本案符合以存单为表现形式的借贷纠纷案件的法律特征。本案当事人的违法借贷行为违反了国家法律强制性规定，故本案所涉合同均无效。《存单纠纷案件规定》第6条第2项规定："……以存单为表现形式的借贷，属于违法借贷，出资人收取的高额利差应充抵本金，出资人，金融机构与用资人因参与违法借贷均应当承担相应的民事责任……出资人将款项或票据（以下统称资金）交付给金融机构，金融机构给出资人出具存单或进账单、对账单或与出资人签订存款合同，并将资金自行转给用资人的，金融机构与用资人对偿还出资人本金及利息承担连带责任；利息按人民银行同期存款利率计算至给付之日……"依据上述规定，G公司已收取的高息应充抵本金。

某银行实际收取了G公司的存款，并为G房产开具了真实的进账单，其应保证G公司的资金安全。虽然某银行的原工作人员王承某的行为属犯罪行为，但《刑事判决书》亦判决继续追缴违法所得发还某银行，故某银行应与B公司、T公司、促进会连带偿还G房产其余本金及相应利息。最终一审法院判决被告某银行与第三人B公司、T公司、促进会连带偿还原告G公司本金5701400元及利息。

二审法院观点：1. 关于本案法律关系的性质依据

本案出资人G公司对外拆借资金并放任转款的意思表示明确，且G公司该900万元款项最后亦实际用于上述B公司、T公司、促进会的经营及相关工程项目中。本案事实存在具有资金拆借意思表示的出资人G公司和实际用资人B公司、T公司、促进会，且出资人的款项已经实际交与用资人使用。本案某银行向G公司出具了进账单。出资人G公司亦从三个用资人处实际取得了高额利差。根据《存单纠纷案件规定》第6条"对以存单为表现形式的借贷纠纷案件的认定和处理"第1项之规定，本案法律关系性质应认定为以存单为表现形式的违法借贷。

2. 关于本案各方当事人的行为性质

G公司不仅对外进行非法融资和谋取高额融资回报的目的明确，意思表示真实，而且其对资金拆借的对象、用途等均明知，虽然G公司没有直接或指定某银行将款项交与用资人使用，但是其对资金拆借的转款方式采取放任态度，给王祖某等人进行犯罪活动以可乘之机。因此 G 公司对其资金损失及本案违法借贷纠纷的产生，具有严重过错，其对自身因此而遭受的经济损失应承担相应法律责任。

已生效的《刑事判决书》和《刑事裁定书》均认定某银行的工作人员王承某的行为属于私刻单位印章进行票据诈骗的经济犯罪行为，依据《最高人民法院关于在审理经济纠纷案件中涉及经济犯罪嫌疑若干问题的规定》第 5 条第 1 款之规定，不应以王承某个人的经济犯罪行为做出有关某银行"将资金自行转给用资人"的事实推定，因此，一审法院认定某银行与三个用资人承担连带责任不妥。但是，某银行负有保障存款人存款安全的法定义务，且其存在对其工作人员管理不严的过错，故某银行仍应对 G 公司所受经济损失承担相应的民事赔偿责任。

关于促进会的答辩理由，法院认为：（1）已生效的裁判文书认定 G 公司 900 万元款项中的部分款项被转入促进会以及促进会某交流中心大厦工程指挥部的银行账户内，用于促进会的经营和促进会名义下的某交流中心大厦工程；（2）因王祖某身兼促进会副会长和秘书长职务，出资人 G 公司、相关银行及他人，均有理由相信王祖某的行为系代表促进会从事法人行为的职务行为，其以促进会名义进行的经营行为对外应视为促进会的法人行为，且已生效的《刑事判决书》和《刑事裁定书》均认定王祖某应承担单位犯罪直接负责主管人员的刑事责任。因此，促进会的答辩理由不能成立，本院不予支持。

3. 关于本案法律责任的承担

虽然本案法律关系的性质属于以存单为表现形式的违法借贷，但是鉴于本案事实与《存单纠纷案件规定》第 6 条第 2 项规定的四种处理原则的适用条件均不完全符合，本案应认定 G 公司、某银行及三方用资人的过错行为共同造成了损害结果的发生，其应按照民事过错原则，各自承担相应的民事责任。故本案不应简单套用《存单纠纷案件规定》第 6 条第 2 项规定的四种具体处理原则。因此，本院根据本案各方当事人的上述过错，依照《民法通则》有关"侵权的民事责任"之规定[①]，酌定由 B 公司、T 公司、促进会连带偿还 G 房产款项本金 5701400 元及相应利息；某银行对 B 公司、T 公司、促进会不

---

① 对应《民法典》第 1165 条第 1 款："行为人因过错侵害他人民事权益造成损害的，应当承担侵权责任。"

能偿还 G 公司款项本金的部分承担赔偿责任，其他经济损失部分应由 G 公司自行承担。

综上，一审法院判决认定事实清楚，但适用法律欠妥，应予纠正。

关联案例 1

> **案件名称**：某基金管理中心与某银行某支行存单纠纷案
> **审理法院**：最高人民法院（2004）民二终字第 34 号①
> **裁判观点**：根据《民法通则》第 106 条第 2 款②的规定，商业银行对所属工作人员作出除名处理后，未收缴其工作证件，致使其继续使用该证件并利用原单位加盖业务专用章的存款票证骗取他人存款，造成他人经济损失的，商业银行应承担相应的民事责任。

关联案例 2

> **案件名称**：郑某滨与 Y 支行等储蓄存款合同纠纷案
> **审理法院**：福建省 Y 县人民法院（2020）闽 0525 民初 2114 号③
> **裁判观点**：郑某滨在 Y 支行处开立账户×××94 及其关联账号 4553××××2477 后进行使用并存入钱款。开户后，郑某滨未能妥善保管存折及密码，而 Y 支行在办理郑某滨账户的存款支取等业务时存在未严格审查业务办理人员是否为郑某滨本人、未查验核对郑某滨有效证件，甚至由其他人员代郑某滨在相应交易凭条上签名等违规操作行为的情形，双方的共同过错行为导致郑某滨存入的款项部分在违背郑某滨真实意思的情况下被支取。由于郑某滨对此存在过错且过错程度较大，应承担主要责任，Y 支行对此亦存在过错但过错程度较小，故应对郑某滨存款被支取造成的损失承担次要责任，以承担 30% 损失为宜。

律师点评

根据《存单纠纷案件规定》相关规定，本案属于典型的"以存单为表现形式的违法借贷纠纷"。

---

① 载《最高人民法院公报》2004 年第 11 期。
② 对应《民法典》第 1165 条第 1 款："行为人因过错侵害他人民事权益造成损害的，应当承担侵权责任。"
③ 载中国裁判文书网，https：//wenshu.court.gov.cn/website/wenshu/181107ANFZ0BXSK4/index.html? docId＝8022964232f0428fa239ad0500abb5d0，最后访问时间：2022 年 6 月 27 日。

根据《存单纠纷案件规定》第 6 条，所谓以存单为表现形式的借贷纠纷案件是指"在出资人直接将款项交与用资人使用，或通过金融机构将款项交与用资人使用，金融机构向出资人出具存单或进账单、对账单或与出资人签订存款合同，出资人从用资人或从金融机构取得或约定取得高额利差的行为中发生的存单纠纷案件"。以存单为表现的借贷行为因规避国家有关贷款规模的限制，搞体外循环，并意欲套取金融机构信用、转嫁风险，实质上形成了由金融机构承担风险的企业间借贷，违反我国金融法律法规，应认定为违法借贷。

本案中 G 公司将相应款项存入某银行，并与王祖某约定由其通过某银行支取款项使用，G 公司则从王祖某处取得高额融资利息而引发相应存单纠纷，属于"以存单为表现形式的违法借贷纠纷"。

根据本案中 G 公司的相应诉讼主张，本案的核心争议焦点在于：以存单为表现形式的违法借贷纠纷相应民事责任如何分配。

一、"以存单为表现形式的违法借贷纠纷"民事责任分配的处理原则

《存单纠纷案件规定》第 6 条"对以存单为表现形式的借贷纠纷案件的认定和处理"针对四种情况规定了处理方式，故审判实践中，法院对"以存单为表现形式的违法借贷纠纷"责任分配方式均按照该《存单纠纷案件规定》第 6 条相应条款来处理。对违法借贷中产生的损失，各方当事人均应根据过错大小承担相应的民事责任。《存单纠纷案件规定》对当事人过错的大小是根据资金的交付和资金的处分为标准进行划分的，共包括四种情况。每种情况中因当事人的过错大小不同，案件的处理结果也不同。第 6 条第 2 项中的第一、二种情况因金融机构是资金的处分者，其责任较大；第三、四种情况中出资人是资金的处分者，出资人应承担较大的责任。另外，资金的处分以资金的占有为前提，只有资金的占有才能产生处分资金的可能。因此，资金的交付也是衡量当事人过错大小的一个情节。第三种情况中资金虽是出资人处分的，但由于资金已从出资人处交付给了金融机构，金融机构本可以正当经营，不接受出资人的指定。但金融机构接受了指定，将款项贷出，由此产生的风险，出资人、金融机构、用资人三方要共同承担。第四种情况中资金没有交付给金融机构，属于典型的只要金融机构的信用（承担风险），不要金融机构的服务（指交易服务），因此，出资人责任大。由于金融机构出具了存单帮助违法借贷，金融机构不能完全免责，《存单纠纷案件规定》规定，在这种情况下金融机构承担 20% 的责任。

二、本案民事责任分配的法律适用

本案的实际情况与上述相应处理条款规定的四种情形均不符合，故不能直接以上述责任分配方式作为法律依据直接处理。根据本案实际情况，本案中G房产的经济损失，系由出资人G公司、三个实际用资人、某银行的相应过错及王祖某等犯罪分子的经济犯罪行为共同导致的。在相关刑事案件已对王祖某等犯罪分子的经济犯罪行为做出认定，并已给予刑事处罚的情况下，既然G公司没有对上述犯罪分子提出刑事附带民事的主张，本案须根据民事过错责任的原则明确G公司、某银行及三个实际用资人的相应民事责任。

就G公司而言，其谋取高额融资回报的目的明确，意思表示真实，而且其对资金拆借的对象、用途等均明知，其对资金拆借的转款方式采取放任态度，给王祖某等人进行犯罪活动以可乘之机。因此G公司对其资金损失及本案违法借贷纠纷的产生，具有一定过错，理应对自身的经济损失承担相应法律责任。就某银行而言，其作为存款行，有义务保障存款资金的安全，且对于进行违法犯罪行为的工作人员至少存在管理不当之处，即某银行存在一定的过错，其承担的民事责任亦应与其过错的程度相关联。就三个实际用资人而言，该实际用资人的相应行为共同造成了G公司的损失，存在过错，理应按照民事过错原则，由实际用资人承担相应的民事赔偿责任。根据民事过错责任原则，共同侵权行为（或叫共同过错）致人损害的，责任承担方式分为两种：即有意思联络的共同过错人承担连带责任，而无意思联络的共同过错人各自按比例承担责任。结合本案，刑事案件审理中已经认定，王祖某作为B公司的负责人，为了筹集该公司开发工程的建设资金，伙同梁某、王富某、王承某，采用伪造印章、伪造、调换银行预留印鉴等方法，骗取银行资金。四被告存在意思上的联络，且均系代表各自公司的职务行为，因此王祖某将违法获取的相应款项转入三个实际用资人的账户，三个实际用资人对该共同过错行为存在意思联络，应承担连带责任。某银行作为金融机构在本案中虽然具有过错，而且也已经接受了资金交付，但仍是按照出资人的指令将资金交付给用资人使用，即便该指令是伪造的，而非自行将资金交付出资人使用，因此，某银行对资金损失承担的是补充责任，对B公司、T公司、促进会不能偿还G房产款项本金的部分承担赔偿责任。

三、"以存单为表现形式的违法借贷纠纷"相应责任承担原则

通常而言，以存单为表现形式的借贷行为规避国家有关贷款规定的限制，

并涉嫌套取金融机构信用、转嫁风险，实质上形成了由金融机构承担风险的企业间借贷，违反我国金融法律法规，应认定为违法借贷。故在实践中，应避免该违法借贷方式的使用。

一旦出现相应情形时，根据《存单纠纷案件规定》规定的四种处理情况的总体原则来看，资金的实际使用人过错较大，应承担主要责任。

如果不适用上述四种处理原则，对违法借贷中产生的损失，按照民法的一般原理，各方当事人均应根据过错大小承担相应的民事责任。用资人是资金的实际使用者，在案件中是主要责任者，其负有给付资金及利息的不容推卸的责任。基于这种考虑，虽然金融机构对违法借贷承担的是过错责任，但金融机构在承担了责任后，应允许其有向用资人进行追偿的权利。

8.4 法院如何认定预售商品房按揭贷款中开发商承担阶段性担保责任的解除期限

——M 银行某分行诉 H 公司、方某岳金融借款合同纠纷案[①]

> **关 键 词**：阶段性担保责任，按揭贷款，保证期间，附条件，解除合同
>
> **问题提出**：开发商阶段性担保责任的法律属性如何定位？
>
> **关联问题**：开发商阶段性担保责任如何解除？
>
> **裁判要旨**：阶段性连带保证本意就是让房产开发商为借款人在该阶段内（贷款合同签署之日起至抵押有效设定，相关权利证明文件交付银行执管之日止）向银行履行还款义务提供保证，亦为银行获得安全的房屋抵押担保的等待过程提供保证。一旦房屋抵押设定成功，该阶段性保证的任务完成，即阶段性保证期限届满之时即是银行获得借款人的房屋抵押担保之时。

[①] 一审：上海市黄浦区人民法院（2014）黄浦民五（商）初字第 8898 号；二审：上海市第二中级人民法院（2015）沪二中民六（商）终字第 520 号，载中国裁判文书网，https://wenshu.court.gov.cn/website/wenshu/181107ANFZ0BXSK4/index.html?docId=3734db2fb17f4917a1819f492e677619，最后访问时间：2022 年 6 月 27 日。

案情简介

原告（被上诉人）：M 银行某分行

被告（上诉人）：H 公司

被告（被上诉人）：方某岳

方某岳与方某榜（已去世）于 2009 年 12 月 8 日与 M 银行某分行签订《个人购房抵押借款合同》，其中，方某岳、方某榜系该项贷款共同借款人及预购商品房抵押人，H 公司系保证人及预购商品房开发商。根据该借款合同，M 银行某分行向方某岳、方某榜发放贷款人民币（以下币种均为人民币）1852000 元，用于支付预购商品房房款，借款期限自 2009 年 12 月 9 日至 2039 年 12 月 9 日（M 银行某分行于 2010 年 1 月 4 日实际放款，实际贷款到期日为 2040 年 1 月 4 日）。年利率以中国人民银行同期贷款基准利率下浮 30% 确定为 4.158%（遇基准利率调整时，年利率按合同约定的浮动比例自次年 1 月 1 日开始调整确定），还款方式按月等额本息还款，逾期利率为借款利率水平上加收 40%。根据该合同，方某岳、方某榜以上述借款合同所涉预购商品房上海市嘉定区玉麦路×××弄×××号 101（复式）室向 M 银行某分行提供该项贷款的抵押担保，并于 2009 年 12 月 25 日办理了抵押权预告登记；H 公司作为预购商品房开发商为方某岳、方某榜合同项下的借款本金、利息、罚息、复利、违约金、损害赔偿金、实现债权的费用及其他款项承担连带保证责任，保证期间为方某岳、方某榜履行债务期限届满之日（包括 H 公司宣布债务提前到期之日）起两年。上述贷款发放后，因方某岳、方某榜尚未办理上述预购商品房产权变更登记手续，致 M 银行某分行一直无法办理抵押权登记。鉴于方某岳、方某榜贷款本息逾期不还、涉诉并经抵押权预告登记的上述预购商品房被查封等违约行为，根据合同第 51.1 条、第 51.4 条、第 51.8 条约定，M 银行某分行宣告剩余全部贷款提前到期，起诉要求判令：1. 方某岳归还贷款本金 1707346.32 元；2. 方某岳立即支付截至 2014 年 8 月 19 日的拖欠利息 9760.26 元、逾期利息 25.29 元；3. 方某岳支付自 2014 年 8 月 20 日起至实际清偿之日止的逾期利息（以本金 1707346.32 元为基数，按合同约定的贷款利率上浮 40% 计算）；4. 方某岳赔偿律师费 57928.30 元；5. H 公司为方某岳的上述 1—4 项还款义务承担连带清偿责任。

被继承人方某榜于 2012 年 12 月 18 日去世。其父方某昆、其母张某英仍健在，方某榜与妻子高某青共生育子女三人，分别为方某立、方某珍、方某岳。原审中，原审法院追加方某昆、张某英、高某青、方某立、方某珍为被告后，五被告均表示放弃其在涉案 101 室房屋中方某榜遗产的继承权，M 银行某分行申请撤回对五名继承人的起诉。

一审法院判决：方某岳应于判决生效之日起十日内协助 H 公司将 S 市 J 区 Y 路×××弄×××号 101 室房屋所有权转移登记至方某岳名下。

二审法院判决：驳回上诉，维持原判。

各方观点

H 公司观点：1. 原审未查明方某榜继承的事实，并不是所有法定继承人均明确放弃继承权，部分调查结果未经质证，严重损害了上诉人 H 公司的利益。2. 生效判决已经明确涉案房屋所有权转移登记至方某岳名下，上诉人 H 公司不应再就涉案债务承担连带保证责任。

M 银行某分行观点：1. 方某榜的继承人除方某岳外均放弃了对涉案房屋的继承，故被上诉人 M 银行某分行在本案中撤回对其余继承人的起诉。2. 目前最新的产权证调查信息显示，系争房屋仍登记在上诉人 H 公司名下，并未完成小产权证办理，根据个人贷款抵押合同的相关规定，上诉人 H 公司仍应对债务承担连带责任。

方某岳未做答辩。

法院观点

一审法院认为：M 银行某分行与方某岳、被继承人方某榜、H 公司签订的《个人购房抵押借款合同》系各方当事人真实意思表示，依法有效。M 银行某分行已按约履行了放款义务，而方某岳、被继承人方某榜未按约履行还款义务，依照该借款合同约定，一旦借款人发生合同项下的违约事件，M 银行某分行有权宣布合同提前到期，要求借款人清偿未偿还款项以及所产生的利息、罚息及其他费用。因方某岳、被继承人方某榜累计六个月以上未按合同约定按时足额偿还贷款本息，属发生了合同约定的违约事件，故 M 银行某分行有权宣布合同立即到期，并要求其归还全部剩余贷款本金、利息、逾期利息及相关费用。现方某榜已去世，其除了方某岳外的其他五位继承人均表示放弃继承，故 M 银行某分行诉请要求方某岳归还全部剩余贷款本金、利息、逾期利息的诉讼请求合法有据，予以支持。有关律师费，系 M 银行某分行为实现债权所实际支付费用且符合相关行业收费标准，亦可支持。有关 H 公司的保证责任，因双方合同明确约定 H 公司承担的连带保证责任是从合同签订之日起至合同项下房产办理完毕房屋所有权证书及房屋他项权证并交与 M 银行某分行之日止，而该房屋的所有权证书及他项权证至今仍未能办理完毕，故 H 公司仍处于应承担连带责任保证的期限范围内。

二审法院认为：本案争议焦点在于 H 公司为贷款合同项下债务所提供的阶段性保证期间是否已经届满，是否仍需承担连带保证责任。《个人购房抵押借款合同》明确约定 H 公司承担的连带保证责任是从合同签订之日起至合同项下房产办理完毕房屋所有权证书及房屋他项权证并交与 M 银行某分行之日止。上诉人 H 公司认为，方某岳已经具备办理小产证的条件，且生效判决也已经明确涉案房屋所有权转移登记至方某岳名下，H 公司已经无需承担连带保证。对此，本院认为，所谓阶段性连带保证，其本意就是让房产开发商为借款人在该阶段内（贷款合同签署之日起至抵押有效设定，相关权利证明文件交付银行执管之日止）向银行履行还款义务提供保证，亦为银行获得安全的房屋抵押担保的等待过程提供保证。一旦房屋抵押设定成功，该阶段性保证的任务完成，即阶段性保证期限届满之时即是银行获得借款人的房屋抵押担保之时。而抵押预告登记与正式抵押登记有所不同，根据《物权法》相关规定①，在特定情况下，抵押预告登记未转为正式抵押登记，抵押权人将无法优先受偿。因此，在涉案房屋尚未办出小产证的情况下，根据物权法定原则，M 银行某分行就抵押房屋处分并优先受偿的权利仍存在不确定性，即 H 公司提供的阶段性连带保证的期限届满条件未成就，其仍应向 M 银行某分行承担连带保证责任。

---

① 对应《民法典》第 221 条："当事人签订买卖房屋的协议或者签订其他不动产物权的协议，为保障将来实现物权，按照约定可以向登记机构申请预告登记。预告登记后，未经预告登记的权利人同意，处分该不动产的，不发生物权效力。预告登记后，债权消灭或者自能够进行不动产登记之日起九十日内未申请登记的，预告登记失效。"预告登记只是使预告登记的权利人获得了在符合条件的情形办理本登记的请求权，并没有使预告登记的权利人对物享有支配权，抵押权预告登记不能产生设定抵押权的效力。

关联案例 1

案件名称：Z 银行某分行与郑某光、W 公司等金融借款合同纠纷案

审理法院：上海市浦东新区人民法院（2014）浦民六（商）初字第 1658 号①

裁判观点：本案保证的阶段性并非对保证期间的约定，而是对保证合同所附的解除条件，即本案阶段性保证是一种附解除条件的保证。这种阶段性保证的目的是防止在抵押法律关系生效之前银行发放贷款可能引发的风险，因此系争保证条款订立的目的是以物保换人保，以确保被告郑某光办出房屋产权证和抵押权证。被告 W 公司虽已办理大产证，但被告郑某光至今未办理小产证及他项权证，保证责任结束所约定的条件尚未成就，被告 W 公司仍应对被告郑某光的上述债务承担连带保证责任。

关联案例 2

案件名称：J 房地产开发有限公司、J 银行股份有限公司 S 分行等金融借款合同纠纷案

审理法院：湖北省宜昌市中级人民法院（2021）鄂 05 民终 3001 号②

裁判观点：李某、王某申请借款的抵押物是位于 Y 地的案涉房屋，因此该房屋取得不动产权证书是办理抵押登记的前提条件。根据 J 地产公司在一审的举证，该公司已于 2019 年 3 月 7 日将产权人载明为李某、王某的房屋所有权证移交给了 J 行 S 分行，尽管李某、王某声称在 2018 年 11 月已将案涉房屋出售给了案外第三人，但其实际办理产权变更登记是在 2020 年。作为申请办理案涉房屋他项权利证书的主体之一，J 行 S 分行未能举证证明该行在 2019 年 3 月 7 日收到案涉房屋所有权证后，李某、王某办理变更登记前，积极履行了向房产登记机构申请办理抵押登记的义务。据此可以认定案涉房屋未办理抵押登记系 J 行 S 分行怠于行使办理抵押登记的权利所致，进而不合理地延长了 J 地产公司的阶段性保证责任期限，加重了 J 房地产公司的保证责任，构成了《合同法》第 45 条第 2 款③规定的当事人为自己的利益不正当地阻止条件成就。故应视为 J 房地产公司就案涉房屋承担的阶段性保证责任的解除条件已成就，J 地产公司不应就本案的债务承担连带保证责任。

---

① 载中国裁判文书网，https：//wenshu.court.gov.cn/website/wenshu/181107ANFZ0BXSK4/index.html？docId=a0d8b7e55f5b44d1bab7c96fd59c09e6，最后访问时间：2022 年 6 月 27 日。
② 载中国裁判文书网，https：//wenshu.court.gov.cn/website/wenshu/181107ANFZ0BXSK4/index.html？docId=6dd675c163b647cca2e0ae7800133d51，最后访问时间：2022 年 6 月 27 日。
③ 对应《民法典》第 159 条。

关联案例 3

案件名称：S 公司与刘某琼、C 银行 M 支行金融借款合同纠纷案
审理法院：重庆市第二中级人民法院（2019）渝 02 民再 28 号[1]
裁判观点：本案 S 公司自愿为刘某琼因在案涉合同项下借取贷款产生的全部债务向 C 银行 M 支行提供阶段性连带责任保证担保：保证期间自贷款发放之日起至开发商将办妥抵押登记的房地产权证等所有能够证明抵押物权属的证明文件（原件）交我行之日止。本院对此认为，从该条文的字面含义理解，应当认定双方当事人具有对保证期间进行约定的意图。同时，该条文中的保证期间系紧随阶段性连带责任保证担保进行的约定，且双方当事人亦未就阶段性连带责任保证担保的阶段作出其他约定，故就合同体系而言，该保证期间也包含对保证担保条款的存续期间也即保证阶段的约定。结合该条约定的内容分析，条文所约定的情形具有或然性，发生时间以及所约定情形是否必然发生均不能确定，故该条文就保证阶段所作出约定的法律属性应系当事人就有关保证担保条款解除进行的附条件约定。因该条文关于保证期间的约定无法确定其具体时间，其关于保证期间所作的约定应属于保证期间约定不明的情形。根据《最高人民法院关于适用〈中华人民共和国担保法〉若干问题的解释》（现已失效）第 32 条第 2 款规定[2]，保证合同约定保证人承担保证责任直至主债务本息还清时为止等类似内容的，视为约定不明，保证期间为主债务履行期届满之日起二年。据此，由于 S 公司与 C 银行 M 支行关于保证期间的约定不明，故案涉保证期间应从主债务履行期限届满之日起计算二年。

律师点评

本案属于一起较为典型的"开发商承担阶段性担保责任"案例。阶段性担保责任即保证人在借款申请人所购的房屋办理完毕抵押登记之前需向银行承担保证责任，在借款人不能清偿债务时，由保证人为借款人偿还所欠的剩余贷款本息、罚息及相关费用。保证内容主要是：（1）贷款前所售房屋未设置抵押；（2）不存在任何产权纠纷和财务纠纷；（3）不得将该房屋转卖；（4）协助购房人办理所购房屋的《房屋所有权证》《国有土地使用证》。实践

---

[1] 载中国裁判文书网，https://wenshu.court.gov.cn/website/wenshu/181107ANFZ0BXSK4/index.html？docId=f51027f1d5434d16b33fab4400c65f27，最后访问时间：2022 年 6 月 27 日。
[2] 相关规定已被修改，《民法典》第 692 条第 2 款规定："债权人与保证人可以约定保证期间，但是约定的保证期间早于主债务履行期限或者与主债务履行期限同时届满的，视为没有约定；没有约定或者约定不明确的，保证期间为主债务履行期限届满之日起六个月。"

中，开发商常作为担保人，因承担阶段性担保责任所引起的争议多集中在阶段性担保责任的保证期间与解除两大问题，现笔者将以这两大问题为切入点进行分析与点评。

一、阶段性担保责任认定的司法观点

1. "阶段性担保"为保证期间约定不明确，根据现行《民法典》规定，为主债务履行期限届满之日起六个月。

《民法典》第692条第2款规定："债权人与保证人可以约定保证期间，但是约定的保证期间早于主债务履行期限或者与主债务履行期限同时届满的，视为没有约定；没有约定或者约定不明确的，保证期间为主债务履行期限届满之日起六个月。"例如在关联案例3中，S公司与刘某琼、C银行M支行金融借款合同纠纷案，法院认定双方当事人具有对保证期间进行约定的意图，但结合内容分析，条文所约定的情形具有或然性，发生时间以及所约定情形是否必然发生均不能确定，属于保证期间"约定不明"。

2. "阶段性担保"应为附解除条件法律行为，条件成就，担保责任解除。

此观点笔者将在下文详细讲述。例如关联案例2，法院认为阶段性担保合同为附解除条件合同，条件成就，担保责任即解除。

二、开发商阶段性担保责任的法律属性

保证期间，是指根据债权人和保证人的约定或者法律规定由保证人承担保证责任的期间。超过保证期间，保证人不承担保证责任。因此，保证期间的确定对于保证人承担保证责任具有非常重要的意义。开发商承担阶段性担保责任的关键即在于保证期间的确定。一般来说，开发商承担阶段性担保责任的争议主要集中在商品房买受人未按期足额按揭，导致作为保证人的开发商成为被告。

笔者认为，阶段性担保的法律属性应为附解除条件的民事法律行为，即阶段性担保不是对保证期间的约定，而是对解除条件的约定。《民法典》第158条规定："……附解除条件的民事法律行为，自条件成就时失效。"合同当事人在实施法律行为时，可以附加一定条件，将条件的成就与否作为民事法律行为效力发生或者消灭的根据。解除条件又称失效条件，是指可以使已经生效的法律行为失去效力的条件，即在解除条件成就前，民事法律行为的效力已经发生，一旦条件成就，当事人的权利义务关系归于消灭。在阶段性担保中，贷款人要求房产开发商、房产中介、担保公司等提供阶段性担保，并不是要求保证人就借款全程承担担保责任,而是待借款人实际取得《房屋所有权证》及《国有土地使用证》后将房屋抵押给贷款人,以抵押的房屋做借款的担保。即阶段性担保是专为解决贷款风险敞口期问题而存在,只要贷款人取得了《房屋抵押他项权证》,阶段性担保的使命就此终结。从阶段性担保的上述特征看,阶段性担保系附解除条件之民事法律行为。关联案例1"W公司与Z行某支行、谢某胜借款合同纠纷"一案中,笔者与法院所持观点相同,即应当认定阶段性担保应为附解除条件的法律行为。

因此,阶段性担保的"保证期间"并非担保法中的保证期间。

三、开发商阶段性担保责任如何解除

开发商阶段性担保责任属于连带保证责任,区别于一般保证,无先诉抗辩权。先诉抗辩权是指一般保证的保证人在主合同纠纷未经审判或者仲裁,并就债务人财产依法强制执行仍不能履行债务前,对债权人可以拒绝承担保证责任。此外,《民法典》第698条规定:一般保证的保证人在主债权履行期限届满后,向债权人提供债务人可供执行财产的真实情况,债权人放弃或怠于行使权利致使该财产不能被执行的,保证人在其提供可供执行财产的价值范围内不再承担保证责任。这样的制度设计能保护诸多一般保证人的权益,而对于连带保证人并无先诉抗辩权进行保障。

依据《民法典》,连带保证责任在下列情况下免除或者消灭:

1. 保证期限届满而债权人未请求时,保证责任免除。保证期限指的是根据当事人各方按照事先约定或者规定,债权人向债务人(在一般保证情况下)或者保证人(在连带保证情况下)主张了权利,保证人才承担保证责任的期间。债权人没有在该期间主张权利,则保证人不再承担责任。

2. 未经保证人同意,变更主债内容,加重保证人保证责任,保证人对加重的部分不承担保证责任。

《民法典》第695条规定:"债权人和债务人未经保证人书面同意,协商变更主债权债务合同内容,减轻债务的,保证人仍对变更后的债务承担保证责任;加重债务的,保证人对加重的部分不承担保证责任。债权人和债务人变更主债权债务合同的履行期限,未经保证人书面同意的,保证期间不受影响。"第696条规定:"债权人转让全部或者部分债权,未通知保证人的,该转让对保证人不发生效力。保证人与债权人约定禁止债权转让,债权人未经保证人书面同意转让债权的,保证人对受让人不再承担保证责任。"第697条

第 1 款规定:"债权人未经保证人书面同意,允许债务人转移全部或者部分债务,保证人对未经其同意转移的债务不再承担保证责任,但是债权人和保证人另有约定的除外。"

3. 保证合同解除或终止,保证责任消灭。保证合同是保证人承担保证责任的依据,保证合同的解除或终止,即意味着保证责任的解除。

4. 主债务消灭,保证债务即消灭。保证债务作为一种从债务,从属于主债务。主债务消灭时,保证债务即消灭。

四、阶段性担保的法律防范

开发商对阶段性担保责任风险防范措施有以下几种:

1. 在合同条款中明确强调保证合同为附解除条件的合同,保证合同中不直接提及阶段性保证的概念,而是将自抵押物办妥抵押登记手续作为保证合同的解除条件。

2. 设置相关免责条款规避风险。

(1) 因贷款人的过错致使所附解除条件不能成就或者贷款人故意阻却所附条件的成就,保证人不承担保证责任。(2) 尽量降低成就条件的难度,约定贷款人交付《房屋所有权证》及《国有土地使用证》之时,如果贷款人不及时办理抵押登记手续的,与提供阶段性担保的保证人无涉。(3) 明确担保的权利瑕疵的范围,因超出明确约定的权利瑕疵范围之外的原因导致所附的解除条件不能成就的,与保证人无涉。(4) 明确排除法律禁止抵押的情形,因法律规定禁止抵押的情形出现,保证人不承担担保责任。

3. 设立反担保协议化解风险。如果开发商出于商务上的原因,认为有必要考虑阶段性担保,可设定反担保协议,由第三人或业主为房地产开发商的保证责任提供反担保。一旦开发商承担保证责任,可通过行使反担保权利实现自己的权利,避免利益受损。

4. 以期房抵押代替开发商的阶段性担保责任。《民法典》第 395 条第 1 款规定:"债务人或者第三人有权处分的下列财产可以抵押……(五) 正在建造的建筑物、船舶、航空器……"第 402 条规定:"以本法第三百九十五条第一款第一项至第三项规定的财产或者第五项规定的正在建造的建筑物抵押的,应当办理抵押登记。抵押权自登记时设立。"因此,预售房屋抵押预告登记的法律依据已经充分,完全具备可操作性。开发商可以此与合作贷款银行协商,不再设定开发商的阶段性担保责任,降低由此带来的风险。

8.5 法院如何认定房地产企业借款合同中罚息、复利约定的效力

——Z支行诉H公司、X公司借款合同纠纷案[①]

> **关 键 词**：银行借款合同，罚息，复利，酌减违约金
>
> **问题提出**：开发企业与银行借款合同中罚息、复利的约定是否合法？
>
> **关联问题**：开发企业与银行借款合同中复利、罚息约定是否适用《民法典》酌减违约金规定？
>
> **裁判要旨**：因复利、罚息是借款合同中明确约定的，且并不为现行法律、行政法规所禁止，故借款合同中关于复利、罚息的约定合法。长期以来，实践中，法院在审理当事人主张复利或罚息超过正常利息标准从而要求降低的诉请时，一般都未适用法律关于酌减违约金的规定。但在降低实体经济融资成本的改革背景下，在《最高人民法院关于进一步加强金融审判工作的若干意见》（法发〔2017〕22号）的指导下，审判趋势已逐步发生变化，审判过程中越来越多地适用该意见以"年利率24%"为上限对"利息、复利、罚息、违约金和其他费用等"予以调减。

案情简介

原告（被上诉人）：Z支行

被告（上诉人）：H公司

被告：X公司

Z支行与X公司于2007年11月19日签订(2007)年(借)字(034)号《借款合同》，约定甲方（Z支行）向乙方（X公司）提供短期借款人民币100万元，期限自2007年11月20日至2008年10月20日，利率为月息8.505‰。同日，Z支行与H公司签订(2007)年(保)字(028)号《保证合同》，约定由乙方（H公司）为(2007)年(借)字(034)号《借款合

[①] 本案例系在真实案件基础上加工改写而成。

同》项下债权人全部债权提供保证，保证方式为连带责任保证，保证期间为自主合同约定的债务人履行债务期限届满之次日起两年。合同签订后，Z支行依约向X公司发放了该笔贷款。贷款到期后，X公司尚欠本金100万元及截至2009年3月25日的利息、罚息和复利共计70709.75元至今未还，H公司也未承担保证责任。故Z支行诉至法院，请求法院判令：1. X公司偿还借款本金100万元，利息70709.75元，罚息（自2009年3月26日至本金还清时止，以未偿还借款本金为基数，按本合同项下的借款利率的130%计收罚息）及复利（本合同项下的借款利率的130%计收）。2. H公司对上述债务承担连带保证责任。3. 诉讼费用由X公司和H公司承担。

一审法院判决：一、X公司归还Z支行借款本金100万元及利息、罚息和复利（截至2009年3月25日的利息、罚息及复利共计70709元7角5分；自2009年3月26日起至本金还清时止的罚息及复利，以未偿还本金为基数，按照合同约定的方式计算），于判决生效后十日内付清。二、H集团公司对判决第一项规定的X公司的还款义务承担连带保证责任。三、H公司履行保证责任后，有权在履行保证责任的范围内向X公司追偿。如X公司、H公司未按判决指定的期限履行给付金钱义务，应当依照《民事诉讼法》第229条①之规定，加倍支付迟延履行期间的利息。

二审法院判决：驳回上诉，维持原判。

各方观点

Z支行观点：Z支行与X公司签订的《借款合同》及Z支行与H公司签订的《保证合同》合法有效，合同签订后，Z支行依约向X公司发放了该笔贷款，贷款到期后，X公司未偿还贷款，H公司也未承担保证责任。故债务人X公司应当偿还本金及合同约定的罚息与复利，H公司亦应对上述债务承担连带保证责任。

H公司、X公司观点：在借款逾期后同时计收复利和罚息，使上诉人和原审被告由此而承担过重的违约责任，有违公平原则。根据《合同法》②及

---

① 《民事诉讼法》现已修改。
② 对应《民法典》第585条第2款："约定的违约金低于造成的损失的，人民法院或者仲裁机构可以根据当事人的请求予以增加；约定的违约金过分高于造成的损失的，人民法院或者仲裁机构可以根据当事人的请求予以适当减少。"

其司法解释的规定,约定的违约金过分高于造成损失的,当事人可以请求人民法院适当予以减少。因此二审法院应依法撤销一审判决第 1 条中关于借款利息、罚息和复利的认定,改判予以适当减少。

> 法院观点

一审法院观点:Z 支行与 X 公司签订的借款合同及 Z 支行与 H 公司签订的保证合同均系各方当事人的真实意思表示,且未违反国家法律强制性规定,应属有效。在 Z 支行按照合同约定履行了发放借款义务的情况下,X 公司未按照合同约定履行还款义务,H 公司亦未承担连带保证责任,上述行为已属违约。X 公司应向 Z 支行偿还所欠借款本金 100 万元及相应利息、罚息和复利,H 公司亦应按《保证合同》的约定,向 Z 支行承担连带保证责任,故 Z 支行的诉讼请求该院依法予以支持。对于 H 公司辩称的 Z 支行关于利息计算方法有问题、计算过程不明确,以及复利和罚息不能同时适用的抗辩意见,因 H 公司没有提供相应的证据予以证明,而且根据双方签订的合同第 5 条第 5 款及第 6 款的规定,Z 支行就利息、复利和罚息的主张符合合同约定,故该院对 H 公司的该项辩称不予采纳。

二审法院观点:Z 支行与 X 公司签订的借款合同、与 H 公司签订的保证合同均系各方当事人的真实意思表示,且未违反国家法律、行政法规的强制性规定,应确认有效。在 Z 支行已按借款合同约定发放贷款后,X 公司应履行偿还借款本息的义务,H 公司亦应按照保证合同的约定承担连带保证责任。因复利、罚息是 Z 支行与 X 公司所签借款合同中明确约定的,且并不为现行法律、行政法规所禁止,与违反合同所应承担的违约金的性质不同,故复利、罚息不能适用《合同法》关于酌减违约金的规定,H 公司的上诉理由不能成立,二审法院不予支持。

> **关联案例 1**
>
> **案件名称**：P 市 H 区 J 商场、梁某坤民间借贷纠纷案
>
> **审理法院**：最高人民法院（2017）最高法民申 2570 号①
>
> **裁判观点**：关于借款协议书存在计算复利是否违法的问题。《最高人民法院关于审理民间借贷案件适用法律若干问题的规定》第 28 条规定："借贷双方对前期借款本息结算后将利息计入后期借款本金并重新出具债权凭证，如果前期利率没有超过年利率 24%，重新出具的债权凭证载明的金额可认定为后期借款本金；超过部分的利息不能计入后期借款本金。约定的利率超过年利率 24%，当事人主张超过部分的利息不能计入后期借款本金的，人民法院应予支持。按前款计算，借款人在借款期间届满后应当支付的本息之和，不能超过最初借款本金与以最初借款本金为基数，以年利率 24% 计算的整个借款期间的利息之和。出借人请求借款人支付超过部分的，人民法院不予支持。"虽然该规定于 2015 年 9 月 1 日实施，但在此前成立的民间借贷合同涉及确认合同效力方面可以适用该规定。因此，本案中将利息计入本金重新出具借款协议书对双方具有约束力。且 J 商场在原审中并未主张借款存在计算复利的问题，因此原审判决支持复利并无不当。

> **关联案例 2**
>
> **案件名称**：某银行某支行与 T 公司等借款合同纠纷案
>
> **审理法院**：浙江省余姚市人民法院（2011）甬余商初字第 816 号②
>
> **裁判观点**：原、被告之间的借款合同及担保合同关系合法有效，受法律保护，各方当事人均应按约履行合同义务。第一被告借款人欠原告借款应该归还，并应按约支付利息及承担原告的律师代理费。第二被告之一为第一被告提供了抵押担保，原告有权以其抵押物在担保额度内优先受偿；第二被告中其余人为第一被告提供了连带责任保证，应对第一被告的应付款项在各自的担保额度内承担连带清偿责任。

---

① 载中国裁判文书网，https://wenshu.court.gov.cn/website/wenshu/181107ANFZ0BXSK4/index.html? docId=115b11a3439c4125b488a8aa015a90cd，最后访问时间：2022 年 6 月 27 日。

② 载中国裁判文书网，https://wenshu.court.gov.cn/website/wenshu/181107ANFZ0BXSK4/index.html? docId=a5ad7616416f4dbd932429d5a81f9bdf，最后访问时间：2022 年 6 月 27 日。

关联案例 3

> **案件名称**：D 汽车财务有限公司、刘某等借款合同纠纷案
>
> **审理法院**：湖南省永州市中级人民法院（2022）湘 11 民终 669 号①
>
> **裁判观点**：根据被上诉人梁某福签字担保的《汽车贷款合同》第 11 条约定，保证人梁某福的保证范围为本合同项下所有未结贷款的贷款本金、借款人应承担的利息（含罚息）及本合同第 13 条约定的由借款人支付的费用。《汽车贷款合同》第 13 条约定："相关费用：（1）订立、执行本合同可能需要发生的车辆抵押登记等相关费用均由借款人承担；（2）贷款人因借款人违约而电话催收、信函催收、现场催收、查找或控制车辆、司法催收等措施所发生的费用，其中贷款人进行现场催收，借款人须承担不低于人民币 1000 元/次的现场催收费用；（3）因借款人违约导致贷款人解除合同并要求借款人及保证人结清全部贷款本息的，借款人除依照本合同第 7 条约定承担逾期罚息外，另须向贷款人支付不少于人民币 8000 元违约金。"《汽车贷款合同》第 7 条约定，借款人未能按约定偿还贷款的，贷款人将对逾期贷款按本合同约定利率的 150% 计收罚息。根据上述合同约定，被上诉人梁某福的保证责任范围是：本金、利息、罚息和司法催收所发生的费用等。D 公司提出梁某福应当对借款人所承担的本金、利息、罚息和司法催收费用承担连带清偿责任的上诉请求成立，本院予以支持。

律师点评

一、借款合同中罚息、复利合法性应如何认定

很多借款合同当事人经常以借款合同约定的复利、罚息过高主张该约定因不符合相关法律规定而自始无效，但本案中借款合同并不属于民间借贷法律关系。本案中，出借人为 Z 支行，且合同中复利、罚息的约定并未违反国家法律法规对于借贷利息的限制要求，因此，其复利、罚息的约定是否合法并是否适用酌减规定具有很强的典型性。实践中的法院判例显示，基于该约定属于当事人真实意思表示、不违反法律及行政法规的强制性规定，一般均认定其属于有效约定，未适用《民法典》关于违约金过高可予酌减的规定。我们认为，罚息、复利的约定属于当事人意思自治的体现，不属于《民法典》规定的合同无效的任何一种情形之一，如果约定不违反法律法规对于利息限制的要求，则应属合法。至于是否可以适用违约金酌减的规定，则首先看其

---

① 载中国裁判文书网，https://wenshu.court.gov.cn/website/wenshu/181107ANFZ0BXSK4/index.html?docId=80a02d1d330548229ef8aeb70184184e，最后访问时间：2022 年 6 月 27 日。

性质上是否属于违约金，其次该规定是对当事人约定的违约金与实际损失相比出现有违公平原则时进行调整的实际操作方案，但并未否定其合法性，法理上的合法性应毋庸置疑。

二、关于借款合同中复利、罚息约定的性质分析

我们认为，在银行借贷合同中，复利与普通利息一样，基本上可以被认为是利润的一部分，即借贷者使用货币资金必须支付的对价，是利润的一种特殊转化形式。而对罚息性质的认定则存在两种观点：一种观点认为罚息其实也是一种"特殊"的利息，仍是本金所带来的增值额，与违反合同所应承担的违约金的性质并不完全相同，从司法机关实际判例来看，多采这种观点，即对复利、罚息一般不适用《民法典》关于酌减违约金的规定；另一种观点认为因为银行罚息具有一定的惩罚性，本质上符合合同法对于"违约金"概念的界定，是违约金的一种形式。我们认为，借款人向银行支付罚息是其作为银行借贷合同中违约一方承担违约责任的一种形式，故支持罚息属于违约金的观点。因此，应当可以适用法律关于违约金约定过高可予酌减的规定。人民法院在进行实际案件审理时不适用此规定，在很大程度上是基于银行借贷这一行业的特殊性。如果其约定并未违反相关强制性限制规定，则认定其违法且不予保护会有无明确法律依据的尴尬。但我们认为法院的这种认定和判决值得商榷。

三、银行借贷合同中复利、罚息约定是否适用《民法典》酌减违约金规定

《民法典》第585条第2款规定："约定的违约金低于造成的损失的，人民法院或者仲裁机构可以根据当事人的请求予以增加；约定的违约金过分高于造成的损失的，人民法院或者仲裁机构可以根据当事人的请求予以适当减少。"那么借款合同中复利、罚息约定是否适用该酌减违约金规定？对于复利，我们认为由于复利是银行借款产生利润的一部分，所以不具有违约金的性质，不应当适用《民法典》酌减违约金规定。而对于罚息，其性质上应当属于违约金的一种形式，可以适用酌减的规定，当事人的该主张未能得到司法机关的支持值得商榷，我们认为是法院裁判的不足之处。如上所述，银行借贷合同中对于罚息数额的约定如果不违反国家法律法规的强制性限制，则不属于约定违法，其合法性问题上不应存在争议。但约定数额过分高于实际损失的，当事人可以根据前述规定请求人民法院予以调整，司法机关的调整也不应视为对其合法性的否定,而是基于公平原则从现实情况出发对当事人权益的一种重新衡量。值得一提的是,在降低实体经济融资成本的改革背景下,《最高人民法院关于进一步加强金融审判工作的若干意见》(法发〔2017〕22号)中指出:金融借款合同的借款人以贷款人同时主张的利息、复利、罚息、违约金和其他费用过高,显著背离实际损失为由,请求对总计超过年利率24%的部分予以调减的,应予支持。因此近年来,在符合该文规定情形的审判实践中,越来越多的法院适用此意见对复利、罚息等予以调减。

四、借款合同典型纠纷列举及规避

民间借贷关系中最常见的纠纷之一即为当事人事后对利息约定的争议,如果民间借贷合同中对于利息的约定超过合同成立时一年期贷款市场报价利率四倍,则对超出此限度部分的利息不予保护。这对于出借方来说是最大的法律风险,不可仅为一时牟利而忽略了国家法律在此方面的限制。

如当事人之间确需通过借款方式使一方获得融资、一方意图获得超过民间借贷利息限制的收益,可以采取"委托贷款"的方式以银行为第三方建立委托贷款法律关系,可在一定程度上规避上述法律风险。但基于前述法发〔2017〕22号的规定,在现阶段,即便采取"委托贷款"的变通方式,在突破年利率24%的情况下仍存在上述法律风险。

第九章　有关房地产开发的其他案件

综述：房地产开发其他法律问题的司法处理原则

房地产开发过程中产生的纠纷情况各异，相关纠纷所涉及的法律关系纷繁复杂。除本书前八章的分类中所涉及的纠纷案件外，在司法实践中，有关房地产开发委托代建合同引起的纠纷案件，有关房地产抵押担保引起的纠纷案件，有关房地产开发企业作为保证人引起的纠纷案件，有关房地产开发中由政府部门收取的行政规费引起的纠纷案件，以及有关房地产开发用地的征收征用引起的纠纷案件等也时有发生。相关案件中，有的系市场操作中出现的新情况，例如委托代建合同纠纷案件；有的属于法无明文规定、当事人又无明文约定的情况，因而给法院审案带来困难，例如行政规费类案件。这些案件的审理法院在司法审判中根据案件具体情况作出了符合法律原则规定的处理，其司法处理原则值得总结和借鉴。本章将这些有关房地产开发纠纷的案例进行了汇总，并对所选的6个案例进行了剖析、研判，分别论述如下。

一、房地产开发委托代建合同纠纷应参照委托合同的一般原则处理

所谓房地产开发委托代建，是一种由开发商通过招标等方式委托有相应资质的代建人对开发项目的可行性研究、勘察、设计、监理、施工等全过程进行管理，并按照开发项目工期和设计要求完成建设任务，直至项目竣工验收后交付使用人的项目建设管理模式。这种模式的特点是将房地产开发项目委托专门机构管理，该专门机构不仅负责组织勘察、设计、监理、施工、材料设备的选型和采购，还直接承担工程全过程的管理和监督职能，委托代建是保证开发项目质量、加快建设周期、提高投资效益的有力措施。房地产开发委托代建，是房地产市场运作中出现的新的操作方式，因此引起的纠纷案件也是一类疑难复杂的案件。在司法实践中厘清委托人与代建人以及第三人之间的法律关系及其权利义务关系，成为准确处理房地产开发委托代建纠纷案件的关键。

本章选用的案例1，系一起因房地产委托代建引起的纠纷案件。目前并无相关法律对房地产委托代建合同进行明确规定，审理该案的一、二审法院根据《合同法》关于委托合同的规定（已失效，对应《民法典》第二十三章"委托合同"）来处理本案，其司法处理原则值得总结，并可以作为处理同类案件的一般原则。

（一）房地产委托代建是一种比较复杂的民事代理行为

代建制在现代建设项目管理中早已存在，其来源于工程项目管理服务和工程总承包。要明晰房地产委托代建的特殊性，首先需要弄清它与工程项目管理服务和工程总承包的区别和联系。将房地产委托代建与工程项目管理和工程总承包进行比较，可以看出：

首先，与工程项目管理或工程总承包中涉及建设单位、项目管理单位（或总承包单位）以及施工单位（分包单位）基本相同，房地产委托代建也牵涉至少三方之间的关系：建设单位、代建单位，以及施工或设计等单位——也就是从事工程具体实施的第三人。

其次，工程项目管理对于建设单位来讲，是在合同范围内为之提供一种技术性管理服务；工程总承包则是总承包人为建设单位提供技术性与一般性劳务相结合的全过程工程承包。在这一点上，房地产委托代建单位的代建工作与工程项目管理相同而与工程总承包有所区别。

此外，在工程项目管理中，项目管理单位的管理行为是以建设单位的名义作出的；而在工程总承包中，总包单位除了以自己的名义完成承包范围内的工作外，对从自己这里分包工程的分包单位的管理和协调也是以自己的名义而非代表建设单位进行。在这一点上，房地产委托代建单位以自己的名义完成工程建设及其管理的操作方式与工程总承包相同，而与工程项目管理有所区别。

我国《民法典》第919条规定："委托合同是委托人和受托人约定，由受托人处理委托人事务的合同。"从这个规定出发，假如房地产委托代建合同约定"受托人处理委托事务时以自己的名义进行，由此产生的后果由委托人承担"，那么这仍然属于委托关系，只是代理人可以自己的名义实施代理行为，或者说是代建单位获得委托单位对房地产开发的特别授权，可以自己的名义从事房地产开发建设，房地产委托代建的特殊性正在于此。

（二）因房地产委托代建所发生的建设费用应由委托人承担

代建单位在房地产开发建设过程中所发生的费用，包括因不可归责于代建单位的事由受到的损失，按民事处理的一般原则应由委托人承担，委托人未按约定支付相应费用构成违约。如前所述，房地产开发委托代建的特殊性在于，其代理行为是以代建人的名义实施的，对于代建过程所发生的费用，如双方没有异议，则按实际发生的费用认定，但在本案中委托代建双方因代建费用发生了争议，对相关争议应如何处理？本案一、二审法院认为，在委托代建合同中，对于当事人之间以及当事人一方与第三人之间的来往款项，应当根据款项的实际用途来确定是否为代建款。本案审理法院采信了司法鉴定结论，不仅根据款项的实际用途来确定委托代建合同履行过程中当事人之间以及当事人一方与第三人之间的来往款项是否为代建款，而且认定委托人没有按照合同约定交付代建款的行为构成违约，由委托人承担违约责任。根据委托代理的一般原则，既然一、二审法院认定房地产委托代建属于民事代理行为，那么，当然可以据此判定因代建所发生的房地产开发建设的费用应由委托人承担，委托人未按约定支付款项应承担违约责任。

（三）因房地产委托代建所发生的管理费用应由委托人承担

房地产开发委托代建的管理费属于代理行为是否有偿的合同约定范围，通常情况下，代理行为是有偿的。本案的代建合同约定房地产公司按扩建项目全部结算款项的 5%收取批发市场公司管理费，此约定表明本案的代建行为是按一般交易习惯实施的有偿服务，这符合民事代理的一般约定。对于受托单位房地产公司提出的索取管理费的诉讼请求，本案的司法处理认为批发市场公司应当承担委托代建双方约定的按全部结算款的 5%计算的代建管理费，并作出支持代建方该诉请的判决。

二、房地产抵押无效仍应按"房地合一"原则处理过错责任

我国《城市房地产管理法》第 32 条规定："房地产转让、抵押时，房屋的所有权和该房屋占用范围内的土地使用权同时转让、抵押。"这也就是我国房地产转让、抵押时的"房地合一"原则。司法实践中产生的问题是：当房地产抵押合同无效时，房地合一原则如何准确把握和体现，过错方又应当如何承担或分担由此造成的损失？这是一个需要认真研究的法律实务问题，本章选用的案例 2 对此作了较好的处理，其确定的司法处理原则值得认真总结。

该案一、二审法院的不同处理和判决结果反映了司法实践对房地产抵押中的"房地合一"原则的不同理解，即在当事人对抵押合同无效存在过错时如何准确处理存在的不同认识。本案的二审处理体现的司法处理原则值得分析、借鉴。

（一）房屋和土地抵押分属不同的登记部门登记导致的抵押范围的不统一，不应影响"房地合一"原则的实施

早在《物权法》生效之前，我国法律就房地产抵押作了"房随地走，地随房走"的规定。但在实践操作中，有的地方管理实施房屋抵押与土地抵押分属不同的登记部门登记，那么，在具体案件中就房屋或土地单独设立的抵押是否必然对相对应的土地或房屋产生抵押效力？如因法定或其他原因导致已设立抵押的土地使用权地上部分建筑物抵押无效的，相对应的土地使用权抵押的效力是否也无效？《城市房地产管理法》第32条规定："房地产转让、抵押时，房屋的所有权和该房屋占用范围内的土地使用权同时转让、抵押。"《民法典》第397条规定："以建筑物抵押的，该建筑物占用范围内的建设用地使用权一并抵押。以建设用地使用权抵押的，该土地上的建筑物一并抵押。抵押人未依据前款规定一并抵押的，未抵押的财产视为一并抵押。"因此，应当认为：根据我国"房地合一"原则，房屋或土地已设立抵押的，与之相对应的土地或房屋也必然产生相应的抵押效力。

（二）抵押人对土地上房屋无处分权而抵押该土地使用权，事后未经权利人追认且抵押人未取得处分权的，应当认定抵押无效

该案中，中转冷库提供的44.466亩国有划拨土地使用权抵押中，有13.265亩为中转冷库的福利区，即职工住宅区。如果中转冷库要把包括职工住宅区的相应土地也进行抵押，根据案件审理当时有效的《合同法》第51条规定："无处分权的人处分他人财产，经权利人追认或者无处分权的人订立合同后取得处分权的，该合同有效。"但事实上该抵押合同未经地上建筑物所有权人即购房职工的追认；且西未国用（2000）字第979号土地使用权证书中已经标明该宗土地上存有地上建筑物，并标明为中转冷库的福利区，地上建筑物中职工住宅楼所有权已经登记移转至购房职工名下。因此，本案二审法院认定本案土地抵押合同无效，依据该合同设立的抵押权也相应无效。《合同法》对于无权处分行为的法律后果，采取了效力待定的立场，即只有经过事后补正，合同才能生效。然而，在《合同法》之后生效的《物权法》改变了这一立场，该法第15条规定："当事人之间订立有关设立、变更、转让和消灭不动产物权的合同，除法律另有规定或者合同另有约定外，自合同成立时生效；未办理物权登记的，不影响合同效力。" 2021年新生效的《民法典》

第 215 条沿用了《物权法》的规定。除此之外,《民法典》第 597 条第 1 款进一步确认了无权处分合同有效的立场:"因出卖人未取得处分权致使标的物所有权不能转移的,买受人可以解除合同并请求出卖人承担违约责任。"根据上述规定,本案的抵押合同是有效的,只是抵押权仍然因为当事人未取得处分权而无法设立。

(三)在抵押合同无效时应根据当事人的过错情况来认定各当事人应承担的责任

对于部分地上建筑物抵押被认定无效情形下的土地使用权抵押效力如何认定问题,该无效应当仅及于建筑物占用范围内的土地使用权,也即除该无效抵押的地上建筑物占用范围内的土地使用权外,其余部分土地使用权上所设抵押仍应视为有效。在部分地上建筑物抵押无效导致部分土地使用权抵押无效情形下,抵押人如存在过错,则需要承担赔偿责任。抵押无效情形下的赔偿责任是指,当抵押无效时,抵押人因其过错承担的对债权人的赔偿责任。抵押可能因欠缺有效条件无效(即该案所述情形),也可能因违法而无效。从法律属性上说,此赔偿责任为缔约过失责任,其法律特征有二:一是责任发生于抵押无效或不生效之时;二是责任的有无、大小与抵押人是否存在缔约中的过错相联系。

《担保制度解释》第 17 条规定:"主合同有效而第三人提供的担保合同无效,人民法院应当区分不同情形确定担保人的赔偿责任:(一)债权人与担保人均有过错的,担保人承担的赔偿责任不应超过债务人不能清偿部分的二分之一;(二)担保人有过错而债权人无过错的,担保人对债务人不能清偿的部分承担赔偿责任;(三)债权人有过错而担保人无过错的,担保人不承担赔偿责任。主合同无效导致第三人提供的担保合同无效,担保人无过错的,不承担赔偿责任;担保人有过错的,其承担的赔偿责任不应超过债务人不能清偿部分的三分之一。"根据上述规定,担保合同无效后,抵押人承担的责任模式有以下四种:(1)抵押人免责,适用于抵押由于主债权合同无效而无效且抵押人没有过错的情况,以及主债权合同有效而抵押无效且债权人有过错、抵押人无过错的情况;(2)抵押人承担不超过三分之一的责任,这个三分之一是债务人不能清偿的范围内的三分之一,此种责任模式适用于抵押由于主债权合同无效而无效,且抵押人有过错;(3)抵押人承担不超过二分之一的赔偿责任,其前提是主合同有效而抵押自身无效,债权人及抵押权人均有过错;

（4）抵押人承担连带责任，这是最重的一种，适用于主合同有效而抵押无效，债权人无过错且抵押人有过错的情形。

该案二审法院认定本案属于主合同有效而抵押自身无效，抵押权人有过错的情形，适用《担保制度解释》中所规定的对抵押无效处理的第3种情形，判由抵押人承担二分之一的赔偿责任。

三、关于房地产企业开发融资过程中涉及的保证责任

2021年1月1日起，《民法典》正式实施，其中第三编"合同编"新增了第十三章"保证合同"，对保证合同的定义、效力、保证方式、保证范围、保证期间、保证责任的诉讼时效等进行了统一的规定。不仅如此，2021年1月1日同时生效的还有《担保制度解释》，对《民法典》保证合同中未予规定的问题进行了较为详细的解释。上述法律和司法解释颁布生效后，有关保证涉及的诸多法律问题均需要重新梳理，其中首先需要解决的便是法律适用的问题。对于《民法典》的适用，2021年1月1日生效的《民法典时间效力规定》针对不同情形分别作出了规定，其中适用频率最高的是该规定的第1条："民法典施行后的法律事实引起的民事纠纷案件，适用民法典的规定。民法典施行前的法律事实引起的民事纠纷案件，适用当时的法律、司法解释的规定，但是法律、司法解释另有规定的除外。民法典施行前的法律事实持续至民法典施行后，该法律事实引起的民事纠纷案件，适用民法典的规定，但是法律、司法解释另有规定的除外。"根据上述规定，一般情况下，因保证行为发生纠纷的，应当根据保证行为发生的时间来确定所适用的法律，在我国《民法典》施行以前发生的担保行为，适用担保行为发生时的法律、法规和有关司法解释。反之，则适用《民法典》及相关法规、司法解释。

一般而言，房地产企业在房地产开发与销售的整个过程中，最常涉及与保证合同相关的有两种情形：第一种是房地产企业在开发阶段为了融资，引入第三方为其提供担保而发生的担保问题；第二种是购房者在购房时，为了办理购房贷款抵押，由房地产开发商为购房者提供担保而发生的阶段性担保问题。本章选用的案例3，是一起较为典型的房地产开发企业为了获得借款，引入其关联公司为其提供担保的案件。同时，该案件也涉及新旧法律交替过程中如何适用法律的问题：该案件中的《借款合同》及相应的担保行为发生在《民法典》颁布实施前，而诉讼时《民法典》及相关司法解释已经生效。根据前文提到的《民法典时间效力规定》第1条，民法典施行前的法律事实

引起的民事纠纷案件，适用当时的法律、司法解释的规定，因此，该案的大多数争议问题均不适用新法。

该案中涉及的有关保证的争议问题较多，主要包括以下几点。

一是保证合同的有效性。该案中，保证人为公司，根据《公司法》第 16 条第 1 款的规定，公司为他人提供担保，应当依照公司章程的规定，由董事会或者股东会、股东大会决议，若缺少前述程序性要件，担保行为很可能无效。2019 年《全国法院民商事审判工作会议纪要》及最新颁布实施的《担保制度解释》均对上述问题作出了规定，法院可以依照具体情形对保证合同的效力作出不同的认定。

二是保证期间的认定。前已述及，该案的大多数问题均适用《民法典》颁布实施前的法律，但是《民法典时间效力规定》第 27 条又对保证合同中保证期间的法律适用问题进行了特别的规定："民法典施行前成立的保证合同，当事人对保证期间约定不明确，主债务履行期限届满至民法典施行之日不满二年，当事人主张保证期间为主债务履行期限届满之日起二年的，人民法院依法予以支持；当事人对保证期间没有约定，主债务履行期限届满至民法典施行之日不满六个月，当事人主张保证期间为主债务履行期限届满之日起六个月的，人民法院依法予以支持。"该案的一、二审法院正是以此条规定为依据，认定保证人的保证期限并未经过，从而判决其应当承担相应的保证责任。

三是关于保证责任范围的认定。因该案被担保的主合同为民间借贷合同，根据借贷合同的约定，债务人的债务包括借款本金、利息、违约金、诉讼费、律师费等，保证人的保证责任是否包含上述全部债务，也是法院需要认定的重要问题。除了上述争议焦点，由该案还可以引申出其他一些保证合同可能会涉及的法律问题，对此，将在正文部分详细展开。

四、开发商承担阶段性担保责任与否，法院须在具体案件情况下，根据相关担保合同对担保责任触发条件的具体约定及相关条件的成就与否进行妥当处理

本章选用的案例 4，系一起由开发商同贷款银行间的担保协议引发的关于如何确定开发商阶段性担保责任触发条件的案件。从表面上看，贷款银行同开发商之间达成的具有阶段性担保性质的协议，以及贷款银行同借款人之间达成的借款协议，为贷款银行确立了相对的合同优势地位、赋予了贷款银行要求开发商为借款人未偿债务提供连带保证责任的权利。但贷款银行的主张最终被两级法院均予以驳回，两级法院均认定开发商的阶段性担保责任的触发条件尚未成就，开发商无须承担保证责任。那么，在房地产开发公司为购房者向贷款银行提供阶段性担保之时，担保责任如何触发？从更广的范畴上考虑，什么是"开发商阶段性担保"？开发商阶段性担保在合同条款设置上有哪些注意点？阶段性担保责任的触发需要哪些条件、在实践操作中需要重点落实哪些内容？开发商承担阶段性担保责任的风险有哪些、如何进行预防？本章选用的这一案例涉及上述一系列法律问题，广东省恩平市人民法院和广东省江门市中级人民法院经审理后作出了一致的判决，本案两级审判所体现的司法处理原则值得深入分析和研究。

从阶段性担保的性质角度分析，开发商的阶段性担保有两大特点。第一大特点，阶段性担保是附解除条件的担保。通常情况下，抵押贷款合同中会对开发商承担阶段性担保责任的期限加以约定。如在上海金融法院（2020）沪74民终44号[1]判决案例中，当事人约定："自借款人办妥本合同项下贷款所购房屋抵押登记手续并且贷款人收到他项权证之日起，保证人在本合同项下不再承担新的保证义务和责任"，即在银行取得他项权证后，解除条件成就，开发商不再承担保证责任。第二大特点，阶段性担保合同是购房者与贷款机构之间金融借款合同的从合同，是为保障金融机构的债权得以实现而设定，在该阶段购房人不履行或无法履行债务时，开发商承担连带责任保证。故该合同具有担保合同的从属性、补充性与相对独立性。

前述两大特点，在很大程度上构成了开发商阶段性担保责任触发的前提条件。就本章选用的案例4而言，针对开发商承担阶段性担保责任的前提条件，两级法院着重审查：（1）审查债务人C是否违反《借款合同》约定；（2）审查J公司是否违反《楼宇抵押贷款合作协议》《楼盘按揭贷款合作协议》的约定，以判断J公司是否应当按约向建行E支行承担连带清偿保证责任。两级法院重点考虑了以下事实：（1）借款人C同建行E支行仍在履行两方之间的《借款合同》，C在正常偿还贷款本息；（2）建行E支行未能举证证明C在《借款合同》项下存在违约行为，也未向C正式提出书面要求办理案涉房屋抵押登记的时限、尽到己方合理的催告义务，也未向C正式行使其

---

[1] 载中国裁判文书网，https://wenshu.court.gov.cn/website/wenshu/181107ANFZ0BXSK4/index.html? docId=048ee74be7d74fd1b0f2abc001035e7e，最后访问时间：2022年6月24日。

单方解除权、宣告《借款合同》解除、要求 C 还付余下所有本息。两级法院经对合同条款的理解、分析，以及实际履约情况的审查，认定借款人不构成违约、并未对其借款本金及利息形成欠付的事实，开发商在阶段性担保合同项下的连带保证责任也未达到触发条件。

本案的一审、二审法院的一致判决，体现了司法机关对于开发商在承担阶段性担保责任的条件成就认定上有着一定的评判标准。在实践操作中，贷款银行须就其同开发商合同中关于阶段性担保责任的触发条件的成就尽到己方的通知、催告、行使单方解除权等义务，以使得借款人违约的事实得到确认并在证据链上形成有效闭环，进而使得开发商的阶段性担保责任被有效触发。

五、拆迁安置补偿协议已明确为行政协议，相关争议也作为行政纠纷来处理

拆迁，不仅是公众关注度极高的社会热点问题，也是司法实践中的难点与热点问题。长期以来，在房屋拆迁与征收过程中发生的一系列的典型案件，立案难、审理难，凸显了在房屋拆迁领域，立法落后于实际需要的现实矛盾。

2015 年 5 月 1 日实施的《行政诉讼法》及《行政诉讼法解释》明确地将土地、房屋等征收征用补偿协议案件纳入了行政诉讼受案范围，划清了政府、房地产开发企业与公民、法人或者其他组织签订的协议分属于行政和民事案件受案范围的界限，解决了长期以来法学界理论上的争议。2015 年《行政诉讼法》及其解释不仅对行政协议作出明确规定，还明确了相关原则：对行政机关不依法履行协议、未按照约定履行协议提起诉讼的，强调其双方行为的特性，可以参照民事法律规范；对行政机关单方变更、解除协议等行为提起诉讼的，强调其与传统行政行为并无本质不同，适用《行政诉讼法》的规定。2017 年，《行政诉讼法》进行了修正，相关条款被继续沿用。

在房屋拆迁（征收）法律制定与适用的若干阶段，在城市规划区国有土地上实施房屋拆迁的矛盾和难点主要集中在：公共利益的界定，拆迁安置补偿方式及标准，征收拆迁的程序是否合法，被征收房屋权属认定，行政强制拆除是否符合行政强制法规定等方面。由于立法滞后以及拆迁本身存在的巨大利益分歧，对于拆迁案件的审理和判决，干扰因素颇多。

本章选用的第 5 个案例和第 6 个案例，就是有关征收补偿问题的典型案件。第 5 个案例中关于如何认定原告房屋性质，根据《国有土地上房屋征收与补偿条例》等有关规定，非居住房屋和居住房屋的补偿内容构成、标准有较大不同。同时，《国有土地上房屋征收评估办法》也明确了房屋用途是评估中的重要考量因素，因此非居住房屋和居住房屋在实际价值上也存在较大差异。而由于历史原因、使用人经济状况、房屋结构等因素，一些公有房屋在使用性质方面确实存在登记记载信息与实际使用情形不一致的状况，在征收补偿过程中如何认定房屋使用性质就成为一个比较突出的问题。

第6个案例是关于征收程序及补偿标准的纠纷，《国有土地上房屋征收与补偿条例》第1条规定："为了规范国有土地上房屋征收与补偿活动，维护公共利益，保障被征收房屋所有权人的合法权益，制定本条例。"虽然"保障被征收房屋所有权人的合法权益"被置于"维护公共利益"之后，但是法院审查的方向是十分明确的，即在维护公共利益得以实现的前提下，最大限度地实现"保障被征收房屋所有权人的合法权益"之立法目的。比如，在征收补偿案件中，"保障被征收房屋所有权人的合法权益"最核心的内容是房屋补偿价格的公平确定。对被征收房屋价值的补偿，不得低于房屋征收决定公告之日被征收房屋类似房地产的市场价格。根据立法精神，对被征收房屋的补偿，应参照就近区位新建商品房的价格，以被征收人在房屋被征收后居住条件、生活质量不降低为宜。

9.1 法院如何认定委托代建合同双方的违约责任

——某农副产品批发市场有限责任公司诉某房地产开发有限责任公司委托代建合同纠纷案[1]

> 关 键 词：委托代建，垫付款，双方违约
>
> 问题提出：在委托代建合同中，法院如何确定双方违约的责任？
>
> 关联问题：法院应如何认定当事人有异议的专业机构鉴定结论效力？

---

[1] 本案例系在真实案件基础上加工改写而成。

> **裁判要旨**：委托代建合同中，对于当事人之间以及当事人一方与第三人之间的来往款项，应当根据款项的实际用途来确定是否为代建款；委托人没有按照合同约定交付代建款的，构成违约；代建的法律后果应由委托人承担，受托人因不可归责于自己的事由受到的损失亦由委托人承担。

案情简介

原告（上诉人、反诉被告）：某农副产品批发市场有限责任公司（以下简称：批发市场公司）

被告（被上诉人、反诉原告）：某房地产开发有限责任公司（以下简称：房地产公司）

第三人：某建筑工程有限责任公司（以下简称：某建公司）

1999年1月1日，批发市场公司与房地产公司签订了一份《市某农副产品批发市场扩建一期工程委托承办建设协议书》（以下简称：《协议书》），约定：由批发市场公司提供建设资金，委托房地产公司负责承办建设批发市场内扩建的封闭保温式交易大厅、冷库、综合楼及全部附属工程。房地产公司按扩建项目全部结算款项的5%收取批发市场公司管理费。

1999年5月，房地产公司承办建设了综合楼、1#、2#、3#、4#保温交易大棚及场地硬化、水、电、暖、通信等配套工程，上述工程没有验收。2002年6月21日，房地产公司与某村村民委员会（以下简称：D村委会）、批发市场公司签订了1#、2#、3#、4#交易大棚，土建、采暖、电气、给排水及室外给排水、暖气干线等工程移交书，综合楼没有移交。2003年10月30日，内蒙古自治区高级人民法院执行局根据H市某银行某支行的申请，裁定对批发市场公司所拥有的综合楼予以查封。批发市场公司与房地产公司在工程结算及工程移交等问题上无法达成一致意见，遂向法院提起诉讼。

批发市场公司请求一审法院判令：1. 解除双方签订的协议书；2. 房地产公司立即退还建设资金16833655元，并偿付同期银行贷款利息至实际给付之日为止。

房地产公司反诉请求一审法院判令批发市场公司向房地产公司支付已垫

付款 7584617 元，应得管理费 295 万元，合计 10534617 元及相应利息（自 2002 年 6 月 22 日起至法律文书指定的给付之日止，利息按银行同期贷款利率计算）。

经批发市场公司申请，一审法院委托光某会计师事务所对综合楼、大棚及附属工程的造价进行鉴定，《鉴定报告》作出的工程造价为 26641778 元，批发市场公司对鉴定结论除外包合同价两项共计 5055976 元外的其他内容认可。经房地产公司申请，一审法院委托光某会计师事务所对房地产公司在批发市场公司工程承办建设中所支付款项进行财务审计鉴定，鉴定结论为：从 1998 年至 2004 年，房地产公司支付 1#、2#、3#、4#大棚和综合楼工程款及前期费用总计 26653170 元。

一审法院判决：一、解除批发市场公司与房地产公司签订的协议书；二、房地产公司返还批发市场公司代建费 22469 元；三、批发市场公司于判决生效之日起十日内返还房地产公司垫付款 205 万元及利息（利息从 2002 年 6 月 22 日起计至付清之日止，按银行同期同类贷款利率计算）；四、批发市场公司于判决生效之日起十日内支付房地产公司代建管理费 1268656 元；五、驳回批发市场公司的其他诉讼请求；六、驳回房地产公司其他反诉请求。

二审法院判决：驳回上诉，维持原判。

各方观点

批发市场公司观点： 1. 房地产公司交付工程违约。根据协议书的规定，房地产公司向批发市场公司提供施工合同，按约定交付建设工程。根据房地产公司与某建公司签订的《建设工程施工合同》，综合楼、冷库和大棚等工程于 1999 年 12 月 15 日竣工，可见房地产公司向批发市场公司交付建设工程的时间是 1999 年 12 月 15 日，但房地产公司所承建的建设工程没有正式验收，而且主要工程综合楼没有交付，因此房地产公司交付工程违约。

2. 以 D 村委会的名义向信用社借款 200 万元是委托代建款。批发市场公司以 D 村委会的名义向信用社借款 200 万元，全部交付房地产公司作为前期投入。对此，为了便于结算，D 村委会已经将此笔款项相应的权利转让与房地产公司。

3. 对于房地产公司的 205 万元垫付款，批发市场公司不应当支付利息。虽然房地产公司客观上存在垫付资金的情形，但基于其没有依约征得同意且事后也未告知，对此形成的所谓利息损失也应自负。

4. 因建设工程还没有完全交付，批发市场公司不应当支付管理费 1268656 元。

5. 会计师事务所出具的财务审计鉴定结论不具有客观真实性，如财务审计结论第 3 项写明："本次审计，对已支付的部分材料款、青苗补偿费、拆迁费等由于截至审计之日无法分清该项工程与其他工程占用数额……"关于《鉴定报告》，批发市场公司对外包合同价 5055976 元和管理费 1268656 元有异议。

房地产公司观点： 1. 房地产公司不构成违约。本案的性质是委托代建关系，房地产公司只收取管理费，所以其后果应由委托人批发市场公司自己承担，因此房地产公司不存在违约的问题。房地产公司不仅与某建公司签订了《建设工程施工合同》，还与其余十多家公司签订了施工合同，所以 1999 年 12 月 15 日不是房地产公司向批发市场公司交付工程的时间，包括《建设工程施工合同》在内的施工合同约定的时间只对房地产公司和合同的相对方发生效力，对批发市场公司无效。协议书也没有约定房地产公司向批发市场公司交付工程的时间。所以房地产公司在履行交付工程义务时没有违约。

2. 批发市场公司以 D 村委会的名义向信用社借款 200 万元不是委托代建款。协议书签订于 1999 年 1 月，而 200 万元款项发生在 1998 年 6 月 22 日，因此，该款项只能是借款，而不可能是代建款。

3. 对于房地产公司的 205 万元垫付款，批发市场公司应当支付利息。房地产公司在批发市场公司缺乏资金的情况下，为委托人批发市场公司的利益垫付款项，批发市场公司应当支付利息，况且批发市场公司于 2002 年 6 月 20 日给房地产公司出具的欠条已经表明，批发市场公司知道房地产公司为其进行了垫付款。

4. 根据协议书第 1 条的规定，批发市场公司应该支付管理费。

5. 财务审计结论和《鉴定报告》都应当采信。

法院观点

一审法院观点： 1. 批发市场公司与房地产公司签订的协议书系双方当事人的真实意思表示，且不违反法律、行政法规的强制性规定，是有效合同。

《合同法》第 410 条①规定，委托人或受托人可以随时解除委托合同。批发市场公司作为委托人，请求解除与房地产公司签订的协议书，符合《合同法》的规定，房地产公司亦同意解除以上合同，故解除双方签订的协议书。

2. 关于批发市场公司给付房地产公司委托代建费数额。至批发市场公司起诉时，批发市场公司共给付房地产公司工程代建费 26725639 元。D 村委会给付房地产公司的 200 万元，系房地产公司与 D 村委会之间的经济往来，与批发市场公司委托代建工程无关，不能认定为批发市场公司给付房地产公司工程代建费。

3. 房地产公司是否占用代建费问题。一审法院委托的工程造价评估机构具有法定鉴定资质，鉴定人员具有鉴定资格，对鉴定结论予以采信。房地产公司共支出各种费用应为 26703170 元，批发市场公司给付房地产公司代建费减房地产公司实际支出费用，尚有 22469 元代建费未给付，应由房地产公司返还批发市场公司。

4. 批发市场公司是否应按照协议书的约定给付房地产公司管理费。协议约定房地产公司按扩建项目全部结算款项的 5% 收取批发市场公司管理费。批发市场公司对兴某会计师事务所出具《关于工程鉴定报告的补充说明》中"房地产公司应得管理费 1268656 元"的结论予以认可，批发市场公司应给付房地产公司管理费 1268656 元。因双方委托建设工程尚未全部完工，批发市场公司与房地产公司未进行结算，对房地产公司要求批发市场公司承担管理费利息的反诉请求不予支持。

5. 房地产公司是否存在代批发市场公司垫付款的问题。房地产公司代批发市场公司垫付款共计 205 万元，同时代为偿还了银行贷款利息，对此款项批发市场公司应予返还并承担利息损失。

二审法院观点：1. 关于房地产公司交付工程是否违约的问题。本案的性质为委托代建关系，对此，双方当事人均无异议。根据《合同法》第 406 条第 1 款②"有偿的委托合同，因受托人的过错给委托人造成损失的，委托人可以要求赔偿损失"的规定，受托人的违约责任以其存在过错为前提。据此，

---

① 对应《民法典》第 933 条。
② 对应《民法典》第 929 条。

批发市场公司要追究房地产公司在交付建设工程方面的违约责任，必须证明房地产公司在交付建设工程方面存在过错，否则即便存在迟延交付，房地产公司也不承担责任。从批发市场公司提供的证据来看，其无法证明房地产公司在交付建设工程方面存在过错，上诉理由无法成立，不予支持。

2. 关于以 D 村委会的名义向信用社借款 200 万元是否是委托代建款的问题。批发市场公司提出的"为了便于结算，D 村委会已经将此笔款项相应的权利转让与房地产公司"等理由没有证据加以证实。据此，批发市场公司的此点上诉理由不能成立，不予支持。

3. 关于房地产公司的 205 万元垫付款，批发市场公司是否应当支付利息的问题。根据《合同法》第 407 条[①]"受托人处理委托事务时，因不可归责于自己的事由受到损失的，可以向委托人要求赔偿损失"的规定，在批发市场公司缺乏资金的情况下，房地产公司为其垫付款项，属于"不可归责于自己的事由受到损失"，且批发市场公司知道房地产公司为其垫款的事实，故批发市场公司应当支付该笔款项的利息。

4. 关于光某会计师事务所出具的财务审计鉴定结论和《鉴定报告》是否应当采信的问题。对于财务审计结论，批发市场公司虽然提出异议，但提出的证据否定了自己的观点。财务审计结论第 3 项第 1 目全文是："本次审计，对已支付的部分材料款、青苗补偿费、拆迁费等由于截至审计之日无法分清该项工程与其他工程占用数额，故本次审计对此未进行确认。"财务审计没有对无法分清的该项工程与其他工程占用数额进行审计，故批发市场公司关于财务审计结论不真实的上诉理由不能成立。

对于《鉴定报告》，批发市场公司主张，对外包合同价应按照房地产公司与外包单位签订的合同及实际支付费用的凭证确定，不属鉴定机构确定工程造价的范围。最高人民法院认为，批发市场公司虽然提出了自己的主张，但并没有提供证据否定《鉴定结论》关于外包合同价的结论。双方在一审对《鉴定结论》进行质证时，批发市场公司也只发表了自己的观点，并没有证据对该结论进行否定。根据《最高人民法院关于民事诉讼证据的若干规定》第 2 条第 2 款的规定，批发市场公司应当承担举证不能的后果。关于管理费 1268656 元，其异议只是认为批发市场公司不应当支付。对于这一问题，将在

---

① 对应《民法典》第 930 条。

下一个问题中进行阐述。故批发市场公司提出的此点上诉主张不能成立,不予支持。

5. 关于批发市场公司是否应当支付房地产公司管理费1268656元的问题。批发市场公司是否应当支付管理费,应该严格按照协议书的约定进行。《协议书》第1条约定:"房地产公司按扩建项目的全部结算款项的5%收取建设单位管理费。"本案的结算款项已经鉴定确定,批发市场公司应当支付1268656元管理费。

关联案例1

案件名称:M县L镇人民政府与朱某委托代建合同纠纷上诉案

审理法院:江苏省宿迁市中级人民法院(2021)苏13民终968号①

裁判观点:本案中,从L镇政府与朱某签订的《M县L镇X集中居住区代建合同书》内容来看,该协议性质为委托代建合同。朱某作为实际施工人,未取得相应建筑施工企业资质,且涉案工程未取得建设工程规划许可证等规划审批手续。《土地管理法》第44条第1款规定:"建设占用土地,涉及农用地转为建设用地的,应当办理农用地转用审批手续。"第47条第1款规定:"国家征收土地的,依照法定程序批准后,由县级以上地方人民政府予以公告并组织实施。"本案中,涉案土地系农用地,L镇政府擅自将该土地交付朱某用于建设集中居住区,违反了法律的强制性规定,故L镇政府与朱某签订的合同依法无效。在合同无效的情况下,因该合同取得的财产应当予以返还。现L镇政府基于涉案合同从朱某处收取了500000元,L镇政府虽称其不是该笔款项的实际收取主体,但其在一审中提供的证据不足以证明其主张。况且即便如其所述,因L镇政府与朱某在合同中约定"该项目如无法实施时,甲方应退还乙方所交的保证金及其他所有费用",故L镇政府仍应将该500000元款项返还给朱某。

---

① 载中国裁判文书网,https://wenshu.court.gov.cn/website/wenshu/181107ANFZ0BXSK4/index.html? docId=c68646a4cd07486fb030ad5100a23698,最后访问时间:2022年6月26日。

关联案例 2

案件名称：郑某、王某英等追偿权纠纷

审理法院：湖南省永州市冷水滩区人民法院（2021）湘 1103 民初 588 号①

裁判观点：《民法通则》第 35 条②规定，合伙的债务，由合伙人按照出资比例或者协议的约定，以各自的财产承担清偿责任。合伙人对合伙的债务承担连带责任，法律另有规定的除外。偿还合伙债务超过自己应当承担数额的合伙人，有权向其他合伙人追偿。本案原告施某发、胡某，被告熊某辉、王某福（欧阳某峰）、张某光、陈某光、刘某峰、唐某云，原告陈某秀、文某奎一户，原告郑某、王某英一户……共十户为合伙建房合同关系。该十户未约定对外债务如何承担，根据上述法律规定，应按出资比例承担……

被告旭某公司与王某福（欧阳某峰）、张某光、陈某光、刘某峰、唐某云、原告施某发、原告胡某、被告熊某辉、原告陈某秀、原告文某奎、原告郑某、原告王某英不存在合伙建房关系，而是委托代建合同关系。故原告郑某、原告王某英、原告施某发、原告胡某、原告文某奎、原告陈某秀诉请被告旭某公司支付六原告垫付的贴瓷砖款及鉴定费 40950 元，于法不符，不予支持。

关联案例 3

案件名称：Y 实业有限公司与 S 县 T 实业有限公司委托合同纠纷

审理法院：上海市第二中级人民法院（2021）沪 02 民辖终 773 号③

裁判观点：本案上诉人 Y 实业有限公司依据与被上诉人 S 县 T 实业有限公司签订的《委托开发建设协议书》诉请被上诉人支付安置房款及违约金等。协议的签约主体以及委托事项均不符合建设工程施工合同的要求。故将本案视为不动产物权纠纷而适用专属管辖缺乏依据。原审法院对本案具有管辖权。原审法院以争议工程项目所在地位于 J 省 S 县 Q 镇 C 社区，属于 J 省 S 县辖区为由，将本案移送 J 省 S 县人民法院，依据并不充分，裁定驳回原告管辖权异议不当，本院应予纠正。

---

① 载中国裁判文书网，https：//wenshu.court.gov.cn/website/wenshu/181107ANFZ0BXSK4/index.html？docId=bb857f5493f3448b9d1aae0f002778e3，最后访问时间：2022 年 6 月 26 日。

② 对应《民法典》第 972 条、第 973 条。

③ 载中国裁判文书网，https：//wenshu.court.gov.cn/website/wenshu/181107ANFZ0BXSK4/index.html？docId=89bf943c43c34bc2aae1ae1a00eab480，最后访问时间：2022 年 6 月 26 日。

律师点评

本案属于一起较为典型的委托代建合同纠纷案例,批发市场公司提供代建款,房地产公司负责承办工程并收取管理费。本案的焦点在于代建款、垫付款的支付情况及其性质,围绕该争议焦点,又牵扯到其他多个法律问题,笔者将对以下几方面的法律问题进行分析与点评:

一、双方签订的《协议书》的性质问题

批发市场公司与房地产公司签订《协议书》,约定由批发市场公司提供建设资金,委托房地产公司负责承办建设批发市场公司内扩建的封闭保温式交易大厅、冷库、综合楼及全部附属工程。房地产公司按扩建项目全部结算款项的5%收取批发市场公司管理费。

根据双方签订的协议书内容可以看出,协议书系双方当事人的真实意思表示,且不违反法律、行政法规的强制性规定,应认定为有效,本案为委托代建合同纠纷。

在这里我们要注意委托合同与委托授权代理的关系。委托代理,是指基于被代理人的委托授权而发生代理权的代理。该委托授权行为与委托合同不同。委托授权行为是直接对代理人产生代理权的单方民事法律行为。只要委托人即被代理人或者本人作出授权意思表示,即对代理人产生代理权。委托合同则是委托人委托受托人,以委托人的名义完成委托事务的协议,是双方法律行为,须由当事人双方协商一致才能生效。委托授权行为直接产生代理权,而委托合同只是委托代理权产生的基础关系,是代理人与被代理人的内部关系,本身并不一定产生代理权。委托授权既可基于委托合同产生,也可基于合伙合同、雇佣合同发生,甚至不基于这些基础关系而直接发生,或虽有这些基础关系却并不发生委托授权。

关联案例1情形与本案类似,将本案认定为委托代建合同纠纷没有问题。需要注意的是,关联案例2中的合伙建房与委托代建合同的关系:首先,当事人双方签订的《集体建房委托书》《房屋拆迁安置补偿合同》在权利及义务的设置上不符合合伙的法律规定的构成要件;其次,从双方当事人签订的合同内容来看,原取得土地使用权证的房主将属于危房的旧房交给刘某负责拆除重建;最后,从双方签订合同的目的上分析,实质上是由委托人将土地使用权交给被委托人开发,被委托人出资在原地建成房屋,补偿委托人的房屋面积后，剩余的房屋面积由被委托人出售或自用，由此来补偿建房资金的一种房产开发的性质。因此，法院将本案认定为委托代建合同纠纷。

二、施工过程中，代建款、垫付款的支付情况及性质问题

委托代建关系中，合同双方来往款项性质问题是委托代建合同纠纷中普遍存在的争议焦点问题。司法实践中对其进行认定，首先，要明确该款项的实际用途，究竟是否用在了双方约定的代建工程上；其次，要分清不同的债权债务关系，分清其中存在几个独立的法律关系，以此来准确界定其性质。

关于批发市场公司给付房地产公司委托代建费数额，至批发市场公司起诉时，批发市场公司共给付房地产公司工程代建费26725639元。

关于房地产公司是否存在代批发市场公司垫付款的问题，房地产公司所举2000年5月24日、9月21日某银行进账单及某银行批发市场公司资金存款明细账能够证明房地产公司将155万元存入批发市场公司基建专用账户，批发市场公司支付贷款利息的事实，该笔款项应由批发市场公司给付房地产公司。房地产公司所举某银行2001年12月30日、2002年12月30日两份进账单能够证明房地产公司将100万元汇入批发市场公司账户，代批发市场公司支付银行贷款利息的事实。房地产公司认可批发市场公司已偿还50万元，批发市场公司尚欠房地产公司50万元。批发市场公司于2002年6月20日才给房地产公司出具欠条。对于尚欠的50万元，批发市场公司应返还房地产公司。房地产公司代批发市场公司垫付共计205万元，代批发市场公司偿还银行贷款利息，批发市场公司应返还房地产公司垫付款并承担利息损失。

三、关于双方违约的问题

《民法典》第592条规定："当事人都违反合同的，应当各自承担相应的责任。当事人一方违约造成对方损失，对方对损失的发生有过错的，可以减少相应的损失赔偿额。"双方违约是现实经济生活中不可忽视的既存现象，正确分析和处理双方违约，对当事人的责任划分和承担有着重要作用。但是，在相应司法实践中却存在大量滥用双方违约的情况，常常将当事人一方行使抗辩权的行为视为违约行为，将单方违约按双方违约规则处理，产生许多不公平的现实问题。

鉴于此，《民法典》规定了履行抗辩权制度，仅为双方违约责任留下了较为狭窄的适用空间，换言之，履行抗辩权制度分别从双方当事人履约先后顺

序的各种履行形态上，限制和阻却了双方违约的成立，在一定程度上可有效地防止双方对违约制度的滥用。

其一，先履行抗辩权对双方违约的限制。先履行抗辩权，是指在双务合同中，约定有先后履行顺序的，负有先履行义务的一方当事人未按照合同约定履行义务，后履行义务的一方当事人可以依据对方的不履行行为，拒绝对方当事人请求履行的抗辩权。合同法上创设先履行抗辩权制度，旨在清晰地说明负有先履行义务一方当事人的不履行与另一方中止履行合同的关系，这有助于正确区分单方违约和双方违约问题。根据《民法典》的规定，先履行抗辩权的行使范围包括两种情形：一是先履行方完全未履行自己的债务时，先履行抗辩权的范围涵盖后履行一方的全部给付义务；二是先履行一方已作出了履行，但履行不适当的，后履行方应根据对方不适当履行的具体情况行使先履行抗辩权。如果不适当履行能满足后履行一方的部分利益的，后履行一方可针对不能获得满足的部分拒绝对方相应的履行要求，如果不适当履行使后履行一方的利益完全落空，后履行方有权全部拒绝对方的履行要求。总的来说，当双务合同当事人履行义务在时间上先后有序且先履行方未完全履行合同时，后履行义务方不履行义务往往不构成违约，先履行抗辩权的行使阻却了双方违约的生成。

其二，同时履行抗辩权对双方违约的限制。同时履行抗辩权，是指在双务合同中应当同时履行的一方当事人有证据证明另一方当事人在同时履行的时间不能履行或者不能完全履行的，到履行期时享有不履行或部分不履行的权利。根据《民法典》的规定，同时履行抗辩权的产生，需具备如下条件：(1) 当事人须基于同一双务合同互负债务，即双方当事人之间的债务是根据同一法律关系产生的，且双方所负的债务之间具有对价或牵连关系；(2) 当事人互负的债务没有先后履行顺序，需同时履行；(3) 对方当事人未履行债务或未提出履行债务，或者履行债务不适当；(4) 对方的对待给付是可能的，对方的对待给付已不可能时，同时履行的目的不能达到，不会产生同时履行抗辩权的问题，此种情形应由合同解除制度调整。

实践中，当事人约定同时履行互负债务的现象大量存在，对于形式上双方都没有履行合同义务或没有完全履行合同义务的情形，需要具体情况具体分析，不能一概作为双方违约对待。正当行使同时履行抗辩权不构成违约，它和违约行为在性质上是存在根本区别的，不能将两者混淆。在具备上述同时履行抗辩权要件的情况下，虽当事人双方在客观上均违反了合同义务，但享有同时履行抗辩权的当事人并不构成违约，只能按一方违约或都不构成违约的规则来处理。

其三，不安抗辩权对双方违约的限制。不安抗辩权是大陆法上的概念，是指负有先履行义务的当事人在有确切证据证明后履行义务人有财产情况严重恶化等情形，危及先履行义务人债权的实现时，可以中止自己的履行。不安抗辩权制度的创设，是为了尽量避免先履行义务一方当事人的债权利益落空，体现了法律的正义和公平。《民法典》借鉴了大陆法国家的立法经验，并适当吸收了英美法中先期违约制度的合理部分，在改造大陆法中的不安抗辩权制度的基础上，对其作了明确规定。根据《民法典》第527条的规定，不安抗辩权的成立需具备以下要件：第一，双方当事人因同一双务合同互负债务。第二，合同约定的给付义务有先后顺序之分，负有先履行义务的一方当事人才能享有不安抗辩权。第三，后履行义务一方财产状况严重恶化，有难以给付的现实危险。对于先履行义务人可行使不安抗辩权的具体情形，《民法典》将其归纳为四种，一是经营状况严重恶化，二是转移财产、抽逃资金以逃避债务，三是丧失商业信誉，四是有丧失或者可能丧失债务能力的其他情形。第四，后履行义务人未提供担保，若后履行义务人履行能力虽明显下降，但提供了相应担保，先履行义务人的债权不会受到损害，不得行使不安抗辩权。不安抗辩权是当事人的法定权利，先履行义务人基于不安抗辩权中止履行，并非违约行为，不应承担违约责任。因此，在不安抗辩权的构成要件成就时，虽外在表现上可能存在当事人双方都没有履行合同义务的情形，但由于先履行义务方为正当行使权利，排除了违约责任，显然不构成双方违约。

四、专业鉴定机构鉴定结论的效力问题

本案涉及鉴定结论的效力问题。对诉讼中的专门性问题申请鉴定是当事人收集证据的活动，鉴定人的判断并不是法官的判断，鉴定结论也只是证据形式的一种，不能作为最终事实结论成为法院判决的直接依据。经合法程序形成的鉴定结论与其他形式的证据一样具有同等的法律效力，都必须经过查证属实才能作为定案的根据，并不具有优先采信或必须采信的证据地位。

2019年修正的《最高人民法院关于民事诉讼证据的若干规定》第40条第1款规定：当事人申请重新鉴定，存在下列情形之一的，人民法院应予准许：（一）鉴定人不具备相关的鉴定资格的；（二）鉴定程序严重违法的；

(三) 鉴定意见明显依据不足的；(四) 鉴定意见不能作为证据使用的其他情形。

可见，当事人可以对财务审计结论和《鉴定报告》提出异议，但要推翻它们，必须具有法定情形或者有足够的证据作支撑。

五、委托代建合同的管辖问题

第一，委托代建合同的定义需要根据国家的相关法规进行明确，从现行法律的角度而言，委托代建是指代建方作为政府建筑管理部门认可及备案的一方主体，参与建设施工过程。因此，如果委托代建合同的关系中，发生纠纷的双方是建设单位与代建方，则争议双方的主体明显有别于建设工程施工合同，故在上述关联案例3中，法院终审裁定认为不适用不动产纠纷的专属管辖。

第二，在实践中存在与法律意义不同的有关"委托代建"的概念理解，即虽然未经政府建筑管理部门认可及备案，甚至所谓的"代建方"根本不具备法定的代建资格，建设单位仍然将与资金方的合作协议称为"委托代建合同"。此种"委托代建合同"的实质，往往是"代建方"为了更好地直接管控工程造价投入，而不以直接借贷的方式投入资金，转而将建设资金直接根据工程进度向总包单位支付，或者"代建方"本身即为总包单位的关联方，而后"代建方"通过建筑物交付后的运营收回投资成本并产生盈利。因此，从合同性质上看，此类合同的本质不宜被认定为"委托代建合同"，而更类似于合作协议；如果"代建方"不具有总包资质，也未必构成BOT协议。

第三，"代建"的概念也经常发生在国有建设用地使用权出让过程中，即出让方要求受让方自费建设某些公建配套或市政设施，而后以无偿转让的方式转移产权至出让方或其指定的第三方名下。此种"代建"关系应当认为是土地使用权出让合同关系中的附属条件，不适用前述讨论的委托代建合同关系。

由于委托代建合同的认定存在上述问题，加上委托代建合同因发生在建设工程施工领域，在立案时可能会被法院认定为建设工程施工纠纷，从而在管辖权问题上产生争议。根据《民事诉讼法》第34条第1项之规定，因不动产纠纷提起的诉讼，由不动产所在地人民法院管辖。《民事诉讼法解释》第28条第1款、第2款规定，《民事诉讼法》第34条第1项规定的不动产纠纷是指因不动产的权利确认、分割、相邻关系等引起的物权纠纷。农村土地承包经营合同纠纷、房屋租赁合同纠纷、建设工程施工合同纠纷、政策性房屋买卖合同纠纷，按照不动产纠纷确定管辖。根据上述规定，建设工程施工合同纠纷由不动产所在地法院专属管辖。然而，《民事诉讼法》第35条规定，合同或者其他财产权益纠纷的当事人可以书面协议选择被告住所地、合同履行地、合同签订地、原告住所地、标的物所在地等与争议有实际联系的地点的人民法院管辖，但不得违反本法对级别管辖和专属管辖的规定。据此，委托代建合同的双方当事人可以通过协议约定管辖，而约定的管辖法院可能与不动产所在地法院不一致。因此，笔者认为，当事人应当根据签约主体、合同的内容、合同的履行等向法院明确案由为委托代建合同纠纷，而非建设工程施工合同纠纷，以此解决管辖权的问题。

9.2 法院如何确定设定土地抵押权时未经抵押登记的地上建筑物的抵押效力

——XD 资产管理公司西安办事处诉 SL 公司 X 中转冷库、SL 公司借款担保合同纠纷案[①]

> **关 键 词**：房地合一，土地使用权抵押，房产抵押，抵押效力，责任承担
>
> **问题提出**：房地合一的抵押原则下，对于土地使用权设立抵押的，如何确定其未经抵押登记地上建筑物的抵押效力？
>
> **关联问题**：对土地使用权与地上建筑物分别设立抵押的效力认定问题。
>
> **裁判要旨**：根据《城市房地产管理法》第32条的规定，房地产转让、抵押时，房屋的所有权和该房屋占用范围内的土地使用权同时转让、抵押。据此，房产转让人负有将所售房屋占用范围内的土地使用权移转给受让人的义务，受让人享有要求将所购房屋占用范围内的土地使用权移转给自己的权利。在土地使用权变更登记完成之前，转让人为登记的名义权利人，但受让人为实质权利人的，可以请求将土地使用权变更至自己名下。

[①] 一审：陕西省高级人民法院（2007）陕民二初字第2号；二审：最高人民法院（2007）民二终字第222号，载《最高人民法院公报》2009年第12期。

案情简介

原告（上诉人）：XD 资产管理公司西安办事处（以下简称：XD 公司）

被告（被上诉人）：SL 公司 X 中转冷库（以下简称：中转冷库）

被告：SL 公司

2003年3月16日，SL 公司与 S 银行签订一份《人民币借款合同》，约定 SL 公司向 S 银行借款 2560 万元，借款期限 12 个月，借款用途为借新还旧，借款利率为年利率 5.31%，由中转冷库提供抵押担保。如 SL 公司未按约定期限还款，逾期部分按每日万分之 2.1 计收利息。逾期利率遇利率调整分段计息。同日，中转冷库与 S 银行签订了《抵押合同》，中转冷库以其 44.46 亩土地使用权作价 4106.55 万元为 SL 公司 2560 万元借款提供抵押担保。抵押合同第 2 条约定，借款合同双方协议变更合同内容的，除增加借款金额之外，无需征得抵押人的同意，抵押人应按照变更后的债权范围承担担保责任。借款合同双方未经抵押人同意而增加借款金额的，抵押人仍在原借款金额内承担保证责任。抵押权人将借款合同项下的债权转让给第三人的，抵押物继续担保，该债权优先受偿。同年3月17日，S 银行向 SL 公司发放贷款 2560 万元，SL 公司清偿了在 S 银行的旧贷款。2003年3月28日，X 市国土资源和房屋管理局就中转冷库同意继续用土地及地面建筑物进行贷款抵押的致函作了批复，该批复称："你单位报来《关于同意继续用土地及地面建筑物进行贷款抵押的函》及你单位与 S 银行签订的编号为 2003 年 S 中营抵字 022 号抵押合同、SL 公司与 S 银行签订的编号为 2003 年陕中营借字×××号人民币借款合同等附件收悉。根据《城市房地产管理法》及《城市房地产抵押管理办法》的规定，经研究，同意你单位以位于 X 市 W 区 X 土地使用权在 S 银行设定抵押，为 SL 公司提供担保，贷款 2560 万元整，抵押期限为自登记之日起 12 个月，抵押证件为 X 未国用（2000）字第×××号、X 未国用（2001）字第×××号国有土地使用证。根据有关规定，在抵押期间，未经抵押权人同意，土地使用权及地上建筑物、附着物所有权不得转让。"

2004年6月25日，S 银行与 XD 公司签订《债权转让协议》，S 银行将其对 SL 公司享有的 2560 万元债权及从权利转让给了 XD 公司。同年11月10日，S 银行和 XD 公司在《S 日报》刊登"债权转让暨催收公告"，向 SL 公司通知了债权转让的事宜，同时受让人 XD 公司向 SL 公司主张了权利。2006 年

6月18日，XD公司又在《S日报》刊登公告，向SL公司主张权利。

另查明，中转冷库提供的44.466亩国有划拨土地使用权抵押中，有13.265亩为中转冷库的福利区，即职工住宅区。该宗土地使用证号为X未国用（2000）字第×××号。

一审法院判决如下：一、S银行与SL公司签订的编号为2003年陕中营借字022号《人民币借款合同》及S银行与XD公司签订的《债权转让协议》有效；S银行与中转冷库签订的编号为2003年S中营抵字×××号《抵押合同》中，除X未国用（2000）字第×××号土地证项下的13.265亩土地使用权抵押无效外，其余部分有效。二、SL公司在本判决生效后十日内向XD公司偿还借款本金2560万元人民币及利息（借款合同期内的利息按照借款合同约定的利率计付，逾期部分的利息按照中国人民银行规定的同期逾期罚息计算标准计付至给付之日）。三、SL公司不履行上述给付义务时，XD有权就中转冷库提供的抵押物X未国用（2001）字第×××号土地使用证项下的31.201亩土地使用权折价或者以拍卖、变卖该财产的价款优先受偿。四、上述第二项、第三项给付义务执行完毕后，如XD仍有部分债权未受清偿，中转冷库对SL公司不能清偿的部分承担三分之一的赔偿责任。五、中转冷库履行担保义务后，有权向SL公司追偿。

二审法院判决如下：一、维持陕西省高级人民法院（2007）陕民二初字第2号民事判决第一项、第二项、第三项、第五项；二、变更上述判决主文第四项为上述第二项、第三项给付义务执行完毕后，如XD公司仍有部分债权未受清偿，中转冷库对SL公司不能清偿的部分承担二分之一的赔偿责任。

各方观点

XD公司观点： XD公司对X未国用（2000）字第×××号土地证项下的13.265亩土地使用权享有合法的抵押权。根据《担保法》[①]之规定，当事人完全可以对在其名下的国有土地使用权进行抵押，抵押权人与抵押人只要在土地管理部门办理完成抵押物登记，该抵押权就是合法有效的，在没有相反证据的情况下合法有效的抵押权并不能任意推翻。原债权银行与中转冷库签订了X未国用（2000）字第×××号土地使用权抵押合同，又于同年3月28日在X市国土资源和房屋管理局办理了抵押权登记，登记机构核发了市国土房

[①] 根据《民法典》，该法已于2021年1月1日废止，下同。

管发（2003）×××号抵押批复，XD 公司与中转冷库签订了抵押合同，又依法办理了抵押权登记手续，双方行为完全符合《担保法》及相关法规之规定。XD 公司对上述土地使用权享有的抵押权是完全合法有效的。X 未国用（2000）字第×××号国有土地使用权属中转冷库享有，并不存在权属争议。XD 公司出示的多份证据足以证明 X 未国用（2000）字第×××号国有土地使用权在法律上属于中转冷库享有，该幅土地使用权权属清楚，并无任何争议，中转冷库完全有权利在其上设定抵押。

中转冷库观点：X 未国用（2000）字第×××号土地证项下的 13.265 亩土地抵押无效。XD 公司一审没有出示他项权利证书，应承担举证不能的法律后果。抵押合同未经其他共有人同意，抵押无效。中转冷库为解决职工住宅楼问题，于 1992 年 9 月 8 日贷资盖楼，经省经贸委（1992）×××号文件批准，并报省纪委、省建行、市规划局、市房管局、市土地局等有关部门备案，共 46 户职工在 2001 年 5 月 9 日领取了房屋所有权证，产权界定为私有，本案土地抵押没有经过共有人同意，抵押行为无效。

> 法院观点

一审法院观点：SL 公司与 S 银行签订的《人民币借款合同》及 S 银行与 XD 公司签订的《债权转让协议》，系各方当事人的真实意思表示，且不违反法律、行政法规强制性规定，应为有效。SL 公司未按合同约定履行还款义务，已构成违约，依法应承担相应的民事责任。中转冷库与 S 银行签订的编号为 2003 年陕中营抵字×××号《抵押合同》中，除中转冷库提供的西未国用（2000）字第×××号土地使用证项下的 13.265 亩土地使用权因存在争议而违反了《担保法》第 37 条第 4 项关于"所有权、使用权不明或者有争议的财产不得抵押"[1]的规定无效外，其余部分符合《担保法》第 34 条第 1 款第 3 项"抵押人依法有权处分的国有的土地使用权、房屋和其他地上定着物"可以抵押[2]的规定，应为有效。中转冷库应按抵押合同中有效部分的约定，对 SL 公司所欠债务依法承担抵押担保责任。造成部分抵押无效，因 S 银行和中转冷库均有过错，根据《最高人民法院关于适用〈中华人民共和国担保法〉若干

---

[1] 对应《民法典》第 399 条第 4 项。
[2] 对应《民法典》第 395 条第 1 款第 1 项、第 2 项。

问题的解释》第 7 条①"主合同有效而担保合同无效，债权人无过错的，担保人与债务人对主合同债权人的经济损失，承担连带赔偿责任；债权人、担保人有过错的，担保人承担民事责任的部分，不应超过债务人不能清偿部分的二分之一"的规定，抵押人中转冷库在抵押权人 XD 公司对有效抵押部分实现抵押权后，对 SL 公司仍不能清偿的部分承担三分之一的赔偿责任。

关于诉讼时效问题，SL 公司 2560 万元的借款期限届满日为 2004 年 3 月 16 日，诉讼时效的届满日为 2006 年 3 月 16 日②。XD 公司受让该债权后，分别于 2004 年 11 月 10 日、2006 年 6 月 18 日在《S 日报》刊登催收公告，向 SL 公司主张了权利，依据《最高人民法院关于审理涉及金融资产管理公司收购、管理、处置国有银行不良贷款形成的资产的案件适用法律若干问题的规定》③ 第 10 条原债权银行在全国或省级有影响的报纸上发布的债权转让公告或通知中有催收债务内容的，该公告或通知可以作为诉讼时效中断的证据的规定，借款的诉讼时效因债权人 XD 公司主张权利发生中断，故 SL 公司关于借款已过诉讼时效的抗辩理由不能成立。

本案借款虽系借新还旧，但根据 2003 年 3 月 28 日，X 市国土资源和房屋管理局给中转冷库"关于房地产抵押登记展期的批复"证明，中转冷库持有 SL 公司与 S 银行签订的 2003 年陕中营借字 022 号"借新还旧"的借款合同，由此证明其知道本案借款系"借新还旧"，故中转冷库辩称其不知道本案借款系"借新还旧"与事实不符，其主张抵押担保无效，应免除其担保责任的理由不能成立。

关于抵押期限问题，X 市国土资源和房屋管理局给中转冷库抵押登记展期的批复中载明抵押期限自登记之日起 12 个月，期限届满后，中转冷库再未续登，但根据《最高人民法院关于适用〈中华人民共和国担保法〉若干问题的解释》第 12 条第 1 款之规定："当事人约定的或者登记部门要求登记的担保期间，对担保物权的存续不具有法律约束力。"故中转冷库关于抵押期限届满后未办展期，抵押无效的抗辩理由亦不能成立。本案所涉及的抵押物，除

---

① 根据《最高人民法院关于废止部分司法解释及相关规范性文件的决定》，该司法解释已于 2021 年 1 月 1 日废止，下同。该条对应《担保制度解释》第 17 条。
② 该判决做出时，诉讼时效仍为 2 年。
③ 根据《最高人民法院关于废止部分司法解释及相关规范性文件的决定》，该司法解释已于 2021 年 1 月 1 日废止。

中转冷库提供的 X 未国用（2000）字第×××号土地使用证项下的 13.265 亩土地使用权因违反《担保法》第 37 条第 4 项之规定①无效外，中转冷库对 X 未国用（2001）字第×××号土地使用证项下的 31.201 亩土地使用权独自享有，本案抵押物不存在共有的问题，故中转冷库关于抵押担保未经共有人同意而无效的抗辩理由不能成立。其辩称本案已过诉讼时效，亦与事实不符，其抗辩理由不能成立。虽然 XD 公司两次报纸公告都没有中转冷库的名称，但根据《担保法》第 52 条的规定："抵押权与其担保的债权同时存在，债权消灭的，抵押权也消灭。"② 因本案债权并未消灭，故 XD 公司的抵押权依然存在。综上，中转冷库主张抵押担保无效，请求免除担保责任的理由均不能成立。SL 公司不履行上述给付义务时，XD 公司有权就中转冷库提供的抵押物 X 未国用（2001）字第×××号土地使用证项下的 31.201 亩土地使用权折价或者以拍卖、变卖该财产的价款优先受偿；如 XD 公司仍有部分债权未受清偿，中转冷库对 SL 公司不能清偿的部分承担三分之一的赔偿责任。

二审法院观点：当事人二审争议的焦点是 X 未国用（2000）字第×××号国有土地使用权抵押效力问题。

《城市房地产管理法》第 31 条③规定："房地产转让、抵押时，房屋的所有权和该房屋占用范围内的土地使用权同时转让、抵押。"中华人民共和国建设部于 1997 年 10 月 27 日颁布的《城市房屋权属登记管理办法》第 6 条规定："房屋权属登记应当遵循房屋的所有权和该房屋占用范围内的土地使用权权利主体一致的原则。"④ 中华人民共和国土地管理局于 1992 年 3 月 8 日颁布的《划拨土地使用权管理暂行办法》⑤ 第 11 条第 1 款规定："转让、抵押土地使用权，其地上建筑物、其他附着物所有权随之转让、抵押；转让、抵押地上建筑物、其他附着物所有权，其使用范围内的土地使用权随之转让、抵押。但地上建筑物、其他附着物作为动产转让的除外。""地随房走，房随地走"的权利合一原则是我国房地产权属的一贯原则。房产转让人负有将所售房屋占用范围内的土地使用权移转给受让人的义务，受让人享有要求将所购房屋

---

① 对应《民法典》第 395 条第 1 款第 1 项、第 2 项。
② 对应《民法典》第 393 条。
③ 对应《城市房地产管理法》（2019 年修正）第 32 条。
④ 该办法已被《房屋登记办法》废止，后根据《住房和城乡建设部关于废止部分规章的决定》，《房屋登记办法》也被废止。
⑤ 该办法已被《自然资源部关于第一批废止和修改的部门规章的决定》废止。

占用范围内土地使用权移转给自己的权利。在土地使用权变更登记完成之前，转让人为登记的名义权利人，但受让人为实质权利人，可以请求将土地使用权变更至自己名下。

S 中营抵字×××号《抵押合同》中约定了抵押物名称为"土地、房产"，中转冷库 2003 年向西安市国土资源和房屋管理局报送的也为《关于同意继续用土地及地面建筑物进行贷款抵押的函》。因此，虽然抵押登记只针对 X 未国用（2000）字第×××号国有土地使用权，但应视为当事人约定土地使用权与地面建筑物所有权一并抵押。然而地上建筑物中职工住宅楼的所有权已经移转给购房职工所有，中转冷库并无权利处分。根据《合同法》第 51 条"无处分权的人处分他人财产，经权利人追认或者无处分权的人订立合同后取得处分权的，该合同有效"[1]之规定，该抵押合同未经地上建筑物所有权人购房职工追认；且西未国用（2000）字第×××号土地使用权证书中已经标明该宗土地上存有地上建筑物，并标明为中转冷库的福利区，地上建筑物中职工住宅楼所有权已经登记移转至购房职工名下，而原债权银行却未查明地上建筑物实际权属即接受抵押，也存在过错，因此抵押合同无效，依据该合同设立的抵押权也相应无效。关于造成该部分抵押无效，S 银行和中转冷库均有过错。但中转冷库的无权处分行为亦是导致抵押无效的主要原因，因此，将一审法院判定的中转冷库应承担赔偿责任比例调整为二分之一。

关联案例 1

案件名称：CC 资产管理公司某办事处与某医药采购供应站等借款担保合同纠纷案

审理法院：最高人民法院（2006）民二终字第 153 号[2]

裁判观点：根据《最高人民法院关于破产企业国有划拨土地使用权应否列入破产财产等问题的批复》第 3 条的规定，如果建筑物附着于以划拨方式取得的国有土地使用权之上，将该建筑物与土地一并设定抵押的，对土地使用权的抵押须履行法定的审批手续，否则，应认定抵押无效[3]。当事人在签订抵押合同时，如果仅仅约定以自有房产设定抵押并办理房屋抵押登记，并未将该房产所附着的、以划拨方式取得的国有土地使用权一并抵押的，不适用上述规定。

---

[1] 根据《民法典》第 215 条及第 597 条第 1 款，无权处分合同有效，只是不发生物权效力。
[2] 载《最高人民法院公报》2008 年第 1 期。
[3] 对应《最高人民法院关于破产企业国有划拨土地使用权应否列入破产财产等问题的批复》（2020 年修正）第 2 条。

关联案例 2

案件名称：CC 公司某办事处与金某公司借款担保合同纠纷上诉案

审理法院：最高人民法院（2007）民二终字第 183 号①

裁判观点：就房屋设定抵押的，对于房屋占用范围内的国有土地使用权应当一并抵押。这与我国处理房地产相互关系的"房随地走、地随房走"的原则是密切相关的。但"房随地走、地随房走"并不意味着房地一体。在我国，房产和地产是相互分离的，并不像某些采用"结合主义"的国家和地区那样，将房产和地产视作同一标的物，建筑物是土地的附属物，不是独立的不动产。本案承认划拨土地之上的房产抵押合同的效力，正是依循了房地相分离的立法精神。

关联案例 3

案件名称：DZ 投资有限公司、DQ 化工有限公司别除权纠纷二审民事判决书

审理法院：辽宁省大连市中级人民法院（2020）辽 02 民终 3093 号②

裁判观点：《物权法》第 182 条③明确规定："以建筑物抵押的，该建筑物占用范围内的建设用地使用权一并抵押。以建设用地使用权抵押的，该土地上的建筑物一并抵押。抵押人未依照前款规定一并抵押的，未抵押的财产视为一并抵押。"上述法律条文中的"该土地上的建筑物"并未明确限定为"已取得建设工程规划许可证"的建筑物。故，本案中大开 78#小区土地上的建筑物虽尚未实际办理建设工程规划许可证，但不应以此被认定为不合法建筑或违章建筑。一审法院将《物权法》第 182 条④中"该土地上的建筑物"限定为"合法建筑"，于法无据，本院不予确认。且，在签订《借款抵押合同》时，DQ 公司作为地上建筑物的所有人，负有办理上述建筑物建设工程规划许可证的义务，该许可证至今未办理的过错不在 DZ 公司一方。另，在案涉建设用地使用权抵押登记办理时，上述地上建筑物已经存在且具有使用价值，在 DQ 公司进入破产程序后，DH 土地房地产评估有限公司对上述地上建筑物已作出价值评估，故上述地上建筑物虽未与其所占用范围内的建设用地使用权一并办理抵押登记，该未抵押的财产亦应视为一并抵押。因此，DZ 公司主张对案涉大开 78#小区土地使用权及地上未登记房屋的拍卖价款享有别除权，有事实及法律依据，本院予以确认。

---

① 本案裁判观点由作者加工整理而成。
② 载中国裁判文书网，https://wenshu.court.gov.cn/website/wenshu/181107ANFZ0BXSK4/index.html? docId=32a853d26d904e0c802eaca200b83d04，最后访问时间：2022 年 6 月 26 日。
③ 对应《民法典》第 397 条。
④ 对应《民法典》第 397 条。

律师点评

本案所涉纠纷源于房地产抵押中的"房地合一"原则,在《物权法》生效之前,法律就抵押作了"房随地走,地随房走"的规定。但在实践操作中,因房屋抵押与土地抵押分属不同的登记部门,因此出现是否针对房屋或土地设立的抵押必然产生相对应土地/房屋产生抵押效力的问题;因法定或其他原因导致已设立抵押的土地使用权地上部分建筑物抵押无效的,相对应土地使用权抵押的效力如何界定的问题。

一、关于房地产抵押中"房随地走、地随房走"的抵押原则理解及适用问题

关于房地产抵押中"房随地走、地随房走"的抵押原则源于以下规定:《城市房地产管理法》第32条规定:"房地产转让、抵押时,房屋的所有权和该房屋占用范围内的土地使用权同时转让、抵押。"《民法典》第397条规定:"以建筑物抵押的,该建筑物占用范围内的建设用地使用权一并抵押。以建设用地使用权抵押的,该土地上的建筑物一并抵押。抵押人未依据前款规定一并抵押的,未抵押的财产视为一并抵押。"

《民法典》第397条沿用了《物权法》第182条关于房地一并抵押的规定,对于相关立法理由,可参考《〈中华人民共和国物权法〉条文理解与适用》(人民法院出版社2007年版)中针对《物权法》第182条的观点:"第一,土地是任何建筑的基础,是地上之建筑物的本质组成部分……离开土地的建筑物不具备法律上的独立性,不能独自构成抵押标的。第二,建筑物虽然不是土地的本质组成部分,土地本身有独立的交换价值,但若建设用地使用权单独抵押而地上的建筑物不进行抵押,就可能出现建设用地使用权与地上建筑物所有权或使用权主体不一致的状况,从而发生权利冲突与摩擦,不利于建设用地使用权和地上建筑物的流通或转让,也不利于物的有序利用和社会秩序的稳定。为防止二者权属不一致,有必要将建筑物与建设用地使用权视为一个整体。"[①]

综合上述法条之规定,在对房产或土地使用权设立抵押时,未对相应

[①] 详见最高人民法院物权法研究小组编著:《〈中华人民共和国物权法〉条文理解与适用》,人民法院出版社2007年版。

建筑物占用范围内的土地使用权或地上建筑物设立抵押的，视为一并设立抵押。

二、《民法典》第 397 条"视为一并抵押"是否应当直接认定已一并设立抵押

最高人民法院在 2019 年出版的《〈全国法院民商事审判会议工作纪要〉理解与适用》中针对《物权法》第 182 条引发的因房地分别抵押而产生的效力认定问题进行了规范，《民法典》第 397 条沿用了《物权法》第 182 条的规定，故相关规范仍有参考价值。根据原《物权法》第 182 条、《民法典》第 397 条，仅以建筑物设定抵押的，抵押权的效力及于占用范围内的土地；仅以建设用地使用权抵押的，抵押权的效力亦及于其上的建筑物。在房地分别抵押，即建设用地使用权抵押给一个债权人，而其上的建筑物又抵押给另一个人的情况下，可能产生两个抵押权的冲突问题。根据最高人民法院的观点，基于"房地一体"规则，此时应当将建筑物和建设用地使用权视为同一财产，从而依照原《物权法》第 199 条、《民法典》第 414 条的规定确定清偿顺序：登记在先的先清偿；未登记的，按照债权比例清偿。① 因此，《民法典》第 397 条"视为一并抵押"可以直接认定为已一并设立抵押。

通常来说，在全国各地陆续设立不动产登记交易中心后，房地分别抵押的情况已经变得较为罕见。其本质原因在于，在土地使用权上设立抵押后，当房屋建成时，登记中心会要求土地抵押权人同意并消除土地抵押后方可办理房产证；此时土地抵押权人往往会同步要求在房屋办理初始产权登记时，同时办理房屋抵押。因此，目前因房地分别抵押而产生争议的案件大多数为历史遗留问题，随着全国各地不动产登记交易中心的设立和运作，可以预见房地分别抵押问题会越来越少。

三、部分地上建筑物因法定或约定事由导致抵押无效的情形下，相应土地使用权抵押的效力及责任承担方式如何认定

对于部分地上建筑物抵押被认定无效情形下的土地使用权抵押效力如何认定问题，该无效应当仅及于建筑物占用范围内的土地使用权权利，也即除该无效抵押的地上建筑物占用范围内的土地使用权外，其余部分土地使用权

---

① 参见最高人民法院民事审判第二庭编著：《〈全国法院民商事审判会议工作纪要〉理解与适用》，人民法院出版社 2019 年版，第 366—370 页。

上所设抵押仍应视为有效。抵押无效情形下的赔偿责任是指，当抵押无效时，抵押人因其过错承担的对债权人的赔偿责任。抵押可能因欠缺有效条件无效（即本案所述情形），也可能因违法而无效。从法律属性上说，此赔偿责任为缔约过失责任。其法律特征有二：（1）责任发生于抵押无效或不生效之时；（2）责任的有无、大小与抵押人是否存在缔约过错相联系。

最高人民法院在《担保制度解释》第17条规定了担保无效后的四种责任模式。结合本案例中对于有关部分土地使用权抵押无效情形的集中讨论，笔者现对四种责任模式进行分析。

第一种是免责，适用于抵押由于主债权合同无效而无效且抵押人没有过错的情况，以及主债权合同有效而抵押无效且债权人有过错、抵押人无过错的情况。此时抵押人免责。此项责任模式的前提是债权人有过错而抵押人无过错。

第二种是抵押人承担不超过三分之一的责任，此处的三分之一是指抵押人不能清偿范围内的三分之一。此种责任模式适用于抵押由于主债权合同无效而无效，且抵押人有过错，也即本案适用情形。《担保制度解释》第17条第2款规定："主合同无效导致第三人提供的担保合同无效，担保人无过错的，不承担赔偿责任；担保人有过错的，其承担的赔偿责任不应超过债务人不能清偿部分的三分之一。"

第三种情况是抵押人承担不超过二分之一的赔偿责任，其前提是主合同有效而抵押自身无效，抵押权人有过错。《担保制度解释》第17条第1款第1项规定，主合同有效而第三人提供的担保合同无效，债权人与担保人均有过错的，担保人承担赔偿责任不应超过债务人不能清偿部分的二分之一。

第四种情况是抵押人对债务人不能清偿的部分承担连带责任，这是最重的一种，适用于主合同有效而抵押合同无效，债权人无任何过错的情形。

9.3 关于房地产企业为房产开发对外融资而涉及的保证责任

——S房地产开发有限公司诉F房地产开发有限公司、T投资集团有限公司民间借贷合同纠纷案①

> **关 键 词**：民间借贷，保证责任，保证期间，保证效力
>
> **问题提出**：房地产企业因借贷涉及的保证责任应当如何认定？
>
> **关联问题**：公司对外提供担保，如何认定担保效力？保证条款未约定保证期间或约定不明确，应当如何确定保证期间？
>
> **裁判要旨**：根据保证行为发生的时间确定适用的法律，但针对保证期间有专门的法律规定，则适用该规定。对于公司对外担保的效力，虽没有相关公司决议，但签署合同的法定代表人对公司持股比例超过三分之二，应当认定保证有效。保证责任的范围应当以保证人在保证条款中确认的债务范围进行确定，对于利息、违约金及律师费的问题，应当按照民间借贷的相关法律及司法解释来确定。

案情简介

原告：S房地产开发有限公司（以下简称：S公司）

被告：F房地产开发有限公司（以下简称：F公司）、T投资集团有限公司（以下简称：T公司）

2019年10月8日，S公司作为甲方，F公司作为乙方签订《借款协议》，约定F公司因日常经营需要向S公司借款2.5亿元，借款期限自借款实际到达借款人账户之日起至2020年4月8日止，借款年利率为10%，按日计息，日利率=年利率/360，结息和付息由F公司归还借款时一次性随本金支付，同时该协议第1.6条约定由F公司母公司，即T公司提供连带保证责任；第31条约定如若F公司到期未归还本协议项下的借款，构成违约，借款人F公司

---

① 本案例系在真实案件基础上加工改写而成。

应向S公司承担未偿还金额每日1‰的违约金,同时未偿还借款仍按年利率10%计息;第52条约定案件的诉讼费、保全费、律师费等均由败诉方承担。当日,S公司向F公司转账支付2.5亿元。

同日,T公司向S公司出具《担保函》,载明:同意在《借款协议》项下F公司应向你公司归还的借款本金、利息、违约金、赔偿金、诉讼费、律师费等全部款项义务,向你公司承担不可撤销的连带担保责任。F公司逾期归还到期应付的本金及/或利息的,我司将在收到你公司发出的书面通知后3日代为偿还F公司应付未付的全部款项……本担保函不可撤销,经我司盖章之日起生效,待F公司归还或我司代为偿还全部款项后当日失效。该《担保函》尾部加盖T公司公章,并在法定代表人签章处加盖法定代表人黄某个人印章。被告T公司的法定代表人系黄某,股东为黄某与刘某,其中黄某持股95%,刘某持股5%;案涉借款系用于F公司日常经营,二被告截至目前尚未就案涉借款还本付息。

一审判决:一、被告F公司于本判决发生法律效力之日起十日内归还原告S公司借款本金250000000元,并支付利息、逾期利息、违约金(利息自2019年10月8日起,以250000000元本金为基数,按照年利率10%的标准,计算至2020年4月8日止;此后的逾期利息、违约金,合计以未还本金为基数,自2020年4月9日起按照合同成立时一年期贷款市场报价利率四倍的标准,计算至实际偿还之日止);二、被告F公司于本判决发生法律效力之日起十日内向原告S公司偿付律师费损失1500000元;三、被告T公司对被告F公司的上述第一项、第二项债务承担连带清偿责任。被告T公司承担保证责任后,有权向被告F公司追偿。

二审判决:驳回上诉,维持原判。

各方观点

S公司观点:《借款协议》约定由F公司的母公司,即T公司就案涉债务承担连带担保责任,并由T公司出具了担保函,明确自愿就F公司在《借款协议》项下的借款本金、利息、违约金、诉讼费、律师费等全部应付款项承担连带保证责任。原告于2019年10月8日向F公司转账支付了案涉借款本金,借款到期后,其多次催告,F公司仍未偿还欠款本息,故其有权要求以F公司为债务人,T公司为连带保证人,共同承担还款义务。

F公司观点：第一，出借案涉款项时，原告尚有银行贷款和金融融资未归还，且金额超过案涉借款金额，即使银行贷款或金融融资到的款项并非本案出借资金的来源，但案涉借款因出借时尚有银行贷款或金融融资未归还，属于高利转贷而无效。第二，律师费应不予支持。根据最新民间借贷司法解释规定，律师费属于其他费用，而原告主张的利息、违约金已经达到合同成立时一年期贷款市场报价利率的四倍，故不应再支持律师费。第三，即使案涉借款合同合法有效但违约金过高，原告作为房地产公司，借款有10%年息，已经弥补了损失，故违约金不应支持。

T公司观点：同意F公司意见，另外补充如下：案涉担保函无效，一方面，该担保函出具未经公司股东会作出同意提供担保的决议；另一方面，即使该担保函有效，因该担保函未约定担保期限，担保期限应为6个月，案涉主债务到期日为2020年4月8日，担保期限于2020年10月7日届满，现原告未提供证据证明在担保期间内向其主张过担保责任，且起诉时已经经过6个月担保期限，故担保期限已过，其无需承担担保责任。

法院观点

一审法院观点：关于借款本金、利息及违约金问题。原告为证明其与被告F公司之间存在借贷合意并履行了款项交付义务，向本院提供了《借款协议》以及付款凭证，被告F公司对《借款协议》的真实性予以认可，并确认收到2.5亿元本金。而案涉《借款协议》明确约定F公司应于2020年4月8日一次性还本付息，期内利息按照年利率10%计算，现《借款协议》约定的主债务履行期限已至，主债务人F公司及保证人T公司均未履行清偿义务，原告主张要求F公司归还2.5亿元本金并支付自款项交付之日起按照年利率10%的标准计算至2020年4月8日的期内利息有合同依据，亦未违反法律规定，本院予以支持。关于违约金和逾期利息问题。根据《民法典时间效力规定》第1条第2款以及《最高人民法院关于审理民间借贷案件适用法律若干问题的规定》（第二次修正）第29条规定，原告可以一并主张的逾期利息、违约金等总计不得超过合同成立时一年期贷款市场报价利率的四倍。本案中，案涉《借款协议》明确约定期内利息按照年利率10%计算，逾期则按照未偿还金额每日1‰的标准加收违约金，而F公司未按期还本付息，构成违约。现原告主张要求被告F公司自违约之日，即2020年4月9日起，除按照期内利率继续计算逾期利息外，还要求按照合同成立时一年期贷款市场报价利率的四倍与期内利息计算标准（年利率10%）之间的差额加收违约金，符合上述法律规定，本院予以支持。现二被告抗辩案涉借款因高利转贷而无效。本院经审查，在案证据不足以认定案涉借款存在高利转贷，故本院对二被告的抗辩不予采信。

关于保证期间问题。《民法典时间效力规定》第27条规定，《民法典》施行前成立的保证合同，当事人对保证期间约定不明确，主债务履行期限届满至《民法典》施行之日不满二年，当事人主张保证期间为主债务履行期限届满之日起二年的，人民法院依法予以支持；当事人对保证期间没有约定，主债务履行期限届满至《民法典》施行之日不满六个月，当事人主张保证期间为主债务履行期限届满之日起六个月的，人民法院依法予以支持。现被告T公司辩称《担保函》未约定保证期间，故保证期间为主债务履行期届满之日起六个月，本案保证期间已过，故其无需承担保证责任。对此，本院认为，本案担保函成立于民法典施行前，担保函约定的"本担保函不可撤销，经我司盖章之日起生效，待F公司归还或我司代为偿还全部款项后当日失效"内容，属于保证期间约定不明确的情形，而本案主债务履行期限届满至《民法典》施行之日不满二年，现原告主张本案保证期间为主债务履行期限届满之日起二年，符合法律规定，本院予以支持。现原告在主债务履行期限届满之日起二年内向法院提起诉讼，要求保证人承担保证责任，保证期间未过，T公司的抗辩没有事实依据，本院不予支持。

关于担保效力问题。被告T公司对担保函的真实性不持异议，但认为案涉《担保函》的出具未经T公司股东会决议而无效。对此，本院认为，原告虽未提供证据证明被告T公司提供担保时已经有权机关决议通过，但根据本案三方当事人一致确认的二被告之间股权结构及借款用途，以及案涉《借款协议》载明由乙方F公司的母公司T公司提供连带责任担保等内容，可以认定T公司系为其间接控制的F公司开展经营活动向原告提供担保；同时，案涉担保函系由T公司出具，并加盖该公司公章及法定代表人黄某个人印章，黄某作为该公司持有95%股权的股东兼法定代表人，其持股比例超过三分之二，故在被告T公司认可案涉《担保函》真实性的情形下，案涉担保系T公司的真实意思表示，其理应根据《担保函》的约定承担连带担保责任。综上，S公司的诉讼请求成立，应予支持。

二审法院观点：F 公司的上诉请求不能成立，一审判决认定事实清楚，适用法律正确，应予维持。

关联案例 1

案件名称：欧某与 J 房地产开发有限公司等房屋租赁合同纠纷案

审理法院：北京市大兴区人民法院（2021）京 0115 民初 10794 号①

裁判观点：《民法典》施行前成立的合同，依照法律规定或者当事人约定该合同的履行持续至民法典施行后，因《民法典》施行前履行合同发生争议的，适用当时的法律、司法解释的规定。本案中，合同签订及双方履行合同发生争议在民法典实施前，因此，本案仍适用当时的法律及司法解释。三方签订的《保证担保协议》第 2 条约定：甲方保证范围为主合同履行时乙方可能会产生的全部租金、违约金、赔偿金及利息。第 4 条约定：如乙方未按照主合同中的约定按期履行支付租金的义务，则甲方承诺并保证代乙方履行主合同中项下租金支付的义务。上述约定符合《担保法》中对连带保证的相关解释，故对欧某主张 X 公司对 J 公司上述给付义务承担连带责任的诉讼请求，本院予以支持。

关联案例 2

案件名称：覃某、D 房地产开发有限公司等民间借贷纠纷案

审理法院：广西壮族自治区都安瑶族自治县人民法院（2021）桂 1228 民初 1291 号②

裁判观点：由于 T 公司在《还款承诺书》未明确其承担保证方式为一般保证或连带保证，根据《民法典》第 686 条第 2 款规定："当事人在保证合同中对保证方式没有约定或者约定不明确的，按照一般保证承担保证责任。"因此，T 公司对上述债务及相应利息承担一般保证责任。

---

① 载中国裁判文书网，https：//wenshu.court.gov.cn/website/wenshu/181107ANFZ0BXSK4/index.html? docId=800b0a8f930f4025b5357f11a5ffd223，最后访问时间：2022 年 6 月 26 日。

② 本案裁判观点由作者加工整理而成。

关联案例 3

案件名称：邬某、L 房地产开发有限公司等民间借贷纠纷案

审理法院：新疆维吾尔自治区克拉玛依市克拉玛依区人民法院（2021）新 0203 民初 4256 号①

裁判观点：根据《担保法》（现已失效）第 25 条第 1 款规定："一般保证的保证人与债权人未约定保证期间的，保证期间为主债务履行期届满之日起六个月。"第 26 条规定，"连带责任保证的保证人与债权人未约定保证期间的，债权人有权自主债务履行期届满之日起六个月内要求保证人承担保证责任。在合同约定的保证期间和前款规定的保证期间，债权人未要求保证人承担保证责任的，保证人免除保证责任"。可见，无论是一般担保或是连带担保在无约定担保期间的情况下，担保期间均为自主债务发行期限届满之日起六个月内。本案中，双方"协议"第 4 条的约定，案涉 265 万元借款还款期限至 2017 年 5 月 10 日届满，双方在"协议"中并未约定担保期间，原告作为出借人均未提交其在主债务履行期届满之日起六个月内向上述担保人主张过权利的证据，同时，根据《最高人民法院关于适用〈中华人民共和国担保法〉若干问题的解释》（现已失效）第 31 条"保证期间不因任何事由发生中断、中止、延长的法律后果"的规定，保证期间为除斥期间，债权人未在保证期间要求保证人承担保证责任的，保证人免除保证责任。因此，在本案原告提起本案诉讼时，"协议"中保证担保的保证期间至 2017 年 11 月 10 日已经届满，被告 L 公司、Y 公司免除担保责任。

关联案例 4

案件名称：Y 置业有限公司与 C 房地产有限公司、陈某民间借贷纠纷案

审理法院：安徽省淮北市中级人民法院（2020）皖 06 民初 114 号②

裁判观点：《公司法》第 16 条规定，公司向其他企业投资或者为他人提供担保，依照公司章程的规定，由董事会或者股东会、股东大会决议；公司章程对投资或者担保的总额及单项投资或者担保的数额有限额规定的，不得超过规定的限额。公司为公司股东或者实际控制人提供担保的，必须经股东会或者股东大会决议。前款规定的股东或者受前款规定的实际控制人支配的股东，不得参加前款规定事项的表决。该项表决由出席会议的其他股东所持表决权的过半数通过。因此，担保行为不是法定代表人所能单独决定的事项，而必须以公司股东会、董事会等公司决议作为授权

---

① 载中国裁判文书网，https：//wenshu.court.gov.cn/website/wenshu/181107ANFZ0BXSK4/index.html？docId=f45a3e3cc58340a8a221adf100cc8260，最后访问时间：2022 年 6 月 26 日。

② 载中国裁判文书网，https：//wenshu.court.gov.cn/website/wenshu/181107ANFZ0BXSK4/index.html？docId=be2072e8418944ec8c11ad88003f24f4，最后访问时间：2022 年 6 月 26 日。

的基础和来源。本案，《联合开发意向协议补充协议》仅有同时为债务人 C 公司法定代表人的陈某的签名，并未加盖公司印章，签订合同时陈某亦未提供 F 公司股东或董事会同意担保的决议，故该协议对 F 公司不生效。F 公司不承担担保责任。

律师点评

本案属于一起较为典型的房地产开发企业在房地产开发过程中，为了融资而借款，并由其关联公司承担保证责任的案例。本案的案由虽然是民间借贷纠纷，但是其中涉及诸多保证合同的内容，包括《民法典》颁布实施前后对保证问题的法律适用、保证责任的范围、保证期间的认定、公司对外担保的效力等。对于上述问题，本案被告在答辩过程中均进行了抗辩，对此，一审法院针对被告提出的每一个抗辩理由逐一进行了分析，说理清晰、逻辑严密，具有较高的学习与研究价值。因此，本书将其作为本节的主要案例进行介绍和评析，并在此基础上梳理了本案虽未涉及但保证合同中比较常见的法律问题。

1. 关于保证合同的法律适用问题

法律适用的确定对于保证方式和保证期间等问题的认定至关重要。2021 年 1 月 1 日生效的《民法典时间效力规定》第 1 条规定："民法典施行后的法律事实引起的民事纠纷案件，适用民法典的规定。民法典施行前的法律事实引起的民事纠纷案件，适用当时的法律、司法解释的规定，但是法律、司法解释另有规定的除外。民法典施行前的法律事实持续至民法典施行后，该法律事实引起的民事纠纷案件，适用民法典的规定，但是法律、司法解释另有规定的除外。"根据上述规定，一般情况下，因保证行为发生纠纷的，应当根据保证行为发生的时间来确定所适用的法律，在我国《民法典》施行以前发生的担保行为，适用担保行为发生时的法律、法规和有关司法解释。

本案发生于新旧法律交替的节点，具有时间上的特殊性。本案的借款行为及担保行为均发生于 2019 年 10 月 8 日，即《民法典》实施之前，但一审立案时已是 2021 年 1 月 5 日，《民法典》已经生效。因此，本案主要还是适用原《合同法》《担保法》及相关司法解释。但是，《民法典时间效力规定》对保证合同中保证期间的法律适用问题进行了特别的规定，因此，针对保证期间的问题，本案适用了新旧法律交替阶段特殊的规定。

2. 关于保证方式的认定标准

保证方式，又称保证人承担保证责任的形式，分为一般保证与连带责任保证。一般保证，是指保证人仅对债务人不履行债务负补充责任的保证。在一般保证中，保证人享有先诉抗辩权，仅在主债务人的财产不足以完全清偿债权即不能履行债务的情况下，才负保证责任。连带责任保证，是指保证人在债务人不履行债务时与债务人负连带责任的保证，保证人不享有先诉抗辩权，只要有债务人履行期届满而不履行债务的事实，保证人即需承担保证责任。

关于一般保证和连带责任保证的认定，实际上是法律上采取何种推定方式的问题，即是采用推定一般保证，还是采用推定连带责任保证。我国在立法上经历了从推定一般保证到推定连带保证再到推定一般保证的演化。

《民法通则》（现已失效）第89条第1项规定：保证人向债权人担保债务人履行债务，债务人不履行债务的，按照约定由保证人履行或者承担连带责任；保证人履行债务后，有权向债务人追偿。从此条规定来看，当时民事立法中关于保证方式的规定，只承认连带责任保证，而未规定有一般保证。

在《最高人民法院关于审理经济合同纠纷案件有关保证的若干问题的规定》（以下简称：《有关保证的规定》，现已失效）[①] 中，则规定了代为履行保证责任、一般保证以及连带责任保证三种保证责任形式。同时，该《有关保证的规定》采取了推定一般保证的原则，即第6条规定："保证合同明确约定保证人承担连带责任的，当被保证人到期不履行合同时，债权人既可向被保证人求偿，也可直接向保证人求偿。"而第7条规定："保证合同没有约定保证人承担何种保证责任，或者约定不明确的，视为保证人承担赔偿责任……"也就是说，保证人承担连带责任必须是明确约定，否则即推定为保证人承担一般保证责任。

《担保法》（现已失效）采取的是推定连带责任保证的方式，其第17条第1款规定："当事人在保证合同中约定，债务人不能履行债务时，由保证人承担保证责任的，为一般保证。"第19条规定："当事人对保证方式没有约定或者约定不明确的，按照连带责任保证承担保证责任。"

《民法典》第686条第2款规定："当事人在保证合同中对保证方式没有

[①] 已被《最高人民法院关于废止部分司法解释及相关规范性文件的决定》（法释〔2020〕16号）废止。

约定或者约定不明确的，按照一般保证承担保证责任。"本案中比较明确的一点是，作为保证人的 T 公司在协议中明确其承担的是连带保证责任，因此针对这一问题本案并未进行相关论述。但在很多情形下，保证人承担的保证责任类型并不明确，而从前面的梳理可以看出，《民法典》颁布实施前后对这一问题的处理是截然不同的，而保证责任的类型决定了后续保证责任的承担方式，对保证人义务的确定至关重要。在当事人并没有明确约定保证方式的情形下，采用推定一般保证的模式可以避免连带保证责任的随意适用，防止民事主体因担心保证义务过重而不愿意为他人提供担保。因此，推定一般保证有利于保护保证人的合法权益，整体上也有利于担保制度的有序运行。

3. 关于一般保证人享有的一般权利及先诉抗辩权

保证合同是以主债务的有效存在为前提、以主债务人到期不履行债务为条件的。因此，对于主债务人依法享有的对债权人的抗辩权和其他权利，保证人也有权向债权人行使。即使债务人已经明确表示放弃，保证人也可以依法独立行使，以对抗债权人要求其履行保证债务的请求。保证人依法可以行使的一般权利主要包括：（1）主张债权未发生、已消灭的权利；（2）主张超过诉讼时效期间的权利；（3）主张债权人的撤销权和抵销权；（4）主张保证期间已经经过的权利。

先诉抗辩权，是指一般保证人于债权人未就主债务人的财产强制执行而无效果前，可以拒绝债权人要求其承担保证责任的权利。《民法典》第 687 条第 2 款规定："一般保证的保证人在主合同纠纷未经审判或者仲裁，并就债务人财产依法强制执行仍不能履行债务前，有权拒绝向债权人承担保证责任……"但一般保证人的先诉抗辩权也有例外，《民法典》第 687 条第 2 款但书规定了四种例外情形：（一）债务人下落不明，且无财产可供执行；（二）人民法院已经受理债务人破产案件；（三）债权人有证据证明债务人的财产不足以履行全部债务或者丧失履行债务能力；（四）保证人书面表示放弃本款规定的权利。由上述法条可以看出，在一般保证人先诉抗辩权的例外这个问题上，立法采用了正面列举形式，并且没有兜底条款，说明只有在法律明确规定的几种情形下，一般保证人才会丧失先诉抗辩权，这也体现了立法严格限定一般保证责任的任意扩大。

4. 关于保证期间的认定

保证期间是确定保证人承担保证责任的期间，不因任何事由发生中止、中断和延长的法律后果。在原来的担保制度下，除了保证合同对保证期间已有明确约定外，对于保证期间的确定，区分了两种情形。第一种是当事人没有对保证期间进行任何约定，此时根据原《担保法》（现已失效）第25条及第26条，一般保证和连带保证的保证期间均为主债务履行期届满之日起六个月。第二种是当事人对保证期间虽有约定，但约定不明确，例如仅约定"保证人承担保证责任直至债务本息还清为止"，此时根据原《最高人民法院关于适用〈中华人民共和国担保法〉若干问题的解释》（现已失效）第32条，一般保证和连带保证的保证期间均为主债务履行期届满之日起二年。而《民法典》第692条不再区分没有约定和约定不明的情形，该条第2款规定：债权人与保证人可以约定保证期间，但是约定的保证期间早于主债务履行期限或者与主债务履行期限同时届满的，视为没有约定；没有约定或者约定不明确的，保证期间为主债务履行期限届满之日起六个月。

本案中，关于保证期间，T公司出具的担保函中有如下约定："本担保函不可撤销，经我司盖章之日起生效，待F公司归还或我司代为偿还全部款项后当日失效。"法院认为该约定系约定不明。在此种情形下，若根据旧法，保证期间为主债务履行期限届满之日起二年，对应到本案，保证期间为2020年4月8日至2022年4月7日，起诉时尚在保证期间内，保证人应当承担保证责任；但若根据新法，无论是约定不明还是没有约定，保证期间均为主债务履行期限届满之日起六个月，即2020年4月8日至10月7日，起诉时显然已经过了保证期间，保证人无需承担保证责任。

前已提及，《民法典时间效力规定》第27条对保证合同中保证期间的法律适用问题进行了特别的规定："民法典施行前成立的保证合同，当事人对保证期间约定不明确，主债务履行期限届满至民法典施行之日不满二年，当事人主张保证期间为主债务履行期限届满之日起二年的，人民法院依法予以支持；当事人对保证期间没有约定，主债务履行期限届满至民法典施行之日不满六个月，当事人主张保证期间为主债务履行期限届满之日起六个月的，人民法院依法予以支持。"

具体到本案，保证期间约定不明，而主债务履行期限届满之日为2020年4月8日，距离《民法典》施行之日不满二年，因此，仍然适用旧法中二年的保证期间，即本案中T公司的保证期间尚未经过，其仍应当承担连带保证责任。

5. 关于公司对外担保的效力问题

《公司法》第 16 条第 1 款规定：公司向其他企业投资或者为他人提供担保，依照公司章程的规定，由董事会或者股东会、股东大会决议；公司章程对投资或者担保的总额及单项投资或者担保的数额有限额规定的，不得超过规定的限额。对此，2019 年《全国法院民商事审判工作会议纪要》第 19 条规定了公司对外担保无需上述机关决议的例外情况，包括：（1）公司是以为他人提供担保为主营业务的担保公司，或者是开展保函业务的银行或者非银行金融机构；（2）公司为其直接或者间接控制的公司开展经营活动向债权人提供担保；（3）公司与主债务人之间存在相互担保等商业合作关系；（4）担保合同系由单独或者共同持有公司三分之二以上有表决权的股东签字同意。

本案中，法院正是参考了上述会议纪要的内容，认定案涉担保行为的效力：根据债权人 S 公司、债务人 F 公司及保证人 T 公司一致确认，T 公司间接持有 F 公司的股权，借款用途为日常经营，且案涉《借款协议》载明由乙方 F 公司的母公司 T 公司提供连带责任担保等内容，可以认定 T 公司系为其间接控制的 F 公司开展经营活动向债权人 S 公司提供担保；同时，案涉担保函系由 T 公司出具，并加盖该公司公章及法定代表人黄某个人印章，黄某作为该公司持有 95% 股权的股东兼法定代表人，其持股比例超过三分之二。因此，在保证人 T 公司认可案涉《担保函》真实性的情形下，案涉担保系 T 公司的真实意思表示，其理应根据《担保函》的约定承担连带担保责任。

《民法典》颁布实施的同时，《担保制度解释》也同步对公司对外担保的效力问题进行了统一规定，涉及的条款包括该解释的第 7 条至第 11 条。其中与本案相关的主要是第 8 条第 1 款："有下列情形之一，公司以其未依照公司法关于公司对外担保的规定作出决议为由主张不承担担保责任的，人民法院不予支持：（一）金融机构开立保函或者担保公司提供担保；（二）公司为其全资子公司开展经营活动提供担保；（三）担保合同系由单独或者共同持有公司三分之二以上对担保事项有表决权的股东签字同意。"

由此可见，对于公司对外担保原则上仍然需要按照《公司法》的规定，由董事会或股东会/股东（大）会作出决议，但在上述例外情形下无须相关决议即可成立对外担保。当然，这仅是针对最常见的公司担保作出的规范，对于上市公司对外担保，以及一人有限责任公司对外担保的问题，上述司法解释也进行了明确约定，需要根据具体案件选择适用。

综上，房地产企业涉及的保证问题，常见于其在开发融资阶段引入第三方为其提供担保，保证人常常是该房地产企业的关联方。此时首先需要解决的就是保证合同的效力认定问题。除此之外，保证期间、保证责任的范围也是常见的争议焦点，在具体实践过程中，房地产企业应当在研究最新法律法规的基础上，实施相关的担保行为。当然，房地产企业可能还会遇到其他类型的担保问题，例如在为购房者提供阶段性担保时产生的法律问题，本章下一节将继续对此进行分析。

9.4 开发商阶段性担保的合同条款设置及触发担保责任的实践要点

——S 银行 E 支行诉 J 房地产有限公司保证合同纠纷案[①]

> 关 键 词：保证合同，阶段性担保
>
> 问题提出：在房地产开发公司为购房者向贷款银行提供阶段性担保之时，担保责任如何触发？
>
> 关联问题：什么是"开发商阶段性担保"？开发商阶段性担保在合同条款设置上有哪些注意点？阶段性担保责任的触发需要哪些条件、在实践操作中需要重点落实哪些内容？对于开发商来说，承担阶段性担保责任的风险有哪些、如何进行预防？
>
> 裁判要旨：开发商阶段性担保是作为保证人的开发商为购房者在特定阶段内（自借款合同签订之日起至借款人办妥以贷款人银行为抵押权人的抵押登记手续止）向购房人履行还款义务提供保证。相关担保合同对担保责任触发条件的具体约定及相关条件的成就与否成为法院审查开发商是否应当在特定案件情况下承担担保责任的重点。

[①] 一审：广东省恩平市人民法院（2021）粤 0785 民初 892 号；二审：广东省江门市中级人民法院（2021）粤 07 民终 4689 号，载中国裁判文书网，https://wenshu.court.gov.cn/website/wenshu/181107ANFZ0BXSK4/index.html? docId=b92cdb2666e74167b106adff009de93c，最后访问时间：2022 年 6 月 24 日。

案情简介

原告（上诉人）：S银行E支行（以下简称：S行E支行）

被告（被上诉人）：J房地产有限公司（以下简称：J公司）

2014年5月23日，J公司（甲方）与S行E支行（乙方）签订一份《楼宇抵押贷款合作协议》，主要约定：甲、乙双方就甲方依法开发建设并销售的坐落于E市的商品楼宇进行抵押贷款合作，乙方为甲方上述项目整个项目的住宅、商业用房、车位的购房人（也称预购人）提供相关贷款业务；本协议所称阶段性放款服务，是指借款人购买甲方的预售商品房，由于不能按现行程序规定的时间办妥抵押登记（备案）手续，由甲方一并承担办妥抵押登记前的担保责任，并交存一定比例的保证金后，可在未办妥抵押登记（备案）手续的情况下，借款人向乙方提交相关资料，预交所需费用后，乙方先发放个人住房贷款，事后补齐有关抵押手续，具体阶段包括交易鉴证阶段和现楼确权阶段；甲方保证责任的范围包括：（一）抵押贷款本金；（二）抵押贷款本金所产生利息（含罚息、复息、违约金等）；（三）乙方为实现债权而发生的有关费用，包括但不限于诉讼费、财产保全费、执行费、拍卖费、律师代理费及其他有关费用（评估费、差旅费等）；实行阶段性放款服务的，甲方同意在购房人未依约履行《借款合同》确定的义务时，只要乙方发出书面通知，甲方即在乙方发出通知之日起三十天内代偿购房人所欠乙方上述第5条的有关款项，甲方同时授权乙方可从甲方账户中自动扣收上述款项，此授权行为不另作委托；本协议的合作期限为三年，从本协议生效之日起计算，合作期满后，合作方就是否延长合作期限可另行商议。

2016年11月2日，J公司与C签订一份《G省商品房买卖合同》，约定C购买J公司开发的M花园第7幢903号房，总价535306元，付款方式为首付加银行按揭。

2017年1月1日，C（借款人）与S行E支行（贷款人）签订一份《借款合同》，主要约定：借款人向贷款人借款374000元用于购买J公司开发的M花园第7幢903号房屋，借款期限为240个月；贷款利率在基准利率水平上下调10.0%，即月利率为3.67500‰，该利率自起息日起至贷款本息全部清偿之日止依据利率调整日当日的基准利率及上述上浮/下调幅度，在本合同约定的每个利率调整日调整一次；借款人的还款方法为采用等额本息还款法，在本合同签订时的贷款利率水平下，每月归还本息金额为人民币 2347.98 元；合同担保方式为抵押加阶段性保证，抵押财产为 M 花园第 7 幢 903 号房，本抵押条款签订后，抵押人应在贷款人要求的时限内到相应的登记部门办理抵押登记或预告登记手续；违约情形及可能危及贷款人债权的情形：借款人不按本合同约定按时足额偿还借款本息或者其他应付款项、借款人违反本合同约定的其他义务……贷款人救济措施：出现上述任一违约情形或可能危及贷款人债权的情形，贷款人有权行使下述一项或几项权利：1. 停止发放本合同项下的借款；2. 宣布贷款立即到期，要求借款人立即清偿借款本息及相关费用；3. 解除与借款人的借贷关系……签订合同后，S 行 E 支行将贷款 374000 元支付至 J 公司账户。

2018 年 6 月 4 日，J 公司（甲方）与 S 行 E 支行（乙方）签订一份《楼盘按揭贷款合作协议》，主要约定：甲、乙双方就甲方依法开发建设并销售的坐落于 E 市项目进行按揭贷款合作；乙方为甲方上述项目整个项目的住房、商业用房、车位的购房人提供相关的按揭贷款业务；本协议所称阶段性担保放款服务，是指借款人购买甲方的预售商品房，由于不能按现行程序规定的时间办妥抵押权预告登记或抵押权登记手续，由甲方一并承担办妥抵押登记前的担保责任，保证金的存入和比例根据业务情况约定，可在未办妥抵押权预告登记或抵押权登记手续的情况下，借款人向乙方提交相关资料后，乙方先发放个人住房贷款，事后补齐有关抵押手续；甲方在本协议项下的每笔个人住房贷款保证范围包括：每笔个人住房贷款《借款合同》所列的借款本金、利息、违约金、赔偿金、借款人应向乙方支付的其他款项、乙方为实现债权与担保权利而发生的相关费用；在甲方提供阶段性担保放款服务的情况下，保证期间按乙方对每个借款人发放的单笔贷款分别计算，自乙方将每个借款人发放的贷款资金划入甲方的指定银行账户之日起至个人住房贷款的《借款合同》项下抵押人已将办妥其房屋产权的《不动产权证书》等相关权属证书以及已办抵押权登记的《不动产登记证明》交由乙方核对无误、收执之日；如果本协议项下每笔个人住房贷款的《借款合同》债务到期或者乙方根据《借款合同》的约定或法律规定宣布债务提前到期，借款人未按时足额履行，或者借款人违反《借款合同》的其他约定，甲方应在保证范围内立即承担连带保证责任；实行阶段性担保放款服务，甲方应在乙方发放贷款之日起 60 个工作日内办妥抵押权预告登记手续，将《不动产登记证明》交由乙方保管，并应自能够进行不动产登记日起六个月内办妥《不动产权证书》和《不动产登记证明》并交由乙方保管；若甲方不能在承诺的时限内办妥上述手续，乙方有权在甲方账户中扣收与借款人所欠贷款本息相当的款项；若因乙方主观原因未能在规定的时限内办妥上述手续，乙方不得直接扣划甲方的保证金；本协议的合作期限由2017年5月23日至该楼盘项目销售完毕为止。

2020年11月18日，S行E支行向J公司发出一份《催告函》，主要载明"2019年8月，M花园房地产开发项目一期完成竣工验收备案，已符合办理不动产登记条件。但是，贵公司与借款人至今仍未按照合作协议和《借款合同》的约定办妥所购商品房的权属证书以及抵押登记手续。根据合作协议的约定，出现上述情形时，我行有权在贵公司账户中扣收与借款人所欠贷款本息相当的款项。由于贵公司账户中已无存款，我行无法扣收相关款项以实现债权和担保权，现我行向贵公司催告如下：一、贵公司应当在我行发出本催告函之日起三十天内代偿借款人（详见附表）的贷款本金余额、利息（包括复利和罚息）、借款人应向我行支付的其他款项、我行为实现债权与担保权而发生的相关费用（包括但不限于诉讼费、仲裁费、财产保全费、差旅费、律师费、执行费、评估费、拍卖费、公证费、送达费、邮寄费、公告费等）"。

2021年3月15日，S行E支行（甲方）与Y律师事务所（乙方）签订一份《委托代理合同》，约定甲方委托乙方处理甲方与J公司保证合同纠纷一案。S行E支行为此支出律师费23147元。

2021年3月，S行E支行向一审法院起诉，请求判令：1. 判令J公司立即清偿贷款本金321816.37元及利息（含罚息、复利，按照《借款合同》的约定计算至贷款本息清偿之日止，暂计至2021年3月5日的利息1135.52元）给S行E支行；2. 判令J公司赔偿S行E支行为实现本案债权而支出的律师费损失23147元；3. 本案案件受理费、保全费等全部诉讼费用由J公司承担。（暂计至2021年3月5日，诉讼请求金额合计346098.89元）。

一审法院做出（2021）粤0785民初892号民事判决：

驳回S行E支行全部诉讼请求。

S行E支行提出上诉，请求判令：1. 撤销一审判决，发回重审或依法改判为支持S行E支行的全部诉讼请求。2. 本案一审、二审全部诉讼费用由J公司承担。（暂计至2021年3月5日，诉讼请求金额合计346098.89元）。二审法院于2021年11月17日做出（2021）粤07民终4689号民事判决：

驳回上诉，维持原判。

各方观点

S 行 E 支行观点：1. 借款人 C 存在未按时足额偿还借款本息的违约行为。2017 年 1 月 1 日，S 行 E 支行与借款人 C 签订《借款合同》，其中有如下约定：第 34 条第 1 款"约定还款日为：借款期限起始日在借款期限内每月对日，如当月没有借款期限起始日对日的，则当月最后一日为约定还款日"；第 3 条"本合同所载的借款期限起始日与贷款支付凭证所记载日期不一致的，借款期限起始日以首次划款时贷款支付凭证所载实际放款日期为准"；第 6 条第 2 款"借款人应当在每期还款时限前足额偿还当期应还本息。借款到期后如仍有未偿清的本金、利息的，计收罚息"；第 16 条"违约情形及可能危及贷款人债权的情形：（一）借款人不按合同约定按时足额偿还借款本息或其他应付款项"；第 17 条第 1 款第 6 项"对于借款人未按时还清的任意一期借款本金和利息，自借款逾期之日至本息清偿之日，计收罚息和复利"；第 31 条第 2 款第 2 项"本合同中的借款逾期是指借款人未在合同约定的时限前足额偿还任意一期借款本息的行为"。S 行 E 支行于 2017 年 1 月 1 日向 C 指定的收款账户（即 J 公司账户）发放贷款 374000 元。根据《借款合同》的上述约定，自 2017 年 1 月起，C 应当于每月 1 日或之前清偿当期应还本息，否则，C 构成违约，构成逾期还贷。自 S 行 E 支行发放贷款后，C 存在多次逾期偿还贷款的行为。根据 S 行 E 支行提供的贷款对账单可知，2020 年 4 月至 2021 年 6 月，C 经常出现逾期还款的行为，多次未在 1 日前偿还当期应还本息。尤其是在 2020 年 4 月 1 日、2021 年 2 月 1 日产生了罚息，足以证实 C 存在多次借款逾期的情形。一审法院认为 C 还在偿还银行贷款，没有断供，便属于正常偿还贷款本息，属认定事实错误。如果对借款人的逾期行为不认可，则《借款合同》中关于"借款人不按时足额偿还借款本息或其他应付款项，属于违约情形"的约定将失去意义。一审法院忽略了金融借贷本身的特点。金融借贷中，贷款逾期一天也会影响借款人的信用记录。若借款人没能按时足额还清任意一期款项的，银行会将逾期的记录上传至个人征信中心。根据《借款合同》的约定，借款人逾期一天还本付息，也构成违约。一审法院认为 C 不存在违约行为，其在正常还贷，属认定事实错误。根据 S 行 E 支行与 J 公司签订的《楼盘按揭贷款合作协议》第 5 条第 5 款"借款人未按时足额履行，或者借款人违反借款合同的其他约定的，J 公司应在保证范围内立即承担连带保证责任"的约定，因 C 存在多次逾期还款行为，S 行 E 支行有权请求 J 公司立即承担保证责任，立即清偿涉案全部贷款本息。

2. J 公司在逾期办妥抵押登记手续或预告登记手续时，或者在借款人 C 违反《借款合同》约定时，应当承担连带保证责任。S 行 E 支行与 J 公司于 2014 年 5 月 23 日签订的《楼宇抵押贷款合作协议》第 9 条第 4 项约定："J 公司同意在购房人未依约履行借款合同确定的义务时，代偿购房人所欠 S 行 E 支行有关款项也同意授权建行 E 支行可从 J 公司的账户中自动扣收上述款项。"S 行 E 支行与 J 公司于 2018 年 6 月 4 日签订的《楼宇按揭贷款合作协议》第 6 条第 5 项约定："J 公司应当自放款之日起六十个工作日内办妥抵押权预告登记手续并自能够进行不动产登记之日起六个月内办妥《不动产权证书》（房地产权证）及《不动产权证明》（他项权利证书）交 S 行 E 支行保管，若 J 公司未能在承诺的时限内办妥上述手续的，S 行 E 支行有权在 J 公司逾期办证的情况下，在 J 公司账户中扣收与购房人所欠贷款本息相当的款项。"两份贷款合作协议均明确约定了：在借款人逾期还款，或者借款人与 J 公司逾期办证时，S 行 E 支行有权要求 J 公司立即承担保证责任、立即清偿全部所欠贷款本息（包括未到期的贷款本金）。S 行 E 支行扣收的款项直接用于清偿购房人的债务，是 J 公司承担保证责任的一种方式。一审判决认为"所扣收款项并非用于清偿购房人的债务，而是要求 J 公司继续为购房人提供物的担保"，完全曲解贷款合作协议的内容和设立的目的、意义。如果 S 行 E 支行扣收款项的约定是要求 J 公司继续提供物的担保，则前述约定中的"扣收"应当表述为"冻结"，这样被扣收款项才不被用于清偿购房人的债务，而是 J 公司继续为购房人提供物的担保。因此，一审判决认定《楼宇抵押贷款合作协议》《楼盘按揭贷款合作协议》没有明确约定 J 公司在逾期办妥抵押登记手续或预告登记手续时即要承担相应的连带保证责任，属认定事实错误。S 行 E 支行依据两份贷款合作协议的约定要求 J 公司对 C 所欠本息承担保证责任，理据充足，应当予以支持。

3. 两份贷款合作协议中关于 J 公司逾期办证应当承担的违约责任的约定，没有违反法律、行政法规的强制性规定，合法有效，应当予以支持。《楼宇抵押贷款合作协议》《楼盘按揭贷款合作协议》既是担保协议，也是 S 行 E 支行与 J 公司之间关于由 S 行 E 支行在 J 公司预售商品房阶段快速放款而订立的合作协议。合作协议的主要目的在于使银行的债权获得有效保障，在商品房抵押担保还没有成立之前，由作为开发商的J公司承担连带保证责任。贷款合作协议约定了J公司必须在相应时间节点办理预告抵押登记、房产证、他项权证，是S行E支行为J公司的购房人提前（在设立房屋抵押登记前）发放贷款而对J公司提出的要求，而J公司也同意限时办理有关证件。本案涉及的是按揭贷款，J公司进行商品房预售，关于房屋什么时候竣工、什么时候办理房产证，S行E支行是无法控制的，而在涉案房屋没有办理抵押手续前，S行E支行不享有抵押权，无法享有债务人提供的房屋抵押担保。在此阶段，应当由J公司承担限时办证的义务和承担阶段性担保责任。S行E支行与J公司自愿签订的贷款合作协议，为双方的真实意思表示，合法有效，应受法律保护。我国法律法规对于J公司同意在逾期办证的情况下自愿承担阶段性担保责任没有禁止性规定，即该等约定没有违反法律法规的强制性规定，合法有效，依法应当予以保护。

4. 两份贷款合作协议、《借款合同》均约定了购房人C和J公司负有办证义务，违反该义务的，应当承担违约责任。根据《借款合同》第13条、第39条的约定，购房人应当在S行E支行要求的时限内办理涉案房屋的抵押预告登记手续、权属证书以及抵押登记手续。根据《楼盘按揭贷款合作协议》第6条第5项的约定，J公司应当在约定期限内办理涉案房屋的抵押预告登记手续、权属证书以及抵押登记手续。限期办理前述登记，是J公司和购房人的一项主要合同义务，也是对S行E支行债权实现的保障，更是S行E支行同意放款的前提。J公司和购房人违反该等约定的，S行E支行有权宣布贷款立即到期，要求购房人立即清偿借款本息及相关费用，并要求J公司承担连带清偿责任。一审法院以S行E支行没有向C发出限期办证通知为由，认定C和J公司不存在逾期办证的情形，属认定事实错误。C和J公司的办证义务并不以S行E支行是否发出办证通知为转移或者免除。根据《担保法》第6条"本法所称保证，是指保证人和债权人约定，当债务人不履行债务时，保证人按照约定履行债务或者承担责任的行为"、《民法典》第681条"保证合同是为保障债权的实现，保证人和债权人约定，当债务人不履行到期债务或者发生当事人约定的情形时，保证人履行债务或者承担责任的合同"的规定，我国相关法律并未要求债权人在债务人不履行债务时必须发出债务到期的通知，才能要求保证人承担保证责任。本案中，J公司和购房人均未按照约定办妥涉案房屋的抵押预告登记手续、权属证书以及抵押登记手续，S 行 E 支行有权根据法律规定和贷款合作协议的约定要求保证人按照约定履行债务或承担保证责任。

5. S 行 E 支行要求 J 公司承担保证责任，无需以《借款合同》解除或涉案借款被宣布立即到期为前提条件。综上，本案借款人 C 存在逾期还款和逾期办证的违约行为，J 公司也未按照协议约定履行相关的办证义务。根据两份贷款合作协议、《借款合同》的约定，S 行 E 支行有权要求借款人 C 立即清偿贷款本息，也有权要求保证人即 J 公司立即承担连带保证责任、立即清偿全部贷款本息。根据《民法典》第 688 条和《担保法》第 18 条第 2 款"连带责任保证的债务人在主合同规定的债务履行期届满没有履行债务的，债权人可以要求债务人履行债务，也可以要求保证人在其保证范围内承担保证责任"、《最高人民法院关于适用〈中华人民共和国担保法〉若干问题的解释》第 126 条"连带责任保证的债权人可以将债务人或者保证人作为被告提起诉讼，也可以将债务人和保证人作为共同被告提起诉讼"的规定，S 行 E 支行可以自由选择先起诉谁以实现债权，也可以同时起诉债务人和保证人，无论 S 行 E 支行选择起诉 C 还是 J 公司，其都应当清偿全部债务。S 行 E 支行选择先起诉保证人，未违反法律规定。一审法院认为 S 行 E 支行未向借款人 C 宣布贷款立即到期，未解除《借款合同》，故 S 行 E 支行无权要求 J 公司承担保证责任，明显适用法律错误。首先，J 公司就 C 所涉债务承担的是连带保证责任，并非一般保证，无需 S 行 E 支行先向 C 主张债权，无需 S 行 E 支行必须向 C 穷尽一切法律途径仍不能实现债权后，方能向 J 公司主张承担保证责任。其次，根据我国法律规定，S 行 E 支行具有选择权，有权选择要求债务人履行义务或要求保证人承担保证责任，并没有要求以 S 行 E 支行与借款人 C 之间的法律关系处理结果作为前提条件。最后，C 是否继续按照《借款合同》的约定履行还款义务，与 J 公司承担保证责任并不冲突，S 行 E 支行的债权金额有法律规定和合同约定，可以明确计算，S 行 E 支行作为受监管的金融机构，亦不会多收任何一分本息。如 C 继续偿还部分贷款本息，则 J 公司所应当承担的保证责任相应减少，J 公司所享有的向 C 追偿的金额也相应减少，但二者之间并不冲突。综上，S 行 E 支行有权仅以 J 公司为被告提起诉讼，要求其承担保证责任。

J 公司在二审中无答辩意见，一审中未出庭参加诉讼，视为放弃抗辩和质证权利。

法院观点

一审法院观点：本案属保证合同纠纷。S 行 E 支行于 2020 年 11 月 18 日向 J 公司发出《催告函》，但 J 公司未在 2020 年 12 月 18 日前履行代偿义务。因本案违约事实发生于《民法典》实施以前，根据《民法典时间效力规定》第 1 条第 2 款 "民法典施行前的法律事实引起的民事纠纷案件，适用当时的法律、司法解释的规定，但是法律、司法解释另有规定的除外" 的规定，本案应当适用《合同法》《担保法》的有关规定处理。

《担保法》第 6 条规定："本法所称保证，是指保证人和债权人约定，当债务人不履行债务时，保证人按照约定履行债务或者承担责任的行为。"S 行 E 支行与 J 公司签订的《楼宇抵押贷款合作协议》和《楼盘按揭贷款合作协议》是双方真实的意思表示，内容没有违反法律规定，为有效合同。J 公司为 C 的购房贷款向 S 行 E 支行提供阶段性连带责任保证，S 行 E 支行主张 J 公司承担连带清偿的保证责任，应当审查债务人 C 是否违反《借款合同》约定或者 J 公司是否违反《楼宇抵押贷款合作协议》《楼盘按揭贷款合作协议》的约定。

首先，S 行 E 支行未提供证据证明 C 有违约行为，C 与 S 行 E 支行的《借款合同》仍然在履行当中，C 也在正常偿还贷款本息。其次，虽然《借款合同》中约定 C 有及时办理涉案房屋抵押登记的合同义务，但该合同约定，C 应在 S 行 E 支行要求的时限内办理。S 行 E 支行未提供证据证明其向 C 催告办理抵押登记手续及提出办理时限，故 C 未办理抵押登记手续没有违反合同约定。再次，S 行 E 支行未向 C 宣告涉案《借款合同》的债务全部到期及要求其偿还余下本息，涉案《借款合同》尚未解除，C 仍有权按照合同约定分期偿还借款本息。故 S 行 E 支行主张 J 公司一次性全额代偿 C 的债务依据不足。最后，《楼宇抵押贷款合作协议》《楼盘按揭贷款合作协议》均没有明确约定，J 公司在规定的时间未能办妥抵押登记或预告登记手续即要承担相应的连带保证责任。《楼盘按揭贷款合作协议》约定，若甲方不能在承诺的时限内办妥上述手续，乙方有权在甲方账户中扣收与借款人所欠贷款本息相当的款项，该约定中的所扣收款项并非用于清偿债务人的债务，而是要求 J 公司继续为债务人的债务提供物的担保。因此，S 行 E 支行据该约定主张 J 公司对借款人所欠本息承担保证责任，依据不足。

综上，虽然 S 行 E 支行向 J 公司发出了《催告函》，但其主张 J 公司代偿借款人贷款本息及实现债权与担保权而发生的相关费用，并未符合法律规定或者合同约定的保证人承担保证责任的条件。S 行 E 支行主张 J 公司清偿借款人贷款本息 322951.89 元，依据不足，一审法院不予支持。S 行 E 支行为本案诉讼支付的律师费 23147 元，不应由 J 公司承担，故一审法院不予支持。

二审法院观点：本案为保证合同纠纷。根据《民事诉讼法》第 168 条①"第二审人民法院应当对上诉请求的有关事实和适用法律进行审查"、《民事诉讼法解释》第 323 条"第二审人民法院应当围绕当事人的上诉请求进行审理。当事人没有提出请求的，不予审理，但一审判决违反法律禁止性规定，或者损害国家利益、社会公共利益、他人合法权益的除外"的规定，本院仅针对 S 行 E 支行的上诉请求范围进行审查。本案二审的争议焦点为：J 公司应否承担保证责任。

关于 J 公司应否承担保证责任的问题。S 行 E 支行上诉主张借款人 C 存在未按时足额偿还贷款本息的违约行为，J 公司、C 均未按照约定办妥涉案房屋预告登记手续、权属证书及抵押登记手续，《楼宇抵押贷款合作协议》和《楼盘按揭贷款合作协议》的约定合法有效，J 公司应按《楼宇抵押贷款合作协议》和《楼盘按揭贷款合作协议》的约定承担连带保证责任。经审查，S 行 E 支行与 J 公司签订的《楼宇抵押贷款合作协议》和《楼盘按揭贷款合作协议》为双方当事人真实意思表示，不违反法律强制性规定，为有效合同。根据《楼宇抵押贷款合作协议》《楼盘按揭贷款合作协议》的约定，J 公司作为保证人为购房人贷款提供阶段性保证。所谓阶段性保证，其本意就是保证人 J 公司为购房人在该阶段内（自借款合同签订之日起至借款人办妥以贷款人建行 E 支行为抵押权人的抵押登记手续止）向购房人履行还款义务提供保证。本案中，S 行 E 支行主张购房人 C 存在未按时足额偿还借款本息的违约行为，但并未依据其与 C《借款合同》中的相关约定宣布贷款立即到期，并要求借款人 C 立即清偿借款本息及相关费用，根据其与 J 公司签订的《楼盘按揭贷款合作协议》第 5 条第 1 项"如果本协议项下每笔个人住房（商业用房）贷款的《借款合同》债务到期或者乙方（即 S 行 E 支行）根据《借款合同》的

---

① 对应现行《民事诉讼法》第 175 条。

约定或法律规定宣布债务提前到期，借款人未按时足额履行，或者借款人违反《借款合同》的其他约定，甲方应在保证范围内立即承担连带保证责任"的约定和《担保法》第6条"本法所称保证，是指保证人和债权人约定，当债务人不履行债务时，保证人按照约定履行债务或者承担责任的行为"的规定，S行E支行主张J公司承担保证责任的条件尚未成就，其该上诉请求，理据不足，本院不予支持。至于S行E支行主张J公司、C均未按照约定办妥涉案房屋的抵押预告登记手续、权属证书及抵押登记手续，其有权要求保证人J公司按照约定履行债务或承担保证责任的问题。本案中，各方当事人并未办妥房屋抵押（备案）手续，根据《楼盘按揭贷款合作协议》第6条第5项"实行阶段性担保放款服务，甲方（即J公司）应在乙方（即S行E支行）发放贷款之日起60个工作日内办妥抵押权预告登记手续，将《不动产登记证明》（抵押登记或抵押权预告登记）交由乙方保管，并应自能够进行不动产登记日起六个月内办妥《不动产权证书》（房地产权证）和《不动产登记证明》（他项权利证书）交由乙方保管；若甲方不能在承诺的时限内办妥上述手续，乙方有权在甲方账户中扣收与借款人所欠贷款本息相当的款项；若因乙方主观原因未能在规定的时限内办妥上述手续，乙方不得直接扣划甲方的保证金"的约定，"若甲方（即J公司）不能在承诺的时限内办妥上述手续，乙方（即S行E支行）有权在甲方账户中扣收与借款人所欠贷款本息相当的款项"应理解为J公司无法办妥相关抵押手续时，J公司仍需为借款人履行偿还债务的责任，前提应为借款人无法偿还借款，而S行E支行并未宣布借款人C债务提前到期，故其主张依据上述约定要求J公司履行保证责任，理由不充分，本院不予支持。

综上所述，S行E支行的上诉请求不能成立，应予驳回。一审判决认定事实清楚，适用法律正确，应予维持。

律师点评

本案系一起由开发商同贷款银行之间的保证合同纠纷引起的关于开发商阶段性担保责任承担条件及形式的案例。贷款银行基于其同借款者订立的《借款合同》以及其与开发商订立的《楼宇抵押贷款合作协议》和《楼盘按揭贷款合作协议》，向开发商主张要求其就借款者欠付银行的款项承担连带清偿责任，但因几份协议设置的行权前置条件尚未成就而被两级法院接连驳回。

笔者就本案做如下分析和点评：

一、开发商阶段性担保概述

为配合银行办理住房贷款，开发商往往需要为购房人向银行承担阶段性担保责任，即从银行发放贷款之日起，至抵押权证办理完毕之日止，对购房人的还款义务和违约责任承担连带保证义务。开发商阶段性担保的出现，是为解决期房买卖过程中，在买受人尚未获得房屋产权不能办理抵押权登记的阶段，银行不愿承担无担保放款的风险，导致买受人无法通过按揭贷款的方式买房的困境。故开发商选择在该阶段为期房按揭贷款提供连带保证责任，其主要是为买受人提供足够的增信措施从而促进自身期房销售业务，是三方利益之平衡。本案中，购买J公司开发的楼盘M花园第7幢903号房的购房者C，因为无法达成一次性支付标的房屋总售价535306元的条件，其选择了首付加银行按揭的付款方式，就其无法于首付阶段支付的374000元，通过银行贷款的形式实现支付。而提供贷款的S行E支行就该笔借款，为化减购房者/借款人C后期无法偿付的风险，在此之外还同开发商J公司订立了《楼宇抵押贷款合作协议》《楼盘按揭贷款合作协议》。S行E支行期以前述协议获得J公司为借款人C就《借款合同》形成的违约责任承担连带清偿责任。J公司的担保期限自S行E支行将每个借款人发放的贷款资金划入J公司的指定银行账户之日起，至个人住房贷款的《借款合同》项下抵押人已将办妥的房屋产权《不动产权证书》等相关权属证书以及已办抵押权登记的《不动产登记证明》交由S行E支行核对无误、收执之日为止。J公司为借款人提供的担保形式即为开发商阶段性担保。

本案中，一审法院及二审法院均对《楼宇抵押贷款合作协议》和《楼盘按揭贷款合作协议》的合法性及有效性做出了正面评价，均认为J公司应当按照《楼宇抵押贷款合作协议》《楼盘按揭贷款合作协议》的约定，为C的购房贷款向S行E支行承担阶段性连带保证责任，证明开发商阶段性担保模式上的合规性。而该担保模式在实践中的可行性则很大程度上仰赖于有关保证责任的范围、保证责任承担的前提等关键内容在条款设置上的逻辑性及合理性，以及在具体操作中的落实。

二、贷款银行未按约履行己方义务，阻却了开发商阶段性担保责任触发条件的成就

本案中，法院判断J公司是否应当按约须向S行E支行承担连带清偿保

证责任的关键为两点：（1）审查债务人C是否违反《借款合同》约定；（2）审查J公司是否违反《楼宇抵押贷款合作协议》《楼盘按揭贷款合作协议》的约定。

从第1点分析，借款人C同S行E支行仍在履行两方之间的《借款合同》，C在正常偿还贷款本息，S行E支行未能有效证明C在《借款合同》项下存在违约行为。此外，S行E支行拟通过《借款合同》约定的违约情形主张C存在违约责任，但未能按照合同约定落实处罚C违约情形的先决条件，即未向C书面正式提出要求办理案涉房屋抵押登记的时限、尽到己方合理的催告义务，也未向C正式行使其单方解除权、宣告《借款合同》解除、要求C还付余下所有本息。S行E支行的处理不当导致若严格按照合同约定，C实则并未构成违约。

从第2点分析，S行E支行与J公司签订的《楼盘按揭贷款合作协议》的第5条第1项明确约定：如果本协议项下每笔个人住房（商业用房）贷款的《借款合同》债务到期或者乙方（即S行E支行）根据《借款合同》的约定或法律规定宣布债务提前到期，借款人未按时足额履行，或者借款人违反《借款合同》的其他约定，甲方应在保证范围内立即承担连带保证责任。也就是说，S行E支行要求J公司承担阶段性担保责任的合同约定的前提条件为"S行E支行宣布债务提前到期"+"借款人未按时足额履行"，或者"借款人违反《借款合同》的其他约定"。如前述分析，S行E支行未能证明C存在其他违约情形，也并未严格按照《借款合同》中的相关约定宣布贷款立即到期，并要求借款人C立即清偿借款本息及相关费用。此外，根据《担保法》的规定，保证人承担责任的基础前提为"债务人不履行债务"，而S行E支行无法证明该点。因此，S行E支行虽有多份合同项下设置的阶段性担保模式的风险保护机制，但须为其未能落实触发阶段性担保责任条件的不作为承担行权不能的责任。而从《楼盘按揭贷款合作协议》第6条第5项的约定看，该款约定J公司须就承担阶段性担保责任的前提也是借款人C未支付到期的借款本息，而非J公司未办妥相关手续。J公司未办妥相关手续是其仍有承担阶段性担保义务的期限条件，而非触发该担保责任、J公司须承担该担保责任的条件。

三、由本案延伸分析开发商承担阶段性担保责任的风险及预防措施

（一）开发商承担阶段性担保责任的几类风险

1. 购房人断供，同时房屋被第三方债权人查封，银行放弃抵押/预抵押权

购房人若债务状况急剧恶化，除了可能被银行进行贷款催收外，往往还伴有向第三方债权人借款的情况。由于银行的催收、诉讼程序时间较长，第三方债权人往往会先于银行查封房屋。此时若银行考虑到坏账率的控制因素，为尽快收回贷款本息，银行可能选择直接向开发商主张还款义务。从四大行的标准房贷合同条款来看，银行一般会约定自身具有选择权，除预抵押/抵押权外，可以同时或单独向开发商主张担保权利。而开发商一般现金较为充足，银行省却了拍卖房屋的时间。在此等情况下，开发商被迫代购房人还款，而后却并未得到关于此房屋的抵押权/预抵押权，即丧失了任何优先受偿房屋拍卖款的机会，只能作为一般债权人与其他债权人分配拍卖款。再加上开发商不是该房屋的首封权利人，可能更加被动，债权受偿比例甚至尚不及第三方债权人。

2. 为配合银行放款，将房屋预告登记/过户于购房人，但银行最终并未放款

根据目前银监会的意见，银行必须在取得房屋预抵押/抵押权证后才能放款，取消了之前部分银行实行的收件收据放款制度。这造成从开发商将房屋办理预告登记/过户给购房人起，至取得贷款部分的房款时止，此段风险窗口期的时间被大大延长。银行的房贷合同中往往约定，若该房屋被司法查封，则银行有权选择不予发放贷款。而一旦开发商将房屋办理预告登记/过户给购房人，该房屋即有可能被第三方债权人查封。此类情况有时是巧合，也有购房人与第三方债权人恶意串通的可能。银行一旦决定最终不予发放贷款，开发商只能选择向查封法院提出异议，但法院往往认为应当以物权预登记/登记信息为准，自身查封程序正当，裁定异议不能成立。此时，开发商只能作为一般债权人，与第三方债权人分配房屋拍卖款。同样地，第三方债权人因占据首封的有利地位，债权获偿比例可能高于开发商。

当然，对于预告登记、预抵押、预查封的效力问题可能不同地区的法院存在不同的认识，本文中暂不做讨论，权且比照现房的过户、抵押、查封来对待。

3. 部分地区的房地产交易中心尚无预告登记和预抵押制度，造成银行首选开发商承担担保责任

我国《民法典》规定了预告登记制度，但实践中的预告登记与《民法典》的条款规定有一定差距——前者往往可以在很大程度上等同于正式的物权登记，很多法院在查封时也基本等同于物权登记，并且可以直接拍卖；后

者仅是一项临时登记措施,"预告登记后,债权消灭或者自能够进行不动产登记之日起三个月内未申请登记的,预告登记失效"。而《民法典》本身未对预抵押制度作出规定,因此其效力也存在一定争议。根据目前北京、上海、广州等一线城市的判例来看,除非预抵押本身存在瑕疵,绝大多数情况下,银行作为预抵押权人均享受到了期房拍卖款的优先受偿权。

但在部分二、三线城市,房地产市场虽然已经较为繁荣,但房地产交易中心迟迟未能推出预告登记和预抵押登记。然而这些地区的法院却往往认为期房属于可以查封的财产,并可以将期房直接拍卖。此时银行发放贷款后,由于没有预抵押权利,只能选择要求开发商承担担保义务。开发商代购房人还款后,没有任何对拍卖款的优先受偿权。

4. 风险成因的概括

在期房/现房的销售中,理想状态是购房资金在购房人、银行、开发商三方之间流转。在这种理想状态下,只有两种风险——房价下跌和楼房烂尾。为防止房价下跌后购房人丧失偿还能力,银行限定了首付款的比例,以首套房30%为例,只要房价下跌不超过30%,则银行一定可以通过拍卖房屋获得本息还款。这里的前提是房屋最终建成才可以拍卖,所以银行又必须要求开发商承担阶段性担保责任,初衷正是基于楼房烂尾之虞,若购房人丧失偿还能力,银行的房贷款转入了开发商的账户,开发商必须保证项目建成,因此开发商为购房人承担阶段性担保义务成为逻辑上的必然结果。

然而现实有时是不"理想"的。上述理想状态没有考虑到第三方债权人的加入问题。第三方债权人的加入,打破了购房资金在购房人、银行、开发商三方之间流转。假设不考虑房价的上涨,第三方债权人不管因何原因,只要其受偿款项大于购房人首付款,则必然造成资金短缺。银行利用其资金优势地位,在格式合同中将相关风险踢给了开发商。这是开发商在阶段性担保责任中发生风险的根源。

(二) 预防措施

1. 与银行签署补充协议,保护开发商自身权益

鉴于贷款银行往往迫于总行和监管机构的各种严格要求,拒绝对房贷合同条款作出任何修改,故与贷款银行签署补充协议是可行性较高的做法。补充协议的要点在于:(a)要求银行不得放弃预抵押/抵押权利;(b)锁定银行放款时限,减小开发商的风险窗口期;(c)建立信息共享机制,对断供购

房人所购房屋争取到首封权利。

2. 场内银行

开发商应当与相关房贷银行建立稳定、可靠的合作关系，即所谓的"场内银行"（关于涉及市场监督管理局/工商局执法范围内的捆绑销售或其他不正当竞争问题，本文限于篇幅暂且不论）。与银行信贷员联系的，一般是开发商的销售员，限于级别和专业信息不对称等因素，销售员传达给开发商决策部门的信息有时可能是不准确的。信贷员永远都说"快了，快了，两天就好"，销售员基本都在说"老板放心，都搞定了"。等到开发商发觉风险的时候，很可能房屋已经被第三方债权人查封了。而场内银行可以准确地告知开发商购房人的信用问题、发放贷款的准确时间等关键信息。

3. 律师专项服务

由于各个地区的交易登记制度、银行的房贷合同条款、开发商的购房合同内容不同，在此难以对所有的风险预防措施有针对性地进行一一列举。但经过我们的多年实践证实，由律师团队为开发商的售房过程提供专项法律服务，包括修订售房合同、参与和银行的谈判及签订补充协议、针对高风险客户的律师预警提示等，可以有效减少开发商的相关风险。

9.5 国有土地上房屋征收补偿过程中，如何对房屋使用性质进行认定

——霍某英诉S市X区人民政府房屋征收补偿决定案[①]

> **关 键 词**：征收补偿，房屋性质，补偿标准
>
> **问题提出**：如何界定被征收房屋是否属于居住房屋？
>
> **裁判要旨**：国有土地上房屋征收补偿过程中，对房屋使用性质的认定应当以房屋登记簿等原始权利记载为前提。房屋变更使用性质的，应当提供有权机关批准变更的文件，并结合房屋实际使用情况进行认定。不能提供批准文件的，房屋性质仍按照原有记载予以认定。

[①] 一审：上海市黄浦区人民法院（2013）黄浦行初字第350号，参见《最高人民法院发布人民法院征收拆迁十大案例》，载《最高人民法院公报》2016年第2期。

案情简介

原告：霍某英

被告：S市X区人民政府

第三人：S市X区住房保障和房屋管理局、孙某某（系原告之子）、陈某某、孙某某（系第三人孙某某之子）

S市S路281—283号283#二层统间系原告霍某英租赁的公有房屋，房屋类型旧里，房屋用途为居住，居住面积11.9平方米，折合建筑面积18.33平方米。该户在册户口4人，即霍某英、孙某某、陈某某、孙某某。因S市X区116地块（西块）旧城区改建的公共利益需要，2012年6月2日，被告S市X区人民政府（以下简称：X区政府）作出X府征[2012]2号房屋征收决定，并将决定及补偿方案在征收范围内进行了公告，原告霍某英户居住房屋位于征收范围内。经选举产生的评估公司评估，霍某英户承租房屋房地产单价因低于该项目评估均价，故对霍某英户的承租房屋房地产单价按该地块平均单价25861.08元/m^2计算。房屋征收部门向霍某英户送达估价分户评估报告后，因其未在规定期限内申请复估、鉴定，X区房管局向S市房地产估价师协会房地产估价专家委员会申请鉴定。2013年1月5日，霍某英户对是否需要鉴定不作表态，并拒绝在要求鉴定意见征询单上选择和签字。同月9日，专家委员会组织专家组前往现场勘查，因霍某英户家中无人，专家无法入户勘查，遂鉴定终止。X区房管局根据《S市国有土地上房屋征收与补偿实施细则》（以下简称：《实施细则》）和房屋征收补偿方案的规定，核定原告户可得货币补偿款、价格补贴、套型面积补贴合计909353.16元；另可得不选购本项目安置房源补贴300000元、无认定建筑面积以外使用面积补贴100000元、面积奖励费91650元、搬家补助费500元等。X区房管局提供了S市D路121弄3号××室和同弄22号××室两处房源供原告户选择其一，但原告户未接受上述安置方案。

因双方未能在征收补偿方案确定的签约期限内达成补偿协议，2013年4月11日，X区房管局向被告X区政府报请作出房屋征收补偿决定。被告受理后于同月16日召开审理协调会，因霍某英户自行离开会场致协调不成。被告经审查核实了相关证据材料，查清房屋征收补偿的事实后，认定第三人提出的以房屋产权调换方式安置原告户S市D路121弄3号××室房屋一套并结算差价等的具体安置方案合法、适当，遂依据《国有土地上房屋征收与补偿条例》第26条、《实施细则》第42条、《S市国有土地上房屋征收补偿决定的若干规定》等规定以及征收补偿方案，于2013年4月23日作出HX府房征补〔2013〕010号房屋征收补偿决定，将房屋征收补偿决定书送达原告户并在房屋征收范围内予以公告。原告收悉后不服，向S市人民政府申请行政复议，行政复议机关于2013年9月5日作出维持决定。原告仍不服，遂向S市X区人民法院提起行政诉讼，要求撤销被诉征收补偿决定。S市X区人民法院依照《最高人民法院关于执行〈中华人民共和国行政诉讼法〉若干问题的解释》第56条第4项之规定①，判决驳回原告霍某英的诉讼请求。一审宣判后，原告未提起上诉。

各方观点

霍某英观点：首先，被诉房屋征收补偿决定认定事实有误，原告经营公司应当给予补偿，原告户居住困难应给予补贴，征收过程中原告既没有收到分户评估报告，也没有收到《要求鉴定意见征询单》。其次，原告户出席了被告召开的征收审理协调会，会议过程中原告因惧怕被不明身份人员殴打而逃走，因此，协商不成的责任在于房屋征收部门。被告所作征收补偿决定认定事实不清，行政程序违法，损害了原告的合法权益，请求法院判决撤销被告作出的房屋征收补偿决定，并责令其重新作出具体行政行为。

X区政府观点：S市X区住房保障和房屋管理局因与原告户协商不成，向被告报请作出房屋征收补偿决定，被告在法定期限内依据房屋征收法律规范和征收补偿方案作出被诉房屋征收补偿决定。原告户虽出席了被告召开的征收审理协调会，但中途无故离开致征收双方协商不成。被诉具体行政行为认定事实清楚，证据确凿，程序合法，适用法律正确，请求法院判决维持。

法院观点

一审法院认为，被告具有作出被诉房屋征收补偿决定的行政职权，被诉房屋征收补偿决定行政程序合法，适用法律规范正确，未损害原告户的合法权益。本案的主要争议在于原告户的被征收房屋性质应认定为居住房屋还是

---

① 已于2018年2月8日被《最高人民法院关于适用〈中华人民共和国行政诉讼法〉的解释》废止。

非居住房屋。经查，孙某某为法定代表人的杨某公司、基某公司的住所地均为本市 J 区，虽经营地址登记为本市 S 路 281 号，但两公司的营业期限自 2003 年 12 月起至 2008 年 12 月止，且原告承租公房的性质为居住。原告要求被告就孙某某经营公司给予补偿缺乏法律依据，征收补偿方案亦无此规定，被诉征收补偿决定对其以居住房屋进行补偿于法有据。据此，法院判决驳回原告的诉讼请求。

关联案例 1

> **案件名称**：洪某祥等与上海市 X 区人民政府征收补偿决定案
> **审理法院**：最高人民法院（2016）最高法行申 2032 号①
> **裁判观点**：关于房屋经营属性的认定问题，按照《关于贯彻执行〈上海市国有土地上房屋征收与补偿实施细则〉若干具体问题的意见》（沪房管规范征 [2012] 9 号）第 7 条第 2 项以及被征收房屋所在地块补偿安置方案第 4 条的规定，公有房屋承租人与公有房屋出租人签订了公有非居住房屋租赁合同，建立了公有非居住房屋租赁关系的，可以认定为非居住房屋，本案中上诉人户作为公有住房承租人未与出租人签订非居住房屋租赁合同，原 Y 区政府将其房屋认定为居住房屋，并无不当。

关联案例 2

> **案件名称**：乔某与 X 市人民政府撤销房屋征收补偿决定纠纷一审行政判决书
> **审理法院**：辽宁省沈阳市中级人民法院（2019）辽 01 行初 737 号②
> **裁判观点**：本院认为，被诉补偿决定对原告 78 ㎡有证房屋按照住宅房屋进行补偿，属认定事实不清、证据不足，且有违公平原则。本案中，原告有证房屋系其与前妻赵某离婚财产分割后重新登记取得，原登记房屋（130 ㎡）证载房屋使用性质为"饭店"；原告重新办理的现房屋所有权证（78 ㎡）的使用性质记载空白，赵某房屋登记申请表（2007 年）记载房屋的设计用途为商住。此外 X 市征收办对赵某及与原告同在 X 市 L 街八里铺企业村的李某等被征收人房屋按照商业性质房屋予以补偿。结合以上事实，本院认为，房屋的使用性质应以房屋所有权证记载为准，但在原告房屋所有权证系变更登记取得、房屋初始登记记载的使用性质为"饭店"，且被告亦

---

① 本案裁判观点由作者加工整理而成。
② 载中国裁判文书网，https://wenshu.court.gov.cn/website/wenshu/181107ANFZ0BXSK4/index.html?docId=a7081fd38da44f97a270ac0000aff61a，最后访问时间：2022 年 6 月 26 日。

> 认可原告使用案涉房屋经营小吃部这一事实情况下，被告未依法调查并证明原告有证房屋实际用途与初始登记的使用性质不一致或案涉房屋规划审批发生变化，径行将原告有证房屋认定为住宅房屋，属认定事实不清、证据不足。另外，被告在房屋征收部门对赵某及与原告房屋相邻、情况相似的其他被征收人有证房屋按照商用房屋予以补偿情况下，仅以原告未办理土地出让手续为由，即对原告房屋按照住宅房屋进行补偿，有违公平原则。如原告房屋确涉及办理出让手续或补缴费用问题，被告或房屋征收部门可要求原告履行相关义务再行依法补偿，但不能仅以此为由剥夺原告获得公平补偿的资格。

律师点评

2011年1月21日，《国有土地上房屋征收与补偿条例》开始施行。该条例公开征集意见数量极多、公众参与度极高。这一方面说明随着法律意识逐渐提高，公众对立法的参与热情也逐渐提高；另一方面也反映出因为对私有财产的征收涉及者众，又加之在房屋拆迁过程中爆发的事件（案件）数量多、影响大、冲突激烈，使得大家普遍关注这一部关系到切身利益的行政法规。

一、房屋拆迁（征收）法律的制定与适用沿革

我国涉及房屋拆迁（征收）的法律制定与适用经历了四个主要阶段：

第一阶段，1991年6月1日前，国内缺乏全国性的关于城市房屋拆迁管理的专门立法，城市房屋拆迁往往是由各地制订的政策性文件等规范性文件进行调整。1983年12月17日国务院发布的《城市私有房屋管理条例》第4条规定："城市私有房屋因国家建设需要征用拆迁时，建设单位应当给予房屋所有人合理的补偿，并按房屋所在地人民政府的规定对使用人予以妥善安置。被征用拆迁房屋的所有人或使用人应当服从国家建设的需要，按期搬迁，不得借故拖延。"[①] 具体实践中，由于在住房制度改革前城市居民房屋以公房为主，拆迁管理的矛盾并不突出。国务院于1988年2月25日发布了《国务院关于印发在全国城镇分期分批推行住房制度改革实施方案的通知》，提出了我国城镇住房制度改革的目标是：按照社会主义有计划的商品经济的要求，实现住房商品化。从改革公房低租金制度着手，将现在的实物分配逐步改变为货币分配，由住户通过商品交换，取得住房的所有权或使用权，使住房这个

---

① 已于2008年1月15日被《国务院关于废止部分行政法规的决定》废止。

大商品进入消费品市场，实现住房资金投入产出的良性循环，从而走出一条既有利于解决城镇住房问题，又能够促进房地产业、建筑业和建材工业发展的新路子。自此，随着住房制度改革推行带来的住房私有化逐步推广实现，城市房屋拆迁过程中的相关纠纷随之出现，城市房屋拆迁立法滞后带来的矛盾逐渐显现。

第二阶段，1991年6月1日起《城市房屋拆迁管理条例》（第78号令）[①]开始施行，该条例是我国第一部城市房屋拆迁管理的专门性行政法规。该条例第2条规定"凡在城市规划区内国有土地上，因城市建设需要拆迁房屋及其附属物的，适用本条例"，从而将城市规划区内国有土地上房屋及附属设施的拆迁纳入了管理范畴。由于缺乏相应配套措施和管理经验，该条例第42条同时规定"省、自治区、直辖市人民政府可以根据本条例制定实施细则"，从而给不同地区适用不同的拆迁条件和标准留下了空间。以上海为例，作为制定地方配套政策较为完善的地区，上海市人民政府1991年7月19日发布了《上海市城市房屋拆迁管理实施细则》，1997年4月22日发布了《上海市个体工商户营业用房拆迁安置补偿办法》，1997年12月8日发布了《上海市危棚简屋改造地块居住房屋拆迁补偿安置试行办法》[②]。

第三阶段，2001年11月1日起新《城市房屋拆迁管理条例》（第305号令）[③]开始施行，第305号令对于第78号令施行期间矛盾集中的问题进行了部分修订，主要变化包括四个方面：一是将拆迁补偿的标准从按被拆迁房屋的重置价结合成新结算，修改为根据被拆迁房屋的区位、用途、建筑面积等因素，以房地产市场评估的价格确定货币补偿的金额。二是明确了被拆迁人为房屋的所有人，拆迁补偿主要针对房屋所有人进行。但同时房屋拆迁兼顾对使用人的安置，规定了在签订拆迁协议之前，能够解除租赁关系的，对房屋所有人进行补偿，解除不了租赁关系的，实行产权调换，在租赁协议中约定拆迁解决办法的，从其约定。三是增加了被拆迁人对补偿方式的选择权，第305号令规定，除了拆除非公益事业房屋的附属物、被拆迁人与房屋承租

---

① 几经修订，最终于2011年1月21日被《国有土地上房屋征收与补偿条例》废止。
② 上述三政策均已于2001年11月1日被《上海市城市房屋拆迁管理实施细则》（2001）废止，而后《上海市城市房屋拆迁管理实施细则》（2001）被2011年10月10日上海市政府印发的《上海市国有土地上房屋征收与补偿实施细则》废止。
③ 已于2011年1月21日被《国有土地上房屋征收与补偿条例》废止。

人不能达成一致解除租赁协议的情况之外，被拆迁人可以选择拆迁补偿方式。四是加大了对违法行为的处罚力度。

第四阶段，2011年1月21日起《国有土地上房屋征收与补偿条例》开始施行，该条例第4条第1款规定"市、县级人民政府负责本行政区域的房屋征收与补偿工作"。自此，国有土地上房屋拆迁（征收）管理方式发生了重大改变，城市房屋的拆迁管理变为国有土地上房屋的征收，确立了非公共利益不征收的原则，并严格限定了公共利益的范围①。而征收主体改为县、市级人民政府代表国家实施征收，结束了政府既当裁判员又当运动员的拆迁管理模式。房屋征收，实质是特殊形式的房屋转让，是国家对于个人、法人或其他组织合法所有的房屋通过征收的方式进行所有权转移，从而同时收回国有土地使用权的行为。为正确执行《国有土地上房屋征收与补偿条例》，最高人民法院于2012年3月26日颁布了《最高人民法院关于办理申请人民法院强制执行国有土地上房屋征收补偿决定案件若干问题的规定》，该规定着重从管辖、程序、审查内容等方面对依法正确办理市、县级人民政府申请人民法院强制执行国有土地上房屋征收补偿决定（以下简称：征收补偿决定）案件，维护公共利益作出了规定，充分考虑了对被征收人合法权益的多重保护。

二、房屋拆迁纠纷案件的类型

人民法院受理房屋拆迁、补偿、安置的案件，分为两种类型：第一种，行政案件，公民、法人或者其他组织对人民政府或者城市房屋主管行政机关依职权作出的有关房屋拆迁、补偿、安置等问题的裁决不服，依法向人民法院提起诉讼的，人民法院应当作为行政案件受理；第二种，民事案件，拆迁人与被拆迁人因房屋补偿，安置等问题发生争议，或者双方当事人达成协议后，一方或者双方当事人反悔，未经行政机关裁决，仅就房屋补偿、安置等问题，依法向人民法院提起诉讼的，人民法院应当作为民事案件受理。

2017年7月1日实施的《行政诉讼法》中第12条关于受案范围的规定：

---

① 《国有土地上房屋征收与补偿条例》第8条："为了保障国家安全、促进国民经济和社会发展等公共利益的需要，有下列情形之一，确需征收房屋的，由市、县级人民政府作出房屋征收决定：（一）国防和外交的需要；（二）由政府组织实施的能源、交通、水利等基础设施建设的需要；（三）由政府组织实施的科技、教育、文化、卫生、体育、环境和资源保护、防灾减灾、文物保护、社会福利、市政公用等公共事业的需要；（四）由政府组织实施的保障性安居工程建设的需要；（五）由政府依照城乡规划法有关规定组织实施的对危房集中、基础设施落后等地段进行旧城区改建的需要；（六）法律、行政法规规定的其他公共利益的需要。"

"人民法院受理公民、法人或者其他组织提起的下列诉讼：（一）对行政拘留、暂扣或者吊销许可证和执照、责令停产停业、没收违法所得、没收非法财物、罚款、警告等行政处罚不服的；（二）对限制人身自由或者对财产的查封、扣押、冻结等行政强制措施和行政强制执行不服的；（三）申请行政许可，行政机关拒绝或者在法定期限内不予答复，或者对行政机关作出的有关行政许可的其他决定不服的；（四）对行政机关作出的关于确认土地、矿藏、水流、森林、山岭、草原、荒地、滩涂、海域等自然资源的所有权或者使用权的决定不服的；（五）对征收、征用决定及其补偿决定不服的；（六）申请行政机关履行保护人身权、财产权等合法权益的法定职责，行政机关拒绝履行或者不予答复的；（七）认为行政机关侵犯其经营自主权或者农村土地承包经营权、农村土地经营权的；（八）认为行政机关滥用行政权力排除或者限制竞争的；（九）认为行政机关违法集资、摊派费用或者违法要求履行其他义务的；（十）认为行政机关没有依法支付抚恤金、最低生活保障待遇或者社会保险待遇的；（十一）认为行政机关不依法履行、未按照约定履行或者违法变更、解除政府特许经营协议、土地房屋征收补偿协议等协议的；（十二）认为行政机关侵犯其他人身权、财产权等合法权益的。除前款规定外，人民法院受理法律、法规规定可以提起诉讼的其他行政案件。"

土地征收补偿是指政府依法征收农村集体所有的土地所给予的补偿。根据《土地管理法》的规定，征收土地的按照被征收土地的原用途给予补偿，该法还规定了补偿的项目和标准。虽然该法没有规定土地征收补偿采取协议的方式，但实践中有以协议方式确定补偿的情况。采取协议方式确定补偿，有利于减少纠纷，将来可以成为制度化的土地征收补偿方式。房屋征收补偿是行政机关征收国有或者集体土地上的房屋所给予的补偿。征收国有土地上的房屋，根据《国有土地上房屋征收与补偿条例》的规定，可以采取订立补偿协议的方式。房屋征收部门与被征收人依照条例的规定，就补偿方式、补偿金额和支付期限、用于产权调换房屋的地点和面积、搬迁费、临时安置费或者周转用房、停产停业损失、搬迁期限、过渡方式和过渡期限等事项，订立补偿协议。补偿协议订立后，一方当事人不履行补偿协议约定的义务的，另一方当事人可以依法提起诉讼。根据该条例规定，达不成协议的，由房屋征收部门报请作出房屋征收决定的市、县级人民政府依照本条例的规定，按照征收补偿方案作出补偿决定。该补偿决定是行政行为，可根据《行政诉讼法》第12条第1款第5项、第11项规定对其提起行政诉讼。

三、司法实践中如何评估房屋实际价值？如何认定房屋使用性质？

《国有土地上房屋征收评估办法》明确说明，房屋用途是评估中的重要考量因素。因此，非居住房屋和居住房屋在实际价值上就存在较大差异。而且根据《上海市国有土地上房屋征收与补偿实施细则》等有关规定，非居住房屋和居住房屋的补偿内容构成、标准有较大不同。

但是由于历史原因、使用人经济状况、房屋结构等因素，一些公有房屋在使用性质方面确实存在登记记载信息与实际使用情形不一致的状况，在征收补偿过程中如何认定房屋使用性质就成为一个比较突出的问题。

本案主要争议在于如何认定原告房屋性质。原告出示了两公司营业执照以及工商登记信息，上述材料反映出两公司经营地址就是被征收房屋所在地址，但是该房屋的租赁凭证上反映出该房屋性质为居住公房。

（一）如何判断房屋使用性质

1. 物权登记或租赁凭证记载是判断房屋使用性质的前提

公有房屋的使用性质一般在租赁凭证和出租人内部记载资料中都有直观反映。而公有房屋租赁凭证和出租人记载和前述物权登记一样，是具有法律效力的记录，对权利人具有相应的约束力。

2. 登记或记载内容与实际使用情况不一致的，应当提供有关机关批准房屋用途改变的证明文件

《民法典》第279条规定："业主不得违反法律、法规以及管理规约，将住宅改变为经营性用房。业主将住宅改变为经营性用房的，除遵守法律、法规以及管理规约外，应当经有利害关系的业主一致同意。"对于登记簿或权利凭证记载的房屋使用性质，权利人一般不得随意改变该房屋实际用途，如果确需改变用途的，应当根据有关法律、法规办理相应手续，取得有权机关批准并变更登记、记载。在诉讼中，被告行政机关提供了系争房屋的承租凭证等证据，对系争房屋属于居住性质进行了证明。而原告主张系争房屋属于经营用房，应当对该房屋改变使用的批准情况予以举证说明，但在审理过程中原告仅提供了工商登记资料，该工商登记只能说明两公司经营地址位于系争房屋内，但工商机关不是批准改变房屋用途的有权机关，工商登记资料也不是有效的批准文件，不能证明该房屋用途已经变更为经营用房，原告对此应当承担相应的证明责任。

3. 被征收房屋由居住变更为经营使用的，应当审查该房屋的实际使用情况在征收决定作出前是否发生变化

现实中居住房屋变更用途时，并不意味着该房屋的使用情况不再发生变化，因实际使用人经营状况等因素，被征收房屋仍有恢复原有居住用途的可能。如房屋经批准变更为经营用途，在征收开始前暂时停止经营，或者征收开始后停止经营用途的，征收补偿过程中仍应当作为经营用房予以补偿。

（二）居住用房如何补偿

为保证房屋被征收群众居住条件有改善、生活水平不降低，《国有土地上房屋征收与补偿条例》规定，政府除对符合保证住房条件的被征收人给予一定补偿外，还需优先安排被征收人享受住房保障以解决等待轮候的问题。笔者认为，《国有土地上房屋征收与补偿条例》规定的对被征收人给予公平补偿原则应贯穿于房屋征收与补偿的全过程，无论是有关征收决定还是补偿决定的诉讼，人民法院都要坚持程序审查与实体审查相结合，一旦发现补偿方案确定的补偿标准明显低于法定的"类似房地产的市场价格"，即便对于影响面大、涉及人数众多的征收决定，该确认违法的要坚决确认违法，该撤销的要坚决撤销，有力地维护人民群众的根本权益。

9.6 政府征收过程中评估程序不合法，法院如何处理

——文某诉S县人民政府房屋征收补偿决定案[①]

> **关 键 词**：评估程序，程序公正，实体公正
>
> **问题提出**：被诉行政行为违反法定程序，是否一律撤销？法院如何判断是否撤销？
>
> **裁判要旨**：本案评估程序明显违法，涉案的评估结果不能作为被诉补偿决定的依据，被诉的补偿决定依法应予撤销。

[①] 一审：信阳市中级人民法院（2014）信中法行初字第19号；二审：河南省高级人民法院（2015）豫法行终字第00163号，载中国裁判文书网，https://wenshu.court.gov.cn/website/wenshu/181107ANFZ0BXSK4/index.html?docId=22ee097994de465ebb6e09bae61d6e7f，最后访问时间：2022年6月24日。

案情简介

原告（上诉人）：文某

被告（被上诉人）：S县人民政府

S县Y区域的房屋大多建于30年前，破损严重，基础设施落后。为改善该区域居民的居住条件，同时就近安置N旧城改造的被征收人以及建设公租房等保障性住房，2012年6月，S县十四届人大一次会议第四次全体会议通过了《关于S县2011年国民经济和社会发展计划执行情况与2012年国民经济和社会发展计划的决议》，将Y安置区改造项目列入县国民经济和社会发展计划。2012年9月，S县人民政府发布了《关于Y安置小区建设的预通知》，告知被征收人县政府将对该区域的国有土地上的房屋进行征收与补偿。之后，S县房屋征收部门拟订了《S县Y安置区改造建设（A地块）房屋征收与补偿安置方案》。2012年12月18日举行了由被征收人和公众代表参加的听证会后，根据所征集的意见对安置方案进行了修改。2012年12月20日之前进行了社会稳定风险评估。2012年12月24日，S县人民政府作出S政（2012）24号《关于Y安置区改造建设房屋征收的决定》，同日对该征收决定进行了公告并公布了《S县Y安置区改造建设（A地块）房屋征收与补偿安置方案》。文某与文某安（文某委托代理人之一）所居住的Y132号房屋在征收范围内。S县房屋征收部门于2012年12月8日发布《关于Y棚户区房屋征收评估机构选择公告》，提供X市明某房地产估价师事务所有限公司、安徽中某房地产评估咨询有限公司、S县隆某房地产评估事务所等具有资质的评估机构与被征收人协商选择，后因征收人与被征收人未能协商一致，2012年12月11日，S县房屋征收部门发布《关于Y棚户区房屋征收评估机构抽签公告》，于2012年12月14日组织被征收人和群众代表进行了抽签。2012年12月15日，S县房屋征收部门公布了《Y棚户区评估机构抽签结果公示》，确定X市明宇房地产估价师事务所有限公司为该次房屋征收的价格评估机构。

2013年5月10日，评估机构出具了房屋初评报告，房屋评估机构在对Y132号房屋进行外部勘测的基础上，认定房屋为砖混结构三层，建筑面积为345.30平方米，土地性质为国有划拨，用途为住宅，土地使用面积为208.52平方米。S县房屋征收部门与文某安在征收补偿方案确定的签约期限内未能达成补偿协议。S县人民政府于2013年7月15日对文某安作出S征补决字

(2013) 3号《S县人民政府房屋征收补偿决定书》。文某安不服该征收补偿决定，向X市中级人民法院提起诉讼，X市中级人民法院于2013年12月20日作出 (2013) X中法行初字第22号行政判决，撤销S征补决字 (2013) 3号《S县人民政府房屋征收补偿决定书》，并在该判决中查明，Y132号房屋的房屋所有权人及国有土地使用权人均为文某。该判决还认定S县人民政府存在征收决定作出前已确定评估机构，程序违法。上述判决生效后，X市明某房地产估价师事务所有限公司对文某的房屋重新进行评估，评估价值为572798元。2014年1月14日，S县房屋征收办公室向文某送达分户报告和告知权利通知书，文某未申请复核评估。2014年3月31日，S县人民政府作出S征补决字 (2014) 1号《房屋征收补偿决定书》，决定对文某的房屋进行征收补偿："一、被征收人可以选择下列任何一种征收补偿方式：(一) 货币补偿。根据评估机构对其房屋的评估价格予以补偿，补偿金额为572798元、搬迁费6551元、临时安置费3275元、被征收房屋装修及附属补偿费等168051元，合计750675元，由征收部门给付被征收人。(二) 房屋产权调换。被征收人从征收部门提供的安置房源内，按《S县Y安置区改造建设 (A地块) 房屋征收与补偿安置方案》的原则、方式选择安置房屋。安置房屋和被征收房屋价值差额，按方案规定结算。被征收人应在接到本决定15日内选择补偿方式，逾期不选视为选择货币补偿，不再安置房屋。被征收人于本决定生效之日起三日内到S县房屋征收办公室领取补偿款，逾期不领取，该补偿款将被依法办理提存。二、被征收人自接到本决定之日起15日内腾空房屋，搬迁完毕，并向房屋征收部门交付被征收的房屋。"文某不服该征收补偿决定，向X市中级人民法院提起诉讼，请求撤销该征收补偿决定。

在X市中级人民法院审理过程中，S县人民政府于2014年11月6日作出S政 (2014) 13号《关于撤销S征补决字 (2014) 1号〈S县人民政府房屋征收补偿决定书〉的决定》，并于同月8日送达给文某，文某不同意撤回起诉。X市中级人民法院于2014年11月15日作出 (2014) X中法行初字第19号行政判决：确认S县人民政府作出的商征补决字 (2014) 1号《S县人民政府房屋征收补偿决定》程序违法。文某不服一审判决，上诉至H省高级人民法院。二审法院判决驳回文某的上诉，维持X市中级人民法院作出的 (2014) X中法行初字第19号行政判决。

各方观点

文某观点：1. S县人民政府于2012年12月24日作出的S政（2012）24号《关于Y安置区改造建设房屋征收的决定》第3条规定，征收期限为一年。S县人民政府于2014年3月31日作出S征补决字（2014）1号《S县人民政府房屋征收补偿决定书》时，已超出一年的合法征收期限，程序违法，请求予以确认。2. S县人民政府选择鉴定机构违法已经生效判决确认，而该征收行为涉及Y小区112户居民，为保护被征收人的合法权益，请求人民法院就该问题向S县人民政府出具司法建议书。

S县人民政府观点：上诉人所称一年的期限是指，应在征收公告发布之日起一年内组织实施征收行为，而不是指应在一年内征收完毕。上诉人要求人民法院出具司法建议书，超出了本案的诉讼范围。请求驳回上诉人的上诉。

法院观点

一审法院观点：S县人民政府作出的S征补决字（2014）1号《S县人民政府房屋征收补偿决定书》选择评估机构程序违法。X市中级人民法院于2014年11月15日作出（2014）X中法行初字第19号行政判决：确认S县人民政府作出的商征补决字（2014）1号《S县人民政府房屋征收补偿决定》程序违法。

二审法院观点：1. X市人民政府作出的X政（2011）30号《关于国有土地上房屋征收与补偿的实施意见》规定，征收实施期限应根据房屋征收项目的规模等因素合理确定。一般情况下，征收实施期限自房屋征收决定公告之日起不得超过一年。S县人民政府作出的S政（2012）24号《关于Y安置区改造建设房屋征收的决定》规定一年的征收期限，应理解为对Y安置区改造建设房屋的征收，应于征收公告发布之日起一年内予以实施，而不是一年内将征收工作全部完成。文某的房屋征收应于征收公告发布之日起一年内完成，超出一年未完成征收的，则不能继续征收的主张，系对S政（2012）24号征收决定的错误理解，本院不予支持。

2. 司法建议通常是指人民法院在审判工作中，针对案件中有关单位和管理部门在制度上、工作上所存在的问题，建议他们健全规章制度、堵塞漏洞、进行科学管理，提出改进和完善管理工作的建议。司法建议作为人民法院参与社会治安综合治理系统工程的重要手段，其并不是案件审理的必经程序。

人民法院在案件的审理过程中，是否提出司法建议，应由人民法院视案件的具体情况决定，而非应当事人的请求作出。

> 关联案例 1
>
> **案件名称**：何某与 H 市 H 区人民政府房屋征收补偿决定案
> **审理法院**：江苏省淮安市淮阴区人民法院（2012）淮行初字第 0043 号①
> **裁判观点**：本案争议焦点为被诉房屋征收补偿决定是否侵害了何某的补偿方式选择权。根据《国有土地上房屋征收与补偿条例》第 21 条第 1 款规定，被征收人可以选择货币补偿，也可以选择产权调换。通过对本案证据的分析，可以认定何某选择的补偿方式为产权调换，但县级政府在作出补偿决定时，没有给被征收人选择补偿方式的机会而径直加以确定为货币补偿方式，侵害了何某的补偿选择权。据此，法院作出撤销被诉补偿决定的判决。

> 关联案例 2
>
> **案件名称**：艾某某、沙某某与 M 市 Y 区人民政府房屋征收补偿决定案
> **审理法院**：安徽省马鞍山市中级人民法院（2013）马行初字第 00010 号②
> **裁判观点**：根据《国有土地上房屋征收与补偿条例》第 19 条第 1 款、第 2 款的规定，被征收房屋的价值，由房地产价格评估机构按照房屋征收评估办法评估确定。对评估确定的被征收房屋价值有异议的，可以向房地产价格评估机构申请复核评估。对复核结果有异议的，可以向房地产价格评估专家委员会申请鉴定。根据住房和城乡建设部颁发的《国有土地上房屋征收评估办法》第 16 条、第 17 条、第 20 条、第 22 条的规定，房屋征收部门应当将房屋分户初步评估结果在征收范围内向被征收人公示。公示期满后，房屋征收部门应当向被征收人转交分户评估报告。被征收人对评估结果有异议的，自收到评估报告 10 日内，向房地产价格评估机构申请复核评估。对复核结果有异议的，自收到复核结果 10 日内，向房地产价格评估专家委员会申请鉴定。从本案现有证据看，Y 区房屋征收部门在安徽民生房地产评估有限公司对 C 街 22 号作出商业房地产市场价值评估报告后，未将该报告内容及时送达艾某某、沙某某并公告，致使艾某某、沙某某对其房产评估价格申请复核评估和申请房地产价格评估专家委员会鉴定的权利丧失，属于违反法定程序。据此，判决撤销 Y 区人民政府作出的 Y 政征补 [2013] 21 号《房屋征收补偿决定书》。

---

① 本案裁判观点由作者加工整理而成。
② 本案裁判观点由作者加工整理而成。

关联案例 3

案件名称：廖某与 L 县人民政府房屋强制拆迁案

审理法院：江西省信丰县人民法院（2014）信行初字第 4 号①

裁判观点：根据《行政诉讼法》第 32 条、第 43 条②及《最高人民法院关于执行〈中华人民共和国行政诉讼法〉若干问题的解释》第 26 条③之规定，被告对作出的具体行政行为负有举证责任，应当在收到起诉状副本之日起 10 日内提供作出具体行政行为时的证据，未提供的，应当认定该具体行政行为没有证据。本案被告 L 县人民政府在收到起诉状副本和举证通知书后，始终没有提交强制拆除房屋行为的证据，应认定被告强制拆除原告房屋的行政行为没有证据，不具有合法性。据此，依照《最高人民法院关于执行〈中华人民共和国行政诉讼法〉若干问题的解释》第 57 条第 2 款第 2 项之规定④，确认 L 县人民政府拆除廖某房屋的行政行为违法。

关联案例 4

案件名称：杨某与 D 县人民政府房屋征收补偿决定二审行政判决书

审理法院：安徽省高级人民法院（2021）皖行终 523 号⑤

裁判观点：本案中，D 县人民政府一审中提交了《房地产价格评估机构选定征求意见书》，但该意见书仅能证明 D 县人民政府提供了备选的评估机构供被征收人选定，无法证明评估机构系通过随机选定方式确定的，故涉案评估机构的选定不符合法律规定……D 县人民政府未提供房地产价格评估机构已提供分户的初步评估结果、房屋征收部门将该分户的初步评估结果向被征收人公示及评估机构安排房地产估价师进行现场说明解释的证据，在杨某等被征收人就评估报告提出反馈意见并明确表示"因对被征收房屋价格评估的存疑，望有关部门告知申请复核评估的流程及需提交的材料，以此书面意见作准，在此正式提出复核评估书面申请"的情况下，也无证证明评估机构向其解释说明或告知复核评估的流程、材料等，故评估机构作出涉案评估机构的程序不符合法律规定……参照《房地产抵押估价指导意见》第 26 条规定，估价报告应用有效期从估价报告出具之日计，不得超过一年。因此，评估报告

---

① 载中国裁判文书网，https：//wenshu.court.gov.cn/website/wenshu/181107ANFZ0BXSK4/index.html？docId=ef1a93149df140dd92d4a62cdb3bd6d3，最后访问时间：2022 年 6 月 26 日。

② 对应 2017 年《行政诉讼法》第 34 条、第 67 条。

③ 已于 2018 年 2 月 8 日被《最高人民法院关于执行〈中华人民共和国行政诉讼法〉若干问题的解释》废止。

④ 对应 2017 年《行政诉讼法》第 74 条第 2 款第 1 项。

⑤ 载中国裁判文书网，https：//wenshu.court.gov.cn/website/wenshu/181107ANFZ0BXSK4/index.html？docId=a266926e962a4dc99abdad34003ce611，最后访问时间：2022 年 6 月 26 日。

> 的有效期原则上不超过一年。涉案评估报告作出时间为2018年8月23日，而D县人民政府于2019年11月22日作出被诉房屋征收补偿决定，超过了评估报告的有效期……D县人民政府提交的证据不能证明评估机构的选定及评估程序符合法律规定，且涉案评估报告超过有效期，因此，涉案评估报告不能作为被诉房屋征收补偿决定的依据……综上，D县人民政府作出的被诉房屋征收补偿决定主要证据不足，补偿安置方式违反法律规定，依法应予撤销。

律师点评

征收程序是规范政府征收行为，维护被征收人合法权益，促使政府做好群众工作的重要保障。民法典以及土地管理法均提及"公共利益"，却未对"公共利益"的范畴进行具体的界定，而《国有土地上房屋征收与补偿条例》第8条明确了适用征收的公共利益行为，对公共利益作了"为了保障国家安全、促进国民经济和社会发展等"的总体限制，同时采用列举式与概括式相结合的表述方式列举了"国防和外交的需要"等五种情形，并且明确只有法律、行政法规才能规定公共利益的情形。这意味着，今后仅在符合上述规定的公共利益范畴内方可对国有土地上的房屋进行征收。该条例第1条、第2条规定均使用"维护公共利益""为了公共利益的需要"的表述，这意味着，新条例中的"征收"是着眼于公共利益的需要，仅为公共利益需要方可征收单位或个人的房屋。这体现了规范公权和保障私权的法治理念在不断强化，更注重工业化、城镇化建设与保护被征收人合法权益之间的统筹兼顾，使公共利益和私人利益得到更好的协调与平衡。

一、征收补偿必须满足程序合法性和实体合法性两个条件

具体来说，针对征收程序，条例规定征收补偿方案应征求公众意见，房屋征收决定涉及被征收人数量较多的，应当经政府常务会议讨论决定，因旧城区改建需要征收房屋，多数被征收人认为征收补偿方案不符合本条例规定的，应当组织听证会并修改方案。政府作出房屋征收决定前，应当进行社会稳定风险评估，审计机关应当加强审计，被征收房屋的调查结果和分户补偿情况应当公布。被征收人对征收决定和补偿决定不服的，可以依法申请行政复议或者提起行政诉讼。按照之前的法律、法规、规定，建设单位是拆迁人，由于拆迁进度与建设单位的经济利益直接相关，容易造成拆迁人与被拆迁人矛盾激化。所以，针对征收行为，条例改变了以前由建设单位拆迁的做法，规定政府是征收补偿主体，由房屋征收部门组织实施房屋征收与补偿工作。房屋征收部门可以委托房屋征收实施单位承担房屋征收与补偿的具体工作，但房屋征收实施单位不得以营利为目的。房屋征收部门对房屋征收实施单位实施房屋征收与补偿的行为负责监督，并对其行为后果承担法律责任。禁止建设单位参与搬迁活动，任何单位和个人都不得采取暴力、威胁或者中断供水、供热、供气、供电和道路通行等非法方式迫使被征收人搬迁。

因城市房屋拆迁引发的行政纠纷成为社会关注的热点和行政审判工作的难点，被拆迁房屋的价值补偿是拆迁双方争议的焦点。评估机构对被拆迁房屋价格的评估报告就成为行政决定和行政审判的关键性证据，是行政机关作出补偿决定的重要依据。《国有土地上房屋征收与补偿条例》对此作出了明确的规定。评估机构及评估人员只有具备评估资质，评估程序合法，其所作出的评估结论才合法有效。关于房地产评估的规定主要有以下几个方面：

1. 明确对被征收房屋价值的补偿，应按照不得低于房屋征收决定公告之日被征收房屋类似房地产的市场价格的原则进行补偿。对评估中应当考虑的区位、用途、建筑结构、新旧程度、建筑面积等因素以及装修和原有设备的拆装损失补偿等问题，将由房屋征收评估办法进行具体规定。

2. 明确房地产价格评估机构由被征收人协商选定；协商不成的，通过多数决定、随机选定等方式确定，具体办法由省、自治区、直辖市制定。

3. 规定房地产价格评估机构应当独立、客观、公正地开展房屋征收评估工作，任何单位和个人不得干预。对房地产价格评估机构或者房地产估价师出具虚假或者有重大差错的评估报告的违法行为，规定了严格的法律责任。

4. 规定对评估确定的被征收房屋价值有异议的，可以向房地产价格评估机构申请复核评估。对复核结果有异议的，可以向房地产价格评估专家委员会申请鉴定。

本案从程序合法性、实体合法性两个角度鲜明地指出补偿决定存在的"硬伤"。在程序合法性方面，依据有关规定突出强调了征收决定作出后才能正式确定评估机构的基本程序要求；在实体合法性方面，强调补偿决定认定的被征收人必须适格。本案因存在征收决定作出前已确定了评估机构，且补偿决定核定的被征收人不是合法权属登记人的问题，故判决撤销补偿决定，彰显了程序公正和实体公正价值的双重意义。

二、司法展望

《国有土地上房屋征收与补偿条例》的颁布施行，标志着国有土地上房屋征收与补偿的法律适用进入了新的阶段。而对于《城市房屋拆迁管理条例》与《国有土地上房屋征收与补偿条例》的衔接，根据《国有土地上房屋征收与补偿条例》第35条规定："本条例自公布之日起施行。2001年6月13日国务院公布的《城市房屋拆迁管理条例》同时废止。本条例施行前已依法取得房屋拆迁许可证的项目，继续沿用原有的规定办理，但政府不得责成有关部门强制拆迁。"2011年6月3日颁布的《国有土地上房屋征收评估办法》第33条作出了类似规定："本办法自公布之日起施行。2003年12月1日原建设部发布的《城市房屋拆迁估价指导意见》同时废止。但《国有土地上房屋征收与补偿条例》施行前已依法取得房屋拆迁许可证的项目，继续沿用原有规定。"

需要注意的是，在国务院法制办、城乡建设部负责人就《国有土地上房屋征收与补偿条例》举办答记者问时，有记者提问"条例为什么没有对征收集体土地作出规定"，该问题的回答为："有意见认为，条例应一并解决集体土地和房屋征收问题。从我们调查了解的情况看，现在矛盾突出的确实主要在集体土地征收方面，但国有土地上的房屋征收和集体土地征收是分别由条例和土地管理法调整的，通过行政法规对征收集体土地作出规定是超越立法权限的。我们将会同有关部门抓紧对土地管理法有关集体土地征收和补偿的规定作出修改，由国务院尽早向全国人大常委会提出议案。"① 因此，条例的颁布施行还有另外一个重要意义，就是明确划分了国有土地上房屋的征收与集体土地的征收，是分别由条例和土地管理法加以规定的。

《国有土地上房屋征收与补偿条例》第28条第1款规定，被征收人在法定期限内不申请行政复议或者不提起行政诉讼，在补偿决定规定的期限内又不搬迁的，由作出房屋征收决定的市、县级人民政府依法申请人民法院强制执行。这标志着实践中存在巨大争论的行政强拆"寿终正寝"。为了依法正确办理市、县级人民政府申请人民法院强制执行国有土地上房屋征收补偿决定的案件，最高人民法院于2012年3月26日颁布了《最高人民法院关于办理

---

① 《国务院法制办、住房和城乡建设部负责人就〈国有土地上房屋征收与补偿条例〉答记者问》，载中国政府网，https://www.gov.cn/zwhd/2011-01/24/content_1791729.htm，最后访问时间：2023年11月8日。

申请人民法院强制执行国有土地上房屋征收补偿决定案件若干问题的规定》，司法解释共 11 条，充分考虑了对被征收人合法权益的多重保护，确立了"裁执分离"为主导的强制执行方式。对于申请人民法院强制执行征收补偿决定的案件，司法解释明确规定，申请人民法院强制执行征收补偿决定案件，由房屋所在地基层人民法院管辖，高级人民法院可以根据本地实际情况决定管辖法院。人民法院裁定准予执行的，一般由做出征收补偿决定的市县人民政府组织实施，也可以由人民法院执行。其中明确指出，征收补偿决定存在 7 种情况的，应裁定不准强制执行：（一）明显缺乏事实根据；（二）明显缺乏法律、法规依据；（三）明显不符合公平补偿原则，严重损害被执行人合法权益，或者使被执行人基本生活、生产经营条件没有保障；（四）明显违反行政目的，严重损害公共利益；（五）严重违反法定程序或者正当程序；（六）超越职权；（七）法律、法规、规章等规定的其他不宜强制执行的情形。这些不准强制执行的情况，能够体现法院保护征收补偿的公平合法性、保护被征收人基本合法权益的立场。

从城市房屋拆迁管理到国有土地上房屋征收与补偿，立法从色彩浓厚的行政"管理"逐渐过渡到强调公平公正的"征收与补偿"。《国有土地上房屋征收与补偿条例》对于公共利益范围较为严格的限制，司法解释规定申请人民法院执行时征收补偿决定存在 7 种情况应裁定不准强制执行的规定，2015 年 5 月 1 日起施行的《行政诉讼法》将土地房屋拆迁补偿协议引起的纠纷划为行政案件受理范围，着重解决行政机关一方不履行协议等情况，均体现了收缩公权力空间的立法思路，2017 年 7 月 1 日修正的《行政诉讼法》亦对上述立法思路进行了确认。笔者也相信，立法、司法对于涉及房屋拆迁（征收）纠纷的良性疏导，将进一步得到体现。

图书在版编目（CIP）数据

法院审理房地产案件观点集成 / 朱树英主编；邵万权副主编 . —3 版 . —北京：中国法制出版社，2024.4
ISBN 978-7-5216-4243-8

Ⅰ.①法… Ⅱ.①朱… ②邵… Ⅲ.①房地产法-案例-中国 Ⅳ.①D922.385

中国国家版本馆 CIP 数据核字（2024）第 040184 号

策划编辑：王 熹（wx2015hi@sina.com）
责任编辑：王 熹　　　　　　　　　　　　　　　　　封面设计：李　宁

法院审理房地产案件观点集成
FAYUAN SHENLI FANGDICHAN ANJIAN GUANDIAN JICHENG

主编/朱树英
副主编/邵万权
经销/新华书店
印刷/保定市中画美凯印刷有限公司
开本/710 毫米×1000 毫米　16 开　　　　　　　　印张/ 42　字数/ 633 千
版次/2024 年 4 月第 3 版　　　　　　　　　　　　2024 年 4 月第 1 次印刷

中国法制出版社出版
书号 ISBN 978-7-5216-4243-8　　　　　　　　　　定价：156.00 元

北京市西城区西便门西里甲 16 号西便门办公区
邮政编码：100053　　　　　　　　　　　　　　　传真：010-63141600
网址：http://www.zgfzs.com　　　　　　　　　　编辑部电话：010-63141833
市场营销部电话：010-63141612　　　　　　　　　印务部电话：010-63141606

（如有印装质量问题，请与本社印务部联系。）